當代歷史學
新趨勢

蔣竹山

主編

作者————

涂豐恩、王晴佳、李仁淵、張仲民、傅　揚、陳建守
衣若蘭、潘宗億、蔣竹山、吳翎君、洪廣冀、皮國立
郭忠豪、林敬智、徐力恆、王　濤、許雪姬

目次

導讀

從新文化史到全球史
當代歷史學研究的幾種新取向

蔣竹山

前言

　　2015年5月，在科技部人社中心的推動下，我和黃寬重及呂妙芬教授，聯合執行了「歷史學門熱門及前瞻學術研究議題調查計畫（2010-2014）」。這個計畫主要在延續科技部（國科會）於2005年所進行的「歷史學門熱門及前瞻學術研究議題調查計畫」，針對近五年臺灣歷史學門的熱門研究課題與重要研究趨勢進行分析，以供科技部與國內學界參考。

　　這項計畫最初構想是擬在2005年既有的研究調查基礎上，針對歷史學門各領域的重要研究成果進行分析。計畫將針對國內與國外歷史學門的最新研究方向展開調查，礙於時間，我們先以近五年的國內研究成果為主。這項計畫的調查方向，國內分為科技部歷史學門專題研究計畫、四所頂尖大學人社中心研究成果、熱門研究社群、學會發展、專書及期刊的調查；國外則分為國際會議重要議題、期刊研究綜述的蒐集、大型國際計畫調查。

一、十個趨勢

　　經過上述調查，我們提出十個熱門及前瞻議題供學界參考：

（一）情感的歷史

　　情感史的開展將歷史研究的重點首次從理性轉到感性（愛情、憤怒、激情、嫉妒等）的層面，有學者認為這代表「歷史研究的一個嶄新方向」。舉例而言，性別史的研究很自然地引起史家對愛情和婚姻的研究興趣，成為情感史的一個重點。當今史家更關心的是如何在各個單一的文化中，將情感的種種表現「深度描寫」，找出其中的文化含義，而不是居高臨下、品頭論足。更有學者注意「情感的團體」，探討人們在家庭、教會、學校和單位等場合的情感表現差異。

　　有關情感史的研究，可參考《美國歷史評論》（*American Historical Review*）「情感的歷史研究」的紙上論壇（2012/11）。學界關注的課題有心理疼痛、抑制疼痛的阿斯匹靈與情感、近代生產的產育之痛。有的學者則以跨學科的方式討論如何透過物質文化來理解情感史，例如紡織品、肥皂或繪畫，這部分可以參考2013年舉辦的國際研討會「Emotional Objects: Touching Emotions in Europe 1600-1900」（情感之物：歐洲的情感接觸，1600-1900）。此外，戰爭與情感也是學界關注的重點，透過愛、悲傷、憎恨與恐懼等情感，探討與戰爭的修辭、經驗與記憶的連繫。

　　此外，可以探討的重點包括：日常生活中的情感、電影與藝術中的情感再現、情感與記憶、情感與資本主義市場、身體與空間中的情感。這部分可以參考蓋伊（Peter Gay）的19世紀資產階

級的五卷本研究，特別是《感官的教育》這一冊。研究者也可從情感延伸至感覺的文化史，例如嗅覺、味覺與聽覺的感官歷史，可參照法國史家柯班（Alain Corbin）氣味的文化史名著《臭味與香氣》（*The Foul and the Fragrant*）。最新一本可參考的著作是《情感學習：百年來，經典文學如何引導孩子認識感覺、學習情緒》（貓頭鷹，2018）。本書探討的重點為，從19到20世紀，這些來自德、美、英、荷、法等國家，共100多本暢銷兒童文學與30本教養手冊，如何傳遞情感的意義，引導兒童學習情緒。

在中國史方面，已有學者開始從歷史角度，描述一個以情感為中心的都市群體，如何從1930年代的媒體事件中獲得巨大的道德力量。為什麼「情」在30年代中國的公眾的形成中發揮作用？情感、家庭美德及性愛等私人領域，在國族、城市公眾、現代公義理念、性別化的主體建構中扮演什麼樣的角色？

不只在近代，有關情的討論可上溯傳統帝制時期中國，例如明清帝國崇尚貞節，通過四處為節婦立牌坊、撰寫傳記、封賞家屬鄉親的方式，來紀念和弘揚婦女的貞節美德。而朝廷也通過對忠臣孝子的獎賞，有效地表明男性為孝而引起的悲傷和哀悼之情，被認定是可敬的情感形式。因而，在某些情境下，倫理情感比法律更具有道德優越性。例如有學者探討晚期帝制中國時，朝廷在處理血親復仇案件時，將孝行當作是豁免殺人罪的依據。

（二）閱讀、書籍與出版文化

閱讀史與出版文化是文化史研究的重要課題之一，強調閱讀的「接受」。閱讀史的界定一方面與寫作史區隔，另一方面又與過去的書籍史（書籍商業史、書刊檢查史）相比較。學者們注重

研究讀者的角色，探討閱讀習慣的變化及印刷的「文化用途」。有的學者則探討個別讀者對文本的反應，也有通過宗教審判所審訊的回答來進行研究。甚至探討閱讀行為的改變，像是十八世紀的「閱讀革命」。

　　研究者可以關注書籍史家較少探討的出版活動與書籍文化層面及其時代（圖書出版與銷售活動），旅行指南的書寫及出版與旅遊文化的關聯性，甚至關注性別、閱讀與出版的關聯。像是2015年亞洲研究學會（AAS）的李文森獎，頒給了加州大學戴維斯分校的何予明（Yuming He）教授。得獎著作是《家與世界：在16至17世紀的雕版印刷物中編輯「皇明」》（*Home and the World: Editing the "Glorious Ming" in Woodblock-Printed Books of the Sixteenth and Seventeenth Centuries*, Harvard University Asia Center, 2013），該書討論的是晚明的書籍與出版文化。此外，除了印刷文化，傳統中國在印刷術出現前的寫本文化，亦可思考閱讀與書籍的關係。

（三）文化相遇

　　文化相遇（cultural encounters)是近來成長快速的研究主題之一。「相遇」（encounter）一詞的意涵，指的是一種世界史概念的文化之間的接觸，以及意識性與隨機性的跨文化互動。研究課題和以往的中西交流史或中外關係史的視角不同，重點在區域、文化邊界與文化交往，以及文化碰撞中產生的誤解。此外，我們也看到學者有時會用「文化轉譯」（cultural translation）來置換。

　　這個課題有兩個重點，一是「他者」的問題。有學者認為強調歐洲對他者的建構，也有可能受到他者以及他者針對歐洲人的

自我建構所形塑。因此，我們會發現，中西文化接觸的研究中，並非單純地由歐洲中心轉向地區文化而已。需要思考的是，在獲致平衡觀點的結果，強勢的地區文化該如何處理？第二是文化史研究的理論。學者認為近年來蓬勃發展的中西文化相遇的研究，不可避免地要從西方歷史學方法論轉向文化史的取徑來理解。這方面的課題有：圖像與跨文化交流、人物流動、中國與周邊國家、海洋史、貿易與知識交流、知識與帝國、博物學與物質文化。

（四）歷史記憶

　　法國史家諾哈（Pierre Nora）曾說記憶研究不是要復原或建構歷史，也不是回憶過去的歷史，而是關於過去的現在記憶，只殘存在一些「場所」中，他稱為「記憶所繫之處」。如何透過「歷史與記憶」的課題來書寫歷史成為當代史家關注的焦點。在法國史的例子中，我們可以見到「七月十四日」、《馬賽曲》、「自由、平等、博愛」、聖女貞德、艾菲爾鐵塔、環法自行車賽及「普魯斯特之追憶似水年華」等課題。記憶不僅是思念消逝的往昔，還是對自身主體的確認。怎樣記憶？怎樣忘卻？記憶從一個個體傳遞到另一個個體，如此不斷擴散與互動，使得記憶由個體變集體。在此意義上，哈布瓦赫（Maurice Halbwachs）稱個人記憶就是集體記憶。

　　研究者可以透過儀式、紀念物、紀念碑、博物館、紀念館、墓葬、公園、博覽會、戰爭之旅等主題，研究如何透過地景或空間來記憶過去。此外，戰爭與記憶也是記憶研究的重點，可以探討民眾如何透過重要的政治與軍事物品或個人的傳記與日記，來記憶與見證戰爭的公與私領域。例如二戰的重慶大轟炸、殖民體

制下臺灣的空襲記憶、內戰,或者是歷史上有關戰爭與屠殺的課題(納粹、亞美尼亞、非洲及伊拉克種族屠殺等)。此外,也可以從記憶與文化資產、記憶與日常生活、記憶與創傷等角度探討歷史記憶的課題。

(五)全球史視野

近來史學界繼「文化轉向」之後,掀起一波對全球史的關注,有學者形容為史學界的「全球轉向」(global turn)。全球史的視野提供史家跨越民族國家的疆界,相關課題有:分流、合流、跨文化貿易、物種傳播與交流、文化碰撞、帝國主義與殖民、移民與離散社群、疾病與傳染、環境變遷等。全球史的研究取向並未否認民族國家的重要。相反地,它強調透過探索跨越邊界滲透至國家結構的行動者與活動,全球史跨越了國家、地方及區域。然而,全球史或全球轉向不應該只是提供給學者們一種更廣的歷史研究視野,還必須提供一種更好的研究視野。雖然全球史在研究課題上是跨國的,但國家研究不該被拋棄,國家史值得根據全球化的力量如何影響民族國家進行再探。

全球史不意味著就是要以全球為研究單位,而是該思考如何在既有的研究課題中,帶入全球視野。在研究方法上,可以採取以下幾種模式,例如:1. 描述人類歷史上曾經存在的各種類型的「交往網絡」;2. 論述產生於某個地區的發明創造,如何在世界範圍內引起反應;3. 探討不同人群相遇之後,文化影響的相互性;4. 探究「小地方」與「大世界」的關係;5. 地方史全球化;6. 全球範圍的專題比較。在研究課題上,也可以就以下幾個子題來思考。例如帝國、國際關係、跨國組織、物的流通、公司、人權、

離散社群、個人、技術、戰爭、海洋史、性別與種族。

　　儘管全球史有以上研究特色，但史家也提醒我們，全球史取向對於史學的衝擊或許會過於誇大。無論我們如何思考民族國家過往的道德，或者其未來的可行性，無疑地，民族國家仍然代表一種重要的社會及政治組織的歷史形式。總之，在推崇全球史研究特色的同時，我們不用把民族國家史的敘事棄之不顧。雖然民族國家已不再是史家分析歷史的最常見分析單位，但仍是相當重要的研究課題。全球取向可以提供給國家史研究者有效的修正方向，而不再視民族國家只是一種特定歷史。

　　1979年，英國史家史東（Lawrence Stone）發表〈敘事的復興〉一文揭示微觀史學與敘事史學的回歸，近來阿米蒂奇（David Armitage）仿效史東的方式，也寫了一篇〈長時段的回歸〉，暗喻大歷史與全球史時代的到來。阿米蒂奇認為，歷史學家是眾所周知的流浪者，相對於其他學科，他們更樂於左右轉彎。在過去50年間，美國內外的史學界出現過好幾波歷史轉向。剛開始的變化是社會轉向：「自下而上」的審視歷史，遠離菁英的歷史，並轉向普通人、平民、被邊緣化或被壓迫者的經歷。在這之後有了語言學轉向，又可稱為文化轉向或文化史的復興。最近的一波則是康拉德《全球史的再思考》所探討之超越國別史的變化，像是跨國轉向、帝國轉向以及全球轉向。在阿米蒂奇看來，不管你是支持還是懷疑，不可否認地，「轉向」這一語彙包含了思想的進步。作為一位世界公民，我們不僅要跳脫傳統的民族國家史觀，將自身的歷史放在世界史的脈絡下來看待，更要多加接觸全球史著作，以了解世界歷史的演變。

（六）帝國與國家

人類歷史的政治發展上，民族國家是常態？還是帝國是常態？事實上，帝國是古今中外最持續不衰的權力形式與政治單位。在新帝國史的影響下，過去的中心與邊緣不再是固定的，值得再重新思考傳統帝國如唐、蒙元在東亞與世界史中新的定位與意義，也可以從臺灣的明清史研究角度再檢視「新清史」「內亞轉向」的研究特色與侷限。透過域外文獻來看明清帝國也是跳脫中國中心觀的取向之一，大量的《燕行錄》提供了我們很好的觀看資料。傳統帝國的課題除了關注邊界，亦可從帝國內部的角度探討政治、制度、社會與文化的問題，例如易代之間的士人際遇、忠義、遺民、文人書寫等課題。

此外，研究者可以思考近代帝國的發展對國家的日常生活、社會組織及社會運動史的影響。例如日本帝國統治下的臺灣，可以從比較的觀點來探討殖民地的統治特色，例如技術、觀光及博覽會的課題。更可以從帝國的框架來探討技術與近代東亞發展的關係，例如：牛乳的使用、母乳，甚至代用品豆漿的出現；日本帝國殖民地的蔗糖技術發展；又或者是肥皂、味素、農藥製造與在東亞的流通與近代日本化學工業也有密切關係。

近來新帝國史研究也提供我們從結合世界史與社會史的角度，去思考19世紀到20世紀的轉變。例如19世紀末期出現的一種新觀點：「規訓」帝國臣民意味著使大眾文明化（從衛生學、大眾教育的角度來說），而不僅僅是培養菁英階層。帝國的規訓既會帶來普遍性的政策也會引起反抗，研究者可以將社會史與宏大敘事連繫起來，所探討的不再僅僅是資本主義的擴張，也不是資本主義加現代國家的構建。研究帝國的歷史，不該只是一個偏

向單方面的故事，永遠只獨厚一個聲音，而是該把帝國看成是一個充滿互動的整體，一個內部互相關聯的大世界。

（七）環境與歷史

　　儘管環境史的問題意識架構常受限於民族國家的框架，但有時還是會超越邊界，將焦點集中在氣候、疾病、海流、資源商品的流通。當我們開始逐漸關心全球氣候變遷、稀有能源資源、生物多樣性及乾淨的水資源時，可以將視野擴展到以往環境史較少關注的外交或世界史的視野上。

　　研究者可以關注全球環境史的議題，像是以下四種類型。一是世界環境史，例如約翰・麥克尼爾（John McNeill）、休斯（Donald Hughes）的作品。二是以某個專題為主，從世界的範圍進行研究，如古羅夫（Richard Grove）、拉德考（Joachim Radkau）、彭慕蘭（Kenneth Pomeranz）等人的著作。第三種是把環境史與世界史融為一體的著作，例如麥克尼爾父子合著的《文明之網：無國界的人類進化史》（*The Human Web: A Bird's Eye View of World History*, 2007），英國環境史教授阿梅斯拖的《文明的力量：人與自然的創意關係》（*Civilizations*, 2000）及《世界：一部歷史》（*The World: A History*, 2007），克羅斯比（Alfred W. Crosby）的《寫給地球人的能源史》（*Children of the Sun: a History of Humanity's Unappeasable Appetite for Energy*, 2006）。最後一類是強調「大歷史」，把人類史放在大爆炸以來的地球環境演化中研究，例如克里斯蒂安的《時間地圖：大歷史導論》（*Maps of Time: an Introduction to Big History*, 2004）、布朗（Cynthia Stokes Brown）的《大歷史》（*Big History*, 2007）。

　　此外，環境與歷史關心的議題還有：水資源、戰爭與環境、動物的歷史、疾病與環境、能源、森林、國家與環境、工業化、汙染等課題；亦可結合傳統中國史研究中的歷史地理（制度、交通）、農業史的研究成果（水利）。

（八）科學、技術與醫療

　　除了醫療社會史或文化史的取向，也可以參照前述「全球視野」的主題，探討全球醫療史。醫療史學者哈羅德・庫克（Harold J. Cook）認為，如果我們借鑑全球史研究的一些方法，可以思考從不同的角度看醫學史。他認為關於植物學和醫學的資料，以及針灸醫術，都像商品一樣，也會沿著貿易路線從亞洲傳入歐洲。通過貿易公司和傳教機構促使人員、技術、訊息、商品甚至疾病的相互流通，說明全球轉向的重要性。相對地，國家與「文明」並非主角。戰爭與醫療的課題，可探討的有戰爭的危險、戰爭對醫學進步所扮演的角色、戰鬥人員的醫療照顧、戰爭與精神醫學，以及戰時平民的健康與照護。

　　受到新帝國史的影響，學者們也開始探討殖民的脈絡，拒絕中心與邊緣的二分法，認為它不僅促成熱帶醫學等新學科的發展，也影響了歐洲的實作與觀念。探討的課題有：種族與醫學、帝國與疾病、殖民醫學、熱帶醫學、西方醫學與開發中世界。此外，近來科學史研究也開始注意到技術史的層面，尤其是技術的歷史與近代東亞社會現代性的形成的關聯。像是：日本帝國在近代殖民過程中的技術史，與公共衛生防治有關的除蟲化學藥劑的問世。或者是與食品衛生及健康有關的味素的製造，也是與化學技術的變革及產業的推動有關。

（九）新史料與歷史書寫

　　新史料與歷史書寫有密切關係，尤其是考古與新發現資料對古代史研究的重要性。近來的新史料與歷史書寫的課題有：馬王堆畫帛，考古墓葬與西周時代禮器制度，《里耶秦簡》與秦代史（官制、歷史地理、社會史、文書、郵驛制度），魏晉南北朝的墓葬、墓誌與壁畫，明抄本北宋《天聖令》、《至正條格》與法律史，以及明清域外漢籍與跨文化交流研究。在近代史新史料方面則有「蔣介石日記」的開放。

　　除了考古資料與新史料的發現，數位時代的歷史學的一大特色是資料庫的使用，如何透過資料庫的妥善利用進而發展出新課題與新視野，值得深究。近來各個國家圖書館與研究單位都在積極開發歷史資料的數位化。例如：中研院的「漢籍電子文獻」、中研院史語所的「內閣大庫檔案」、「拓片典藏資料庫」；中研院近史所的「婦女雜誌」、「英華字典」；中研院臺史所的「臺灣研究古籍資料庫」、「臺灣日記資料庫」；國立臺灣圖書館的「日治時期期刊全文影像系統」；故宮博物院的「清代宮中檔奏摺及軍機處檔摺件全文影像資料庫」。地理空間方面的資料庫有中研院人社中心的「中華文明之時空基礎架構資料庫」、「台灣歷史文化地圖」。

　　目前學界透過這些資料庫進行歷史書寫的例子相當多，例如利用日記資料庫研究日治時期臺灣社會。除日記外，另外引起學界重視的是「申報數據庫」、「晚清民國期刊數據庫」及「中國近現代思想史專業數據庫」，尤其是後者吸引許多學者進而利用資料庫中的「關鍵詞」研究「觀念史」。報刊資料庫也是近現代學者研究社會文化史課題的重要資料來源，例如國外婦女史學

者已經在利用「Chinese Women's Magazines in the Late Qing and Early Republican Period」資料庫中的幾種報刊如《玲瓏》、《婦女雜誌》等，來研究近代中國的性別史、社會文化史。

（十）大眾史學／公共史學

史家約瑪・卡萊拉（Jorma Kalela）近來在《大眾史學評論》（*Public History Review*）探討了當代史家製作歷史的新管道，文章開頭引用海登・懷特（Hayden White）的一句話相當引人深思：「沒有人擁有過去，也沒有人可以壟斷如何研究過去，或者是如何研究過去與現今的連繫……今日，每個人都是歷史學家。」在這個人人都是史家的年代，歷史已成為商品，歷史消費者可以透過物質媒介接觸歷史。大眾不僅可以透過學院史家掌握歷史知識，也可以藉由大眾文化發展趨勢下的虛擬轉向（virtual）與視覺轉向（visual turn）接觸歷史及發展他們自己的敘事、故事與歷史經驗。

非學院或非專業歷史──所定義的大眾史學──是種複雜的、動態的現象。然而，與過往接觸有關的大眾史學，卻缺乏全面性的探討。這常因為是專業史家不重視各種通俗歷史，可從對大眾的批判與強調上下層對立二分的模式看出端倪。專業史家偏向以理論來討論歷史的角色與本質，以致大眾史家以及通俗媒介對歷史的理解，長期來一直處於邊緣位置。近來華文世界相繼關注1970年代以來就在美國發展起來的大眾史學，雖然名稱用法不同，但都反映出這波學院史學之外社會實踐走向的變化。研究者可以探討的方向有博物館、口述史、大眾史家、學科發展、地方史、網路、影像、歷史記憶、文化資產及出版市場等課題。

二、從工作坊到專書編寫

本書除了與上述2015年的計畫有關，另一個直接相關的是「當代歷史學新趨勢：熱門與前瞻議題」工作坊。在2017年的那次會議，我們邀請了以下學者來討論前瞻議題。計有吳翎君（跨國史）、李毓中（跨文化交流）、陳建守（概念史）、謝仕淵（運動史）、郭忠豪（食物史）、皮國立（醫療史）、洪廣冀（科學史）、李仁淵（書籍史）、潘宗億（歷史記憶）、傅揚（思想史）、林敬智（數位人文：GIS）、徐力恆（數位人文）及筆者（公眾史學）。

有鑑於該次工作坊的迴響良好，有必要編撰成專書，好讓更多的讀者認識這些新觀點。因此，在這個工作坊的基礎上，我又另外邀請了一些會議沒討論到的主題，像是感覺史、情感史、性別史、新文化史與日記研究。

第一部的主題有感覺史、情感史、閱讀史及新文化史。涂豐恩的文章探討了幾個重點，感覺為何有歷史？感覺如何有歷史？如果感覺有歷史，歷史學者又如何捕捉和書寫它們？文中特別提到2011年4月號的《美國歷史評論》，傑伊（Martin Jay）組織了一個紙上論壇，名為「歷史中的感覺」，邀請五位學者，分別就視覺、聽覺、嗅覺、味覺及觸覺，撰寫研究回顧。這個專號的刊出，代表了感覺史登堂入室，開始受到主流學者的矚目。

王晴佳的情感史文章指出，如果我們承認歷史是人所創造，那麼創造歷史這件事，應該也受到情感等非理性層面因素的影響。但當代史學在這方面的關注，實在過於欠缺。這現象從羅森宛恩（Barbara Rosenwein）及斯特恩斯（Peter Stearns）的作品可

以看出。王晴佳的文章更認為，20世紀上半葉，史家比較傾向認為思想史的研究能揭示歷史的動因，而二次大戰後，社會史被認為是最好的選擇。這一派學者研究、分析社會的整體演進，將視角伸向婦女、家庭、兒童及許多名不見經傳的群體。因而婦女史、性別史、家庭史和兒童史等流派的興起，都與情感史研究有關。最後作者舉出兩本書當範例，一是李海燕的《心靈革命：現代中國愛情的譜系》，另一本是林郁沁的《公眾激情：施劍翹案和同情在民國的興起》。

閱讀史或出版文化史在歐美歷史研究中不乏佳作，但臺灣這方面的研究較少開展，李仁淵這篇文章相當重要地將這方面的研究特色提點出來，可讓後學者理解這個領域的成果與未來展望。本文的目的不在提供全面性的學術史回顧，而是在試著從近年西方的研究中歸納出幾個重要的課題與觀點，從而討論這些可能讓我們在面對中國史領域時獲得的啟發。最後作者指出四點看法，首先對於文字載體、文本格式與閱讀模式間的互動，是未來中國閱讀史研究的重要方向。其次，近來發現的新史料如帳簿、刻版、出版者、印坊及同業公會的碑刻、日記及書信，都讓我們得以更細緻地探索個人的閱讀行為。第三，在微觀的個案之外，量化的研究可以幫助我們掌握整體方向。第四，不同閱讀傳統之間的比較研究，可以協助我們從習以為常的現象中產生新的視角。

張仲民為近年來中國大陸新文化史研究的重要推手，他不僅關注歐美史學理論，也進行個案研究，常有開創性新作出版，課題涵蓋從近代中國的醫療的出版文化到商業與醫藥。近年來，中國大陸也興起新文化史譯介熱，但仍存在一些容易引起誤會和爭議的問題。這篇論文對此進行了回顧反思，指出新文化史本身

汲取了很多理論成果，這可以讓史家更加謹慎地對待各種分析框架和研究典範。而在當下的西方，新文化史已經有統攝整個歷史研究領域之勢，它也同更多的相鄰學科發生密切關係，一個新文化史研究的國際化潮流已經出現。但由此也產生了「文化」的定義到底為何及其同社會的關係的問題。「文化」或許並不能獨立於物質、經濟或社會因素之外而發揮作用，新文化史家必須在文化之外，深化對社會和經濟因素作用的認識。不過，張仲民相當有批判力地認為，目前大家所樂道的中國語境中的碎片化問題，其實是低水準重複的問題，並非新文化史語境中的碎片化問題。當下中國大陸的新文化史實證研究雖然取得一些進展，但總體上看，仍是對外來刺激的追隨和模仿，並非為內在學術理路發展的水到渠成，常有不求甚解的情況，尚缺乏深厚的研究基礎與學術積累，有待改善之處甚多。

　　第二部的主題有思想史、概念史、性別史及歷史記憶。傅揚應該是這本讀本中年紀最輕的學者，從英國取得博士學位不久，剛到大學任教，研究古代史、經濟史，尤其對思想史的研究動態有許多鑽研。思想史現在還有人研究嗎？很多人都可能有這樣的疑問。會這樣問即表示這領域曾經風行過，但也有一段時間不太有人再提起這詞彙。透過這篇文章，我們應該會對思想史有新的一番認識。從20世紀上半迄今，英語學界的思想史研究有其榮景和低潮，發展過程中遭遇許多大浪與暗流，但可以肯定的是，思想史研究積累的無數成果已十分豐富，甚而翻轉許多關於過去的理解，未來也將持續為歷史學做出重要貢獻。2020年即將到來，思想史研究有何可觀的發展或可能趨勢？傅揚這篇論文整理英語學界若干研究實踐和方法反思，捕捉幾個值得重視的近期動態，

希望能為對思想史有興趣的讀者，提供一些觀察和參考，以俾反省、探索思想史研究實踐的各種可能性。

　　其中，思想史最顯著的一個趨勢就是全球思想史的發展。其核心主張有：一是思想史探討的對象不該受地域與時段所限，應在全球的範圍中探討不同的觀念與思想傳統。第二種取向是將全球當作一個連結的整體，探討全球範圍內思想觀念的傳布、交流與互動。第三種為概念化取向。全球作為歷史當事人思考的一個主觀範疇，也催生關於世界的意識或如何思考全球的思想史。

　　陳建守是臺灣年輕一輩史家對新文化史涉獵最深的學者，年紀輕輕就已經編了好幾本當代歐美史家的訪談錄與紹介文章。其博士論文就是以概念史的視角研究近代中國的「啟蒙運動」的詞彙與觀念，由他來寫概念史的回顧，最恰當不過。關於概念史的研究，在歐美已經有很豐碩的成果。華文世界的相關研究，雖然剛起步不久，但也頗為可觀，各種實證研究不可勝數。陳建守這篇論文立基於許多先行研究者的介紹，希冀能對此一研究取徑，提供新的面向。在章節安排上，作者首先介紹英語世界針對柯塞雷克（Reinhart Koselleck）生平和概念史的引介與梳理，繼而介紹全球視野影響下的概念史，最後則歸結到柯塞雷克之後的概念史最新研究動態。

　　衣若蘭這篇文章並非一篇研究回顧，主旨不在對近30年來中國性別史的研究成果做一歸納整理，而是思考多重因素及其交疊如何有助於闡述中國性別文化史之特性與複雜面向。「交織性理論」相當受歐美學界重視，紛紛提及它作為重要的研究視角及方法論的挑戰，呼籲以之研究性別的迫切性，而華人學界則較為忽視。這篇文章則在這方面提供學界很好的參照點。

　　潘宗億認為，歷史記憶研究在過去30年來，已經成為學者透過檢視記憶媒介或「記憶所繫之處」，考察社群集體不斷重構特定過去意義之認知。在此取徑下，歷史學、人類學與社會學等學科，發展出集體記憶、社會記憶、國族記憶、庶民記憶與文化記憶等概念。這些研究的核心課題，不僅在於理解社群如何訴說過去，也在探討特定社群如何藉由宗教信仰、政治文化、教育涵化、社會實踐、歷史傳統、象徵儀式、紀念機構與空間等，具體化並傳遞集體於「現在」所建構之「過去」的意義認知。作者所探討的重點有：19至20世紀帝國殖民統治時期的記憶與認同建構、戰爭與國家暴力創傷記憶的恢復與轉型正義、教科書政治學，以及國族記憶空間的建構。

　　第三部的主題是全球史、跨國史。蔣竹山這篇文章並非全面檢視全球史對當代史學領域的影響，而是嘗試透過近來出版的一些全球史著作，探討全球史帶來的全球轉向的研究特色，並論述這種取徑對於美國史中的歷史書寫有何影響。究竟全球史是取代了民族國家的歷史書寫，還是二者有所互補，作者認為後者成分居多。

　　1990年代以後歐美歷史學界興起了研究全球史（Global History）和跨國史（Transnational History）的風潮，近年來跨國史研究在方法上越趨成熟。吳翎君這篇文章主旨在探討英文學界在跨國史研究的新趨勢和代表論著，並以跨國企業為主要考察案例，這些新研究成果對於我們研究19世紀後半葉第二波工業革命發生以後全球企業移動、技術躍升及其關係網絡的全球大交流，提供了一個宏觀背景。從英文學界對跨國史的研究趨勢和實例，或可提供我們移轉於近代中國為主體的跨國史視角，進而激發出

新穎的研究面貌。

第四部的主題為科學史、醫療史及食物史,都與跨學科研究有關。洪廣冀有哈佛大學科學史訓練的背景,雖然任職於地理學科系,但研究仍是歷史取向,為近年來科學史研究新秀,在近代博物學、森林史研究上著力很深。作者認為科學哲學、科學社會學與科學史研究者一度堅稱科學知識必定是普世性的、是貫穿古今且放諸四海皆準的。然而,自1970年代以來於科學史與科學知識社會學中蓬勃發展的「在地取向」挑戰這樣的說法,進而以一系列精巧的經驗研究,證明科學知識不僅可為社會學與人類學分析的對象,更有其地理學。

洪廣冀的文章主旨在介紹這波持續近半世紀、影響橫跨地理學、人類學、社會學與科學技術研究的「地理轉向」。首先,他回顧1970年代以降科學史與科學知識社會學的發展,說明科學知識之地方性如何成為研究者關心的重點。進而,討論同時期之地理學者如何回應這波來自學科外對科學之普世性與進步性的挑戰。第三部分回顧主導此地理轉向的兩類理論取向:一是由社會學者謝平(Steven Shapin)與地理學者利文斯通(David N. Livingstone)倡導之將「科學置於其地」;二是挑戰社會與自然之二元論的行動者網絡理論。結論則總結此地理轉向係如何再形塑研究者對科學知識的定義,並簡述全球論者、後殖民主義者與後結構主義者對此轉向的批評。

皮國立為近年來中國醫療史研究的青年學者,論著甚豐。這篇文章依據近6年(2011～2017年)的中國醫療史著作為分析範圍,希望能從研究回顧中,既書寫這門學術的歷史,也為整個研究的創新,提供一些個人的觀察與建議,希望能對未來的研究者

有所助益。作者認為學術研究之回顧，還是必須要有主體性，故先以臺灣為主，擴展至東亞，再及於西方，比較能夠聚焦，不致流於泛泛之論。「中國醫療史」範圍是跨越朝代的通貫歷史研究分析，以一篇文章來論述已嫌吃力。中國以外東亞其他國家的醫療史，礙於篇幅，無法一一細論。至於臺灣的醫療史研究，有不少是基於臺灣史為出發的分析，也很有意義，但基本上本文還是以中國醫療史為主，臺灣醫療史還有待另文梳理。

郭忠豪受歐美史學訓練，博士論文研究明清的食物史，近來研究則擴展至近代東亞的食物史範疇，研究成果中常可見到當代歐美食物史研究最新動向及與外國學人的對話。這篇文章回顧近來英文學界如何對中國與日本食物進行研究，並分析其研究方法與重要論點。英文學界對中國食物的興趣以人類學家與歷史學家為主，前者透過「中國食物」的研究了解海外華人的離散性（diaspora）、菜餚變遷與飲食認同，後者透過「中國食物」的研究分析食物與祭祀、養生、宗教、飲食哲學以及區域性飲食的形成。英文學界也關注到日本的食物研究，討論議題包括日本的傳統飲食、近代飲食現代化以及中日飲食文化的交流。除了討論中國與日本食物的研究方法與論點，本文也提供中國食物未來研究的重點與方向。

第五部的主題是數位人文、新史料與歷史研究。徐力恆及王濤兩人近年來在歷史數位資料庫上做了許多努力，像是「中國歷代人物傳記資料庫」（China Biographical Database, CBDB）。兩人的文章主旨不在介紹數位資源和工具，類似介紹在網路上已相當普遍。他們希望思考的是「數位轉向」如何在宏觀層面拓展史學理論與史學方法，又或在微觀層面改變歷史學者的工作方式。

為了避免流於浮泛，作者在文中將從歷史學者作為獨立研究者，以及團隊項目參與者兩個維度，結合中國史與外國史兩大研究領域，具體闡述數位人文研究在當代史學研究體現的特點和內涵。

　　林敬智本文以國內外大體趨勢為主軸，介紹歷史學者可以使用之相關資源，包括各個學術機構、網上資源。作者提到，哈佛大學包弼德（Peter Bol）與復旦大學葛劍雄和滿志敏合作CHGIS（Chinese Historical GIS）計畫，便是在上述幾位國外學者的基礎上，以譚其驤先生的《中國歷代地圖集》作為基礎所建立的。其後哈佛大學還在2005年成立地理研究中心（Center for Geographic Analysis），由包弼德擔任第一任主任，與此同時發展的「中國歷代人物傳記資料庫」便與CHGIS相互連結，發揮更大的效果。

　　在新史料部分，許雪姬的文章討論臺灣日記研究，就日記的取得、典藏、授權，日記資料的特徵，日記的研究與日記研究現況等四部分進行論述。作者認為日記除了是研究日記主的頂級資料外，對於生活史、家族史及婦女史研究頗有幫助。日記資料提供了平民（包括菁英）觀點的歷史素材，這些有別於殖民者、統治者的觀點。

　　就我而言，日治時期的日記與報刊資料提供了我們觀看日治臺灣的日常生活史的絕好例證。無論是全球史、感覺史或城市日常生活與消費文化，過往所關注的大多是世界史或中國史，透過近來的一些研究，我們可以看出如何書寫物的臺灣文化史仍有許多可以深入探討的地方。正是這種強調跨界、跨區域、全球史及物質文化的視角，提供我們很好的方法論基礎去思考物的臺灣文化史的寫作。在此研究脈絡上，無論處理的是鐵道、博物館、旅館、料理店，亦是自行車、味素或收音機，都不再只是單純的日

治臺灣物的文化史書寫，背後還隱含東亞的消費社會發展下的帝國、商業、技術與各種人群移動。近來日記研究不限於臺灣，日本學界也有許多日記文化的研究可參考，例如田中祐介編的《從日記文化探討近代日本》（日記文化から近代日本を問う，笠間書院，2017）。

結語

西方學界習慣每10年就有一次學術的回顧與討論，例如美國歷史學會曾主持過2000年至2010年的回顧討論會，之後由芳納（Eric Foner）及麥吉爾（Lisa McGirr）編出《今日美國史》（*American History Now*, Temple University Press, 2011），相當值得我們參考。有關法國年鑑學派的回顧，讀者可以參考《19-20世紀法國史學思潮》（商務印書館，2016），以及《法國史學革命：年鑑學派，1929-2014》（北京大學出版社，2016）。這本《當代歷史學新趨勢》應該是近年來的第一本較為全面地在臺灣談當代史學新趨勢的專書。有關當代臺灣歷史學研究趨勢的著作不多。較早的一本是華裔美籍史家王晴佳教授2002年於麥田出版的《臺灣史學50年》，書中探討了1960年至1987年的科學史學、1987年至2000年解嚴之後的臺灣史學。之後在2017年於上海古籍出版社，出了增訂版，書中增加了2000年之後臺灣史學的趨向。我自己則在2012年寫過《當代史學研究的趨勢、方法與實踐：從新文化史到全球史》（五南，2018增訂版）。此外，《想想歷史》也很值得讀者參考。這本書的前半部在思索歷史學近10年如何改變，這表現在歷史學家將注意力轉向新的行動者、新的空間和新

的物體。作者探討的問題有：我們寫的是誰的歷史？如果我們跳脫國家空間的框架來思考歷史，會發生什麼改變？歷史學受到新方法的影響後，各領域有了哪些變化？後半部則圍繞著歷史學引起內外部爭議的三種方式。

　　除了歐美學界的趨勢探討，日本學界近年的幾本新作，也可以看出他們對當代史學發展的檢討。例如歷史學研究會編的《第四次當代歷史學的成果與課題》（第四次現代歷史學の成果と課題，2017），共三冊，主要回顧2001年至2015年的日本史學界發展，三冊主題分別是：新自由主義時代的歷史學、世界史像的再構成、歷史實踐的現在。類似主題還有：歷史學研究會編，《歷史學的現實性》（歷史学のアクチュアリティ，東京大學出版社，2015）。歷史學研究會編，《為了學歷史的人，現在該怎麼活》（歷史を学ぶ人々のために―現在（いま）をどう生きるか，2017）。大阪大學歷史教育研究會編，《開啟教育的新史學》（教育が開く新しい歷史学，山川出版社，2017）。在全球史方面，日本東京大學的羽田正教授也出了幾本趨勢研究的書，相當值得參考。羽田正，《全球史的可能性》（グローバル・ヒストリーの可能性，山川出版社，2017）。羽田正，《全球化與世界史》（グローバル化と世界史，東京大學版社，2017）。

　　《當代歷史學新趨勢》中的16篇文章，雖然各自關懷的主題不同，但仍可看出一些共同之處，像是都多少受到全球史的影響，發展出全球史相關議題。然而一本趨勢專書可收錄的篇章有限，仍有許多未列入但值得探討的課題，例如圖像史學、物質文化史、動物史及藝術史等主題，期待日後有機會增補，或另出一冊專門討論。

第一部

感覺史／情感史／閱讀史／新文化史

感覺的歷史
理論與實踐

涂豐恩

一、歷史學的感覺轉向

2011年4月號的《美國歷史評論》上，加州大學柏克萊分校的歷史學教授傑伊（Martin Jay）組織了一個紙上論壇，名為「歷史中的感覺」（The Senses in History），邀請五位歷史學者，分別就視覺、聽覺、嗅覺、味覺與觸覺，撰寫研究回顧。作為美國歷史學會（American Historical Association）的官方刊物，《美國歷史評論》刊出這個專題論壇，重要性自不待言，它代表了感覺史登堂入室，受到主流學者的矚目。傑伊在文章中充滿信心地宣稱，感覺史有著光明的未來，甚至提出了「感覺轉向」（sensory turn）的呼聲。[1]

傑伊是位著名的歐洲現代思想史家，但他會踏入感覺史的領域並非偶然。1993年，他出版堂皇巨作《俯視之眼》（*Downcast*

---

[1] Martin Jay, "In the Realm of the Senses: An Introduction," 307-315. 收錄在這個論壇的文章還包括了 Sophia Rosenfeld, "On Being Heard: A Case for Paying Attention to the Historical Ear"; Mark S. R. Jenner, "Follow Your Nose? Smell, Smelling, and Their Histories"; Jessica Riskin, "The Divine Optician"; Priscilla Parkhurst Ferguson, "The Senses of Taste"; Elizabeth Harvey, "The Portal of Touch".

Eyes），以超過600頁的篇幅，討論「視覺」在20世紀法國思想中的位置，研究對象從柏格森、梅洛龐蒂、沙特，到拉岡、傅柯與德希達。從這樣廣泛的研究中，他歸納出其中有一種普遍的「反視覺中心論述」（antiocularcentric discourse）。[2]如果說在西方思想史上一直有種傾向，是把視覺放在五感當中最崇高的位階（the noblest of the senses）──這思想源頭可以一路追溯到希臘時代──那傑伊筆下的這些思想家，則是要把視覺拉下神壇。

《俯視之眼》代表了歷史學者處理感覺的一種取徑，也就是考察哲學家與思想家們如何談論不同的感官。音樂史學者厄曼（Veit Erlmann）的《理性與共鳴》（Reason and Resonance）是另一個例子。[3]在這本書中，他考察自笛卡兒以降的歐洲哲學論述如何看待「聽覺」。如果說傑伊的作品聚焦在法國思想家對視覺的攻擊，那麼厄曼的書換個角度，要為聽覺恢復其地位。過去思想家往往強調視覺與理性的密切關係，進而將視覺當作現代性的核心感官，厄曼則企圖證明，其實聽覺的重要性不遑多讓。[4]

不過，從傑伊所主編的論壇中可以看出，這樣的研究取徑（姑且稱之為感官的思想史）只是感覺史的其中一個支脈，而且有著明顯的侷限：它所處理的是社會上一小群菁英與知識分子的想法。但更多學者關心的，不只是哲學家們怎麼思考感官，更是歷史中一般人在日常生活中的感官體驗。換言之，感覺史應該是

---

2 Martin Jay, *Downcast Eyes: The Denigration of Vision in Twentieth-Century French Thought* (Berkeley: University of California Press, 1993).

3 Veit Erlmann, *Reason and Resonance: A History of Modern Aurality* (New York: Zone Books, 2010).

4 關於視覺與現代性的關係，參見Martin Jay, "Scopic Regimes of Modernity," in Hal Foster ed., *Vision and Visuality* (New York: New Press, 1999), 3-23; David Michael Kleinberg-Levin, *Modernity and the Hegemony of Vision* (Berkeley: University of California Press, 1993).

日常生活史的一部分。

在前述論壇出現的三年後，英國與愛爾蘭的德國歷史協會（German History Society）出版的期刊《德國史》（German History）上，刊出了另一個書面論壇，主題中同樣是「感覺」（The Senses），彷彿是與前者遙相呼應。這個論壇由《德國史》編輯部規畫了五個與感覺史相關的問題，頗能反映感覺史研究中的關懷，比如：「五感是否構成了一致的（coherent）研究對象，或者在方法論以及對於更大的歷史理解的貢獻上各不相同？」同時邀集歐美四地的四位學者，以對話的方式交換對這些課題的意見，分享他們的觀點。[5]

大西洋兩岸的學者同時開始關注感覺的歷史，代表了一個新的研究領域正在成形。正如《德國史》編者在論壇導言所寫，過去10多年來，感覺史已經從一個邊緣的、小眾的議題，開始走向了歷史研究舞臺的中心，與其他領域產生了建設性的對話，並在我們思考歷史研究時提供了一個獨特的視野。這樣的動向甚至連大眾媒體也注意到了，2003年的《紐約時報》上有篇名為〈你能看到、聽到、聞到、觸摸到和嘗到的歷史〉的短文，內文中就強調：「感覺正熱門」（The senses...are hot.）。[6]

不過，感覺為何有歷史？感覺如何有歷史？如果感覺有歷

---

5 C. Birdsall et al., "Forum: The Senses," *German History* 32:2 (2014), 256-73. 近來德國史中關於感覺的作品，還有如：Michael J. Schmidt, "Visual Music: Jazz, Synaesthesia and the History of the Senses in the Weimar Republic," *German History* 32:2 (2014), 201-23; Carolyn Birdsall, *Nazi Soundscapes: Sound, Technology and Urban Space in Germany, 1933-1945* (Amsterdam: Amsterdam University Press, 2012). 除了德國史，俄國史領域中近來也出現了一部感覺史的論文集，見 Matthew P. Romaniello and Tricia Starks, *Russian History through the Senses: From 1700 to the Present* (New York, NY: Bloomsbury Academic, 2016).

6 Emily Eakin, "History You Can See, Hear, Smll, Touch and Taste," *New York Times,* Dec 20, 2003.

史，歷史學者又該如何捕捉和書寫它們？在這一篇文章中，我打算回顧一些研究著作與趨勢，並兼顧理論與實作兩個層面來介紹這個新興領域，但這不會是一個全面性、地毯式的考察，我的討論對象以英語世界（或翻譯為英語）的作品為主，而且集中在比較有代表性的學者與作品。在準備撰寫這篇文章時，我稍微搜索了一下目前中文世界對於感覺史的討論，發現能夠找到的資料相當少，[7]本文提及的文獻，也少有中譯本。作為介紹性的文章，本文希望可以引起一些讀者的興趣，進而探索這個新鮮又充滿活力的歷史學領域。

二、一個新領域的興起

「感覺」成為歷史研究的主題，不但多數讀者聞所未聞，就算對許多專業的歷史學者而言，恐怕都是個頗為新鮮的想法。的確，感覺史的興起也不過是近二、三十年的事。1994年，美國史學者羅德（George Roeder）曾在美國史的專業刊物上撰寫研究回顧，一開頭就抱怨：歷史學是一門近乎「無感」的學科（Ours is a nearly sense-less profession）。為了證明自己不是無的放矢，他廣泛調查了20世紀下半葉出版的美國通史教科書，總計16本。他發現，其中關於20世紀的部分，多數幾乎都不關注歷史中的感覺面向；如果有，也十分單調，僅集中在一些負面的感受（比如疼痛、噁心），無怪乎對感官文化有興趣的他會有此感嘆。[8]

---

7 除了下文提到的著作外，少數的作品有如陳昊，〈觸覺與視覺之間的傳統與現代性？：中國歷史、社會和日常生活中的身體感〉，《人文雜誌》，第9期（2015），頁82-90。

8 George H. Roeder, "Coming to Our Senses," *Journal of American History* 81:3 (1995), 1112-1122;

　　不過，羅德也指出，在他書寫的當下，情勢已經出現改變，不只是美國史教科書增加關於感覺經驗的篇幅，美國史領域也出現不少經典著作，讓人注意到歷史中的感覺。羅德在文章中舉證的例子，大多不是嚴格意義上的感覺史。比如他提到烏利克（Laurel Ulrich）的名作《產婆故事》（*A Midwife's Tale*），這本書透過18、19世紀之交，美國新英格蘭地區一部出自女性產婆之手的日記，細膩地重建當時一般人的日常生活，其中當然免不了會提到感官體驗的描述（比如病人身上的臭氣，或是喝完熱茶後的舒適感）；又如克羅農（William Cronon）在環境史領域中的經典名著、描寫芝加哥歷史的《自然的大都會》（*Nature's Metropolis*），還有許多其他的例子，裡頭都可以找到感覺歷史的痕跡。[9] 羅德呼籲同行儘快投入這個領域，他說，當感覺史的研究能夠與政治史、哲學史或社會運動史等量齊觀的時候，不僅能夠擴大觀眾群與研究領域，也能大大增進我們對過往世界的理解。[10]

　　從羅德的抱怨到今日的發展，短短時間內，感覺史已經有了十分豐富的成果，各種新研究著作出場的速度，更是讓人目不暇給。上述提及的期刊專題，只是其中的幾個例子。在其他期

羅德對感官，特別是視覺文化的關心由來已久，參見 George H. Roeder, "Filling in the Picture: Visual Culture," *Reviews in American History* 26:1 (1998), 275-293.

9　羅德所提及的例子包括了：David Hackett Fischer, *Albion's Seed: Four British Folkways in America* (New York: Oxford University Press, 1989); Laurel Thatcher Ulrich, *A Midwife's Tale: The Life of Martha Ballard, Based on Her Diary, 1785-1812* (New York: Knopf, 1990); Christine Stansell, *City of Women: Sex and Class in New York, 1789-1860* (New York: Knopf, 1986); William Cronon, *Nature's Metropolis: Chicago and the Great West* (New York: W. W. Norton, 1991); Patricia Nelson Limerick, *The Legacy of Conquest: The Unbroken Past of the American West* (New York: W. W. Norton, 1988).

10　Roeder, "Coming to Our Senses," 1022.

刊上，我們也看到了類似專題的出現，比如2008年《美國史期刊》（*Journal of American History*）、2012年《18世紀研究期刊》（*Journal for Eighteenth-Century Studies*）、《中古文化研究期刊》（*Postmedieval: A Journal of Medieval Cultural Studies*）均發行感覺史的專號。[11] 2011年的《美國季刊》（*American Quarterly*）也發行「聆聽美國研究」（Listening to American Studies）專號，其他類似這樣針對單一感官的專題，更是不勝枚舉。[12]同樣地，在歷史學的一些次領域，如環境史、建築史、藝術史，乃至於體育史中，我們也能看到「感覺轉向」的呼聲或興趣。[13]

感覺研究甚至已經建立了自己的陣地。2006年由布爾（Michael Bull）等人發起的《感覺與社會》（*Senses & Society*）期刊正式成立，儘管範圍不限於歷史學，但不時可以見到感覺史的文章與討論。在發刊詞中，他們寫道，這份刊物的出現，標示著「在人文、社會科學與藝術中的『感覺革命』（sensual revolution）」。按照他們的說法，這個革命揭示了感覺在歷史以及不同文化當中「驚人的多重形構」（startling multiplicity of

---

11 Mark M. Smith, "Still Coming to 'Our' Senses: An Introduction," *The Journal of American History* 95:2 (2008), 378-380; M. M. Smith, "Preface: Styling Sensory History," *Journal for Eighteenth-Century Studies* 35:4 (2012), pp 469-472; Holly Dugan et al., "Intimate Senses/Sensing Intimacy," *Postmedieval: A Journal of Medieval Cultural Studies* 3:4 (2012), 373-488.

12 Kara Keeling and Josh Kun, "Introduction: Listening to American Studies," *American Quarterly* 63:3 (2011), 445-459. 這個特輯也發行了單行本：Josh Kun and Kara Keeling, *Sound Clash: Listening to American Studies* (Chicago: Johns Hopkins University Press, 2012).

13 Jenni Lauwrens, "Welcome to the Revolution: The Sensory Turn and Art History," *Journal of Art Historiography* 7 (2012), 7-17; François Quiviger, *The Sensory World of Italian Renaissance Art* (London: Reaktion Books, 2010); Alice T. Friedman, "A Sense of the Past," *Journal of the Society of Architectural Historians* 69:4 (2010), 484-489; R. N. Chester, "Sensory Deprivation: Taste as a Useful Category of Analysis in Environmental History," *Environmental History* 14:2 (2009), 323-330; Barbara J. Keys, "Senses and Emotions in the History of Sport," *Journal of Sport History* 40:1 (2013), 21-38.

different formations）。換句話說，感覺不應該專屬於心理學或神經生物學的學者，人文社會學者在這個領域中也有話可說。[14] 發起人之一的豪斯（David Howes）同時也任職於康考迪亞大學（Concordia University）的感覺研究中心（Centre for the Senses Studies），他和幾位學術上長期合作的夥伴，過去10餘年來生產了大量有關感覺史的作品。這些作品良莠不齊，但開風氣之先的功勞不能磨滅。[15]

　　除了期刊、研究中心，在一些大學的歷史系中，已經開設了感覺史的課程。[16]此外，還有幾個學術研究書系的出現，比如布魯姆斯伯里出版社（Bloomsbury）的「感官研究」（Sensory Studies）系列，伯格出版社（Berg）的「感官形構」（Sensory Formations）系列、伊利諾大學出版社（University of Illinois Press）的「感覺史研究」（Studies in Sensory History）系列等。這些書系所涵蓋的內容五花八門，而且各有側重：「感官形構」專出「讀本」系列，結合已經出版的期刊論文或書本章節，提供感興趣的讀者作為入門教科書，已經出版的書目包括了《感官帝國：感覺文化讀本》（*Empire of the Senses : the Sensual Culture Reader*）、《聽覺文化讀本》（*The Auditory Culture Reader*）、《嗅覺文化讀本》（*The Smell Culture Reader*），此外還有視覺、

14 Michael Bull et al., "Introducing Sensory Studies," *The Senses and Society* 1:1 (2006), 5-7.

15 Constance Classen, *Aroma: The Cultural History of Smell* (London: Routledge, 1994); Constance Classen, *The Deepest Sense: A Cultural History of Touch*, Studies in Sensory History (Urbana: University of Illinois Press, 2012); David Howes, *The Varieties of Sensory Experience: A Sourcebook in the Anthropology of the Senses* (Toronto: University of Toronto Press, 1991); David Howes, *Sensual Relations: Engaging the Senses in Culture and Social Theory* (Ann Arbor: University of Michigan Press, 2003).

16 如普林斯頓大學（Princeton University）歷史系的湯姆遜教授（Emily Thompson），後文會再提及她的作品。她所開授的課程大綱已經公布在個人網頁上。

觸覺、味覺以及第六感（The Sixth Sense）等等。[17]這套書系主編是前面曾提及的豪斯，他是位訓練有素的人類學家，讀本所收錄的文章因此不限於歷史領域，而是充分展現了跨學科的企圖；至於同樣由他主編、布魯姆斯伯里出版社的「感官研究」系列，則更側重了人類學的取徑，這從書目上即可看出：諸如《儀式、表演與感覺》（*Ritual, Performance and the Senses*）、《品味的發明：一份關於流行、飲食與藝術中的欲望、喜悅與噁心的文化報告》（*The Invention of Taste: A Cultural Account of Desire, Delight and Disgust in Fashion, Food and Art*）等，書系中也出版了一本感覺人類學的導論書。[18]相形之下，伊利諾大學出版社的感覺史研究系列，請來南卡羅萊納大學（University of South Carolina）的歷史學教授、也是相當多產的感覺史學者馬克・史密斯（Mark Smith）擔任主編，其中收錄的書目就更偏向歷史學的口味，如《英國的噪音時代：聆聽現代性》（*The Age of Noise in Britain: Hearing Modernity*）、《從貪食到啟蒙：歐洲近代早期的味覺世界》（*From Gluttony to Enlightenment: The World of Taste in Early Modern Europe*）、《噪音之城：聲音與19世紀的巴黎》

---

17 David Howes, *Empire of the Senses: The Sensual Culture Reader* (New York: Berg, 2005); Michael Bull and Les Back eds., *The Auditory Culture Reader* (New York: Berg, 2003); Constance Classen ed., *The Book of Touch* (New York: Berg, 2005); David Howes ed., *The Sixth Sense Reader* (New York: Berg, 2009); Jim Drobnick ed., *The Smell Culture Reader* (New York: Berg, 2006); Jim Drobnick ed., *The Smell Culture Reader* (New York: Berg, 2006); Carolyn Korsmeyer ed., *The Taste Culture Reader: Experiencing Food and Drink* (New York: Berg, 2005); Elizabeth Edwards and Kaushik Bhaumik eds., *Visual Sense: A Cultural Reader* (New York: Berg, 2008).

18 Michael Bull et al., *Ritual, Performance and the Senses*, Sensory Studies Series (New York: Bloomsbury Academic, 2015); Luca Vercelloni, *The Invention of Taste: A Cultural Account of Desire, Delight and Disgust in Fashion, Food and Art*, Sensory Studies Series (New York: Bloomsbury Academic, 2016); François Laplantine, *The Life of the Senses: Introduction to a Modal Anthropology*, Sensory Studies Series (New York: Bloomsbury Academic, 2015).

（*City of Noise: Sound and Nineteenth-Century Paris*）、《感覺芝加哥：製造噪音、破壞罷工與揭發醜聞的人們》（*Sensing Chicago: Noisemakers, Strikebreakers, and Muckrakers*），其他還有如觸覺與嗅覺的專書等。[19]近來還有一個新的書系，聚焦在古代世界的感官經驗。[20]

從這樣一個簡略的掃描，已經可以看出感覺史在短短時間內，不僅累積的成果極為豐碩，涵蓋的主題更是多端。2014年，布魯姆斯伯里出版社更推出由克拉森（Constance Classen）主編的《感覺的文化史》（*A Cultural History of the Senses*）系列，一共六冊，分別討論感覺在古代、中世紀、文藝復興時代、啟蒙時代、帝國時代與現代的歷史。[21]乍看之下，頗有向年鑑學派著名作品《私生活史》致敬的味道。不過，在編輯架構上，這套書就顯得比較呆板，每一冊都一致地分成九個同樣的主題，如宗教中的感覺、哲學與科學中的感覺、醫學與感覺、文學與感覺等。此外，儘管在書名上沒有明言，但這套書的涵蓋範圍幾乎只限於西方世

---

19 Aimée Boutin, *City of Noise: Sound and Nineteenth-Century Paris* (Urbana: University of Illinois Press, 2015); Jonathan Reinarz, *Past Scents: Historical Perspectives on Smell* (Urbana: University of Illinois Press, 2014); Adam Mack, *Sensing Chicago: Noisemakers, Strikebreakers, and Muckrakers* (Urbana: University of Illinois Press, 2015); Greg Goodale, *Sonic Persuasion: Reading Sound in the Recorded Age* (Urbana: University of Illinois Press, 2011); James G. Mansell, *The Age of Noise in Britain: Hearing Modernity* (Urbana: University of Illinois Press, 2017); Viktoria Von Hoffmann, *From Gluttony to Enlightenment: The World of Taste in Early Modern Europe* (Urbana: University of Illinois Press, 2016); Camille Bégin, *Taste of the Nation: The New Deal Search for America's Food* (Urbana: University of Illinois Press, 2016).

20 Michael Squire, *Sight and the Ancient Senses*, Senses in Antiquity (London: Routledge, 2016); Mark Bradley, *Smell and the Ancient Senses*, Senses in Antiquity (London: Routledge, 2015); Shane Butler and Alex C. Purves, *Synaesthesia and the Ancient Senses*, (London: Routledge, 2013).

21 Constance Classen et al., *A Cultural History of the Senses* (New York: Bloomsbury Academic, 2014).

界，視野上不免有其侷限，這也是目前感覺歷史研究的通病。

　　想要簡便入門的讀者，可以選擇兩本通史性的書籍：馬克‧史密斯的《感受過去》（*Sensing the Past*）或德國學者尤特（Robert Jütte）的《感覺的歷史：從遠古到網路時代》（*A History of the Senses: From Antiquity to Cyberspace*）。[22]前者正文僅130餘頁，按照視覺、聽覺、嗅覺、味覺與觸覺的順序，十分簡約而清晰地交代了近年來的研究成果；後者則超過了300頁，分量比前者多，並且是以時代先後順序，講述感官的變遷。尤特把感覺史分成三大部分：第一部分從古代一直到近代早期；第二部分是18和19世紀，也是他所謂的從感性世界（the world of the senses）到理性（the world of reason）的轉折時代；第三部分則是20世紀對感官的「再發現」（rediscovery）。值得注意的是，雖然這兩本書的內容有不少呼應之處，但尤特所採取的時代分期與呈現的歷史圖像，也就是把啟蒙時代看作感覺史分水嶺的做法，恰好是史密斯在他書中企圖反省和挑戰的論述──我們在本文最後會再回到這個議題。[23]

三、感覺、身體與醫療

　　「感覺史」何以出現？這個問題可以有很多不同回答的方式。如果按照傑伊在前述論壇導言中所說，從20世紀末葉以來，

---

22 Robert Jütte, *A History of the Senses: From Antiquity to Cyberspace* (Cambridge, UK; Malden, MA: Polity, 2005); Mark M. Smith, *Sensing the Past: Seeing, Hearing, Smelling, Tasting, and Touching in History* (Berkeley: University of California Press, 2007).

23 關於啟蒙運動在感覺史上的意義，見Carolyn Purnell, *The Sensational Past: How the Enlightenment Changed the Way We Use Our Senses.* (New York: W. W. Norton & Company, 2017).

歷史學研究經歷多次「轉向」——語言轉向、文化轉向、身體轉向，每次都拓寬了歷史研究的範圍與視野，不再侷限於帝王將相等傳統史家關心的課題，也跳出傳統政治、社會、經濟、思想等人們習以為常的範疇，許多原本意想不到的研究主題，而今也成為可能。在這種包羅萬象、將一切歷史化的趨勢下，感覺史的出現，似乎也不那麼讓人意外。

晚近幾十年來，對於身體歷史研究的熱潮，與感覺歷史的興起尤其密切。一如費俠莉（Charlotte Furth）在一篇研究回顧中所指出，「感知」一直是身體史研究中的重要取向。[24]而在身體史的研究中，醫學史家又扮演了十分關鍵的角色。費俠莉特別提及德國史家杜登（Barbara Duden）的名著《膚下的女人》（*The Woman Beneath the Skin*）。如果說，傳統的醫學史著作多半集中於醫者與醫學理論，杜登的著作則把注意力移到了病人身上。儘管她用的材料仍然出自醫者之手，但她特別著力於挖掘病人的疾病經驗與身體感受，從他們所使用的詞彙和語言中，杜登看見的是一套對身體的想像和理解，它與現代醫學截然不同，卻也自成一格。[25]

除了杜登，同樣值得注意的，還有由著名醫學史家波特（Roy Porter）等人主編的《醫學與五感》（*Medicine and the Five Senses*）一書。這本書的前身，是1987年在英國的威爾康研究中心（Wellcome Institute）舉辦的論壇，書中收錄共14篇文章，從古代的醫者蓋倫一直寫到20世紀，而且橫跨了五種感官。有人

---

24 費俠莉，〈再現與感知：身體史研究的兩種取向〉，《新史學》，第10卷4期（1999），頁129-144。

25 Barbara Duden, *The Woman beneath the Skin: A Doctor's Patients in Eighteenth-Century Germany* (Cambridge: Harvard University Press, 1991).

研究古代西方醫生如何動用聽覺、嗅覺等感官經驗判斷病情；也有人研究聽診器與 X 光等現代技術如何改變醫療現場的感官經驗。[26] 從出版時間而論，這本書可以看作一本具有開創意義的先鋒之作，也是一部嘗試之作。它稱不上全面，也未必足夠深入，比如作者大都關注感覺在醫學診斷上所扮演的角色，對於治療面的關注明顯不足。

就感覺與醫學而言，臺灣讀者比較熟悉的，應該是是栗山茂久的《身體的語言》。在本書中，他透過比較古代希臘與中國脈診，論證日常的身體感覺與醫學思想的發展如何相輔相成，相互交織。儘管栗山在著作中並未使用理論術語，但他的研究有著當代思想，特別是梅洛龐蒂與現象學的影子，重視身體感受與存有之間一體兩面的關係。[27] 在後續的研究中，他把研究主題從古代醫學移到了 16 世紀之後，但對於感官所扮演的角色則保持了一貫的關注，比如在《肩凝考》中，他從一個當代日本相當普遍的病痛──肩凝出發，挖掘這樣一個獨特的、難以翻譯成其他語言的身體感覺，如何與江戶時代追求「流通」的經濟觀念相互呼應。同一篇文章中，他也提及了江戶時代獨特的「腹診」──醫生由觸摸病人的腹部作為診斷方式。[28]

通過這一系列作品，栗山茂久提倡從過去「身體觀」的研究，進一步推進到對於「身體感」的研究。這一想法在臺灣的學術界收到了迴響。在人類學者余舜德組織下，以中央研究院民族

26　Roy Porter and W. F. Bynum eds., *Medicine and the Five Senses* (Cambridge: Cambridge University Press, 1993).

27　Shigehisa Kuriyama, *The Expressiveness of the Body and the Divergence of Greek and Chinese Medicine* (New York: Zone Books, 2011).

28　Shigehisa Kuriyama, "The Historical Origins of Katakori,'" *Japan Review* 9 (1997), 127-149.

學研究所為基地，組成了身體經驗研究團隊，自2000年開始至今，已經有了相當的成果，包括出版了數個期刊的專號與論文集。[29]在一篇兼具回顧與介紹性的文章中，余舜德將他們所謂的身體感定義如下：

> 身體感乃是身體經驗的項目（categories），諸如冷／熱、軟／硬、明／暗、香／臭、骯髒／清潔、好吃／噁心等，都是我們日常生活中感受內在與外在環境的「焦點」，身體感的項目繁多，舉凡日常生活中人們用來 make sense of 外在及內在環境的觀念（如清潔、正式、莊嚴、神聖、秩序）或分類觀念（如新鮮／腐敗、陰／陽、華麗／簡樸），都有其體現於身體經驗的一面；這些身體項目之間更具有體系性關係，例如由陰暗感受到恐怖、從明亮與色彩聯想到華麗，所以是人們解讀感官收到的訊息之藍本；它們類似認知科學強調之觀念或文化分類體系，是人們處理每刻接手大量龐雜之身體感受的訊息時，將這些資訊放入秩序（put into order），加以解讀並做出反應的根本。[30]

我們在前面所看到的不少著作，大多是以五感為分類基底，相形之下，余舜德此處提示了另一種想像感覺史的可能。他所提及的清潔、莊嚴、神聖等，很可能都是來自多重感官經驗的結合（比如氣味與空間感）。這樣的研究取徑也反映在團隊的研究

---

29 余舜德編，《身體感的轉向》（臺北：國立臺灣大學出版中心，2015）；余舜德編，《體物入微：物與身體感的研究》（新竹：國立清華大學出版社，2008）。
30 余舜德，〈物與身體感的歷史：一個研究取向的探索〉，頁5-49。引文出自頁23。

題目中，比如傳統中國文化中十分普遍的「虛」的身體經驗，或現代社會常見的「煩悶」（boredom）感覺，都無法化約於單一的感官範疇。這種多感官（multi-sensorality）與跨感官（inter-sensorality）的體驗，也是感覺研究中的重要取徑。

此外，他們也特別重視物質文化在感覺體驗中扮演的角色，因此在團隊中，有人研究宗教儀式中使用的香，有人研究普洱茶，也有人關注房舍裝潢與舒適感的關係。余舜德特別強調，身體感、物以及社會科技之間，「存在一個『共同演化』（co-evolution）」：「於人創作、製作、消費物的過程中，人的身體也可能隨著他們自己所創造的物質環境而變化，出現新的慣習與身體經驗上的需求與偏愛，這些新的身體感項目或項目內涵的轉變並反過來影響科技的發展、新的物之設計與製造、行動者的日常生活、即隨而之的政治經濟的過程」。[31] 在這樣具有時代變遷的演化框架之下，感覺研究就不只是人類學的考察，而可以同時帶入歷史研究的視野。

四、感覺的自然史與文化史

1990年，作家艾克曼（Diane Ackerman）出版了她的名作《感覺的自然史》（*A Natural History of the Senses*），後來被翻譯為中文，以《感官之旅》為名，在臺灣出版。[32] 無論在美國還是在臺灣，這本書都成為了廣受讀者歡迎的暢銷之作，也為艾克曼

---

31 余舜德，〈物與身體感的歷史：一個研究取向的探索〉，頁37。

32 Diane Ackerman, *A Natural History of the Senses* (New York: Random House, 1990)；黛安‧艾克曼，《感官之旅》（臺北：時報文化出版企業股份有限公司，2007）。

贏得了名氣。在這本書中，艾克曼旁徵博引，調度各種文學、歷史與科學的材料，夾雜著軼聞與她個人的觀察和感觸，以十分詩意的手筆，書寫各種感官經驗的意義。

　　艾克曼的暢銷之作，固然可以歸功於她個人文字的魅力，但也可以反映一般讀者對於感官這個議題的興趣。在當代的資本主義與消費文化中，「五感」是不少廣告或行銷業者喜愛的工具。[33]近年來有越來越多的歷史學者注意到，商業的力量如何形塑了我們的感官體驗，食物的顏色可為其中一例。早在1928年，美國杜邦公司的調查就指出，消費者在購買食品時，有85%是由視覺所決定，這也開啟了往後對於食物調色（coloring）的風潮。[34]在商業力量的推波助瀾下，追求五感的愉悅成了風行的概念。而近年來，技術的進步也讓「感覺」成了熱門的話題。比如虛擬實境（virtual reality）與擴增實境（augmented reality）的興起，改變了人們在視覺上與聽覺上的體驗；[35]而人造香料的無所不在，更改變了現代人味覺與嗅覺的體驗——化學工業可以模擬、甚至創造

33 Bertil Hultén, *Sensory Marketing* (New York: Palgrave Macmillan, 2009); Timothy de Waal Malefyt , "An Anthropology of the Senses: Tracing the Future of Sensory Marketing in Brand Rituals," in Rita Mary Taylor Denny and Patricia L. Sunderland eds., *Handbook of Anthropology in Business* (London: Left Coast Press, 2014), 704-721; David Howes, *Ways of Sensing: Understanding the Senses in Society* (London: Routledge, 2014); Gary S. Cross, *Packaged Pleasures: How Technology and Marketing Revolutionized Desire* (Chicago: The University of Chicago Press, 2014).

34 Ai Hisano, "The Rise of Synthetic Colors in the American Food Industry, 1870-1940," *Business History Review* 90, no. 3 (2016), 483-504.

35 關於虛擬實境的理論與技術，見Howard Rheingold, *Virtual Reality* (New York: Summit Books, 1991); Michael Heim, *The Metaphysics of Virtual Reality* (New York: Oxford University Press, 1993); Sandra K. Helsel and Judith Paris Roth eds., *Virtual Reality: Theory, Practice, and Promise* (Westport, CT: Meckler, 1991). 同樣在這個趨勢之下值得注意的，則是晚近興起的「媒體考古學」，如Siegfried Zielinski, *Deep Time of the Media: Toward an Archaeology of Hearing and Seeing by Technical Means* (Cambridge, Mass.: MIT Press, 2006).

出此前並不存在的氣味或味覺。[36]在這樣的脈絡下，艾克曼可謂出現的正是時機。

不過，艾克曼的書雖然內容龐雜而豐富，但對於歷史學者而言，卻難免感覺意猶未盡。原因在於，艾克曼雖然用了為數不少的歷史材料，但感官經驗的歷史變遷並非她關心的重點。綜觀全書，她沒有為感官的歷史變化提出任何明確的說法或詮釋，對於各種歷史現象的時間脈絡，也並未投以太多用心。本書前言的一段話，可以說明艾克曼為何選擇這種寫作取徑，她這樣寫道：「我們如何取悅我們的感官，依文化而有不同……然而我們運用這些感官的方式是完全相同的。最使人訝異的不是我們的感官知覺越過多少文化，而是它們跨過多少時間。我們的知覺使我們與過去緊密結合，例如古羅馬詩人浦洛柏夏斯寫了許多關於情婦賀絲夏性反應的詩，他與她在亞諾河畔做愛。當我讀到這些詩時，

36 關於氣味，見 Edwin T. Morris, *Fragrance: The Story of Perfume from Cleopatra to Chanel* (New York: Scribner, 1984); Chandler Burr, *The Perfect Scent: A Year inside the Perfume Industry in Paris and New York* (New York: Henry Holt, 2008); Chandler Burr, *The Emperor of Scent: A Story of Perfume, Obsession, and the Last Mystery of the Senses* (New York: Random House, 2002); Richard Howard Stamelman, *Perfume: Joy, Obsession, Scandal, Sin: A Cultural History of Fragrance from 1750 to the Present* (New York: Rizzoli, 2006); Tilar J. Mazzeo, *The Secret of Chanel No. 5: The Intimate History of the World's Most Famous Perfume* (New York: Harper, 2010). 關於食品與味覺，可參考 Bee Wilson, *Swindled: From Poison Sweets to Counterfeit Coffee: The Dark History of the Food Cheats* (London: John Murray, 2008); Eric Schlosser, *Fast Food Nation: The Dark Side of the All-American Meal* (Boston: Houghton Mifflin, 2001); Ann Veleisis, "Are Tomatoes Natural?" in Martin Reuss and Stephen H. Cutcliffe eds., *The Illusory Boundary: Environment and Technology in History* (Virginia: University of Virginia Press, 2010), 211-248; Melanie Warner, *Pandora's Lunchbox: How Processed Food Took over the American Meal*, (New York: Scribner, 2013); Anthony Winson, *The Industrial Diet: The Degradation of Food and the Struggle for Healthy Eating* (New York: New York University Press, 2013); Carolyn Thomas de la Peña, *Empty Pleasures: The Story of Artificial Sweeteners from Saccharin to Splenda* (Chapel Hill and London: University of North Carolina Press, 2010); Kara Platoni, *We Have the Technology: How Biohackers, Foodies, Physicians, and Scientists Are Transforming Human Perception, One Sense at a Time* (New York: Basic Books, 2015).

不禁訝異自西元前20年迄今，調情的方式實在沒多少改變……
賀絲夏對感官的知覺的解釋或許與現代女性不同，**但傳送至她感
官的訊息，及由其感官傳送出來的訊息，卻是同樣的。**」[37]換句話
說，儘管她了解感官的文化差異與歷史變化，但究其核心，她相
信感官知覺有一種超越時間與空間的相通性，這才是她在爬梳各
種駁雜的文獻後，想要傳達給讀者的。

　　相形之下，本文介紹與回顧的作品，則多半聚焦在感官經
驗的文化差異與歷史演變。如果說艾克曼寫的是「感官的自然
史」，那麼本文介紹的多數作品，或許可以被統稱為是「感官的
文化史」，當艾克曼強調感官知覺作為生理現象的一面，歷史學
者則多半預設感覺經驗是與社會文化相互形塑，包括前面所提及
的商業或科技等力量。當社會文化隨著時空環境而改變，感官經
驗自然也有了歷史。這樣的觀點，企圖挑戰一般將「感覺」視為
純粹生理現象的觀念。一些學者引用了馬克思在《1844年經濟
學－哲學手稿》中所說：「五官感覺的形成是以往全部世界歷史
的產物（the forming of the five senses is a labor of the entire history
of the world down to the present）。」用來說明感覺不只是生物性
的事實，也是政治經濟的產物。有些學者則更進一步提醒我們，
連「五感」這樣的概念本身都是文化的產物，在不同文化中對於
感覺的位階排列也有所不同。歷史學者烏加爾（C. M. Woolgar）
就說，在中世紀晚期的英國，「言說」（speech）也是感覺的一
種，因此在他關於中古感覺的書中獲得一整章的討論篇幅。[38]

---

37 艾克曼，《感官之旅》，頁2-3。重點為筆者所加。
38 C. M. Woolgar, *The Senses in Late Medieval England* (New Haven: Yale University Press, 2006),
　　chapter 5.

　　當然，自然史與文化史這兩種取徑未必是、也不應該是相互排斥的，研究感官經驗的學者通常會主張，我們必須同時關注感覺的生物面（身體的感受）與文化面（意義的形成）。這呼應了晚近研究身體史的趨勢，也就是不再把身體化約為生物學的研究對象，也不看作是純粹社會建構或文化想像的產物——換言之，身體（還有疾病）都不只是「論述」。左翼文學評論家伊格頓（Terry Eagleton）在《理論之後》（*After Theory*）一書中對此有著辛辣的評論，他認為20世紀晚期以來思想界對於身體的執迷，把身體變成了一種中產階級學院派的智力遊戲，各種研究題材看似新鮮、花樣百出，卻缺乏對於社會與人性的關懷。他不無嘲諷地說，不少學者對於性虐待的興趣已經遠高於馬克思主義。伊格頓並非要反對所有對於身體的研究，而是要我們重新看見那些挨餓的、勞動的身體。[39]

　　上述自然史與文化史的分野，關乎史家如何書寫感覺史。過去有些以感覺為名的歷史學者，強調自己透過史料研究，「重建」過去人們所接觸到的聲音、氣味與各種感覺經驗，讓讀者可以感受歷史中的世界。美國史家侯佛（Charles Hoffer）的《美國早期感官世界》（*Sensory World of Early America*），可謂這種主張的箇中代表。在本書的一開始，他便宣稱這種感官經驗的重建是他的目標；他也頗為讚揚在美國十分流行的歷史重演（reenactment）或真人博物館（living museum），認為這些活動在讓讀者或觀眾「感同身受」上，比書齋中歷史學者所寫出的作品更要有效。[40]事

---

39 Terry Eagleton, *After Theory* (London: Allen Lane, 2003), 2-3。

40 Peter Charles Hoffer, *Sensory Worlds in Early America* (Chicago: Johns Hopkins University Press, 2003).

實上，如同我們前面所說，在晚近科技的進步下，這樣「重建」
歷史場景與環境的目標，似乎越來越有可能達成。比如在日本的
立命館大學，就有團隊利用3D技術，投入創造「虛擬京都」[41]；美
國哈佛大學亦有「數位吉薩」（Digital Giza）的計畫，目標是能
帶讀者透過虛擬實境的裝置，造訪金字塔內部，甚至是重建歷史
上的場景。[42]儘管上述計畫，目前多以視覺的重現為主，但也可
以想見未來在多重感官上可能的發展與應用。

　　不過，侯佛等人所亟欲達成的重建，真是感覺史的最終目
標嗎？另一位歷史學者馬克・史密斯對於侯佛的立場提出了相當
尖銳的批評，他認為這樣的目標對於感覺史的發展本身並無益
處，甚至在概念上會走向死胡同。雖然他同樣相信，在科技的協
助下，重建歷史上的氣味或聲音不是不可能，但他強調，人們在
感受，或者用他的說法，在「消費」（consuming）這些感覺經驗
的對象時，仍然受到了文化與脈絡的影響。[43]舉例來說，同樣的
氣味——哪怕是分子結構完全相同——在不同的時代裡可能引發
截然不同的感受。身為美國史家的史密斯曾在自己作品中指出，
氣味一直是美國社會內部互動時用以分別種族的重要標誌，在種
族歧視盛行的年代，特定族群的體味也成為了貶抑的對象；但在
經歷民權運動過後的今天，同樣的氣味可能已經逐漸與歧視脫

---

41 矢野桂司等，〈歷史都市京都のバーチャル時．空間の構築〉，E-Journal GEO 1 (2006)，頁
　　12-21；Keiji Yano et al., "Virtual Kyoto: 4DGIS Comprising Spatial and Temporal Dimensions"
　　Journal of Geography (*Chigaku Zasshi*) 117:2 (2008), 464-478.

42 Peter Der Manuelian, *Digital Giza: Visualizing the Pyramids* (Cambridge: Harvard University
　　Press, 2017).

43 Mark M. Smith, "Producing Sense, Consuming Sense, Making Sense: Perils and Prospects for
　　Sensory History," *Journal of Social History* 40, no. 4 (2007), 841-858.

鉤。[44]我自己研究近代東亞的「清潔」歷史，也可以作為一個例子。今天我們多半把牙膏的薄荷味與「清新」的口氣聯想在一起，而且習以為常，但其實，這是一個從19到20世紀，透過商業宣傳力量才逐漸形成的現象。[45]在此之前，人們在感受同樣的薄荷味，卻不會有喚起同等對於清潔的感受，這說明文化與脈絡在感官經驗所扮演的關鍵角色。按照史密斯的說法，後者才是歷史學者應該努力的方向。這是感覺史與一些鄰近領域（藝術史、電影史、音樂史等）不同的地方，比如在藝術史中，只研究繪畫本身已經是合格的研究，但感覺史必須同時注意到人們觀看的方式，也就是必須關照到主觀經驗的部分。

五、年鑑學派與感覺史

　　如果說艾克曼的著作帶起了大眾對於閱讀感官的興趣，那在學術界內，讓感覺史受到廣泛注目的，則要算法國史家柯班（Alain Corbin）最是居功厥偉。柯班是法國史學界著名的年鑑學

---

44 Mark M. Smith, *How Race Is Made: Slavery, Segregation, and the Senses* (Chapel Hill and London: University of North Carolina Press, 2006).

45 「清潔」也是感覺史中的一個重要課題，目前已經有一些研究，但並未所有人都從感覺史的角度出發，因此還有可發揮的空間。見 Suellen M. Hoy, *Chasing Dirt: The American Pursuit of Cleanliness* (New York: Oxford University Press, 1995); C. van Dijk and Jean Gelman Taylor eds., *Cleanliness and Culture: Indonesian Histories* (Leiden: KITLV Press, 2011); Timothy Burke, *Lifebuoy Men, Lux Women: Commodification, Consumption, and Cleanliness in Modern Zimbabwe* (Durham: Duke University Press, 1996); Richard L. Bushman and Claudia L. Bushman, "The Early History of Cleanliness in America.," *Journal of American History* 74: 4 (1988), 1213-1238; Georges Vigarello, *Concepts of Cleanliness: Changing Attitudes in France since the Middle Ages* (Cambridge: Cambridge University Press, 1988); Kathleen M. Brown, *Foul Bodies: Cleanliness in Early America*, Society and the Sexes in the Modern World (New Haven: Yale University Press, 2009).

派成員，從他的博士論文、出版於1975年的《19世紀利穆贊地方的古風與今貌》中，可以看得到年鑑學派的影子。[46]而在年鑑學派早期的成員中，特別是費夫賀（Lucien Febvre），就已經直接提倡感覺史的研究。不過這樣的構想一直未能充分開展，一直要到數十年後才由柯班付諸實踐。[47]

　　柯班最知名的作品，要數在1982年出版的《瘴氣與水仙花》（*Le miasme et la jonquille*），這本書在法國出版4年之後被翻譯成英文，改名為《臭味與香氣》（*The Foul and the Fragrant*），之後又出版日文版，標題則更為直接（儘管未盡精確），名為《氣味的文化史》（においの歷史）。[48]這樣一本書在不同社會與學術社群的翻譯史與接受史，是另一個值得注意的課題。這不是本文的重點，在此我們只能指出一個現象：相較於中文世界對於柯班的陌生——迄今只有兩本中譯本——日本學界對柯班的作品可以算得上十分熱衷，不僅有大量的翻譯作品，柯班本人也曾受邀訪日、發表演講，並與日本學者對談自己研究的歷程與思想。[49]

46　Sima Godfrey, "Alain Corbin: Making Sense of French History," *French Historical Studies* 25:2 (2002), 381-398. 該文中譯文收錄於陳建守編，《史家的誕生：探訪西方史學殿堂的十扇窗》（臺北：時英出版社，2008），頁125-156。

47　特別是 Lucien Febvre, *The Problem of Unbelief in the Sixteenth Century, the Religion of Rabelais* (Harvard University Press, 1982). 日本學者編纂了《感性の歷史》，就把費夫賀、杜比（Georges Duby）與柯班三人並列在一起，凸顯了年鑑學派內部的傳承關係。見小倉孝誠編，《感性の歷史》（東京：藤原書店，1997）。

48　Alain Corbin, *Le miasme et la jonquille: l'odorat et l'imaginaire social XVIIIe-XIXe siècles*, Collection historique (Aubier Montaigne, 1982); Alain Corbin, *The Foul and the Fragrant: Odor and the French Social Imagination* (Harvard University Press, 1986); アラン・コルバン，《においの歷史：嗅覺と社会的な想像力》（東京：藤原書店，1990）。

49　アラン・コルバン，《感性の歷史学：社会史の方法と未來》（東京：御茶の水書房，2000）。兩本中譯本為《大地的鐘聲：19世紀法國鄉村的音響狀況和感官文化》（桂林：廣西師範大學出版社，2003）與《樹蔭的溫柔：遠古人類激情之源》（香港：三聯書店（香港）有限公司，2016）。另外柯班所主編的《身體的歷史》也已經由華東師範大學出版社於2014年翻譯出版。

　　回到《瘴氣與水仙花》一書，在感覺史的研究上，這本書不僅是先驅之作，也有著重要的理論意義。在過去的歷史研究中，「嗅覺」是最容易被忽略的一個感官——氣味稍縱即逝，豈有可能留下歷史？此外，在西方思想史上，嗅覺也經常被認為是一個位階最低的感官，但透過柯班，人們赫然發現，原來從嗅覺出發，也能寫出一段具有啟發性的歷史研究。這本奇特的著作，寫來頗為駁雜，但核心論點是：在18世紀到19世紀之間的法國，特別是巴黎的都市居民之間，對於臭味的忍耐限度出現明顯地降低。柯班透過各種公私文獻去描繪這樣的變化，同時指出這些變化所帶來的後續影響，也就是各式各樣去除臭味的努力與舉措。透過「容忍限度」的研究來理解感覺歷史的變遷，這是柯班這部作品示範性的意義之所在。換句話說，什麼樣的感官經驗在某個時代人們習以為常，在另一個時代卻成為了需要解決的問題，這是柯班為感覺史家所提示的方法。

　　波特為這本書的英譯本寫了前言，他把柯班的論點稱為「除味化」（deodorization）理論。在柯班之後，有些學者也接著他的論點延伸，考察氣味在現代公共衛生史上的重要性。比如醫學史家巴恩斯（David Barnes）在自己的書中，深入地研究了19世紀末期細菌論的發展與一般人對於臭氣的理解和想像。[50] 按照這些著作中描繪出來的歷史圖像，現代化就是一場不斷消滅臭味的過程，現代世界是一個「無味」（odorless）的世界。研究古代印度宗教與氣味的麥克修（James McHugh）在他的著作中還有這麼

---

50 David S. Barnes, *The Great Stink of Paris and the Nineteenth-Century Struggle against Filth and Germs* (Chicago: Johns Hopkins University Press, 2006). Stephen Halliday, *The Great Stink of London: Sir Joseph Bazalgette and the Cleansing of the Victorian Capital* (Stroud: Sutton, 1999).

一段話，他說，在他曾經居住的美國麻州劍橋市，氣味可說十分「無趣」（dull）——產品都被包裝得好好的、排泄物全給送進了下水道，人人喜歡除去身上的氣味，也不用香水。甚至，他說，在情人節時，「玫瑰都沒有味道」。[51]麥克修的口吻也許稍嫌誇張，但可以充分反應「除味化」理論的論旨：現代世界的無味。社會學家鮑曼（Zygmunt Bauman）就宣稱，在井然有序的現代性中，氣味是沒有一席之地的[52]；甚至有人類學家宣稱，生活在這樣無味的世界中，讓美國人的嗅覺開始退化。[53]相形之下，麥克修筆下的古代印度，對於氣味與嗅覺似乎就投以了遠比今天更多的關注，顯得豐富而精彩得多。

　　「除味化」的概念雖然影響深遠，卻只捕捉到柯班作品的一面，無法適當地概括《瘴氣與水仙花》的豐富內涵。事實上，這樣類似線型進化的論述，恐怕也不是柯班能同意的。他在這本書中固然花了不少篇幅，描述法國人如何對抗臭氣，但他在其他章節中也指出，人們對於香水喜好的變化（比如傳統上受到歡迎的動物性氣味，如麝香，開始被花草等植物香氣所取代）。換言之，柯班想要呈現的是一個更為複雜、多元的變化。晚近歷史學者如詹那（Mark S. R. Jenner）也以近代早起的英國為例，指出在每個時代中，氣味與嗅覺的意義都是多面向的，或者太過急於認定氣味在某一個時代，必然比另一個時代更重要，難免顯得簡化，無法讓我們捕捉到歷史的全貌。如他所說，每一次的除味

51　James McHugh, *Sandalwood and Carrion: Smell in Premodern Indian Religion and Culture* (New York: Oxford University Press, 2012), ix.

52　Zygmunt Bauman, "The Sweet Scent of Decomposition," in Chris Rojek and Bryan S. Turner eds., *Forget Baudrillard?* (London: Routledge, 1993), 24.

53　Edward T. Hall, *The Hidden Dimension* (New York: Doubleday, 1969), 43.

（deodorizing），其實就是另一次嗅覺的再編碼（encoding）。[54]

六、超越大分裂理論

　　在氣味之後，柯班持續在感覺的歷史上耕耘。比如他曾經把注意力轉向「聲音」，在這一本名為《大地的鐘聲》（*Cloches de la Terre*；英譯標題：*Village Bells*）的書中，他指出鐘聲如何成為19世紀法國鄉村生活的中心，而聽覺又如何反映了當時的政治、社會與宗教變遷。在書中，他講述「鐘」作為兼具神聖與世俗兩種特性的物品，如何被不同的力量移除、摧毀或再生。[55]

　　柯班從嗅覺與聽覺出發、別開生面的歷史研究，除了在研究方法上提供後來者能夠參考和仿效的案例，對於感覺史與感覺研究的理論層面，也有重要的意義。

　　過去很多人主張，視覺是現代性的核心，也是代表理性的感官；相形之下，其他的感官經驗，經歷了文藝復興與啟蒙運動後，逐漸退卻到比較不重要的位置。這樣的說法，即所謂的「大分裂理論」（the great divide theory）。[56]大分裂理論中最具代表性的兩位學者，要數麥克盧漢（Marshall McLuhan）、翁恩（Walter Ong），兩人的研究儘管各有關懷，但都在作品中強調人類社

---

54 Mark S. R. Jenner, "Civilization and Deodorization? Smell in Early Modern English Culture," in Peter Burke et al., *Civil Histories: Essays Presented to Sir Keith Thomas* (New York: Oxford University Press, 2000), 127-144.

55 Alain Corbin, *Village Bells: Sound and Meaning in the Nineteenth-Century French Countryside*, European Perspectives (New York: Columbia University Press, 1998). 柯班其他感覺史的作品收錄於 Alain Corbin, *Time, Desire and Horror: Towards a History of the Senses* (Cambridge: Polity Press, 1995).

56 Smith, *Sensing the Past,* 8-13.

會，特別是在印刷技術普遍之後，從口語（聽覺）到文字（視覺）變化的重要性，也指出視覺在感官中逐漸取得了最重要的地位。[57]

　　這樣的想法也反映在感覺史的研究上。如果我們以五感為分類，過去最受到研究者矚目的，莫過於視覺。這一點從本文一開始所提及、在《美國歷史評論》上刊出的專題論壇中，就可見到端倪。該期所收錄的五篇文章，原本應該是針對五種感官的研究回顧，但在視覺的部分，作者李斯金（Jessica Riskin）的討論僅僅集中在18世紀。[58]傑伊在導言裡解釋，原因無他，實在是視覺相關研究著作太多，難以用一篇文章涵蓋之。

　　不過，隨著感覺史的發展，學者對於看似言之成理的「大分裂理論」，也出現不同的意見。視覺的重要性，也許在現代社會中確實增加，但這是否必然意味著其他感官經驗的衰落？換言之，不同感官經驗之間，是否存在著一種此消彼長的零和關係？包括柯班在內的研究者已經告訴我們，答案是否定的。研究聲音與聽覺的學者史騰（Jonathan Sterne）就曾強調：「無疑地，在啟蒙運動的哲學文獻——以及許多人的日常語言中——常常可見用光或視覺作為真理和理解的隱喻；但即使自啟蒙以來，視覺在某些方面得到了歐洲哲學討論的青睞，認為只有視覺或者視覺與聽覺理應有的差別，來解釋現代性，這種想法還是錯誤的。」[59]

57　Marshall McLuhan, *The Gutenberg Galaxy: The Making of Typographic Man.* (Toronto: University of Toronto Press, 1962); Walter J. Ong, *Orality and Literacy: The Technologizing of the Word* (York: Methuen, 1982).

58　Jessica Riskin, "The Divine Optician," *The American Historical Review* 116:2 (2011), 352-370.

59　Jonathan Sterne, *The Audible Past: Cultural Origins of Sound Reproduction* (Durham: Duke University Press, 2003), 3.

　　在這一點上，聽覺研究對大分裂理論的挑戰最值得注意。史騰的《聽得見的過去》（*The Audible Past*），透過研究聲音複製技術的變化，揭示聽覺如何與資本主義和工業技術相結合，提供我們理解現代性的另一種視角。另一位歷史學者湯姆遜（Emily Thompson）的《現代性的音景》（*Soundscape of Modernity*）則從技術、空間與建築入手，討論美國從20世紀前半葉聽覺體驗的變化，研究主題涵蓋了物理學者對聲音的研究、音樂廳內部空間的配置、居家環境的設計與噪音意義的變化，在她看來，正是這些不同因素的匯聚，促成了美國現代聽覺經驗的形成。[60]

　　打破「大分裂理論」的框架，有助於我們重新思考感覺史的寫作方法。正如上述聲音史著作所顯示，視覺以外的感官並未在現代衰微，相反地，不同的感官都各自有各自的故事可說；感覺史的敘事，也不需要是一個目的論式的、線型進化的框架。在這樣的前提下，歷史學者們紛紛大展身手，重新探尋各種感官經驗的演變，屢屢有精彩的作品出爐。也和不同的領域結合，包括商業史、科技史、宗教史，或是戰爭史等，[61]或者是重新考察不同時代的感官經驗，豐富且複雜化感覺史的分期與論述。[62]

---

60 Emily Thompson, *The Soundscape of Modernity: Architectural Acoustics and the Culture of Listening in America, 1900-1933* (Cambridge, Mass.: MIT Press, 2002).

61 如商業史有David Suisman, *Selling Sounds: The Commercial Revolution in American Music* (Cambridge: Harvard University Press, 2009); 科技史如有Roland Wittje, *The Age of Electroacoustics: Transforming Science and Sound, Transformations* (Cambridge, Mass.: MIT Press, 2016); 宗教史有Susan Ashbrook Harvey, *Scenting Salvation: Ancient Christianity and the Olfactory Imagination* (Berkeley: University of California Press, 2006); Mary F. Thurlkill, *Sacred Scents in Early Christianity and Islam*, Studies in Body and Religion (Lanham: Lexington Books, 2016); 戰爭史有Mark M. Smith, *The Smell of Battle, the Taste of Siege: A Sensory History of the Civil War* (New York: Oxford University Press, 2015).

62 Holly Dugan, *The Ephemeral History of Perfume: Scent and Sense in Early Modern England* (Chicago: Johns Hopkins University Press, 2011), Eleanor Betts, *Senses of the Empire:*

　　雖然，因為少了宏大的框架，這些作品難免顯得零散、缺乏共同的主題，但他們共同展現了感覺史巨大的可能性。其實，在這樣一個新的研究領域中，還有許多主題尚待開發耕耘，感覺與性別的議題，就是一個明顯的空白。儘管在西方思想與文藝傳統中，女性經常和身體與感官經驗相連（男性則被認為是「理性的」），但在目前多數的感覺史研究中，有意識處理性別面向的卻還不多。[63]

　　此外，儘管感覺研究的人類學家很早便提醒我們，感覺經驗在不同社會與文化脈絡中，可能會有截然不同的意義，但感覺史的研究迄今仍然是以歐美為中心，非西方世界的作品尚屬少見。不過，如果能夠閱讀非西方語言的讀者，在看了本文之後，也能夠按圖索驥，開展自己的研究，那麼在不久的將來，我們在感覺史領域中也能看到更多跨文化的比較。不管是五感的歷史，或是前面所提及的清潔、舒適、神聖、骯髒、恐怖，甚至是疼痛、緊張等議題，都仍然大有可為，等待著研究者投入。

Multisensory Approaches to Roman Culture (London: Routledge, 2017).

63 Constance Classen, *The Color of Angels: Cosmology, Gender and the Aesthetic Imagination* (London: Routledge, 1998).

為什麼情感史研究是當代史學的「一個」新方向？[*]

王晴佳

要回答本文標題所提的問題，筆者認為可以從2017年諾貝爾經濟學獎的頒獎談起。該獎公布之後，學界和媒體都稍感意外，因為得獎者塞勒（亦譯泰勒，Richard Thaler），雖然在著名的芝加哥大學商學院任教多年，但並非「正宗」的經濟學家。如果讀者曾拜讀過塞勒與人合作的《助推》（*Nudge*）這本著作，肯定也會產生這樣的印象：這本書實在不太像常見的經濟學著作，因為它不但語言生動，而且處理的問題如同該書的副標——事關健康、財富和快樂的最佳選擇——更像一位社會學家、心理學家應該處理的課題。當然，如果塞勒因其研究不夠正宗而成為「黑馬」，那麼奧斯特羅姆（Elinor Ostrom, 1933-2012）在2009年成為史上唯一的女諾貝爾經濟學獎得主，似乎更讓人跌破眼鏡，因為奧斯特羅姆主要是一位政治學家。

奧斯特羅姆和塞勒的得獎，其實正好反映了當代經濟學、乃至當代學術發展的一個重要傾向，那就是跨學科研究已經成為各個學科發展的主要趨勢，而且成果驚人。塞勒的研究領域，稱為

* 原文載《史學月刊》，2018年第4期，此處略作修改。

行為經濟學，需要採用心理學等學科的方法。想要理解塞勒的研究之所以會受到諾貝爾獎委員會的青睞，我們還得從近代學術的淵源談起。如所周知，近代西方之所以在18世紀之後稱霸全球，其原因之一就是啟蒙思想家提倡的理性主義思維，為近代科學、技術的發展，提供了一個理論前提，而亞當・斯密（1723-1790）的《國富論》，不但是近代經濟學的經典之作，其闡述的觀點也為近代國家和社會所普遍接受。簡而言之，斯密的理論出發點是承認自私自利為人的本性。但與大多數傳統文明的教誨相反，他不主張要求人犧牲自我、「克己復禮」，抑制利己的欲望。斯密認為人的自私，是一種理性的行為，而這種理性的行為，是市場經濟良性競爭的基石。換言之，人的利己性行為，將促進一個國家的經濟發展。

　　亞當・斯密的理論，在當代資本主義社會，仍有深遠的影響。但自1950年代開始，經濟學家已經對斯密所謂的「理性的人」及其理性的經濟行為，做了一系列的修正。比如許多經濟學家指出，斯密所稱的「理性」，仍然有所限制，因此提出「有限理性」（Bounded Rationality）的概念。塞勒寫作《助推》，體現了一個最新的努力。用一些簡單的比方來解釋亞當・斯密「理性的人」的經濟行為，即為：買東西的人都希望儘量買便宜又好的東西，甚至不花錢就能得到；賣東西的人則希望東西的價錢可以賣得高一些。不過，經濟學家甚至普通人也都會發現，大多時候，人的經濟行為並不完全受制於理性。比如雖然一般人購物都會注意性價比，但也有人追求品牌，願意出錢買性價比低的商品。這一追求品牌、炫富顯耀的欲望，就是一種心理和情感的行為。相反地，有些人雖然收入頗豐，卻自奉甚儉。消費習慣常常

反映了道德追求、家庭教育和個人偏好，與理性考量沒有太多連繫。事實上，現代社會的稅制，至少以西方國家而言，是希望人們按酬、合理消費——掙得多也花的多——由此來促進經濟發展。同理，一個人如果掙得少，那麼也應該節制消費，以免破產之後增加對社會的負擔。這一稅制的建立，大致是理性考量的結果，但在實際操作的層面，顯然並不如其所願，因為許多人的消費習慣，常常感情用事（西方國家中每年申請破產的人數，不計其數），不完全受到理性思維的控制。

　　塞勒在其《助推》一書中，舉出不少的例子，說明人的情感、心理等非理性的層面，往往對一個人的經濟行為，有著深刻的影響。比如塞勒說了一個他自己做過多次的實驗：把一個印著大學校徽的咖啡杯，送給學校其中一個班級的半數學生，然後請他們寫上願意賣掉咖啡杯的價格；另一半沒有咖啡杯的人，請他們寫上願意買下咖啡杯的價格。實驗的結果是：咖啡杯的賣價（讓價）往往兩倍於咖啡杯的買價（出價）。塞勒指出，這個實驗證明，人一旦擁有了什麼東西，就不願再失去；由此類推，許多股票投資者買了股票之後，即使股票價值下跌，回升無望，他們也不願出售。另外，他還舉例說道，人還有從眾的行為，別人買了什麼，即使自己並不需要，也還是會跟風去買。[1] 種種這些例子都說明，人的行為並不完全受控於理性。比如人怕失去的行為，既表現為一種心理（占有欲？），也反映出一種情感（戀物、懷舊等），兩者之間很難做絕對的區分。

　　塞勒等經濟學家研究的是當代人的行為，那麼在過往的時

---

1 Richard H. Thaler & Cass R. Sunstein, *Nudge: Improving Decisions about Health, Wealth and Happiness* (New Haven: Yale University Press, 2008), 17-39.

代，人是否也有類似的行為呢？這是當今情感史研究想要處理的
主題。也就是說，如果我們承認歷史是人所創造，那麼創造歷史
這件事，是否也受到情感等非理性層面因素的影響？情感史研究
的學者認為，答案絕對是肯定的，同時他們也認為，近代史學對
這方面的關注，實在過於欠缺。羅森宛恩（Barbara Rosenwein）
是美國情感史研究的一位先驅者。她在一篇文章的開始寫道：
「作為一個學術分支，歷史學最早研究政治的變遷。儘管社會史
和文化史已經開展了有一代之久，但歷史研究仍然專注硬邦邦
的、理性的東西。對於歷史研究而言，情感是無關重要的、甚至
是格格不入的。」[2]另外兩位美國學者麥特（Susan Matt）和斯特恩
斯（Peter Stearns）則指出：對情感的研究「改變了歷史書寫的話
語──不再專注於理性角色的構造」，而情感研究的成果已經讓
史家看到，「不但情感塑造了歷史，而且情感本身也有歷史」。[3]

羅森宛恩等人的觀察，頗為犀利，不過也有偏頗的地方。
他們所指的歷史研究，主要是近代史學。作為一個中世紀史的專
家，羅森宛恩應該清楚，在近代之前，史書的寫作常常記錄人
的情感行為，如喜、怒、哀、樂、恐懼、妒忌、愛慕、敬畏等表
現。而在古代，一些史家還讓天上的神也具有這些情感、情緒。
比如西方的史學之父希羅多德，就有所謂的「神嫉說」，認為世
上某個人如果很有成就，或許會因為神的嫉妒而遭到懲罰。中國
傳統史家相信天人感應，所以也常在史書中舉出「天譴」的例子
來告誡世人。西方中世紀的史家，則更加凸出人對上帝及其在世

---

2 Barbara Rosenwein, "Worrying about Emotions in History," *American Historical Review*, 107:2
(June 2002), 821.

3 Susan Matt & Peter Stearns, eds., *Doing Emotions History* (Urbana IL: University of Illinois Press,
2004), 導言，2。

上的代表——教會——的敬畏和服從。同時，教皇、國王或皇帝的情感波動（愛恨情仇等），如何影響了歷史的過程，也受到了極大的關注，常常成為解釋歷史變動的重要原因。

　　歐洲文藝復興時期興起的近代史學，逐漸將這些非理性的因素從歷史書寫中剔除，其重要原因就是理性主義的伸揚。這一取徑，有助史家在書寫中去除神蹟和迷信，從科學的角度來審視歷史的演化。18世紀啟蒙思想家，在這方面有開創之功，影響深遠。他們受到17世紀科學革命的激勵，力求在人類歷史中發現、闡釋其中的規律，而他們所發現和堅信的歷史規律，就是歷史將不斷進步，進步的原因就是理性主義、科學主義的不斷擴展。啟蒙思想家號召解放思想，其宗旨就是希望人們充分運用理性思維，對一切事物進行科學的探索和解釋。如此，便能擺脫上帝或其他超自然神靈主導歷史進程的傳統觀念。18世紀以降，歐洲出現了不少著名的歷史哲學家，如黑格爾、孔德、馬克思等人。他們的理論構建雖有不同，但著述的宗旨都在指出和闡釋歷史演化的因果規律。如黑格爾認為歷史的動因，在於精神（理性）的延伸和壯大，儘管在這一過程中，精神需要與熱情交相互動，但精神始終占據著主導的地位，由此而推動歷史向前、向上發展。

　　黑格爾對人類歷史演進的勾勒，有點天馬行空，主要在抽象、理論的層面，因此受到他的同胞、德國和近代歐洲科學史學之父利奧波德・蘭克的批評。然而，實際上黑格爾與蘭克也有相似的地方——身為哲學家的黑格爾也想舉例說明，精神如何通過歷史上出現的機制，來展現它的擴展和壯大。黑格爾寫道：「我們在前面提出了兩個因素：第一，自由的觀念是絕對的、最後的目的；第二，實現『自由』的手段，就是知識和意志的主觀方

面，以及『自由』的生動、運動和活動。我們於是認為『國家』是道德的『全體』和『自由』的『現實』，同時也就是這兩個因素客觀的統一。」而在另一處，黑格爾又這麼說道：「主觀的意志──熱情──是推動人們行動的東西，促成實現的東西。『觀念』是內在的東西，國家是存在的、現實的道德的生活。」[4] 簡單言之，黑格爾認為理性讓人們獲得自由，但需要通過熱情，而國家是理性和熱情、客觀和主觀的有機統一。

對近代國家的重視，讓黑格爾與蘭克的歷史觀取得了一致（由此兩人都被視為是德國歷史主義思潮的代表人物）。蘭克治史的主要特點和成就，就是從民族國家的角度來考察歷史的變動。像黑格爾（乃至與亞當・斯密也有點相似）類似，蘭克認為近代國家的興起和相互之間的競爭，是勾勒近現代歷史的主線。另一方面，蘭克史學也與黑格爾的歷史哲學有相近的地方──黑格爾認為「熱情」這一感性的因素，推動了人們的行動，但理性才是歷史演進的最終動因。換句話說，黑格爾認為理性有其「狡計」，那就是利用了「熱情」來加以施展自己的作用。[5] 同樣地，蘭克史學以標榜客觀治史、使用嚴肅的檔案史料著稱，也就是注重羅森宛恩所謂的「硬邦邦的、理性的東西」。蘭克史學不但強調史家在寫作史書的時候剔除個人的情感因素，保持一種「超然的」（detached）立場，而且在處理、解釋歷史人物和事件時，也同樣去除其情感等非理性的作用。

說到這裡，筆者想說明一下，歷史書寫注重從理性的層面分析歷史的因果關係，本身體現了近代歷史編纂學的一種進步，

---

4 黑格爾著，王造時譯，《歷史哲學》（上海：上海書店出版社，2001），頁49、39。
5 黑格爾著，王造時譯，《歷史哲學》（上海：上海書店出版社，2001），頁33。

並無疑問。譬如清代官方史家編寫、遲至18世紀完稿的《明史》中，我們還可以見到那些現在看來荒唐無稽的描寫。《明史・太祖本紀》這樣描述朱元璋（1328-1398）的出生：

> 太祖開天行道肇紀立極大聖至神仁文義武俊德成功高皇帝，諱元璋，字國瑞，姓朱氏。先世家沛，徙句容，再徙泗州。父世珍，始徙濠州之鐘離。生四子，太祖其季也。母陳氏。方娠，夢神授藥一丸，置掌中有光，吞之寤，口餘香氣。及產，紅光滿室。自是，夜數有光起。鄰里望見，驚以為火，輒奔救，至則無有。比長，姿貌雄傑，奇骨貫頂。志意廓然，人莫能測。[6]

相似的例子，在歐洲中世紀史書中比比皆是。蘭克史學之所以自19世紀以來，對世界各地的歷史書寫有著如此重大的影響，主要因為它強調史料的嚴格考訂和以可信的事實為據來寫作。受到那時科學研究的影響，所謂「可信的事實」也就是能被證實、檢驗而又符合常理的歷史紀錄。比如以蘭克史學為模式的現代民族史學，也常常以那些開國的民族英雄為重點寫作，其中也會講述一些他們略為「異常」的故事（比如美國第一任總統華盛頓幼時誤砍櫻桃樹，然後向家人坦誠交代的故事），以凸出他們的出眾超群，但不會有出生時「紅光滿室」的描寫，因為太有悖於常理，更無法證實。

那麼，情感史的研究，是否要重新恢復前近代史學寫作的路

---

6 張廷玉，《明史・太祖本紀》，漢籍電子文獻資料庫（http://hanchi.ihp.sinica.edu.tw/ihp/hanji.htm）。

徑呢？顯然不是。假設以朱元璋為例，情感史的研究者不會相信朱出生時的奇異現象，但他們會研究這些無法證實的奇異現象，是否對朱元璋後來的造反事業，發生了某種影響。譬如，當時有一些人相信他「命裡為天子」而跟隨他起義等等行為。換言之，情感史的研究者不會僅僅從理性的層面研究朱元璋的起義，比如考察、解釋他自小因為生活艱辛，於是願意鋌而走險，藉助反抗元朝的起義而希求獲得一線生機等諸如此類的理性考量。與此相異，情感史研究者可能會注重探討另外兩個層面：一是研究朱元璋從小被父母送去佛寺，在那裡度過的童年時光，讓他可能因此具備異於常人的心理、性格特徵，這些特徵又如何影響了他的反元鬥爭及其建立明朝之後的作為。另一個更大的可能是研究朱元璋的起義活動，其領導者和參加者的反元情緒和漢人情結，如何發揮了某種程度的作用。

關於朱元璋的研究，為什麼情感史的研究有可能會探究以上這兩個方面，我們需要簡單回顧一下情感史的興起及其與近現代史學發展的關係。蘭克認為，民族國家的興起引導了世界歷史的發展，由此宣導民族國家史學，也就是國別史。幾乎同時，歐洲興起的民族國家也陸續建立了國家檔案館。法國國家檔案館在近代世界中最早成立，於1790年建立，而蘭克出生於1795年。民族史學的寫作以使用政府檔案為主，兩者所以有相輔相成的連繫。現在已經有大量的歷史研究指出，民族國家史學的寫作和出版，是推動近代民族主義發展的重要力量之一，至今仍然如此。從這一方面來考慮，民族國家史學實際上就是民族主義史學，充滿濃厚的意識型態。所以蘭克史學標榜客觀治史，顯然站不住腳，因為政府檔案必然含有官方的偏見，而且以民族國家為單位

考察歷史，本身也代表了一種片面的立場。[7]

　　民族國家與民族史學之間互融、互補的關係，使得後者成為了近代史學的主流。舉例而言，至今美國圖書館的編目，仍然以國別史為單位，比如D和E為歷史書籍，而所有關於美國歷史的書籍，其書號都以E開頭，其他國家的歷史書籍，則歸在D類，譬如英國史的書號以DA開頭，法國史以DB開頭等，以此類推。其他國家的圖書編目，大致也依照類似的模式。的確，追隨蘭克的榜樣，近代史家（包括非西方地區的史家）寫作了大量以民族國家為視角考察歷史變動的史書。但與蘭克本人的著作有所不同的是，由於政府檔案資料日益豐富，蘭克的追隨者所寫的史書，均以史料為據，「有一分史料說一分話」，主題幾乎無一例外都與政治、外交、軍事事件及人物有關。這種單一的寫作模式、詳盡的史料鋪陳，讓歷史書寫變得乾燥無味，局外人更是望而卻步。因此，蘭克史學模式的流行，一方面有助歷史研究的職業化，提高了它的科學研究水準，另一方面則導致歷史研究和書寫與社會大眾嚴重脫節，削弱乃至喪失了其原有的社會功用和影響力。

　　在第一次和第二次世界大戰的炮火硝煙中，近代史學那種高高在上、埋首於「象牙塔」中沾沾自喜的行為，受到了許多思想界人士的批評。19、20世紀之交，心理學、人類學、經濟學、地理學、社會學等社會科學的興起或更新，也使得不少史家覺得有走出蘭克史學模式的必要。1929年法國史學界《年鑑》雜誌的創辦和「年鑑學派」的崛起，就是一個顯例。目睹了希特勒上臺、

---

7 參見Georg Iggers, "The Role of Professional Scholarship in the Creation and Distortion of Memory," *Chinese Studies in History*, 43:3 (Spring 2010), 32-44. 另見王晴佳、李隆國，《外國史學史》（北京：北京大學出版社，2017），頁212-228。

納粹主義在德國和歐洲其他地方的興盛，年鑑學派的第一代史家費夫賀提倡研究「心態史」，其中也包括研究大眾情感，因為希特勒的成功上臺，與他操弄大眾情感、調動大眾情緒，顯然有不小的關係。與蘭克學派的後人注重鋪陳史料、描述歷史上的個別事件相反，年鑑學派的史家，特別是第二代的布勞岱爾（Fernand Braudel）和第三代的拉杜里（Emmanuel Le Roy Ladurie），均提倡擴大歷史研究的視野，從各個方面探究歷史的動因、抑或不動因，希圖展現一種「全體史」（histoire totale）。

　　既然要揭橥歷史的各個方面，「全體史」從道理上來說也會包括人的情感，因為歷史經驗已經表明，歷史的變動、甚或不變，必然摻雜了情感的因素。而這種對歷史整體變動分析、考察的興趣，是20世紀史學發展的主要趨向。在20世紀上半葉，史家比較傾向認為思想史的研究能揭示歷史的動因，而在二次大戰之後，更多的人認為社會史是最佳的選擇。研究、分析社會的整體演進，史家的視角觸及到了婦女、家庭和兒童及其他原來名不見經傳（更確切地說是「名不見史傳」）的群體。所以婦女史、性別史、家庭史和兒童史等新興史學流派的興起，均與情感史的研究相關。至少從美國史學界的情況而言，情感史的研究與社會史的興盛，關係頗大。社會史家注意考察人的行為模式在各個歷史時期的變化，他們也發現人的情感表現，同樣受到社會結構的制約，由此在不同的歷史時期，表現不一。於是，情感表現的「歷史性」，也就是「情感有沒有歷史」的問題，首先由他們所提出並做了正面的回答。[8]另外，情感史研究關注和致力於強調的，

---

8 參見Peter Stearns & Carol Stearns, "Emotionology: Clarifying the History of Emotions and Emotional Standards," *American Historical Review*, 90:4 (Oct. 1985), 813-836.

則是情感等感性層面的因素，如何影響了人們的行為和歷史的進程。如此一來，筆者也會回到本文一開始所提出的現象和問題。

考慮讀者可能的興趣，下面我以兩位美國華裔史家的著作為例，對以上情感史研究的兩個方面，略作解釋和說明。這兩部著作不但由華裔學者所寫、都在2007年出版，而且也都以中國近代史為主題。第一本書由現在任教史丹佛大學東亞系的李海燕所寫，書名為《心靈的革命：中國的愛情系譜，1900-1950》。[9]如同標題所示，此書的主題是愛情（love），而這個標題還顯示了另一個意涵：作者不把愛情看作是一種普遍的、超歷史的情感，而是希望勾勒愛情在現代中國的變化。的確，雖然喜怒哀樂、愛恨情仇在人類歷史中一直存在著，但其實每個歷史時期的表現，常常是相當不同的。李海燕將書分為三個部分，第一部分處理明清小說中講到的「情」，她稱之為「儒家結構中的感情」。第二部分討論五四運動時期的愛情，名為「啟蒙運動結構中的感情」。然後第三部分處理「革命結構中的感情」，自然是有關共產主義革命中的愛情。選擇這段時期討論中國文化、歷史中的愛情，應該說是匠心獨具，毫無疑問，正是因為在這段時期，愛情開始進入並改變了中國人的生活。當然，愛情並不完全是近代化的產物，因為在明清小說中，有關「情」的描寫十分豐富；李海燕甚至提出，那個時期有一種「情的狂熱」（cult of qing）。不過這個「情」主要在倫理和思想的層面，而在第二時期，「情」則變成了浪漫和心理的概念。當中國進入反清革命和五四運動時期，中國人也進入了一個情感解放的時期——革命者不但思想激

---

9 Haiyan Lee, *Revolution of the Heart: The Genealogy of Love in China, 1900-1950* (Stanford: Stanford University Press, 2007).

烈，行為同樣激進。不過到了第三時期，情感和愛情被要求服從於「大我」，意即革命事業的需要。由於篇幅所限，我們在這裡無法細細講述該書的許多內容，但是由以上的簡述，已經可以看出《心靈的革命》一書，使用中國近代史的例子（雖然作者主要用的是文學作品），充分論證了情感如何在歷史的長河中，經歷了種種變化。

第二本書名為《公眾激情：施劍翹案和同情在民國時期的興起》，作者為現任教哥倫比亞大學歷史系的林郁沁。[10]此書圍繞1935年施劍翹（原名施谷蘭，1905-1979）刺殺軍閥孫傳芳（1885-1935）、為父報仇，引起全國轟動的事件。這個事件已有一些相關研究，著重探討施的所作所為究竟純粹是個人行為，還是與國民黨政府、甚至軍統有著某種關係。施劍翹刺殺成功之後，立即向員警自首，審判的時候也對其行為供認不諱，直言就是為了替父報仇。她的理由是，其父施從雲在與孫傳芳交戰時被俘，孫將其斬首示眾，有違公理。林郁沁則從情感史的取徑，討論「公眾同情」（public sympathy）如何由此案激起，不但影響了此案最後的審判結果（施本應判重刑但只判入獄十年，之後又為國民黨政府大赦，恢復了自由），而且還在近代中國的政治和社會生活中，扮演了一個頗為重要的角色。換言之，情感、特別是公眾層面情感的激發和波動，影響了歷史的進程。

林郁沁的書不但揭示情感──同情──如何影響了歷史事件的進程，而且也討論情感的歷史性：施劍翹為父報仇，被人視為展現了中國傳統孝道的美德，而公眾為此案激起的同情，影響案

---

10 Eugenia Lean, *Public Passions: The Trial of Shi Jianqiao and the Rise of Public Sympathy in Republican China* (Berkeley: University of California Press, 2007).

情的進展和結果，又顯示了中國社會的近代性。同樣，李海燕的書不但討論了愛情在現代中國的變遷，也展示愛情這一情感表現和行為，如何嵌入、改變了現代中國人的生活。這兩本書都清晰地揭示，在中國走向近現代的過程中，情感不但發揮了重要的作用（如著名的五四運動就是中國人民族主義情感爆發所致），而且情感本身也經歷了重要的變化，值得我們探究。

作為本文的結論，我想從以下四個方面簡單講述情感史研究與當代史學發展的緊密關係。第一，在很大程度上，情感史研究的開展，是戰後世界範圍學術發展總體趨向的一個表現，本文以諾貝爾經濟學獎的得主開始，便想挑明這一點。第二，情感史的研究又是戰後國際史學界變化的產物，與社會史、文化史、婦女史、家庭史、兒童史乃至最新的動物史（人類如何養育動物、與之共存又對之付出情感）研究，均有水乳交融的關係。第三，情感史並不否定理性主義分析，而是想擴大歷史研究的領域，在理性和感性的雙重層面對歷史事件和人物加以深入的分析。第四，情感史的研究採用了跨學科的方法（心理學、神經醫學、社會學等），展現了當今史學不但與社會科學結盟，也與相關自然科學聯手的嶄新趨勢。[11]

---

11 有關此處的總結，讀者可以參閱下列相關著作：Peter Stearns & Jan Lewis, eds. *An Emotional History of the United States* (New York: New York University Press, 1998); Jessica Giennow-Hecht, ed. *Emotions in American History: An International Assessment* (New York: Berghahn Books, 2010); Susan J. Matt & Peter Stearns, *Doing Emotions History*; Jan Plamper, *The History of Emotions: An Introduction*, trans. Keith Tribe (Oxford: Oxford University Press, 2015); Jan Plamper, "The History of Emotions: Interview with William Reddy, Barbara Rosenwein, Peter Stearns," *History and Theory*, 49:2 (May 2010), 237-265; "AHR Conversation: The Historical Study of Emotions," *American Historical Review*, 117:5 (Dec. 2012), 1487-1531 及上引王晴佳、李隆國，《外國史學史》（北京：北京大學出版社，2017），頁386-392等。

閱讀史的課題與觀點
實踐、過程、效應 *

李仁淵

前言

　　無論在西方或者中文學界，「閱讀史」及其相關研究所拋出的問題與方法已引起不少注意。從1980年代學者在文化史與書籍史的發展下探索閱讀史的第一步，一面從過去的研究中勾勒閱讀史的輪廓，一面討論未來研究的方法與架構，[1]到如今閱讀史已有「通史」性質的論文集[2]和領域回顧。[3]同時在中文學界，近年來也

---

* 本文曾收入復旦大學歷史學系、復旦大學中外現代化進程研究中心編，《新文化史與中國近代史研究：近代中國研究集刊》（上海：上海古籍出版社，2009），第4輯，頁213-254。作者據此版本略加修改。

1 如Roger Chartier, "Texts, Printing and Readings," in Lynn Hunt ed., *The New Cultural History: Essays,* edited by Lynn Hunt (Berkeley: University of California Press, 1989), pp. 154-175; Robert Darnton, "History of Reading," in Peter Burke, ed., *New Perspectives on Historical Writing* (University Park, Pa.: Penn State Press, 1992), pp. 140-167, and Robert Darnton, "First Steps Toward a History of Reading," in *The Kiss of Lamourrette: Reflections in Cultural History* (New York: W. W. Norton, 1991), pp. 154-190. 法國關於閱讀史的相關研究有自己的學術脈絡，見秦曼儀，〈書籍史方法論的反省與實踐：馬爾坦和夏提埃對於書籍、閱讀與書籍文化史的研究〉，《臺大歷史學報》，第41期（2008），頁257-314。

2 Guiglielmo Cavallo and Roger Chartier, *A History of Reading in the West* (Amherst and Boston: University of Massachusetts Press, 1999). 此書法文版在1995年出版。

3 如Leah Price, "Reading: the State of the Discipline," *Book History* 7(2004), 303-320.

出現以閱讀史為主題的書籍，[4]乃至出現第一本討論閱讀史理論與研究方法的專著以及第一套中國閱讀通史。[5]

作為一篇綜合性質的文章，本文的目的不在提供全面性的學術史回顧——儘管了解學術史的譜系發展必然有助於研究者定位自己的研究進路、找尋新的研究方向——而是在試著從近年西方的研究中歸納出幾個重要的課題與觀點，從而討論這些課題與觀點可能讓我們在面對中國史領域時的啟發。在中國歷史找尋與西方相對應的因素，或者建立一套不同於西方的「中國閱讀史模式」都不是本文的意圖所在，本文所著意的是如何在比較的方法之下，增進對比較雙方更進一步的認識，以此反省雙方既有研究框架的侷限，尋求新的突破。

一、作為行動的閱讀

在進行任何研究之前，不可避免的是反省並定位所要研究的對象。如果回到最基本的層次，「閱讀」本身是一項「動作」。然而閱讀是什麼樣的動作？為什麼值得成為研究的對象？這樣的動作有什麼歷史上的意義？這些基本的問題是歷史學家所無法完全解答，但又是必然要先思考的問題。

---

4 在晚清民初這個時段相關研究最為活躍，如潘光哲，《晚清士人的西學閱讀史（一八三三—一八九八）》（臺北市：中央研究院近代史研究所，2014）、張仲民，《種瓜得豆：清末民初的閱讀文化與接受政治》（北京：社會科學文獻出版社，2016）。又見兩人各自的單篇論文：潘光哲，〈追索晚清閱讀史的一些想法〉，《新史學》，第16卷3期（2005），頁137-170；張仲民，〈從書籍史到閱讀史：關於晚清閱讀史／書籍史研究的若干思考〉，《史林》，第5期（2007），頁151-189。

5 戴聯斌，《從書籍史到閱讀史：閱讀史研究理論與方法》（北京：新星出版社，2017）；王余光主編，《中國閱讀通史》（合肥：安徽教育出版社，2018）。

　　閱讀這樣的動作，之所以引起學者注意，其原因之一是閱讀本身牽涉到人類心智的運作。透過視覺性的閱讀，人類得以將文字或者其他視覺符號組成的象徵系統化作內在的抽象思維。換句話說，在人類各種對外界的溝通方式當中，閱讀可說是處理資訊最複雜的一種，其所需要的技巧、所牽涉到的心智活動也較高。如果我們要論及複雜知識的接受、傳播及累積，閱讀是其間所需要的最關鍵「動作」。

　　假使將閱讀這個動作從個人層次提升到人類整體，閱讀行為的出現與普及，是否可以對應到人類文明接受與創造知識的方式之轉變？這樣的思路從1960年代開始開啟了古典學家哈維洛克（Eric Havelock）、人類學家古迪（Jack Goody）與文學理論及哲學家翁恩（Walter Ong）對於口傳文化與書寫文化的討論。[6]他們從對古典希臘的研究出發，認為古典時期是從口傳文化過渡到書寫文化的關鍵點；且訊息傳遞的方式從「口說—耳聽」到「手寫—目讀」，不僅是形式上的改變，更進一步在智識層次上改變了人們思考的方式。這些學者將口傳文化與書寫文化視為兩種文化典型，從兩者對比之處定位書寫與閱讀的影響力。古迪認為批判性的思考與邏輯性的思考唯有在書寫文化內方有可能發生，因為將概念化作為視覺性的符號，方可以將符號所代表的抽象概念加以並置、比較、分類，並追溯其因果關係，而這樣的操作在聽覺為主的口傳文化中是不可行的。翁恩則列舉出口傳文化與書寫

---

6 見Eric A, Havelock, *Preface to Plato* (Cambridge: Harvard University Press, 1963); Jack Goody and Ian Watt, "The Consequence of Literacy," *Comparative Studies in Society and History* 5.3 (April 1963), 304-305; Jack Goody, *The Domestication of the Savage Mind* (Cambridge: Cambridge University Press, 1977); Walter J. Ong, *Orality and Literacy: the Technologizing of the Word* (London: Menthuen, 1982).

文化之間的各種差異，認為口傳文化的特色有重複、添補、格套、傳統、缺乏抽象思考，且缺乏歷史感等等，暗示了利用書寫閱讀的技術來溝通，從聽覺世界進步到視覺世界，是人類文明更進一步發展的關鍵。

　　這些試圖解釋一切的大理論必然會受到不少批評。[7]最主要的批評來自其對口傳文化與書寫文化的截然二分。研究沒有文字或文字不盛行之社會的人類學家證明，即使在以「口說─耳聽」為主要溝通方式的社會當中，社會成員仍有一定程度的抽象性的、邏輯性的思考。口傳或書寫可能帶來不同的思考方式，但未必如之前學者設想的那樣有如此清楚的差異。其次，這些學者以西方社會的發展模式出發，對口傳文化到書寫文化之間的差異有著演化的預設，有前者較為低階的暗示，且暗示其將演化成較複雜的後者。然而後來的學者們指出這兩種溝通模式未必是演化的關係，在以口傳為主的社會中，亦有許多視覺性的符號溝通，而在文字社會裡，口傳的角色仍然很重要，許多書寫下來的文字主要是用來念給一群人聽的。[8]問題的重點不是在社會從口傳進展到書寫的進程，而是在一個社會中，什麼樣的內容、什麼樣的階層，會以口傳或書寫作為主要的溝通工具，而這兩種溝通模式彼此之間又具有什麼樣的關係。

　　對於「口說─耳聽」與「手寫─目讀」是否可以形成兩種可以區分的文化，乃至於標誌文明的進程，儘管現在學者們不再如此武斷地推論，然而對於一個社會如何開始書寫文化，以至於

---

7 如John Halverson, "Goody and the Implosion of the Literacy Thesis," *MAN* 27:2 (1992), 301-17.

8 如Joyce Coleman提出介於口傳模式（orality）與文字模式（literacy）之間的聽聞模式（aurality）。見Joyce Coleman, *Public Reading and the Reading Public in Late Medieval England and France* (Cambridge: Cambridge University Press, 1996).

改變其文化形構，仍是值得思考的方向，如同克蘭奇（Michael Clanchy）成功地利用僅存的文字遺物，研究英格蘭社會如何在中世紀接受歐陸征服者帶來的契約等各式文書，而讓書寫／閱讀文化普及，帶來政治、社會、文化上的轉變。[9]除此之外，這些口傳與書寫之性質的討論，則也啟發對各種閱讀模式的歷史研究。

　　關於閱讀這個動作怎麼做的討論中，主要的議題之一是「誦讀」（read aloud）與「默讀」（read in silence）之間的區別。讀者在閱讀時是否念出聲音來與讀者是否不發出聲音、純粹以視覺解讀文字，關係到的不僅是閱讀的習慣，而更是文字的性質本身，即書寫下來的文字是否僅是口頭言語的符號記載，或者作為本身就具有獨立意義的視覺符號。許多學者認為，在古典時期的歐洲主要還是以誦讀為主，到了中古時期的發展趨勢以默讀逐漸成為主流。這樣的趨勢可以從文字的形式中看出來。從古典時期各個單字之間是連續書寫的，中間沒有空格或標點，要讀出聲音來方能辨別其意義（即所謂scripta continua「連寫」），而到中古時期的手稿中則逐漸發展出各個單字之間的空格，乃至於出現標點符號。而「聽寫」（dictation）或「自念自寫」（self-dictation）[10]在中古早期仍是書寫的主要方式，然而後期靜默的抄寫則越來越重要。這樣的書寫閱讀方式從愛爾蘭開始，逐漸擴散到歐洲各地，讓文字更接近純粹的視覺符號，讓默讀更為可行。[11]

---

9 Michael T. Clanchy, *From Memory to Written Record, England, 1066-1307* (Cambridge: Harvard University Press, 1979).

10 前者指在書寫文字或在複製已存的文字時，須由一人口授，一人根據所念的聲音記錄成文字。後者指自己邊念，而一邊將自己念的文字記錄下來。

11 關於默讀的研究，見Paul Saenger, "Silent Reading: its Impact on Late Medieval Script and Society," *Viator, Medieval and Renaissance Studies* 13 (1982), 367-414和Paul Saenger, *Space Between Words: the Origins of Silent Reading* (Stanford: Stanford University Press, 1997).

　　默讀的影響展現在書本與文本的形制上。閱讀的模式首先和書本構成的實體形式互相影響。從捲成長卷的書卷（scroll）演變到近於現代可以前後翻動的書冊（codex），便利閱讀超出文本構成的順序，可以跳著讀或前後比對。文本的構成也反映了閱讀模式的變化。索引、標記、附註、頁碼等各種閱讀輔助開始出現在中古時期的手稿上，讓閱讀從線性的、順序的誦讀到可以來回檢索比對的參考式閱讀，容許更複雜的概念運作。文字脫離聲符而自身具有自主的意義，則更進一步讓文法學的發展成為可能；寫作時也可以脫離實際的誦讀，容許更複雜的構句，讓文字負載更複雜的意義。更多新的文本類別也都在中古時期大量出現，例如字典、文摘、引得、選集、集釋、節縮本等，都顯現了更複雜的閱讀模式。讀者不再是從頭到尾的如同聽一個故事般閱讀一段文字，而可以有對讀、跳讀、細讀、略讀等各種不同的讀法。

　　從閱讀的環境也可以看出中古時期閱讀模式的轉變。從朗讀給別人聽或誦讀給自己聽，到自己可以默默閱讀，與之相隨的是個人的書桌或個人的閱讀室。默讀的結果是自己所讀的內容不會為他人所聽見，於是閱讀成為更個人的行為。抄寫或作者自己默寫取代了聽寫或自念自寫，於是寫作的行為也可以由自己一個人掌控。在自己房間、書桌或個人閱覽室的讀者，其所讀的內容只有自己知道，其所寫的也可以由自己主管。如果說參考式的閱讀讓更複雜的邏輯推演、更精密的字義辯證──如中世紀末的經院哲學──成為可能，閱讀與書寫更進一步的個人化，則准許更私密的思維化作文字流傳接收，即使是異端思想或是色情故事。[12]

---

12 *A History of Reading in the West*, 64-148.

　　從諸位學者的研究來看，從古典時期到中古時期，閱讀模式的變化似乎可以分為兩個方面，此兩個趨勢持續到文藝復興與近世。其一是非線性的閱讀和閱讀的複雜化。藉由參考書、註解等各種輔助與文字符號搏鬥，閱讀成為高度密集的心智活動。格拉夫頓（Anthony Grafton）與薛曼（William Sherman）即使用書頁邊緣的書寫等各種證據，呈現了兩個文藝復興時期學者哈維（Gabriel Harvey）和迪伊（John Dee）複雜的閱讀活動。[13]其二則是閱讀活動的私人化，閱讀成為讀者與文本的直接溝通的私密行為，因此各種個人化的閱讀隨之產生。或者藉由閱讀陶冶身心、幻想冥思、投注個人宗教熱情，或者成為異端情緒或思想宣洩的管道，[14]或者到了文藝復興時期成為貴族與中產階級的私人休閒活動。[15]

　　這些閱讀模式的演變，一方面與閱讀實行的物質環境互相影響增強。書本裝幀、文本構成同時是回應各種閱讀模式的結果，也培養後續讀者閱讀方式——最近的例子莫過於網路文本對個人閱讀方式乃至學習方式與思考方式的影響。閱讀輔助器具、輔助

13　見Anthony Grafton, and Lisa Jardine, "Studied for Action: How Gabriel Harvey Read his Livy," *Past and Present* 129 (Nov. 1990), 30-78與William H. Sherman, *John Dee: The Politics of Reading and Writing in the English Renaissance* (Amherst: University of Massachusetts Press, 1995). 對閱讀史的研究者來說，如何知道讀者怎麼讀一直是很大的問題。許多研究者注意到以往被研究者所忽略的、讀者在書本上的註記塗寫，以之來研究讀者閱讀的方式與心智活動。除上兩例之外，亦見：H. J. Jackson, *Marginalia: Readers Writing in Books* (New Haven: Yale University Press, 2001)與 William H. Sherman, *Used Books: Marking Readers in Renaissance England* (Philadelphia: University of Pennsylvania Press, 2008).

14　如英格蘭中古晚期各種私密性的閱讀見Andrew Taylor, "Into His Secret Chamber: Reading and Privacy in Late Medieval England," *The Practice and Representation of Reading in England,* edited by James Raven et al. (Cambridge: Cambridge University Press, 1996), 41-61.

15　關於閱讀活動私人化的概述，見Roger Chartier, "The Practical Impact of Writing," *A History of Private Life. Vol. III Passions of the Renaissance* (Cambridge: Belknap Press of Harvard University Press, 1989), 111-159. 本文標題雖然為「書寫」的影響，然而大半篇幅談的是閱讀的私人化。

文本，乃至家具與空間環境亦都反映了各種閱讀模式的演變。[16]
另一方面，這些閱讀模式的演變也都與思想文化互相關聯，特別
是當「作學問」原本就跟「讀什麼」與「怎麼讀」息息相關。閱
讀模式的轉變往往跟隨的是學術思考方式與執行方式的改變。[17]
在此也可見到研究閱讀模式的重要性：閱讀可說是物質性文本載
體（如書本）與抽象性的思想文化之間的橋梁。書本本身不能產
生意義，要經由閱讀的實踐意義方能產生，進而在思想文化上產
生效果。因此這個橋梁是如何搭建起來的，以什麼方式連接兩
端，是我們研究從文本到思想的過程中必須要注意的環節。

　　假使說從古典到中古時期，閱讀模式的轉變與現代書本形
式的建立互為表裡，[18]從中古晚期到近代，整體的閱讀模式經歷
最大的轉變之一，是由於文本生產方式的改變，讓書本取得更為
容易、資訊量越來越大，造成閱讀方式上的調整。為了處理過多
的資訊，讀者發展出各種輔助方法。[19]早在中世紀晚期，學者們

---

16 例如現在已經消失的書輪（book-wheel）曾為中古晚期及文藝復興重要的閱讀輔助器具，
反應當時人文主義學者的閱讀模式。見Grafton and Jardine, "Studied for Action," 46-49. 關
於歐洲近世中產階級婦女閱讀的私人空間，見Reinhard Wittmann, "Was There a Reading
Revolution at the End of the Eighteenth Century," *A History of Reading in the West,* 299.

17 舉例來說，閱讀跟記憶有相當的關聯性。我們怎麼經由文字擷取資訊，也關係到我們怎麼
在腦中儲存這些資訊。藉由分析中古時期手抄本的圖像、符號、標記、版面等各種構成，
Mary Carruthers 說明這些設計如何成為中古學者記憶這些資訊的工具，從而形成他們的
記憶模式。見Mary Carruthers, *The Book of Memory: A Study of Memory in Medieval Culture*
(Cambridge: Cambridge University Press, 1990).

18 關於中古時期書本形式的建立與ordinatio概念的發展，見Malcom Parkes, "The Influence of
the Concepts of Ordinatio and Compilatio on the Development of the Book," in *Medieval Learning
and Literature: Essays Presented to Richard William Hunt,* edited by J. J. G. Alexander and M. T.
Gibson (Oxford: Clarendon Press, 1976), 115-141; 從文本的構成看中古時期閱讀與書寫文化的
擴張與演變，見Armando Petrucci, *Writers and Readers in Medieval Italy: Studies in the History
of Written Culture* (New Haven: Yale University Press, 1995).

19 見Ann Blair, *Too Much to Know: Managing Scholarly Information before the Modern Age* (New
Haven: Yale University Press, 2011).

已經開始抱怨書本過多，資訊難以掌控，[20] 然而隨著印刷術的廣泛運用、工業化的進程讓書本更為普及，德國學者恩格辛（Rolf Engelsing）根據其對日耳曼地區的歷史研究，認為歐洲在18世紀經歷了所謂「閱讀革命」，即從「深讀」（intensive reading）轉變成「廣讀」（extensive reading）。[21] 前者是指針對特定文本，尤其是宗教文本，仔細咀嚼重複反芻，成群讀誦，深究字裡行間，至可記憶複述。「深讀」被形容為中世紀以後到18世紀中葉的閱讀模式，為人們學習研究、接收訊息的主要方式。而「廣讀」則是書本大量普及之後因應資訊流通情況產生的閱讀模式。因為可以接觸到的文本增多，讀者不再堅持反覆閱讀同一些固定文本。相反地，讀者廣泛閱讀各種文本，包括經典和與讀者同時代出版的新文本。另外，各種新型態的出版形式也進一步增強讀者「廣讀」的實踐，包括與時事相關的、流傳廣泛的廉價小說、具有時限性定期出版的期刊報紙，以及各種隨看隨丟、壽命短暫的宣傳單、小冊和快報。這些材料都讓讀者隨時有新而多的閱讀材料，而不是只專注在深入幾種讀過的文本。霍爾（David Hall）在北美洲也發現了類似的情形。在18世紀之前，美洲新英格蘭的讀者集中在讀少數幾部文本，對這幾部文本反覆而深入的閱讀，且常常是聚在一起大聲朗讀。而在18世紀之後，新英格蘭的讀者開始大量閱讀包括小說、報刊等新的文本形式。[22]

---

20 如13世紀一位讀者的抱怨：「既然如此多量的書、如此短暫的時間與如此靠不住的記憶不容許我將所有所有已寫過的東西都留在心上……」轉譯自 Ann Blair, "Reading Strategies for Coping with Information Overload. ca. 1550-1700," *Journal of the History of Ideas* 64.1(Jan 2003), 11-28.

21 關於恩格辛「閱讀革命」的論點與反省，見 Reinhard Wittmann, "Was There a Reading Revolution at the End of the Eighteenth Century," *A History of Reading in the West,* 284-312.

22 David Hall, "The Uses of Literacy in New England, 1600-1850," *Cultures of Print: Essays in the History of the Book* (Amherst: University of Massachusetts Press, 1996), 36-78.

　　是否有這樣從深讀到廣讀的「革命」，如今學者多半不那麼截然地論定。[23]因為深讀非但不是中世紀讀者唯一的閱讀模式，更有一些中世紀學者致力於更廣泛閱讀、使用選集或參考書，而不是只在固定的文本盤旋，[24]更不用說文藝復興時期人文主義學者對廣讀的實踐。而在所謂廣讀的時代，也不乏讀者深入閱讀某些特定文本，投注大量時間與熱情反覆閱讀。然而不可否認地，書籍流通量的增多，的確讓讀者進一步發展各種不同的閱讀策略，以適應各種不同的閱讀材料與閱讀目的。在培根（Francis Bacon）很常被引用的〈論學習〉（"Of Studies"）一文中，他說：「有些書是用來嘗的，有些書是用來吞的，有些書則是用來咀嚼與消化的。這是說，有些書只有一部分是用來讀的，有些書是用來讀的，但不用很仔細，而有少數是通本讀，且要用心而費神。」[25]這段引文通常被用來說明近代早期的出版爆炸，以及讀者的因應之道。德馬利亞（Robert DeMaria）則從英國18世紀最具代表性的作者、辭典編纂家詹森（Samuel Johnson）的各種資料將他多樣的閱讀活動分成「研／嚴讀」（study, or hard reading）、「浸讀」（curious reading）、「精讀」（perusal）和「略讀」（mere reading）

23　如Robert Darnton立場，見Robert Darnton, "Readers Respond to Rousseau: The Fabrication of Romantic Sensitivity," *The Great Cat Massacre: And Other Episodes in French Cultural History* (New York: Vintage, 1984), 249-252.

24　例如中古「選粹」（florilegia）這種類型的書大為通行，這種書就是讓讀者可以快速地接觸到大量不同的文本，用以引用與模仿，說明了中古讀者仍有重視「廣讀」的取向。關於florilegia見Mary Rouse and Richard Rouse, "The *Florilegium Angelicum:* Its Origind, Content, and Influence,"and "*Florilegia* and the Latin Classical Authors in Twelfth- and Thirteenth-Century Orleans," in *Authentic Witnesses: Approaches to Medieval Texts and Manuscripts* (Notre Dame: University of Notre Dame Press, 1991), 101-190.

25　轉譯自Ann Blair, "Reading Strategies for Coping with Information Overload. ca. 1550-1700," 13-14.

四種模式，說明各個閱讀模式應用的材料、場合與時機。[26]布萊爾（Ann Blair）則更具體地研究比詹森更早一個世紀的學者們有哪些策略、運用哪些輔助來處理大量通行的文字資訊，[27]間接說明了在所謂閱讀革命的18世紀之前，讀者已經感覺到書籍帶來的資訊爆炸，而且已經有各種策略來應付這種狀況。

　　書籍大量流通下也改變了讀者對閱讀的心態。學者期盼自己儘可能讀到所有最新的出版品，對新資訊求之若渴，訂購新聞通訊（newsletter）、郵購百科全書，總有沒讀到什麼書的焦慮。[28]一般讀者對各種推陳出新的材料感到好奇，隨時注意新出版、新流傳的書刊，不管是劇本、小說、科幻故事，或是政治批評、色情刊物等違禁書刊。[29]各種閱讀的刺激帶來讀者對閱讀的熱衷，其中最有名的便是「維特狂熱」（Werther fever），關於歌德（Johann Wolfgang von Goethe）小說《少年維特的煩惱》（*The Sorrows of Young Werther, or Die Leiden des jungen Werthers*）的著名軼事：讀者對書中情節入迷、模仿小說主角的穿著，甚至學習書中主角自殺。讀者分不清書中敘說的世界與真實的世界，熱切地閱讀所能得到的書籍。如果我們了解在那個社會經濟逐漸發展但還沒有電視、網路、廣播的時代，到20世紀上半葉為止，閱讀各式各樣的印刷物幾乎是人們快速汲取資訊——包括知識性的資

---

26 Robert DeMaria, Jr., *Samuel Johnson and the Life of Reading* (Baltimore: John Hopkins University Press, 1997).

27 Blair, *Too Much to Know.*

28 這裡最具代表性的例子當然是百科全書的發行。關於百科全書的發行方式和當時的熱烈情況，參考Robert Darnton的經典著作：Robert Darnton, *The Business of Enlightenment: A Publishing History of the Encyclopedia, 1775-1800* (Cambridge: Harvard University Press, 1979).

29 見Robert Darnton, *The Forbidden Best-Sellers of Pre-Revolutionary France* (New York: Norton, 1996).

訊、政治的資訊、商業的資訊、娛樂的資訊等——最主要且幾乎是唯一的管道，我們不難了解當時的讀者會如同現代年輕人追星般崇拜書本的作者，而比起現在各式各樣資訊以各種不同形式傳遞、隨手可得，對近現代的歐洲人來說，閱讀如此重要。

閱讀作為一種行動，不僅其實踐的模式有歷史變化，關於此行動的論述也有時代意義。首先是當代的人如何理解「閱讀」這個動作？如近代歐洲許多人從道德上著眼，認為沉迷於閱讀妨礙身心。瓊斯（Adrian Johns）則研究同個時期歐洲學者如何從生理學、哲學等當時的知識系統來理解閱讀這個動作，分析閱讀的熱情。[30]另方面，從中古到近現代，各種「讀書法」、「閱讀指導手冊」越來越多。這些閱讀指導呈現出來的是一個理想的閱讀實踐動作，什麼樣才是好的閱讀方式，什麼又是閱讀時候所應該避免的。這一方面顯現出閱讀這個行動變得如此複雜，且有那麼多人開始加入閱讀的行列，以至於需要學習、需要一套教程來指導；另方面則可以從這些有著清楚進程的指導當中，看到理性化、規範化閱讀的嘗試。閱讀原本便是需要高度技巧的行動，而伴隨著學習過程的各種規訓，包括閱讀的姿勢、場所、程序、材料與身分（如男性讀者跟女性讀者的差異），讀者在接受資訊、得到知識之前，已先經歷一套權力關係的操演。

相較於歐洲史研究中將閱讀視為一種行動的討論，中國史研究的領域裡，比較少從實踐的層次上看閱讀。虞莉在其以中國閱讀史為題的博士論文中，從一些文字與圖像資料列出了一些「閱

---

30 Adrian Johns, "The Physiology of Reading: Print and Passion," *The Nature of the Book: Print and Knowledge in the Making* (Chicago: University of Chicago Press, 1998), 380-443.

讀的模式」，[31] 然而並沒有在歷史的脈絡中作進一步的解析。馬蘭安（Anne McLaren）利用晚明圖畫或書本中的插圖所呈現的閱讀形象，討論當時出版業興盛後的閱讀實踐，回答例如讀者是誰、怎麼閱讀、在哪閱讀等問題。她認為晚明閱讀的實踐相當多元，很多場合都可念書，也有專門念書的空間與家具。從文人、女性到農夫都加入了閱讀的行列，甚至有一幅圖畫呈現的是兩個人一起踏水車，其中一名邊踏邊看書。即使圖畫未必全然是現實的反映，但這些對於閱讀的描繪反映出一種關於讀者是誰的變化，閱讀實踐的普及與多樣化，以及這些出版者對於一種新的閱讀群體的建構。[32]

　　研究中國歷史中閱讀模式的變遷，首先會碰到的是材料的問題。[33] 上述兩位作者都提及這樣的問題，且都說明她們從圖像資料中得到關於閱讀的呈現是一種「再現」（representation）。[34] 然而不僅是圖像史料，文字史料很難說不是一種再現。或許在此我們不是要執著在所謂再現與歷史事實之間的問題——這其實也並非中國閱讀史的專屬問題——而是我們可以從有限的材料中看到什麼，及體認到「真實重現過去閱讀的模式」本身並沒有太大意

---

31 Li Yu, "A History of Reading in Late Imperial China, 1000-1800," (Ph.D. Dissertation, Department of East Asian Languages and Literatures, The Ohio State University, 2003), 91-110.

32 Anne E. McLaren, "Constructing New Reading Publics in Late Ming China," in Cynthia Brokaw and Chow Kai-wing eds., *Printing and Book Culture in Late Imperial China* (Berkeley: University of California Press, 2005), 152-183. 如果作者可以在圖像的部分與之前或之後的各種讀書圖像及呈現閱讀樣貌的圖像相比較，討論其歷史差異及圖像本身不同生產脈絡下呈現讀書活動時傳遞的訊息差異，或許可以在閱讀活動本身的意義這點上更為豐富。

33 其實不僅是研究中國，研究歐洲或任何地方的閱讀史也同樣會有材料的問題。另外，不僅是閱讀史，太多歷史課題都會碰到材料上的問題，並不是研究閱讀史專屬的困難。

34 關於再現與實踐的問題表現在一本閱讀史研究中較早出版之論文集的標題上，參見James Raven, Helen Small, and Naomi Tadmor eds., *The Practice and Representation of Reading in England* (Cambridge: Cambridge University Press, 1996).

義，也不是閱讀史研究的目的；比較有意思的，或許是我們為什麼要研究歷史中的閱讀、以閱讀為主題的研究可以讓我們看到什麼更有趣的歷史現象、引導我們做出什麼歷史解釋。

　　在圖像之外，研究中國書籍史，尤其是出版方面的學者，已使用其研究書籍的文本構成試圖說明這本書的出版性質。例如研究宋代到清初建陽出版業的賈晉珠（Lucille Chia）與研究晚清民初四堡出版業的包筠雅（Cynthia Brokaw），均利用書籍中版面構成、文字編排的一些特色來說明這些出版物所針對的讀者群。[35]她們這麼做主要是為了這些出版品的通俗性，以說明其研究之出版商的意欲顧客、及其商業化與市場導向的生產方式，而閱讀實踐本身不是她們所要著眼的地方。然而，我們是否可能從中國歷史上書籍版面、文本構成、乃至於文本物質載體本身中的變化，推測其相應的閱讀模式？這麼做的話，一方面可以讓我們從這些書籍實際運用的角度出發，解釋這些書籍文本構成與變化之原因，另一方面，或許更有野心的，是可以讓我們從其閱讀模式中，追索其與當時思想文化構成與傳播之間的關聯。

　　如從較廣的視角來看，傳播文字的主要載體從竹簡轉換成紙張、從手抄本轉換木刻本、從手工印刷轉換到機械化印刷的各個階段，必然限定了文本的構成與傳遞，乃至不同文類與寫作形式的形成。[36]而不同的文本生產方式，是否相應地讓人們的閱讀方

---

35 見Lucille Chia, *Printing for Profit: The Commercial Publishers of Jianyang, Fujian (11th -17th centuries)* (Cambridge: Harvard University Asia Center, 2002); Cynthia J Brokaw, *Commerce in Culture: the Sibao Book Trade in Qing and Republican Periods* (Cambridge: Harvard University Press, 2007).

36 舉例來說，不同於一般文學史以政治性的朝代作為分期標誌（如唐詩宋詞元曲明清小說），伊維德（Wilt Idema）與漢樂逸（Lloyd Haft）編寫的中國文學手冊，分期的依據是文本生產方式的演進（「從起始到紙的發明」、「從紙的發明到書籍印刷的擴散」、「從書籍印刷

式有所不同？這些不同的閱讀方式，是否又影響了人們接受資訊與思考進行的方式、知識形成的過程，與思想內容之外的、接近與利用思想內容的進路？從較微觀的視角上來看，各種文本構成要件在特定時代或不同時代間變化，是否某種程度上反映或影響了閱讀的實踐，而這些閱讀實踐的變遷，又是與何種思想或文化上的趨勢相配合？如標點的流變、頁碼或目次的出現、西式註腳的採用等等，[37] 是否可以分別對應閱讀的普及化、更有系統的閱讀方式，或是接受西方學術式的閱讀方式？

　　考古發現的簡帛文書已引領學者從文本構成的方向來重新思考上古的思想與文化，然而如何從現有的材料推導出更一般性的關於閱讀模式的論點，以及漢魏六朝紙張普及之後對文化傳遞與資訊接收之影響，可能需要更多的文獻與考古資料，與更巨觀的概念化視角此兩者間的配合。[38] 而關於印刷術廣泛使用之後的發展，徹尼亞克（Susan Cherniack）已論及宋代形成的書本文化、書本量的增加，在文本的構成上、文字權威性的消解上帶來的影響，結果是讀書方式的改變與對於文本勘誤比對的重視。[39] 而同

　　的擴散到西式印刷方式的引進」、「現代文學的轉型」、「現代文學」），其實就說明了文本生產方式與文學類型內容之間的緊密關係。見 Wilt Idema and Lloyd Haft, *A Guide to Chinese Literature* (Ann Arbor: Center for Chinese Studies, The University of Michigan, 1997).

37 關於西方「註腳」的發展與其在學術史、思想史上的意義，見 Anthony Grafton, *The Footnote: a Curious History* (Cambridge: Harvard University Press, 1997).

38 中國上古史的領域中已有不少學者嘗試從出土文物研究先秦兩漢的書寫與閱讀，見 Li Feng and David Prager Branne eds., *Writing and Literacy in Early China: Studies from the Columbia Early China Seminar* (Seattle: University of Washington Press, 2011); 邢義田，〈秦漢平民的讀寫能力：史料解讀篇之一〉，收入邢義田、劉增貴主編，《第四屆國際漢學會議論文集‧古代庶民社會》（臺北：中央研究院，2013），頁241-288；邢義田，〈漢代邊塞隧長的文書能力與教育：對中國古代基層社會讀寫能力的反思〉，《中央研究院歷史語言研究所集刊》，第88期1卷（2017），頁85-114等等。

39 Susan Cherniack, "Book Culture and Textual Transmission in Sung China," *Harvard Journal of Asiatic Studies* 54.1 (1994), 5-125.

時南宋學者也開始有許多「讀書法」的論作，[40]這些論作或可視為學者在新的書本文化之下，建立起「正確」閱讀模式的嘗試，然而這種嘗試的過程中製造了哪些關於閱讀的新論述、對於閱讀的實踐有何種影響，對當時的思想史發展有什麼意義，則是進一步可以討論的問題。

比較起來，明清之後的中國在史料上或許較能支撐對閱讀實踐的深入研究，特別是在出版史、書籍史上較為學者所重視的晚明清初與清末民初這兩個時段。明朝中葉後商業出版勃興之意義已有許多學者留意，[41]而關於清末民初諸如報刊、機械化印刷等受西方影響的出版變革，亦出現不少專書論文，[42]然而是否這些出版文化上的變革亦帶來一場「閱讀革命」？這些文本製造與流傳的方式對於人們在文本接受上的影響，則較少被討論到。除了前述馬蘭安的研究之外，何谷理（Robert Hegel）的專著（特別在第

---

40 關於理學家讀書法的研究，見 Susan Cherniack, "Book Culture and Textual Transmission in Sung China," 50-55；Daniel K. Gardner, "Transmitting the Way: Chu Hsi and His Program of Learning." *Harvard Journal of Asiatic Studies* 49:1 (1989), 141-172.

41 討論到明清商業出版的著作甚多，如 Timothy Brook, *The Confusions of Pleasure: Commerce and Culture in Ming China* (Berkeley: University of California Press: 1998)、Chow, Kai-wing, *Publishing, Culture, and Power in Early Modern China* (Stanford: Stanford University Press, 2004) 與 Cynthia Brokaw and Chow Kai-wing edited, *Printing and Book Culture in Late Imperial China* (Berkeley: University of California Press, 2005) 等等，在此不再詳列。參考涂豐恩，〈明清書籍史的研究回顧〉，《新史學》，第20期1卷（2009），頁181-225; Tobie Meyer-Fong, "The Printed World: Books, Publishing Culture, and Society in Late Imperial China," *Journal of Asian Studies* 66.3(2007), 787-817.

42 英語著作中比較早討論晚清民初出版變化的可能是：Lee Leo Ou-fan and Andrew J. Nathan, "The Beginning of Mass Culture: Journalism and Fiction in the Late Ch'ing and Beyond," in *Popular Culture in Late Imperial China* edited by David Johnson, Andrew J. Nathan, Evelyn S. Rawski (Berkeley: University of California Press, 1985), 360-398. 一般性討論見拙著，〈思想轉型時期的傳播媒介：清末民初的報刊與新式出版業〉，收入於王汎森編，《中國近代思想史的轉型時代：張灝院士七秩祝壽論文集》（臺北：聯經出版事業股份有限公司，2007），頁3-49。相關中外文著甚多，此處不再詳列。

五章）討論了晚明以來白話繪圖小說的出版及新的閱讀模式，[43] 至於日用類書、善書或其他更通俗的出版品，以及整體上文本書籍（特別是雕版印刷的書籍）流通量的提昇，對於閱讀模式的影響仍需要更多的關注。

　　清末民初機械印刷前後更進一步的出版擴張或許讓閱讀的活動更加普及。[44] 更多新的出版形式（如定期出版的期刊）、新的書籍型態（如洋裝書）與新的文本構成（如西式的目次索引或銅板照相）對閱讀實踐的影響亦散見於從文學描寫到個人日記等各種資料中。這些資料有些是論者或文學創作者對閱讀實踐的再現，傅蘭雅（John Fryer）在〈江南製造局繙譯西書事略〉或書商王維泰在《汴梁賣書記》對中國文人初識新學書籍的描寫，[45] 或是李伯元《文明小史》中各種類型的閱讀活動，雖然有可能失之誇大或偏頗，但表現了當代人對時人閱讀活動之特出點的觀察或評論。有些是個人直接或間接的對其閱讀活動的描寫或紀錄，如回憶錄、書信或日記中對於讀書活動的記載，乃至在書頁間隨手的塗改或筆記，[46] 這些材料雖個人、零散，且集中在特定階層，

43　Robert E. Hegel, *Reading Illustrated Fiction in Late Imperial China* (Stanford: Stanford University Press, 1998). 此外有相當多討論圖文傳統與晚明視覺文化的著作，但多半集中在圖像文本的分析上，較少將焦點集中在閱讀與接受的實踐層次。其他見Anne Burkus-Chasson, "Visual Hermeneutics and the Act of Turning the Leaf: A Genealogy of Liu Yuan's "Lingyan ge," in Cynthia Brokaw and Chow Kai-wing eds., *Printing and Book Culture in Late Imperial China* (Berkeley: University of California Press, 2005), 371-416.

44　關於印刷技術機械化的研究，見Christopher A Reed, *Gutenberg in Shanghai: Chinese Print Capitalism, 1876-1937* (Vancouver: University of British Columbia Press, 2004).

45　簡單的討論見李仁淵，《晚清的新式傳播媒體與知識分子：以報刊出版為中心的討論》（臺北：稻鄉出版社，2005），頁29。

46　這類讀者寫在書頁上的字或記號是西方學者（如薛曼與布萊爾）研究讀者對文本之反應的重要材料之一，然而比較少為中國史研究學者用到。這些材料提醒我們，研究書籍史或閱讀史的許多課題，不能只依靠重新排印的出版資料，而應該多利用出版的原版複印乃至於直接利用原本。因為在重新排版複製的過程中，許多資訊會在這樣的過程中消失。而西方

但也提供我們追索當時特定讀者的閱讀軌跡。再者則是出版品本身對閱讀實踐明言的描述或者其形式安排中暗示的閱讀方式，例如工具書或期刊的編者在弁言、前言中對其閱讀方式的議論或說明，或者從小說單行本的開本大小或印刷品質暗示的閱讀方式。這些資訊雖不一定真正地涉及與讀者間的互動，然而我們可從文本製造方所預定的讀者與讀法，從文本側推測當時主流的閱讀模式。綜合這三種不同的材料，或許可以讓我們對近代中國閱讀的實踐有更進一步的了解。

二、讀者與讀物

當我們討論閱讀模式的變遷時，時間越接近近代，似乎越難以避免討論到兩個重要的問題：讀者與讀物。誠然，閱讀作為一個行動，必然有行動的行使者，也必然有行動的接受者。如將整個閱讀的過程視為「讀者─閱讀─讀物」的連續，讀者與讀物的不同，往往決定閱讀行動的模式。也就是說，「閱讀」作為一個動作，是難以抽離讀者與讀物的脈絡來研究的。當我們論及閱讀這樣的動作時，必然同時要留意的是，誰是動作的行使者，以及受用的文本是什麼。例如當我們提到所謂中古時期的繁瑣哲學式的閱讀及文藝復興的人文主義式的閱讀時，我們應該留意這些模式的讀者均是上層階級的學術菁英──甚至不包括許多識字不

的研究經驗提醒我們，以書籍為主要研究對象的書籍史或閱讀史，其要領之一是要把書籍自身當成一種包含各種資料的物件，除了書籍的本文之外，「副文」（paratext）、板式，與書本的物質形式本身，都是書籍與閱讀史研究資料的來源。關於「副文」的概念，見 Gérard Genette, *Paratexts: Thresholds of Interpretation,* translated by Jane E. Lewin (Cambridge: Cambridge University Press, 1997).

多、不能閱讀拉丁文的貴族；同樣地，南宋的讀書法意圖的對象也非一般的老百姓、預想的讀物亦極有限。然而當我們提及18乃至19世紀的閱讀模式時，其行動者可能包含了中產階級乃至農民。如果從較巨觀的觀點來看，近代以來閱讀模式的變遷與多樣化，似乎是緊連著日益擴大的讀者群，以及各種針對不同讀者群出現的各種讀物。

然而在討論「日益擴大的讀者群」時，我們不能略過關於「識字率」（literacy）的討論：對於一個社會中有能力使用文字人口的評量，另方面即是界定了社會中存在與潛在的讀者比率。識字率在當代常被當成一個社會現代化程度的指標，而在歷史研究上，亦是歐洲社會史家討論已久的課題。歷史學家以教區婚姻文件、契約或訴訟文書上的簽名、當代政府或教育機構的調查、教育的普及程度等各種方式來推算一地的識字率，乃至作跨地域與跨時段的比較。[47]而近來針對這樣的量化研究則有更進一步的反省。首先是關於識字率定義的反省。怎麼樣的識字程度才在統計上或歷史解釋上有意義有許多的不同意見。許多人僅會簽自己名字而不會書寫其他文字，或因為實際生活需要懂得某些脈絡下的文字，然而不能運用文字表達自己的意思。這些差異無法用全或無的「識字與否」囊括。許多情況是人們懂得閱讀文字卻無法書寫，就算懂得閱讀我們也很難確認對文字材料的理解到何種程度。而對識字率的研究常常模糊閱讀與書寫的區別，後來的學者則提醒兩者原則上使用相當不同的技巧。再者歐洲很多時期的書

---

47 參見Chartier, "The Practical Impact of Writing," 111-159。亞洲的例子則見Richard Rubinger利用各種地方性文書資料所做的關於德川時代日本識字率的研究。Richard Rubinger, *Popular Literacy in Early Modern Japan* (Honolulu: University of Hawai'i Press, 2007).

寫文字是拉丁文，許多有高度文化程度的人能善用地方語言，卻未必懂得使用拉丁文。這些人可能因為無法使用書面的拉丁文而被視為不識字。這三種反省——識字程度的界定、閱讀與書寫的區別與語言雜用的前提——都挑戰了一般對識字的單向定義。

　　其次是對於識字率研究背後現代化預設的反省。受到現代化國家體制的影響，在當代識字率被拿來當成國家現代化的指標，用以評估一國教育普及與國家現代化的程度。然而這兩種預設如今都遭到挑戰。例如一般認為都市化程度高與經濟發達的社會識字率比較高，然而在18世紀的歐洲，由於新教信仰對信徒個人讀經的要求，識字率程度最高的地方是城市化甚低的北歐，在英格蘭，威爾斯與英格蘭北部某些地區識字率比起南部較都市化的地區來得高。這些研究提示了影響社會上識字程度的因素很複雜，在組織化的教育系統之外，如宗教的態度、印刷文化等等，都可能是影響識字率的原因。[48]

　　在中國方面，關於識字率的歷史，估計至今最完整的研究仍然是羅友枝（Evelyn Rawski）在1979年出版的專著。[49]羅友枝主要從基層基礎教育機構與可能的塾師數目，推估出中國18至19世紀男子的識字率約在30%到45%之間，而女子的識字率約在2%至10%之間，與當時的西歐與日本比較不相上下。[50]羅友枝認

48 關於西方識字率的歷史研究與反省，見R. A. Houston, *Literacy in Early Modern Europe: Cultural and Education, 1500-1800* (London: Longman, 1988); Daniel Resnick, ed., *Literacy in Historical Perspective* (Washington: Library of Congress, 1983).

49 Evelyn S. Rawski, *Education and Popular Literacy in Ch'ing China* (Ann Arbor: University of Michigan Press, 1979). 最近對清代識字率問題的反省，參看：劉永華，〈清代民眾識字問題的再認識〉，《中國社會科學評價》2 (2017)，頁96-110。

50 羅友枝的研究在某方面反駁了「現代化」論述。有些學者主張識字率與現代化的關聯性表現在識字率是工業化的重要助力，由鄉村的識字人口提供城市工廠高素質的人力資源，是西歐與日本可以快速走向工業化的原因之一。而羅友枝所提供的例子，證明了中國社會當

為，此時中國如此高的識字率，原因除了基礎教育的普及之外，便宜而廣布的刻本書籍，包括通俗文學與童蒙書籍，都讓書寫與閱讀成為當時中國從城鎮到鄉村人們日常生活中的一部分，因此中國識字率的發展是與印刷文化攜手並進的。然而許多評論者認為，羅友枝評估的數字過高。其原因主要是因為羅友枝對識字的定義過寬，並且高估了地方教育的普及和有效的程度，另外她對鄉間刻本書籍流通的情形亦過於高估，因此對鄉間的識字率與書寫閱讀文化的描繪都過於樂觀。[51]無論羅友枝所評估的數字是否正確，中國帝國晚期以來識字率的增加與通俗讀物的擴散，則是學者們都注意到的現象。無論在中國或是在歐洲，日益擴大的讀者群與這群讀者的讀物開展了對非菁英閱讀的注意。

　　由印刷技術的發達，17世紀以來各種針對新讀者的新讀物成為學者們研究的對象。1790年代開始，夏提葉（Roger Chartier）等法國學者越來越注意出現在17世紀初法國的「藍皮書」（Biblio-thèque bleue）。這種印刷粗糙、小開本的低廉書籍從城市逐漸流傳到鄉間，成為普及各階層的暢銷書，內容包括宗教性的文本、小說等文學作品。透過對「藍皮書」的閱讀，夏提葉反對視文本本身為讀者心態反映、階級構成反映文化內容的作法，主張從讀者與讀物之間的互動，探討讀者對文本本身創造性的挪用，更從不同階層對「藍皮書」的閱讀，打破所謂「菁英文化」（elite culture）與「大眾文化」（popular culture）的固定疆界。[52]斯布

時雖然有高識字率，但未走向工業化，可見得工業化與識字率的因果關係並非如此緊密。見Rawski, *Education and Popular Literacy in Ch'ing China*, 149-154.

51 對於羅友枝的評論，見Wilt L. Idema, "Review of Evelyn Rawski, *Education and Popular Literacy in Ch'ing China*," *T'oung Pao*, Vol. LXVI, 4-5(1980), 314-324.

52 見Roger Chartier, *Cultural Uses of Print in Early Modern France* (Princeton: Princeton University

福特（Margaret Spufford）則研究同樣從17世紀開始在英國出現的「通俗讀本」（chapbook）。這些內容包括宗教、騎士故事、幽默故事等，由小販販賣的廉價印刷品長時間是英國鄉間主要的讀物。除了分析其內容，斯布福特更嘗試探討這些書如何被讀，而認為這種通俗讀物在鄉間開始流行，是教育普及、識字率提高、閱讀文化擴張的結果。[53] 在娛樂性的讀物之外，實用性的農民曆（almanac）可說是最普及的印刷品。卡普（B.S. Capp）與史托威爾（Marion Barber Stowell）分別研究16到18世紀英格蘭與17世紀到18世紀北美殖民地出版的農民曆。這些農民曆內容不只有日曆農時，還有包含實用性的日用指南與娛樂性的小故事。根據史托威爾的研究，農民曆是北美殖民地早期印刷的大宗，一個普通的新英格蘭家庭，家中會有的三本書為聖經、農民曆與《新英格蘭蒙書》（*New England Primer*）。[54] 吉爾摩（William Gilmore）則透過深入的文本與量化研究，從書本流通量與各種文化機構的活躍程度，展現出在18到19世紀之交，閱讀已是如此深入新英格蘭鄉間人家的日常生活，讀物成為生活中的必需品。[55]

如果說從16到18世紀，總體性的演變是低廉的印刷品傳播到鄉間，使得在貴族與城市裡的中產階級之外，在鄉間的農民、工匠等也成為潛在的讀者，到了19世紀，讀者與讀物無論在結構

Press, 1987). 中文介紹見：秦曼儀，〈書籍史方法論的反省與實踐：馬爾坦和夏提埃對於書籍、閱讀與書籍文化史的研究〉，頁277-286。

53 Margaret Spufford, *Small Books and Pleasant Histories: Popular Fiction and its Readership in 17th- Century England* (Athens: University of Georgia press, 1981).

54 B.S. Capp, *English Almanacs, 1500-1800: Astrology and the Popular Press* (Ithaca: Cornell University Press, 1979)；Marion Barber Stowell, *Early American Almanacs: the Colonial Weekday Bible* (Manchester, MH: Ayer, 1976).

55 William J. Gilmore, *Reading Becomes Necessity of Life: Material and Cultural Life in Rural New England 1780-1835* (Knoxville: University of Tennessee Press, 1989).

與數量上都有很大的轉變。19世紀演進快速的印刷技術讓機械化
生產的書籍數量更大、價格更低。略受教育、大量從鄉村移居到
城市的工人成為新的閱讀群體。阿爾提克（Richard D. Altick）先
驅之作《英國普通讀者》（*The English Common Reader*）鉅細靡遺
的追究此新閱讀群體興起的社會因素。[56]除了印刷技術的進步之
外，各種新的閱讀機構的興起，如公共圖書館、流動圖書館、租
書店等，讓閱讀更為簡易方便。政府、社會團體與宗教團體推動
各種教育機構（如「假日學校」）與出版機構，意圖提高識字率
與提昇閱讀風氣。各種新的出版形式，包括低廉的小報、畫報、
連載小說、分部出版的小說、文庫本小說，更壓低了閱讀的經濟
成本。其他技術，如照明改善讓晚上成為閱讀時間、鐵路等交通
系統降低了印刷品的運費，讓書籍運送不再只能依靠水運。在社
會生活上，離開鄉村到陌生都市的工人，失去家族與宗教的慰
藉，不再像以前全家圍坐爐邊由家長領讀宗教故事，而以獨自閱
讀滿足心理需要。規律化的工人生活清楚劃分工時，而同時出現
了「休閒」的概念，花費低廉的閱讀成為工人主要的休閒活動。
這些條件都讓一個前所未有的龐大讀者群體在19世紀的英國成立。

　　隔著一道海峽，萊恩斯（Martyn Lyons）對19世紀法國社會
的研究亦呈現類似的發展。在擴張的閱讀文化之下，[57]作者指出三
個新的讀者群：女性、工人與農民。[58]由於這些讀者群的興起，

---

56 Richard D. Altick, *The English Common Reader: A Social History of the Mass Reading Public 1800-1900* (Chicago: University of Chicago Press, 1957).

57 萊恩斯之前已經出版一本19世紀法國書籍、閱讀史的法文專書。Martyn Lyons, *Le triomphe du livre: une histoire sociologique de la lecture dans la France du XIXe siècle* (Paris: Promodis, 1987).

58 Martyn Lyons, *Readers and Society in Nineteenth-century France: Workers, Women, Peasants* (Basingstoke: Palgrave, 2001).

許多以其為對象的出版品因應而生。[59]與阿爾提克多年前的作品不同的是，除了這些讀者群興起的社會條件，萊恩斯運用許多自傳性資料試圖重建這些讀者群的閱讀經驗。此外本書特別強調的另一個面向是主流社會對這些閱讀群體興起的反應，尤其是感受到女性、工人、農民獲得閱讀能力的威脅，主流社會如何試圖控制這些閱讀活動，將其閱讀行為建構成社會與道德的問題。[60]在此本書作者將對讀者的研究推進到閱讀背後的權力交鋒：當掌控文化符號的群體發現其他群體前來分享其掌控權時，如何運用既有的文化權力將之打壓。

　　在中國史的領域中，對於讀者的研究焦點主要針對在晚明，首先由文學的研究者發起，而社會史研究者繼之。文學研究者認為，晚明繪圖白話小說等各種更通俗的文學作品的出版，標示了商業化出版的興起與更廣大的閱讀群眾。[61]這些變化表現在出版品品質的多樣化與市場化[62]，既有針對上層讀者極為精緻的出版品（如畫冊），[63]也有針對一般讀者，品質較低劣的出版品。[64]同時亦表現在同一個文本針對不同讀者出版不同版本，或者各種「增

---

59 作者在另一篇文章還提到兒童成為新的讀者，以及針對兒童的出版品。見Martyn Lyons, "New Readers in the Nineteenth Century: Women, Children, and Workers," *A History of Reading in the West,* 313-344.

60 關於19世紀維多利亞時期英國女性讀者的閱讀經驗與當代人對女性閱讀的看法，見Kate Flint, *The Woman Reader, 1837-1914* (Oxford: Oxford University Press, 1995).

61 如McLaren, "Constructing New Reading Publics in Late Ming China," 與Hegel, *Reading Illustrated Fiction in Late Imperial China.*

62 Robert E. Hegel, "Niche Marketing for Late Imperial Fiction," *Printing and Book Culture in Late Imperial China,* 235-266.

63 如馬孟晶，〈文人雅趣與商業書坊：十竹齋畫譜和箋譜的刊印與胡正言的出版事業〉，《新史學》，第10卷3期（1999），頁1-54。

64 Chia, *Printing for Profit.*

訂」、「新版」、「新增」等商業出版的常用詞語上。[65]社會史家則解釋此為明末經濟繁榮、商業文化發展的結果，[66]而其影響是「大眾文化」或「城市文化」或「文人文化」的興起。[67]對於讀者群眾最大的變化是，以往屬於士人的出版與閱讀，如今有更多「俗眾」參與，而閱讀本身也隨著出版活動的殊分而更加多樣化。

然而，目前在中國史領域關於讀者與讀物的研究，尚仍有許多未觸及的層面與待開發的領域，這一方面是因為關於閱讀的研究在中國史的領域仍在起步階段，另方面則常常是因為材料的限制。首先是時段的問題。目前對於讀者與讀物的研究大量集中在晚明，探討晚明形成的閱讀文化，然而一方面卻似乎將晚明定為起點，而將之前的閱讀文化扁平化，例如白話書寫或出版型態的分殊，在南宋末到元朝皆有所發展，卻往往被論者所忽略。另方面似乎暗示了晚明之後的閱讀文化沒有多大的變化，或者呈現停滯或倒退的狀態。然而無論在盛清、晚清或者是民國，出版與閱讀均有其對應時代的發展，特別是18世紀中以來人口大量增加與商業出版的復甦、19世紀初開始的另一波出版高潮與逐漸加強的域外因素、乃至於19世紀末以來機械化印刷技術的引入等，儘管在史料上比晚明時期更加豐富，但仍缺乏更進一步的探索。如果說晚明的出版文化形成了一個閱讀大眾，那我們應該問的問題

---

65 Robert Hegel, "Distinguishing Levels of Audiences for Ming-Ch'ing Vernacular Literature." in *Popular Culture in Late Imperial China*,112-142 與 Anne E. McLaren, "Investigating Readerships in Late-Imperial China: A Reflection on Methodologies", *The East Asian Library Journal* Vol. X:2 (2001) (published 2003), 104-159.

66 如Brook, *The Confusions of Pleasure.*

67 茲各舉一例：Evelyn Rawski, "Economic and Social Foundations of Late Imperial Culture," in *Popular Culture in Late Imperial China*, 3-33; Joseph McDermott, *A Social History of the Chinese Book: Books and Literati Culture in Late Imperial China* (Hong Kong: Hong Kong University Press, 2006); 大木康，《明末江南の出版文化》（東京：研文出版，2004）。

是，這個閱讀大眾在數量上、在社會構成上、在地域分布上、在整體的文化互動與創造上，與其他的時代，如19世紀中以來由新的傳播形式與技術構成的閱讀大眾，有什麼樣相同與不同之處。

　　關於讀者與讀物的研究，第二個尚待討論的問題是「究竟誰是讀者」？儘管許多學者有晚明以來讀者群眾逐漸擴大的預設，但是對於究竟是哪些人加入了讀者行列，他們是如何進入閱讀世界的細節問題上，仍未有較有系統的探索。基本的識字率問題在羅友枝將近30年前的嘗試之後便沒有繼續下去。在有什麼新讀者的問題上，或許有所發展的是對於女讀者的研究。拜1980年代以來對性別研究與女性文學的興趣之賜，越來越多的女作家、女性的閱讀與書寫活動被文學史家與社會史家發掘。儘管學者較關心的是主動性、創造性的書寫活動，在閱讀方面學者如高彥頤（Dorothy Ko）與魏愛蓮（Ellen Widmer）等都在不同程度上討論到17世紀與19世紀的女性讀者問題，[68]對於某些特定文類（如彈詞）的研究也顯現女性讀者在其中扮演的特殊角色。[69]女性讀者在18、19世紀對戲曲、小說、彈詞等的熱衷、各種對女性癡迷於閱讀的描寫、以及菁英男性對這種現象的反應，都與英國維多利亞時期女讀者的處境略有相似之處。[70]然而在女性讀者之外，究竟有哪些其他類型的讀者？他們之間的閱讀實踐、讀物有怎麼

---

68 Dorothy Ko, *Teachers of the Inner Chambers: Women and Culture in the Seventeenth-Century China* (Stanford: Stanford University Press, 1994); Ellen Widmer, *The Beauty and the Book: Women and Fiction in Nineteenth-Century China* (Cambridge: Harvard University Asia Center, 2006); Ellen Widmer, "Considering a Coincidence: The 'Female Reading Public' Circa 1828," in *Reading and Materiality in China: Essays in Honor of Patrick Hanan,* edited by Judith T. Zeitlin and Lydia H. Liu (Cambridge: Harvard University Asia Center, 2003). 對女性讀者一般性的探索，見 Li Yu, "A History of Reading in Late Imperial China, 1000-1800," 150-215.

69 胡曉真，《才女徹夜未眠：近代中國女性敘事文學的興起》（臺北：麥田出版社，2003）。

70 見前引 Flint, *The Woman Reader, 1837-1914.*

樣的不同？不同的社會階級[71]、宗教傳統[72]、種族文化[73]、語言[74]、年齡[75]、職業身分的人群，怎麼開始他們的閱讀活動，成為新的讀者？這些人成為「讀者」之後，對自己或社會整體有怎麼樣的影響？其他群體或社會整體對他們的閱讀活動有怎麼樣的反應？這些都是連對女性讀者的研究都尚待開展的領域。

　　第三個問題是對於所謂「讀物」的討論仍集中少數類型。這裡部分的原因是中國書籍史、閱讀史的研究很大一部分是受益

---

71 羅斯（Jonathan Rose）利用19世紀到20世紀初英國工人的自傳探討了工人的閱讀世界，然而這樣的研究在中國歷史（至少對於20世紀以來的歷史）是否可能？我們是否可能知道中國非菁英階層是怎麼閱讀的？見Jonathan Rose, *The Intellectual Life of the British Working Classes* (New Haven: Yale University Press, 2001).

72 貝奈特（Zvi Ben-Dor Benite）探索了帝國晚期穆斯林在東南中國的文化傳統與教育網絡，包括其漢克塔布的書籍文化。見Zvi Ben-Dor Benite, *The Dao of Muhammad : A Cultural History of Muslims in Late Imperial China* (Cambridge: Harvard University Asia Center, 2005). 然而對於中國各種宗教傳統的閱讀文化我們仍然所知不多。

73 前述虞莉的博士論文稍稍觸及了「非漢人」（包括「北方統治者」（契丹、女真、蒙古）、耶穌教士、猶太人與朝鮮人）在中國的閱讀經驗。見Li Yu, "A History of Reading in Late Imperial China, 1000-1800," 216-268. 然而我更好奇的是：清朝時期的滿洲人與蒙古人等是怎麼閱讀的？各個所謂「少數民族」（如畬族、苗族、壯族等）是如何與何時開始進入漢文的閱讀世界？他們是藉由什麼管道接觸到閱讀活動（科舉、宗教、傳教士等）？這些閱讀活動怎麼與其之前的文化傳統互動？接受漢文閱讀與所謂「漢化」之間的關係是什麼？

74 包筠雅注意到晚清民國四堡的印刷出版業與客家背景之間的關係。見Brokaw, *Commerce in Culture: the Sibao Book Trade in Qing and Republican Periods.* 不同的語言背景是否影響人們成為讀者的時機？閱讀、印刷語言與口頭語言之間的歷史關係怎麼影響到讀者的形成？

75 如同萊恩斯提到西方兒童讀者的出現，中國的兒童什麼時候成為讀者？什麼時候，在童蒙書之外，開始有特別設計給兒童閱讀的讀物？當然對於童蒙書與教科書的研究都有許多，如梁其姿，〈《三字經》裡歷史時間的問題〉，收入黃應貴主編，《時間、歷史與記憶》（臺北：中央研究院民族學研究所，1999），頁31-74；與Angela K. Leung,"Elementary Education in the Lower Yangtze Region in the 17th and 18th Centuries," in *Education and Society in Late Imperial China, 1600-1900*, ed. Benjamin A. Elman and Alexander Woodside (Berkeley: University of California Press, 1994), 381-416. 但是什麼時候出現兒童的「休閒讀物」，專門有設計給兒童、融合教育與娛樂的出版品？可能要追溯到晚清的傳教士刊物與清末民國對兒童教育與兒童文學的討論。又，在兒童之外，「青年」乃至於「少年」，又是從什麼時候開始變成可以辨認的閱讀群體？這裡我們不免聯想《新青年》的刊名和其所代表的意義。我們所需要討論的，不只是「實體」的讀者之形成，更是這些讀者群的「概念」是怎麼形成的。

於文學研究者的貢獻，因此對於文學讀物與其讀者有特別好的發
展，特別是針對白話通俗小說、其不同版本的發展與其針對的不
同讀者。[76]另方面，近來關於出版與閱讀的研究又與對晚明「印
刷文化」（print culture）[77]的討論有關，特別注重的是商業出版，
以至於對非商業性的讀物及其對閱讀活動的影響相對忽視。[78]不
僅文集、方志和許多知識階層的出版品出版時並未有商業目的[79]，
許多散布廣、讀者多的讀物，如寶卷、善書等有教化意味的出版
品與為數甚多的各種宗教文本，亦不屬於商業出版，且我們對
其閱讀活動所知甚少。[80]在商業出版的範圍之內，包羅萬象的日
用類書逐漸受到重視之後，[81]針對特定讀者的醫書、科考用書、

---

76 如磯部彰對《西遊記》、馬蘭安對《三國演義》的研究。

77 相較與西方學者常用的「印刷文化」（print culture）概念，我傾向使用日本學者較常用的
「出版文化」。原因是西方對印刷文化的討論有其學術脈絡，源自於15世紀印刷革命的相關
辯論。然而在中國的歷史發展，至少在晚明的這些變化當中，印刷技術並未扮演太特出的
角色，而是商業出版與出版品的商品化在晚明有比較顯著的影響。

78 學者們也察覺了對非商業出版的忽視，而開始有更多研究投入。見Michela Bussotti and
Jean-Pierre Drège eds., *Imprimer sans profit? Le livre non commercial dans la Chine impériale*
(Genève, Suisse: Droz, 2015).

79 即使對這些文集是怎麼出版流傳、怎麼被閱讀的我們亦沒有具有系統性的討論，特別是
沒有經過印刷過程的手抄本。關於方志的出版則見Joseph Dennis, *Writing, Publishing, and
Reading Local Gazetteers in Imperial China, 1100-1700* (Cambridge: Harvard University Asia
Center, 2015).

80 關於善書，見酒井忠夫，《中國善書の研究》（東京：光洋社，1972）、游子安，《勸化金
箴：清代善書研究》（天津：天津人民，1999）。關於寶卷，見Daniel L. Overmyer, *Precious
Volumes: an Introduction to Chinese Sectarian Scriptures from the Sixteenth and Seventeenth
Centuries* (Cambridge: Harvard University Press, 1999). 關於近代中國的宗教出版，見Philip
Clart and Gregory Adam Scott eds., *Religious Publishing and Print Culture in Modern China,
1800–2012* (Berlin and Munich: Walter de Gruyter, 2015). 除了專書與論文集，尚有許多單篇論
文討論宗教讀物。不過大部分的研究進展集中在出版上，較少觸及閱讀的層面。

81 然而對日用類書的研究目前還多半在文本與板式的分析，對於日用類書是怎麼被讀的我們
仍不清楚。儘管日用類書似乎可以被當作了解當代知識分類系統的窗口，然夏提葉的研究
告訴我們，將文本的意義直接視為其閱讀者所屬文化之映射是有問題的。將日用類書視為
普同的知識分類體系不僅忽略動態的閱讀層次，另方面也傾向建構附著於固定文本的、靜
止的分類範疇，而忽略文本與知識同樣具有歷史性。

商業手冊、官箴書、訟師密本、占卜地理書，或是更一般性的通書，雖然日益得到學者的注意，但無論在製造、流傳及閱讀的層次上，亦沒有充足的研究，包括這些出版類型是何時出現、成為讀物，被哪些讀者怎樣閱讀，對整體的閱讀文化有什麼樣的影響。[82] 同樣的情況也可針對19世紀中末開始出現的各種新讀物：許多人已經研究的報刊（包括畫報、小報、文學期刊等）、教科書、百科全書，以及需要更多關注的石印本小說、唱本與字典，小開本的文庫本等。對於保存更多資料的晚清民國來說，探究這些讀物如何被讀所受到的技術限制要比之前的時代少得多，且得以更深入的探討許多前現代研究難以觸及的問題。

最後是空間與社會脈絡的問題。除了江南，對其他地區我們所知甚少，而許多一般性的、關於讀者、讀物與閱讀實踐的論斷多來自江南的研究，或者在近現代的研究都集中在上海。儘管我們知道在不同時期有不同地域文化中心的興起，例如廣州、福州、閩南、徽州、成都等地。我們不應該假定各個區域中心有相同的發展曲線，或者有固定的承繼關係，而應該從其區域性的發展思考──即使在廣義的江南中，各個不同城鎮也不該理所當然地被視為具有同質性。而著重於商業出版的研究，相對也對城鎮之外的閱讀活動較為忽略：鄉間的讀物類型與城鎮是否有所不同（如商業出版與非商業出版的比率），而某種類型的閱讀活動（如印刷出版的白話報）「來到」鄉間具有什麼樣的意義？這種地方化的閱讀研究取向，不僅可以避免直接套用普遍化結論的問題，

---

82 在這些類別中，科舉用書的出版與閱讀相較來說得到較多關注。見：沈俊平，《舉業津梁：名中葉以後坊刻制舉用書的生產與流通》（臺北：台灣學生書局，2009）、曹南屏，《閱讀變遷與知識轉型：晚清科舉考試用書研究》（北京：社會科學文獻出版社，2018）。

另方面，由於地方的討論範圍、資料分布較為集中，可以讓我們有機會了解閱讀活動實際上在地方社會中扮演的角色、閱讀活動與各種社會關係互動的情形。[83]

三、閱讀、思想與社會

　　從以上的討論中，我們知道歷史學家想要弄明白「讀物─閱讀─讀者」這個閱讀歷程的各個環節，而研究者也明白，這各個環節都是鑲嵌在特定時空的社會脈絡當中，與當時的各種社會有所互動。無論是讀物是如何製造與流通，或是哪些社會變動產生了新讀者。另方面，這樣一個閱讀環節，其核心便在於文本意義的傳遞。過去研究取向中將文本負載的意義等同於事實的這種作法已經受到挑戰。大家已經清楚論述與社會現實之間的差異，例如晚清期刊中有許多倡導女權或討論公共事務的文章，並不代表晚清的女性權利或公共輿論已然得到了實踐。閱讀史的貢獻之一，便是讓研究者留意到文本要經過讀者閱讀才會產生意義，要經過此傳遞的過程，文本所負載的意義，才能成為所謂思想或文化的一部分，而在特定時空的社會當中發生效用。換言之，閱讀史的研究取向之一，就是研究思想或文化經由文本、成為讀物，於特定時空被讀者們閱讀，而後在社會中發生效力的過程。

　　然而，在實際研究的層次上，這樣的研究要如何著手？在此

---

[83]「地方出版」的研究在出版史的框架底下向來興盛，但「地方閱讀」與「地方知識傳播」的研究相形較少。近年來開始有些學位論文與單篇期刊論文討論這些問題，主要集中在期刊或新書書籍在通商口岸以外之城鎮的出版、流通與閱讀。徐佳貴討論晚清溫州士人知識轉型的專書亦觸及這個問題，見：徐佳貴，《鄉國之際：晚清溫州府士人與地方知識轉型》（上海：復旦大學出版社，2018）。

我從歐洲史先前的研究中，粗略的分成三種取向。第一種是由一種特定文本或概念出發，研究這些文本與概念如何在社會中製造傳布，如何被一個或多個不同讀者閱讀。第二種是從一個人或一群特定的人出發，來看這個或這群讀者以什麼方式、怎麼讀了哪些書。第三種則是更整體性的調查一個社會或地方實際上有哪些文本、書籍在製造流傳，讀者怎麼接受、閱讀這些文本。這三種取向之間的分別當然不是絕對的，且常常可以帶領我們看到閱讀文化的不同面向。

　　丹屯（Robert Darnton）在〈Readers Respond to Rousseau: The Fabrication of Romantic Sensibility〉[84] 這篇早期寫的論文中，討論 18 世紀盧梭（Jean-Jacques Rousseau）的名著《新艾洛伊斯》（*La Nouvelle Héloïse*）如何為當時的讀者所閱讀。這本書可能是當世紀最暢銷的書，在當時暢銷到書商因為來不及印刷，而以每天甚至每小時計費的方式出租給讀者，從 1761 年初版到 1800 年間至少有 70 種不同版本，即使本書在當時教會的禁書名單中。丹屯以法國西邊拉羅歇爾（La Rochelle）的一名商人蘭森（Jean Ranson）與瑞士出版商之間的通信，以及其他如讀者的通信等資料為基礎，探討當時的人怎麼閱讀盧梭。在蘭森與出版商的通信當中，盧梭可說融入他生活中的各部分。他稱盧梭為「朋友盧梭」，在與出版商談到他的婚姻、生活、當父親的感受時都離不開盧梭。蘭森與其他讀者有類似的反應，他們相信《新艾洛伊斯》裡頭的人物是真的、他們以極深的情感閱讀這本書，甚至為之啜泣，以

---

84 Robert Darnton, "Readers Respond to Rousseau: The Fabrication of Romantic Sensibility," *The Great Cat Massacre: And Other Episodes in French Cultural History* (New York: Vintage, 1984), 215-256.

盧梭在書中序言營造出來的氣氛去閱讀這本書。丹屯認為這些讀者對盧梭的閱讀，並不應該被認為僅是18世紀末、19世紀的浪漫主義先驅之一，而是一種新的、讀者與作者之間關係、一種社會心態的展現。作者與一群公開的讀者相信彼此可以在書頁文字中做理智與情感上的溝通：「讓雅克（盧梭）向可以正確讀他的讀者敞開他的靈魂，而讀者覺得自己的靈魂從日常生活的不完美存在中提升了」。[85]

　　如果說丹屯這篇文章透過閱讀盧梭的讀者之眼，對法國18世紀末的感性文化提供一個貼近個人經驗的描繪，塞科德（James A. Secord）則透過一本書的出版、流傳與接受，讓我們看到19世紀維多利亞時期英國社會的諸多面向。[86]塞科德在600多頁的篇幅當中，鉅細靡遺地利用各種材料——書評、廣告、日記、回憶錄、書信等——重新建構這本爭議性很大的書《宇宙萬物自然史的軌跡》（*Vestiges of the Natural History of Creation*）如何被不同出版機構以各種不同版本出版推銷、被不同社會組織以不同媒介爭辯討論、被不同讀者以自己的方式解讀詮釋。透過這本無名氏所著、試圖雜合科學知識來解釋宗教、社會的通俗讀物，塞科德解析了維多利亞時代這種「煽情文化」（sensation）的技術與社會背景，尤其是與整個出版市場的關聯。而從各種不同社會脈絡的團體與個人怎麼取得和閱讀這本書（如一個教會學校女老師把這本書當成小說在自己的房間一個人讀），有什麼想法和以哪種方式回應，塞科德讓我們了解一種科學概念（演化論）怎麼經過

---

85 Darnton, "Readers Respond to Rousseau," 249.

86 James A. Secord, *Victorian Sensation: The Extraordinary Publication, Reception, and Secret Authorship of* Vestiges of the Natural History of Creation (Chicago: University of Chicago Press, 2000).

通俗化的過程在社會中流傳，而不同的人們又是如何來理解它。
這本書提供了另一個視角來看待科學史[87]，從接受者的角度（而非
科學知識的發明者與創造者）來看一個科學概念如何在大眾間流
傳、如何與當代社會產生關聯。[88]這樣的取向提供思想史、文化
史研究一個良好的借鑑，將目光從少數的思想、哲學、知識的菁
英創造者，移向亦具有相當創造力的普羅大眾。

　　這種從一本或數本書出發的優點是，我們可以把焦點集中
在特定的概念，而追蹤這個概念轉徙的路徑，以及概念轉譯閱讀
間的變化。在中國史的領域當中，思想史與文化的研究較注重在
歷時性的繼承轉化，而在同時性的影響散布的研究上，或者將焦
點集中在少數思想家、或者未把社會、政治的脈絡整合進去，或
者未考慮傳播媒介與媒介互動——如閱讀——的問題。[89]例如以
往研究晚清民初所謂「新概念」的研究者，比較著重的仍偏向單
一種類文本的解析（如期刊言論、個人專書）。然而近來的研究
者逐漸留意到跨越文本的研究，特別是對思想概念在不同語言、
不同媒介中的傳播擴散，乃至於在不同社會階層與地域範圍的流
傳，而有嶄新的成果。對新思想究竟如何傳播、如何變化，在社
會人群中如何產生作用有更立體的理解。[90]

87　作者是劍橋大學科學史系的教授。

88　塞科德在之後的新著則繼續探索科學概念藉由各種出版品在維多利亞時期英國的擴散，見
　　James Secord, *Vision of Science: Books and Readers at the Dawn of the Victorian Age* (Oxford:
　　Oxford University Press, 2014).

89　少數例外如王汎森，〈從曾靜案看十八世紀前期的社會心態〉，《大陸雜誌》，第85卷4期
　　（1992），頁1-22。這篇短文利用不同中下層士人（與皇帝）對曾靜案和《大義覺迷錄》的
　　回應與創作，刻畫出清朝中葉複雜精微的政治互動。

90　除了許多學者對晚清民初各類翻譯的研究，潘光哲前揭書探索晚清新學在士人圈中的閱
　　讀、張仲民前揭書中各種西方概念在晚清民初擴散與接受的個案，是此取向中相當成功的
　　作品。

　　與第一個取向相反的是從一個人或一群人出發，看這群人如何接收、與接收了什麼概念。許多歷史家很早就試著從個人收藏、遺產清冊、拍賣目錄、訂購清單[91]中，試圖找出書籍流通的線索，不過他們的研究目的主要在了解有哪些種類的書籍在社會上流傳，而比較少考慮閱讀的面向[92]——的確，僅有清單沒有辦法告訴我們這些書是怎麼被讀的，更何況書的擁有者未必會以同樣的方式讀每本書。而要了解這些書籍收藏者怎麼利用這些書，便需要諸如收藏者的日記、書信、回憶錄、讀書筆記、在書上或目錄上的註記等資料。[93]

　　然而針對那些非知識分子、非菁英的讀者，他們的閱讀世界顯得很難探測。儘管如此，金茲伯格（Carlo Ginzburg）的名作《乳酪與蟲子》（The Cheese and the Worms）[94]利用宗教法庭的審訊文件讓我們得以一窺一個16世紀義大利磨坊主人的閱讀世界與宇宙觀。從審訊文件中，金茲伯格整理出在印刷術剛剛普及的義大利北部，磨坊主人曼諾齊歐（Menocchio）擁有與讀過的書：包括聖經、通俗的宗教讀物，也包括有名的曼德維爾（John Mandeville）遊記與薄伽丘（Boccaccio）的《十日談》（Decameron），甚至還有一本可能是義大利文版的《可蘭經》；[95]這些書的來源：買自威

91　如前述丹屯的文章就利用蘭森與出版商的通信列出蘭森訂過哪些書。見Darnton, "Readers Respond to Rousseau," 249.

92　見丹屯的簡單回顧：Robert Darnton, "Reading, Writing and Publishing," *The Literacy Underground of the Old Regime* (Cambridge: Harvard University Press, 1982), 167-182.

93　筆者曾利用孫寶瑄《忘山廬日記》中的線索，嘗試看孫寶瑄在晚清的最後幾年讀了哪些書、哪些書可激發他較多的想法。此外也從一些自傳中試著觀察這些傳主年少的時候是怎麼樣取得新學書刊。然而閱讀並非當時的主題，且限於篇幅與資料而並未追索下去，見李仁淵，《晚清的新式傳播媒體與知識分子》，頁192-202。

94　Carlo Ginzburg, *The Cheese and the Worms: the Cosmos of a Sixteenth-Century Miller*, translated by John and Anne Tedeschi (Harmondsworth: Penguin Books, 1982).

95　書單見：Ginzburg, *The Cheese and the Worms*, 29-30.

尼斯、別人所抵押、向別人所借；以及這些書如何被曼諾齊歐所閱讀：對書中的哪些段落最有興趣，書中的內容對他的思想有什麼影響。金茲伯格認為曼諾齊歐的閱讀展現出口傳傳統的影響，他對書中內容的理解常常很零碎跳躍，不一定遵從文本中的邏輯。這些文本對他的啟發常常出乎意外，被他用來引證其奇特，而被視為異端的宗教宇宙觀。金茲伯格的這個個案研究如同夏提葉的數個個案一樣，都是從一般讀者對一件或數件文本的閱讀與互動，來看讀者對文本意義的「挪用」（appropriation），[96]而更強調讀者的能動性與對意義的創造。

　　比起金茲伯格或夏提葉，研究19、20世紀的歷史學家有更多的資料來進入一位或一群讀者的閱讀世界。弗林（Kate Flint）研究維多利亞時期英國女讀者時，已用了許多回憶錄或日記的資料來看當時的女讀者讀什麼、怎麼理解她閱讀的資料，包括小說、期刊與自助手冊。[97]羅斯（Jonathan Rose）研究19世紀到20世紀初英國工人階級的閱讀世界時，則從兩千多份工人階級的自傳與回憶錄中找資料，特別是許多自學（autodidact）的讀者與寫作者留下的紀錄。[98]透過這些自述性的資料，以及如工人圖書館的借閱紀錄檔案等資料，羅斯探索在阿爾提克所謂「普通讀者」興起的19世紀，工人們經由哪些管道、讀了哪些書，而又怎麼理解這些書。在阿爾提克梳理了19世紀閱讀大眾的社會背景與制度性改變的基礎之上，羅斯所謂的「受眾的歷史」（a history of

---

96 亦見Roger Chartier, "Popular Appropriations: The Readers and Their Books," *Forms and Meanings: Texts, Performances, and Audiences from Codex to Computer* (Philadelphia: University of Pennsylvania Press, 1995).

97 Flint, *The Woman Reader, 1837-1914*.

98 Rose, *The Intellectual Life of the British Working Classes*.

audiences）[99]中所要研究的是工人階級讀者對各種教育方式與書籍（如文學經典、小說、馬克思主義讀物等）的反應。從對工人閱讀活動的研究中，他反省了幾項研究書籍與文化傳播的學者常有的預設。[100]例如文本分析者認為所有文獻都是政治性的，並且都會影響讀者的政治意識。從他對工人的閱讀活動中，文獻中的政治意涵未必對讀者有意義，且讀者常常會「挪用」文本中的文獻中的政治意義以配合自己的需要，而不是被動的接受影響。又如一般認為，一個文本的影響力與其流傳的量成正比，即流傳越多的文本在社會上具有影響力。然而在他對工人階級的研究中，流傳最多的書，卻未必相對性的最有影響力。再者，從工人所閱讀的書中，可看出所謂大眾文化與菁英文化的區別並不是涇渭分明，許多經典都在工人的書單之內，而即使許多人認為許多菁英文化的書籍傾向維持既有秩序，但閱讀這些書籍的工人未必如許多分析文本的學者認為的那樣就接受了這些秩序，相反地，就算是保守派所寫的內容，也可以成為激進工人的靈感來源。

在某方面來說，羅斯與金茲伯格和夏提葉可說是一脈相承，儘管他們研究不同的時代與地域。他們都反對以往那種讀者被動接受文本內容的論說方式。如果將範圍從單個讀者擴大到讀者群或讀者大眾時，被動接受論者傾向認為，文化較低落或樸質的中下階層傾向接受上層階級傳遞下來的文化，如複雜精緻的上層文化的故事情節經過通俗化之後，成為中下讀者的通俗讀物。而下層階級接受這些文化的同時，也接受了上層階級賦予這些文化內

---

99 Rose, *The Intellectual Life of the British Working Classes,* 1-11。亦見 Jonathan Rose, "Rereading the English Common Reader: A Preface to a History of Audiences," *Journal of the History of Ideas* 53.1(1992), 47-70.

100 Rose, "Rereading the English Common Reader: A Preface to a History of Audiences," 48.

容的邏輯與意識型態，而被納入了上層階級的秩序之中。以中國歷史來舉例，忠孝節義等上層階級的意識型態，透過小說、戲劇、唱本或各種媒介，讓接受方閱讀的過程，就是一種秩序化的經過。因此對這些忠孝節義的文本分析，便可用來解釋當時的秩序結構。然而，對前述從讀者／接受方出發的學者來說，文化與社會的邏輯並非如此單向，而受眾也非全然的就接受他所讀到的文本內容，其間意義的競爭挪用還有背後的、文化與社會間的權力關係都更為複雜。從夏提葉到羅斯，他們都特別點出了閱讀的兩面性，閱讀一方面是一種控制，但另方面也是一種發明與創造。此兩者間的張力可在個別讀者的閱讀實踐中觀察到，而展現在整體上就是社會階層與文化內容之間整合與分異的衝突。

在從文本出發看文本怎麼被讀，與從讀者出發看讀者怎麼讀之外，另外一種取向是整體性的看一個社會在特定時間，在其社會、政治、經濟等各種脈絡下，其中有哪些文本、書籍在製造流通，而這些文本、書籍是怎麼樣的被讀者所閱讀。以聖克萊爾（William St. Clair）的話來說，這種整體性的對閱讀的研究可說是「閱讀的政治經濟學」。[101]

莫爾內（Daniel Mornet）在其1933年出版的《法國大革命的思想起源》（*Les origines intellectuelles de la Révolution française, 1715-1787*）中就試圖用各種可得的資料呈現法國大革命前書籍的流通情形，以此尋求解釋啟蒙運動與法國大革命的關聯。[102]然而此時量化研究的取向，並沒有詳細討論閱讀與流通的問題。多年

---

101 參考William St. Clair,"The Political Economy of Reading," *John Coffin Memorial Lecture in the History of the Book* (London: University of London Press, 2005).

102 關於莫爾內的討論，見Roger Chariter, "Do Books Make Revolutions," *The Cultural Origins of the French Revolution* (Durham: Duke University Press, 1990), 67-91.

後的丹屯處理同一個時段的書籍問題時，他便花許多時間處理這些書籍是怎麼製造、怎麼流通、怎麼輾轉到達讀者手中，怎麼讓讀者可以閱讀，以及這些書籍的出現代表什麼樣的文化意義。丹屯從出版商的通信、官方檔案、個人回憶錄等資料中發現，當時最暢銷的書不是像盧梭的《契約論》這樣的書，而是許多被官方列為禁書的書，這些被出版商稱為「哲學」而常不出現在官方遺產清單的書籍，可能包括嘲諷性的色情著作、科學烏托邦小說，或是揭露政治祕辛的影射故事。[103] 這些在荷蘭或瑞士印製的書，自邊境走私，經由各種管道接駁，最終送達讀者手中。[104]

　　丹屯禁書研究的要點之一是，儘管啟蒙哲士的著作未必為大眾所閱讀，然而啟蒙思想中的許多因素，其實都在各種不同的出版品（甚至色情小說）中呈現出來，而以不同管道在社會中流傳。聖克萊爾規模更大的研究則主要使用來自出版商的紀錄、圖書目錄等各種資料，詳細地重建了英國從18世紀末到19世紀書籍流通的情形及背後的各種社會、經濟、政治因素。[105] 在這本將近800頁的大書中，聖克萊爾追究了版權觀念的爭議、書業工會的變遷、境外（如蘇格蘭、愛爾蘭）出版業的競爭、盜版的比率等因素是如何影響出版商印多少書、訂多少價格、印什麼樣的形式、使用多大的開本、出版什麼樣的內容。這些因素本身（版權、工會等）又有其經濟與政治的歷史背景；而書商出版什麼樣

103　這些分類讓我初讀時不由得聯想到晚清的各種小說。關於晚清小說，見 David Der-wei Wang, *Fin-de-siècle Splendor: Repressed Modernities of Late Qing Fiction, 1849-1911*(Stanford, Calif. : Stanford University Press, 1997).

104　Robert Darnton, *The Forbidden Best-Seller of Pre-Revolutionary France* (New York: W. W. Norton, 1996).

105　William St. Clair, *The Reading Nation in the Romantic Period* (Cambridge: Cambridge University, 2004).

的書，則影響到有多少人可以參與閱讀、參與閱讀的人可以讀到什麼書。在堅實的史料支持之下（光書後資料性質的附錄就有13個之多），作者成功地把「讀者可以讀到什麼書」的問題連結到整體的社會脈絡，且讓本書的讀者思考現在手上這本書的每個部分背後的意義是什麼，為什麼這樣的書會在我手上。

　　對英國19世紀書籍流通的研究，聖克萊爾所要反省的問題之一是思想史與文學史的思考方式。他認為思想史與文學史的呈現有兩種慣用的模式。第一種是所謂「作者們的遊行」（parade of authors）。重要的作者如同遊行般在歷史的序列上一個個接續出現。這些最優秀或最創新的作者構成了歷史的主軸。另外一種模式是所謂「文本們的議會」（parliament of texts）。即想像文本們如同坐在議會裡的議員，在某個歷史時期或事件發生時，文本們便在一起互相傾聽、討論、協商。如當法國大革命發生時，各種書籍或小冊子出版，針對革命相關的問題，如自然哲學、國家角色等互相討論，許多概念的開創流傳就在這些文本的往來之間。

　　這兩種模式都傾向從後見之明挑選被後世認為重要的作者或文本來重建歷史：第一種模式創造偉人譜系的同時，忽視其間其他或許不那麼有名的作者，而第二種想像讓人懷疑文本開放溝通的空間是否存在於每個時代。然而，更為根本的是這兩種模式都沒有顧及出版與閱讀的面向，如果我們從這些面向來看，這兩種文學史或思想史的模式都受到很大的限制。首先，歷史家經常以一本書初版的時間來當成其發揮影響力的時間點，然而一本書出版未必代表已被閱讀而啟發同時的辯論或後起接續者的機會。如因為詩人沃茲華斯（William Wordsworth）創新的風格或後繼的影響力，文學家稱其生存的年代為「沃茲華斯的年代」。然而終

其一生，沃茲華斯出版的詩集印本都在500至1,000本之間，大部分都沒有流通，且在當時的版權等限制條件下沒有被廣泛翻印。在沒有多少人有機會讀到他的作品的情況下，我們如何說他影響了一個時代的心靈？其次，尤其是第二種模式，似乎從我們現在可以看到所有文本的狀況來預想當時每個文本都在同樣的空間可以彼此影響激盪。然而現在很多人認為重要的文件，當時可能受到出版條件在經濟或社會上的限制而印量很少，或者是在政治上被壓制，使得讀到的人很少。沒有讀者可能同時讀到同一時期的各種著作，而後做出回應，甚至寫書回應各論點的新作。許多論者常常忽略，一個讀者常常不是只讀當代的著作，而忽略市場上流傳的眾多重印的、便宜的舊著作；就算是新著作，也不可能把當時所有出版的新著作一次讀完。因此，當一個讀者在閱讀時，他不一定會像現在的研究如此清楚各文本、各作者的時序關係，而是交雜地讀手邊有的、市場上買得到的文本，因此我們不能假定一個讀者閱讀時自然地理解一個時間上承先啟後的作者譜系、或是空間上蒐羅畢盡的文本舞臺。

　　從聖克萊爾自己對英國出版的研究，他提出了一個書籍生產的曲線。很多情況是一本書剛開始出版時，出版商為了可以得到最多的利益，常常是出版針對上層階級、精美而價格較高的大開本。過了幾年上層階級的潛在顧客都買了之後，開始出現價格中等、開本中等的版本，針對中等階級的客人。因此隨著時間過去，書籍的版本從精裝本、到平裝本、到文庫本、節縮本、摘錄本，乃至版權效力過後被轉載重印。書的價格越來越低、開本越來越小，而針對的客源也越來越往下，而可以讀到的人越來越多。這個曲線的曲度牽涉到各種社會、經濟和政治的條件，且決

定了這個文本覆載的意義如何在讀者群中流傳、在哪些讀者、多少讀者間流傳。在這種情況下，一本著作從出版到被大眾閱讀而產生廣泛的影響力，期間是有落差的，且此落差與市場的運作情形有關。聖克萊爾的理論相當有啟發性。不過讀者們也應該注意，聖克萊爾的這個曲線是建立在 19 世紀的英國，而英國出版業的體制有一些特殊的地方（如其書業公會傳統），[106] 且其研究主要在商業出版的書籍上。如果讀者想在中國史的領域中問類似的問題，必然要先了解中國書業的運作情形，以及非商業書籍在中國思想文化上扮演的重要性。

丹屯與聖克萊爾對 18 世紀法國與 19 世紀英國的研究，讓我們更深入一層從閱讀與接受的層次去思考思想與社會之間的關係，然而他們的研究另一方面亦是建立在堅強的史料與充足的基礎研究上。在中國史、尤其是中國近現代的思想史、文學史與文化史上，這樣取向應該可能讓我們更了解思想文化在社會中的運作，然而，必然是要在對諸如書本的生產與流傳的機制等基本問題有所了解之後，才有更大的基礎搭建思想與社會的關係。

結論

本文嘗試將西方環繞於「閱讀」的歷史研究架構起來。在第一節我所探討的是關於「實踐」的研究，問的是「閱讀作為一種動作，這個動作在歷史上是如何實踐」的問題。第二節則是將這個動作拓展到它的實踐的主體與實踐的對象，即讀者與讀物的問

---

106 關於英國出版業發展，除了聖克萊爾，亦可參考：James Raven, *The Business of Books: Booksellers and the English Book Trade, 1450-1850* (New Haven: Yale University Press, 2007).

題，討論「歷史上有哪些人實踐、怎麼實踐閱讀這個動作，而他們實踐閱讀的對象——讀物——有哪些」。在知道了讀者與讀物之後，「讀者—閱讀—讀物」這整個過程方可以被指明出來。第三節是將這個「讀者—閱讀—讀物」放在特定的歷史脈絡中，討論這個過程怎麼形成，在社會上有什麼樣的效應。這三種類型的歷史研究都以「閱讀」為主題，然而所採用的視角不同，從微觀到巨觀，其中需要的進路，所能解決的問題也不同。

在中國史領域中關於閱讀的研究尚在起步，這三種不同的視角都可以幫助我們思考發現的現象、定位問題，並架構研究的輪廓。同時，同樣重要的則是比較觀點的採用，藉由跨時段、跨地域的比較，方能讓我們發現更多問題，找到觀察材料的新視角。本文最後提出幾點對中國閱讀史研究走向的觀察。

首先對於文字載體、文本格式與閱讀模式之間的互動關係，是未來中國閱讀史研究值得注重的方向。特別是資料較缺乏的早期歷史，更需要對載體與格式有細緻的研究。寫在竹簡、刻成石碑、抄於紙上與印成書本，不僅影響文字如何成篇，也影響了讀者閱讀的方式和對文本的認知。近年中國中古與上古史的研究開始注意到書寫媒介與「文本的物質性」等問題，[107]對史料較多、文本型態更多樣的近現代來說，諸如開本、版式、圖文、印刷品質等書籍各項構件，以及寫本與刻本之間的關係，也需要更多的關注。傳統的文獻學、書目學或許可在新的書籍史、閱讀史的視角之下，為研究者帶來很大的幫助。

---

107 除前引諸書，又見：Matthias L. Richter, *The Embodied Text: Establishing Textual Identity in Early Chinese Manuscripts* (Leiden and Boston: Brill, 2013)、《唐研究》第23卷「文本性與物質性交錯的中古中國專號」（北京：北京大學出版社，2017）等著作。

　　其次是近年來開發的大量史料，無論是如四堡等印刷中心遺留下來的帳簿、族譜、刻版，出版者、印坊或同業公會的碑刻與檔案，地方上個人或家族的藏書，以及眾多自圖書館、檔案館與個人收藏中重見天日的日記、信件與文集，都可以讓我們更細緻地探索更地域性與更個人的閱讀行為。更細緻的個案研究可以讓我們避免理所當然的概括推定，且更深入地將閱讀行為與社會各環節之間的關聯梳理得更細密。目前的狀況是我們對不同時代、不同地域的讀者如何接觸到各類書籍文字的基本歷程都沒有足夠的理解，遑論更進一層地了解他們的閱讀世界。為此，研究者除了需要更擴大自己對不同類型史料之探索與掌握之外，同時也必須了解更大方向的討論架構，避免在細節中迷失方向。

　　第三，在細緻的個案之外，量化的研究往往可幫助我們掌握整體的方向。然而缺乏如英國出版同業公會（Worshipful Company of Stationers and Newspaper Makers, or Stationers' Company）這樣涵蓋面高的檔案資料，中國史的研究者如何藉由量化的方式呈現時代、地域或社會群體的整體趨勢是一大考驗。研究者努力的目標之一或許會是從各種書目、善本的各種記錄、公會報告、書商出版目錄與帳本等有限的資料中評估數據的信度，設計出具有說服力且有意義的量化表達方式。[108]

　　第四，不同閱讀傳統之間的比較研究，可幫助我們從習以為常的現象當中產生新的視角，中國書籍與閱讀史的許多命題便是

---

[108] 丹尼斯（Joseph Dennis）前揭書中利用明代數千本方志中對印刷成本與刻工姓名的記載做了量化的嘗試，另外李友仁（Paul Vierthaler）則從善本目錄中得出18世紀末版框小之書籍大量增加的結果，來印證何谷理對書籍普及化的推論，將此變化的源頭推到1750年代。見Paul Vierthaler, "Analyzing Printing Trends in Late Imperial China Using Large Bibliometric Datasets," *Harvard Journal of Asiatic Studies* 76.1&2(2017), 89-128.

得自西洋書籍與閱讀史的創見。[109]然而文字符號與結構相當不同的中文，其書籍以雕版印刷為主，且抄本形式仍相當普遍，因此在閱讀傳統上又有不同的發展。除了歐洲閱讀傳統之外，近年各種不同閱讀傳統（印度、伊斯蘭、日本等）的研究，更提供中國書籍史新的比較對象。特別是透過殖民等不同方式接受西方書籍形式與閱讀模式的地域，或許與中國晚清以來的歷程也有比較的空間。

最後，如何將個人或集體的閱讀史研究與其所處之社會及文化脈絡相連結，仍是研究者需要努力的目標。閱讀史對歷史研究者的最大幫助之一，是了解社會與文化之間的接榫，即抽象的概念經由各式媒介後，透過閱讀的行動影響個人或群體，及其在現實社會中之行動的歷程。最好的範例是丹屯等學者的研究揭示了反權威的啟蒙思想透過色情讀物、政治流言、烏托邦小說等各類讀物從境外走私入法國，成為當時的暢銷書與法國大革命的觸媒。在特定的歷史條件之下，以閱讀連通文化與社會兩端，應該是研究者進入個案探索時所需懷抱的目標，也是研究閱讀史對史學整體發展可能的最大貢獻。

---

109 在 *Late Imperial China* 1996年6月的書籍史專號找來夏提葉寫引言後，接下來的中西比較嘗試見：Ann Blair, "Afterword: Rethinking Western Printing With Chinese Comparisons," in Lucille Chia and Hilde De Weerdt eds., *Knowledge and Text Production in an Age of Print: China, 900-1400* (Leiden and Boston: Brill, 2011), 349-360、Joseph P. McDermott and Peter Burke eds., *The Book Worlds of East Asia and Europe, 1450-1850: Connections and Comparisons* (Hong Kong: Hong Kong University Press, 2015). 夏提葉的引言見：Roger Chartier, "Gutenberg Revisited from the East," *Late Imperial China* 17.1(1996), 1-9.

問題與反思
中國大陸的新文化史研究 *

張仲民

　　經過十多年的譯介，西方新文化史中的許多經典著作，在中國大陸相繼都有了中譯本，新文化史也為越來越多人所知。這其中，真誠支持者有之，葉公好龍者有之，反對者亦不乏其人，而誤解、不解者更是所在多有。故而，筆者在此前的基礎上，想首先就新文化史研究中容易引起爭議的三個問題，再次表達一些自己的看法。之後列舉若干實證研究成果，以見近十幾年來中國大陸新文化史研究的進展和現狀。

　　首先是理論問題。嚴格來講，新文化史本身並不是理論，即便它吸收了很多理論成果——特別是文化研究、新歷史主義以及有關的文化理論，儘管許多西方新文化史家確實也有很高的理論修養，經常「借助一些新概念，讓許多新的主題得到了發現和探索」，[1] 但新文化史的生命力仍然在於一系列足以「示來者以規則」的研究實踐，這使得它不會像過去中國引介的一些西方理論一樣，潮來潮去，最後淪落為「新名詞運動」，對實際的歷史研

---

* 原文載《復旦學報》，2016年第5期，此處版本有增刪。

1 柏克（Peter Burke）著，蔡玉輝譯，《什麼是文化史？》（北京：北京大學出版社，2009），頁85。

究貢獻無多。

　　新文化史在西方的成功也提醒大陸學者，對理論要有一種開放的態度。因為在實際的史學研究中，哪怕是最「反對」理論的實證研究者，[2]均無法擺脫理論的束縛，不管是在研究主題的選擇、研究方法的採用，或是在表述研究發現時所使用的概念、語言和敘述方式，以及最後呈現出的結論與研究結果，皆已包含一定的理論預設和價值判斷，而且這樣的預設及判斷已經內化於研究實踐中，讓我們永遠無法掙脫，只有憑藉這些先行或先驗的理論預設，我們才能更好地開展自己的研究，更好地表述在研究中的發現，也才能更好地讓研究成果為讀者接受。承認與否，歷史學科在過去近200年的發展中，已經不斷從其他學科的理論中獲取營養。[3]甚至有學者認為理論具有非常重大的意義：「沒有歷史學與理論的結合，我們既不能理解過去，也不能理解現在。」[4]實證史家認為自己可以充當理論法庭判官的看法，太過於自負和自欺。相輔相成，理論探索也亟需歷史學家的加入，需要「融入史學的思維」，不能任由理論家海闊天空，「因為歷史學家對社會理論核心問題的意見不僅重要，而且有啟發意義。」[5]

　　在今天，歷史研究，或者更確切說歷史書寫，已很難被視為一種純客觀的、無視理論的行為。因為古往今來，歷史學家或

---

2 其實，史家堅持實證主義本身就「是理論，是一種哲學立場」。參看懷特（Hayden White）訪談，見陳建守編，《史家的誕生：探訪西方史學殿堂的十扇窗》（臺北：時英出版社，2008），頁57。

3 參看艾文斯（Richard J. Evans）著，張仲民等譯，《捍衛歷史》（桂林：廣西師大學出版社，2009），頁10-16。

4 柏克（Peter Burke）著，姚朋等譯，《歷史學與社會理論》（上海：上海人民出版社，2001），頁22。

5 休厄爾（William H. Sewell, Jr.）著，朱聯璧等譯，《歷史的邏輯：社會理論與社會轉型》（上海：世紀出版集團，2012），頁5。

任何其他人都「不可能寫出沒有任何哲學或意識型態立場的歷史，唯一的問題在於我們是否承認這種立場，以及是否意識到我們的選擇被其左右」。[6]這些年來，「後現代轉向」（postmodern turn）、「文化轉向」（cultural turn）等思潮，已經對歐美的歷史學研究帶來了極大的衝擊，促使更多的新文化史家對歷史認識論和方法論進行重新思考，讓其更加重視歷史書寫或歷史敘述的作用。原因在於歷史書寫本身並非中性和透明的，而是充滿意識型態與道德判斷的行為，經常是有大義存焉的敘述政治（narrative politics）和記憶政治（memory politics），而歷史的「真實」（truth）必須仰賴書寫來呈現，無法外在於歷史書寫的模式和策略。進言之，「過去」（the past）必須經由歷史學家的書寫才能得以「再現」（representation），而這個「再現」自然並非「過去」的如實反映。其中，歷史研究者的書寫策略與修辭方式，也參與了各式各樣的歷史記憶或歷史「真實」的形塑。我們在實際的研究中，必須重視歷史書寫對建構歷史「真實」的作用。諸如此類，均離不開對理論的了解與學習。

　　更進一步說，理論尤其是目前正在為多數史家吸收和借鑑的文化理論，其主要用途並不在於能夠更「精確」描述過去和現在，也不在於能夠更有效地發現與揭示「真理」或「真相」，最重要的還是它們作為有效的反思和自我批判的思想資源，可以讓史家（特別是飽受國族主義浸染的中國史家）更加謹慎地對待自己的工作，更加謹慎地展示自己的發現，更加謹慎地對待各種分析框架和研究典範，更加嚴格地使用諸如「現代性」、「近代

6　Beverley Southgate, *History: What and Why*?, London and New York: Routledge, 2001, 10.

化」、「進步」、「啟蒙」、「真實」、「科學」、「客觀」、「民族國家」之類概念和預設，從而避免讓研究者本人成為意識型態的俘虜和強權政治的擁躉，同時也不致於成為歷史神話的背書者與政治謊言的犧牲品。由此，我們的確可以這樣認為：歷史研究或者說新文化史研究的實質，猶如在歷史與理論之間艱難地走鋼絲，為了尋求更合理的歷史解釋，歷史學家「與其說是在發現新的經驗事實中度過，倒不如說是在一系列理論研究的時光中度過，或者更準確地說，是在比較笨拙地實現歷史與理論的結合中度過的」。[7]可惜的是，在具體的中國歷史研究中，除了一些國族主義式、意識型態化鼓吹和宣傳，我們看到很多實證成果仍是單線的、因果論或目的論式的歷史解釋與書寫模式，摻雜著空洞的宏大議論與毫無自省意識的後設敘述，展示的是油水兩層的史論拼合或以論代史。

　　其次，是關於新文化史研究中對「文化」的看法及新文化史的邊界問題。新文化史為「文化轉向」的結果，自1970年代在歐美勃興以來，其影響逐漸擴大，在美國尤其盛行。[8]正像一個西方學者所謂：「新文化史之所以新，主要是因為它還沒有被另一個歷史研究的觀點取代。至少在美國，它穩坐歷史書寫舞臺中心的時間比從1960到1970年代早期的新社會史更久，而且到目前為止都沒有呈現衰弱的跡象。」[9]在當下西方，新文化史已經有統

---

7 岡恩（Simon Gunn）著，韓炯譯，《歷史學與文化理論》（北京：北京大學出版社，2012），頁III。

8 Victoria E. Bonnell and Lynn Hunt (eds), *Beyond the Cultural Turn: New Directions in the Study of Society and Culture*, 2-5.

9 陳建守編，《史家的誕生：探訪西方史學殿堂的十扇窗》（臺北：時英出版社，2008），頁346。

攝整個歷史研究領域之勢，幾乎所有的事情都已經被寫出或可以被寫出它的文化史；新文化史也同更多的相鄰學科發生了密切關係，包括文藝學、社會學、民俗學、語言學、藝術史、書志學、地理學、考古學，甚至是生態學和生物學等，成為一個各學科的學者都在實踐與對話的領域。到20世紀末、21世紀初，一個新文化史研究的國際化潮流已經出現，流風所及，中國大陸歷史學界亦受到一定的影響。

　　隨著新文化史影響的不斷擴大、其自身問題的不斷暴露，以及人類學家對文化概念與人類學科自身理論的檢討，乃至關於文化經典、多元文化主義的爭議和文化泛本質化等問題的出現，人們對新文化史的批評與質疑也如影隨形。[10]尤其針對「文化」的定義及其同社會的關係乃至文化史的邊界問題，像雷蒙・威廉斯（Raymond Williams）50多年前所指出的，假若什麼都是文化，沒有什麼不是文化，如此賦予文化這樣一個無所不包的總體解釋，就意味著它也難以解釋任何東西。[11]又如夏提葉（Roger Chartier）之質疑：「如果所有姿勢，所有行為舉措，所有能夠被客觀評測的現象，都必定是個體將意義付諸於事物、文字和動作的結果，到那個時候，我們是否應該改變觀察的視角，將所有的歷史，無論是經濟或社會史，人口史或政治史，都視為文化史？在這種基本上屬於人類學式的視角下，所產生的危險是會出現一種帝國主義式的定義，將所研究的範疇等同於歷史本身，進而導致自身

---

10 關於新文化史在具體實證研究中出現的一些問題，可參看Richard Biernacki, "Method and Metaphor after the New Cultural History," Victoria E. Bonnelt and Lynn Hunt (eds), *Beyond the Cultural Turn: New Directions in the Study of Society and Culture*, 62-92.

11 Patrick Brantlinger, "A Response to Beyond the Cultural Turn," *The American Historical Review*, Vol. 107, No. 5 (Dec., 2002), 1503.

的崩解」。[12]故有評論家指出，隨著文化史的盛行，可能就沒有
「文化史」這樣的領域，有的或許只是歷史學家在「用一個文化
的模式」來研究歷史，「現在也許到了去追問什麼不是文化史，
以及它何以至此乃至未來何去何從之時」。[13]年鑑學派過去曾經
試圖吸納各種社會科學進入歷史學，結果使歷史學面臨喪失自己
特性的危險，今天的新文化史是否會重蹈覆轍呢？

　　眾所周知，新文化史經常被視為一種「人類學的歷史學」，
就在於它從人類學那裡受益良多，所以，新文化史家同人類學家
在談到「文化」時一樣都使用複數，並不會認為某個文化會更優
越於其他文化。他們也都會反對一些社會本能主義的解釋，以及
一些非歷史的、本質論式的預設和概念，而把文化當作一個「社
會生活的類別」（category of social life），與經濟、社會和政治不
同，又非全然無關。[14]可惜歷史學家在借用別的學科的重要概念
時，往往表現得不夠嚴謹和主動，像新文化史家從人類學那裡援
引「文化」這個關鍵概念，即是如此。於是，他們就會濫用人類
學民族誌的權威和方法。[15]同樣，文化本身是一個眾說紛紜、極
難定義的現象，它不是一個等著被描述的科學「客體」，也不是

12　夏提葉著，楊尹瑄譯，〈「新文化史」存在嗎？〉，《臺灣東亞文明研究學刊》，第5卷1期
　　（2008），頁205。

13　Laurie Nussdorfer, "The New Cultural History; Interpretation and Cultural History," *History and
　　Theory*, Vol. 32, No. 1 (Feb., 1993), 82, 74.

14　Ronald Grigor Suny, "Back and Beyond: Reversing the Cultural Turn?," *The American Historical
　　Review*, Vol. 107, No. 5 (Dec., 2002), 1484-1485.

15　關於人類學家對歷史學家濫用人類學方法及民族誌的批評，參看羅薩爾多（Renato Rosaldo）
　　著，高丙中譯，《從他的帳篷門口：田野工作者與審訊者》，收入克利福德（James Cli-
　　fford）、馬庫斯（George E. Marcus）編，《寫文化：民族誌的詩學與政治學》（北京：商務印
　　書館，2006），頁110-135。

能夠被明確闡釋的象徵與意義的統一體，「文化處於鬥爭之中，是暫時的、不斷生成的」，「文化和我們對『它』的看法都是歷史地生產、激烈地爭鬥出來的」。[16]進言之，文化並不那麼容易再現和復原，更不會輕易被「發明」出來，可卻很容易會被簡單化、同質化與有名無實化。因之，新文化史家「在將文本的類比擴大到更加深奧的研究物件上的同時，不知不覺地誇大了他們所研究的文化領域的一致性」，[17]從而妨礙了對文化差異和多樣性的研究。一旦把所有的日常生活實踐泛化為文化建構的因素，不管是經濟的或是社會的，無形中會導致兩個重要的缺陷：「其中之一是文化主義，也就是過分注意歷史的文化和符號方面，而忽略了結構的決定因素。另一個是對於語言的體性，對於語言在社會上的構成方式以及它在社會上又構成什麼不注意。」[18]這樣的取徑正落入新文化史家之前所批評的單一決定論的窠臼。恰像社會史家艾文斯（Richard J. Evans）指出的：「對於文化和語言的新強調，破壞了常見之於馬克思主義、年鑑學派和新韋伯主義的社會史中那種優先考察原因的做法，在其中，經濟因素通過社會發揮作用，依次被政治和文化因素表現。但如今，經濟決定論被文化決定論取而代之，其中，文化本身是一個相對的概念，從而缺

---

16 克利福德著，吳曉黎譯，《導言：部分的真理》，收入《寫文化：民族誌的詩學與政治學》，頁48；William H. Sewell, Jr., "The Concept(s) of Culture," Victoria E. Bonnell and Lynn Hunt (eds), *Beyond the Cultural Turn: New Directions in the Study of Society and Culture*, 35-61; 岡恩著，《歷史學與文化理論》，頁61-91。

17 岡恩著，《歷史學與文化理論》，頁90。

18 羅杰斯（Nicholas Rogers）著，〈社會史中的人類學轉向〉，收入西佛曼（Marilyn Silverman）、格里福（P. H. Gulliver）編，賈士蘅譯，《走進歷史田野：歷史人類學的愛爾蘭史個案研究》（臺北：麥田出版社，1999），頁410。

乏任何一種普世性的解釋力。」[19]艾文斯進而認為，對文化因素的強調和對社會因素的忽視，其實質是穿新鞋走老路，重蹈了舊式政治史只重視菁英的覆轍，在研究典範上可能是一種退步；況且舊的社會史亦沒有完全忽略政治、語言和文化的建構效果，所以，社會史並沒有窮途末路到該被我們徹底拋棄之際。[20]

因此，在一些學者看來，「文化」不能被看作一種促進變化的根本原因，也不能獨立於包括社會的或制度的因素之外而發揮作用。[21]進一步說，文化的意義亦不能簡單地被貶低為語言學對於某個文本的破壞，或被視為某種狹隘的形式，其仍是由社會習俗所決定。[22]亦即「文化不再是解釋發生的根基；相反，它代表的僅僅是關於一切有關歷史變化的解釋的一部分，解釋的效果（以及侷限性）需要與其他因素、經濟、政治等一起進行準確評估」。[23]夏提葉甚至早在20世紀80年代就曾指出：「文化並不能被當作是一個可以與經濟和社會相區別的產物及實踐的特殊領域，文化並不優於或超越於經濟與社會關係，亦不能視其與之漠不相關。」[24]文化實踐或許永遠都是同社會實踐混雜在一起、不可分割。

然而，社會亦非文化現象產生的簡單背景，社會本身亦是一種文化建構，作為一種範疇的社會類別本身，亦需要被研究與重

19　艾文斯，《捍衛歷史》，頁159。

20　艾文斯，《捍衛歷史》，頁181-184。

21　Victoria E. Bonnelt and Lynn Hunt (eds), *Beyond the Cultural Turn: New Directions in the Study of Society and Culture*, 9.

22　羅杰斯（Nicholas Rogers）著，〈社會史中的人類學轉向〉，收入西佛曼（Marilyn Silverman）、格里福（P. H. Gulliver）編，賈士蘅譯，《走進歷史田野：歷史人類學的愛爾蘭史個案研究》，頁408。

23　西蒙・岡恩：《歷史學與文化理論》，第91頁。

24　Roger Chartier, *The Culture Uses of Print in Early Modern France*, Translated by Lydia G. Cochrane, Princeton, New Jersey: Princeton University Press, 1987, 11.

新概念化。[25] 其中最重要的工作，或許是在認識論領域「重建更
堅固的社會概念」。[26] 但如何理解社會與文化，乃至經濟、政治之
間的關係及複雜互動？[27] 仍然是一個需要仔細討論的大問題，這
也為20世紀末、21世紀初後社會史的興起提供了空間[28]。當然，
這決非意味著我們要拒絕文化史或「文化轉向」的問題，「因為
文化仍然是很重要的，但是需要從它的侷限性尤其它太絕對化的
語言和話語特徵，以及它的一些優點的地方向前發展」。[29] 岡恩
也認為：「文化理論仍然是歷史研究當中的新方向的一個主要資
源庫，即使在那些力圖超越當前給定文化形式的人們看來，也是
如此。」[30] 況且，當前歐美歷史學的文化轉向並沒有終結，仍然
在持續進行中，對它的接受「有助於解釋和理解工作、經濟與政

---

25 Victoria E. Bonnell and Lynn Hunt (eds), *Beyond the Cultural Turn: New Directions in the Study of Society and Culture*, 11.

26 參看休厄爾，〈社會及文化史中的政治無意識〉，收入休厄爾，《歷史的邏輯：社會理論與社會轉型》，頁72。

27 有學者則認為對文化與社會進行區分非但不必要，而且有害；但喬伊絲（Patrick Joyce）卻認為非常有必要對之進行釐清，因為不僅文化史家忽略了「社會的概念」（the concept of the social），甚至連社會史學者對此也不夠重視，故而他還主張用「the social」這個指涉更廣的詞代替「society」。見Richard Handler, "Cultural Theory in History Today," *The American Historical Review*, Vol. 107, No. 5 (Dec., 2002), 1513; Patrick Joyce, "What is the social in social history?," *Past and Present*, No. 206 (Feb., 2010), 223, 228. 有關的討論還可參看休厄爾，〈重繪社會科學中的「社會」：來自闡釋主義的宣言〉，收入休厄爾，《歷史的邏輯：社會理論與社會轉型》，頁313-365。

28 關於西方社會史向新文化史轉變的情況，文化轉向前後的情況，後社會史與新文化史及社會史的關係等，可參看Ronald Grigor Suny, "Back and Beyond: Reversing the Cultural Turn?," *The American Historical Review*, Vol. 107, No. 5 (Dec., 2002), 1476-1499; Patrick Brantlinger, "A Response to *Beyond the Cultural Turn*," *The American Historical Review*, Vol. 107, No. 5 (Dec., 2002), 1500-1511; James W. Cook, "The Kids Are All Right: On the 'Turning' of Cultural History," *The American Historical Review*, Vol. 117, No. 3 (June, 2012), 746-771; 米格爾・卡夫雷拉（Miguel Cabrera）著，李康譯，《後社會史初探》（北京：北京大學出版社，2008）。

29 喬伊絲語，轉見《從現代到後現代：當代西方歷史學的新進展——派翠克・喬伊絲教授訪談錄》，見李宏圖主編，《表象的敘述：新社會文化史》（上海：上海三聯書店，2003），頁106。

30 岡恩，《歷史學與文化理論》，頁91。

治。不管是個人的或是集體的，任何一個經驗的領域都被包涵在其中」。[31]

實際上，所有的文化問題都有一個物質的維度，所有的人工物品也都蘊涵文化的因數。[32]到1990年代前後，一個重要的「物質轉向」（material turn）出現了，新文化史家藉此深化了對社會和經濟因素作用的認識，很多學者遂轉向物質文化這個文化同社會有明顯接榫領域的研究，關於物的社會史與知識史，物同權力、性別、觀看和消費的關係等，算是對過於注重文化分析取徑的補偏救弊。[33]

再次，是關於新文化史導致的所謂歷史碎片化問題。其實，所謂歷史研究中的碎片化問題，最初主要來自於1970年代年鑑學派模式主導的西方社會史鼎盛時的研究現狀。[34]這時歷史學科內部日益四分五裂，史家的研究主題日見支離破碎，到了1980

---

31 Miri Rubin, "What is Cultural History Now?," David Cannadine (ed.), *What is History Now?*, New York: Palgrave Macmillan, 2002, 91.

32 Richard Handler, "Cultural Theory in History Today," *The American Historical Review*, Vol. 107, No. 5 (Dec., 2002), 1515.

33 但也有學者認為物質文化史研究只是「掩蓋現實的工具」，其意義有限，但這主要是針對1980年代及之前的物質文化史研究而言。參看多斯（François Dosse）著，馬勝利譯，《碎片化的歷史學》（北京：北京大學出版社，2008），頁161。有關物質文化史尤其是關於中國物質文化史研究情況的一些討論，可參看邱澎生：〈物質文化與日常生活的辯證〉，《新史學》，12月號（2006），頁1-14。

34 多斯的《碎片化的歷史學》一書，即針對年鑑學派史家中出現的碎片化狀況，猛烈開火；諾維克（Peter Novick）也曾對美國史學界在1970、1980年代的碎片化現象進行了分析。參看多斯，《碎片化的歷史學》；諾維克著，楊豫譯，《那高尚的夢想：「客觀性」問題與美國歷史學界》（北京：生活・讀書・新知三聯書店，2009），頁783-808。關於年鑑學派模式的社會史發展狀況，可參看：Antoine Prost, "What has happened to French Social History?," *The Historical Journal*, Vol. 35, No. 3 (Sept., 1992), 671-679; Peter Burke, "Overture. The New History: Its Past and its Future," Peter Burke (ed.), *New Perspectives On Historical Writing*, Cambridge: Polity Press, 2001, 1-24; 休厄爾，〈社會及文化史中的政治無意識〉，收入休厄爾，《歷史的邏輯：社會理論與社會轉型》，頁21-75。

年代，人們對越來越小的事物知道得越來越多，又認為宏觀而論的做法太過膚淺和簡單，而且對史學進行綜合的企圖，看來是「註定失敗」的「幻想」，「現在是微觀史學，是主題無限豐富的專題著作大行其道的時候了」。[35]「歷史不再是一門不可分割的知識體系，它破碎得近乎無法挽救」。[36]此種史學研究中的碎片化情況，或者更廣泛地說知識碎片化的情況，在其他學科亦普遍存在，甚或更形嚴重，這或許正反映了人文學科專業化、標準化的進一步擴張與知識分科的密度加深，乃至研究社群的大規模增長，「知識擴張本身必然鼓勵碎片化而非導向在學科內部或學科之間的統一」，[37]此乃人文學科包括歷史學的發展所付出的必需代價。如柏克（Peter Burke）之言：「新史學志於拓展歷史學的視野，以涵蓋所有人類活動；這固然豐富了歷史學的內涵，但也付出了加劇瑣碎化的代價。歐洲學者對於世界各地歷史的興趣日增，誠然是件好事，但也因為歷史種類的繁多而加速了瑣碎化的情形。」[38]

在義大利著名微觀史家金茲伯格（Carlo Ginzburg）看來，歷史研究的碎片化大有好處，畢竟歷史學為一門早於孔恩（Thomas S. Kuhn）所謂典範（paradigm）的學科，該學科還未曾出現過、

---

35 普魯斯特（Antoine Prost）著，王春華譯，《歷史學十二講》（北京：北京大學出版社，2012），頁4。關於微觀史學的發展情況及其前景，可參看Giovanni Levi, "On Microhistory," Peter Burke (ed.), *New Perspectives On Historical Writing*, 97-119; 萊維（Giovanni Levi）著，尚潔譯，《三十年後反思微觀史》，《史學理論研究》第4期（2013），頁101-108。

36 艾文斯，《捍衛歷史》，頁172；諾維克，楊豫譯，《那高尚的夢想：「客觀性」問題與美國歷史學界》，頁637-639。

37 Victoria E. Bonnell and Lynn Hunt (eds), *Beyond the Cultural Turn: New Directions in the Study of Society and Culture*, Berkeley: University of California Press, 1999, 10.

38 柏克訪談，見陳建守編，《史家的誕生：探訪西方史學殿堂的十扇窗》，頁194。

也不需要出現一統天下的研究典範或研究者，歷史學家哪怕各自都在講述不同的東西，甚至是互相衝突的內容，但依舊是在歷史研究的界域之內，這非常不同於自然科學的情形；況且，歷史學研究主題的意義很多時候並非當下可見，它需要時間的沉澱和檢驗，對於不同的人，不同時代的人，其意義都會因人而異，我們不需要太早對所謂碎片化的歷史研究進行褒貶。[39] 另一個著名的英國社會史家艾文斯則樂觀認為，不必擔心碎片化，有失必有得，「歷史學界不僅比起以前更加相容並包，而且在研究範圍和研究取徑上，歐洲中心主義的色彩也越來越淡。如果這意味著作為一個知識領域的歷史越來越濃的碎片化，那麼我們已經失去的，可以因越來越多的機會出現而得到彌補——當下的通信技術和歷史學界的機構提供了更多機會，讓不同領域的專家互相交流，並能與別國的同仁交換思想」。[40]

　　至於中國近代史研究中的所謂碎片化問題，2012年下半年，北京《近代史研究》曾專門在兩期雜誌中刊出13篇筆談，[41] 其中一些論述確實不乏啟人心智之處，但相互之間也存在不少齟齬之處，個別文章還顯示出作者對此問題的無知、誤讀與附會。其實，依之前拙見，歷史研究中的碎片化問題在比較成熟的西方史學界也許存在，在當下中國大陸史學界，我們的微觀研究現狀遠未達到需要警惕細化的程度。[42] 因為要將微觀研究做好，在

---

39 瑪利亞・露西婭・帕拉蕾絲一伯克編，彭剛譯，《新史學自白與對話》（北京：北京大學出版社，2006），頁250。

40 艾文斯，《捍衛歷史》，頁181。

41 《近代史研究》，第4期（2012），頁4-33；《近代史研究》，第5期（2012），頁4-31。

42 參看拙文：《新文化史與中國研究》，《復旦學報》，第1期（2008），頁104；《編者的話》，《新文化史與中國近代史研究》（上海：上海古籍出版社，2009），頁5-6；〈一個字的文化史〉，《中國圖書評論》，第6期（2010），頁87。

實踐上是非常困難的事情，如著名英國文化史家湯瑪斯（Keith Thomas）所言：「要將微觀史做好，你還得真有點天分才行。那不是可以機械地完成的那種事情。表面看起來容易，實則不然。這種研究有很好的主題，但是在大多數情況下都缺乏必須的史料。」[43] 在西方如此發達的史學研究脈絡下，史家從事微觀研究的難度尚且如此，遑論後來卻不居上的中國史家？

　　當然，就眼下中國近現代史中的具體研究來說，確實存在一些看上去很瑣碎的選題和研究成果，但仔細考察這些論著，就會發現它們主要是一些關注地方問題或中小人物的研究，側重的領域不是政治、社會、經濟，就是思想、教育和地方社會，採用的視角、研究方法與得出的結論，同對中心地區的問題、對大人物、大事件的研究，如出一轍。很多著作，要麼是材料堆積，要麼是空論充斥、亂引社會科學的理論，要麼角度單一、結論卻宏闊，或兼而有之，加之歪曲或忽略證據者比比皆是，此類現象自然會貽人「碎片化」的口實。但類似情況不應該歸為歷史研究的碎片化問題，而是低水準重複與拙劣模仿的問題，是缺乏自我反省和過於依傍他人的結果。況且，西方的微觀研究本身包含著對1960至1970年代流行的結構史學和社會科學化的史學解釋模式的反動意味，中國語境中的所謂碎片化取向，恰恰是西方語境中的微觀史學所極力反對的。所以在此狀況下，目前大家所樂道的中國近代史研究中的碎片化問題，同西方史學語境中的碎片化，顯然並非同一問題。我們這裡所謂的碎片化，往往屬望文生義或有意無意的誤判，多數時候是隨意將中西語境中的碎片化進行對

---

43 瑪利亞・露西婭・帕拉蕾絲—伯克編，彭剛譯，《新史學自白與對話》，頁112。

接與想像的結果。在此基礎上，一些學者遂進行檢討、發揮和預警，他們尤其喜歡採取二元對立的模式——將微觀研究與宏觀研究對立，將社會史、文化史同政治史對立，認為做微觀研究的就不關注宏觀問題，做社會史、文化史的就不關注政治史等等。這類誤判，其實正是西方語境中的微觀史家如金茲伯格等所反對的，認為是外部批評者強加給他們的認知和標籤。[44]

　　抑有進者，特別是針對中國史學界一些假大空的研究來說，主張新文化史語境中的碎片化研究取向，或許可以針砭當前歷史學研究中存在的弊端，有助於培養樸實、沉潛的學術研究風氣。無怪乎王笛教授會說：「到目前為止，中國學者研究的『碎片』不是多了，而是還遠遠不夠。」[45]的確，作為一門經驗的學科，歷史學的主要意義在於「再現」過去，揭示未知、補充已知，讓讀者從中感受智慧與獲得啟示，而非得出規律性的結論或預言。而錢鐘書先生也早就針對學者重視理論和體系、忽略細節與個案的情況指出，人們應重視零碎的片言隻語，「許多嚴密周全的思想和哲學系統經不起時間的推排銷蝕，在整體上都垮塌了，但是它們的一些個別見解還為後世所採取而未失去時效」。[46]對當下中國的學術界，特別是對急於建構理論（話語）體系和輸出所謂文明的思想界來說，錢氏的提醒不可謂不深刻。

　　需要注意的是，在中國大陸這樣特殊的「學情」下，新文化史被接受的情況同歐美存有許多差異。以歐美新文化史著作中諸多小人物的研究個案為例，像拉杜里（Le Roy Ladurie）的

44 瑪利亞・露西婭・帕拉蕾絲―伯克編，彭剛譯，《新史學自白與對話》，頁245。

45 王笛，《不必擔憂「碎片化」》，《近代史研究》，第4期（2012），頁32。

46 錢鐘書，《讀〈拉奧孔〉》，收入氏著《七綴集》（上海：上海古籍出版社，1994），頁34。

《蒙塔尤》、金茲伯格的《乳酪與蟲子》、戴維斯（Natalie Zemon Davis）的《馬丁・蓋爾歸來》、丹屯（Robert Darnton）的《屠貓記》等經典的微觀研究，它們的精彩之處在我們這裡就不太容易獲得認可，更難以激起追隨者較多的效法。然而在歐美世界，這些善於講故事的著作卻為人們喜歡閱讀，且不乏追隨者跟進。因為普通人能從中找到更多認同與樂趣，歷史學家也能從中獲得動力和啟示。故此，一個做得好的以小見小的個案，哪怕呈現的是「井蛙之見」，也可以為更宏觀的典範及模型提供佐證或反證，結果不論如何，都能表明此微觀研究的價值，正契合人類學研究者及多元文化提倡者常說的「小就是美」（Small is beautful）的理念，亦即「雖小道亦有足觀」。[47] 相比起來，近現代中國的情形卻恰恰相反，由於政治參與度和政治公開程度的關係，一直以來，人們對過去和現在的軍國大事、高層祕辛與菁英軼事都懷有濃厚興趣，由是，大家也更喜歡閱讀和書寫此類的作品和八卦故事，尤其是那些以簡單明快的因果論模式書寫的語言俏皮作品。在該情形下，個別微觀研究的著述，像黃興濤的一本著作，從一個具體的語言符號——五四時期所發明的「她」字入手，旁徵博引，研究「她」的誕生、早期書寫實踐和社會化認同的傳播過程，講出了「她」字所具有的以及被人們所賦予的豐富多彩、生動曲折的含義。[48] 黃著即便精彩，但獨木難支，恐怕無法改變整個社會的閱讀嗜好和歷史學界的研究氣候（historiographical climate）。

---

47 有關微觀研究及個案研究的價值與意義，可以參看西佛曼（Marilyn Silverman）、格里福（P. H. Gulliver）編，賈士蘅譯，《走進歷史田野：歷史人類學的愛爾蘭史個案研究》；海斯翠普（Kirsten Hastrup）編，賈士蘅譯，《他者的歷史》（臺北：麥田出版社，1998）。

48 黃興濤，《「她」字的文化史：女性新代詞的發明與認同研究》（福州：福建教育出版社，2009）。

　　在新文化史的反思和推廣方面，可能沒有學者比彼得·柏克的貢獻更大，追隨柏克或許是個不錯的選擇。[49]就像他所指出的，在當下「這個史學碎化、專門化和相對主義盛行的時代，文化史變得比以前更為必要了」。[50]因為新文化史固然促進了歷史研究的碎片化，但它同時也為解決這一問題提供了路徑，那就是「文化邊界」、「文化碰撞」等概念的使用，以及採取更為複雜的敘事來表現眾聲喧譁的歷史場景，而不應只從一種單一的視角來呈現一元化的聲音。[51]此外，柏克也認為：跨學科的研究方法，進一步展現研究主題和其他主題之間的關聯，兼顧研究的深度與廣度，也是解決歷史研究碎片化的途徑。[52]故此，像柏克所言：新文化史「是博採眾長的結果」，它只是標誌史家研究重點的轉移，是對過去史學研究方法的吐故納新而非另起爐灶，事實是，「在新文化史這把大傘底下進行的實踐採用了各種各樣的研究方法」。[53]這些多樣化的研究視角可能會互相扞格，但絕不會勢如水火，它們只會進一步豐富我們的歷史詮釋技巧，正如夏提葉之語，新文化史具有很大的開放性與某些共同特徵，「確實仍是許多跨越既有疆界的問題點及研究需求的一個總合」，在此意義上說，「『新文化史』的定義並非，或者說不再是因其研究路徑的統一性而來，而是由於它為那些具有共同體認、拒絕將豐富多樣的歷史現象省略為單一面向的歷史學家，以及那些從語言學轉向

---

49 參看陳建守，《文化史的由來、實踐及意義》，《思與言》，第44卷2期（2006），頁243-267。

50 柏克著，豐華琴等譯，《文化史的風景》（北京：北京大學出版社，2013），頁214。

51 柏克著，蔡玉輝譯，《什麼是文化史》，頁138、146；參看柏克，《文化史的風景》，頁225-236。

52 柏克訪談，《史家的誕生：探訪西方史學殿堂的十扇窗》，頁194-195、202。

53 柏克著，蔡玉輝譯，《什麼是文化史？》，頁85。

的幻象中解脫出來、遠離了過去以政治為研究主幹或言必稱社會之傳統侷限的歷史學家，建立了一個交流和討論的空間」。[54]可以說，新文化史依然需要在同舊的概念工具（conceptual apparatus）的合作與鬥爭中前行。

不過，新文化史在歐美的影響雖然很大，但對中國大陸近現代史研究的影響，目前看來還僅僅及於極少學者；絕大多數的研究者仍然集中於傳統的政治史、社會史、經濟史和思想史的研究，新文化史短時期難以撼動政治史、社會史、思想史的霸主地位。同樣無可諱言的是，眼下我們的新文化史研究主要是對外來刺激的追隨和模仿，並非為內在學術理路發展的水到渠成，尚缺乏深厚的研究基礎與學術積澱，受眾對之的接納亦存在不少望文生義之處，無怪乎很多學者爭相崇拜漢學家的研究成果（且不說他們之中很多人以論帶史與史料掌握不足、解讀不夠準確的大毛病），卻不知去向漢學家取法的歐美主流文化史家學習。很多學者熱衷於談理論、談宏觀結構、談長時段、談年鑑學派、標籤化別人的研究成果等大問題，卻不知道歐美史學的最近發展趨勢、年鑑學派第四代的轉向和成果，以及「文化轉向」後興起的文化理論對歷史研究的深遠影響。自然，這些學者不會欣賞也不願接受一些「平常事情的歷史」、一些「小而美」的歷史、一些看起來不那麼「正統」與「政治」的歷史……

轉言之，就算是在已經接受新文化史的學者當中，也存在不少耳食膚受、不求甚解的情況，一些學者還將之前由傳統思想史改頭換面而來、所謂的社會文化史之類也當作新文化史，或

---

54 夏提葉，〈「新文化史」存在嗎？〉，《臺灣東亞文明研究學刊》，第5卷1期（2008），頁214。

隨意拉扯上中國語境裡原來的文化史研究，自稱來比附西方的新
文化史。其實，中國語境中一些所謂的社會文化史或文化史的研
究，其重點依然是在以線性時間觀分析思想、觀念是什麼及其形
成原因，乃至社會與經濟的變革和造成的後果，取徑依然是近代
化（現代化）、傳統和近代，或國家與社會等這樣單一的、已經
被認為存在問題的解釋框架與宏大敘述。更有意思的是，很多人
歡迎和歌頌某些國外漢學研究者水準不高的文化史作品，卻對國
內有水準的文化史著述視而不見，甚或斷言新文化史在中國大陸
沒有前途；一方面批評國內學術不能同西方接軌，一方面卻又昧
於西方史學研究大勢與西方中國學研究現狀，盲目崇拜與迎合一
些水準不高的西方漢學家及其著作，對國內一些文化史研究成果
加以話語暴力或標籤暴力。於是，在具體的實證操作層面，很多
學者的研究經常不見對資料自身侷限的警覺、對作為後設敘述
（metanarrative）的歷史書寫的謹慎和自覺，亦缺乏對社會與思想
及文化的互動乃至思想、觀念具體被接受、使用情況的討論。另
外，它們既缺少微觀的分析和象徵意義的解讀，又鮮見扣人心弦
的問題意識與高明的說故事技巧。

　　饒是如此，我們仍可樂觀地說，上述問題的存在並沒有影
響到一些學者，尤其是年輕學者對新文化史典範的學習和效法，
他們的研究從關注的主題到使用材料的範圍、處理材料的方法、
援用的理論資源，都不同於之前的社會史、思想史研究或其他一
些專史的研究。其中胡成的醫療衛生史研究堪稱代表，較之大多
數大陸醫學史研究者從近代化（現代化）視角對近代中國醫學史
的研究，胡成則主要從殖民醫學的視角來進行醫療史和衛生史的
研究，其研究成果豐富，涉及面廣，材料扎實，觀點新穎，關注

的多是近代醫療史、衛生史中的關鍵問題，非常值得注意和尊重。[55]不僅如此，胡成自己還發表多篇理論反思文章，評估當下的實證研究，及未來中國近代史研究可能的走向。[56]

　　一些學者關於政治文化方面的研究也很精彩。王奇生對「反革命罪」在中國社會的建構經過進行了考察，認為是在國民革命軍北伐攻下武漢後出現的，以審判守城敗將陳嘉謨和劉玉春為契機，中國歷史上第一個《反革命罪條例》出籠。從此以後，「反革命」既是一個相當隨意的政治汙名，又是一頂可以致人於死命的法律罪名。[57]另外一個年輕學者任偉，其關於中共的政治文化史研究也值得關注，他的「紅色恐怖」研究，揭示了共產革命與暴力的內在關聯，他還特別注意到，不論是「紅色恐怖」還是「白色恐怖」，「人們願意記住與訴說的顯然是自己作為受害者的那一部分」。革命者的「訴說與追憶」相當大程度上塑造了後來的歷史認知。[58]任偉對中共革命過程中的歷史偶然性、政治文本與實踐張力等問題亦有關注與闡發。[59]例如，他對朱毛紅軍崛起過程中「誤打誤撞」那一面的揭示，有力衝擊了傳統中共黨史研究中的「必然性」論說。[60]此外，他還曾以1930年上海租界放映的一部美國影片《不怕死》為中心，詳細描述了時人抵制該影片的前因後果，並分析了抵制背後各方的作為、矛盾與利益關懷，

55　參看胡成，《醫療、衛生與世界之中國》（北京：科學出版社，2013）。

56　參看胡成，《近代轉型與史學反思》（北京：生活・讀書・新知三聯書店，2013）。

57　王奇生，〈北伐時期的地緣、法律與革命：「反革命罪」在中國的緣起〉，《近代史研究》，第1期（2010）。

58　任偉，〈革命暴力的源起與特質：以「紅色恐怖」為中心的探討〉，《臺灣師大歷史學報》，第51期（2014）。

59　任偉，〈紅軍優待俘虜的政策與實踐〉，《近代史研究》，第6期（2015）。

60　任偉，〈星火何以燎原：朱毛紅軍的崛起之路〉，《臺大歷史學報》，第59期（2017）。

進而指出當時所謂的民族主義表述多是知識菁英的建構，大多數沉默的觀眾不過是旁觀者。[61]馮佳則從政治文化史角度考察了隆裕太后的葬禮，試圖由此儀式政治入手，進而探索民國初年清廷與民國在這次葬禮中表現出的複雜互動及利益關係。[62]

　　其他類似的印刷文化史研究也有不少優秀的成果。像王奇生從傳播學角度對《新青年》創新進行了研究，他認為《新青年》之所以從初期寂寂無聞到後來影響廣大，是以陳獨秀為代表的《新青年》同人「運動」出來的，跟《新青年》作者隊伍的改變、思想主張的激進化以及社會時代環境之變動，特別是五四運動的發生有關，也跟陳獨秀等人對媒體傳播技巧的嫻熟運用大有關係。[63]馮佳對五四後期發生的科玄論戰重新加以考察，從思想社會史角度關注了《科學與人生觀》的編纂層面，以及相關的論戰文獻版本、修辭特點、背後的商業利益、派系矛盾等因素。[64]馮佳此前也曾對《古史辨》以書信體為主的編纂形式進行了研究，但處理方式稍顯生硬。[65]而程美寶的專著《地域文化與國家認同：晚清以來「廣東文化」觀的形成》[66]，並非要談何謂廣東文化，而是關注近代「廣東文化」自晚清以來的建構過程。作者希望藉此個案，來提出一個便於理解晚清以來中國地方文化觀之形

---

61 任偉，〈娛樂、商業與民族主義：以1930年「辱華」電影〈不怕死〉引起的紛爭為中心〉，《學術月刊》，第2期（2011）。

62 馮佳，〈「國」與「君」：政治文化視角下的隆裕太后葬禮〉，《中國農業大學學報》，第3期（2009）。

63 王奇生，〈新文化是如何「運動」起來的：以〈新青年〉為視點〉，《近代史研究》，第1期（2007）。

64 馮佳，〈版本、編纂與修辭：思想社會史視角下的科玄論戰〉，《南京大學學報》，第5期（2009）。

65 馮佳，〈「層累地造成的中國古史」及其修辭〉，《中國農業大學學報》，第4期（2007）。

66 北京：生活・讀書・新知三聯書店，2006。

成過程的分析框架。相比很多思想史、觀念史研究者不加考辨直接採信文獻的做法，作者在書中尤其重視對表達地域文化的文類及文獻本身的形成過程進行分析，這是非常有意義的。程美寶另外還有多篇論文處理近代出版文化的問題，如她關注《國粹學報》所刊載的博物圖畫的特色、來源及其印刷技術問題。[67]

可以預期，醫療衛生文化、政治文化和印刷文化研究之外，大家未來應該會更為關注一些看起來細小瑣碎但卻同日常生活密切相關的內容，更喜歡從建構論（Constructionism）的角度去處理和檢討諸如信仰、儀式、空間、象徵、書寫、修辭、記憶、身體、物品之類的問題，也會借鑑更多西方一些原創性理論家的理論和實證史家的研究成果。像程美寶曾研究過近代早期來華外國家庭中的中國傭人，為歐美來華貿易船隻擔任「引水人」的船民，以及其他一些中西交往中的小人物，包括一些在18世紀英國活動過的中國普通人。[68]這些人物都是在中西交流史上為人所忽略的，但他們卻扮演著重要的角色。程美寶的努力告訴我們，只要足夠仔細的發掘與解讀資料，一樣可以重建他們的歷史。類似再現「沒有歷史的人」聲音的努力，黃江軍（秋韻）從一個獨特文本《田家讀者自傳》入手，細緻分析其建構過程和主要內容，並結合有關語境，揭示出《田家讀者自傳》一書的編輯情況、所收自傳的作者情況、作者地域分布、自傳的大致內容、自傳的書寫策略和特性，進而在方法論上提出書寫農民史的可能。[69]李曉

---

67 程美寶，〈晚清國學大潮中的博物學知識〉，《社會科學》，第4期（2006）；程美寶，〈複製知識：〈國粹學報〉博物圖畫的資料來源及其採用之印刷技術〉，《中山大學學報》，第3期（2009）。

68 劉志偉、程美寶，〈18、19世紀廣州洋人家庭裡的中國佣人〉，《史林》，第4期（2004）。

69 黃江軍（秋韻），《發現農民的歷史：〈田家讀者自傳〉述略》（上海：復旦大學歷史系碩士

方則以家鄉贛南下村為個案，吸收了人類學的做法，試圖在對村落、建築及其承載的故事進行敘事與分析的基礎上，探討相對缺乏歷史書寫的廣大鄉村社會的集體記憶與歷史事實之間的邏輯關係，試圖為書寫下層民眾史進行一些探索。[70]賈欽涵則從性別史與日常生活史的角度，對近代中國的麻將遊戲進行了研究，考察了麻將在近代女性日常生活中的重要作用，以及女性廣泛參與這項娛樂活動過程中展現出的悖論。[71]曹南屏則寫出了玻璃在近代中國的物質文化史，他認為，自19世紀下半葉開始，通過衛生知識的普及、文明話語的渲染，以及西方生活習尚的深入人心，外加「物」的象徵意義和消費意義的充分凸顯，中國各階層人士對玻璃的喜好和追逐，已經在這一時期被成功構建；由此，玻璃獲得了前所未有的普及契機，開始逐漸進入中國人日常生活的各個方面。[72]

　　以上僅僅就新文化史在中國大陸的部分接受和應用情況做簡單反思與鉤沉，從中可以看出，雖然中國大陸的新文化史研究仍處於起步階段，但還是有不少學者寫出了優秀成果，儘管他們不一定打著該旗號，如南京大學的孫江已經在許多方面都做出了重要貢獻，他特別善於以講故事的方式展開歷史研究，又具有跨國眼光與理論視野，不過，他自認為自己的研究屬於新社會史領域。

　　故此，總體上看，新文化史作為一種史學研究實踐，同時又

論文，2012）。

70 李曉方，〈村落、建築與記憶：贛南下村的歷史敘事〉，《歷史教學問題》，第3期（2010）。

71 賈欽涵，〈玩物喪志？：麻將與近代中國女性的娛樂〉，《學術月刊》，第1期（2011）。

72 曹南屏，〈玻璃與清末民初的日常生活〉，《中央研究院近代史研究所集刊》，第76期6月號（2012）。

作為一種研究典範，已經為越來越多的內地史學工作者接受和追隨。21世紀以來，經由臺灣學者和中國大陸西方史學工作者的譯介，特別是經由臺灣史學界的實踐示範，也逐漸影響到一部分中國大陸史學工作者的研究。受此衝擊，一些近代史研究者也身體力行，相繼寫出了自己的新文化史作品，儘管其中一些研究不乏模仿和稚嫩成分，但已經可以給人耳目一新的感覺，應該可以激發更多的學者關注新文化史和加入這個陣營，進而嘗試寫作自己的新文化史作品。

最後需要說明的是，由於本人水準和所見有限，以上的列舉並非面面俱到，筆者只是僅就自己稍微熟悉的若干研究領域略作舉證，以便讀者管中窺豹，故對於這些領域之外也包括之內的很多優秀實證作品均未涉及，而且為了避嫌，筆者也將自己的研究成果完全擱置，讀者鑑之諒之。

第二部

思想史／概念史／性別史／歷史記憶

思想史與歷史研究
英語世界的若干新趨勢[*]

傅揚

前言

　　無論在英語、法語、德語或漢語學術圈，思想史（intellectual history）都是歷史研究的一個重要領域。[1]僅以英語學界論，已有相當大量著述在探討什麼是思想史、如何研究思想史、思想史與歷史學其他領域的關係。[2]近期特別值得注意的是兩部出版於2016年的著作。一部是華特摩（Richard Whatmore）撰寫的 *What is Intellectual History?*，由一般習稱的「劍橋學派」（the Cambridge School）立場出發，以重建思想觀念的脈絡為依歸

[*] 本文最早以〈思想史與近代史研究：英語世界的若干新趨勢〉為題，刊登於《中央研究院近代史研究所集刊》，第99期（2018），頁79-105。撰寫、修改及增訂期間，承林富士、吳翎君、蔣竹山、陳建守、韓承樺、陳禹仲和《集刊》匿名審查人惠賜資料與寶貴意見，謹此致謝。

1 參考〈發刊辭〉，收入《思想史》編委會編，《思想史》，第1冊（臺北：聯經出版事業股份有限公司，2013），頁i-vi。除了這四個主要學術傳統，也許可以再加上日語學界及其成果。
2 相關討論甚夥，建議先參考以下幾種：Stefan Collini, Quentin Skinner, David A. Hollinger, J. G. A. Pocock, and Michael Hunter, "What is Intellectual History?," in Juliet Gardiner ed., *What is History Today ...?* (London: Macmillan Education, 1988), 105-119; Annabel Brett, "What is Intellectual History Now?," in David Cannadine ed., *What is History Now?* (Houndmills, Basingstoke, Hampshire: Palgrave, 2002), 113-131.

（contextualism），扼要回顧並展望思想史的特質、學術流變、方法、實踐與重要性。[3]另一部是華特摩和楊（Brian Young）主編的 *A Companion to Intellectual History*。本書從取徑、學科互動和研究實踐三方面綜述思想史的各種面向，共收錄29篇文章。[4]結合這一大一小的兩部書，讀者應可對英美學界思想史研究的重要議題有一大致認識。

　　當然，界定思想史研究範圍仍是無可逃避的任務。任何相關嘗試，其實都反映界定者關於什麼是「理想」思想史寫作的立場。在此我想徵引的是已故思想史家布羅（John Burrow, 1935-2009）的觀點。在一篇綜論自己經驗和反思的文章中，布羅認為「思想史」（intellectual history）和「觀念史」（history of ideas）都是有效的詞彙，相當程度上可以互通，其目標是探究過去人們的反思生活，考察他們關於自身和世界、過去和未來的種種假定、論點、探詢和涵泳，以及進行上述行為所使用的不同詞彙與辭令。布羅進而指出，他偏好「思想史」一詞，因為這和「政治史」、「經濟史」類似，反映他致意的是人類活動的特定形式（即思想、知性活動），而非歷史上出現的抽象範疇。[5]上述觀點應可反映近數十年英美思想史家的主要關懷，也是本文對思想史內涵的基本理解。

　　更進一步說，思想史研究有幾個核心關懷。首先，思想史家

---

3 Richard Whatmore, *What is Intellectual History?* (Cambridge, UK: Polity Press, 2016).

4 Richard Whatmore and Brian Young, eds., *A Companion to Intellectual History* (Malden, MA: Wiley Blackwell, 2016).

5 John W. Burrow, "Intellectual History in English Academic Life: Reflections on a Revolution," in Richard Whatmore and Brian Young, eds., *Palgrave Advances in Intellectual History* (Basingstoke: Palgrave Macmillan, 2006), 10-11.

肯定觀念、思想在歷史中扮演的角色及重要性。其次，思想史家將觀念、學說、思想視為人類活動的一種面向，強調應在歷史時空中加以檢視，儘可能還原古人思想活動的細節、脈絡和意圖。最後，除了上述目標，思想史家也嘗試透過撰述，減少我們考慮過去時的目的論（teleology）和時代錯置（anachronism）傾向。

　　從20世紀上半迄今，英語學界的思想史研究有其榮景和低潮，發展過程中遭遇許多大浪與暗流，但可以肯定的是，思想史研究積累的無數成果，已豐富甚而翻轉許多關於過去的理解，未來也將持續為歷史學做出重要貢獻。[6] 21世紀的第一個十年已然結束，思想史研究有何可觀的發展或可能趨勢？[7] 本文整理英語學界若干研究實踐和方法反思，捕捉三個值得重視的近期動態，即全球思想史（global intellectual history）、知性實踐（intellectual practices, 或譯作智識實踐）的文化史和數位人文學（digital humanities）影響下的思想史研究。應強調的是，此三者並非英語世界思想史研究的主流或主導性取徑，毋寧是吸引越來越多學者投入和嘗試的方向。透過檢視這三個趨勢，本文希望能為對思想史有興趣的讀者，提供一些觀察和參考，以俾反省並探索思想史研究實踐的各種可能性。

---

6 應強調的是，即便同屬英語學術圈，英國與美國（以至加拿大和澳洲）的情況亦有不同。唯此點牽涉太廣，尚待未來進一步分疏。

7 這個問題每隔一段時間都會被提起，前此思想史研究的回顧，可參考Donald R. Kelley, "Horizons of Intellectual History: Retrospect, Circumspect, Prospect," *Journal of the History of Ideas* 48:1 (January 1987), pp. 143-169; Anthony Grafton, "The History of Ideas: Precept and Practice, 1950-2000 and Beyond," *Journal of the History of Ideas* 67:1 (January 2006), 1-32.

一、全球思想史

　　思想史研究最顯著的一個趨勢是全球思想史的蓬勃發展。這個現象和世界各地歷史學社群的全球史研究（global history）熱潮密不可分，全球史研究的前景、概念、方法以至潛在問題，也可見於全球思想史的討論。對此，莫恩（Samuel Moyn）和撒托利（Andrew Sartori）於2013年編纂、出版了一部論文集*Global Intellectual History*，可作為理解全球思想史概念與實踐的出發點。[8]全書共三部分13章。第一部分收錄1章，由兩位編者執筆，解析全球思想史研究的幾種取徑。第2至11章為第二部分，結合實例討論全球思想史的方法思考。最後一部分收錄2章，旨在重訪全書諸篇，反思全球思想史的潛力和疑難。以下將以第一、三部分的文章為基礎，配合若干學者的研究成果，簡述全球思想史的內涵與重要性。

　　莫恩和撒托利開宗明義指出，全球思想史主要取徑的差異，來自如何概念化「全球」（global）之為物。[9]他們歸納出三種取向：（一）全球作為一個後設分析的範疇（meta-analytical category）、（二）歷史過程的實際空間，以及（三）歷史當事人思考的一個主觀範疇（subjective category）。

　　第一種取向的核心主張是，思想史探討的對象應該不受地域和時段所限，應在全球的範圍中探究不同的觀念和思想傳統。這個取徑提倡比較史甚或普世史（universal history），不強調研究

---

8 Samuel Moyn and Andrew Sartori, eds., *Global Intellectual History* (New York: Columbia University Press, 2013).

9 Samuel Moyn and Andrew Sartori, "Approaches to Global Intellectual History," in Samuel Moyn and Andrew Sartori, eds., *Global Intellectual History*, 3-30.

對象的連結關係（connected），因此也適合應用於全球網絡尚未成形的前近代歷史。

此取向的一個重要貢獻，是在全球的名目下囊括所有地域、文化和時段的思想現象；從歐美主流歷史學、特別是思想史社群來看，這一發展有助打破西方中心論的狹隘立場。我們可以看看2016年創刊的英語期刊 *Global Intellectual History* 的宗旨。[10]宗旨強調，思想史能幫助我們理解陌生、與己不同的人與信念，欣賞不同社會的相異價值（即便和我們自身持存的價值有異甚或扞格），以及如何解釋這些價值的存在理由。思想史的技藝也可以讓我們認知未來的可能性與侷限。這份期刊正是為了跨越思想史的地理和學科界線，在全球的範圍中倡議這些理想而生，接受比較和跨國視野、從古至今的文章。對西方學術界來說，這可能是振聾發聵之論。不過，擴大思想史的探討對象以至無所不包，其實很難說具備什麼獨特的全球思想史概念或方法論。

第二種取向是將全球視為一個連結的整體，旨在探究全球範圍內思想觀念的傳布、交流與互動。莫恩和撒托利認為相關研究可以從三個角度加以省視。第一個角度強調中介者（intermediaries）在跨越文化、社會、語言、文明或地理界線中扮演的角色。但如過去文化交流研究所示，類似做法不一定得仰賴全球史的架構或概念；以中介者個人的經歷、交往為核心的研究，也可能掩蓋思想觀念互動的許多面向。與此相關，第二個角度聚焦的不是這些中介者本身，而是他們所使用的語言媒介，即翻譯角度的研究。重要術語和著作的翻譯和以往接受史的探討有

---

10 見 "Aims and Scope," *Global Intellectual History*, http://www.tandfonline.com/action/journalInformation?show=aimsScope&journalCode=rgih20（2017年6月8日檢索）。

所重合，但焦點已不在輸入方單向的理解或接受，其目標也轉而成為透過各種形式的翻譯過程，描繪概念流動的全球軌跡。但也有學者認為翻譯研究多侷限於字詞、語言，主張全球思想史作為一個學術領域，其基礎和重中之重，應該是跨越空間，更廣泛和全面的概念流通及其物質載體。[11]

準此，第三個角度可稱之為網絡（networks）的角度。從網絡角度看，中介者和翻譯仍相當重要，但沒有任何單一要素有想當然耳的決定性地位。學者的核心任務是重建觀念互動過程的整體網絡，分析其建構、傳布和機制。研究者可以通過四處移動的知識掮客（knowledge brokers）來理解概念、傳統或學說的變化，並認知一個網絡是由許多思想、制度和政治要素所打造和限制，從而深刻影響不同文化、地域間的觀念交流。從這個角度出發的全球思想史，非常重視不同地區和要素的相互連繫。儘管18世紀以前已可見全球不同地域和帝國間的連結關係，[12]以相互連繫和網絡為中心的全球思想史舞臺，可能仍是19世紀以降的現代世界。無論如何，從網絡出發的全球思想史，在研究對象上不為中介者和翻譯活動所限，也可望為觀念流動、接受和調整的過程，提供更多豐富的歷史解釋。

值得一提的是，印度在這類全球思想史的發展中扮演了重要角色。最具代表性的是已故英國史家貝利（Christopher Bayly,

---

11 應強調的是，翻譯經常是二種語言間的理解和再呈現，自然有「跨國」（trans-national）的成分。但「跨國」在多大程度上可以視之為「全球」，其實未有定論，值得進一步細究。另一方面，就翻譯的輸出方而言，其實反映的仍是在地（local）或民族（national）的思想史。

12 Sanjay Subrahmanyam的許多著述都闡發這一點，扼要說明可參考Sanjay Subrahmanyam, "Connected Histories: Notes towards a Reconfiguration of Early Modern Eurasia," *Modern Asian Studies* 31:3 (July 1997), 735-762.

1945-2015），他的主要研究領域是18世紀以降的大英帝國和印度史，並在此基礎上推動全球史和全球思想史。貝利出版於2004年的 *The Birth of the Modern World* 是一部反思性甚強的近代世界史，他在其中便以自由主義（liberalism）為例，強調我們需要一種探索全球思想史（global intellectual history）的取徑，既可探究新思潮，又不忽略在地固有觀念在政治、社會變動中保持的彈性。[13] 貝利在 *Recovering Liberties* 中更具體、詳盡地展現上述方法。他研究19至20世紀初的印度思想家和政治人物，挖掘出許多過去不受重視的角色，分析他們在不同政治、社會、經濟和文化考量下，如何理解、改造和運用自由主義，進而反過來影響英國、歐洲和美國對自由主義的理解。[14] 儘管有時難免透過後見之明來看印度的自由民主，處理來自歐洲的自由主義時也略嫌簡化，[15] 本書仍是全球思想史的力作。就規模、複雜性和與西方世界的淵源來說，印度未來仍會是全球思想史的重要研究對象。[16]

　　第三種概念化取向——「全球」作為歷史當事人思考的一個主觀範疇——也催生出關於「世界」的意識或如何思考全球的思想史研究。相關主題如空間想像、如何看待和理解全球或世界、世界主義思想（cosmopolitanism）等。[17] 當然，這一取徑和前述

13　Christopher A. Bayly, *The Birth of the Modern World, 1780-1914: Global Connections and Comparisons* (Malden, MA: Blackwell Pub., 2004), 290-295.

14　C.A. Bayly, *Recovering Liberties: Indian Thought in the Age of Liberalism and Empire* (Cambridge, UK; New York: Cambridge University Press, 2012).

15　參考 Neilesh Bose, "The Cannibalized Career of Liberalism in Colonial India," *Modern Intellectual History* 12:2 (August 2015), 475-484.

16　Shruti Kapila, "Global Intellectual History and the Indian Political," in Darrin M. McMahon and Samuel Moyn eds., *Rethinking Modern European Intellectual History* (Oxford; New York: Oxford University Press, 2014), 253-274.

17　關於人類如何從全球角度進行思考，簡要回顧可參考 Sebastian Conrad, *What is Global*

二者沒有衝突；研究者可以比較不同時空關於全球的想像，也可以分析在全球的人與觀念網絡中，研究對象的全球意識（global consciousness）如何發展、變化。

　　呼應這個取向的研究著述雖相對較少，仍不乏精彩作品。如阿米蒂奇（David Armitage）爬梳17、18世紀文獻，分析當時歐洲思想世界的「國際思想」（international thought），便跳脫國家疆界，把視野放在由列國組成的世界上。[18]此舉不僅豐富歐洲思想史的探索主題，也為以全球意識為主要關懷的全球思想史研究提供討論基礎。[19]與此相關，洛爾卡（Arnulf Becker Lorca）的專著分析19至20世紀初，非西方的法學家、律師如何構想國際法（international law），在各自的政治、經濟考慮下，改變從歐洲出發的國際法，共同形塑如今日所理解的普世性國際法。[20]艾丁（Cemil Aydin）則關注歐洲以外的世界。他於2007年出版的著作探索19世紀中葉以至二次大戰後，伊斯蘭世界（鄂圖曼帝國）和亞洲（日本）的知識分子如何提出普世性的「西方」（West）觀念，形成泛伊斯蘭（Pan-Islamic）和泛亞（Pan-Asian）思想，影響他們看待世界秩序的方式。[21]他的近著則聚焦所有穆斯林均歸屬於一個宗教政治實體的「穆斯林世界」（Muslim World）觀念，

History? (Princeton: Princeton University Press, 2016), 17-36.

18 David Armitage, *Foundations of Modern International Thought* (Cambridge; New York: Cambridge University Press 2013).

19 阿米蒂奇倡議的「國際思想」和全球思想史有異有同，但全球思想史的討論多引之為同道。關於國際思想史的方法視野，可參考《思想史》創刊號的討論，見阿米蒂奇（David Armitage）等，〈論壇〉，《思想史》，第1期（2013），頁213-416。

20 Arnulf Becker Lorca, *Mestizo International Law: A Global Intellectual History 1842–1933* (Cambridge: Cambridge University Press, 2014).

21 Cemil Aydin, *The Politics of Anti-Westernism in Asia: Visions of World Order in Pan-Islamic and Pan-Asian Thought* (New York: Columbia University Press, 2007).

分析此觀念的政治和思想脈絡，認為它是19世紀晚期與歐洲帝國主義互動的產物。[22]巴納吉（Milinda Banerjee）也利用殖民時期印度的個案，說明各地的世界性或普世主義思想，往往既受歐洲列強的衝擊而生，又訴諸在地文化傳統的諸般要素（觀念、詞彙），任何單線式考索都難盡全貌。[23]

　　這個取徑帶來值得重視的成果，也刺激學者進一步思考全球思想史的方法論。最重要的問題可能是，什麼樣的思考內容或方式可以算得上是「全球」？從國際思想或國際法角度切入固然精彩，但這個出發點是建立在近現代民族國家的列國體系之上；伊斯蘭世界的觀念也是19世紀中期以後才形成的。從這幾個例子來看，「全球」意識或思考的前提仍是一個既有的「國家」觀念，超越國家藩籬方可謂全球。一個足堪對照的案例是中國的天下觀。天下觀是一種想像世界的方式，從政治和文化權威角度，構想自身和認知所及的人與地域的關係。那天下觀算不算一種全球或世界思想？[24]說到底，關鍵也許不是答案，而是從這些討論中反省「國家」、「全球」等範疇／概念工具，以及考慮不同時空條件中（特別是前近代與近現代的差異）全球或世界思想的可能面貌。

　　從這部論文集出發，一個很重要的問題是，全球思想史的研究對象始於何時？這個問題的癥結仍在我們如何認定「全球」或全球思想史的內涵。庫伯（Frederick Cooper）即扼要指出，全

---

22 Cemil Aydin, *The Idea of the Muslim World: A Global Intellectual History* (Cambridge, Massachusetts: Harvard University Press, 2017).

23 Milinda Banerjee, "'All This is Indeed Brahman:' Rammohun Roy and a 'Global' History of the Rights-Bearing Self," *Asian Review of World Histories* 3:1 (January 2015), 81-112.

24 參考葛兆光，《何為中國：疆域民族文化與歷史》（香港：牛津大學出版社，2014）。

球思想史研究光譜有兩個端點，其一是「軟性」（soft）的全球版
本，跨越國家、大陸、文化以至時間藩籬，即前述第一種取徑強
調的無所不包。前近代歷史所見的區域交流、擬全球化現象和世
界主義尤其值得注意。另一個端點是「硬性」（hard）的，強調全
球思想史應聚焦真正瀰漫於整個世界的觀念，或關注將世界視為
一個整體的諸般觀點。據此，19世紀以前並沒有嚴格意義的全球
思想史。[25]無論如何，學者多半同意全球視角更適合19世紀以降
的思想史研究，可呼應近現代歷史的全球化和現代化趨勢。但全
球化或人與觀念的交流，在不同地方有不同程度、形式的表現與
結果。[26]思想史家應從不同歷史當事人的觀念和主張著手，細緻
地探究全球範圍內思想現象流動、轉化的歷史過程。若然，全球
思想史當可培養真正全球性的視野，並為理解現代化與全球化的
運作機制和侷限，提供新的洞見。

　　論文集第13章由卡維拉（Sudipta Kaviraj）撰寫，簡扼評述
論文集各章要旨，並提出許多值得參考的觀點和提示。[27]如「連結
歷史」（"connected history"）畢竟不同於「比較歷史」，後者和以
還原語言、探索意圖的思想史取徑並不相侔。在考慮現代世界的
全球性規範如何形成時，非西方知識分子其實扮演了重要角色。
全球思想史的寫作，不應再環繞西方觀念如何影響非西方世界，
而該更有意識地將其視作一種翻譯過程。同樣地，全球思想史也

---

25 Frederick Cooper, "How Global Do We Want Our Intellectual History to Be?" in Samuel Moyn and
　Andrew Sartori, eds., *Global Intellectual History*, 283-288.

26 Samuel Moyn and Andrew Sartori, "Approaches to Global Intellectual History," in Samuel Moyn
　and Andrew Sartori, eds., *Global Intellectual History*, 20-24.

27 Sudipta Kaviraj, "Global Intellectual History: Meanings and Methods," in Samuel Moyn and
　Andrew Sartori, eds., *Global Intellectual History*, 295-319.

不能僅關注西方思想觀念往何處去、發揮什麼作用。我們也應具備不同的「全球性」（globality）概念。思想史的形式不限於文本閱讀，思想與社會（如地位和利益）的關係以及推動觀念流通的動力，也是全球思想史題中應有之義。最重要的是，思想史研究有多少種技藝，全球思想史就有多少種可能性。

　　由上可知，在蓬勃發展的同時，全球思想史在方法與取徑上仍有許多可討論的空間。對此，羅謝爾德（Emma Rothschild）的反思仍值得重視。她早在2006年便撰文討論跨國思想史寫作常見的四個陷阱，包括將觀念實體化（reification）、對經濟脈絡（context）的考慮不足、以今釋古（presentism），以及如何加入階級（class）要素。[28]這些問題當然是思想史研究皆須面對的，但全球思想史的跨地域和跨文化格局，背後的政治和經濟力量，以及它與全球化和現代世界的關係等特質，都讓這些問題更加明顯、棘手。廣義而論，全球思想史必須謹慎以對的，是複數的複雜脈絡，這亦是前述「網絡」角度的全球思想史所致意的，須透過更多方法思考和具體實踐加以闡明。[29]要言之，對歷史、特別是對近現代史來說，全球思想史可望作為一個重要組成，持續為全球史和思想史研究做出貢獻。

28　Emma Rothschild, "Arcs of Ideas: International History and Intellectual History," in Gunilla Budde, Sebastian Conrad, and Oliver Janz, eds., *Transnationale Geschichte: Themen, Tendenzen und Theorien* (Göttingen: Vandenhoeck & Ruprecht, 2006), 217-226.

29　如Edward Baring, "Ideas on the Move: Context in Transnational Intellectual History," *Journal of the History of Ideas* 77:4 (October 2016), 567-587. 巴林以跨國知識社群（transnational intellectual communities）為例，提議從檔案館（archives）保存、管理與讀者從中使用資料的意象來理解跨國思想史的脈絡。

二、知性實踐的文化史

　　另一個值得重視的趨勢是思想史與文化史的互動，或以柏克（Peter Burke）的話來說，知性實踐的文化史研究，[30]以擴大思想史研究對象，囊括非經典文本和非菁英的觀念。文化史和思想史的異同離合絕非新課題，但近年確實可見更多較集中、反思性的討論。和此課題有密切關係者，一個自然是文化史本身的發展，另一個則是中文學界較少為人提及的學術史（history of scholarship）傳統。

　　嚴格來說，西方世界的學術史研究雖夙有傳統，廣義而論可追溯至文藝復興時期對古代文獻和器物的研究，但作為現代學術研究領域，其界定和範圍卻頗為模糊。簡言之，學術史是以歷史上廣義的學者及其著述和相關知識實踐為研究對象。綜觀當代（20世紀）的歐洲學術史研究，外部因素、學術作品內容和作品生產模式，都是重要的題中之義。[31]美國學界較流行的「學科史」（history of the disciplines）也和學術史有所重疊。[32]有學者則指出，學術史可謂近期思想史研究中蓬勃發展的一個領域，對理解歷史書寫和藝術面向的貢獻尤大。[33]

---

30 Peter Burke, "The Cultural History of Intellectual Practices: An Overview," in Javier Fernández Sebastián, ed., *Political Concepts and Time: New Approaches to Conceptual History* (Santander: Cantabria University Press/Madrid: McGraw Hill Interamericana de España, 2011), 103-128.

31 精扼的回顧，參考 Christopher Ligota and Jean-Louis Quantin, "Introduction," in C.R. Ligota and J.-L. Quantin, eds., *History of Scholarship: A Selection of Papers from the Seminar on the History of Scholarship Held Annually at the Warburg Institute* (Oxford: Oxford University Press, 2006), 1-13.

32 Suzanne Marchand, "Has the History of the Disciplines Had its Day?," in Darrin M. McMahon and Samuel Moyn, eds., *Rethinking Modern European Intellectual History* (Oxford: Oxford University Press, 2014), 131-152.

33 Brian Young, "Intellectual History and *Historismus* in Post　War England," in Richard Whatmore and Brian Young, eds., *A Companion to Intellectual History* 21, 32-33.

　　在20世紀，歐洲學術史研究最重要的學者當屬莫米利亞諾（Arnaldo Momigliano, 1908-1987）。莫米利亞諾受古典學訓練出身，極為淵博，特別對古往今來西方世界的歷史撰述和理念有廣泛、精到的見解。[34]他關於西方傳統中尚古（antiquarian）理念及其實踐的重視和闡發，至今仍有影響力。[35]如前所述，歷史書寫（或廣義的史學史）是學術史研究的重要內容，凱利（Donald Kelley）[36]和萊文（Joseph Levine, 1933-2008）[37]都是其中佼佼者。20世紀後半以降，最有影響力的學術史家則推格拉夫頓（Anthony Grafton）。格拉夫頓受教於莫米利亞諾，研究主題相當開闊，除了史學史，還廣泛涉及歐洲近世的學者生平與著述、人文主義、語文學（philology）與文本整理、知識環境、科學史等，[38]也較早把社會史視野帶進學術史（教育）中。[39]這些學者及

34 相關著述甚夥，可先參考Arnaldo Momigliano, *Essays in Ancient and Modern Historiography* (Chicago: University of Chicago Press, 2012).

35 如Arnaldo Momigliano, "Ancient History and the Antiquarian," *Journal of the Warburg and Courtauld Institutes* 13:3/4 (1950), 285-315; Arnaldo Momigliano, *The Classical Foundations of Modern Historiography* (Berkeley: University of California Press, 1990), 54-79.

36 如Donald R. Kelley, *Foundations of Modern Historical Scholarship: Language, Law, and History in the French Renaissance* (New York: Columbia University Press, 1970); Donald R. Kelley, *Faces of History: Historical Inquiry from Herodotus to Herder* (New Haven: Yale University Press, 1998); Donald R. Kelley, *Fortunes of History: Historical Inquiry from Herder to Huizinga* (New Haven: Yale University Press, 2003).

37 如Joseph M. Levine, *The Battle of the Books: History and Literature in the Augustan Age* (Ithaca, N.Y.: Cornell University Press, 1991); Joseph M. Levine, *The Autonomy of History: Truth and Method from Erasmus to Gibbon* (Chicago: University of Chicago Press, 1999).

38 可參考兩部論文集以得其大概：Anthony Grafton, *Defenders of the Text: The Traditions of Scholarship in an Age of Science, 1450-1800* (Cambridge, Mass.: Harvard University Press, 1991); Anthony Grafton, *Bring Out Your Dead: The Past as Revelation* (Cambridge, Mass.: Harvard University Press, 2001).

39 Anthony Grafton & Lisa Jardine, *From Humanism to the Humanities: Education and the Liberal Arts in Fifteenth- and Sixteenth-century Europe* (Cambridge, Mass.: Harvard University Press, 1986), 特別是pp. xi-xvi.

其著述未必以思想史或文化史自居，但對二者都有很大貢獻，也為知性實踐的文化史提供大量養分。

　　文化史或文化轉向（cultural turn）對思想史研究的衝擊已非一朝一夕之事，亦刺激不少相關討論。[40]凱利曾為文討論思想史與文化史的關係，認為二者之別異，反映西方傳統對如何理解觀念的「內在」（internalist）與「外在」（externalist）取徑之爭。二者的主要差異並非研究對象，而在於運用歷史材料的方式和重點不同。簡言之，前者關注歷史人物使用的詞語及其觀念，後者則更重視思想作品的各種政治、社會、經濟、文化環境。凱利最後強調，思想史（intellectual history）包羅甚廣，從個別思想人物到集體心態，從觀念和語言內容到外在環境皆是其研究對象。準此，文化史可說是思想史的表顯（outside），思想史則是文化史的內裡（inside）；二者互為表裡。[41]寇文（Brian Cowan）則從史學趨勢的角度，顯示思想史與文化史的互動，其實是思想史與其他領域長期對話的一個近期發展。他認為20世紀思想史研究的一個關鍵是強調脈絡（context），但對於什麼是研究者應考慮的首要脈絡，則有許多不同認知。寇文為讀者提供一條從「文本」（textual）到「社會」（social）再到「文化」（cultural）的線索。從「社會」到「文化」的變化，主要是學者重新概念化前者（the "social"），視其為一種建構、主動創造之物。「文化」成

40 有學者指出，早在文化轉向以前，美國思想史家便不乏採取近似文化史或文化研究（culturalist）取徑者，見Casey Nelson Blake, "Culturalist Approaches to Intellectual History," in Karen Halttunen ed., *A Companion to American Cultural History* (Malden, MA: Blackwell Pub., 2008), 383-395.

41 Donald R. Kelley, "Intellectual History and Cultural History: The Inside and the Outside," *History of the Human Sciences* 15:2 (April 2002), 1-19.

為主要脈絡，也反映觀念本身的重要性，讓位於觀念得以傳達
（conveyed）的各種形式（forms）。[42]無論如何，這二位思想史家
都沒有在思想史與文化史間建造壁壘，而是著重於思想史可以從
文化史中獲得什麼。

　　準此，對思想史研究來說，文化史浸潤的關鍵影響，不是取
彼而代之的典範轉移，而是啟發思想史家進一步擴充脈絡的意涵
與範圍。[43]重點並非設法求存甚或對抗，而是要試圖打通二者。[44]
此關懷清楚見於「帕葛雷夫文化與思想史研究」書系（Palgrave
Studies in Cultural and Intellectual History）弁言指稱的三個主要目
標：消弭思想史和文化史取徑的分野以增益彼此互動；鼓勵二者
的跨學科特性（interdisciplinarity）；以及讓思想史和文化史研究
更具全球視野。[45]從2010年以來，該書系已出版超過四十部專著
和論文集，時空跨度大，主題多樣，成果相當豐碩。[46]

　　有鑑於此趨勢，柏克撰文提出了「知性實踐的文化史」（the
cultural history of intellectual practices）一詞，以凸顯相關研究的

---

42 Brian Cowan, "Intellectual, Social and Cultural History: Ideas in Context," in Richard Whatmore and Brian Young eds., *Palgrave Advances in Intellectual History*, 171-188.

43 前述凱利和寇文的文章都指出此點。對於「脈絡」（context）的概念，特別是人文社會學科如何理解、使用它，參考Peter Burke, "Context in Context," *Common Knowledge* 8:1 (2002), 152-177. 柏克強調吾人應以複數形式考慮脈絡（contexts）；脈絡分析（contextual analysis）則僅是文化史或思想史研究的一種進路，絕非萬靈丹。

44 應強調的是，其他領域的思想史研究（歐洲近世以降之外），已多有打通思想史與文化史的嘗試甚至傳統，如前述的美國思想史研究。歐洲中世紀研究亦然，見Mishtooni Bose, "The Intellectual History of the Middle Ages," in Richard Whatmore and Brian Young eds., *Palgrave Advances in Intellectual History*, 92-108.

45 見該書系的網站：https://www.palgrave.com/in/series/14639

46 其中一本的主題為現代中國，討論俄國文學在20世紀中國之角色及其作用。見Mark Gamsa, *The Reading of Russian Literature in China: A Moral Example and Manual of Practice* (New York: Palgrave Macmillan, 2010).

特色與貢獻。[47]柏克指出,引領知性實踐文化史趨勢的是科學史家;過去幾十年有重要貢獻的科學史研究,多聚焦於科學實踐及其如何可能的各種環境因素,即探討「各種科學文化」(cultures of science)。這個關懷也延伸至其他領域,包含宗教、政治、歷史書寫、旅遊和地理知識等。另一個值得特別強調的發展,是反省「傳統」(tradition)的概念,並由此探究知識生成與傳遞的外緣因素和過程。對此,書籍史、閱讀史和學習活動(如教學、聽講、做筆記等),以至國家如何管理資訊的研究,都做出了顯著貢獻。此外,觀念如何流動也益受重視,催生許多有關翻譯過程和接受史的探討。要言之,知性實踐文化史頗受文化人類學和物質文化史影響,可與新文化史學者(如戴維斯)和年鑑學派第四代學者(如夏提葉)的研究互相發明,著重於「實踐」(practices)及其社會文化環境。[48]

對思想史而言,知性實踐文化史帶來的最大啟發與貢獻,應該是有助於更全面理解歷史時空中的知識(knowledge)。無論科學史或閱讀史,其實都與何謂知識及其生產、流通和接受有關。知識的角度,也或多或少舒緩過往對思想史的批評,即只重視菁英及其文本的不足。就知識的歷史而言,上層與下層或菁英與大眾的分野仍然存在,但重點已經轉移至知性實踐的各種面向;上述分野則可謂探討知性實踐時的不同脈絡。

---

47 收錄該文之論文集 *Political Concepts and Time: New Approaches to Conceptual History*,初衷即是探討德國概念史(Conceptual History/*Begriffsgeschichte*)研究的潛力及貢獻。
48 柏克此文以概覽為主,較少批評意見,其指謫的主要缺陷是「文化」概念過於模糊;但柏克也強調,這種模糊性其實也有助知性實踐文化史保持彈性、更深入理解過去。見 Peter Burke, "The Cultural History of Intellectual Practices: An Overview," in Javier Fernández Sebastián ed., *Political Concepts and Time*, 119-120.

柏克本人也相當重視知識的歷史。他於2000年出版了專著 *A Social History of Knowledge*，描繪自古騰堡（Johannes Gutenberg, 1398-1468）以至狄德羅（Denis Diderot, 1713-1784）的知識與其社會環境的關係，並於2012年出版續作，進一步將探討範圍從18世紀延伸至21世紀。[49] 二書在許多面向上一脈相承，如著重知識的社會環境及過程而非內容、強調知識的複數型態（knowledges），以及從歷史的角度跨越既有學科藩籬等。有趣的是，時隔10年，柏克關於取徑的思考似乎有些重心轉移。在2000年的第一卷中，他相當重視知識社會學的關懷與成果，並以之為出發點。[50] 但到了2012年的第二卷，柏克並未特別標舉知識社會學的角色，而是強調知識變化的各種過程，自覺地與一般的思想史有所區別，並說明其書亦可視作「知識的政治史」或「知識的文化史」。[51] 在長期觀察和研究實踐的基礎上，柏克也於2016年出版一本小冊子，提綱挈領回顧史家與其他學科如何考慮知識史，介紹知識史著述中經常出現的概念，分析知識在歷史時空中經歷的主要過程，並就此領域的問題與展望提供洞見。[52]

　　環繞知識的知性實踐文化史研究已蔚為大國，也可望持續帶來新成果。如前述以打通思想史與文化史為目標的「帕葛雷夫文化與思想史研究」書系，便出版了不少可歸類於此的著作，如重

49　Peter Burke, *A Social History of Knowledge: From Gutenberg to Diderot* (Cambridge, UK: Polity Press, 2000); Peter Burke, *A Social History of Knowledge II: From the Encyclopédie to Wikipedia* (Cambridge, UK: Polity Press, 2012).

50　Peter Burke, *A Social History of Knowledge*, 3-11.

51　Peter Burke, *A Social History of Knowledge II*, 2-4. 不過柏克也非常簡短地說，其書仍以社會史（social history）為題，是有意提醒讀者留意知識社會學的傳統。

52　Peter Burke, *What is the History of Knowledge?* (Cambridge, UK: Polity Press, 2016).

新省視殖民時期印度知識生產諸多面向及其動力[53]、英國人口普查（census）之資訊型態及其如何讓人民認識國家[54]、文藝復興迄今科學活動與社會的纏結[55]、19世紀的收集和尚古實踐與印度現代史學的關係[56]、19世紀前中期英國關於「北方」（the "north"）的地理知識和政治想像[57]、近代早期歐洲帝國政治環境下的諸般（尤其是科學）知識生產活動[58]、「天才」（genius）觀念在不同歷史脈絡中的表現與社會文化意涵等。[59]

　　前述成果仍以近代以來歐洲或廣義的西方世界研究為主，但知性實踐文化史的潛力遠過於此。對此，最具代表性的是劍橋大學的羅界（G.E.R. Lloyd）教授。他頗致力於比較思想史，特別是古希臘與古代中國的比較研究，著作等身。其比較思想史略可分成二大關懷，一是人類認知（cognitive）能力的種種表現，二是不同知識追求的面貌及成因；後者與本節所論尤其相關。羅界曾著書檢視古代世界不同「學科」（disciplines）的內涵及其社會環境，[60]近期也以古代探索世界（inquiry）的理想為題，透過希臘、

---

53 Indra Sengupta and Daud Ali eds., *Knowledge Production, Pedagogy, and Institutions in Colonial India* (New York: Palgrave Macmillan, 2011).

54 Kathrin Levitan, *A Cultural History of the British Census: Envisioning the Multitude in the Nineteenth Century* (New York: Palgrave Macmillan, 2011).

55 Mario Biagioli and Jessica Riskinches eds., *Nature Engaged: Science in Practice from the Renaissance to the Present* (New York: Palgrave Macmillan, 2012).

56 Rama Mantena, *The Origins of Modern Historiography in India: Antiquarianism and Philology, 1780–1880* (New York: Palgrave Macmillan, 2012)

57 Angela Byrne, *Geographies of the Romantic North: Science, Antiquarianism, and Travel, 1790–1830* (New York: Palgrave Macmillan, 2013).

58 László Kontler, Antonella Romano, Silvia Sebastiani, and Borbála Zsuzsanna Török eds., *Negotiating Knowledge in Early Modern Empires: A Decentered View* (New York: Palgrave Macmillan, 2014).

59 Joyce E. Chaplin and Darrin M. McMahon eds., *Genealogies of Genius* (New York: Palgrave Macmillan, 2016).

60 G.E.R. Lloyd, *Disciplines in the Making: Cross-Cultural Perspectives on Elites, Learning, and*

印度、中國等個案，從思想史角度討論古代知識活動如何探求、探究什麼、和探索的目標為何等議題。[61]經過多年耕耘，羅界的比較視野應可為知性實踐的文化史，增添跨越時段和地域疆界的洞見和參照。[62]羅界當然不是唯一的倡議者；帕洛克（Sheldon Pollock）、艾爾曼（Benjamin Elman）、張谷銘近期編撰出版的論文集，便以開闊視野討論不同時空中的語文學（philology），既可見學術史傳統的影響，也有加入政治、文化要素進行討論者。[63]

　　要言之，知性實踐的文化史偏重思想和知識活動的各種環境，特別是文本或觀念以外的要素。此取徑著重考察社會文化脈絡，有時難免輕忽甚至省略一般思想史所仰賴的文本精讀。是故，從事相關探索的學者，或許不認為自己在進行「思想史」研究。這一現象利弊互見。正面的意義在於，這反映吾人探究觀念和知識的取徑益趨多元，不受「思想史」的標籤所限。但另一方面，相關研究者可能有「文化史」的自我認同；最不樂見的結果，是「思想史」家和「文化史」家仍各行其是，罕有溝通。追根究柢，一般印象中的「思想史」和「文化史」在焦點和處理材料上確實有異，試圖打通二者的同時，仍應為彼此保留空間以求理想的互補效果。[64]最可行的做法，也許是以問題為導向（而非「思想史」

Innovation (Oxford: Oxford University Press, 2009).

61　G.E.R. Lloyd, *The Ideals of Inquiry: An Ancient History* (Oxford: Oxford University Press, 2014).

62　羅界關於比較思想史的方法論思考，可參考G.E.R. Lloyd, *Adversaries and Authorities: Investigations into Ancient Greek and Chinese Science* (Cambridge; New York: Cambridge University Press, 1996), 1-15.

63　Sheldon Pollock, Benjamin Elman, and Ku-ming Kevin Chang eds., *World Philology* (Cambridge, Mass.: Harvard University Press, 2015).

64　類似意見，參考Judith Surkis, "Of Scandals and Supplements: Relating Intellectual and Cultural History," in Darrin M. McMahon and Samuel Moyn eds., *Rethinking Modern European Intellectual History*, 94-111.

或「文化史」的標籤），在歷史時空中的思想觀念活動之大關懷下，根據提問與材料性質，開放地接受、運用所有可行取徑。[65]

三、數位人文學與思想史

最後，我想討論數位人文學與思想史研究的關係。數位人文學是一面大纛，將許多概念和實踐收編旗下，不易精確定義。介紹數位人文學的著述，也經常花費不少篇幅探究其定義與內涵。[66]本文對數位人文學的界定很簡單，即透過電算（computing）技術和數位工具，思考、探索人文學問題的知識實踐（不限於學院或專業學術研究）。對歷史以至思想史研究來說，數位人文學的影響和貢獻主要體現在兩方面：史料數位化（digitization）和數位工具的應用。

相對於各種便捷的工具，乍看之下，史料數位化似乎無甚可談，畢竟在進入21世紀資訊社會前，學者便已開始建置可供檢索的電子文獻平臺。[67]但我們不能小覷數位化的影響。以「早期英語文獻線上資料庫」（*Early English Books Online,* EEBO）和「18世紀

---

65 近期結合知識史（學術傳統和制度要素）和思想觀念分析的一部傑作，參考Dmitri Levitin, *Ancient Wisdom in the Age of the New Science: Histories of Philosophy in England, c. 1640–1700* (Cambridge: Cambridge University Press, 2015).

66 相關討論甚多，扼要的指引，可參考Melissa Terras, Julianne Nyhan, and Edward Vanhoutte, eds., *Defining Digital Humanities: A Reader* (Farnham, Surrey: Ashgate, 2013).

67 對此，最重要的一位先驅是布薩神父（Roberto A. Busa, 1913-2011）。布薩神父很早便開始運用電腦進行語言與文本研究，自1946年起致力於《湯瑪斯索引》（Index Thomisticus）的編纂，是搜尋聖・湯瑪斯神學著作的重要工具，已有網頁和電子版。學界多認可他為人文電算（humanities computing）和數位人文學的先行者。他本人對此領域的回顧，見Roberto A. Busa, "Foreword: Perspectives on the Digital Humanities," in Susan Schreibman, Ray Siemens, and John Unsworth, eds., *A Companion to Digital Humanities* (Malden, MA: Blackwell Pub., 2004), xvi-xxi.

經典古籍全文資料庫」（*Eighteenth Century Collections Online, ECCO*）為例，它提供絕大便利性，讓研究者可以利用網路遠端使用這些文獻。數位化也大大地提升材料的量：EEBO收錄了超過12萬5,000部，ECCO收錄超過18萬部著述。正是因為材料大量增加，研究者必須透過新方法提問和處理問題，數位工具應運而生。應強調的是，材料數位化和數位工具的發展並非簡單的單向關係。數位化的品質會影響數位工具的操作及其結果；不足之處將回過頭來，要求我們改善史料數位化過程；改進後的數位材料，則可望進一步刺激研究者修正、開發更適合或有效的研究工具。

　　管見所及，學界對數位人文學與思想史研究關係的深刻思考並不多。由於「數位思想史」（digital intellectual history）仍是新生且不無疑問的領域，相關討論和實踐多充滿實驗性。以下先介紹幾個運用數位工具研究思想史問題的主要取徑，再試著分析其優缺點與展望。

　　首先是思想人物的社會網絡（social network）研究。如牛津大學的「知識文化」（*Cultures of Knowledge*）計畫便透過大量通訊紀錄，重構1550年至1750年間各種知識人的社群和網絡關係，建置收錄16至18世紀飛鴻的「近代早期書信網路平臺」（*Early Modern Letters Online*, EMLO），舉辦許多活動並出版相關成果。[68]與此相似，史丹佛大學的「圖繪文人共和國」（*Mapping the Republic of Letters*）也利用通信和旅行足跡，重建近代早期知識社群的社會和物質網絡，視覺化呈現人、觀念和物件的流動。[69]相關的大型計畫不在此限，尚有以17世紀荷蘭學者書信為

---

68 http://www.culturesofknowledge.org/?page_id=81（2017年6月8日檢索）。

69 http://republicofletters.stanford.edu/publications/index.html（2017年6月8日檢索）。

據，探究其時知識如何流通的「17世紀荷蘭的知識流通與學問實踐」（*Circulation of Knowledge and Learned Practices in the 17th-century Dutch Republic*）計畫。[70]這類計畫利用數位工具處理大量材料，讓思想史研究憑藉的知識、社會、地理脈絡更加豐富、細緻和複雜化，也有助學者提出新的問題。

此外，這些研究計畫至少有三個共同特質。第一，在大量材料的基礎上，他們都運用視覺化（visualization）工具呈現研究成果，包括社會網絡圖、地理分布圖、以至各種統計圖表。視覺化工具不僅讓研究結果一目了然，也讓讀者在觀看的同時，得以提出新的研究問題。其次，這些計畫仰賴硬體方面的基礎建設，往往需要相當可觀的資源投入，也促成不同研究者以至不同學術單位的合作關係。第三，上述計畫除了已發表的具體成果，也積極開發和改進資料庫與工具平臺，鼓勵學者一同參與和利用這些資源開展研究。

另一個值得注意的取徑，是利用大量詞彙來研究觀念的歷史。最主要的做法是透過關鍵字和詞頻，從資料庫中爬梳這些字詞和用法的變化趨勢。除了如前述介紹的資料平臺外，Google的書籍詞頻統計器（Google Books Ngram Viewer）也是好用的工具，其資訊基礎是涵蓋英文、法文、德文、簡體中文等語言，上百萬本經Google掃描、文字辨識的書籍，以圖表呈現搜尋字詞的使用頻率。[71]另一個可參考的工具是Sketch Engine語料分析平臺。它最初是為語言學者設計，蒐集英文、法文、德文、義大利

---

70 http://ckcc.huygens.knaw.nl/?page_id=51（2017年6月8日檢索）。

71 關於Google書籍詞頻統計器的發展和應用，可參考Erez Aiden and Jean-Baptiste Michel, *Uncharted: Big Data as a Lens on Human Culture* (New York: Riverhead Books, 2013).

文、西班牙文、葡萄牙文、丹麥文、俄文、日文、韓文、阿拉伯
文、簡體中文等多種語料庫，旨在探討語言運作的規則與邏輯。
使用者可透過大量語料（收錄上億字的語料庫所在多有），檢視
特定字詞在實際語言表述中與其他詞彙的關係（如頻率、連接、
同時出現、位置前後等）。[72]更寬泛地說，這個取徑主要借助文
本探勘（text mining）的相關工具，特別是針對極大量的材料。[73]

　　舉例來說，文學研究中的「遙讀」（distant reading）取徑便
和數位人文學密不可分。這個概念由莫瑞蒂（Franco Moretti）提
出，強調與文本保持距離，捨棄傳統的精讀，因為精讀勢必只能
施於有限的文本，有限的文本則蘊含一種選擇，即認定哪些文本
是經典，值得精讀。莫瑞蒂將文學作品視為可量化處理的資料，
利用數位工具分析大量素材，試圖找出統計學上的模式或關係。
對他來說，這種不精讀的距離是一種獲致知識的前提，可以幫助
我們在文本（一部部著作）之外探索更宏大（如文類或體系）或
更精細（如文學手法和橋段）的課題。[74]阿米蒂奇倡議思想史應
重拾長時段（longue durée）的探索，也強調數位工具將扮演益發
重要的角色。[75]

---

72 關於Sketch Engine的功能與潛力，參考Adam Kilgarriff and others, "The Sketch Engine: Ten Years On," *Lexicography: Journal of ASIALEX* 1:1 (July 2014), 7-36. 一個類似的常用工具是上下文關鍵字索引（KWIC, Keyword in Context）。

73 關於文本探勘（text mining）的內涵和重要工具，參考Yu-wei Lin, "Transdisciplinarity and Digital Humanities: Lessons Learned from Developing Text-Mining Tools for Textual Analysis," in David M. Berry ed., *Understanding Digital Humanities* (New York: Palgrave Macmillan 2012), 295-314.

74 最扼要的說明，見Franco Moretti, "Conjectures on World Literature," *New Left Review* 1 (January 2000), pp. 56-58; Franco Moretti, *Graphs, Maps, Trees: Abstract Models for a Literary History* (London: Verso, 2005), 1-2.

75 David Armitage, "What's the Big Idea? Intellectual History and the Longue Durée," *History of European Ideas* 38:4 (December 2012), 493-507, 特別是pp. 506-507.

　　另一個具實驗性質的代表著作是德博拉（Peter de Bolla）的 *The Architecture of Concepts: The Historical Formation of Human Rights*。[76]本書運用資料庫，探索18世紀英語文獻所見的人權概念，並提出關於概念形構（architecture）的反思。作者主要利用 ECCO，透過關鍵字的出現頻率和字詞組合捕捉18世紀詞彙使用的變化，再嘗試結合歷史事件以解釋變化。本書有兩個重要觀點：第一個是理論層次，強調概念由字詞（包括字詞的使用與搭配）構築，字詞則規定了認知（cognition）和思惟（thinking）的可能性。第二個是歷史解釋，認為直至18世紀末，普世平等的人權概念仍未出現。

　　但相較於重建社會脈絡，運用數位工具進行歷史解釋的潛在問題更為嚴重。如上述德博拉的著作，雖在方法上有啟發性，但從工具（ECCO的功能限制）、判讀數據到解釋，待商榷處所在多有。[77]尤其值得注意的是法國學者麗卡－西歐米（Marie Leca-Tsiomis）批評用數位工具研究啟蒙運動《百科全書》（*Encyclopédie*）的文章。[78]起因是幾位學者利用資料庫和數位工具（Vector Space Model和Pairwise Alignment of Intertextual Relations），分析《百科全書》與另兩部性質類似、耶穌會士著作的關係。他們觀察到《百科全書》有大量條目和內容與這兩部書重複，主張《百科全書》與天主教的關係，並不像過去以為的

---

76 Peter de Bolla, *The Architecture of Concepts: The Historical Formation of Human Rights* (New York: Fordham University Press, 2013).

77 參考Dan Edelstein, "Intellectual History and Digital Humanities," *Modern Intellectual History* 13:1 (April 2016), 237-246.

78 Marie Leca-Tsiomis, "The Use and Abuse of the Digital Humanities in the History of Ideas: How to Study the *Encyclopédie*," *History of European Ideas* 39:4 (December 2013), 467-476.

那樣針鋒相對，啟蒙哲士甚至可說是掠奪者（plunderers）。[79]麗卡－西歐米則從材料、前人研究和詮釋等方面檢討這份研究，指出其不足。麗卡－西歐米強調，利用數位工具進行研究，首要工作是問對問題，在充分考慮既有成果的基礎上設計程式、改善工具，才有可能持續提出新問題與新發現。[80]

　　以上述發展和質疑為基礎，席爾（Mark Hill）撰文討論數位人文學與思想史的關係，是第一個包羅較廣、具綜合性的反思。[81]本節開始時說，數位人文學對思想史研究的影響，主要體現在史料數位化和數位工具的應用；席爾這篇文章也是從這兩方面進行申說。就前者而言，大量數位化文獻提供了更多元的研究潛力。但隨之而來的問題是，史家在挑選研究對象時，在方法和問題意識上需要更有自覺。若非如此，思想史也可能會流於堆砌、排比史料。如作者所言，「一個成功的觀念未必一定是更卓越（superior）的觀念……思想史家的旨趣，是透過觀念自身的歷史向度來理解它們，即這些觀念表達的是什麼，和它們何以可能表達此意」。[82]尤有甚者，數位化本身也難以完美無缺，它們的精確性有賴檢驗，數位化過程也可能喪失文本的物質特性，如尺寸、裝幀、版面等要素隱含的歷史訊息。

---

79 Timothy Allen and others, "Plundering Philosophers: Identifying Sources of the *Encyclopédie*," *Journal of the Association for History and Computing* 13:1 (Spring 2010), https://quod.lib.umich.edu/j/jahc/3310410.0013.107/--plundering-philosophers-identifying-sources?rgn=main;view=fulltext（2017年4月12日檢索）。

80 Marie Leca-Tsiomis, "The Use and Abuse of the Digital Humanities in the History of Ideas: How to Study the *Encyclopédie*," *History of European Ideas* 39:4, 468.

81 Mark J. Hill, "Invisible Interpretations: Reflections on the Digital Humanities and Intellectual History," *Global Intellectual History* 1:2 (March 2017), 130-150.

82 Mark J. Hill, "Invisible Interpretations: Reflections on the Digital Humanities and Intellectual History," 135.

　　席爾的文章也反思利用數位工具進行思想史研究，特別是歷史意義建構的問題。最核心的問題是，現有的許多軟體、工具，其實並非為思想史研究而設計。在不了解工具運作邏輯的情況下貿然使用，難有令人信服、有價值的結果。其次，純從工具角度思考，也可能讓人忽視既有的研究積累，在解讀所獲結果時——特別是統計數據——產生錯誤推論。此外，數位人文學者經常運用視覺化呈現其發現，但我們必須明白，這些圖形、圖像輸出絕非眼見即為憑，其中牽涉許多和史學方法甚至個人立場有關的要素。最後，技術帶來的又一波計量轉向（quantitative turn），其實是將文本、特別是字詞視為可量化處理的數據，這麼做的一個風險，是著眼於以工具處理字詞，不顧文字語句的歷史脈絡和背後之（編）作者意圖。這顯然與20世紀中後期以來思想史的關懷與取徑有所扞格。

　　要言之，數位人文學和思想史研究的關係，仍有許多亟待探索的議題。我認為，最重要的一點是清楚認識數位資源和工具的特質與侷限。數位工具的優勢是更有效率地處理龐大、量化性質強的資料，但現有工具在處理思想史課題時往往不盡人意。確實，數位工具在重建觀念和思想人物的社會脈絡上有顯著貢獻，也可為較長時段觀念的發展趨勢提供洞見，但在語言論述分析、作者意圖、意義闡發等面向，仍無法取代「傳統」思想史的技藝，特別是文獻精讀。急功近利、講求產出的風氣可能令人在未深入了解數位工具的情況下便匆匆從事；這可能出現在歷史學門各領域，但對思想史研究的負面影響將尤其顯著。將文獻和詞語視為可統計、運算的資料並非全然不可行，但對相應的研究工具和方法必須有充分理解。以文本的自動化內容分析（automated content analysis）為例，便有學者提出以此工具進行研究的四個原則：（一）所有關於語言

的量化模組都是錯誤但有用的；（二）沒有量化方法能完全取代人工閱讀和分析；（三）沒有一個放諸四海皆準的最佳自動化分析方法，須針對材料和研究問題加以設計；（四）所有模組及其結果都必須反覆檢證，確認其可靠性。[83] 自然而然推導出的結論是：思想史家應根據自己的研究問題和材料，妥善地結合精讀與數位工具。

　　這個結論雖卑之無甚高論，執行上卻有實際的困難。關鍵仍是多數思想史家以至歷史學者的數位技能訓練有限。數位人文學工具開發的趨勢，是依據特定研究需求量身打造適合的工具。但最能理解自身需求的，還是研究者本人。就此而言，理想做法當然是讓歷史學者也儘可能掌握數位技能。[84] 近期更有學者撰寫教材，強調人文學者學習程式設計，不僅可培養自己開發工具的能力，還可以透過掌握另一種語言──程式語言──刺激思考、提出新問題。[85] 思想史研究是否須借重數位工具，端視個人決定，並無高下之分。但可以確定的是，思想史家與數位人文學可有許多互動，如參與學術性數位版本（scholarly digital edition）的開發與維護[86]、從觀念和思想角度考慮材料的量與研究對象代表性的關

---

83 Justin Grimmer and Brandon M. Stewart, "Text as Data: The Promise and Pitfalls of Automatic Content Analysis Methods for Political Texts," *Political Analysis* 21 (January 2013), 267-297. 本文兩位作者雖為政治學者，其考慮和建議仍甚值思想史家參考。

84 Jo Guldi and David Armitage, *The History Manifesto* (Cambridge: Cambridge University Press, 2014), 107-111. 這一做法固然有遠見，但直接涉及歷史教學和資源分配的輕重緩急問題，相關評論見 Dan Edelstein, "Intellectual History and Digital Humanities," 244-246.

85 Nick Montfort, *Exploratory Programming for the Arts and Humanities* (Cambridge, Massachusetts: The MIT Press, 2016).

86 關於學術性數位版本（scholarly digital edition）及其仰賴的「文本編碼規範」（TEI, Text Encoding Initiative），參考 Julianne Nyhan, "Text Encoding and Scholarly Digital Editions," in Claire Warwick, Melissa Terras and Julianne Nyhan eds., *Digital Humanities in Practice* (London: Facet Publishing, 2012), 117-137. 簡言之，學術性數位版本是足以作為學術研究依據，或體現學術研究成果的數位文本（digital text）。

係、以及反省數位環境下文本閱讀的角色等。21世紀歷史學的一個重要課題是回應數位人文學帶來的機會與挑戰，思想史也可望由其研究關懷出發，透過上述嘗試，參與相關討論並做出貢獻。

結語：思想史與中國近代史研究

以上簡要評述英語世界思想史研究發展中頗值留意的若干取徑。它們並非全無憑藉、橫空出世，但較自覺的方法反思確實是較近期的事。從這個角度看，說這些取徑反映新趨勢，應該仍有幾分道理。但思想史領域之廣、累積著述之豐，絕非單一文章所能具論。除了本文所述者，觀念史的復興和脈絡論思想史的更新也值得持續關注，阿米蒂奇關於內戰（civil war）觀念的新書即為著例。[87]

本文最後，我想補充兩點。首先，說這些取徑為「新」，並不表示其他思想史實踐便是「舊」甚或「過時」。若要指稱20世紀主流的思想史研究與寫作，較恰當的詞可能是「經典」。從閱讀文本、重建脈絡和還原意圖等方法和關懷來說，本文討論的幾種取徑，和經典思想史研究的關係可謂血濃於水。全球、文化以至數位的思想史，不能取代對來自單一文化／國家的思想著述的精細分析；它們所提供的，是更寬廣的視野和研究實踐的可能性。我們絕不能用有沒有涉足這些「新」取徑來臧否、評價思想史家及其研究。

---

87 David Armitage, *Civil Wars: A History in Ideas* (New York: Alfred A. Knopf, 2017). 特別值得注意的是他所謂「觀念中的歷史」（history in ideas），以及他如何處理長時段和特定時空的不同脈絡。

其次，這些取徑和經典的思想史寫作一樣，都能回饋歷史研究。全球思想史可以闡明近現代世界形成過程中，不同地方的思想觀念和個別人事如何流通、互動。[88]知性實踐的文化史將思想史進一步與社會面向結合，也刺激學者考慮何為知識。透過數位工具研究思想史問題，則可能在更長時段、更大範圍的探討中反省思想與外在環境的關係，以至數位工具的長處和侷限。如同經典的思想史研究，這幾種取徑也將思想觀念視為人類活動的一個面向，並透過不同視角來描繪、解釋思想活動形成與變化的歷史過程。思想史在關懷和方法考慮上，和廣義的歷史研究並無多大不同。[89]

如前所述，英語世界這些新趨勢，對近代史的貢獻尤大，而中國近代思想史研究（特別漢語世界）也頗可與之呼應。以全球思想史來說，早在這個術語或概念流行以前，學者便已從東亞以至全球的角度探究中國近代史中的觀念流動，特別是翻譯和概念的接受、轉化，成果極為豐碩。近期而言，黃俊傑為文反省17至20世紀東亞地區的概念交流，和全球思想史關於中介者和網絡的討論可互相發明。[90]狹間直樹則在舊著基礎上，更集中地說明甲午戰後日本的亞洲主義如何影響中國，追求彼此對等合作並與西方抗衡，可為國際思想研究提供養分。[91]

值得注意的是，有些青年學者也在全球思想史的視野下，

---

88 除了前引著述（特別是C.A. Bayly, *Recovering Liberties*），亦可參考 David Armitage, *The Declaration of Independence: A Global History* (Cambridge, Mass.: Harvard University Press, 2007).

89 參考 Joseph M. Levine, "Intellectual History as History," *Journal of the History of Ideas* 66:2 (April 2005), 189-200.

90 黃俊傑，〈東亞近世思想交流中概念的類型及其移動〉，《東亞觀念史集刊》，第10期（2016），頁3-25。

91 狹間直樹著，陳威瑨譯，〈中國近代帝國主義與民族國家—與日本的亞洲主義之關聯〉，《東亞觀念史集刊》，第6期（2014），頁3-24。

透過更多元的手法描繪、分析中國近代的觀念流動。如陳建守結合概念史（conceptual history）和文化史，考察翻譯、不同知識媒介、個別歷史行為者和社會政治環境，分析近代中國如何接受、挪用和論述「啟蒙運動」的概念，廣度和深度均為前此研究所不及，亦具豐富的開展潛力。[92]韓承樺探討近代中國社會學的形成，則兼容並蓄各種主題，如翻譯、知識交流、學科建置、學術實踐、行為者意圖等，呈現20世紀前期的中國如何看待「社會」，刻畫出近代思想文化發展的一條重要線索。[93]尤有甚者，二者不僅可謂出色的全球思想史研究，也體現知性實踐文化史的特色及長處。

　　知性實踐的文化史亦在中國近代史研究中占有一席之地。2012年於臺北舉辦的第四屆漢學會議，便可見不少相關討論。如見諸呂妙芬主編之《近世中國的儒學與書籍》的六篇論文，便展現了中外學界結合傳統學術史與廣袤的宗教、社會（家族）、禮儀、物質脈絡的嘗試。[94]沙培德（Peter Zarrow）與張哲嘉主編之論文集則聚焦近代中國的知識建構，環繞翻譯與知識的生產和傳播，探討19世紀末以來智識生活的若干面向，以至「西學」如何刺激現代中國的知識觀念與分類。[95]

　　環繞知識的研究中，閱讀史的表現相當亮眼。如李仁淵結

---

92 陳建守，〈啟蒙如何運動：近代中國「啟蒙運動」的概念史〉（臺北：臺灣大學歷史研究所博士論文，2016）。

93 韓承樺，〈當「社會」變為一門「知識」：近代中國社會學的形成及發展（1890-1949）〉（臺北：臺灣大學歷史研究所博士論文，2017）。

94 呂妙芬主編，《近世中國的儒學與書籍：家庭・宗教・物質的網絡：第四屆國際漢學會議論文集》（臺北：中央研究院，2013）。

95 沙培德（Peter Zarrow）、張哲嘉主編，《近代中國新知識的建構：第四屆國際漢學會議論文集》（臺北：中央研究院，2013）。

合英語世界閱讀史成果和中國史的材料與研究，從各種層面的閱讀實踐、讀者與讀物的關係和互動過程，以至閱讀活動的社會脈絡等角度，省思中國閱讀史研究的潛力與發展方向。[96]潘光哲的《晚清士人的西學閱讀史（一八三三～一八九八）》以晚清士人如何閱讀、追求「世界知識」以認識寰宇情勢為主題，以閱讀史為基礎並吸納出版史和書籍史成果，透過細緻的個案分析來描繪當時士人的「知識倉庫」，及其涉及的諸般知識、社會與文化要素。[97]和潘著相映成趣的是張仲民的近著《種瓜得豆：清末民初的閱讀文化與接受政治》。[98]張著最值稱道之處，是關注「不那麼菁英的社會階層乃至普通大眾的閱讀實踐與有關的受眾接受情況」，擴大材料範圍以進一步利用「通俗性的文學性材料乃至各種各樣的商業報刊資料、日記資料」，亦即特別重視「各種媒介」和「接受層面」。[99]無論著重士人或大眾，潘光哲和張仲民都透過閱讀的角度，為理解晚清以降的智識生活、知識生產，以至中國近代史的發展，提供重要的參照。[100]

　　最後，在運用數位工具研究思想史上，漢語世界亦不落人後。最重要的是金觀濤、劉青峰、劉昭麟、鄭文惠等人利用「中

---

96 李仁淵，〈閱讀史的課題與觀點：實踐、過程、效應〉，收入復旦大學歷史學系、復旦大學中外現代化進程研究中心編，《新文化史與中國近代史研究》（上海：上海古籍出版社，2009），頁213-254。

97 潘光哲，《晚清士人的西學閱讀史（一八三三～一八九八）》（臺北：中央研究院近代史研究所，2014）。

98 張仲民，《種瓜得豆：清末民初的閱讀文化與接受政治》（北京：社會科學文獻出版社，2016）。

99 張仲民，《種瓜得豆：清末民初的閱讀文化與接受政治》，頁6-7。

100 潘光哲尤其強調閱讀史對理解「近代中國的歷史過程」、「整體的思想變遷與知識轉型」之重要性，見潘光哲，《晚清士人的西學閱讀史（一八三三～一八九八）》，頁7-12。

國近現代思想史研究專業數據庫（1830-1930）」進行的探索。[101]
其研究主要結合關鍵詞與各種篩選和統計工具，在極大量的材料
中找出顯著的詞彙以至觀念現象，再加以分析，成果已相當豐
碩。值得強調的是，他們也經常透過研究實踐以至實驗，檢測
如何應用數位人文學工具，並思考觀念史研究的進路。以前者
而論，這幾位學者討論過諸如自然語言處理（Natural Language
Processing, NLP）[102]、「共現」詞頻分析[103]、統計偏離值等議題；[104]
關於後者，他們考慮了數位人文如何增益過往的觀念史和概念史
取徑，[105]也提出詞彙分析所見的「互斥概念」現象。[106]金觀濤認
為數位人文工具的絕大優勢，是讓思想史具「可重複性、可驗證
性與客觀性」，因而得到更可靠的知識。[107]此見解固然有待進一
步辯難、討論，但利用數位人文工具研究中國近現代思想，已讓
此領域更加開闊、豐富，也更具挑戰性。

---

101 關於此平臺，見劉青峰，〈觀念史研究與數據庫的建立和應用〉，收入項潔編，《數位人文
研究的新視野：基礎與想像》（臺北：國立臺灣大學出版中心，2011），頁63-81。
102 劉昭麟、金觀濤、劉青峰、邱偉雲、姚育松，〈自然語言處理技術於中文史學文獻分析之
初步應用〉，收入項潔編，《數位人文要義：尋找類型與軌跡》（臺北：國立臺灣大學出版
中心，2012），頁61-82。
103 金觀濤、邱偉雲、劉昭麟，〈「共現」詞頻分析及其運用：以「華人」觀念起源為例〉，收
入項潔編，《數位人文要義》，頁141-170。
104 金觀濤、梁穎誼、姚育松、劉昭麟，〈統計偏離值分析於人文研究上的應用：以《新青年》
為例〉，《東亞觀念史集刊》，第6期（2014），頁327-366。
105 金觀濤、劉青峰，〈隱藏在關鍵詞中的歷史世界〉，《東亞觀念史集刊》，第1期
（2011），頁55-84。
106 鄭文惠、邱偉雲、劉昭麟、林書佑，〈概念關係的數位人文研究：以《新青年》中的「世
界」觀念為考察核心〉，收入項潔編，《數位人文：在過去、現在和未來之間》（臺北：國
立臺灣大學出版中心，2016），頁57-101。
107 參考金觀濤、邱偉雲、梁穎誼、陳柏聿、沈錳坤、劉青峰，〈觀念群變化的數位人文研
究：以《新青年》為例〉，收入項潔編，《數位人文：在過去、現在和未來之間》，頁427-
463。亦請見金觀濤，〈數位人文研究的理論基礎〉，收入項潔編，《數位人文研究的新視
野》，頁45-61。

　　以上提到的研究，只是既有成果中的一小部分。但這個非常有限的勾勒，應足以揭示思想史對中國近代史研究之重要性，以及近期的中國近代思想史著述，實可與英語世界思想史研究的若干趨勢對話。本文的引介與評議，或可為中、外思想史研究的對話，提供一些共同概念與語言，讓此過程更有效率和收獲。唯最有效和可能產生影響的互動，仍仰賴具體經驗研究的交流。無論如何，吾人應儘可能朝此目標邁進；我們的種種嘗試與努力，也可能成為將來知性實踐文化史和全球思想史研究的主題，在21世紀的歷史進程中留下足跡。

作為方法的概念
英語世界概念史的研究回顧與展望[*]

陳建守

前言

　　在《舊約聖經》中有這樣一則故事，故事講的是神創造天地之初，世界上的所有人類訴說著相同的語言。有一群人在「大洪水」之後來到示拿之地，為了避免被分散到世界各地，這群人想方設法要打造一座城市和一幢高聳通天的高塔。耶和華知道這群人的意圖之後，認為一旦這座通天之塔打造完成，這群訴說同一種語言的人們就沒有無法完成的事情了。耶和華於是打亂他們的語言，使他們無法理解彼此的意思，並且將他們分散到世界各地。[1]這則故事寓涵著人類語言的多樣性起源，以及人類如何以語言行事的邏輯。[2]

---

[*] 本文內容大部分取材自陳建守，〈語言轉向與社會史：科塞雷克及其概念史研究〉，收載東亞觀念史集刊審查委員會、國立政治大學東亞觀念史集刊編輯部、韓國翰林大學翰林科學院編輯，《東亞觀念史集刊》，第4期（臺北：政大出版社，2013），頁171-221。「全球視野下的概念史研究」一節為新寫的部分。

1 韓承樺，〈重建巴別塔，如何可能？：評介彼得柏克、夏柏嘉編《歐洲近代早期的文化轉譯》〉，《臺灣師大歷史學報》，第39期（2008），頁123-124。

2 John L. Austin, *How to Do Things with Words* (Oxford: Clarendon Press, 1962). 這座通天之塔名之曰巴別塔（Babel），經常被語言學者轉喻為語言的分異與多樣性。譬如劍橋大學新近出版的《馴服巴別塔》一書，講的就是語言在英屬馬來亞和後殖民時代的馬來西亞扮演的角色。

　　自1960年代以來，歐美歷史學界受結構主義、符號學和後結構主義的影響，開始改變過去針對經驗性實體的研究，轉而考察語言和文化對建構社會意涵的作用，[3]亦即日益敏銳地關注過去的人們是以何種方式談論他們生活於其中的社會，並且把他們如何體認或想像該社會的軌跡，視為重構該社會的證據。[4]這樣的論調是基於經驗要轉譯成為意識，必定要透過語言的中介才能成之的觀點。[5]語言形諸於外的表現形式，即是各種不同的詞彙，而要探究詞彙的內涵概念，並進而擴及詞彙在社會各階層間傳播的過程，研究者勢必得轉換研究取徑與視角，去探究詞彙在社會如何經由被發明（invention）、轉型（transformation）以迄定型（crystallization）的過程。

　　「詞彙」和「概念」是日常生活中非常細微的元素，卻是人類用以表述形構想法或是描摹具體事物，最基本的要素。詞彙所承載的概念其間流轉衍化之歷程，唯有經由探索詞彙／概念與社會的內／外在連繫關係，方能知曉。這當中就涉及了本文欲探討的「概念史」（Begriffsgeschichte）的研究取徑。以柯塞雷克（Reinhart Koselleck）為首的德國「概念史」學派，早在1960年代就已漸次開展出其研究取徑。鑽研概念史的研究者，

來自英國和亞洲的歷史行動者，是如何在教科書、語言課程、辭典、文法書、宣傳和心理等語言的領域中，發起一場無聲的戰爭。這場戰爭證明了單一語言在多種語言氛圍中的深層脆弱性，以及使用中的語言無法被馴服的本質。見 Rachel Leow, *Taming Babel: Language in the Making of Malaysia* (Cambridge: Cambridge University Press, 2016).

3 李宏圖、王加豐選編，《表象的敘述》（上海：上海三聯書店，2003），頁297。

4 Gabrielle M. Spiegel, "History, Historicism, and the Social Logic of the Text in the Middle Ages," *Speculum* 65:1 (Jan., 1990), 60.

5 黃興濤，〈序言：文化史研究的再出發〉，收載黃興濤主編，《新史學‧第三卷：文化史研究的再出發》（北京：中華書局，2009），頁4。

最初是以傳統思想史只關注菁英觀念和經典文本的考察為限，發出改革的檄文，轉而針對探究那些影響鉅深的重要「政治／社會」概念的形成、演變與挪用。因此，概念史研究在某種程度上，可視為是社會史的新發展。[6]而當文化轉向和語言學轉向的研究潮流興起後，概念史研究又與這些研究取徑有互相匯合之處（convergence）。[7]然而，柯塞雷克所從事的概念史研究，並沒有歷經結構主義、後結構主義甚至是後現代主義所洗禮的「語言轉向」。[8]如同里克特（Melvin Richter）所指陳，德國版本的「語言轉向」，是柯塞雷克對於海德格（Martin Heidegger）[9]和伽達默爾（Hans-Georg Gadamer）[10]的詮釋學理路（hermeneutics）有所選擇和進行回應的產物。[11]柯塞雷克利用海德格與伽達默爾的研

---

6 Niels Åkerstrøm Andersen, *Discursive Analytical Strategies: Understanding Foucault, Koselleck, Laclau, Luhmann* (Bristol: Policy Press, 2003), 33.

7 有研究者就提出柯塞雷克的作品需要在語言轉向的脈絡下，去檢視歷史變遷和語言變遷之間的關係。見Helge Jordheim, "Against Periodization: Koselleck's Theory of Multiple Temporalities," *History and Theory* 51 (May, 2012), 158.
關於歷史學門所經歷的語言轉向，簡要的討論可見Victoria E. Bonnell and Lynn Hunt, "Introduction," in Victoria E. Bonnell and Lynn Hunt, eds., *Beyond the Cultural Turn: New Directions in the Study of Society and Culture* (Berkeley, Calif.: University of California Press, 1999), 1-32. 較為詳盡的描述則可見Gabrielle M. Spiegel, ed., *Practicing History: New Directions in Historical Writing after the Linguistic Turn* (New York: Routledge, 2005).

8 需要注意的是，德語學界早在英語世界開展「語言轉向」的學術思潮前，就已經投身針對「語言」的研究。

9 柯塞雷克主要利用海德格詮釋「存有」（Being）的時間向度，來打造其自身的歷史時間觀。關於這點可見David Carr, "Review of *Futures Past: on the Semantics of Historical Time*," *History and Theory* 26:2 (May, 1987), 197-204.

10 柯塞雷克對於「經驗」（experience）、「期望」（expectation）和「視域」（horizon）等概念的使用，則來自於伽達默爾的啟發。見Niklas Olsen, *History in the Plural: An Introduction to the Work of Reinhart Koselleck* (New York: Berghahn Books, 2012), 223, 225.

11 John Zammito, "Koselleck's Philosophy of Historical Time(s) and the Practice of History: Review of *Zeitschichten: Studien zur Historik*," *History and Theory* 43:1 (Feb., 2004), 127-128. Melvin Richter, "A German version of the 'linguistic turn': Rinhart Koselleck and the history of political

究創獲來打造其關於歷史時間的理論分析框架，並且進一步地重新詮釋和利用這兩者的理論範疇，以便符應其自身研究計畫的需要。[12]

關於概念史的研究取徑，在歐美已歷有年所。漢語世界的相關研究，雖然剛起步不久，但也蔚為大觀，各色的實證研究不可勝數。[13]本文立基於許多先行研究者的介紹之上，[14]希冀能對此一研究取徑，略盡鉤沉之功。本文在章節安排上首先介紹英語世界針對柯塞雷克生平和概念史的引介與梳理，繼而介紹全球視野影響下的概念史，末則歸結到柯塞雷克之後的概念史最新研究動態。

and social concepts (Begriffsgeschichte)," in Dario Castiglione and Iain Hampsher-Monk, eds., *The History of Political Thought in National Context* (Cambridge; New York: Cambridge University Press, 2001), 59, 79. 里克特在整篇文章中，有多處提及柯塞雷克和海德格、伽達默爾的異同之處。

12 Niklas Olsen, *History in the Plural: An Introduction to the Work of Reinhart Koselleck*, 225.

13 筆者有一文簡要回顧漢語世界的概念史和詞彙史研究，是以臺灣出版的《東亞觀念史集刊》與中國出版的《新史學》和《亞洲概念史研究》作為討論的中心。見拙作，〈思想的載體：近代中國詞彙／概念史的研究回顧與展望〉，收載（日本）中國史學會編輯，《中國史學》，第26卷（京都：朋友書店，2016），頁75-90。

14 舉其犖犖大者，如孫江，〈概念、概念史與中國語境〉，收載孫江、劉建輝主編，《亞洲概念史研究·第一輯》（北京：生活·讀書·新知三聯書店，2013），頁1-11。湯志傑，〈本土觀念史研究芻議：從歷史語義與社會結構摸索、建構本土理論的提議〉，收載鄒川雄、蘇峰山主編，《社會科學本土化之反思與前瞻：慶祝葉啟政教授榮退論文集》（嘉義：南華大學社會學研究所，2009），頁313-366。方維規，〈概念史研究方法要旨：兼談中國相關研究中存在的問題〉，收載黃興濤主編，《新史學·第三卷：文化史研究的再出發》，頁3-20。方維規，〈歷史沉澱於特定概念〉，（香港）《二十一世紀》，總第111期（2009），頁124-131。方維規，〈歷史語義學與概念史：關於定義和方法以及相關問題的若干思考〉，收載馮天瑜、劉建輝、聶長順編，《語義的文化變遷》（武漢：武漢大學出版社，2007），頁12-19。方維規，〈「鞍形期與概念史」：兼論東亞轉型期概念研究〉，收載東亞觀念史集刊編審委員會、國立政治大學東亞觀念史集刊編輯部、韓國翰林大學翰林科學院編輯，《東亞觀念史集刊》，第1期（臺北：政大出版社，2011），頁85-116。

一、柯塞雷克之學思歷程

　　柯塞雷克誕於1923年4月23日，歿於2006年2月3日。柯塞雷克出生於一個名叫格爾利茨（Görlitz）的地方，這是一處位於現今德國薩克森州（Saxony）南部與波蘭交界的城鎮。柯塞雷克成長於一個致力於教育的中產階級家庭（Bildungsbürgertum）。他的父親是一位歷史學家，以及一所教師訓練學院的教授；他的母親則是以法語、地理學、歷史學和小提琴作為學習的重點。他的許多長輩皆出身於學院中人、大學教授、醫師和在政府部門工作的律師等職位。柯塞雷克在許多方面是以其家庭背景為傲，也因此立志成為一名學院中人。柯塞雷克的思想資源與學術工具，來自其成長歷程、二戰期間身為戰俘的經驗所融聚而成。柯塞雷克利用這些經驗，打造自身的認同。戰後德國思想界的學院氛圍與史學典律的重整，同樣影響柯塞雷克的研究生涯。[15]根據他的同事回憶，「柯塞雷克是一位有教養的布爾喬亞和博學之人」。柯塞雷克熱愛與人交談，和學生進行對話、辯論甚至是論爭，但從來未抱持以言語刺傷他人的意圖。[16]

　　柯塞雷克在1941年至1942年間，被徵召到德國位於蘇聯境內的砲兵團。在軍隊推進史達林格勒（Stalingrad）的途中，柯塞雷克的腿部受傷，因而被遣送到德國和法國服役，擔任雷達連的勤務，主要從事防空資訊的任務。[17]柯塞雷克的軍旅生涯於1945年5月告終，他以步兵身分成為蘇聯軍隊的俘虜。柯塞雷克在日

15　Niklas Olsen, *History in the Plural: An Introduction to the Work of Reinhart Koselleck*, 9-12.

16　Niklas Olsen, *History in the Plural: An Introduction to the Work of Reinhart Koselleck*, 10.

17　Niklas Olsen, *History in the Plural: An Introduction to the Work of Reinhart Koselleck*, 12.

後接受訪談及個人的回憶中，對於這段經歷感觸良多。柯塞雷克
認為對於歷史研究課題的選擇，主要來自於二戰期間的軍事體
驗和成為蘇聯階下囚的人生經驗所致。[18]這也是緣何柯塞雷克對
於研究的主題經常冠上「危機」（crisis）、「衝突」（conflict）和
「死亡」（death），而不傾向使用帶有情感驅策的概念，譬如「民
族」（nation）、「祖國」（fatherland）和「英雄主義」（heroism）
等詞彙的緣故。這當中也包括他對於現代社會所有對於政治、科
學的「進步觀」的討論，所表現出的懷疑傾向。[19]

　　柯塞雷克將自己定位為二戰後的一代，他的認同、關注和
信仰與德國的國家社會主義（National Socialism）、戰爭和戰俘
的經驗緊密相連。[20]柯塞雷克認為自己是猶如社會學家薛爾斯基
（Helmut Schelsky）所云的「懷疑世代」（skeptical generation）。
這個世代的分子對於政治意識型態、長程的社會擘畫，帶有批
判、懷疑和不信任的態度；反之，則逐漸發展出一套具實用性、
功能性和民主性的態度，去面對政治與生活。同樣都屬於「懷
疑世代」，柯塞雷克認為自己比年輕的下一代更加抱持懷疑與醒
悟（disillusioned）的立場，但比經歷過一次大戰、威瑪共和以及
1933年德國國家社會黨接管的上個世代，則更加務實許多。根據
牟斯（A. D. Moses）的看法，柯塞雷克這一群誕生於1922年至

---

18 Alexandre Escudier, "'Temporalization' and Political Modernity: A Tentative Systematization of the Work of Reinhart Koselleck," in Javier Fernández Sebastián, ed., *Political Concepts and Time: New Approaches to Conceptual Historty* (Santander: Universidad de Cantabria, 2011), 133.

19 Niklas Olsen, *History in the Plural: An Introduction to the Work of Reinhart Koselleck*, 13.

20 Niklas Olsen, *History in the Plural: An Introduction to the Work of Reinhart Koselleck*, 14; Javiér Fernández Sebastián and Juan Francisco Fuentes, "Conceptual History, Memory, and Identity: An Interview with Reinhart Koselleck," *Contributions to the History of Concepts* 2:1 (March, 2006), 112-115.

1933年間的「懷疑世代」分子，亦可稱之為「四五世代」（forty-fivers）。相較於柯塞雷克的下一個世代，通常被歸類為左翼自由主義者（left-liberals）的「Flakhelfer Generation」，[21] 柯塞雷克的立場較為趨近於自由保守主義者（liberal-conservatives）。[22]

　　另外一個理解柯塞雷克的層面，則可從其就學過程切入。柯塞雷克於1940年末期從海德堡大學開始其歷史學徒的旅程。正當柯塞雷克在1946年秋天重返德國時，德國已經是一個為戰亂所蹂躪不堪、亟待重整的國度。柯塞雷克在1947年夏天進入海德堡大學，在海德堡的學術生活中，柯塞雷克修習了歷史、哲學、政治科學和社會學等科目。柯塞雷克徜徉在海德堡自由的學術氛圍中，問學於許多知名大師的門下。柯塞雷克在1954年提出他的博士論文時，他已經修讀過13名師長的課程，包括法學家葉立尼克（Walter Jellinek）、福斯托夫（Ernst Forsthoff）與沃格特（Alfred Vogt）；哲學家高達美（Hans-Georg Gadamer）、洛維特（Karl Löwith）與布列希特（Franz-Josef Brecht）；歷史學家庫恩（Johannes Kühn）、恩斯特（Fritz Ernst）、舍費爾（Hans Schäfer）、富克斯（Walter Peter Fuchs）與羅特費爾斯（Hans Rothfels）；史前史家瓦勒（Ernst Wahle）以及社會學家韋伯（Alfred Weber）。

---

21 Flakhelfer一詞指稱的是德國學生在二戰期間被徵召上戰場作戰的「童子軍」（child soilders），這個群體是出生於1926年和1927年間的男性中學生，年齡分布在15至17歲之間，被收編在「希特勒青年團」（Hitler Youth）這個組織當中，爾後則擴編到1928和1929年出生者。因此，Flakhelfer Generation一般被認為是1926年至1929年這個世代的分子。譬如德國知名哲學家哈伯瑪斯（Jürgen Habermas）就曾被研究者定義為這個世代的成員。見Dirk Schumann, "Childhood and youth in Nazi Germany," in Paula S. Fass, ed., *The Routledge History of Childhood in the Western World* (New York: Routledge, 2013), 462; Matthew G. Specter, *Habermas: An Intellectual Biography* (Cambridge: Cambridge University Press, 2010), 4.

22 Niklas Olsen, *History in the Plural: An Introduction to the Work of Reinhart Koselleck*, 16.

這些來自各個不同領域的學者，開啟了柯塞雷克的眼界，也對於柯塞雷克日後進行跨領域的研究奠下基礎。[23]

德國在戰後的重整計畫中，柯塞雷克曾受教於英國左派馬克思主義大師霍布斯邦（Eric Hobsbawm）的門下，霍布斯邦對於柯塞雷克的評斷，或可作為柯塞雷克的人生寫照與本節的結束語。霍布斯邦認為柯塞雷克是一位「受過極好的教養、聰慧和具備開放心靈的年輕人，但同時也是一位深受戰時與戰俘經驗影響，而幻想破滅的年輕人，也因此對於曾經接受過的政治意識型態教育的所有觀點，深表懷疑。」[24]

二、德國的概念史研究

概念史的主要研究取徑有二。一種是德國版本的「概念史」，另一種即為英美版本的「概念史」，或者稱之為「批判概念史」（critical conceptual history）[25]。概念史成形的年代正是政治思想史中新「劍橋」學派崛起的年代。像概念史一樣，「政治語言史」的發展也肇始於對「觀念史」占主導地位的「正統」的摒棄。[26] 1960年代，以德國史家柯塞雷克為首，漸次開展出一

---

23 Niklas Olsen, *History in the Plural: An Introduction to the Work of Reinhart Koselleck*, 17-18.

24 Eric Hobsbawm, *Interesting Times: A Twentieth-Century Life* (London: Allen Lane, 2002), 179.

25 Terence Ball, "Conceptual History and the History of Political Thought," in Iain Hampsher-Monk, Karin Tilmans, and Frank van Vree, eds., *History of Concepts: Comparative Perspectives* (Amsterdam: Amsterdam University Press, 1998), 77. 對於德國概念史的回顧，可見諸 Hartmut Lehmann and Melvin Richter, eds., *The Meaning of Historical Terms and Concepts: New Studies on Begriffsgeschichte* (Washington, D.C.: German Historical Institute, 1996). 本書有電子版可供下載，參見http://www.ghi-dc.org/publications/ghipubs/op/op15.pdf。至於劍橋學派概念史的研究總結，則可見 Terence Ball, James Farr, and Russell L. Hanson, eds., *Political innovation and conceptual change* (Cambridge: Cambridge University Press, 1989).

26 Martin Van Gelderen, "Between Cambridge and Heidelberg. Concepts, Languages and Images in

種新的研究取徑，通稱為「概念史」。「概念史」這個術語源自
於黑格爾（Georg Hegel）。[27]「概念史」所關注的是「概念」在
意義生成的過程中，如何成為歷史進程的指標（indicators）和要
素（factors）。在這種意義上，「概念史」是以「社會史」為取
向的，「概念史」所探討的並不僅是人們對於社會現象的反思，
以及它們作為「概念」的定義，而是探討人們在思想上對社會現
象進行反應的過程。[28] 柯塞雷克認為概念史有兩項主要的特徵，
第一項特徵是：歷史的不連續性可以準確地經由概念分析而進行
定位。假如歷史是由連續性和斷裂作為特徵的話，那這些斷裂就
反映在語言之內。第二項特徵則是：語言作為歷史不連續性的起
源脈絡，歷史的不連續性是經由語言向事件和制度所傳播的。[29]
在將傳統的「觀念史」視為是「永遠不變的」（immutable）觀
念的反對聲浪中，「概念史」所探討的是特定語言在特定場合
中的應用，正是在這種情境中，概念逐步形成並為特定的言說
者（specific speaker）所使用並且獲得發展的語言。[30] 柯塞雷克
的想法認為，每位言說者不可能創造新的事物，而不借用過去已
經建立的語言「素材」（corpus），以及不回到那些在晚近或遙遠

Intellectual History," in Iain Hampsher-Monk, Karin Tilmans, and Frank van Vree, eds., *History of Concepts: Comparative Perspectives*, 230. 關於由觀念史到概念史的轉移，可見 Keith Tribe, "The *Geschichtliche Grundbegriffe* Project: From History of Ideas to Conceptual History. A Review Article," *Comparative Studies in Society and History* 31:1 (Jan., 1989), 180-184.

27 Reinhart Koselleck, "Social History and *Begriffsgeschichte*," in Iain Hampsher-Monk, Karin Tilmans, and Frank van Vree, eds., *History of Concepts: Comparative Perspectives*, 24.

28 Hans Erich Bödeker, "Concept-Meaning-Discourse. *Begriffsgeschichte* reconsidered," in Iain Hampsher-Monk, Karin Tilmans, and Frank van Vree, eds., *History of Concepts: Comparative Perspectives*, 62-63.

29 Gabriel Motzkin, "On Kosellecl's Intuition of Time in History," in Hartmut Lehmann and Melvin Richter, eds., *The Meaning of Historical Terms and Concepts: New Studies on Begriffsgeschichte*, 41.

30 Hans Erich Bödeker, "Concept-Meaning-Discourse. *Begriffsgeschichte* reconsidered," 63.

的過去被創造出來的語言資源中找尋靈感。這些語言資源由言說者和聆聽者所共同享有。[31]關注政治概念和社會概念的爭論脈絡以及概念在當代的應用，使得「概念史」與諾夫喬伊（Arthur O. Lovejoy）版本的觀念史區分開來。[32]

　　柯塞雷克主張歷史研究領域內的所有專家都必須涉獵「社會史」和「概念史」，「社會史」和「概念史」是具備既互補又獨立的特質。[33]「概念史」根植於「社會史」，並認為是對「社會史」有所助益的。「社會史」的學術術語依賴於「概念史」，因為「概念史」能幫助「社會史」來查驗以「語言」的形式儲存下來的經驗。同樣地，「概念史」亦須依賴「社會史」的研究成果，理由在於「社會史」可以協助「概念史」捕捉消逝中的實體及其語言證據之間的關係。[34]此外，「社會史」和「概念史」展現

31 Reinhart Koselleck, "A Response to Comments on Geschichtliche Grundbegriffe," in Hartmut Lehmann and Melvin Richter, eds., *The Meaning of Historical Terms and Concepts: New Studies on Begriffsgeschichte*, 62-63.

32 Melvin Richter, "The *Geschichtliche Grundbegriffe*: Relating Political and Social Concepts to Structural Change," in *The History of Political and Social Concepts: a Critical Introduction* (New York: Oxford University Press, 1995), 44. 關於諾夫喬伊的「觀念史」研究的簡要討論，可見金觀濤、劉青峰，〈隱藏在關鍵詞中的歷史世界〉，收載東亞觀念史集刊編審委員會、國立政治大學東亞觀念史集刊編輯部、韓國翰林大學翰林科學院編輯，《東亞觀念史集刊》，第1期，頁63-64。黃進興，〈蛻變中的「思想史」：一個史學觀點的考察〉，《アジア文化交流研究》，第5號（2010），頁330。

33 柯塞雷克所言及的「社會史」，並非是英美史學界兩造在1960、1970年代所同聲唱和的「新社會史」，更不是受到新文化史衝擊後重新整裝（repurpose）的「社會文化史」（socio-cultural history），而是德國學術脈絡下注重「結構」（structure）的社會史。見Melvin Richter, "A German version of the 'linguistic turn': Reinhart Koselleck and the history of political and social concepts (Begriffsgeschichte)," 68. 至於柯塞雷克對於「社會史」的觀察及省思，可見Niklas Olsen, History in the Plural: An Introduction to the *Work of Reinhart Koselleck*, 205-212, 232-234.

34 Iain Hampsher-Monk, Karin Tilmans, and Frank van Vree, "A Comparative Perspective on Conceptual History-An Introduction," in Iain Hampsher-Monk, Karin Tilmans, and Frank van Vree, eds., *History of Concepts: Comparative Perspectives*, 4-5; Reinhart Koselleck, "Social

了「共時性」和「歷時性」的維度。[35]。「概念史」既聚焦於語言的「歷時性」層面，也聚焦於語言的「共時性」層面，它不僅在一個特定的歷史時間點上，在一個特定的「語義場域」（semantic field）內對「關鍵概念」（key concepts）做「共時性」分析，而且還對「關鍵概念」做一種「歷時性」分析，這種「歷時性」分析將凸顯出「概念」的意義變遷。[36]「歷時性分析」探詢的是「概念」在時間之流中的意義變遷，而「共時性分析」所探詢的則是「概念」的社會情境和時間框架。[37]「概念」對於「現代世界的語言掌握（隱涵理解）」（sprachliche Erfassung der modernen Welt）是至關重要的，正是通過「概念」，不同的社會階層及各種政治派別才得以表達他們的經驗和期望。[38]

對於「概念史」而言，一個「概念」意味著一個「語義場域」，而不是一個「詞條」（a lexical item）。[39]所謂的「語義場域」則是指稱以一系列典型的「同義詞」、「反義詞」和「關聯詞」來定義一個概念，並由此形成一個統一的詞彙群。[40]「概念史」所要處理的是針對那些「富含多元意義」，以及「歷史進程中的主導概念」的字詞（words）進行共時性和歷時性詮釋。「概

History and *Begriffsgeschichte*," 5, 35.

35 Iain Hampsher-Monk, Karin Tilmans, and Frank van Vree, "A Comparative Perspective on Conceptual History-An Introduction," 4.

36 Iain Hampsher-Monk, Karin Tilmans, and Frank van Vree, "A Comparative Perspective on Conceptual History-An Introduction," 2.

37 Hans Erich Bödeker, "Concept-Meaning-Discourse. *Begriffsgeschichte* reconsidered," 51.

38 Iain Hampsher-Monk, Karin Tilmans, and Frank van Vree, "A Comparative Perspective on Conceptual History-An Introduction," 1.

39 Iain Hampsher-Monk, Karin Tilmans, and Frank van Vree, "A Comparative Perspective on Conceptual History-An Introduction," 7.

40 Iain Hampsher-Monk, Karin Tilmans, and Frank van Vree, "A Comparative Perspective on Conceptual History-An Introduction," 2.

念史」的分析有助於研究者釐清事件的結構和脈絡。與此同時，
人們也把這些「基本概念」視為是超語言客體和變遷的社會結構
的指標，以及歷史發展的要素或推進器。[41]概念史的意義在於指
出歷史中的結構變遷，也因此對社會史有助拳的效用。[42]「概念
史」的目的在於揭示深層的社會經驗，並由此成為一種「經驗的
社會史」。「概念史」通過對於「意義」的歷史分析來詮釋歷史
意識的發展過程。只有當「字詞」在被表述的歷史脈絡中所扮演
的角色被詮釋之後，「字詞」及其在歷史脈絡中的「意義」才能
夠得以被充分描述。[43]

三、柯塞雷克與《歷史的基本概念》

　　對於德國概念史研究稍有認識的人，一定無法否認，柯塞雷
克的聲名是與《歷史的基本概念》（*Geschichtliche Grundbegriffe:
Historisches Lexikon zur politisch-sozialen Sprache in Deutschland*;
*Basic Concepts in History: A Historical Dictionary of Political and
Social Language in Germany*）牽連在一起的，《歷史的基本概念》
被認為是柯塞雷克最重要且最創新的學術成就。[44]有論者以為
《歷史的基本概念》是過去數十年來德國歷史編纂學中最具原創
性與「另闢蹊徑」的成就。[45]《歷史的基本概念》使得柯塞雷克在

41 Hans Erich Bödeker, "Concept-Meaning-Discourse. *Begriffsgeschichte* reconsidered," 63.

42 Reinhart Koselleck, "Introduction and Prefaces to the *Geschichtliche Grundbegriffe*," trans. by
　 Michaela Richter, *Contributions to the History of Concepts* 6:1 (Summer, 2011), 18, 22.

43 Hans Erich Bödeker, "Concept-Meaning-Discourse. *Begriffsgeschichte* reconsidered," 63.

44 Niklas Olsen, *History in the Plural: An Introduction to the Work of Reinhart Koselleck*, 168.

45 Detlef Junker, "Preface," in Hartmut Lehmann and Melvin Richter, eds., *The Meaning of Historical
　 Terms and Concepts: New Studies on Begriffsgeschichte*, 6.

1990年代的德國學術圈中贏得聲譽與地位。

　　柯塞雷克對《歷史的基本概念：德國政治與社會語言歷史辭典》的編纂工作，開始於1957年孔澤的現代社會史的工作計畫項下。[46]事實上，柯塞雷克起初是意欲編纂一本綜合性的歷史──政治概念辭典，時間的研究向度從古代跨至當代。當柯塞雷克進行其特許任教資格的論文（Habilitation thesis）時，正在海德堡大學擔任孔澤的助理職務。孔澤接受柯塞雷克的這項提案，並且建議研究的範圍應當限定在德語世界。1963年，孔澤、布魯納和柯塞雷克在海德堡大學進行第一次的編輯會議，首度將柯塞雷克腦中這項想法轉成實際的研究計畫。[47]《歷史的基本概念》的三位編輯，知識思想背景皆不一樣。[48]有評論者認為布魯納對於《歷史的基本概念》的貢獻僅僅在於挑選條目，編輯的重擔落在孔澤和柯塞雷克肩上。[49]而布魯納在《歷史的基本概念》中所收錄的關於「封建主義」的論文，也只呈現了封建關係的歷史及其轉變的術語。[50]另一方面，孔澤在《歷史的基本概念》所提交的論文，如「貴族」（nobility）、「工人」（worker）、「農民」（peasant）、「中間階層」（middle stratum）等，則同樣聚焦於社會群體與社會關係的分類，而非去探究這些分類如何進行表述一

46　Irmline Veit-Brause, "A Note on *Begriffsgeschichte*," *History and Theory* 20:1 (Feb., 1981), 64.

47　Keith Tribe, "Introduction," in Reinhart Koselleck, trans. by Keith Tribe, *Futures Past: On the Semantics of Historical Time* (New York: Columbia University Press, 2004), viii.

48　Keith Tribe, "Introduction," pp. xi-xii. 關於孔澤的社會史研究取向，可見 Werner Conze, "Social History," trans. by Charles A. Wright, *Journal of Social History* 1:1 (Autumn, 1967), 7-16.

49　Melvin Richter, "Appreciating a Contemporary Classic: The *Geschichtliche Grundbegriffe* and Future Scholarship," in Hartmut Lehmann and Melvin Richter, eds., *The Meaning of Historical Terms and Concepts: New Studies on Begriffsgeschichte*, 8.

50　Keith Tribe, "Introduction," xiii.

個轉變的概念領域。[51]因而整部《歷史的基本概念》的聲名是立基於柯塞雷克的戮力打造，[52]甚至可說是柯塞雷克用來探究和書寫概念史的體現。[53]

柯塞雷克對於《歷史的基本概念》所提出的問題在於：概念有普遍的用法嗎？概念的意義是有爭議的嗎？什麼是概念用法的社會範圍？詞彙在什麼樣的脈絡底下出現？詞彙可以依照與之平行的概念被表述嗎？無論是在互補或相反的立場？誰使用這個詞彙，為了什麼樣的目的？要傳達給誰？在社會的用法究竟有多久？詞彙在社會和政治語彙之中的化合效應為何？隨著時間流逝，詞彙如何與其他詞彙重疊和匯合？[54]

《歷史的基本概念》被歸納為研究「指標」和「要素」的社會／政治語言。目標是要呈現用來分析政治和社會語彙，具有劃時代轉變的概念史。[55]這個計畫本來設定是由海德堡大學的10位學者進行研究，研究的斷限則鎖定在19世紀德國社會／政治語言的概念變遷。但《歷史的基本概念》發展的規模逐步地擴大，最後是以8大冊115篇文章告結，共有109位作者執筆，編纂的時間

---

51 Keith Tribe, "Introduction," xiv.

52 Keith Tribe, "Introduction," xiv. 這亦可從柯塞雷克實際為《歷史的基本概念》所撰寫的條目窺知一二。柯塞雷克本人替《歷史的基本概念》撰寫了完整的三篇文章（第一冊的"Bund"、第二冊的"Emanzipation"和第三冊的"Krise"）以及七篇文章的重要部分（第一冊的"Demokratie"、第四冊的"Interesse"、第五冊的"Revolution"、第三冊的"Herrschaft"、第三冊的"Staat und Souveranitat"、第六冊的"Verwaltung"和第七冊的"Volk, Nation"）。見Melvin Richter and Michaela W. Richter, "Introduction: Translation of Reinhart Koselleck's 'Krise,' in *Geschichtliche Grundbegriffe,*" *Journal of the History of Ideas* 67:2 (Apr., 2006), 344.

53 Reinhart Koselleck, "Introduction and Prefaces to the *Geschichtliche Grundbegriffe,*" 2.

54 Keith Tribe, "Introduction," xiv.

55 Reinhart Koselleck, "Introduction and Prefaces to the *Geschichtliche Grundbegriffe,*" 27.

逾20年。第一冊於1972年出版，最後一冊則於1992年付梓。[56]
《歷史的基本概念》所收錄的文章，來自各個不同的領域，研究
的時間斷限則長達二千年，從古希臘以迄威瑪共和時代。[57]事實
上，《歷史的基本概念》本來欲編輯150個概念，當第一冊出版
後，這個念頭減至130個概念，但實際上因為原作者的過世、寫
作時間的限制、原作者的脫稿以及原作者未能符合編輯方針之
故，最後只有115個概念出版。[58]《歷史的基本概念》鎖定的是德
語歐洲的概念，分析的是從18和19世紀政治革命和工業革命而
來的轉變，這樣的轉變被記錄在社會和政治的概念當中。這些概
念在這兩大革命的進程中顯而易見地被影響、改變、置換或導
引。[59]

　　《歷史的基本概念》的基本意圖是探索語言和社會史之間的
關係。柯塞雷克認為《歷史的基本概念》是為了探索舊世界的解
體與現代的誕生，如何經由概念變遷、編制的歷史而生成，是一
個面向現在而定位的計畫。它的主題是現代世界經由語言被記錄
下來。[60]歷史結構中的變遷需要經由語言這個媒介被詮釋。[61]《歷

---

56 需要請讀者注意的是，正因為編輯時間長達25年，所以《歷史的基本概念》最後的樣貌，
並非如柯塞雷克原先所規畫設計的藍圖一般。亦即，《歷史的基本概念》所收錄的每篇
文章，並非劍及履及地落實柯塞雷克所撰寫的指導方針和原則。見Kari Palonen, "A Train
Reading Marathon: Retrospective Remarks on *Geschichtliche Grundbegriffe*," *Redescriptions:
Yearbook of Political Thought and Conceptual History* 10 (2006), 160-175.

57 Niklas Olsen, *History in the Plural: An Introduction to the Work of Reinhart Koselleck*, 167.
Niels Åkerstrøm Andersen, *Discursive Analytical Strategies: Understanding Foucault, Koselleck,
Laclau, Luhmann*, 33。

58 Reinhart Koselleck, "Introduction and Prefaces to the *Geschichtliche Grundbegriffe*," 28; Keith
Tribe, "Introduction," xiv; Melvin Richter and Michaela W. Richter, "Introduction: Translation of
Reinhart Koselleck's 'Krise,' in *Geschichtliche Grundbegriffe*," 347.

59 Reinhart Koselleck, "Introduction and Prefaces to the *Geschichtliche Grundbegriffe*," 8.

60 Reinhart Koselleck, "Introduction and Prefaces to the *Geschichtliche Grundbegriffe*," 8.

61 Reinhart Koselleck, "Introduction and Prefaces to the *Geschichtliche Grundbegriffe*," 19.

史的基本概念》所收錄的詞彙包括以下數種：（一）用以分類事物構造方式的主要概念；（二）為政治、社會和經濟組織使用的關鍵詞彙；（三）關於這些組織規訓的自我表徵；（四）與政治運動切合相關的概念和口號；（五）主要職業團體和社會階層的稱號；（六）用來詳盡表述和詮釋社會／政治和勞動領域的核心概念。[62]《歷史的基本概念》的主要關懷是要揭示社會和政治概念化的「現代」如何呈現的方式，但並非意圖處理全部的社會和政治語彙。《歷史的基本概念》的目標是要經由法國大革命之間所發生的事件和變遷，追溯法國大革命之前的範疇化概念以迄現代的語言使用形式。[63]

　　《歷史的基本概念》的方法論預設是歐洲自從18世紀中葉開始，政治論述中的古典主題開始產生巨大的變化。這是為人熟知的所謂「鞍形期」（Sattelzeit），意指在1750至1850年間，舊制度下的德國已然發生一連串的轉變，而這些轉變是德國（德語歐州）「現代」的到來，以及現代所帶來的感知與影響。概念在這一時期中，在特性上發生快速的轉變。這個方法假定：概念記錄了政府結構、社會結構和經濟結構的轉型，並且對這些結構產生影響，記錄了德語世界社會和政治語言的基本概念的歷時性之意義變遷。[64]「鞍形期」是用來標誌「過去」逐漸地轉變成為「現在」的過程。概念記錄了這些變遷。然而，需要注意的是，柯塞雷克認為「鞍形期」最初被認為是一個打造《歷史的基本概念》的應

<hr>

62 Reinhart Koselleck, "Introduction and Prefaces to the *Geschichtliche Grundbegriffe*," 8.

63 Reinhart Koselleck, "Introduction and Prefaces to the *Geschichtliche Grundbegriffe*," 9.

64 Reinhart Koselleck, "Introduction and Prefaces to the *Geschichtliche Grundbegriffe*," 34; Melvin Richter, "The *Geschichtliche Grundbegriffe*: Relating Political and Social Concepts to Structural Change," 36.

用口號標語。但隨著時間的發展與成熟，這個概念卻逐漸模糊而非提升《歷史的基本概念》的價值。柯塞雷克其後以一個較為不模糊的隱喻：「分水嶺時期」（Schwellenzeit）取代「鞍形期」。柯塞雷克特別強調的是「鞍形期」的假設並不在《歷史的基本概念》實際運用的方法論中，占有一席之地。「鞍形期」既不是一個本體論的概念，也不是附著於一個單一的國族語言之上。「鞍形期」這樣的分期辦法是為了深化《歷史的基本概念》的焦點以及實際操演的便利工具，是用來確定德語世界在啟蒙運動、法國大革命和工業革命之間的時段，所出現的語彙變遷情況。[65]

　　《歷史的基本概念》的編輯群堅持以下四條方向為原則：（一）「概念史」與社會史的資料來源必須結合使用，在概念變遷和社會變遷之間，存有動態的互動過程；（二）既然語言既是結構變遷的體現，又是其指標，因此，對於概念史的研究，就必須使用衍生於語言學、歷史語義學和結構語言學的一整套方法，以適應概念史自身的意圖；（三）只有通過對那些擁有廣泛範圍、在起源與訴求方面頗有差異，且涵蓋所有社會形構的材料進行分析，才能建立起概念的用法和變遷；（四）對於撰稿者而言，不可或缺的是對每個時期的辭典（德語辭典、雙語辭典和多語辭典），以及對百科全書、手冊和類屬辭典中，適當的條目進行系統地考查。[66]

　　《歷史的基本概念》所關注的是，對許多與「鞍形期」概念發展有關的假設進行檢驗：

65　Reinhart Koselleck, "A Response to Comments on *Geschichtliche Grundbegriffe*," 69.

66　Melvin Richter, "The *Geschichtliche Grundbegriffe*: Relating Political and Social Concepts to Structural Change," 39.

（一）「時間化」（Verzeitlichung；the location within a temporal and historical development）[67]，將現代政治概念和社會概念嵌入某種哲學，或某種視域之中的實踐。在方法論上，「時間化」意味著概念史在確定歷史的非連續性時，可以做出獨一無二的貢獻。由於這類在語言當中的中斷被反映出來，因此，它就為確定事件和制度中的「斷裂」提供了一種不可或缺的脈絡。在打造現代的關鍵性轉型中，語言變遷的加速發展顯得十分顯著。因此，《歷史的基本概念》假設概念不僅依照它們的語意場域而改變，並且也根據概念的時間性假定而改變。[68]時間化的概念同樣促進了線性的歷史觀。[69]

（二）「民主化」（Demokratisierung; democratization）[70]，即政治詞彙和社會詞彙的「民主化」。在近代早期之前，詞彙就已經被專門化，且相對被限制在菁英階層之中。以迄18世紀，在閱讀的方式、內容和形式方面，在所傳達的政治資訊對閱聽人影響的規模等方面，都出現了深刻的變化。以前，人們密集地、深入地重複閱讀相同的文本；現在，許多文本變得容易獲取，而且被更加迅速地瀏覽。政治概念和社會概念經由多樣的媒介，例如報紙，而不是僅僅通過書籍進行傳播。如此一來，熟悉政治概念的讀者大眾規模急遽增加。對於那些無法閱讀的人而言，許多人變

---

67 Iain Hampsher-Monk, Karin Tilmans, and Frank van Vree, "A Comparative Perspective on Conceptual History-An Introduction," 2.

68 Melvin Richter, "The *Geschichtliche Grundbegriffe*: Relating Political and Social Concepts to Structural Change," 37.

69 Willibald Steinmetz, "Some Thoughts on a History of Twentieth-Century German Basic Concepts," *Contributions to History of Concepts* 7:1 (Winter, 2012), 92.

70 Iain Hampsher-Monk, Karin Tilmans, and Frank van Vree, "A Comparative Perspective on Conceptual History-An Introduction," 2.

得對政治商議中所使用的概念也非常熟悉，因為他們都得以親身參與以往幾乎一無所知、大規模的政治運動。[71]

（三）「意識型態化」（Ideologiesierbarkeit; the increasing susceptibility of concepts to the abstraction from their concrete social and historical referent）[72]，意即概念可以與意識型態相結合的程度。在舊制度歐洲階層和等級特徵的體系中，政治和社會概念傾向以特殊和獨有的形式出現，並且以複數形式來指稱已經得到明確定義的社會等級和特權。但至18世紀初，那些依舊被使用的古老詞彙，在社會的指稱中開始變得更為普遍，其意涵也變得更加抽象。因此，使用了「主義」（isms）這樣的語言形式，或是使用單數的「自由」（liberty），來取代以往以複數形式出現的「諸種自由」（liberties）。概念的文法形式從複數過渡到單數的變遷過程，正見證了意識型態的潮流。[73]

（四）「政治化」（Politisierung; politicization）[74]，即概念的政治化。當革命、戰爭和經濟變遷摧毀了舊制度歐洲的社會團體、區域單位以及憲政認同時，作為武器的政治和社會概念在階級、階層和社會運動中的用法增加。概念開始成為公眾用來作為政治宣傳、口號的主題，甚至是成為濫用的詞彙。[75]

---

71 Melvin Richter, "The *Geschichtliche Grundbegriffe*: Relating Political and Social Concepts to Structural Change," 37-38.

72 Iain Hampsher-Monk, Karin Tilmans, and Frank van Vree, "A Comparative Perspective on Conceptual History-An Introduction," 2.

73 Melvin Richter, "The *Geschichtliche Grundbegriffe*: Relating Political and Social Concepts to Structural Change," 38.

74 Iain Hampsher-Monk, Karin Tilmans, and Frank van Vree, "A Comparative Perspective on Conceptual History-An Introduction," 2.

75 Melvin Richter, "The *Geschichtliche Grundbegriffe*: Relating Political and Social Concepts to Structural Change," 38.

　　總而言之，《歷史的基本概念》的方法論是結合了歷時性和共時性的分析。唯有透過納涵在一個概念之中不同意義層次的歷時性探究，研究者才得以挖掘長時段的結構轉變。[76]至於《歷史的基本概念》的全盤貢獻可以呈現在底下三種方式：（一）《歷史的基本概念》提供了極為豐富的資訊。無以計數的引用資料和二手參考資料，使得《歷史的基本概念》成為無價的資訊來源。（二）《歷史的基本概念》追溯了「現代」如何轉變的歷程。《歷史的基本概念》尋求解釋被記錄在概念中的經驗進程。（三）《歷史的基本概念》可以創建一個對於當代社會和政治語言的語義控制。[77]

四、全球視野下的概念史研究

　　過去十年，以全球史為名的出版品有逐漸增加的趨勢，相關的研究書文不斷地出現在各大期刊的篇目當中。對於全球史研究取徑的興趣，來自於對後殖民研究、帝國史、區域研究的反思，以及對世界史和經濟史的再思考。概念史作為德國學術工程的一環，在原初的意義是國別史的方案，關注的是單一的國族和語言。但概念的變遷往往不在單一的語言環境出現，概念的變遷經常跨越國界、地區和語言，這促使概念史家開始思索複數國族方案的研究向度。全球史的研究取徑不僅展現出跨越地區的相遇（encounter）和連結，同時也直接挑戰了概念史的「方法論國族主義」。[78]概念史和全球史可以如何攜手合作？舉例來說，全球

---

76 Reinhart Koselleck, "Introduction and Prefaces to the *Geschichtliche Grundbegriffe*," 18.

77 Reinhart Koselleck, "Introduction and Prefaces to the *Geschichtliche Grundbegriffe*," 15-16.

78 Margrit Pernau and Dominic Sachsenmaier, "History of Concepts and Global History," in Margrit Pernau and Dominic Sachsenmaier, eds., *Global Conceptual History: A Reader* (London:

史中各式各樣的「相遇」，無論是在鉅視或微觀的層次，都會包括語言的相遇。將概念史置放於全球的視野之下，一方面可以對「歐洲中心化」的概念進行解構，另一方面則可以指出一個語言交纏打造的世界。[79]

　　研究者要如何書寫全球概念史？重點不在於對某些概念進行比較，而在於不同語言中的概念如何相互產生關聯。誰是扮演促成概念轉變和翻譯的行動者？概念在透過翻譯的過程中如何改變意義？新出現的概念如何在既有的語義場域中產生影響？語義場域在時間的長流中如何產生變化？時間的因素如何在概念中顯現出來？[80]相較於德國版本的國族概念史，全球概念史將概念視為是鑲嵌於跨國的和地方的論述與語義場域之中。因此，要研究全球概念史，特別是研究不同語言和語義傳統中的概念，研究者需要去尋找語言中的連結、斷裂、翻譯和挪用。全球概念史是語言的挪用、翻譯和競爭所造就的一段複雜的故事，而非僅是強勢的外來語義支配地方的語言使用者。地方行動者的語言、興趣和處境都應該納入研究者考慮的範圍。[81]譬如以「啟蒙運動」這項概念為例，當我們檢視啟蒙運動的全球史意涵，就得以進一步地去除啟蒙運動的歐洲中心論，重新考慮這個由歐洲創發的概念，如何輸出到世界的其他國度。由這個角度出發，啟蒙運動是概念交換和交織的歷史、是翻譯和引用的歷史以及共同生產知識的歷

Bloomsbury Academic, 2016), 3.

79 Margrit Pernau and Dominic Sachsenmaier, "History of Concepts and Global History," 4.

80 Hagen Schulz-Forberg, "Introduction: Global Conceptual History: Promises and Pitfalls of a New Research Agenda," in Hagen Schulz-Forberg, ed., *A Global Conceptual History of Asia, 1860-1940* (London: Pickering & Chatto, 2014), 5, 8.

81 Hagen Schulz-Forberg, "Introduction: Global Conceptual History: Promises and Pitfalls of a New Research Agenda," 10-11.

史。我們需要重新思考全球啟蒙運動的時間和空間向度，作為概
念的啟蒙運動大部分是由位居地方的（local）歷史行動者加以形
塑的概念，而非由歐洲的原生脈絡文本直接輸出的概念。作為概
念的啟蒙運動讓地方的歷史行動者，開始進行全球式的思考方
式，並將自身的處境置放於世界的位階。[82]

　　關於全球視野下的概念史研究，筆者寓目所及，有前引兩部
論文集分別關注理論與實踐層面。由佩爾瑙（Margrit Pernau）與
夏多明（Dominic Sachsenmaier）編輯的《全球概念史讀本》，
全書分為四大部分，第一部分是概念史研究中的經典文本，編者
挑選了在德、法兩地編輯概念史辭典的柯塞雷克和萊夏特（Rolf
Reichardt）的作品。第二部分是對概念史提出挑戰的文本，包
括概念史與論述的歷史之間的關係為何？語言與社會史之間的
平衡，是否如同柯塞雷克所云？對於評論者而言，在語言轉向
的脈絡下，語言的建構性特質更應該被強調。斯金納（Quentin
Skinner）的批評則來自於修辭與概念變遷之間的關係。斯金納認
為研究概念的道德和社會變遷與研究概念的政治變遷同等重要，
並且提出概念如何變遷的現象不僅止於語言和時間當中，更多時
候是表現於概念如何被表述的措辭當中。用斯金納的話來說，是
要從修辭的視角去觀察概念的變遷。對於斯金納來說，柯塞雷克
認為時間作為形塑概念的媒介，則是其全然懷疑的一點。[83] 第三
部分則是著重於概念在不同脈絡、地區的多重翻譯，偏重於概念
作為文化媒介與語義互動的面向，研究的時間向度著重於19世紀

---

82 Sebastian Conrad, "Enlightenment in Global History: A Historiographical Critique," *American Historical Review* 117:4 (Oct., 2012), 1011, 1019.

83 Quentin Skinner, "Rhetoric and Conceptual Change," in Margrit Pernau and Dominic Sachsenmaier, eds., *Global Conceptual History: A Reader*, 135-148. 所引在頁137-140。

之後的討論，概念的分布空間則從歐陸、阿拉伯世界、印度到非
洲的坦噶尼喀（Tanganyika）。值得注意的是，在全球概念史尚
未興起之前，研究詞彙史和翻譯史卓然成家的劉禾從未入概念史
家的法眼。不過，劉禾一篇從理論層面討論「符號」（sign）在翻
譯活動中所扮演的角色之文，則被選入此書。劉禾認為翻譯並非
僅止於兩種語言文字之間的轉換，更應該注意翻譯活動背後的歷
史脈絡。劉禾所談論的乃是一種語言脫離原有的文化脈絡，進入
了另一種文化（語言）脈絡中所產生的創造、改譯甚至是更動。
在劉禾看來，翻譯活動假設了一種相同意義符號的交流，但實際
上相同意義的符號是在不對等的交流中被發明出來的結果。劉禾
以近代中國第三人稱的「她」為例說明，「她」字的發明是西方
勢力在亞洲影響的產物，歐洲／日本／中國三方力量的興衰造成
複雜的語言交流現象。因此，原生的詞彙，在脫離原本的脈絡進
入另一種歷史情境後，其意義可能全然被改變，而成為與原生詞
彙完全「異義」的新詞。當詞彙從客方語言進入主方語言時，與
其說詞彙產生了改變，倒不如說是詞彙在主方語言的脈絡中被發
明創造出來。作為新名詞的「她」是中國的語言學者和翻譯家發
明的成果，而非西方人的翻譯。[84]從第三部分的選文來看，全球
概念史的最佳實踐面向落在詞彙／概念的翻譯之上。最後一部
分，是由柯塞雷克的學生斯坦梅茨（William Steinmetz）執筆的
文章，內容在介紹概念史過去40年來的發展，以及未來發展的
路徑與挑戰。在關於概念史的方法論，斯坦梅茨提出老派的概念

---

[84] Lydia H. Liu, "The Question of Meaning-Value in the Political Economy of the Sign," in Margrit Pernau and Dominic Sachsenmaier, eds., *Global Conceptual History: A Reader*, 193-225. 所引在頁215-217。劉禾在文中處理的另一個重點是不同語言之間的共量性（commensurability）課題。

史研究針對一個字詞進行歷時性的分析,仍有其必要性存在。概念史作為一項研究取徑,是可以相對快速地得到確定結果的方法。斯坦梅茨認為概念史已然不是一項由德國獨占的學術方案,1997年出版的 *Redescriptions: Yearbook of Political Thought and Conceptual History* 和2005年出版的 *Contributions to the History of Concepts* 這兩本英語期刊,憑藉著跨國的編輯團隊,從國族、比較和跨國的視角進行概念史研究,在在表明概念史的國際性格。對於概念史而言,在面對未來的挑戰之際,最重要的是加強與語言學和其他鄰近學科的科際整合。[85]

　　就如同斯坦梅茨對於概念史未來的發展所云,概念史將會逐漸脫離傳統時空的框架,與全球史更為緊密的結合,這表現在概念史會將翻譯與全球多語狀態勾連在一起。由舒爾茨－福爾伯格(Hagen Schulz-Forberg)編纂的《亞洲的全球概念史(1860-1940)》就展現出這樣的傾向。除了主編本人的序言之外,《亞洲的全球概念史》利用7個來自不同國家和地區(韓國、中國、南亞、阿拉伯世界、馬來半島、荷蘭東印度群島和暹羅)的案例去詮釋概念的生成。而這些概念並非由原生的國度直接傳入後進的國家,而是透過中介的國家轉手才進入後進的國家。舉例來說,夏多明研究20世紀初期中國的「社會」概念。從19世紀末開始,與「社會」相關的觀念開始在中國產生影響力。作為概念的「社會」與「現代」、「新」、「進化」和「變遷」這些概念產生關聯。當時中國的知識人一方面透過日本認識具備新意涵的西方「社會」,另一方面則透過翻譯歐陸思想家的著作,認識這個

---

85 Willibald Steinmetz, "Forty Years of Conceptual History-The State of the Art," in Margrit Pernau and Dominic Sachsenmaier, eds., *Global Conceptual History: A Reader*, 339-366.

迥然有別於傳統漢語「社」和「會」的概念。1920年代之後，「社會」的概念因為一戰的爆發，加入「經濟」的概念。「經濟」的概念因為馬克思主義的影響而盛行，「經濟」如何影響「社會」成為當時共產主義揮舞的大纛。[86]同樣在現代化方案的進程中，韓國也出現了「經濟」和「社會」概念的交互作用。對於1945年經歷政治解放的韓國來說，要如何定位韓國現代史的位置是一大難題。韓國的現代化進程並非以歐洲或是民族為中心的方案，韓國的現代化時期不僅是政治危機的時刻，亦是現代概念被發明、引介、翻譯和實踐的轉型時刻。樸明圭（Myoung-Kyu Park）告訴我們，韓語中的「經濟」（경제，gyeongje）和「社會」（사회，sahoe）是用來詮釋韓國在全球轉型過程中的現代化方案，所不可或缺的兩項概念。「經濟」一詞早在14世紀的儒家學者筆下就已經出現。「社會」一詞在傳統韓語文獻中難覓蹤跡，是一項來自19世紀末域外文明論述的詞彙。1876年，韓國向世界開放門戶，具備西方「經濟」和「社會」的概念首次被引進。對於韓國來說，除了使用自身的翻譯引進國外的觀念之外，也會挪用和轉借中國與日本已經翻譯的詞彙。韓國的現代化是受到西方現代性的影響，特別是經由日本引介而來的現代性。「經濟」和「社會」在20世紀初葉成為定義韓國國家處境的兩大詞彙，不僅用來批判老舊的儒家知識系統，更用來支持改善個人自由以及強化國力的新社會團體的自發性活動。「經濟」和「社會」成為三重結構「個人／社會／國家」的典範。[87]梅亞（Morakot Jewachinda

---

86 Dominic Sachsenmaier, "Notions of Society in Early Twentieth-Century China, 1900-25," in Hagen Schulz-Forberg, ed., *A Global Conceptual History of Asia, 1860-1940*, 61-73.

87 Myoung-Kyu Park, "How Concepts Met History in Korea's Complex Modernization: New Concepts of Economy and Society and their Impact," in Hagen Schulz-Forberg, ed., *A Global*

Meyer）則是將目光轉向20世紀初期的暹羅半島上。在這段時期，口語的「經濟」和「社會」被挪用西方觀念的翻譯詞所取代。19世紀中葉，具備西方概念的「經濟」和「社會」進入暹羅半島，統治階層以有限的方式使用這兩項詞彙，用以支持其統治的合法性。20世紀初，作為新概念的「經濟」與「社會」是在民族國家和現代國家概念發展下的產物，伴隨著新興城市知識階層的興起，挑戰了傳統以血緣紐帶為基礎的社會階層論述。這批城市菁英推動了暹羅邁向現代性的民族國家形式，以現代知識的同化進而瓦解了統治階層的壟斷權力。涵攝著西方概念的「經濟」和「社會」透過公開的文書、小說、報紙的宣傳，將經濟／社會領域的觀念與傳統的父家長制政府、鞏固君主專制的經濟／社會政策，一分為二。在這樣的脈絡底下，環繞著「經濟」和「社會」概念的緊張關係，正是反映出傳統暹羅半島世界的解體和失靈。[88]

　　透過這三篇討論「經濟」和「社會」的文章，我們可以發現概念史和全球史對話的契機，全球視野下的概念史已然跳脫歐洲中心普世論與國族主義特殊論的二元對立，而是轉而將視角置放於單一概念發展的自身脈絡以及整體語義變遷的典範。無論是中國、韓國或暹羅半島的例子，都展現了全球概念史背後所承載的全球現代性，西方與亞洲的概念及其交纏，被置放於同等的方式進行檢視。

Conceptual History of Asia, 1860-1940, 25-41.

88 Morakot Jewachinda Meyer, "Discordant Localizations of Modernity: Reflections on Concepts of the Economic and the Social in Siam during the Early Twentieth Century," in Hagen Schulz-Forberg, ed., *A Global Conceptual History of Asia, 1860-1940*, 149-168.

五、追隨抑或超越柯塞雷克？：代結語

　　從1980年代以降，作為一名「概念史家」的柯塞雷克，其學術版圖開始向世界各地開枝散葉。「概念史」學術移植工程的第一站是尼德蘭和芬蘭、義大利、西班牙，以及斯堪地那維亞的幾個國家。[89] 1980年代中葉，里克特則在美國學術期刊上發表論文介紹概念史的研究取徑，進一步將概念史推入國際性視野。里克特嘗試結合並比較以斯金納和波寇克（J. G. A. Pocock）為首的英語世界的政治思想史研究與柯塞雷克概念史研究。[90] 這兩種研究取徑的差別在於，斯金納經由關注歷史行動者（特別是著名的政治哲學家），如何擁有與時俱進的概念，以及展演對某些概念進行所謂修辭的再定義，來研究概念變遷。柯塞雷克則是更加從結構性的視角來研究概念，從時間的視野去區別社會與時代的信仰、經驗和期望。有論者提出，兩人的差別在於斯金納是「修辭的」，而柯塞雷克是「時間的」。[91] 劍橋學派的研究焦點鎖定在脈絡式地理解重要的領銜人物之政治語言，如霍布斯（Hobbes）和洛克（Locke）等人。柯塞雷克鎖定的焦點則在於特定詞彙的意義變動，以及歷史語義場域的轉變。[92] 因為語言的隔閡，[93] 英語世

---

89 關於這些國家的概念史研究概況，可見Pim den Boer, "National Cultures, Transnational Concepts: Begriffsgeschichte Beyyond Conceptual Nationalism," in Javier Fernández Sebastián, ed., *Political Concepts and Time: New Approaches to Conceptual Historty*, 205-222.

90 Niklas Olsen, *History in the Plural: An Introduction to the Work of Reinhart Koselleck*, 194.

91 Niklas Olsen, *History in the Plural: An Introduction to the Work of Reinhart Koselleck*, 195.

92 Keith Tribe, "Introduction," viii-iv.

93 波寇克就承認因其不諳德文，對於德國史學和概念史的發展，便所知甚少。見J. G. A. Pocock, "Concepts and Discourse: A Difference in Culture? Comment on a Paper by Melvin Richter," in Hartmut Lehmann and Melvin Richter, eds., *The Meaning of Historical Terms and Concepts: New Studies on Begriffsgeschichte*, 47, 55.

界對於概念史研究的吸納是相對侷限的。雖然劍橋學派的政治語
言史研究和德國概念史皆同樣醉心於17世紀以迄19世紀中葉的
歷史時段,並且極少逸出這兩百年的時段進行研究。[94]然而,兩
種研究取徑的主導人物之間的對話,主要是互相地批判和劃界。
斯金納和波寇克強調的是兩種取徑之間的區別而非相似,對於僅
僅關注概念的語言研究提出質疑,並且明確地宣稱根植於德國
研究取徑的現代性經驗,與其筆下研究的對象沒有產生任何關
聯。[95]斯金納和波寇克皆抱持歷史學的技法在重建語言世界時,
是無法詮釋語言世界中的變遷。根據波寇克的轉述,斯金納認為
歷史書寫是一種語言現象、字詞及其用法的總和,而這些語言現
象、字詞及其用法所承載的概念並無法與語言的歷史分離,並且
無法擁有自身獨立的歷史。[96]斯金納對於概念史的拒絕就在於依
據語言形式而非在社會和政治脈絡中的概念,概念史的實踐會淪
於僅僅是提供一份字詞的歷史。[97]

　　較之斯金納對德國概念史方法論的拒斥,[98]波寇克對於德國
概念史的取徑並不敵視,而是抱持開啟對話空間的可能性。波寇
克認為,概念雖然不是語言的附帶現象或不真實的,但傾向認為
概念是語言的影響或訊息,而在文件紀錄的積累中所保留的是語

---

94 Stefan-Ludwig Hoffmann and Kathrin Kollmeier, "Introduction: *Geschichtliche Grundbegriffe* Reloaded? Writing the Conceptual History of the Twentieth Century," *Contributions to History of Concepts* 7:1, 80.

95 Niklas Olsen, *History in the Plural: An Introduction to the Work of Reinhart Koselleck*, 195.

96 J. G. A. Pocock, "Concepts and Discourse: A Difference in Culture? Comment on a Paper by Melvin Richter," 48, 52.

97 Quentin Skinner, "Language and Social Change," in James Tully, ed., *Meaning and Context: Quentin Skinner and His Critics* (Cambridge, U.K.: Polity Press, 1988), 119-132.

98 Javiér Fernández Sebastián, "Intellectual History, Liberty and Republicanism: An Interview with Quentin Skinner," *Contributions to the History of Concepts* 3:1 (Apr., 2007), 113-115.

言流轉衍化的內容與用法的歷史，概念化的歷史並必須由此被推
演出來，且無法與之須臾分離。[99]柯塞雷克對於兩人的評論，皆
有所回應。柯塞雷克挖苦式地將斯金納標籤為帶著「極度規範」
（excessively normative）的研究取徑，去研究語言的「傳統拘泥
的歷史家」（conventional historian）。[100]對於波寇克的質疑，則
以直率唐突的表述方式進行回應，「如同我先前所提到的，我早
已在很久以前著手處理他所提出的問題。」[101]此外，柯塞雷克在
德國被認為是一流的歷史學家，但是在世界其他地方，柯塞雷克
的聲名則是以社會、政治和文學理論學家享譽於世，身為一位歷
史學家的柯塞雷克是以作為第二流的學者被認識的。[102]這些原因
加總起來，使得柯塞雷克的概念史研究，在英語世界一直踟躕不
前。劍橋學派的政治語言史研究和德國的概念史一直處於平行發
展的景況。[103]

　　雖說如此，還是有學者對於柯塞雷克所打下的一片江山，抱
持著高度的興趣。倘若要去書寫20世紀的概念史，要去書寫霍布
斯邦筆下「極端的年代」的20世紀概念史，該如何書寫？就有

---

99 J. G. A. Pocock, "Concepts and Discourse: A Difference in Culture? Comment on a Paper by
　Melvin Richter," 53.

100 Niklas Olsen, *History in the Plural: An Introduction to the Work of Reinhart Koselleck*, 195.

101 Reinhart Koselleck, "A Response to Comments on *Geschichtliche Grundbegriffe*," 64.

102 Keith Tribe, "Introduction," p. ix; David Carr, "Review of *Futures Past: on the Semantics of
　Historical Time*," 197.

103 Stefan-Ludwig Hoffmann and Kathrin Kollmeier, "Introduction: *Geschichtliche Grundbegriffe*
　Reloaded? Writing the Conceptual History of the Twentieth Century," 80. 英國史家柏克則曾
　提出結合德國概念史和英國劍橋學派的「第三條路」取徑：「思想／智識實踐的文化史」
　（cultural history of intellectual practices），見Peter Burke, "The Cultural History of Intellectual
　Practices," in Javier Fernández Sebastián, ed., *Political Concepts and Time: New Approaches to
　Conceptual History*, 103-128. 不過，筆者認為慣常提出替代性方案的柏克，並沒有真正處理
　到兩個學派互相劃界的癥結性問題。理由在於無論是柏克倡導的「文化史」研究或是「思
　想／智識實踐」的研究取徑，都不是這兩大學派關懷的重點。

研究者認為，自從19世紀末以迄1970年代，現代的社會和政治語言經歷了一場重大的概念變遷，並且一直延續到我們生活的當代。在1750至1850年間轉變進入現代性的「分水嶺時期」後，繼而出現了第二次的轉變過程。[104]這樣的提問出自於對柯塞雷克的《歷史的基本概念》的有效性是否可以套用在20世紀？或是需要一個嶄新的方案來處理20世紀社會和政治語言的概念變遷？在全球化的脈絡底下，單一國族語言的方案是否能具實行性？如何概念地去理解複數的行動者和能動性？作為一種研究方法，基本概念的歷史是否仍僅附著於其所源自的歷史時段？[105]依照著柯塞雷克所提出的「四個化」假設，20世紀的概念變遷同樣擁有四個特徵：第一個特徵是「科學化」（Verwissenschaftlichung; scientization），意指在20世紀的社會和政治語言中，科學逐漸發展其重要性。舉例而言，達爾文主義或心理分析的重要性愈發重要。第二個特徵是「普及化」（Popularisierung; popularization），因為媒體和資訊科技的最新發展在19世紀末和20世紀末的長足發展所致。特別是出現了環境或媒體等新興的基本概念。第三個特徵是「空間化」（Verraumlichung; spatialization），取代了柯塞雷克的時間化成為20世紀的特徵。由於空間內資訊溝通與循環的強化，使得整個世界更加的齊一，然而，在同一時間，卻激發尋求歧異之處和並且開啟暴力的上揚，是概念變遷中最為明顯的面向。第四個特徵是「發散化」（Verflussigung; volatilization），這

---

104 Stefan-Ludwig Hoffmann and Kathrin Kollmeier, "Introduction: *Geschichtliche Grundbegriffe* Reloaded? Writing the Conceptual History of the Twentieth Century," 82; Christian Geulen, "Reply," *Contributions to History of Concepts* 7:1, 120.

105 Stefan-Ludwig Hoffmann and Kathrin Kollmeier, "Introduction: *Geschichtliche Grundbegriffe* Reloaded? Writing the Conceptual History of the Twentieth Century," 78.

是意指在20世紀中葉以降，概念開始呈現普遍化的情況，概念開
始與其固有的起源與脈絡解離，並且滲透入整個社會。與《歷史
的基本概念》所討論的情況不同，20世紀的概念在發展過程中失
落了它們特殊的語義意義。[106]

---

106 Stefan-Ludwig Hoffmann and Kathrin Kollmeier, "Introduction: *Geschichtliche Grundbegriffe Reloaded? Writing the Conceptual History of the Twentieth Century*," 82-83.

論中國性別史研究的多元交織 *

衣若蘭

前言

　　自從1986年斯科特（Joan Wallach Scott）提出「性別作為一個有用的歷史分析範疇」（"Gender：A Useful Category of Historical Analysis"）之後，性別史作為歷史研究的一個分支，愈受關注。[1]中國婦女／性別史的研究是近30年來北美漢學界的一個強項，斯科特的理論自有其影響，[2]1990年代隨著斯科特理論的

---

* 本文原刊於《近代中國婦女史研究》，第30期（2017），頁167-230，經細部修訂收入本論文集。初稿曾宣讀於「世界史中的中華婦女國際學術研討會」（2017年7月11-14日，中央研究院近代史研究所），感謝會議評論人林麗月教授、與會學者以及該刊匿名審查專家提供的寶貴意見。研究寫作期間承蒙劉詠聰、華特納（Ann Waltner）、連玲玲、邱澎生、秦曼儀、秦方、戴彼得、李淑菁與曹鴻諸位教授的提點與指正，以及陳曉昀、黃麗君、吳政龍、蕭琪、鄧沛力、連超等學友提供訊息與協助，特致謝忱。

1 Joan Wallach Scott, "Gender: A Useful Category of Historical Analysis," *The American Historical Review* 91:5 (December 1986), 1053-1075. 該文下載率相當驚人，截至2007年12月27日，本文已有38,093次瀏覽、25,180次列印的紀錄，且幾乎性別史相關的課程，無一不列該文為參考讀物，見Joanne Meyerowitz, "A History of 'Gender'," *The American Historical Review* 113:5 (December 2008), 1346.

2 關於近30年美國中國婦女史研究的概況，詳參盧葦菁（Weijing Lu），〈美國中國婦女研究評述〉，收入張海惠主編，《北美中國學：研究概述與文獻資源》（北京：中華書局，2010），頁490-506。另姚平，〈前言〉，收入姚平主編，《當代西方漢學研究集萃・婦女史卷》（上海：上海古籍出版社，2012），頁1-18。

中譯版出現，中文學界越來越多以「性別」（gender）作為視角來研究文史，使用上雖然巧妙各有不同，但可說已蔚然成風。[3] 斯科特提出的奠基理論，至今已逾30年，當前或許是我們反省並思考下一階段該如何進行研究的時候。中國性別史研究目前困境何在？西方性別理論對中國性別史研究有何限制與助益？中國性別史研究又如何呼應或補充西方性別理論觀點？中國性別史研究如何不僅作為歷史研究的一個旁支，而是能進一步與主流史學對話？未來的可能發展為何？

　　不可否認，20世紀末期以來，性別概念席捲了全球的歷史研究，它挑戰了早期史學的敘事模式，影響絕大多數的婦女史研究者。[4] 近年斯科特再度省思「性別」是否仍是一個有用的歷史分析範疇，她認為性別是研究規範的與心理的複雜關係、是集體化想像並用以作為某個政治或社會目的，不論其目的是為了國族或家庭。她重申在此過程中，是「性別」為「性」（sex）與「性

---

3 中譯版：斯科特（Joan Wallach Scott）著，劉夢譯，〈社會性別：一個有用的歷史分析範疇〉，收入李銀河編，《婦女：最漫長的革命：當代西方女權主義理論精選》（北京：生活‧讀書‧新知三聯書店，1997），頁151-175。相關研究成果詳參：李貞德，〈超越父系家族的藩籬：臺灣地區的「中國婦女史研究」（1945-1995）〉，《新史學》，第7卷2期（1996），頁139-179；林麗月，〈從性別發現傳統：明代婦女史研究的反思〉，《近代中國婦女史研究》，第13期（2005），頁1-26；胡曉真，〈藝文生命與身體政治：清代婦女文學史研究趨勢與展望〉，《近代中國婦女史研究》，第13期（2005），頁27-63；游鑑明，〈是補充歷史抑或改寫歷史？近廿五年來台灣地區的近代中國與台灣婦女史研究〉，《近代中國婦女史研究》，第13期（2005），頁65-105；葉漢明，〈婦女、性別及其他：近廿年中國大陸和香港的近代中國婦女史研究及其發展前景〉，《近代中國婦女史研究》，第13期（2005），頁107-165；賀蕭（Gail Hershatter）、王政，〈中國歷史：社會性別分析的一個有用的範疇〉，《社會科學》，第12期（2008），頁141-154。杜芳琴，〈中國婦女／性別史研究六十年述評：理論與方法〉，《中華女子學院學報》，第21卷5期（2009），頁12-20。

4 伊格爾斯（George G. Iggers）和王晴佳即提到婦女史（女性主義史）與性別史在60年代的興起與80年代的發展，而此領域持續擴大，成冷戰後歷史寫作的五個重要趨勢之一。見格奧爾格‧伊格爾斯、王晴佳著，楊豫譯，《全球史學史：從18世紀至當代》（北京：北京大學出版社，2011），頁297-298，390。

別差異」（gender differences）而產生意義，不是由「性」來決定「性別」的意義；也就是說，「性別」是「性」的關鍵，「性別」仍是一有效的分析工具，因為它讓我們得以追溯性差異（sexual differences）與性別差異的歷史。[5] 經過理論奠基約30年之後，她還是肯定「性別」是一個有用的歷史分析範疇。

雖然斯科特的性別理論開啟了歷史研究分析問題的視角，例如她曾提到我們在何種情境下定義性？男人與女人的類別在不同時空有何不同意義？權力與權利在男性氣質與女性氣質中扮演的角色為何？象徵結構（symbolic structures）如何影響一般人的日常生活？[6] 但似乎學界對此理論的掌握或者發揮，讓她不太滿意。她曾經批評女性主義學者對性與性別的區別，過於一刀兩斷，把性別當作對立的兩性；她認為兩者都是知識形式，如果性別是文化建構的，而性的生物性定義也是被建構出來的。[7]

在建立性別作為歷史的分析範疇10年後，斯科特主張以「差異」作為女性主義分析的範疇，在《女性主義與歷史》（*Feminism and History*, 1996）的書序中，她聲稱該書旨在歷史背景中研究身分認同作為話語或意識型態的問題。關於多元差異與身分認同，斯科特問道：到底透過什麼過程，種族或階級之差異會在某個歷史時期顯得特別凸出？這些社會類別之間的關係為何？種族與階級範疇同等重要嗎？階級又比性別重要嗎？[8] 也就是說，

5　Joan Wallach Scott, "Gender: Still a Useful Category of Analysis?" *Diogenes* 57:1 (February 2010), 7-14.

6　Joan Wallach Scott, "Gender: Still a Useful Category of Analysis?," 9.

7　Joan Wallach Scott, "Some More Reflections on Gender and Politics," in her *Gender and the Politics of History*, revised edition (New York: Columbia University Press, 1999), 199-222.

8　Joan Wallach Scott, ed., *Feminism and History* (Oxford and New York: Oxford University Press, 1996), 4-5.

她對於性別以外影響歷史發展的其他因素，相當自覺。

　　中國性別史研究發展至今，可惜仍有不少研究囿於女性是「受害者」或者「能動者」的兩端解釋，[9]或者從男女生物性別二分對立（binary）的概念出發來設問（假設男女對同一事件肯定有南轅北轍的看法），並且有過度膨脹性別主導因子之嫌，忽略性別〔而且研究者往往指涉的只是生物性別sex〕以外的其他因素。儘管近年來陸續有學者提出反思，[10]但這種執著於「生物性別」以及以「性別因素獨大」的研究方式，仍廣泛存在於華文婦女／性別史研究當中。在目前這樣的研究困境裡，筆者以為，參考「交織性理論」（intersectionality）的多元交織概念與方法，並反諸中華文化本身特色，當有助我們尋找可能的突破方向。

　　交織性理論被視為迄今婦女研究中最重要的貢獻，[11]本世紀初

9 關於此，人類學者早已批判將婦女視為「被動的受害者」與「主動的能動者」的二分法，強調尊重導人的個別經驗。見Jane Monnig Atkinson, "Anthropology," *Signs: Journal of Women in Culture and Society* 8:2 (Winter 1982), 250-251. 高彥頤（Dorothy Ko）也提及我們應該運用雙焦（bifocal，受害與能動）的方式來理解明末清初江南上層婦女的處境，見高彥頤著，李志生譯，《閨塾師：明末清初江南的才女文化》（南京：江蘇人民出版社，2005），〈導論〉。而其對五四史觀的反省與批判也連帶引起學界重視婦女的能動性；孫康宜曾說，漢學家是最早修正女性為受害者的刻板印象，見孫康宜、錢南秀，〈美國漢學研究中的性別研究：與孫康宜教授對話〉，《社會科學論壇》，第21期（2006），頁102-115。

10 例如孫康宜曾提出早期女性主義的性言論很難適用於中國古典文學研究，因為他們「將男女兩性置於完全對立的兩極」，她對於「唯別是論」特別有所警覺，見孫康宜，〈西方性別理論在漢學研究中的運用與創新〉，《臺大歷史學報》，第28期（2001），頁163。賀蕭則問到女性研究在「中國領域」中的定位，她認為必須使性別為人所見，且同時追溯性別與其他主體形式（例如：中國性、菁英或農村的身分認同）之間的關係；她也提及應注意性別如何與其他範疇（category）相互交纏或者甚至被取代。見Gail Hershatter, "What's in a Field? Women, China, History, and the 'What Next?' Question,"《近代中國婦女史研究》，第13期（2005），頁167-195；中譯版：賀蕭（Gail Hershatter）著，余芳珍、葉毅均、莫亞軍翻譯，〈研究領域內乾坤：女性、中國、歷史與「之後又如何」問題〉，《近代中國婦女史研究》，第13期（2005），頁197-216。

11 論者認為因其與各種領域最能結合，見Leslie McCall, "The Complexity of Intersectionality," *Signs: Journal of Women in Culture and Society* 30:3 (Spring 2005), 1771.

在人權與性別主流化的論述中即運用之，被認為最能藉以討論婦女經驗的多樣性並為婦女增能賦權；聯合國宣傳「女權即是人權」時，也強調交織性的概念。[12]女性主義學者分別從哲學、社會學、人文學、經濟與法律等不同領域，還有理論面向（如現象學、結構主義社會學、精神分析、解構主義），以及政治方面（如婦女運動、反種族歧視、多元文化主義、酷兒研究、殘疾研究）等等探究之，他們似乎都認為交織性是當前研究上正需要的理論。[13]

交織性在歐美政治學、法律學、社會學、教育學近20年來已有相當之討論與運用，[14]學者紛紛提及它作為一個重要的研究視角、一個方法論的挑戰，呼籲使用這種研究方法來做性別研究的迫切性。[15]甚至許多無論是否有關女性主義的報章雜誌媒體、網路，也都加以引用討論，它幾乎成為女性主義的一個重要標語，

12 Center for Women's Global Leadership, "A Women's Human Rights Approach to the World Conference Against Racism," 原網路連結失效，轉引自Nira Yuval-Davis, "Intersectionality and Feminist Politics," *European* Journal of Women's Studies 13:3 (2006), 193-209. 另參United Nations, *Women's Rights Are Human Rights* (New York and Geneva: United Nations Human Rights Office of the High Commissioner, 2014), http://www.ohchr.org/Documents/Events/WHRD/WomenRightsAreHR.pdf, accessed (January 19, 2017).

13 Kathy Davis, "Intersectionality as Buzzword: A Sociology of Science Perspective on What Makes a Feminist Theory Successful," *Feminist Theory* 9:1 (April 2008), 68. 關於此理論之起源與發展，見Sara Salem and Rekia Jibrin, "Revisiting Intersectionality: Reflections on Theory and Praxis," *Trans-Scripts* 5 (2015), 7-24. Sara Salem, "Intersectionality and Its Discontents: Intersectionality as Traveling Theory," *European Journal of Women's Studies* (April 22 2016), 1-16.

14 例 如Myra Marx Ferree, "Inequality, Intersectionality and the Politics of Discourse: Framing Feminist Alliances," in Emanuela Lombardo, Petra Meier, and Mieke Verloo, eds., *The Discursive Politics of Gender Equality: Stretching, Bending and Policy-Making* (Abingdon, Oxon: Routledge, 2009), 86-104. Alexandre Jaunait, "Representing the Intersection in France and America: Theories of Intersectionality Meet Social Science," *Revue française de science politique* 62 (January 2012), 1-15.

15 參Stephanie A. Shields, "Gender: An Intersectionality Perspective," *Sex Roles* 59:5/6 (September 2008), 301-311. 而Vivian M. May則認為交織性是認識論的實踐與本體論的討論框架，見*Pursuing Intersectionality, Unsettling Dominant Imaginaries* (New York: Routledge, 2015), 48.

不僅限於學術用語，也用於日常生活。[16]

　　最近《性別與歷史》（*Gender and History*）刊物上，學者即檢視至2016年為止，女權運動者如何使用交織性及其與婦女運動之間的關係。[17]然此理論概念在華文學界的討論與運用，主要集中在法學、社會學與文化研究領域，歷史學界罕見探索此女性主義理論與中國性別史研究的可能關聯。[18]因此，本文將簡介此一廣受關注的性別理論，以進一步思索多重範疇（因素）及其交織，如何有助於我們省思並開展中國性別史的研究課題與視野。是故，本文並非一篇研究回顧，主旨不在對近30年來中國性別史的研究成果做一歸納整理。[19]

16　報章的使用如Alia E. Dastagir, "What Is Intersectional Feminism? A Look at the Term You May Be Hearing a Lot," *USA Today*, January 19, 2017, https://www.usatoday.com/story/news/2017/01/19/feminism-intersectionality-racism-sexism-class/96633750/,accessed (March 19, 2017). 而網路上可汗學院亦曾介紹交織性理論，見Arshya Vahabzadeh, "Intersectionality | Social Inequality | MCAT | Khan Academy" (video), posted January 20, 2015, https://www.youtube.com/watch?v=n2kUpKP18z8,accessed (May 20, 2017).

17　Linda Gordon, "'Intersectionality', Socialist Feminism and Contemporary Activism: Musings by a Second-Wave Socialist Feminist," *Gender and History* 28:2 (August 2016), 340-357. 另外，Ange-Marie Hancock, *Intersectionality: An Intellectual History* (New York: Oxford University Press, 2016), chap. 2, 也談及婦女運動和交織性理論之間的關係。

18　目前華文相關研究與運用如：陳昭如，〈還是不平等：婦運修法改造父權家庭的困境與未竟之業〉，《女學學誌：婦女與性別研究》，第33期（2013），頁119-169；陳美華，〈層層剝削？互利共生？：兩岸性交易網絡中的交織政治〉，《臺灣社會學刊》，第48期（2011），頁1-49。另唐文慧、王宏仁，〈從「夫枷」到「國枷」：結構交織困境下的受暴越南婚移婦女〉，《臺灣社會學》，第21期（2011），頁157-197。前二者提供理論介紹與實例分析，後者則以應用為主。而目前介紹此理論較為詳盡的中文著作為蘇熠慧，〈「交叉性」流派的觀點、方法及其對中國性別社會學的啟發〉，《社會學研究》，2016年第4期（2016），頁218-241，可惜文中所論對中國性別社會學啟發的部分略為薄弱。杜芳琴多年前即曾略提性別與年齡、輩分等的「交織」一詞，頗有見地，可惜未得到迴響。但她的論述脈絡來自1990年代的「差異」概念而非「交織性」理論，且主要概念是將性別與階級、性別與年輩之間的關係，分別納入社會等級與家庭身分，兩兩結合看待，而非全面討論的交織，見杜芳琴、蔡一平，〈中國婦女史學科化建設的理論思考〉，《中國社會性別的歷史文化尋蹤》（天津：天津社會科學院出版社，1998），頁12-16。

19　本枚因非研究回顧，文中所提及的研究成果，多半是為討論主題之便，未提及者並不代表

　　本文除了作為婦女／性別史研究圈內的自省，亦針對中國史研究中有些作品仍處於「性別盲」階段，婦女／性別史研究表面看似蓬勃發展，卻仍不易與主流史學對話，[20]例如某些議題被歸為「政治史」的課題而與「性別史」無涉，即可見性別即是政治的概念，仍未被廣泛接納。筆者以為，如何發展出中華文化脈絡的交織圖像，是中國性別史研究這一個階段亟待思考的問題，也期待多元交織的討論能刺激不同的歷史學門在研究上相互參照交融，或亦可補西方性別理論對中華文化認識的不足。

　　以下筆者將先示範史料解析置入交織分析與否的可能差異，凸顯多元因子交叉併置的觀察對歷史研究的必要性；其次概述交織性理論及其與女性主義學術的關係，以作為文後討論的基礎；最後再思中國性別、族群與階層之交會方式，並嘗試置入中華文化脈絡下特有的交織變項（例如：嫡庶、長幼等倫理階序關係），以描繪立體的動態圖像，期待能深化中國性別文化史研究之複雜面向。

一、史料解析的可能性

　　為討論之便，以下利用一則明代方志列女傳，說明史料解析的單一與多元交叉之可能方式。明代嘉靖河南《許州志》載：

其研究不重要。

20 羅梅君（Mechthild Leutner）曾提及婦女性別史不被主流史學整合的五個原因，見 *Women in China: The Republican Period in Historical Perspective* (Münster: Lit Verlag, 2005); 中譯版：羅梅君著，張瑾譯，〈民國時期的婦女、社會性別和主流研究〉，收入游鑑明、羅梅君、史明主編，洪靜宜、宋紹鵬等譯，《共和時代的中國婦女》（新北：左岸文化，2007），頁20-57。

　　劉氏，廩膳生員袁錫妻。錫因下第，病卒，遺孤惟菲，
尚在襁褓。既葬，劉遂杜門罕見親戚，力躬紡織以自贍，百
計撫孤，鞠育成立。二十八而寡，今歷孀居三十五年。啜
粥茹淡，始終一節，稱重鄉評。嘉靖己亥知州張良知聞而褒
重其事，乃於正月元日榜其門曰：「生員袁錫妻劉氏貞節之
家」。士夫聲詩慶美者不一。今已六十四歲云。[21]

文中所謂「力躬紡織以自贍」，學者的理解為：

　　儒家對貞節的定義是婦女排除財政（按：應譯為「財務」）
上對親戚的依靠，並認為家庭紡織業是唯一適合與世隔絕的
女性的生產方式。拒絕再嫁之所以值得注意，更大程度是在
財政（按：應譯為「財務」）上不再依賴男性而生活，而不
是因為對性慾的克制。[22]

這個解釋顯然著重在經濟面向。然而，這篇史料可以解讀的方
向，除了經濟因素，尚有其他幾個方面，而且必須同時交叉看
待，才能彰顯其意義。在此提出社會階層、性別文化、政治制度
與史學編纂四者，示範個別單一分析有何缺陷，以及同時多元交
織來解讀一則史料的必要性。

---

21 張良知纂修，嘉靖《許州志》（收入《天一閣明代方志選刊》，冊14，臺北：新文豐出版股
份有限公司，1985，據寧波天一閣藏明嘉靖刻本景印），卷6，〈人物志·貞烈·許州·劉
氏〉，頁36b（總頁579）。

22 Timothy Brook, *Confusions of Pleasure: Commerce and Culture in Ming China* (Berkeley:
University of California Press, 1998), chap. 2, 100；中譯版：卜正民（Timothy Brook）著，方
駿、王秀麗、羅天佑合譯，《縱樂的困惑：明朝的商業文化》（臺北：聯經出版事業股份有
限公司，2004），頁137。

（一）僅見社會階層

　　如果我們只挑選單一因素，平面地認識這段資料，可能會有以下的缺憾。首先，僅從階層方面來分析，特別是專注在「力躬紡織以自贍」（經濟獨立）這個要點，實忽略傳主出於生員之家的社會階層。傳中「廩膳生員」標示了劉氏的丈夫不是農民百姓，而是府州縣學中「成績」較好的諸生，之後其鄉試落第，可見他居於明代下階儒士的社會身分。引文中未敘及傳主娘家與夫家的家族背景，我們只看到一個核心家庭的夫妻與幼子，實際上她可能與夫家同居，生活上或許依賴其他家人，因此從本傳我們對其真正的經濟生活條件，實無以確知。

　　而若未放入性別與書寫來思考，實無法真正解讀文中意涵，例如「杜門罕見親戚，力躬紡織以自贍」，強調的是她守寡期間罕與人來往，清守堅貞。[23]尤其明清大量傳記中不斷見到寡婦紡織的描述，乃與歷代強調兩性職責男耕女織形象相符，[24]恐怕也是傳主忙於勞力而非淫逸的隱喻（當然也不排除實情的可能性，但讀者感受到的訊息應該還是與貞節最為相關）。加上「遺孤惟菲，尚在襁褓」、「百計撫孤，鞠育成立」數語，也都是描繪「撫孤守節」的元素，以增添其苦節的形象。[25]因此，拒絕再嫁之所以值得注意，應該還是圍繞在「貞」的概念，即使傳主在經濟上不再依賴丈夫而活，仍有可能依賴家族，只是不一定見記載。

23　卜正民認為，「杜門罕見親戚」意味著節婦被要求與世隔絕；未有任何依附的婦人是流言蜚語的題材，其跨越男性為中心的宗族關係網路從而危害男性的權威，讓男性感到焦慮。見卜正民，《縱樂的困惑：明朝的商業文化》，頁137。

24　白馥蘭（Francesca Bray）著，江湄、鄧京力譯，《技術與性別：晚期帝制中國的權力經緯》（南京：江蘇人民出版社，2006），第6章。

25　衣若蘭，《史學與性別：《明史・列女傳》與明代女性史之建構》（太原：山西教育出版社，2011）。

而我們若未顧及制度與史學因素，也無法了解旌表制度的影響與限制、地方志修纂列女傳的意義，以及女性形象書寫的象徵意涵。

（二）只論性別文化

其二，如從性別文化（女德）來論之，讀者立即可發現這段史料強調的是長期孀居、「始終一節」的貞節事蹟；傳記著重在主人翁為人妻、母的家內角色。但若忽略傳主的社經地位，則有將婦女群體籠統簡化的嫌疑；而不加入政治制度與傳記書寫傳統，實也難看出時代之性別意涵，意即這篇傳記承載的可能不（僅）是明代婦女守貞的「具體事實」，傳文提及傳主的年紀與寡居的時間：「二十八而寡，今歷孀居三十五年。」也就是傳主符合「三十以前夫亡守志，五十以後不改其節」[26]的旌表節婦標準。明代表揚節婦的重點在「活的典範」，死後不旌，[27]本傳所言「今已六十四歲云」即是傳主行誼被調查的時間與存歿的證明，因此本傳的內容可能是提供官方旌表「材料」而產生。加以方志列女傳的編寫有其基本敘事模式，其目的也與地方官（或編修者）企圖藉由女德宣揚風教相關，甚至涉及地方政治角力。[28]

（三）偏重政治制度

其三，如果對政治具敏感的讀者，基於文中所述嘉靖18年

---

26 申時行等修，《明會典》（萬曆朝重修本，北京：中華書局，1989），卷20，戶部七，〈戶口二·賦役〉，頁134。

27 關於明代旌表節婦烈女制度，詳見費絲言，《從典範到規範：從明代貞節烈女的辨識與流傳看貞節觀念的嚴格化》（臺北：國立臺灣大學出版委員會，1998）。

28 參柯麗德（Katherine Carlitz）著，王碩譯，〈明中期江南的祠堂、統治階層特點及寡婦守節的流行〉，收入姚平主編，《當代西方漢學研究集萃·婦女史卷》（上海：上海古籍出版社，2012），頁111-146。

（1539）知州的表揚，會注意到傳記細節涉及的旌表制度。然僅關注明代旌表制度中的年歲限制，未思考社會階層問題，則恐忽略傳主為生員之家，按照規定本無受旌之資格，[29]至嘉靖年間才有所轉變。嘉靖2年（1523）奏准：

> 今後天下文武衙門，凡文職除進士、舉人係貢舉賢能，已經豎坊表宅，及婦人已受誥敕封為命婦者，仍照前例不准旌表外，其餘生員、吏典一應人等，有孝子順孫義夫節婦，志行卓異，以激勵風化、表正鄉閭者，官司仍具實跡以聞，一體旌表。[30]

本傳並非特例，而是明代中葉社會階層與國家制度的互動結果。若不結合史學書寫與性別意涵來觀察，我們也只會見及史料表面呈現的道德標準，看不出女性傳記如何被「製作」，傳記又如何「壓縮」傳主的一生，「特寫」其某段時間、某種行誼（婚後、守貞）。明清女性節烈事蹟之記載、篩選與流傳，實與傳記的生產機制密切相關，其與明代女德褒揚體制互為表裡，形成當時的節烈風氣，而節烈觀與氣氛又強化傳記之記載與主題的採選。[31]

29「（正德）十三年，令軍民有孝子順孫、義夫節婦事行卓異者，有司具實奏聞。不許將文武官、進士、舉人、生員、吏典、命婦人等，例外陳請。」申時行等修，《明會典》，卷79，禮部三十七，〈旌表〉，頁457。

30 申時行等修，《明會典》，卷79，禮部三十七，〈旌表〉，頁457。

31 參費絲言，《從典範到規範：從明代貞節烈女的辨識與流傳看貞節觀念的嚴格化》；衣若蘭，《史學與性別：《明史・列女傳》與明代女性史之建構》。

（四）單視史學編纂

　　其四，這篇生命史書寫，聚焦在寡妻守節，劉氏的名字完全不見記載，而被稱為某生員之妻，女人的個別姓名或許對於當時的讀者和作者來說，意義較不大，他們需要的是藉由女性的依附身分來放置她的家庭與社會脈絡，由此來讓人們辨識她。本傳的產生與內容的擇選，顯現的是明代方志列女傳的「製作生產」、撰寫模式與書法隱喻。明代女性傳記往往凸顯傳主的貞節形象，而擠壓其他女德的描寫，例如母儀；[32] 傳記內容描寫勤於紡織的形象，亦可說是書寫寡婦守節的一種隱喻。

　　但若只從傳記書寫來看，這可能是一篇大家以為「千人一面」的節婦傳，內容簡短，也不夠「苦節」，似乎會被認為無所闡發之處。若未結合明代制度、性別文化與社會階層，我們實無法窺見短短傳文卻述及身分、年歲、鄉評與表揚，實是明中葉旌表的標準與執行的反映。我們也不易理解這個傳記的產生、寫作目的及其內容與流傳，乃是地方上大量上呈「女性事蹟」等待旌表的「遺跡」或成果；表揚這位節婦的知州張良知，正是此部方志的編者，劉氏在方志出版的前兩年嘉靖己亥（1539）被表揚，即於張任內被採訪並收入地方史志。

　　作者此處特寫一位女性的德性，選擇的主題不在主中饋、婦言或慈善，而是貞節；強調的性別角色不在為人女的責任，而是為妻與為母的職責，文中凸顯的是忠於其夫以及撫養遺孤。全篇傳文的用辭都在支撐作者想要凸顯的貞操，而之所以強調這類女德，實與社會對男女角色期待之氛圍、作者欲宣傳的道德理念密

---

32 衣若蘭，《史學與性別：《明史·列女傳》與明代女性史之建構》。

切相關。不關心性別文化，則無以凸顯旌表制度對明代女德之塑造、傳記敘事模式的性別意涵。另外，這些傳主的家族，不少為社會關係網絡中不容忽視者，生員之家被納入國家表揚體系，顯現明中葉制度的變革與社會階層的期待與變動，值得注意。

　　此篇簡短的方志傳文實包含了社會階層、性別文化、政治制度與史學編纂等多重元素，唯有將這四個因素交會併置解析，我們才得以演繹闡釋傳中多層次的歷史訊息，缺一不可。缺少了性別文化分析，這篇傳記只不過是個枯燥乏味、同質性極高的千萬列女傳記之一；忽略制度的理解與政治目的之思維，傳記內容的特質與產生之目的，亦無法彰顯；而不具備社會階層的敏感度，只從經濟面向來解釋，也可能對傳主的身分認識不全；最後，若遺漏史學的思考，則不易了解書寫模式、傳記細節與傳文的隱喻。

　　上述利用一則短篇女性傳記，示範多元交織的可能分析方式。這樣的分析，實可從女性主義交織性理論得到靈感。然究竟何謂交織性理論？其與性別理論的學術發展脈絡有何關係？此理論對我們省思中國性別史研究有何幫助？可能的侷限又何在？如何進一步發展中華脈絡的多元交織性別史？以下將先概述此理論，以作為文後筆者衍發多元交織中國性別史研究的基礎。

二、交織性理論概述

　　「交織性理論」一般認為是黑人女性主義法律學者坎秀（Kimberlé Williams Crenshaw）於1989年提出的認知架構。源於深感黑人女性經驗無法融入美國傳統性別歧視或種族歧視的個別討論範圍，她認為造成不平等的根源不會只有一個，通常也不會單獨

存在，實際上婦女面臨到是各種形式、多層次的壓迫。[33]坎秀試圖為當時美國社會人群的分類方式與身分認同之困境找尋出路，認為必須交織看待社會建構的各種類別（category），例如除了性別以外，還有種族、階級等等，她特別強調黑人婦女的「交織經驗」比性別、種族歧視的「加總」來得重要，如果沒有將多元因素交織一同看待，無法確切看清黑人婦女的從屬地位。[34]

此論點衝擊了主流白人中產階級女性主義認為性別不平等是一切剝削根源的概念，挑戰了「女性」經驗的普世與單一，特別是「男性宰制論」中可能忽略的種族／族群與階級等壓迫因子，及其與性別壓迫之間的交錯關係。交織性理論亦被稱為多元交織女性主義（intersectional feminism）。[35]

（一）交織性理論與美國女性主義學術發展

交織性處理的是第二波婦運之後，反思「差異性」的問題，此理論強調各種多元身分。「差異」實非一個全新的概念，而是女性主義學者不斷地反省、互動、累積而成。

---

33 Nira Yuval-Davis. "Intersectionality and Feminist Politics," *European Journal of Women's Studies* 13:3 (2006), 196.

34 Kimberlé Crenshaw, "Demarginalizing the Intersection of Race and Sex: A Black Feminist Critique of Antidiscrimination Doctrine, Feminist Theory and Antiracist Politics," *University of Chicago Legal Forum* 1989, 139-167.

35 Kimberlé Crenshaw, interview by Sara Hayet, "Kimberlé Crenshaw Discusses 'Intersectional Feminism'" (video), posted October 15, 2015, https://www.youtube.com/watch?v=ROwquxC_Gxc,accessed (March 19, 2017). 漢考克（Ange-Marie Hancock）則認為討論交織性理論不能只提坎秀、柯林斯等一兩位學者，還有不少學者都對此領域均頗有貢獻，例如Bonnie Thornton Dill, "Race, Class, and Gender: Prospects for an All-Inclusive Sisterhood," *Feminist Studies* 9:1 (Spring 1983), 131-150, 一文奠下交織性理論的社會學根基，而且漢考克認為要上推這個理論的知識淵源與黑人女性主義的過往發展，包括19世紀黑人女權運動者如Maria W. Stewart (Maria Miller, 1803-1879)的Religion and the *Pure Principles of Morality* (1830)一書，見Ange-Marie Hancock, *Intersectionality: An Intellectual History*, 1-21.

　　美國女性主義婦女史研究萌芽於1960年代晚期，源於尋找女性被壓迫之根源，1970～1980年代開始蓬勃發展。[36] 1970年代勒納（Gerda Lerner）首先談論性別角色（gender role）於歷史研究上的重要性，提醒歷史研究者注意性別對歷史分期的可能挑戰，文中提及少數學者已開始將性別視為如種族、階級一般的歷史動因來分析。[37] 凱莉（Joan Kelly）也曾使用「以生理性別作為分類」（sex as a social category）來呼應時人所說的「以婦女作為分類」（women as a category），提出性別關係（relationship between sexes）是「社會的」而非「自然的」概念。[38] 戴維斯（Natalie Zemon Davis）則指出婦女史研究的目標，一為明瞭兩性（sexes）與性別群體（gender groups）的過往；二是挖掘性角色與性象徵（sexual symbolism）在不同社會與時代的範疇，以知其意義，及如何維持社會秩序或促進改變；第三，解釋為何兩性角色有時被嚴加固定（tightly prescribed），有時候又是流動的，有時對稱而有時又不平衡。[39]

　　1980年代婦女史學者則質疑女性情誼（sisterhood）的單一性，例如他們提出黑奴女性與其莊園女主人並非站在同一陣線，中產階級和勞工階級女性亦未必有共同目標。[40] 女性主義人類學家

---

36 美國婦女史研究從19世紀中葉到2001年之發展，詳見俞彥娟，〈從婦女史和性別史的爭議談美國婦女史研究之發展〉，《近代中國婦女史研究》，第9期（2001），頁207-234。可惜該文並未論及黑人女性主義的交織性理論。

37 Gerda Lerner, "Placing Women in History: Definitions and Challenges," *Feminist Studies* 3:1/2 (Autumn 1975), 5-14.

38 Kelly-Gadol, "The Social Relation of the Sexes: Methodological Implications of Women's History," *Signs: Journal of Women in Culture and Society* 1:4 (Summer 1976), 809-810.

39 Natalie Zemon Davis, "'Women's History', in Transition: The European Case," *Feminist Studies* 3:3/4 (Spring-Summer 1976), 83-103.

40 Nancy A. Hewitt, "Beyond the Search for Sisterhood: American Women's History in the 1980s,"

亦反省性別文化的矛盾衝突，注意到不平等制度可能還與年齡、層級（rank）、族裔、階級等因素相關，試圖觀察這些歧視之結合如何形成一種特別的社會性別體系（gender system），例如從探究非洲部落中老年與青年男子之間的不平等關係而獲心得。[41]

1990年代，在建立「性別作為分析範疇」的概念之後，斯科特主張以「差異」作為女性主義分析的範疇，批評女性主義為了政治動員，把「婦女」作為一個先於歷史存在的社會類別，將「婦女」看作一個永恆的、明顯與其他群體有所區別的社會群體，她認為女性主義歷史成了一部消滅女性之間差異的歷史，而這些差異（例如階級、性取向、族裔、政治、宗教與社經地位等等），被壓縮成一個「婦女」的共同身分。[42]

交織性理論即是在1980年代以來反省性別與婦女論述的單一性中應運而生，其中對於階級與性別的結合觀察，可溯及社會主義女性主義者的訴求，又與左派、黑人社會主義女性主義之間頗有淵源，[43]其後在強調多元差異的風氣下，更有助其繼續深耕。

交織性理論的討論原本主要放在美國民權運動、反歧視與家暴案件，後廣泛被運用在社會學、政治學等領域。眾所皆知，一個人不會單純只有「性別」一種身分認同，她／他還有族群、階級、宗教、年齡、輩分等等不同身分，既然如此，當我們討論相關問題時，能不將他／她的其他身分認同或影響事件的因素同時

Social History 10:3 (October 1985), 299-321.

41　Faye D. Ginsburg and Anna Lowenhaupt Tsing, *Uncertain Terms: Negotiating Gender in American Culture* (Boston: Beacon Press, 1990), 5.

42　Joan Wallach Scott, ed., *Feminism and History*, 4-5.

43　Linda Gordon, "'Intersectionality', Socialist Feminism and Contemporary Activism: Musings by a Second-Wave Socialist Feminist," 340-357.

放入討論嗎？坎秀試圖研究個人生命經驗與社會結構制度，及其與集體政治動員之間的關係。[44]麥金儂（Catharine A. MacKinnon）則以多元交織來研究家庭暴力的問題，認為家暴的緣由，不完全只是性別這個單一因素，種族與階級因子也不容忽視。[45]歷史學方面，吉爾莫爾（Glenda Gilmore）曾以交織的方式來討論種族隔離的問題，認為過去將非裔美人史、婦女史、南方史與政治史分別研究論述，並不能完整地呈現過往人們真正的生活面向。[46]美洲史研究中即可見不少將種族、性別與政治權力相互交織的研究成果。[47]

（二）交織性理論的彈性與衍化

讀者或許會以為「交織性」完全等同於多元主義，實際上，「交織性」看似將多元因素放在一起，其理論與多元概念未必完全相同。

學者曾指出，多元取徑與交織論兩者都認可各種範疇之間同等重要，然多元研究方式往往預設了各種範疇之間的關係，而交織性研究方法則儘量不預設此，保留實證研究開放的可能性。其

---

44 Kimberle Crenshaw, "Mapping the Margins: Intersectionality, Identity Politics, and Violence against Women of Color," *Stanford Law Review* 43:6 (July 1991), 1241-1299.

45 Catharine A. MacKinnon, "Intersectionality as Method: A Note," *Signs: Journal of Women in Culture and Society* 38:4 (Summer 2013), 1019-1030.

46 Glenda Gilmore, *Gender and Jim Crow: Women and the Politics of White Supremacy in North Carolina, 1896-1920*, New ed. (Chapel Hill and London: The University of North Carolina Press 1996).

47 例如Bonnie Thornton Dill, "Our Mothers' Grief: Racial Ethnic Women and the Maintenance of Families," *Journal of Family History* 13:4 (March 1988), 415-431. Eileen J. Suárez Findlay, *Imposing Decency: The Politics of Sexuality and Race in Puerto Rico, 1870-1920* (Durham, N.C.: Duke University Press, 1999). 另可參Karen J. Leong, "Still Walking, Still Brave: Mapping Gender, Race, and Power in U.S. Western History," *Pacific Historical Review* 79:4 (November 2010), 618-628.

次，關於範疇的概念化，多元取徑無論處理的是個別或者制度層面，都是一種較傾向靜態的概念，而交織性則注意個體與制度因素之間的動態互動；第三，在分析方面，多元取徑在乎分析個體與制度的個別因素，交織性則著重分析個體與制度之間的整合。第四，多元取徑進行的是從實證或理論擇一研究，而交織性則是二者均用，以多重方法來進行研究。[48]也就是說，多元概念處理的雖是多種類別，然可能僅採取單一面向來各別研究闡釋，而交織性強調的是多種範疇的多個面向，同時相互交會纏結；多元主義可能是平面的——置入討論，交織性則期待更立體的透視問題。

　　要之，筆者認為關於交織性理論，值得注意的有以下幾點：

　　1. 交織性不只是討論多種社會類別與差異，而交織性就是注意到分類的可能缺失與簡化，強調類別之間須交織看待，且使難以歸類者，其個別經驗被納入討論，因此必須結合多元身分一同觀察。交織性理論提醒我們只看到性別而不論文化、政治的可能偏狹，[49]她們主張經驗與情境的重要，例如有色人種在美國感到自己主要被認定的經驗，可能不是性別，而更可能是種族。

　　2. 交織性所談的多重身分元素，並不是將個人的這些經 驗「加減」，[50]而是探究在不同社會結構與脈絡中，這樣的多重身

---

48 Ange-Marie Hancock, "When Multiplication Doesn't Equal Quick Addition: Examining Intersectionality as a Research Paradigm," *Perspectives on Politics* 5:1 (March 2007), 63-79.

49 Kimberlé Crenshaw, "Mapping the Margins: Intersectionality, Identity Politics, and Violence against Women of Color," 1246. Leslie McCall, "The Complexity of Intersectionality," 1785-1786.

50 例如設若亞裔女性在族群與性別上居於弱勢各減10分，它們成了負20分，然後發現其為上階層婦女就再加10分回來，成了負10分。可參林津如，〈〈女性主義縱橫政治〉及其實踐：以臺灣邊緣同志為例〉，收入游素玲主編，《跨國女性研究導讀》（臺北：五南圖書出版股份有限公司，2011），頁22-23。但既然多元交織不是「加法」，筆者以為，應也不見得會是「乘法」。所謂的質變不是加法或乘法而來，而是可能在多元身分、因子交互作用之後，產生新的問題與新的面向。因此，應非如學者所說的性別壓迫「乘上」種族壓迫，見林津如，對Nira Yuval-Davis, "Intersectionality and Feminist Politics" 一文的理解，參氏著，〈〈女

分元素可能產生的作用點與交織樣貌之差異。柯林斯（Patricia Hill Collins）即反對將這些多種不平等的因素相加，認為這些壓迫並不是相加乘而是相互交織。她提出支配矩陣（matrix of domination）的概念，認為壓迫的文化模式不僅是相互密切關聯，而且受到社會中族裔、性別與階級的交織而彼此纏繞，這些多元壓迫其實涉及個人、社會與制度的多個層面。[51]要之，交織性理論強調的不是簡單的疊加變數，而是從一個特別的視角出發，探究包含日常規則中潛在的層級權力關係（hierarchical），以及種族、性別與階級之交會，並觀察現實的人群與經驗。[52]

過去我們的分析方式，若非單一從性別、種族或階級面向來討論，或用「二重」或者「三重」剝削來疊加解釋，女性常直接被認定為被剝削者，而如果又同時具備有色人種身分，再被視為第二重壓迫；這種加乘法的討論方式，一方面未考慮事件發生的情境或歷史脈絡中多重身分認同的交互作用，另一方面也未再思考其他多元身分因素存在的可能性，有時會過於簡化而偏向無限上綱所謂「弱勢者」的身分。因此回歸歷史事件發展的情境，將豐富多元的因素交織觀察，分析影響事件發生的因子與個人身分經驗，或許比將人的被壓迫身分直接相加乘更能洞悉問題的關鍵。

3. 交織因素會隨著情境而有所變動、衍化。有些身分（認同）（因素）與文化壓制，在特定情境下有效，有時又失效，有些因子在特定的時空中會浮現（意義），有時又消失。例如一位亞裔女教授在美國可能自認（被認）為是少數弱勢女性，她在

性主義縱橫政治〉及其實踐：以臺灣邊緣同志為例〉，頁22-23。

51 Patricia Hill Collins, *Black Feminist Thought: Knowledge, Consciousness, and the Politics of Empowerment* (Boston: Unwin Hyman, 1990), 42, 222, 226-227.

52 Catharine A. MacKinnon, "Intersectionality as Method: A Note," 1020.

教研單位中可能又受制於層級的權力結構威脅（當然也可能受惠）；但當她來到亞洲國度，她的少數族群身分（感）驟減，性別的可能劣勢也許在社會階級的優勢中變得模糊，而英語能力或許又使其占有另外優勢。又如，在臺灣一位「外省人」或者「原住民」男性可能具有各自族群身分意識，到了海外面對不同社會文化，此個體又可能面臨不同優勢文化之宰制，或產生新的身分認同，比方說亞裔、華裔、有色人種、非以歐美語系為母語者等等。因此，多元交織實刺激我們思考身分認同之間的彈性與影響因子的多重變化。

　　而除了思考哪些多元因素須加入討論，我們可能還須進一步評估這樣多重交織的元素中，何者影響力優先或強大。許多問題雖涉及性別，但性別並不總是主導事件發展的單一或最主要因素；同理，也可放在階級、種族等其他面向思考。

　　交織性理論雖然已經是歐美女性主義分析中的一個常用術語，但是學者各自的理解與使用巧妙各有不同。為此，幾位黑人女性主義者於2013年又再度省思此理論，凝聚三種研究取向：1.作為分析框架的應用（例如分析性別、階級、種族在勞動市場的作用）；2.將交織性作為理論與方法；3.實用層面。她們希望將交織性理論擴大為「交織性研究領域」（field of intersectional studies），其中麥金儂特別再次強調將交織性作為方法論的重要性。[53]

　　然而也有人批評交織性理論定義不明，訕笑其「無所不

---

53 Sumi Cho, Kimberlé Williams Crenshaw, and Leslie McCall, "Toward a Field of Intersectionality Studies: Theory, Applications, and Praxis," *Signs: Journal of Women in Culture and Society* 38:4 (Summer 2013), 785-810. Catharine A. MacKinnon, "Intersectionality as Method: A Note," 1019-1030.

包」，方法論不清。[54]又認為其描繪社會「類別」的界線而有過於本質化之嫌，且總著重在類別之間的「宰制關係」。加以其討論與應用在美國學界常較限於黑人議題，太強調種族因素而可能忽略如階級或經濟上的不公。[55]有人甚至質疑當今社會將「類別」細分是否仍具意義？用社會類別來直接代表群體利益是否可行？太過強調身分認同會不會削弱社會制度的作用？因此，有學者建議，交織性應該要關注社會群體關係之間如何變化，而不是只關注於這些群體本身的定義與再現。[56]無論如何，弔詭之處即在於，此理論之多樣化與複雜，意義模糊不清，反而引起更熱烈的討論。[57]

　　總之，交織性理論初期的解釋模型較為單一，其後則強調動態與過程，[58]例如從單軸（single axis）分析改為矩陣式思考（matrix thinking），摻合一些未被標示、透明的類別元素，並且多面向地加以解釋分析，[59]這種動態理論，實有利於各領域專家進行討論、挪用與整合再製。那麼，在中國性別史研究方面，我們如何發展出符合文化情境的交織圖像？

---

54 相關回應詳參 Jennifer C. Nash, "Re-thinking Intersectionality," *Feminist Review* 89 (June 2008), 1-15.

55 參 Linda Gordon, "'Intersectionality', Socialist Feminism and Contemporary Activism: Musings by a Second-Wave Socialist Feminist," 350, 347.

56 Leslie McCall, "The Complexity of Intersectionality," 1785-1786.

57 Kathy Davis, "Intersectionality as Buzzword: A Sociology of Science Perspective on What Makes a Feminist Theory Successful," 67-85.

58 Sylvia Walby, "Complexity Theory, Systems Theory, and Multiple Intersecting Social Inequalities," *Philosophy of the Social Sciences* 37:4 (December 2007), 449-470.

59 Vivian M. May, *Pursuing Intersectionality, Unsettling Dominant Imaginaries*, chap. 1.

三、中華文化脈絡下的交織與變項

　　最新美國史研究之趨勢傾向淡化婦女史、非裔美人史與勞工史之間的界線，將社會各種不同的類別如族裔、性別、階級等交織討論。而引領風潮的史學家，對於開展新的領域或新的理論框架似乎興趣較低，他們更樂於尋找史學因素之間的交織與互動。[60]

　　交織性理論源自對女性處境的關心，強調女人並非只有一種面目，然畢竟源自黑人女性主義，交織性理論還是比較強調社會的宰制關係，例如柯林斯認為任何社會都有其特殊的支配矩陣，交織著各種壓迫體系，例如種族、社會階級、性別、性屬（sexuality）、公民地位、年齡等；而且它是一種特殊的支配權力組織，結構的、紀律的支配人與人之間。[61]而交織性理論發展初期主要在「女性」或者「性別」內部來談「差異」，如此雖然挑戰了第二波婦運的種族與階級盲點，卻仍難衝擊不甚關心性別或女性議題的學門。我們或許可將性別因素獨立出來，將之與各種身分認同或社會制度的不同面向加以交織，更能使性別研究與主流學術對話，增進彼此互動。中國史學界（特別是華文學界）迄今罕見呼應交織性理論者，而交織性理論實亦不適合直接套用在中國的情境，因此以下筆者選取數例，提示如何修正衍發多元變項，發展適合中華脈絡的多元交織性別史研究，[62]所舉之例多半

60　Eric Fonerandand Lisa McGirr, eds., *American History Now* (Philadelphia: Temple University Press, 2011), viii, 53.

61　見Patricia Hill Collins, *Black Feminist Thought: Knowledge, Consciousness, and the Politics of Empowerment*, 299. 而及至2016年，漢考克著書討論交織性，其宗旨仍在探究類別之間的關係與嘗試凸顯、矯正過去忽略黑人婦女或者有色人種婦女的社會政治位置。Ange-Marie Hancock, *Intersectionality: An Intellectual History*, 8.

62　本文多處運用「中華」脈絡或「華人」文化而非「中國」，因「中國」一詞容易有地理區域或

圍繞在筆者較為熟悉的明清時代。

（一）再思階層、族群與性別之交織

首先，交織性提醒我們，既然性別不是普世的，那麼階級、族群問題也不會是普世的。[63]曾有學者提醒研究中國婦女地位，首先應該注意她們分屬於不同的階層，並非所有的女性都從屬於所有的男性，而是在特定階級中，按照個人或家庭的關係而從屬。[64]郝繼隆（Albert O'Hara, S. J., 1907-1983）曾將中國婦女粗分為四層：奴隸與勞動女性、農商之妻、士宦之妻、貴族與統治階級之妻。[65]在這四種分類中，有三種是以妻子的身分依附於男性的階級分類，忽略了家庭中女性的不同角色，我們或許以某階層家庭的「女眷」來分類較為適合。然傳統中國婦女的階級劃分，本是一個棘手的問題，主要在於如何處理女性依附性的問題；上述的「勞動婦女」未以依附方式被歸類，然「農商之妻」之分類，著重其依附性又忽略其生產的可能獨立性。

性別與社會階層交會的研究，在中國性別史研究上並非罕見，[66]但關於階層的定義與劃分，以及如何從階層差異來省思性

政權的直接指涉，且也難以將不同族群對應討論。「中華」或者「華人」則避免了這樣的侷限，也讓討論的平臺包括17至19世紀的東亞或海外華人社群。

63 本文在此使用「族群」而非如交織理論所強調的「種族」，是為了選擇適合中華歷史文化脈絡的類別範疇，例如關於滿族的討論，似不當以種族論之。

64 Priscilla Ching Chung, *Palace Women in the Northern Sung, 960-1126* (Leiden: E. J. Brill, 1981), 89.

65 他並比較這些婦女，認為勞動階級與農商之婦比富裕之家的女性較有活動自由。見Albert Richard O'Hara, *The Position of Woman in Early China: According to the* Lieh Nü Chuan, *"The Biographies of Chinese Women"* (Hong Kong: Orient Publishing, 1955), 261.

66 例如李貞德的研究曾提醒我們將階級納入性別討論的重要性，見李貞德，〈傑出女性、性別與歷史研究〉，收入王雅各主編，《性屬關係》（臺北：心理出版社股份有限公司，1999），下冊，頁1-16。以及其有關於中古時代貴族、乳母等研究成果，見李貞德，《公主之死：你

別議題，仍有待深化。高彥頤在《閨塾師》一書中對階級的定義為：基於財富、政治權力、文化資本與主觀意識的群體與社會身分。[67]階層的區分，在中國的脈絡中，除了良賤、士農工商等，似尚宜包括任官考試資格、科名與識字能力等等，再加以細分。

　　高彥頤曾指出士人妻與佃農妻之間具有無可逾越的差異，各階級中婦女並無共同的利益，我們談性別時往往容易將男女相對，而將士人妻子與名妓的共性拿出來討論，在強調階級時則卻著眼於階層差異（社經地位）的懸殊。[68]可見性別史研究者，不少傾向用普世的模型來談性別差別待遇，當研究上層婦女時強調性別不平等，忘了她們的身分階層優勢與限制；面對下層婦女史料時，仍舊僅談性別差異，未深入探討其階級身分可能導致的歧視，以及同性但不同階級之間的互動。[69]反之，學者討論男性史時，則常著重在階層區分而遺漏性別議題的存在，例如下層社會男性的性別議題，以及科舉文化與階級、性別的因子互動等，皆尚有研究的空間。[70]

所不知道的中國法律史》（臺北：三民書局股份有限公司，2001）；〈漢魏六朝的乳母〉，《中央研究院歷史語言研究所集刊》，第70本第2分（1999），頁439-481。另，高彥頤著，李志生譯，《閨塾師：明末清初江南的才女文化》。

67 高彥頤著，李志生譯，《閨塾師：明末清初江南的才女文化》，頁6-7。

68 高彥頤著，李志生譯，《閨塾師：明末清初江南的才女文化》，頁6-7、273。

69 關於婦女與階層的相關研究，參衣若蘭，《三姑六婆：明代婦女與社會的探索》（臺北：稻鄉出版社，2001，2003再版），第4章。又，關於江南的生產，李伯重則注意到農婦的貢獻，補充我們對下層婦女勞動的理解，見氏著，〈「男耕女織」與「婦女半邊天」角色的形成：明清江南農家婦女勞動探討問題之二〉，《中國經濟史研究》，第47期（1997），頁10-21；〈從「夫婦並作」到「男耕女織」：明清江南農家婦女勞動探討問題之一〉，《中國經濟史研究》，第43期（1996），頁99-107。另外，學者曾研究日治時期臺灣日本中間層女性的經驗，參顏杏如，〈歌人尾崎孝子的移動與殖民地經驗：在新女性思潮中航向夢想的「中間層」〉，《臺灣史研究》，第23卷2期（2016），頁65-110。文中所舉的例子為一名職業婦女。那麼，傳統中國是否有中間階層？中間階層的婦女為何？

70 少數如蘇成捷（Matthew H. Sommer）研究清代地方社會小民百姓的多偶現象，注意到性

　　而若再加上族群因素，中國性別、階級與族群交織之豐富、複雜面向應更能展現。17至19世紀中國史研究最可發揮性別、族群、階層之交織研究，大概屬於滿族相關的議題。[71]以目前研究成果較為豐碩的清代寡婦議題為例，若能整合多重因素同時交織觀察，歷史的圖像或將更為明晰。當守節與再嫁議題放入族群因子考量，可發現旗人寡婦再婚與否的選擇，實涉及了贍養銀與搶婚、收繼婚俗，也就是說，在旗漢的對照中，旗人有族群的經濟保障來支持其寡居生活，也可能有族群的特殊婚俗迫使其再嫁，那麼在這樣的脈絡中，是否仍可稱之為「守節」？或許以「寡居」稱之更為恰當。又據學者研究，滿漢家庭糾紛中，漢人犯姦問題的比例高過旗人，[72]然此是否能以滿人更重視貞節來解釋，或可再思。

別的議題。*Polyandry and Wife-Selling in Qing Dynasty China: Survival Strategies and Judicial Interventions* (Oakland, Calif.: University of California Press, 2015). 科舉方面可參Hoi Ling Lui, "A Haunting Voice: A Place for Literary Wives in the History of the Civil Examinations in Qing China," *New Zealand Journal of Asian Studies* 13:1 (June 2011), 17-30. 又學者曾注意到年輩與功名是士大夫家庭中的兩套身分階序，亦可視為士大夫表現男性氣概的自我認同。參孫慧敏，〈晚清民初士大夫家庭中的男性家長：以曾國藩、王闓運、譚延闓為例〉，《近代中國婦女史研究》，第22期（2013），頁1-64。吳玉廉則探討商人階層的男性特質，參Yulian Wu, "Collecting Masculinity: Merchants and Gender Performance in Eighteenth-Century China," in Beverly Jo Bossler ed. *Gender and Chinese History: Transformative Encounters* (Seattle: Washington University Press, 2015), 59-82.

71 定宜庄與賴惠敏對旗人婦女／性別已有相當的成果累積，見定宜庄，《滿族的婦女生活與婚姻制度研究》（北京：北京大學出版社，1999）、賴惠敏，《但問旗民：清代的法律與社會》（臺北：五南圖書出版股份有限公司，2007）。而戴蘭真（Janet Theiss）也為我們描繪了一個多民族帝國的性別政治，見*Disgraceful Matters: The Politics of Chastity in Eighteenth-Century China* (Berkeley: The University of California Press, 2004). 盧葦菁亦曾提醒滿族統治是清代特別重視「貞女」的因素之一，見盧葦菁著，秦立彥譯，《矢志不渝：明清時期的貞女現象》（南京：江蘇人民出版社，2010），第3章。然如何將性別、族群與階級三者同時交織研究，仍有待開發。

72 相關研究參賴惠敏，〈從清代檔案看旗人的家庭糾紛(1644-1795)〉，收入游鑑明主編，《無聲之聲(Ⅱ)：近代中國的婦女與社會(1600- 1950)》（臺北：中央研究院近代史研究所，2003），頁53-84。

　　若加上社會階層因素，我們也必須注意史料中提及的旗人家庭屬於哪個階層，他們的經濟地位如何？生計情形與階層的關係又如何？[73]同屬下階層，旗漢的生計困難有何不同？旗漢婦女的再嫁與否和階層或族群因素之關聯性，何者更為密切，這些都是需再考量的面向。又，清中葉社會性別比例失調與清朝對女性貞操的極端強調、對男性氣質的建立之間所涉及的族群、階級的問題，亦可再探討。[74]

　　要之，我們若僅以性別宰制女德規範來談貞操、守節與再嫁，或片面爭辯滿人或漢人誰較為守貞、旗人是否受漢文化影響而遵從儒家倫理貞操，都顯得不夠周延。過往研究者常以旌表女性的人數來推論明清時代滿漢人群對守節的重視與否，即是忽略制度在不同時期、針對不同族群策略的差異。唯有同時將性別、階層、族群、制度等因素交叉考量，才有助於梳理豐富多元的清代性別課題。

　　此外，交織互動也可以運用在討論男性特質與父子、兄弟、朋友關係。曼素恩（Susan Mann）曾呼籲學界若不放入男性研究，性別史會被視為只是婦女史而已，特別提醒男性友誼在中國歷史研究上的意義。[75]男性史研究實有助於我們再思男／女、陰

---

73 關於八旗的研究成果，可參鹿智鈞，〈近二十年來(1989-2009)八旗制度研究的回顧與討論〉，《史耘》，第14期（2010），頁125-175。然這些研究中關於人群的階層問題，似仍有待釐清。

74 參Matthew H. Sommer, "What Does It Mean to Be a Man in China?" *Cross-Currents: East Asian History and Culture Review* 16 (September 2015), 190-197.

75 Susan Mann, "Women's History, Men's Studies: New Directions in Research on Gender in Late Imperial China," 黃克武主編，《中央研究院第三屆國際漢學會議論文集歷史組：性別與醫療》（臺北：中央研究院近代史研究所，2002），頁73-103。黃衛總（Martin W. Huang）也提醒男性人際網絡、男性親屬之間的關係，見*Negotiating Masculinities in Late Imperial China* (Honolulu: University of Hawai'i Press, 2006). 亦可參*Nan Nü: Men, Women and Gender in China*「明代男性友誼」（Male Friendship in Ming Dynasty）專號，2007。

／陽的對比；[76]而加入情慾與性屬因素，明清時代的男性特質又
會展開不一樣的面向，時代的特色也呼之欲出。[77]目前已有學者
問到，漢人男性在朝代轉折之際面臨薙髮令與男性特質建立之間
的關係，以及旗人官員完顏麟慶（1791-1846）與貧士沈復建構自
我男性形象的時代因素，[78]但如何在這些個案研究中再放入族群
與階層的因素來交織觀察，或許是未來清代男性史研究可再深究
的課題。

　　而在當前熱門的「新清史」的討論風氣下，我們應可挖掘更
多漢與非漢（或者滿與非滿）、中心與邊陲（界域）、[79]統治與被

---

76 雷金慶即是在這個反思上，建立中國男性特質的「文」／「武」框架，見Kam Louie, *Theorising Chinese Masculinity: Society and Gender in China* (Cambridge: Cambridge University Press, 2002). 李木蘭（Louise Edwards）探究《紅樓夢》中男女衣著打扮所展現的男性特質，也省思過去對「陰」「陽」特質的應用，見Louise Edwards, "Aestheticizing Masculinity in *Hongloumeng*: Clothing, Dress, and Decoration," in Kam Louie, ed., *Changing Chinese Masculinities: From Imperial Pillars of State to Global Real Men* (Hong Kong: Hong Kong University Press, 2016), 90-112. 韓獻博則為我們構築了中國男性史的通論，見Bret Hinsch, *Masculinities in Chinese History* (Lanham, Md.: Rowman and Littlefield, 2013). 只可惜該書略過性別文化豐富多彩的清代。男性史在中國性別史研究方面確實是一個亟待開發的領域，相關研究成果與書目，參何宇軒，〈方興未艾：學術界的中國男性史研究〉，《漢學研究通訊》，第32卷4期（2013），頁1-10；〈中國男性史研究論著目錄〉，《書目季刊》，第49卷2期（2015），頁105-121。薛英傑，〈男性特質視角在西方明清研究中的運用：以方法論的轉向為中心〉，《婦女研究論叢》，第6期（2006），頁89-99。

77 例如魏濁安（Giovanni Vitiello）探究16世紀中葉到19世紀中葉文學中的同性戀與性愛觀，見氏著，*The Libertine's Friend: Homosexuality and Masculinity in Late Imperial China* (Chicago: The University of Chicago Press, 2011). 黃克武則利用明清笑話書、戲曲、豔情小說及民初報紙窺見明清至近代男性氣質的轉變，見氏著，《言不褻不笑：近代中國男性世界中的諧謔、情慾與身體》（臺北：聯經出版事業股份有限公司，2016）。

78 見Matthew H. Sommer, "What Does It Mean to Be a Man in China?" Binbin Yang, "Drawings of a Life of 'Unparalleled Glory': Ideal Manhood and the Rise of Pictorial Autobiographies in China," in Kam Louie, ed., *Changing Chinese Masculinities: From Imperial Pillars of State to Global Real Men*, 113-134. Martin W. Huang, "The Manhood of a Pinshi (Poor Scholar): The Gendered Spaces in the Six Records of a Floating Life," inKam Louie, ed., *Changing Chinese Masculinities: From Imperial Pillars of State to Global Real Men*, 34-50.

79 目前將「界域」或「地域」納入性別歷史文化考察的相關研究成果不少，例如連瑞枝關於西南女性祖先或女神傳說與歷史的研究，〈女性祖先或女神：雲南洱海地區的傳說與歷

統治階層，及其與性別因素相互交織的議題。另外，中外文化相遇的討論中，亦適合用多元因素交織來研究，[80]新議題的開展與新的研究成果，令人拭目以待。

（二）關注長幼、嫡庶與性別之交會

然而，除了性別、階層、族群，我們又能交織出何種中華文化脈絡之性別史研究的動態圖像？斯科特雖曾提醒，勿將性別僅限於親屬制度的討論中，[81]然從家庭來觀察中國的性別與社會的問題，似乎更能理解男女真正的生活處境，觸碰越深層的文化現象，剖析性別意涵之底蘊。

學者指出早期中國家庭的發展，有三大特色：父系、孝道與父權，而且是跨階級與地域的實踐；[82]這三個特點如今看來在華人文化中不僅是跨階級與地域，而且是跨時代的。雖然「父權

史〉，《歷史人類學》，第3卷2期（2005），頁25-56；胡曉真的近著《明清文學中的西南敘事》（臺北：國立臺灣大學出版中心，2017）論及秦良玉之女功、女德與「女禍」，也碰觸性別、政治與地域之敘事等等，本文限於篇幅與文章論述脈絡，在此不贅。未來，如何將（界）地域概念整合入多元交織，將地域的身分認同或優越／歧視，交融於性別、階層、族群等因素，應可豐富且擴展地域研究的視角。

80 鄧津華（Emma Jinhua Teng）研究19世紀中到20世紀中葉中西國際通婚與混血兒時，即運用了交織性的概念來探討國族認同與種族、性別、文化之間的關係。她認為單獨用種族意識型態，例如美國的一滴血原則（one-drop rule，意指若含非純種白人血統，就不屬於白人）無法解釋為何若父親是美國人的中美混血兒則被視為美國人；而用父系血統來看，也無法顧及有些母親是華人的混血兒，他們自認或被他人認定是華人的事實。因此唯有將種族與性別的交織看待，才有助於我們了解這種混同的複雜狀況。在這個研究中，如果分別用種族或者性別來分開討論，並用靜態而非動態的型態來分析（例如種族或性別歧視），實無法解釋這些混血兒所面臨到的文化認同問題。見Emma Jinhua Teng, *Eurasian: Mixed Identities in the United States, China, and Hong Kong, 1842-1943* (Berkeley and Los Angeles: University of California Press, 2013), xvii, 331.

81 Joan Wallach Scott, "Gender: Still a Useful Category of Analysis?" 1068.

82 Patricia Buckley Ebrey, "Women, Marriage, and the Family in Chinese History," in Paul S. Ropp, ed., *Heritage of China: Contemporary Perspectives on Chinese Civilization* (Berkeley: University of California Press, 1990), 204-206.

制」一詞彙近來在美國學界被批評為忽略各個類別之間的差異與權力關係，並將父權視為「先驗」的、不證自明的性別不平等經驗，有超越時空的普世性暗示，因此有學者想用交織性來取代父權制研究；[83] 然即使是交織性女性主義者本身，仍不免使用「父權制」來討論。[84]

中國父系體制編織了層級嚴密的倫序網絡，往往超越性別二元對立對個人的控制。而這種控制也絕不會只發生在女人身上，單獨強調女性所受到的性別不平等壓迫的面向，忽略了家庭倫理關係、年齡輩分的層級與身分位置，只能看到家庭的局部圖像。當然，忽略性別問題，亦無法看清華人家庭的權力結構。

中國倫理秩序中的「性別」面向實無所不在。有學者認為1920年代占有話語主導權的男性新知識分子，試圖建構一個男女兩性橫軸的新社會秩序，來替代父權縱向主軸的儒家秩序等級結構；[85] 但實際上傳統儒家強調的除了縱軸的層級關係，亦有「橫軸」關係（例如夫妻、友朋），其中夫婦之倫一直為儒家所關心。[86] 而男女關係不必然保持在橫向或縱軸，「以夫為天」的說法，即呈現出上下的縱軸關係；妻為夫服喪斬衰三年，而夫為妻

---

83 例如縱橫（transversal politics）女性主義者認為，討論父權制已經是個老掉牙的問題，他們強調跨越國度的多重思維。Vrushali Patil, "From Patriarchy to Intersectionality: A Transnational Feminist Assessment of How Far We've Really Come," *Signs: Journal of Women in Culture and Society* 38:4 (Summer 2013), 850-852.

84 例如坎秀與柯林斯皆仍使用父權制，參 Vrushali Patil, "From Patriarchy to Intersectionality: A Transnational Feminist Assessment of How Far We've Really Come," 852.

85 宋少鵬，〈清末民初「女性」觀念的建構〉，《中國現代文學研究叢刊》，2012年第5期，頁102-116。

86 趙園曾對明清之際士人「夫婦一倫」的討論，見氏著，《家人父子：由人倫探訪明清之際士大夫的生活世界》（北京：北京大學出版社，2015），頁1-112。呂妙芬的近著亦探討儒學論述中的夫婦之倫，見氏著，《成聖與家庭人倫：宗教對話脈絡下的明清之際儒學》（臺北：聯經出版事業股份有限公司，2017）。

僅服杖期一年，亦是關係不對等的明證。

　　況且儒家倫理建立的親屬關係之親疏遠近，也不是同等距離的輻輳，其中有明顯的性別傾斜。從喪服制度中，同為至尊的父母卻得到不同期限與輕重之服敘，即可窺見明代以前視父母「不等恩」的概念。[87]這些不對等的親屬關係中，特別可以看出對父（夫）系本宗的強調，例如母黨、妻黨與本宗女黨均被視為是「外親」，婚姻存續與否左右了女性與原生家庭關係的親疏遠近，夫家認同在日常禮法中不斷地被強化，[88]已婚婦女被迫安排與己身父母家族疏離，她對本宗親屬服喪須降一等。而同樣是姻親關係，岳婿關係卻不等同於翁媳關係，如《明會典》中即規定妻為夫之父母服斬衰三年，而夫為妻之父母則服緦麻；妻為夫之祖父母服大功，而夫為妻之祖父母則無服，[89]可見相較於夫，妻為夫家親屬服喪較重。元代以來女子孝順的對象明顯從雙方父母轉為以夫家為主，[90]即使研究上發現婦女與娘家日常仍有所往來。[91]

　　將倫序置入性別史討論，實有助於解答華人家庭中的人際關係、身分地位與性別課題。這種父（夫）系單世系的認同、強化

---

87 參蕭琪，《父母等恩：《孝慈錄》與明代母服的理念及其實踐》（臺北：秀威資訊科技股份有限公司，2017）。

88 李貞德曾對北魏隋唐法律中顯現的夫家認同，做過精彩的分析，參氏著，《公主之死：你所不知道的中國法律史》。

89 申時行等修，《明會典》，卷102，禮部六十，〈喪禮七〉，「妻為夫族服圖」，頁565。

90 杜芳琴，《發現婦女的歷史：中國婦女史論集》（天津：天津社會科學院出版社，1996），頁169-172。明代已婚婦女孝順對象亦轉移到夫家，而若在夫家面臨孝事翁姑與謹守貞操不能兩全的情況，往往會傾向守貞，參林麗月，〈孝道與婦道：明代孝婦的文化史考察〉，《近代中國婦女史研究》，第6期（1998），頁1-29。日本學者仙石知子則認為近世中國孝順優先於貞節之考量，參仙石知子，〈孝と貞節：中国近世における女性の規範〉，收於小浜正子編，《ジェンダーの中国史》（東京：勉誠出版，2015），頁33-42。

91 毛立平，〈清代下層婦女與娘家的關係：以南部縣檔案為中心的研究〉，《近代中國婦女史研究》，第21期（2013），頁3-48。

與維持，倫理關係的權力結構與壓制，往往超過兩性對立之性別
權力宰制。例如：有關母親的角色與權力，過去研究容易以簡單
的性別宰制來考察中國家庭（史），當無法解釋身為「卑弱」的
女性又具母親身分之權力來源，於是以中國文化獨有「母權」一
句帶過。實際上，若嘗試用多元身分交錯觀察，回歸中華脈絡對
倫序輩分的重要性，古代雖有「夫死從子」一語，但輩分的秩序
框架以及「尊尊」文化所產生的權力結構，讓母親在倫理秩序
中，仍顯尊貴。將倫序與性別權力作為兩條線交會觀察，我們就
不會限於男女二元對立，躊躇於母親在性別關係不平等的社會
中，何以產生權力；況且研究也顯示，「母權」不見得是建立在
宰制的權力關係當中，也可能源自生養關係與情感支持。[92]

　　而中華倫理秩序中特別值得注意的有：長幼（輩分、排行與
年齡）與嫡庶，以下分別述之。

　　1. 長幼涉及了輩分、排行與年齡。從「輩分」我們可以思考
家內老年男女的權威如何建立，這種權威有無性別差異的問題。
明清時代老年婦女在家庭的權威，於史料中屢見不鮮，徽州、福
建與臺灣文書中均可見許多契約由女性長輩（母或祖母）主持簽
訂，有些女性家長實則維繫整個家族。[93]然而我們卻罕見家訓作

92 沃爾夫（Margery Wolf）於1960年代在臺灣北部三峽一帶的農村考察，發現當地已婚婦女
　以兒子為中心建立「子宮家庭」來對抗父系大家庭，並且援以鄉里輿論來捍衛自己的可
　能力量，見Margery Wolf, *Women and the Family in Rural Taiwan* (Stanford, Calif.: Stanford
　University Press, 1972); 子宮家庭的概念亦見於明清時代母子關係的研究，如熊秉真，〈明
　清家庭中的母子關係：性別、感情及其他〉，收入李小江、朱虹、董秀玉主編，《性別與中
　國》（北京：生活‧讀書‧新知三聯書店，1994），頁514-544。
93 如福建浦城縣洞頭村鄒氏大家庭，見陳支平、鄭振滿，〈浦城洞頭村「五代同堂」調
　查〉，收入傅衣凌、楊國楨主編，《明清福建社會與鄉村經濟》（廈門：廈門大學出版社，
　1987），頁310-328。關於徽州婦女主持各種契約簽訂，相關研究參阿風，《明清時代婦女
　的地位與權利：以明清契約文書、訴訟檔案為中心》（北京：社會科學文獻出版社，2009）。

者為女性，僅見少數的女性口述閨訓（如《溫氏母訓》），此雖與女性普遍無識字能力有關，但在不少才女的明清時代，卻罕見其訓言，可見家訓的寫作還是涉及了家族內的性別權力。與上述持家的女性對照，亦顯示家內的現實權力運作與表面的正式權力，不見得相當。[94] 此外，庶妾在傳統中國地位相較於正妻低下，但在法律之前，子輩還是得尊敬她，如《大明律》有曰：「若妻之子毆傷父妾，加凡人一等。妾子毆傷父妾，又加二等。」[95] 妻、妾之子傷父妾，雖然處以不同刑罰，然輩分在其中仍見作用。

其次，「排行」倫序的重要性，在明清律法中也可窺見，家庭成員之間的人身傷害，依照家內長幼排行來增減刑罰，即為其中之顯例。《大明律》規定：「若弟妹毆兄弟之妻，加凡人一等；若兄姊毆弟之妻及妻毆夫之弟妹及弟之妻，各減凡人一等；若毆妾者，各又減一等。」[96] 意即弟妹毆打大嫂，加重一等刑罰；然若是兄姊毆弟媳，以及大嫂毆小姑、小叔、娣（夫之弟媳），刑罰均減輕鬥毆凡人一等，而如果被毆者身分是妾的話，則減兩等。但是，「其毆姊妹夫、妻之兄弟及妻毆夫之姊妹夫者，以凡論。」[97] 為何在此看似有長幼順序之關係卻以凡人鬥毆量刑？《大清律輯註》清楚地說：「其毆姊妹之夫、妻之兄弟及妻毆夫之姊

---

94 布赫迪厄（Pierre Bourdieu）將男性占有的正式權力（official power）與女性經常行使的非正式的支配權力（dominated power）開開看待。見 *Outline of a Theory of Practice*, trans. Richard Nice (Cambridge and New York: Cambridge University Press, 1977). 杜芳琴將性別權力關係分為「經」與「權」，「經」指的是本質的常規，性別之間存在支配與服從；「權」為該制度給婦女相對的空間，如尊母、重妻、愛女，見杜芳琴、蔡一平，〈中國婦女史學科化建設的理論思考〉，頁15。

95 懷效鋒點校，《大明律》（瀋陽：遼瀋書社，1990），卷20，刑律三，毆，〈妻妾與夫親屬相毆〉，頁165。

96 懷效鋒點校，《大明律》，卷20，刑律三，毆，〈妻妾與夫親屬相毆〉，頁165。

97 懷效鋒點校，《大明律》，卷20，刑律三，毆，〈妻妾與夫親屬相毆〉，頁165。

妹夫者（有親無服，皆為同輩），以凡鬥論。」[98] 意即親屬關係的
運作，一般雖按排行輩分原則，但若無服喪義務，則被視為同輩
的凡人關係。[99] 也就是在排行的倫序規則下，仍有一個主要以夫
（父）系優先認同的原則。

再者，「年齡」方面，近來學者將之分為實際年齡、功能年
齡與文化年齡，強調「年齡」作為一個分析的範疇。[100] 中國男女
的年齡意義有何不同？明清男女於各生命週期有不同的禮俗，
代表不同的角色與任務。[101] 然有趣的是兒童教育的內容卻趨向成
人，童蒙書中即充滿經世治國的想法，女童教育則是為了將來為
人妻母而準備。如是，明清時代無數道德期待與條規的史料中，
年齡是否為編寫者在意的要點？明清教育中的年齡之概念與區隔
及其意義，仍有待進一步研究。而當輩分、年齡與性別交涉時，
孰先孰後？華人尊重長者，人際關係的準則、輩分的重要性往往
高於年齡，年齡雖然在文化當中作為合宜行為的參考（如敬老尊
賢），然家庭中輩分、排行的結構與權力，似乎更為嚴謹。當年

---

98 沈之奇著，懷效鋒、李俊點校，《大清律輯註》（北京：法律出版社，2000），卷20，刑
　　律，鬥毆，〈妻妾與夫親屬相毆〉，頁773-774。
99 華特納曾從《大明律》家庭暴力的懲罰來看性別與輩分階序制（hierarchy），認為階序制是
　　視條件而定的（contingent），並無法解釋律法當中的各種規定。見 Ann Waltner, "Breaking
　　the Law: Family Violence, Gender and Hierarchy in the Legal Code of the Ming Dynasty," *Ming
　　Studies* 36 (1996), 29-43.
100 見 Lynn A. Botelho, "Old Women in Early Modern Europe: Age as an Analytical Category,"
　　in Allyson M. Poska, Jane Couchman, and Katherine A. McIver, eds., *The Ashgate Research
　　Companion to Women and Gender in Early Modern Europe* (Franham, England: Ashgate, 2013),
　　297- 316. 她認為我們目前對於童年已有不少研究成果，呼籲探索歷史上老年婦女的議題。
101 詳見曼素恩著，楊雅婷譯，《蘭閨寶錄：晚明至盛清時的中國婦女》（新北：左岸文化，
　　2005）。又明清時代男子成丁的年齡界限有何意義？不同族群有何差異？如旗人15歲成
　　丁，見陳文石，〈滿洲八旗的戶口名色〉，《中央研究院歷史語言研究所集刊》，第43本第
　　2分（1971），頁243。又學者以為情竇初開似是12歲為始，參王鴻泰，〈情竇初開：明清
　　士人的異性情緣與情色意識的發展〉，《新史學》，第26卷3期（2015），頁1-76。年齡在
　　明清史的意義，值得再探。

齡、輩分與性別因素交會，我們會發現其中運作的準則，往往不見得以性別為優先。

又人群關係中的「長幼」若再加上階層因素，也可見其交織的複雜面向。明清曾有文人為其婢女寫壙志（例如歸有光），現實生活中他們之間可能有深厚的情感連結；然奴僕可能年齡比少主長，日常居家也可能被當作同居家人看待，但禮法秩序中的良賤之分，卻不可不謂涇渭分明。明清良賤相毆的法條顯示，「凡奴婢毆良人（或毆，或傷，或折傷）者，加凡人一等。」[102]妻毆夫者，杖一百；妾毆夫，加罪一等，然奴婢毆家長凡皆斬，「殺者，皆凌遲處死；過失殺者，絞；傷者，杖一百，流三千里。」[103]其次規定：

> 若毆家長之期親及外祖父母者，絞；傷者，皆斬；過失殺者，減毆罪二等；傷者，又減一等；故殺者，皆凌遲處死。毆家長之緦麻親，杖六十，徒一年；小功杖七十，徒一年半；大功，杖八十，徒二年。折傷以上，緦麻，加毆良人罪一等；小功，加二等；大功，加三等。[104]

也就是說，這個懲罰的思維涉及倫理輩分，而父權的因素似大過單純的良賤宰制關係。雇工人的法律問題亦如是：雇工人罵凡人，處以笞一十，但若罵家長則杖八十、徒二年；雇工人並非奴婢賤民，同樣冒犯家長，他們的判刑僅較奴婢輕一等，而且只

---

102 沈之奇著，懷效鋒、李俊點校，《大清律輯註》，卷20，刑律，鬥毆，〈良賤相毆〉，頁744。

103 懷效鋒點校，《大明律》，卷20，刑律三，　毆，〈奴婢毆家長〉，頁162。

104 懷效鋒點校，《大明律》，卷20，刑律三，　毆，〈奴婢毆家長〉，頁162。

有面對家長時才會有不同的懲罰標準，[105]可見在法律之前，其行為不軌並非逾越良賤之界線，而是冒犯父系權威。

2. 嫡庶之分為宗法社會的特殊議題，值得中國性別史研究關注、思考。女性不能繼統承宗，一般認為中國婦女生活被排除在宗法制度之外，[106]實則女性如何被置入宗法概念的家族之中，此與性別等因素如何交互作用而形成強固的家族、社會關係（秩序）網，有待研究者深入剖析。

宗法社會中的嫡庶之別，是家內秩序中除了年齡與輩分以外的另一種層級（區隔）。此種階序源於夫婦婚姻的締結方式，不僅影響女性在家庭中的地位，也及於所生子與其婦的家庭社會地位（例如嫡長子的妻子稱為冢婦，地位高於家內其他同輩婦女）。過去關於傳統中國庶妾之相關研究已有不少成果，然其多半著重在評價妾在某個歷史時段的地位，若能將嫡庶之辨放入思考，並與其他身分因素交織看待，將更有助於我們了解中國性別史與家庭史。特別是明清時代嫡庶的準則，不僅應用於家內之繼承與服喪，也呈現在封贈與子孫蔭任等面向；官方封贈制度堅持嫡母在，不得封庶生母，而恩蔭制度也規定，唯有家中的嫡子與嫡孫能承繼父職，嫡庶之分在明清家庭、社會因素中的角色，實不容忽視。

---

105 明代雇工人與賤民的相關司法規定與說明，見吳艷紅、姜永琳，《明朝法律》（南京：南京出版社，2016），頁209-219。而明代的主僕關係，參吳振漢，〈明代的主僕關係〉，《食貨月刊》，第12卷4/5期（1982），頁147-163。又將族裔因素放入，將會有更多層面供觀察，可參陳文石，〈清代滿人家中的奴僕〉，收入中央研究院成立50週年紀念論文集編輯委員會編，《中央研究院成立50周年紀念論文集》（臺北：中央研究院，1978），頁537-576。

106 陳東原，《中國婦女生活史》（臺北：臺灣商務印書館股份有限公司，1994，重印1937年商務印書館初版），〈自序〉，頁2。

明代以來，嫡庶之辨雖不如中古以前嚴格，[107] 然在家族主義與修譜運動的氣氛下，家譜與墓志中皆較過去更為清楚記載嫡庶之別；[108] 妾在喪禮中稱丈夫與嫡妻為「家長」、「女君」，[109] 也就是在家庭史書寫或者禮儀的實踐上，嫡庶的區分仍占重要位置。然這種將庶妾固定在某種看似嚴密的身分階序內，卻於明清時代商品經濟、貞節表揚與孝道宣揚的環境下，有了彈性與流動的機會。在性別與嫡庶的交織下，妾的身分本為禮法歧視，卻可能經由買賣進入富有家庭，提升其經濟生活條件；[110] 而且寡妾也可能藉由守節而得到政府的表揚，提高其在家族社會的名聲，甚至得到分產的機會。[111] 再者，上古以來對庶母服喪的降級，於明代也在孝道與情感的支持下，有所鬆動，明初《孝慈錄》即改子為庶母服齊衰杖期。然律法上則「若妾毆夫之妾子，減凡人二等；毆妻之子以凡人論」，[112] 意即庶妾打庶子，比照母子關係處理，但是庶妾毆打嫡妻之子，則是傷害宗子，罪刑較重，嫡／庶子的地位，仍有所差異。

---

107 唐長孺，〈讀《顏氏家訓・後娶篇》論南北嫡庶身分的差異〉，收入氏著，《唐長孺社會文化史論叢》（武漢：武漢大學出版社，2001），頁101-112；又中古時代子隨母而貴賤，貴嫡賤庶的想法，參鄭雅如，《情感與制度：魏晉時代的母子關係》（臺北：國立臺灣大學出版委員會，2001）。

108 金蕙涵認為明代妾被記載的方式與唐宋不同，是因為家族對「嫡庶」和「知其所出」的重視，見氏著，〈情與德：　明代江南地區的側室合葬墓〉，《國立政治大學歷史學報》，第37期（2012），頁20。

109 另值得注意的是，明代律法上妾對夫並不稱「家長」，而是「夫」，以鬥毆罪為例，懲罰的標準比奴婢對家長為輕，例如妻毆夫丈一百、妾毆夫杖六十，徒一年、奴婢毆家長則斬。表示在法律之前妾被視為僅次於妻之家人，然在服喪制度上，夫是妾的家長，妾與夫的親屬關係被拉得較遠。

110 Hsieh Bao-Hua, *Concubinage and Servitude in Late Imperial China* (Lanham: Lexington Books, 2014).

111 白凱（Kathryn Bernhardt），《中國的婦女與財產，960-1949年》（上海：上海書店出版社，2003）；阿風，《明清時代婦女的地位與權利：以明清契約文書、訴訟檔案為中心》。

112 懷效鋒點校，《大明律》，卷20，刑律三，　毆，〈妻妾與夫親屬相毆〉，頁165。

　　最後，我們若加入族裔因素，會發現旗漢妾制之不同，滿族的妾主要來自非滿洲人的戰俘與奴僕，地位低賤，[113]旗人家族倫序與性別之交織，似仍有進一步研究探討的空間。

　　3. 而長幼、嫡庶與性別因素又如何交織？以財產繼承為例，明清時代在繼承原則上，雖然是諸子均分，但是諸子並不包括女，性別的排除作用大過長幼與嫡庶之分。另嫡庶原則顯然優先於長幼輩分，在繼統的概念中，即使長者如叔輩也不會比嫡子優先取得繼承權。此再試舉一例，「嫂叔服」是明清禮制中較有爭議的一個課題，大嫂雖排行高於小叔，然年齡有可能小於叔，他們之間服喪與否的爭議，挑戰的不是倫序中排行或者年齡長幼的順序，而是異性／姓同居男女的避嫌，[114]也就是在此爭議中，性別因素顯然是主要癥結，然一旦這位大嫂是庶妾之身，制度中的「有服無服」、親屬內「男女大防」之疑慮，似都不存在了，因為在此嫡庶問題為大，妾非嫡妻，在家內只有與夫（家長）的直系親屬有服喪關係，其他則無服。總之，我們若不將長幼有序與嫡庶有別的概念放入性別史考量，實不易發現問題的癥結所在，也可能會推演出不合歷史文化情境的解釋。

　　綜上所述，過去學者曾提出華夏社會的特質之一是性別等級與階級等級的雙軌制。[115]然筆者以為與其強調「等級」，或許不如強調性別與倫序之間的交織，畢竟男女關係並非總限於「男尊

113　定宜庄，〈清代滿族的妾與妾制探析〉，《近代中國婦女史研究》，第6期（1998），頁75-108。

114　參張壽安，〈「嫂叔無服？」「嫂叔有服？」：「男女有別」觀念的鬆動〉，收入氏著，《十八世紀禮學考證的思想活力：禮教論爭與禮秩重省》（臺北：中央研究院近代史研究所，2001），頁337-398。

115　杜芳琴，〈華夏族性別制度的形成及其特點〉，收入氏著，《中國社會性別的歷史文化尋蹤》（天津：天津社會科學院出版社，1998），頁40-42。

女卑」的上下等級宰制關係，家內親緣等級的準則亦影響個人經驗與家庭社會運作。

結語

目前中國性別史研究面臨的困境在於：有些研究聲稱以性別為研究視角，但實僅以生理的性差異來作為分類討論，並未探究社會性別如何在歷史或者權力關係中展現；有的則過度強調生理性別與社會性別的嚴格劃分，無法運用彈性、動態的方式來理解男女（或LGBTQ）議題；還有的凡事以「性別獨尊」來思考，忽略其他身分認同或影響因子。

斯科特早已提醒研究者，不必總以性別來分析婦女的「現身」，忽略其他因素作用的可能性，例如經濟等等，[116]不過，斯科特關於交織性理論並無特別回應，她多運用後結構主義的思維，傾向視認同與分類是不固定與不穩定的。而既然人的性別認同不一定是單一、靜態、固定的，人的經驗也與性別以外的其他社會文化屬性相關，我們在研究性別史時，實不應忘記納入各種相關元素，注意多元交織下的生命經驗，探究這些紛雜的認同是由何種機制產生。

過於單一強調某一個社會類別或者不平等因子，有時並無法幫助我們看到事件的全貌。誠如學者近年來再度呼籲將交織性作為重要的研究方法，強調探討性別議題，不應僅關注性別面向（特別是將女性視為「鐵板一塊」的單一群體），還須探討個人或

116　Joan Wallach Scott, "Some More Reflections on Gender and Politics," 199-222.

事件所牽涉的種族、階級等其他身分、因素的權力交互作用；並將之交織考察，而非一一個別疊加。

當討論中國婦女問題，我們若總是簡單高舉性別不平等這個大旗，大喊男權壓迫剝削，忽略傳統中國社會年齡、輩分、嫡庶等倫理階序關係，亦是造成權力傾軋的根源，則往往無法透析問題的核心。這些因素一旦不與性別交匯融合看待思考，就可能會產生諸如婆媳問題，不易放入性別不平等框架來論之的尷尬，而若從輩分來觀察，再加上父權、父系因素分析，則似當更可解。性別與家庭（社會）之階序關係、父權主流文化的壓迫，往往是交織而呈現的，它不會僅是單一的性別或者階級問題。因此，倫理階序是我們思考中國性別文化時，須放入交織思考的一個重點，而這種倫序概念同時也適用於社會關係的解釋分析。

西方女性主義的論述框架雖不見得能完整解釋傳統中國的性別意涵與性別關係的特殊性，然今日性別史的研究，似也無法避免面對性別理論。唯中國社會的不平等與父權實踐，並不是單一以男權的獨大來呈現（當然西方也不完全是，還有種族等其他因素），當我們把男女直接放入一個對立、尊卑的體系之中，兩性已經沒有對照或互補之意，只剩上下、尊卑、優劣與對抗，是否符合實情？

而且性別理論並非只有一種，我們也可嘗試參照從黑人女性主義發展出來的交織性理論來思考中國性別史的問題。1990 年代以來，北美學界強調差異、多元交織理論，補充、衝擊了主流女性主義論述，學者甚至強調將交織性作為一種研究的範式。[117]

---

117 Ange-Marie Hancock, "When Multiplication Doesn't Equal Quick Addition: Examining Intersectionality as a Research Paradigm," 63-79.

各式理論自有其醞釀成長的土壤，交織性理論挑戰的是美國第二波婦運的單一性，補充了婦女運動中多元差異的討論，思考各種身分認同的支配與建構，省思所謂的普世性與特殊性。但值得注意的是，該理論所討論的差異與多元，往往是在性別這一類別之內再區隔其他身分差異，也就是常在女人當中看到「不同」，而非將性別與其他身分因素交叉探究，如此往往仍難衝擊原不關心性別的領域；而且或許源於婦女運動的批判與平等訴求，交織性理論太過強調各種人際關係的支配宰制，忽略其他的可能性。因此，將性別獨立出來與多種不同的身分（因素）交會觀察，並且發展中華文化自身脈絡的交織變項，嘗試描繪立體動態的交織圖像，或許才有助於中國性別史的進一步發展。

　　本研究之目的，在於探究多重因素及其交織如何有助於開展中國性別史的研究課題與視野。文中再思傳統中國階層、族群與性別之交會，強調關注中華文化脈絡自有交織變項（例如：嫡庶、長幼等倫理階序關係）與性別交會之重要性，期待以此深掘中國性別史之特性與多重面向，同時或亦可補西方性別理論對中華性別文化認識的不足。然而，不只是與性別相關之身分認同、支配因素，我們似也可將各種影響歷史發展的因素放入考量，意即多元交織也可放在不同史學領域的研究上，如本文第二節示範的多元因素併入探討，以複雜化研究課題與分析解釋。未來，交織的概念一旦普遍使用，或許會如後現代理論一樣，不需理論而「自明」了。更期盼有一天，中國性別史研究不再只是提供西方理論的「史料」或註腳，而是能產生自身堅實的理論分析架構。

歷史記憶研究的理論、實踐與展望

潘宗億

前言

經19世紀末以來三波「記憶潮」（memory boom），歷史記憶研究逐漸成為探究社群集體特定過去意義認知、論述建構與文化再現的重要取徑。當代學者於歷史記憶研究系譜的追溯，大抵止於阿博瓦胥（Maurice Halbwachs, 1877-1945）所提議的「集體記憶」學理。但是，阿博瓦胥只是19世紀末至20世紀初歐美第一波「記憶潮」的一部分。19世紀末以來，緣於德、法、義等現代民族國家政權歷史合法性之需求，心理學、文學、哲學與歷史學等領域學者，致力探詢記憶與國族認同建構之關係。[1]在此宏觀脈絡下，馮特（Wilhelm Wundt, 1832-1920）、艾賓豪斯（Hermann Ebbinghaus, 1850-1909）、西蒙（Richard Semon, 1859-1918）與佛洛伊德（Sigmund Freud, 1856-1939）等心理學家嘗試探析記憶運作機制，並直指其重構性質；[2]法國歷史學者勒南

---

[1] Jay Winter, "The Setting: The Great War in the Memory Boom of the Twentieth Century," *Remembering War: The Great War between Memory and History in the 20th Century* (New Haven, CT: Yale University Press, 2006), 20-26.

[2] Dmitri Nikulin, ed., *Memory : A History* (Oxford: Oxford University Press, 2015), 239-243.

（Ernst Renan, 1823-1892）在〈何謂民族〉一文，反思集體記憶、遺忘與國族認同建構的關係；[3] 法國哲學家柏格森（Henri Bergson, 1859-1941）在其《事物與記憶》（*Matière et mémoire*）與文學家普魯斯特（Marcel Proust, 1871-1922）在其《追憶似水年華》（*Á la recherche du temps perdu*），分別闡釋記憶機制與類別；[4] 一次大戰之後，歐洲掀起一股亡者紀念碑與悼念儀式熱潮，心理學家瑞佛斯（W. H. R. Rivers, 1864-1922）也從記憶視角研究「砲彈休克症」（shell shock）。[5] 正是在此第一波「記憶潮」末期，阿博瓦胥與沃伯格（Aby Warburg, 1866-1929）分別提出他們的集體記憶學理。

　　第二波「記憶潮」於1970年代開始浮現，以恢復二戰創傷記憶及其歷史研究為特徵。二戰之後，戰勝國與戰敗國均強調有利國家重建的英雄或反納粹、反法西斯論述，而有關猶太人大屠殺（Holocaust）、南京大屠殺與廣島、長崎原爆等戰爭創傷，因冷戰政治遭結構性遺忘。自1968年青年革命浪潮起，受壓抑而隱沒的大屠殺與戰爭記憶紛紛浮現，不但訴諸回憶錄、紀錄片與紀念儀式，並以物質形式表現於紀念碑與博物館等記憶空間，且於後冷戰初期臻於高潮。[6] 緣此脈絡，以二戰創傷記憶為題的歷史記憶研究成果大量出現，而諾哈（Pierre Nora）、康諾頓（Paul

---

3 Ernest Renan, "What is a Nation?," trans. Martin Thom, in Homi K. Bhabha, ed., *Nation and Narration* (London: Rutledge, 1990), 8-21.

4 關於柏格森與普魯斯特於記憶的探討，可參閱潘宗億，〈瑪德萊娜時刻：以戰後臺灣飲食書寫中的食物記憶為例〉，《中國飲食文化》，12卷1期（2016），頁91-176；胡正光，〈從柏格森到阿布瓦希：論集體記憶的本質〉，《政治與社會哲學評論》，第21期（2007），頁158-159。

5 Jay Winter, "The Setting: The Great War in the Memory Boom of the Twentieth Century," 21.

6 Jay Winter, "The Setting: The Great War in the Memory Boom of the Twentieth Century," 26-45.

Connerton）與艾斯曼（Jan Assmann）的學理探索則最具典範性。

隨著後冷戰與後極權時代的來臨，第三波「記憶潮」於焉形成。由於國際兩極對峙局勢消融與各地民主轉型，原本遭壓抑與選擇性遺忘的戰爭與極權不義暴力記憶，開始出現結構性之恢復與轉型正義之推行。由於這股由下而上的「記憶革命」，一時「眾聲喧嘩」，尤以東歐、非洲、東亞、中南美洲與新德國為最明顯。在這波「記憶潮」下，出現了提爾（Karen Till）以空間記憶政治與蘇頓（David E. Sutton）以食物記憶為視角探究戰爭創傷與離散認同的學者。

累積三波「記憶潮」現實發展與學術探詢之互動，歷史記憶研究在過去30餘年來，逐漸成為學者藉檢視記憶媒介或「記憶所繫之處」（*Les lieu de mémoire*）[7]考察社群集體不斷重構特定過去意義之認知，及其所涉「記憶政治」（politics of memory）的跨學科取徑。[8]在此取徑下，歷史學、人類學與社會學等學科，衍發集體記憶、社會記憶、國族記憶、庶民記憶與文化記憶等眾多概念，但無論其意涵為何，其研究核心議題，不僅在於理解社群「如何」訴／述說過去，也在於探討特定社群如何藉由宗教信仰、政治文化、教育涵化、社會實踐、歷史傳統、象徵儀式、文藝創作、紀念機構與空間等「記憶所繫之處」，具體化並傳遞集

---

7 「記憶所繫之處」一詞援引自諾哈所著 "Between History and Memory: *Les lieu de mémoire*," *Representations* 26 (Spring, 1989), 7-24; 此處「記憶所繫之處」之中譯乃參考戴麗娟譯，諾哈編，《記憶所繫之處》（臺北：行人出版社，2012）。

8 關於歐美歷史記憶研究取徑之興起，可參閱：Astrid Erll, *Memory in Culture,* trans. Sara B. Yang (New York: Palgrave Macmillan, 2011); Patrick H. Hutton, "Placing Memory in Contemporary Historiography," *History as an Art of Memory* (Hanover: University of Vermont, 1993), 1-26; Peter Fritzsche, "The Case of Modern Memory," *The Journal of Modern History* 73: 1 (Mar., 2001), 87-117; Lee Klein Kerwin, "On the Emergence of Memory in Historical Discourse," *Representations* 69 (2000), 127-150.

體於「現在」所建構之選擇性「過去」的意義認知。故此，學者以各種文化媒介檢視「過去」意義之再現，及其如何隨社會、政治與文化脈絡轉折而變遷，此即所謂「記憶政治」。歷史記憶作為一個研究取徑典範的形成，由2010年代以來世界重要大學與學術出版的眾多讀本可見一斑。[9]

　　在第三波「記憶潮」現實脈絡下，歷史記憶取徑也被運用於東亞史研究。尤其，歐美的臺灣、中國與東亞史學者，以歷史記憶為分析概念，針對太平天國運動、義和團運動、南京大屠殺、廣島與長崎原爆、二二八事件、白色恐怖、大躍進與文化大革命等主題進行研究，即涉及官方論述變遷、集體創傷結構性遺忘、國族（社群）認同建構、轉型正義等面向之討論。本文在探討歐美歷史記憶典範學理與研究成果的基礎上，將兼及此一趨勢之綜述。

　　臺灣學界在歐美史學研究趨勢與1990年代以來本土化和民主轉型雙重影響之下，開始出現「記憶轉向」。自1990年代初，臺灣歷史學、社會學、人類學等領域學者，諸如王明珂、蕭阿勤、沈松僑、黃應貴開始引介歐美歷史記憶學理，並從事個案研究。[10]同時，在《當代》與《思與言》等學術期刊，以及中央研

9　Anna Lisa Tota and Trever Hagen, eds., *Routledge International Handbook of Memory Studies* (London: Routledge Press, 2015); Jeffrey K. Olick, Vered Vinitzky-Seroussi, and Daniel Levy, eds., *The Collective Memory Reader* (Oxford: Oxford University Press, 2011); Susannah Radstone and Bill Schwarz, eds., *Memory: Histories, Theories, Debates* (New York: Fordham University Press, 2010); Astrid Erll and Ansgar Nünning, eds., *A Companion to Cultural Memory Studies* (New York: De Gruyter, 2010); Michael Rossington and Anne Whitehead, eds., *Theories of Memory: A Reader* (Edinburgh: Edinburgh University Press, 2007).

10　在此舉例若干：王明珂，〈集體意識與族群認同〉，《當代》，第92期（1993），頁6-19；王明珂，〈過去、集體記憶與族群認同：台灣的族群經驗〉，收錄於《認同與國家：近代中心歷史比較論文集》（臺北：中央研究院近代史研究所，1994），頁249-274；王明珂，〈過去的結構：關於族群本質與認同變遷的探討〉，《新史學》，第5卷3期（1994），頁119-140；王明珂，〈誰的歷史：自傳、傳記與口述歷史的社會記憶本質〉，《思與言》，34:3

究院近代史研究所與民族學研究所學術活動推動之下，[11] 歷史記憶取徑逐可見諸歷史學、傳播學、文學與建築等研究領域，[12] 21世紀初以來可謂成果豐碩。是故，本文在綜述歐美歷史記憶研究主要趨勢的基礎上，將兼及臺灣歷史記憶研究成果之考察。

　　基於上述論旨，除了前言與結論，本文第二部分將概述阿博瓦胥、沃伯格、諾哈、康諾頓、艾斯曼、提爾與蘇頓等學者之典範性學理，並以研究論著示例，從中釐清集體記憶、社會記憶、歷史記憶、身體記憶、文化記憶與空間記憶等概念之定義。其次，在三波「記憶潮」的分析架構之下，本文第三部分在綜述歐美歷史記憶研究重要論著之基礎上，具體歸納當代歐美與臺灣於東亞史領域的歷史記憶研究主要趨勢：「帝國擴張與殖民統治遺緒」、「後冷戰戰爭創傷、教科書政治與紀念文化變遷」、「後極權國族創傷、轉型正義與社群認同」與「國族記憶空間之建構」。最後，本文於結論提出對於臺灣歷史記憶研究在理論與實

　　（1996），頁147-184；王明珂，《反思史學與史學反思：文本與表徵分析》（臺北：允晨文化實業股份有限公司，2015）；蕭阿勤，〈集體記憶理論的檢討：解剖者、拯救者、與一種民主觀點〉，《思與言》，第35期（1997），頁247-296；蕭阿勤，《重構臺灣：當代民族主義的文化政治》（臺北：聯經出版事業股份有限公司，2012）；沈松僑，〈我以我血薦軒轅：黃帝神話與晚清的國族建構〉，《台灣社會研究季刊》，第28期（1997），頁1-77；沈松僑，〈振大漢之天聲：民族英雄系譜與晚清的國族想像〉，《近代史研究所研究集刊》，第33期（2000），頁77-158；黃應貴編，《時間、歷史與記憶》（臺北：中央研究院民族學研究所，1999）。

11 參見1993年《當代》第92期與1996年《思與言》第34卷第3期。

12 陳翠英，〈失落與重建：試論龍瑛宗《紅塵》的歷史記憶〉，《國立臺灣大學文史哲學報》，第49期（1998），頁1，3-28；夏春祥，〈文化象徵與集體記憶的競逐：從台北市凱達格蘭大道談起〉，《台灣社會研究季刊》，第31期（1998），頁21-52；翁佳音，〈歷史記憶與歷史事實：原住民史研究的一個嘗試〉，《臺灣史研究》，第3卷1期（1996），頁5-30；邱貴芬，〈歷史記憶的重組和國家敘述的建構〉，《中外文學》，第25卷5期（1996），頁6-27；許淑真，《政治與傳記書寫：謝雪紅形象的變遷》（東海大學歷史學系碩士論文，1999）；吳金鏞，《國族建構、歷史記憶與紀念空間：二二八紀念碑的建構》（臺北：臺灣大學城鄉所碩士論文，1994）。

踐上的初步反思與展望。

一、歷史記憶研究學理典範

　　在歐美第一波「記憶熱」脈絡下，法國社會學家阿博瓦胥於集體記憶的學理探詢與個案研究，及其有關記憶之社會性、建構性、變遷性、物質性與空間性的闡釋，為後世的發展定下基調。根據其所著《記憶的社會框架》，集體記憶即個人或社群於「現在」對選擇性之特定「過去」所共享的意義認知，而此一意義認知乃由所屬社群所形塑，是為外部記憶（external memory）或社會記憶（social memory），亦即「借來的記憶」。[13]這「借來的記憶」，可證個人與社群集體記憶間的辯證關係，亦可見記憶形構的集體性與社會性，故曰集體記憶或社會記憶。但是，因一國或社會存在不同社群，所謂「集體」並非泛指全部成員，如此更凸顯社會記憶之多元性。是故，當論者使用集體記憶此一概念時，必須具體指出其社群範疇。

　　其次，集體記憶處於不斷流變狀態，因此具變遷性與歷史性。個人或社群記憶，必隨時代變遷、政治局勢與現實需求，而歷經重新建構，如阿博瓦胥所言：「過去並非如實重現……所有事情似乎都指出，過去並不是被保存下來，而是在基於『現在』的重新建構」。[14]因此，集體記憶可能隨歷史脈絡之變而不斷重構，故以歷史記憶（historical memory）名之。亦即，集體記憶、

13　Maurice Halbwachs, "The Social Frameworks of Memory," *On Collective Memory* (Chicago: University of Chicago Press, 1992), 35-189; Maurice Halbwachs, "Historical Memory and Collective Memory," *The Collective Memory* (New York: Harper & Row, 1980), 51-52。

14　Maurice Halbwachs, "The Social Frameworks of Memory," 39-40.

社會記憶與歷史記憶皆為社群集體對特定過去意義認知之「現
在性」建構的不同面向表述。例如，史特恩（Steve J. Stern）在
其「皮諾切時代智利記憶盒」三部曲研究，即呈現智利大眾對於
皮諾切政權集體記憶的社群性差異：「一個人的罪犯是另一個人
的英雄。」[15]；舒衡哲（Vera Schwarcz）的五四運動回憶史研究，
也凸顯中國國民黨與中國共產黨五四歷史論述的歧異性與變遷
性；[16]根據柯文（Paul A. Cohen）的《歷史三調》，身為新文化運
動健將的陳獨秀認為，「義和團運動」象徵中國封建傳統的非理
性、迷信、無知與野蠻，而作為中共總書記的陳獨秀卻認為「義
和團運動」是反帝國主義與愛國主義的象徵。[17]

　　阿博瓦胥在其集體記憶的學理探討中，尚注意到選擇性記
憶與遺忘的特性。由於每個時代主宰性論述的變易，特定過去可
能遭忽略而遺忘，但在不定時期又被賦予重要意義而成為集體
記憶的內涵。例如，西元73年猶太人與羅馬人之間的瑪莎達戰
役（The Battle of Masada），在發生後兩千年間，未曾受猶太社
群關注，卻在以色列建國脈絡下備受強調，並引發大規模紀念活
動。[18] 年鑑史家杜比（Georges Duby, 1919-1996）檢視奧古斯都

---

15 Steve J. Stern, *Remembering Pinochet's Chile: On the Eve of London 1998* (Durham: Duke University Press, 2004), xxvii, 7;「皮諾切時代的智利記憶盒」(Memory Box of Pinochet's Chile) 三部曲研究另兩本著作為: Steve J. Stern, Steve J. Stern, *Battling for Hearts and Minds: Memory Struggles in Pinochet's Chile, 1973-1988* (Durham: Duke University Press, 2006); Steve J. Stern, *Reckoning with Pinochet: The Memory Question in Democratic Chile, 1989-2006* (Durham: Duke University Press, 2010).

16 Vera Schwarcz, *The Chinese Enlightenment: Intellectuals and the legacy of the May Fourth Movement of 1919* (Berkeley: University of California Press, 1986), 240-282。

17 Paul Cohen, *History in Three Keys: The Boxer as Event, Experience, and Myth* (New York: Columbia University Press, 1997), 223-237, 238-260.

18 Maurice Halbwachs, "The Social Frameworks of Memory," 32-34.

（Philippe II Augustus, 1165-1223）在1214年擊敗奧托四世（Otto IV, 1175-1218）的布文（*Bouvines*）戰役，如何經當時史官之傳奇化，而後卻逐漸被遺忘，直到17世紀才因法蘭西人強調君主記憶又再度浮現，之後又於七月王朝時期因該事件對人民與國王的政治聯盟深具意義，而再度被強調，但最後在1945年之後再被淡忘。[19]

　　最後，阿博瓦胥從記憶視角關於普魯斯特《追憶似水年華》的探討中，注意到集體記憶建構的物質與空間因素，雖然他並未如諾哈和艾斯曼等後世學者進行系統性說明。[20]總之，阿博瓦胥對集體記憶學理的貢獻，在於其指出社群集體記憶的社會性、建構性、變遷性、選擇性、物質性與空間性，為後世學者的理論探索與個案研究定下基調。

　　當代有關歷史記憶研究學術史的討論，時常遺忘與阿博瓦胥同時代的沃伯格。藝術史家沃伯格創立沃伯格圖書館（Warburg Library）發展跨領域文化研究，並以圖像學方法論為基礎，提出社會記憶理論。由於受記憶心理學家西蒙的記憶痕跡（engram）概念影響，沃伯格認為乘載重要象徵意義之圖像主題或文化符號，都有儲存時代精神與社會記憶能量的「情念程式」（pathosformel），如同根植於文化中的「基因」。然這些文化「基因」並非固著不變，可能隨歷史變遷而變形。是故，檢視文化符號之發展，可見特定時空之集體記憶，從中探析社會價值、政治局勢、主流論述與文化趨勢。[21] 1927年12月，沃伯格提出「記憶女神圖集」（*Mnemosyne Atlas*）展覽計畫，以展示跨時代與跨文

19　Georges Duby, *The Legend of Bouvines*, trans. C. Tihanyi (Cambridge: Polity Press, 1990).

20　Maurice Halbwachs, "Space and the Collective Memory," *The Collective Memory*, 128-157.

21　E. H. Gombrich, *Aby Warburg: An Intellectual Biography* (Chicago: University of Chicago Press, 1986), 239-259; Astrid Erll, *Memory in Culture*, 19-21.

化的歐、亞視覺記憶及兩者之互為影響、交融。[22]沃伯格的社會記憶學理，爾後對艾斯曼的「文化記憶」概念影響深遠。[23]

　　阿博瓦胥所稱集體記憶之物質性與空間性，在諾哈的「記憶所繫之處」學理探討中獲得具體界定。根據諾哈，「記憶所繫之處」意指具物質性、功能性與象徵性之記憶載體；所謂物質性，即集體記憶之化身變形，如教科書或紀念性建築；功能性則指該化身變形之載體，且具實質政治、社會與文化功能，例如紀念日或國慶儀式；象徵性則意指記憶載體指涉社會群體與認同，例如國家級紀念碑。[24]基於「記憶所繫之處」概念，諾哈主編《記憶所繫之處》一書探究現代法國國族認同建構與記憶變遷史，主題涵蓋國慶日、馬賽曲、聖女貞德、艾菲爾鐵塔、環法自行車賽、普魯斯特的《追憶似水年華》與拉維斯（Ernest Lavisse, 1842-1922）的《法國史》（Histoire de France）等。[25]在《法蘭西研究》此一個人著作中，諾哈檢視各種「記憶所繫之處」在法國國族建構中的作用，例如革命、共和、國家檔案館、米什列（Jules Michelet, 1798-1874）、拉維斯及其《法國史》、回憶錄、戴高樂（Charles de Gaulle, 1890-1970）、共產黨等具國族象徵意義之概念、政體、檔案／館、史家、史著、辭典、回憶錄、政治領袖、政黨等。[26]諾哈的「記憶所繫之處」概念影響深遠，開啟1980年代以來的「新文化記憶研究」。[27]

22 E. H. Gombrich, *Aby Warburg: An Intellectual Biography*, 283-306.
23 Jeffrey K. Olick, Vered Vinitzky-Seroussi, and Daniel Levy, eds., *The Collective Memory Reader*, 28.
24 Pierre Nora, "Between History and Memory: Les Lieux de Mémoire," 7-25.
25 諾哈編，《記憶所繫之處》。
26 諾哈著，劉文玲譯，《追尋法蘭西》（北京：社會科學文獻出版社，2017）。
27 Astrid Erll, *Memory in Culture*, 19-21.

　　康諾頓在阿博瓦胥的集體記憶學理基礎上，在《社會如何記憶》由紀念儀式與身體實踐切入，論證人類社群如何透過「儀式性展演」（ritual performances），以「身體記憶」（bodily memory）、「習慣記憶」（habitual memory）或「展演記憶」（performative memory）的形式，將傳遞與維繫社群的特定過去之意義與知識內化於群體。[28]

　　紀念性儀式與身體實踐如何能夠傳遞與維繫社群記憶？首先，康諾頓將儀式定義為具重複性、常規性與展演性的形式化行為；重複性指涉不間斷週期進行體現（embodied）與重演（re-enacted）具特定社群意義的過去；常規性意指這些身體實踐，在時間、地點、流程、動線、口語表達內容與肢體動作等各方面的標準規範，且具有不能改變或有限度調整的固著性（fixity）；展演性則意指具重複性與常規性之儀式性行為，必屬針對社群成員的展演性質。[29]其次，康諾頓進一步指出，社群藉由紀念性儀式與身體實踐重演過去論述的「體化實踐」（incorporating practice），建立社群現在與過去之間的歷史連續性，並將具特定意義的過去意義經「習慣化」（habituation）歷程而內化於社群成員。康諾頓嘗試論證紀念性儀式與身體實踐形成身體記憶之學理探索具里程碑意義，且實踐於後續之作。[30]

28　Paul Connerton, *How Societies Remember* (Cambridge: Cambridge University Press, 1989), 41-71.

29　Paul Connerton, *How Societies Remember*, 44-45, 53-54, 58-61, 65-70, 71-104; 關於康諾頓身體記憶學理之詳細探討可參閱：潘宗億，〈瑪德萊娜時刻：以戰後臺灣飲食書寫中的食物記憶為例〉，《中國飲食文化》，第12卷1期（2016），頁120-126。

30　Paul Connerton, *The Spirit of Mourning: History, Memory and the Body* (Cambridge: Cambridge University Press, 2011); 康諾頓另有一專著討論「遺忘」的議題，值得進一步檢視，參閱：Paul Connerton, *How Modernity Forgets* (Cambridge: Cambridge University Press, 2009).

　　在其有關祕魯知名劇團Yuyachkani劇碼與其他儀式、社會抗爭與歌舞展演的研究中，泰勒（Diana Taylor）探析身體實踐何以成為乘載庶民創傷記憶之文化媒介，讓不見容於官方檔案或歷史論述的民間記憶得以發聲與世代傳承。[31] 再者，跟康諾頓一樣，泰勒指出身體實踐作為文化記憶載體的空間基礎，[32] 可惜兩者均未細究，而此則為提爾著墨之處。

　　提爾從社會記憶物質性與空間性視角出發，探詢空間、記憶與認同建構之間的辯證關係。在其學理探討中，提爾以20世紀末塞爾維亞（Serbia）為紀念科索沃戰役（Battle of Kosovo）600週年興建的「加茲邁斯坦」（Gazimestan）紀念碑，以及義大利為紀念國王伊曼紐二世（Vittoriano Emanuelle II, 1820-1878）所興建之維托里亞諾紀念堂（Altare della Patria）等國族記憶空間切入，探討空間與社群記憶、認同建構之間的關係。提爾將社會記憶定義為「社會群體相互競逐取得再現其詮釋『過去』之版本的權威性，以合法化其政治目的與認同的動態歷程」，[33] 並進一步指出，取得歷史詮釋權的方式之一，即透過權力或社會抗爭手段，爭奪具象徵意義之空間的控制權，並以身體實踐或物質形式植入「再現其詮釋『過去』之版本」，作為建構群體記憶與國族認同的基礎。[34] 提爾於新德國柏林國族歷史「記憶區」之研究，可謂其空

---

31 Diana Taylor, *The Archive and the Repertoire: Performing Cultural Memory in the Americas* (Durham: Duke University Press, 2003), 19-21, 192-195, 204-205.

32 Paul Connerton, *How Societies Remember*, 36-37; Diana Taylor, *The Archive and the Repertoire*, 29.

33 Karen Till, "Places of Memory," in J. Agnew, K. Mitchell, G. O'Tuathail, ed. *Companion to Political Geography* (Oxford: Blackwell, 2003), 289。

34 Karen Till, "Places of Memory," 289-290。

間記憶理論的實踐之作。[35]

　　德國歷史學者艾斯曼站在巨人的肩膀上，發展出「文化記憶」概念。[36]艾斯曼在阿博瓦胥學理概念基礎上，進一步將社群集體記憶區分為短時間的「溝通記憶」（communicative memory）與長時段的「文化記憶」。「溝通記憶」意指社群透過日常口語和口述傳統，傳遞有關過去之意義認知及其知識，其傳遞範圍以社群內部成員為主，有效性在三至四代之間，若欲跨越世代或超越社群範疇長時期傳遞、維持與再創，必須經視覺化、儀式化、物質化與空間化轉化成文化媒介所承載的「文化記憶」，諸如文本論述、文藝創作、儀式實踐、紀念性建築或空間等。[37]阿蕾達·艾斯曼（Aleida Assmann）在「文化記憶」學理基礎上，進一步提出「文化文本」概念，藉以分析文學性文本如何透過「經典化」成為具體化集體記憶與社群認同之「文化媒介」。[38]更要者，艾斯曼更指出，文化媒介的建構，其實就是「認同的具體化」（concretion of identity）。[39]本文認為，凡此「認同的具體化」背後，勢必具主宰性論述或非主流另類論述基礎。換言之，文化媒介所乘載的社群記憶，是官方或非主流論述「具體化」或「物質化」的結果。

---

35 Karen Till, *The New Berlin: Memory, Politics, Place* (Minneapolis: University of Minnesota Press, 2005).

36 Jan Assmann and John Czaplicka, "Collective Memory and Cultural Identity," *New German Critique* 65 (1995), 125-133; Jan Assmann, "Introduction: What is Cultural Memory," *Religion and Cultural Memory: Ten Studies* (Stanford, California: Stanford University Press, 2006), 1-30.

37 Assmann and John Czaplicka, "Collective Memory and Cultural Identity," 126-129.

38 Aleida Assmann，〈什麼是文化文本〉，《文化記憶理論讀本》（北京：北京大學出版社，2012），頁140-141。

39 Assmann and Czaplicka, "Collective Memory and Cultural Identity," 128.

　　近年學者開始從事「食物記憶」的學理探詢，並分析其與社群認同維持與建構之關係。尤其，蘇頓在《餐飲記憶》一書中，指出食物所具感官性及其引發之嗅覺與味覺等共感（synesthesia）效應，使食物成為喚醒昔日時光與家鄉故地記憶的媒介。[40]在《餐飲記憶》中，蘇頓分析希臘Kalymnos島民飲食實踐與日常生活和節日的關係，從中體現日常飲食習慣與饗宴，在重建集體過去經驗、建構社群記憶與認同的重要作用。蘇頓並發現，離散移民社群在他鄉感到失落時，閱讀家鄉食譜，或者重溫故鄉食物氣味，使他們得以藉體驗故鄉「部分」而回歸故鄉的「整體」，從而得以安撫思鄉懷舊情結。[41]蘇頓的研究，具體顯示食物記憶與原鄉認同和離散移民社群維持與展示認同的關係。

二、歷史記憶研究主要趨勢

　　歷史記憶研究此一領域之發展，是19世紀末以來三波「記憶潮」之結果。由於官民對殖民統治、戰爭創傷、極權暴力的壓制或恢復，政府與底層大眾於相關歷史經驗的選擇性記憶與遺忘及其文化媒介再現，成為學術探討焦點。由於研究成果相當豐碩，本文無法全面涵蓋，而以19至20世紀帝國殖民統治時期之記憶與認同建構、戰爭與國家暴力創傷記憶的恢復與轉型正義、教科書政治學、紀念文化、國族記憶空間營造等研究趨勢為主要綜述內容。

---

40 David E. Sutton, *Remembrance of Repasts: An Anthropology of Food and Memory* (New York: Berg, 2001).

41 David E. Sutton, *Remembrance of Repasts: An Anthropology of Food and Memory*, 103-23, 141-58.

（一）帝國擴張與殖民統治遺緒

在第一波「記憶潮」脈絡下，帝國殖民所致國族創傷及其歷史記憶之建構與操作，是當代歷史記憶研究的主要議題。例如，20世紀初，德國西南非殖民地那米比亞戰爭（Namibia War, 1904-1908）造成赫雷羅（Herero）種族滅絕及其遺緒，在後冷戰時期成為學者研究主題，而眾多口述報告，以及記錄德國暴行的「藍皮書」（Blue Book），終在近一世的隱沒之後得以公開出版，對屠殺事件的記憶恢復有所助益。[42]尤其，學者注意到德國強迫遷徙與大規模屠殺赫雷羅人，不但造成西南非原住民社群網絡與集體記憶之解體，也對其族群於後殖民時期之集體認同造成混淆，多元身分認同於焉形成。[43]赫雷羅種族滅絕，說明了帝國殖民、土地連結、社會網絡、歷史記憶與社群認同之間的連帶關係。

帝國主義擴張於國族創傷記憶與國族認同的影響，也出現在東亞個案上。柯文於《歷史三調》中的「義和團運動」事件史、經驗史與記憶（神話）史研究，即體現歷史記憶的社群性差異。[44]尤其，柯文將社群對「過去」事件的認知意義定義為「神話」，且其隨不同脈絡下的意義重構形成選擇性、扭曲的記憶。[45]同樣作為帝國主義擴張影響下的五四運動，則成為舒衡哲檢視國民黨與共產黨五四回憶史的主題。如果說柯文於《歷史三

42　Isabel V. Hull, *Military Culture and the Practices of War in Imperial Germany* (Ithaca: Cornell University Press, 2005); Jan-Bart Gewald and Jeremy Silverster, eds., *"Words Cannot Be Found": German Colonial Rule in Namibia. An Annotated Reprint of the 1918 British Blue Book* (Leiden: Brill, 2003); Jan-Bart Gewald, *Herero Heroes: A Socio-Political History of the Herero of Namibia, 1890-1923* (Athens, OH: Ohio University Press, 1998); John Torpey, *Making Whole What Has Been Smashed: On Reparations Politics* (Cambridge: Harvard University Press, 2006), Chapter 5.

43　Jan-Bart Gewald, *Herero Heroes*, 202-215.

44　Paul Cohen, *History in Three Keys*, xiii-xv.

45　Paul Cohen, *History in Three Keys*, 211-222.

調》的核心概念是「神話」，舒衡哲五四回憶史研究的核心概念則為「寓言」（allegory）。根據舒衡哲，所謂「寓言」意指：「為了有明確目的來教育當代的記憶重建」，而「每代新人都因他們自己的需要和抱負，為五四啟蒙運動創造了不同的『意象』，這種把歷史作成批判現實的『鏡子』，我們稱之為寓言化。」[46]是故，國民黨與共產黨基於1949年、1969年與1979年等歷史轉折的不同需求，而建構各種不同的五四主宰性「寓言」。[47]

　　柯文的「義和團運動」記憶史研究，可歸於其有關近代中國「國恥」記憶及其政治使用的學術脈絡中。在〈遺忘與記憶：20世紀中國的國恥〉一文中，柯文追溯日本帝國主義擴張下的「二十一條」國恥的記憶史，並運用歷史記憶與國族認同研究學理，探討國族創傷及其紀念活動與國族認同建構的關係，例如吉爾里斯（John R. Gillis）編著之《紀念儀式：國族認同政治》與安德森（Benedict Anderson, 1936-2015）的《想像的共同體》。[48]基於相同的學術探詢，柯文在《對歷史說話：20世紀中國的越王勾踐故事》一書中，從歷史人物意義隨時代需求而變易的記憶政治視角，檢視越王勾踐雪恥復國寓言自19世紀末以來至文革時期，官方與民間基於特定目的而選擇性彰顯特定政治隱喻之變遷脈絡。自晚清帝國主義侵逼以來，官方與國族主義者以「臥薪嘗膽」激

---

46 舒衡哲，《中國啟蒙運動：知識分子與五四遺產》（臺北：桂冠圖書股份有限公司，2000），頁296。

47 舒衡哲，《中國啟蒙運動：知識分子與五四遺產》，頁300。

48 Paul A Cohen, "Remembering and Forgetting: National Humiliation in Twentieth-Century China," *Twentieth-Century China* 27:2 (April, 2002), 1-39; 其他相關研究可參閱：Peter Zarrow, "Historical Trauma: Anti-Manchuism and Memories of Atrocity in Late Qing China," *History and Memory* 16:2 (2004), 67-107; John R. Gillis, *Commemoration: The Politics of National Identity* (Princeton: Princeton University Press, 1994).

勵人民不忘不平等條約恥辱；抗日時期，勾踐故事成為國民黨與共產黨政治宣傳的共同素材；1949年之後，中共在大躍進強調「十年生聚、十年教訓」隱喻而立意宣傳現代化建設；至文革時期，故事成為毛澤東宣傳推翻帝國主義與封建主義的寓言；於改革開放時期，「狡兔死，走狗烹；飛鳥盡，良弓藏」的負面意涵為民間文學家所挪用，以復國勾踐暗諷毛澤東；另一方面，國民黨政府遷臺初期，勾踐故事成為「反共復國」必成的「歷史威而鋼」；自蔣介石逝世以來，和平統一成為國策，越王勾踐之軍事殘忍成為批判對象。勾踐故事之政治「寓言」史，正顯示歷史記憶之建構性與變遷性。[49]

　　自1990年代起，臺灣學者也探析帝國擴張脈絡下的中國國族論述建構。王汎森以章太炎為個案，探討晚清知識分子以明清之際的歷史記憶與傳統服容儀式之恢復，從事國族主義建構。[50]在其有關黃帝神話與晚清國族建構的討論中，沈松僑運用「想像的共同體」、「發明傳統」與集體記憶等學理概念，探究「黃帝」意涵從皇統到國統的變遷，從中檢視革命派與維新派國族論述之對抗，探析「黃帝」如何成為兩派競逐的「濃縮性符號」。[51]此一現象，也延伸到「民族英雄」系譜建構上；革命派以種族血統為核心，建構一套從岳飛、文天祥、史可法、鄭成功到洪秀全的漢族「民族英雄」系譜；保皇派以文化為核心，建構出另一套

---

49 Paul A. Cohen, *Speaking to History: The Story of King Goujian in Twenty-Century China* (Berkeley: University of California Press, 2009). 蔡偉傑，〈對歷史說話：二十世紀的越王勾踐故事〉，https://book.douban.com/review/6653007/，2018年8月6日擷取。

50 王汎森，〈清末的歷史記憶與國家建構：以章太炎為例〉，《思與言》，第34卷3期（1996），頁1-18。

51 沈松僑，〈我以我血薦軒轅：黃帝神話與晚清的國族建構〉。

以開疆闢土、宣揚國威為價值標準的「民族英雄」系譜。[52]民族英雄史可法及其歷史記憶變遷，則成為黃克武探討的主題。[53]此外，楊瑞松有關「東亞病夫」、「黃禍」、「睡獅」、「四萬萬」與「同胞」等文化論述形成脈絡的考察，凸顯特定乘載國恥記憶之詞語論述、符號化歷程與國族論述建構的關係。[54]

　　其次，殖民統治下的記憶宰制與認同建構，也是當代歷史記憶研究的重要議題。在其研究中，諾頓（Anne Norton）指出「時間的殖民」（colonization of time）[55]是歐洲帝國殖民的重要宰制技術。為樹立殖民政權合法性，並重構被殖民者的國族認同，官方設法排除在地歷史知識與傳統，積極以歷史教育與國史書寫為手段灌輸被殖民者新國史意識。而且，此番帝國記憶宰制工程，在被殖民者獨立之後，仍對其國民歷史意識造成持續影響，導致其國民對殖民前與殖民時代的曖昧態度，以及殖民前世代與被殖民世代之間的記憶與認同差異。殖民前世代因擁有本土歷史與傳統

---

52 沈松僑，〈振大漢之天聲：民族英雄系譜與晚清的國族想像〉；沙培德（Peter Zarrow）則以晚清歷史教科書切入探討相關問題，請參閱：Peter Zarrow, "National History Textbooks in Late Qing China: Stories, Memories and Identities," in Macau Ricci Institute, ed., *History and Memory: Present Reflections on the Past to Build Our Future* (Macao: Instituto Ricci de Macau, 2008), 313-336.

53 黃克武，〈史可法與近代中國記憶與認同的變遷〉，收錄李國祈教授八秩壽慶論文集編輯小組編，《近代國家的應變與圖新》（臺北：唐山出版社，2006），頁55-82。

54 楊瑞松，《病夫、黃禍與睡獅》（臺北：政大出版社，2010）；楊瑞松，〈想像民族恥辱：近代中國思想文化史上的「東亞病夫」〉，《國立政治大學歷史學報》，第23期（2005），頁1-44；楊瑞松，〈爾有黃禍之先兆，爾有種族之勢 ：「黃禍」與近代中國國族共同體想像〉，《國立政治大學歷史學報》，第26期（2006），頁65-108；楊瑞松，〈近代中國的「四萬萬」國族論述想像〉，《東亞觀念史集刊》，第2期（2012），頁283-336。楊瑞松，〈從「眠獅」到「睡獅」：梁啟超睡獅說淵源新論〉，《思與言》，第54卷1期（2016），頁245-271；楊瑞松，〈從「民吾同胞」到「我四萬萬同胞之國民」：傳統到近現代「同胞」符號意涵的變化〉，《國立政治大學歷史學報》，第45期（2016），頁109-164。

55 Anne Norton, "Ruling Memory," *Political Theory* 21:3 (1993), 453.

知識，因而可輕易維持或恢復在地認同，而殖民新世代則因缺乏本土歷史與傳統知識，在獨立後不易重建對本土之認同，最終造成記憶與認同的衝突。[56]

　　日本帝國政府於臺灣的殖民，也可見歷史教育與國族認同建構之間的關係。鶴見（E. Patricia Tsurumi, 1938-2016）有關日治時期臺灣教育研究，可見類似現象之討論。[57]根據周婉窈的研究，日本帝國的「國語」、「修身」與「國史」教育，對日治時期臺灣在語言、價值觀與歷史記憶均產生不可磨滅的影響。[58]在〈歷史的統合與建構〉一文中，周婉窈藉由日本於東亞殖民地的不同歷史教育模式，指出記憶宰制工程的多樣性與複雜性。此外，周婉窈與荊子馨有關「莎勇之鐘」的研究，得見日本帝國如何透過有關泰雅族少女莎勇的儀式、詩歌、紀念鐘、電影等文化媒介傳遞「皇民化」意象，以進行戰時動員，[59]邱雅芳與溫皓邦則注意到日本帝國改編吳鳳故事作為皇民奉公愛國教育的意義。[60]

56 Anne Norton, "Ruling Memory," 453-458.

57 E. Patricia Tsurumi, *Japanese Colonial Education in Taiwan, 1895-1945* (Cambridge, Mass.: Harvard University Press, 1977).

58 周婉窈，〈實學教育、鄉土愛與國家認同：日治時期臺灣公學校第三期「國語」教科書的分析〉，《臺灣史研究》，4：2（1999），頁7-55；周婉窈，〈失落的道德世界：日本殖民統治時期臺灣公學校修身教育之研究〉，《臺灣史研究》，第8卷2期（2001），頁1-63；周婉窈，〈歷史的統合與建構：日本帝國圈內臺灣、朝鮮和滿州的「國史」教育〉，《臺灣史研究》，第10卷1期（2003），頁38-39，44-52。

59 周婉窈，〈「莎勇之鐘」的故事及其周邊波瀾〉，《海行兮的年代》（臺北：允晨文化實業股份有限公司，2004），頁13-31；Leo T. S. Ching, *Becoming Japanese: Colonial Taiwan and the Politics of Identity Formation* (Berkeley: University of California Press, 2001), 133-173。

60 邱雅芳，〈越界的神話故事：吳鳳傳從日據末期到戰後初期的承接過程〉，《臺灣文獻》，第56卷4期（2005），頁121-153；溫皓邦，《歷史的流變與多聲：「義人吳鳳」到「莎韻之鐘」的人類學分析》（臺北：國立臺灣大學人類學研究所碩士論文，1996）；早期有關吳鳳故事的研究，多從考證與殖民政策視角切入討論吳鳳形象之轉變，參閱薛化元，〈吳鳳史事探析及評價〉，《臺灣風物》，第32卷4期（1982），頁65-81；翁佳音，〈吳鳳傳說沿革考〉，《臺灣風物》，第36卷1期（1986），頁39-56；李亦園，〈傳說與課本〉，《國立編

（二）戰爭創傷、教科書政治與紀念文化變遷

在第二波「記憶潮」之下，因冷戰政治遭壓抑的二戰創傷記憶，於1970年代再以各種形式浮現。除了相關回憶錄、文藝作品與紀念性建築的出現，猶太人大屠殺、南京大屠殺、慰安婦與廣島和長崎原爆等長期被遺忘的戰爭罪行，成為公共議題與學術研究焦點。

首先，有關猶太人大屠殺研究多如牛毛，本文無法全面探討，僅例舉重要論著示範。佛里德蘭德（Saul Friedländer）的《記憶、歷史與歐洲猶太人滅絕》與《歷史與記憶：猶太人大屠殺的教訓》，為綜觀戰後德國官方與歷史學論述演變的重要入門。[61] 其他學者或進一步探析大屠殺記憶的文藝再現，例如拉卡普拉（Dominick LaCapra）具體評析《墮落》（*The Fall*）、紀錄片《浩劫》（*Shoah*）與漫畫《鼠族》（*Maus*）等再現大屠殺創作；[62] 或聚焦「史學家論戰」[63]、「葛哈根」（Goldhagen）[64]、「清白國

譯館館刊》，第18卷1期（1989），頁1-22；張玉法，〈吳鳳的歷史地位〉，《國立編譯館館刊》，第18卷1期（1989），頁23-47。

61 Saul Friedländer, *Memory, History and the Extermination of the Jews of Europe* (Bloomington: Indiana University Press, 1993); Saul Friedländer, *History and Memory: Lessons from the Holocaust* (Graduate Institute Publications, 2014); 其他參閱：Saul Friedländer, *A Conflict of Memories?: The New German Debates about the "Final Solution"* (Leo Baeck Institute, 1987); Alfred D. Low, *The Third Reich and the Holocaust in German Historiography* (New York: Columbia University Press, 1994).

62 Dominick LaCapra, *Representing the Holocaust: History, Theory, Trauma* (Ithaca: Cornell University, 1994); Dominick LaCapra, *History and Memory After Auschwitz* (Ithaca: Cornell University, 1998); 其他同性質著作參閱Barbara Engelking, *Holocaust and Memory* (London: Leicester University Press, 2001); Richard Crownshaw, *The Afterlife of Holocaust Memory in Contemporary Literature and Culture* (London: Palgrave Macmillian, 2010).

63 Charles S Maier, *The Unmasterable Past: History, Holocaust, and German National Identity* (Cambridge: Harvard University Press, 1988); Peter Baldwin, ed., *Reworking the Past: Hitler, The Holocaust, and The Historians' Debate* (Boston: Beacon Press, 1990).

64 1996年3月，美國學者葛哈根（Daniel Jonah Goldhagen）出版《希特勒的志願行刑者》

防軍」（saubere Wehrmacht）[65]，以及包括戰後戰俘與難民在內的德國集體受害論述[66]等公共爭議之探討；或如哈夫（Jeffrey Harf）探討兩德大屠殺記憶文化之差異，或如布魯瑪（Ian Buruma）與康拉德（Sebastian Conrad）闡述冷戰政治與左右派競爭因素，如何影響猶太人大屠殺與南京大屠殺在德國與日本的結構性遺忘。[67]類此，納維克（Peter Novick, 1934-2012）集中探究美國猶太人對大屠殺的遺忘與記憶，而敏茲（Alan Mintz）則從影視史學視角，以《辛德勒的名單》（*Schindler's List*）等電影切入，檢視美國大眾文化中的大屠殺視覺再現。[68]近年，學者也從事數位化與全球化時代的猶太人大屠殺全球記憶與猶太人社群離散問題

（*Hitler's Willing Executioners: Ordinary*）一書，從中論證導致大規模猶太人種族滅絕的原因，包括納粹政權與深植德國人心的反猶傳統。換言之，猶太人大屠殺的加害者，除了希特勒與納粹組織之外，也包括一般尋常人民。相關內容可參閱：Daniel Jonah Goldhagen, *Hitler's Willing Executioners* (New York: Knopf, 1996); Daniel Jonah Goldhagen, *Hitlers willige Vollstrecker. Ganz gewöhnliche Deutsche und der Holocaust* (Berlin: Siedler, 1996); 相關爭議可參閱：Robert R. Shandley, ed., *Unwilling Germans? The Goldhagen Debate* (Minneapolis : University of Minnesota Press, 1998).

65 Hamburger Institut für Sozialforschung, *Verbrechen der Wehrmacht: Dimensionen des Vernichtungskrieg 1941-1944* (Hamburg: Hamburger Edition, 2004).

66 Robert G. Moeller, *War Stories: The Search for a Usable Past in the Federal Republic of Germany* (Berkeley: University of California Press, 1999); Frank Biess, *Homecomings: Returning POWs and the Legacies of Defeat in Postwar Germany* (Princeton and Oxford: Princeton University Press, 2006); Christiane Wienand, *Returning Memories: Former Prisoners of War in Divided and Reunited Germany* (Rochester, N.Y.: Camden House, 2015).

67 Jeffrey Herf, *Divided Memory: The Nazi Past in the Two Germanys* (Cambridge: Harvard University Press. 1997); Ian Buruma, *Wages of Guilt: Memories of War in Germany and Japan* (London: Atlantic Book, [1994] 2009); Sebastian Conrad, *The Quest for the Lost Nation: Writing History in Germany and Japan in the American Century* (Berkeley: University of California Press, 2010).

68 Peter Novick, *The Holocaust in American Life* (New York: A Mariner Book, 2000); Alan Mintz, *Popular Culture and the Shaping of Holocaust Memory in America* (Seattle: University of Washington Press, 2001).

之研究。[69]

其次，就東亞戰爭記憶而言，南京大屠殺、慰安婦與原爆，在後冷戰時期也成為探討冷戰政治與日本戰罪結構性遺忘的切入個案。[70]就南京大屠殺而言，戰後40年由於冷戰政治、外交格局，美、中、日與臺之間對日、美戰爭罪行均採迴避或壓抑態度；中國為維持與日友好以爭取經援，無法追究南京大屠殺與慰安婦等戰罪賠償；臺灣為保持與日友善，也採取迴避態度；為維持冷戰局勢下民主陣營的和諧，美、韓對日本的戰爭罪行，中、日、韓對原爆的暴行，都保持沉默態度。直到冷戰局勢結束，禁錮各國東亞戰爭記憶的潘多拉盒子終於解鎖，官方態度轉趨積極進行相關記憶之恢復與建構，定時舉辦紀念儀式與興建諸如南京大屠殺紀念館、廣島與長崎原爆紀念館，再現戰爭記憶的影視文藝作品也大量出現，更經常造成亞太地區外交衝突，均成為歷史

69 Daniel Levy and Natan Sznaider, *The Holocaust and Memory in the Global Age*, trans. Assenka Oksiloff (Philadelphia: Temple University Press, 2006); Jeffrey Shandler, *Holocaust Memory in the Digital Age: Survivors' Stories and New Media Practices* (Stanford: Stanford University Press, 2017).

70 Gerrit W. Gong, ed., *Remembering and Forgetting: The Legacy of War and Peace in East Asia* (Washington, D.C.: The Center for Strategic & International Studies, 1996); Iris Chang, *The Rape of Nanking: The Forgotten Holocaust of World War II* (New York: BasicBooks, 1997); T. Fujitani, Geoffrey M. White, and Lisa Yoneyama, eds., *Perilous Memories: The Asia-Pacific War(s)* (Durham: Duke University Press, 2001); Takashi Yoshida, *The Making of the "Rape of Nanking": History and Memory in Japan, China, and the United States* (New York: Oxford University Press, 2006); Joshua A. Fogel, ed., *The Naning Massacre in History and Historiography* (Berkeley: University of California Press, 2000); Michael Hogan, ed., *Hiroshima in History and Memory* (Cambridge: Cambridge University Press, 1996); Lisa Yoneyama, *Hiroshima Traces: Time, Space, and the Dialectics of Memory* (Berkeley: University of California Press, Berkeley, 1999); Fei Fei Li, Robert Sabella and David Liu, ed., *Nanking 1937: Memory and Healing* (Armonk, N.Y.: M. E. Sharpe, 2002); Ching Kwan Lee and Guobin Yang, ed., *Re-envisioning the Chinese Revolution: The Politics and Poetics of Collective Memories in Reform China* (Stanford: Stanford University Press, 2007); Michael Berry, *A History of Pain: Trauma in Modern Chinese Literature and Film* (New York: Columbia University Press, 2008).

學家探究的議題。[71]這些個案說明一國歷史記憶之建構與消解，既牽涉國內政治因素，也深受國際政治影響。

　　就冷戰脈絡下的戰爭記憶言，美國學者宋怡明（Michael Szonyi）以金門為個案，探析官方與民間記憶的差異及其所涉國內與冷戰記憶政治，凸顯社群集體記憶與政治利益需求之間的關係。宋怡明在阿博瓦胥「集體記憶」學理基礎上，提出「集體記憶論述」分析概念，追溯1980年代末以來金門社群爭取在地利益活動過程，及其如何挪用官方紀念論述與利用民間戰爭苦難、英雄記憶與日常生活懷舊記憶來合理化自身訴求，也以地方「聲音」挑戰官方論述，是為地方認同主體性的表裡。[72]同樣地，江柏煒也以「金門戰史館」為個案切入，具體呈現官方主宰性國族歷史論述與金門在地民間集體記憶之間的落差。[73]

　　東亞地區官方面對二戰態度於後冷戰時期的變遷，也反映在歷史教科書爭議上。歷史教科書是現代民族國家建構國族記憶與認同的「記憶所繫之處」，也是學者關注的議題。《審查歷史》一書，即嘗試考察日、德、美歷史教科書戰爭論述在後冷戰時期的變遷。[74]自1950年代中以來，日本官方對南京大屠殺與慰安婦

---

71 Takashi Yoshida, *The Making of the "Rape of Nanking,"* 45-77, 81-125; Takashi Yoshida, *Nanking 1937*, 154-180; Krik A. Denton, "Horror and Atrocity: Memory of Japanese Imperialism in Chinese Museum," in *Re-envisioning the Chinese Revolution,* 166-192; Jordan Sand, "Historians and Public Memory in Japan: The 'Comfort Women' Controversy," *History and Memory* 11: 2 (1999), 116-128; Michael Berry, *A History of Pain*, 108-178.

72 宋怡明著，李仁淵譯，〈戰火下的記憶政治：金門，1949-2008〉，《考古人類學刊》，第71期（2009），頁47-69；宋怡明著，黃煜文、陳湘陽譯，《前線島嶼：冷戰下的金門》（臺北：國立臺灣大學出版中心，2016）。

73 江柏煒，〈誰的戰爭歷史？金門戰史館的國族歷史 vs 民間社會的集體記憶〉，《民俗曲藝》，第156期（2007），頁85-115。

74 Laura Hein and Mark Selden, ed., *Censoring History: Citizenship and Memory in Japan, Germany, and the U.S.* (New York: East Gate Book, 2000).

等問題以迴避、淡化與扭曲的態度面對，且反映在受文部省審查的歷史教科書內容，故曾引起家永三郎的控訴。日本官方態度在後冷戰時期雖轉趨坦然，國家領導人也針對戰爭暴行公開道歉，並修正歷史教科書戰爭論述，但引起激進右派反對，尤以藤岡信勝及其所創建的「新自由主義史觀研究會」成員為代表。藤岡信勝認為日本國民不應受制自虐史觀，應建立正面國族記憶，而其所著《教科書不教學的歷史》與《屈辱的近現代史》皆成為暢銷書，其所編輯的教科書也引起迴響，甚至引發東亞國際外交危機。就德國而言，基於兩德統一對內建構新國族認同，以及對外重建良好國際關係以積極推動歐盟等需求，德國歷史教科書內容出現對歐洲認同的強調，凸顯歐洲國家的共同性，忽略彼此的獨特性。就美國而言，二戰期間囚禁日裔美人與廣島、長崎原爆，在後冷戰時期才受到更多關注與反思。然而，在越戰此一主題上，如《老師的謊言》一書所呈現，仍然趨於避重就輕與選擇性疏漏、扭曲。[75]綜上所述，後冷戰歷史教科書內容變化，正顯示戰爭與國族記憶建構之變易性與社群差異性。

　　臺灣二戰戰爭記憶經本土化與民主化歷程，也呈現出「記憶革命」效應。在戰後臺灣「去日本化」與「再中國化」時期強調中國歷史與戰場經驗的戰爭史書寫主軸下，被忽略的臺灣二戰記憶，也開始於公領域與學術研究中浮現。隨著1995年日本賠償臺籍日本兵議題，學者開始整理臺籍日本兵口述紀錄，[76]臺籍日本

---

75 James W. Loewen, *Lies My Teacher Told Me: Everything Your American History Textbook Got Wrong* (New York: Touchstone, 1995).

76 鄭麗玲採訪撰述，《臺灣人日本兵的戰爭經驗》（臺北：臺北縣立文化中心，1995）；林惠玉編，《宜蘭耆老談日治下的軍事與教育》（宜蘭：宜蘭縣立文化中心，1996）；周婉窈主編，《臺籍日本兵座談會記錄并相關資料》（臺北：中央研究院臺灣史研究所籌備處，

兵戰爭記憶與國族認同相關研究也逐漸出現；[77]藍適齊對此記憶恢復歷程與脈絡之分析，值得注意；[78]其他還包括空襲、馬祖接炸彈、慰安婦、終戰與女性戰爭記憶的相關研究論著。[79]此外，臺灣學者也觸及阿美尼亞大屠殺與猶太人大屠殺等歐洲戰爭歷史解釋與影視文化記憶研究。[80]

1997）；蔡慧玉，《走過兩個時代的人：臺籍日本兵》（臺北：中央研究院臺灣史研究所籌備處，1997）；潘國正，《天皇陛下の赤子：新竹人、日本兵、戰爭經驗》（新竹：新竹縣立文化中心，1997）；賴玲卿記錄，〈嘉義市臺籍日本兵口述歷史座談會〉，《嘉義市文獻》，第16期（2000），頁177-247；湯熙勇、陳怡如編著，《臺北市臺籍日本兵查訪專輯》（臺北：臺北市文獻委員會，2001）；黃金島著、潘彥蓉、周維朋整理，《二二八戰士：黃金島的一生》（臺北：前衛出版社，2004）；陳鵬仁、王雪娥編著，《世紀之足跡：臺灣人日本海軍志願兵》（臺北：致良出版社有限公司，2004）。

77 周婉窈，〈日本在臺軍事動員與臺灣人的海外參戰經驗，1937-1945〉，《臺灣史研究》，第2卷1期（1995），頁85-126；近藤正己撰，許佩賢譯，〈對異民族的軍事動員與皇民化政策：以臺灣軍夫為中心〉，《臺灣文獻》，第46卷2期（1995），頁189-223；曾令毅，〈日治時期臺灣少年飛行兵之研究：以特攻隊員劉志宏（泉川正宏）為例〉，《臺灣史學雜誌》，第2期（2006），頁195-236；陳柏棕，《血旗揚帆：臺灣海軍特別志願兵的從軍始末（1943-1945）》（臺北：國立政治大學臺灣史研究所碩士論文，2010）；劉道一，《戰爭移民與臺籍日本兵：以劉添木生命史為例》（花蓮：東華大學鄉土文化學系碩士論文，2009）；姚錫林，《台籍日本兵的記憶建構與認同敘事》（臺南：國立成功大學臺灣文學系碩士論文，2010）；林慧玲，《母國與祖國：日據時期台籍日本兵的國家認同》（宜蘭：佛光大學生命與宗教學系碩士論文，2014）。

78 Shi-chi Mike Lan, "(Re-)Writing History of the Second World War: Forgetting and Remembering the Taiwanese-Native Japanese Soldiers in Postwar Taiwan," *Positions,* 21:4 (2013), 801-851.

79 戴寶村，〈B29與媽祖：臺灣人的戰爭記憶〉，《政治大學歷史學報》，第22期（2004），頁151-178；葉挺川，〈二戰末期臺南空襲回憶〉，《歷史月刊》，第259期（2009），頁102-106；巫靜宜，《日治末期溪湖人的戰爭經驗（1937-1945）》（臺北：臺灣師範大學歷史學系碩士論文，2007）；莊天賜，《二次大戰下的臺北大空襲》（臺北市文化局．臺北二二八紀念館，2007）；張維斌，《空襲福爾摩沙：二戰盟軍飛機攻擊臺灣紀實》（臺北：前衛出版社，2015）；甘記豪，《米機襲來：二戰臺灣空襲寫真集》（臺北：前衛出版社，2015）；許雪姬，〈臺灣史上一九四五年八月十五日前後：日記如是說「終戰」〉，《臺灣文學學報》，第13期（2008），頁159-160；朱德蘭，《臺灣慰安婦》（臺北：五南圖書出版股份有限公司，2009）；游鑑明，〈處處無家處處家〉，《近代中國婦女史研究》，第23期（2014），頁1-63。

80 周惠民，〈德國現代史論述中的幾個爭議及修正〉，《國立政治大學歷史學報》，第26期（2006），頁239-246；陳登武，〈一場大屠殺與人民的記憶：以Atom Egoyan〈A級控訴〉為中心〉，《興大歷史學報》，第17期（2006），頁641-676。

　　臺灣學者也關注歷史教科書議題。早在1990年代，隨著臺灣族群認同危機成為公共議題，戴寶村與王汎森即致力於歷史教育與國家認同關係的思索。[81]王甫昌考察戰後臺灣「中國意識」與「臺灣意識」的競逐起伏，從集體記憶視角解讀《認識臺灣：歷史篇》的轉折性意義。[82]此外，許育銘從歷史認識視角，探析日本戰後自由主義史觀之發展，以及藤岡信勝扶桑版教科書出現美化、淡化、隱瞞等現象之脈絡問題。[83]

　　有關戰後官方紀念文化於後冷戰時期的變遷，臺灣學者也有所著墨。就整體趨勢而言，抗日戰爭紀念逐漸衰落，而戰後臺灣歷史事件之紀念則逐漸興盛。[84]根據張瑞德與林桶法的研究，官方於抗日戰爭勝利紀念，自李登輝主政後期以來即呈現淡化趨勢。[85]周俊宇則指出，國慶日紀念在1990年代後逐漸擺脫反共復國意識型態，更強調戰後臺灣之經營，本土意象更趨凸出。[86]相對地，隨著官方態度由逃避與壓抑轉為積極面對，二二八紀念碑

---

81 戴寶村，〈歷史教育與國家認同〉，〈歷史教育與國家認同〉，《國家認同學術研討會論文集》，現代學術研究基金會，1993年5月，頁115-138；王汎森，〈歷史教科書與歷史記憶〉，《思想》，第9期（2008），頁123-139。

82 王甫昌，〈民族想像、族群意識與歷史：《認識台灣》教科書的爭議風波的內容與脈絡分析〉，《臺灣史研究》，8:2（2001），頁145-208。

83 許育銘，〈戰爭魅影：日本歷史教科書中的中日戰爭〉，《近代中國》，第205期（2006），頁84-115；其他相關著作可參閱：周婉窈，〈對當前歷史研究與歷史教育的幾點看法〉，《台灣社會研究季刊》，第57期（2005），頁247-254。

84 周俊宇，〈戒嚴、解嚴與集體記憶：以戰後臺灣的國定節日為中心〉，《臺灣文獻》，第58卷5期（2007），頁41-93。

85 關於1949年至2005年期間臺灣官方抗日戰爭勝利紀念活動之發展與變遷，參閱張瑞德，〈紀念與政治：台海兩岸抗戰勝利五十週年紀念活動的比較〉，盧建榮（編），《文化與權力：臺灣新文化史》（臺北：麥田出版社，2001），頁149-206；林桶法，〈抗戰勝利紀念的活動與詮釋：九三軍人節的觀察〉，《近代中國》，第163期（2005），頁116-131。

86 周俊宇，〈光輝雙十的歷史：中華民國國慶日近百年的歷史變遷（1912-2008）〉，《國史館館刊》，第30期（2011），頁40-45。

則於1980年代末開始出現於臺灣地景，國家級紀念碑也於1995年2月28日落成於臺北新公園，[87]隨後該公園於次年2月28日正式易名二二八和平公園，並於1997年於其一角設立二二八紀念館，而相關紀念儀式活動也紛紛出現，甚而有二二八和平紀念日之制定；上述發展均值得再探。

（三）後極權國族創傷、轉型正義與社群認同

隨著後冷戰亞洲、非洲與拉丁美洲的民主轉型，遭官方壓抑的獨裁政權不義暴行歷史，得以逐漸恢復。史特恩在其「皮諾切時代的智利記憶盒」三部曲中，利用口述訪談、回憶錄、廣播演講、官方檔案，追溯1970年代以來智利左派與右派社群對皮諾切軍事政變及其獨裁統治之意義認知變遷，並呈現智利致力恢復皮諾切政府國家暴力記憶之過程。尤其，史特恩具體指出皮諾切選擇性記憶與遺忘的社群差異；右派認為皮諾切是國家救亡圖存的英雄，左派卻認為他是以國家機器對異己行使不義暴行的罪犯。

集體面對國家暴力的方式及其轉型正義，是後極權時代民主轉型國家勢必面臨的問題。在歐美研究成果之中，尤以米諾（Martha Minow）、巴金（Elzar Barkin）與托佩（John Torpey）的論著最具代表性，分別展示三種轉型正義途徑。[88]在其《報復與寬恕之間》一書中，米諾探究官、民面對國家不義暴行及其與集

---

87 吳金鏞，《國族建構、歷史記憶與紀念空間：二二八紀念碑的建構》（臺北：臺灣大學建築與城鄉研究所碩士論文，1994），頁19-32。

88 Martha Minow, *Between Vengeance and Forgiveness: Facing History after Genocide and Mass Violence* (New York: Beacon Press, 1999); John Torpey, *Politics and the Past* (New York: Rowman & Littlefield Publishers, Inc, 2003); Elazar Barkin. *The Guilt of Nations: Restitution and Negotiating Historical Injustices* (Chicago: Johns Hopkins University Press, 2000).

體記憶的關係,並肯定介於報復與寬恕之間的第三條道路,亦即真相調查委員會之價值。米諾認為,經由真相調查委員會,可透過集體揭露不義暴力,將個人或集體創傷從結構性遺忘與官方否認中解放出來,且最終形成一個具多元觀點的創傷記憶,以及具連貫一致性的完整歷史紀錄,而透過倖存者言說不義暴行,又得以療癒個人與國族創傷。[89]巴金在其《國家之罪》中指出,補償協商可形成加害者與受害者雙方觀點的重構,作為雙方相互承認與和解的基礎,並藉由嶄新多元國史觀點的展現,再定義國族與認同。[90]最後,托佩則強調歷史教育在建構加害者與被害者都滿意的不義暴行敘事中的重要性,並嘗試提出一個涵蓋轉型正義、賠償、悔罪、道歉、溝通性歷史與集體記憶的補償政治學理。[91]米諾、巴金與托佩分別從真相調查委員會、補償協商與歷史教育等三種視角,反思社群面對過去不義暴行及其轉型正義問題,值得參考。

　　針對東亞地區國家不義暴行及其歷史記憶恢復的討論,多以文藝影視創作與口述歷史為素材進行探討。就中國而言,王斑在其《歷史的啟示:現代中國的創傷、記憶與歷史》一書中,以文學、電影、政治評論與公共論述為基礎,檢視知識分子如何面對與再現文化大革命集體創傷,而《再檢視中國革命》一書作者群則利用請願書、口述訪談、照片、歌曲、電影與博物館展覽等,考察改革開放時期知識分子、農民、勞工、女性、少數族群等

---

89 Martha Minow, *Between Vengeance and Forgiveness: Facing History after Genocide and Mass Violence*, 46-47, 58-59, 70-73.

90 Elazar Barkin. *The Guilt of Nations: Restitution and Negotiating Historical Injustices*, 320-322.

91 John Torpey, *Politics and the Past*, 5-7, 24-25.

社群有關革命、大躍進、集體化、文化大革命的歷史記憶。[92]近年，賀蕭（Gail Hershatter）以陝西四村莊72位女性口述訪談紀錄，分析中國婦女於改革開放時期的集體化、大躍進與3年困難時期之「日常生活」記憶，並凸顯其有別男性中心官方論述的意義。[93]就臺灣而言，林麗君在其《再現臺灣暴行》探析臺灣當代小說與電影所乘載之二二八與白色恐怖文化記憶。[94]美國學者貝瑞（Michael Berry）在其《痛史：現代中國文學與電影中的創傷》中，根據文學與影視作品，探究霧社事件、南京大屠殺、二二八事件、文化大革命與天安門事件等集體創傷之文化記憶再現。[95]陳香君則運用諾哈「記憶所繫之處」概念，解讀臺灣1990年代以來的二二八美展，探究臺灣社會二二八事件「集體失憶」因素，尤其是性別差異。[96]

在臺灣首度政黨輪替之後，出現大量從歷史記憶視角探究二二八事件及其轉型正義的研究成果。傳播學者夏春祥以新聞媒體為素材，考察二二八事件官方論述變遷史及其社會記憶建構。[97]吳乃德嘗試追溯二二八事件結構性遺忘與記憶恢復之發展與官方

---

92 Ban Wang, *Illuminations from the Past*; Ching Kwan Lee and Guobin Yang, ed., *Re-envisioning the Chinese Revolution*.

93 Gail Hershatter, *The Gender of Memory: Rural Women and China's Collective Past* (Berkeley: University of California Press, 2011); 賀蕭著，張贇譯，《記憶的性別：農村婦女與中國集體化歷史》（上海：人民出版社，2017）。

94 Sylvia Li-Chun Lin, *Representing Atrocity in Taiwan: The 2/28 Incident and White Terror in Fiction and Film* (New York: Columbia University Press, 2007).

95 Michael Berry, *A History of Pain*.

96 Hsiang-chun Chen, *Beyond Commemoration: The 2-28 Incident, the Aesthetics of Trauma and Sexual Difference* (Ph.D. Thesis, School of Fine Art, Art History and Cultural Studies, University of Leeds, 2005).

97 夏春祥，〈二二八事件的事實與詮釋〉，《在傳播中的迷霧：二二八事件的媒體印象與社會記憶》（新北：韋伯文化國際出版有限公司，2007）。

論述演變，[98]指出政治民主化發展「讓威權政權所強加的失憶症得以解除」[99]，並主張各社群應透過彼此不同歷史闡釋之公開論述與互相質疑，進而豐富與提升彼此的歷史視野，藉以促進理解與和解。[100]吳乃德、陳翠蓮等學者，對於二二八事件轉型正義也有討論。[101]同樣地，臺灣官方也在1990年代末處理白色恐怖及其轉型正義問題，並建構諸如「白色恐怖受難者紀念碑」、「白色恐怖景美紀念園區」與「白色恐怖綠島紀念園區」等記憶空間，相關口述紀錄、回憶錄、史料與研究論著也紛紛出爐，有助白色恐怖民間記憶的恢復。[102]

---

98 吳乃德，〈書寫民族創傷：二二八事件的歷史記憶〉，《思想》，第8期（2008），頁39-70。

99 吳乃德，〈書寫民族創傷：二二八事件的歷史記憶〉，頁45。

100 吳乃德，〈書寫民族創傷：二二八事件的歷史記憶〉，頁43、69。

101 吳乃德，〈轉型正義和歷史記憶：台灣民主化未竟之業〉，《思想》，第2期（2006），頁1-34；陳翠蓮，〈歷史正義的困境：族群議題與二二八論述〉，《國史館學術集刊》，16（2008），頁179-222；陳翠蓮發表《重構二二八》，以冷戰政治美中協力體制、臺灣地位問題與中國統治模式移植為討論視角，在新出土史料基礎上，重新審視事件發生原因、過程與影響，從中探究加害者的問題，或有助二二八事件「歷史正義」問題的釐清，請參閱：陳翠蓮，《重構二二八》（新北：衛城出版，2017）；此外，在二二八事件70週年之際，若干相關研究論著與歷史小說紛紛出爐，值得進一步討論與觀察，例如：陳儀深，《天猶未光：二二八事件真相、紀念與究責》（新北：衛城出版，2017）；楊小娜，謝靜雯譯，《綠島》（新北：印刻文學生活雜誌出版有限公司，2016）。

102 在此舉例若干：王歡，《烈火的青春：五〇年代白色恐怖證言》（臺北：人間出版社，1989）；林書揚，《從二二八到五〇年代白色恐怖》（臺北：時報文化出版企業股份有限公司，1992）；藍博洲，《白色恐怖》（新北：揚智文化事業股份有限公司，1993）；藍博洲，《二二八暨五〇年代白色恐怖民眾史》（高雄：高雄縣政府，1997）；陳三興，《少年政治犯非常回憶錄》（臺北：前衛出版社，1999）；李逸洋主編，《五〇年代白色恐怖臺北地區案件調查與研究》（臺北：臺北市文獻會，1998）；呂芳上，〈戒嚴時期臺北地區政治案件相關人士口述歷史》（臺北：臺北市文獻會，1999）；黃富三採編，《戒嚴時期臺灣政治事件檔案與口述歷史》（南投：臺灣省文獻委員會，2001）；張炎憲，《風中的哭泣：五〇年代白色恐怖政治案件》，二冊（新竹：新竹市文化局，2002）；林世煜等，《白色封印：人權奮鬥證言，白色恐怖1950》（臺北：國家人權博物館籌備處，2003）；薛化元，《戰後臺灣人權史》（臺北：國家人權紀念館籌備處，2003）；許美智，《暗夜迷蹤：桃園地區五〇年代白色恐怖訪談記錄》（宜蘭：宜蘭縣史館，2005）；陳儀深，〈臺獨叛亂的虛擬與真實：一九六一年蘇東啟政治案件研究〉，《臺灣史研究》，第10卷1期（2003），

　　針對其他域外「轉型正義」問題，臺灣學者也有所著墨。
花亦芬在《歷史的傷口上重生》中，綜述戰後德國面對納粹戰罪
的官方態度變遷，並涉及東德祕密警察檔案處理問題。全書聚焦
「轉型正義」的處理方式與過程，並觸及日記、小說、紀念性建
築與空間等相關文化記憶媒介之介紹。[103]潘宗億透過電影《再見
列寧》探討前東德人民的東德懷舊情結及其對新德國國族認同重
構的影響，其中涉及東德國家暴力「轉型正義」爭議的討論。[104]
2014年，《臺灣國際研究季刊》出版「轉型正義」專號，涉及臺
灣、捷克、斯洛伐克與西班牙「轉型正義」發展概況之探析，討
論議題包括後極權民主社會、人權法與歷史記憶等。[105]

　　二二八歷史記憶、民主轉型與戰後臺灣族群政治之間的辯證
關係，也是重要議題。王甫昌在《當代台灣社會的族群想像》一
書探討二二八集體創傷如何形塑戰後臺灣族群關係發展，將二二
八定義為導致本省與外省社群分野的關鍵事件。[106]根據張茂桂、

頁141-172；侯坤宏，〈戰後臺灣白色恐怖論析紀念與政治〉，《國史館學術集刊》，第12
　　期（2007），頁139-203；歐素瑛，〈從二二八到白色恐怖：以李媽兜案為例〉，《臺灣史
　　研究》，第15卷2期（2008），頁135-172；曹欽榮，《油麻溝十五號：綠島女生分隊及其
　　他》（臺北：書林出版有限公司，2012）；曹欽榮，《重生與愛：桃園縣人權歷史口述文
　　集》（桃園：桃園縣文化局）；國史館，《戰後臺灣政治案件：簡國賢案史料彙編》（臺北：
　　國史館，2014）；國史館，《戰後臺灣政治案件：藍明谷案史料彙編》（臺北：國史館，
　　2014）；呂蒼一，《無法送達的遺書：記那些在恐怖年代失落的人》（新北：衛城出版，
　　2015）；許雪姬、林建廷，《獄外之囚：白色恐怖受難者女性家屬訪問記憶錄》（新北：國
　　家人權博物館，2015）；較完整之書目可以參閱：薛化元，《白色恐怖時期相關研究成果
　　及人權機構等資源盤點案結案報告書》（新北：國家人權博物館籌備處，2013）。
103 花亦芬，《歷史的傷口上重生：德國走過的轉型正義之路》（臺北：先覺出版股份有限公
　　司，2016）。
104 潘宗億，〈再見列寧：消費東德與新德國國族認同危機〉，《國立政治大學歷史學報》，第
　　46期（2016），頁151-214。
105 參見《臺灣國際研究季刊》第10卷第2期。
106 王甫昌，〈台灣「族群想像」的起源：「本省人」／「外省人」族群意識形成過程〉，《當
　　代台灣社會的族群想像》（新北：韋伯文化國際出版有限公司，2007），頁21-52。

高格孚等學者，在民主化與臺灣化浪潮下，由於外省社群邊緣化焦慮、開放大陸探親之後形成家鄉不再的疏離感，以及眷村將消失的危機感，呈現暨非臺灣人，也非中國人的「雙重邊緣」認同困境。[107]

（四）國族創傷與國族記憶空間之建構

自後冷戰時期以來，兩次大戰、極權國家暴力與國族光榮記憶空間建構成為學術探討焦點。溫特（Jay Winter）在其《記憶之地，悼念之地》一書中，透過影視、文藝創作與紀念碑等記憶媒介之研究，探索一戰紀念文化與戰後歐洲國族認同建構之關係；[108]納粹歷史研究學者揚（James E. Young）在《記憶理》一書探討猶太人大屠殺紀念碑所涉記憶與空間政治，可謂經典；[109]提

---

107 林平，〈身在「家鄉」為異客：在中國大陸的外省臺灣人〉，收錄於張茂桂編，《國家與認同：一些外省人的觀點》，頁301-328；王甫昌，〈省籍融和的本質〉，收錄於張茂桂編，《族群關係與國家認同》，頁53-100；張茂桂，〈省籍問題與民族主義〉，收錄於張茂桂編，《族群關係與國家認同》，頁233-278；高格孚，《風和日暖：台灣外省人與國家認同的轉變》（臺北：允晨文化實業股份有限公司，2004）；張茂桂主編，《國家與認同：一些外省人的觀點》（新北：群學出版有限公司，2010）。

108 Jay Winter, *Sites of Memory, Sites of Mourning* (Cambridge: Cambridge University Press, 1995); Jay Winter, *Remembering War: The Great War between Memory and History in the 20th Century: The Great War and Historical Memory in the 20th Century* (New Haven: Yale University Press, 2006); 有關二戰紀念碑文化可參閱：Nicolaus Mills, *Their Last Battle: The Fight for the National World War II Memorial* (New York: Basic Books, 2004).

109 James E. Young, *The Texture of Memory: Holocaust Memorials and Meaning* (New Haven :Yale University Press, 1993); 其他同主題之重要著作可參閱：Brian Ladd, *The Ghosts of Berlin: Confronting German History in the Urban Landscape* (Chicago: University of Chicago Press, 1998); Janet Ward, Sites of Holocaust Memory (Bloomsbury Academic, 2018); Sharon Macdonald, *Difficult Heritage: Negotiating the Nazi Past in Nuremberg and Beyond* (New York: Routledge, 2009); Andreas W. Daum and Christof Mauch, ed., *Berlin-Washington, 1800-2000: Capital Cities, Cultural Representations, and National Identities* (New York: Cambridge University Press, 2005), esp. pp. 3-30; Bill Niven, *Facing the Nazi Past: United Germany and the Legacy of the Third Reich* (New York: Routledge, 2002).

爾探究新德國於新柏林歷史「記憶區」透過「歐洲被迫害猶太人紀念碑」（Denkmal für die ermordeten Juden Europas）、「猶太博物館」（Jüdische Museum Berlin）與「恐怖地形圖」（Topographie des Terrors）等國族創傷「記憶所繫之處」構成新國族認同建構之基礎；[110]洪長泰與巫鴻從記憶與空間政治視角探析中共革命傳統論述與記憶，如何物質化於天安門廣場及其周圍紀念性建築。[111]

以臺灣學者而言，吳金鏞從記憶與空間政治之辯證視角，探析二二八紀念碑官方建構及其爭議與意義；林靜雯從「國家人權博物館籌備處」之成立及其爭議切入，思考臺灣之推動「轉型正義」透過「綠島人權文化園區」及「景美人權文化園區」喚醒個人或社會集體記憶的可能性；[112]曹欽榮具體以「臺北二二八紀念館」與「綠島人權文化園區」為例，探討博物館、歷史記憶與轉型正義的關係；[113]陳瑞琪則透過綠島居民、政治受難者與綠島政治監獄官兵的口述訪談，探析不同社群於「綠島人權文化園區」內白色恐怖紀念性空間的記憶差異。[114]除了臺灣國族記憶空間的

110 Karen E. Till, *The New Berlin*.

111 Linda Hersiikovitz, "Tiananmen Square and the Politics of Place," *Political Geography* 12: 5 (September 1993), 395-420. Chang-Tai Hung, "Revolutionary History in Stone: The Making of a Chinese National Monument," *China Quarterly* 166 (Jun., 2001), 457-473; 洪長泰，《地標：北京的空間政治》（香港：牛津大學出版社，2011）；Hung Wu, *Remaking Beijing: Tiananmen Square and the Creation of a Political Space* (Chicago: Chicago University Press, 2005).

112 林靜雯，〈國家人權博物館籌備處的初期挑戰與未來的使命〉，《博物館學季刊》，第28卷3期（2014），頁111-126。

113 曹欽榮，〈紀念博物館、技藝研究與轉型正義：從國際經驗到綠島人權文化園區〉（臺北：國立臺北藝術大學博物館研究所碩士論文，2014）。

114 陳瑞琪，〈記憶變奏曲：「綠島監獄島」之記憶空間沿革探討〉（花蓮：國立東華大學歷史學系碩士論文，2017）；陳瑞祺、潘宗億，〈「綠島監獄島」之記憶空間變遷探討〉，《臺灣文獻》，第69卷4期（2018），頁133-168。

探討，學者對於其他地區個案也有所著墨；陳佳利以「猶太浩劫紀念館」探討集體創傷、記憶政治與國族認同之間的關係；[115]潘宗億透過柏林「浩劫紀念碑」研究，檢視猶太人大屠殺此一德國集體創傷記憶之紀念化與物質化過程。[116]

結語

　　本文首先嘗試梳理歐美歷史記憶學理典範，從中定義集體記憶、社會記憶、歷史記憶、身體記憶、文化記憶、空間記憶與飲食記憶等概念，進而在三波「記憶潮」歷史分析架構下，綜述歐美與臺灣歷史記憶研究於「帝國擴張與殖民統治遺緒」、「後冷戰戰爭創傷、教科書政治與紀念文化變遷」、「後極權國族創傷、轉型正義與社群認同」與「國族記憶空間之建構」等主要趨勢。然而，在此分析架構下，本文考察自有疏漏；或如梅爾清（Tobie Meyer-Fong）從底層民眾生命經驗與記憶、由下而上的視角研究太平天國，涉及戰亂記憶、官方紀念儀式、地方政治認同建構、身體政治與身分認同、遺體保存與秩序重建、死亡政治與統治合法性、民間紀念與悼念社會實踐等層面，討論議題豐富；[117]或如中國古代史、近現代史與明清文學研究領域，也不乏

115 陳佳利，〈誰的猶太浩劫紀念館：創傷、政治與認同〉，《被展示的傷口：記憶與創傷的博物館筆記》（臺北：典藏藝術家庭股份有限公司，2007），頁95-124。
116 潘宗億，〈全球首都國族記憶空間之建構：以北京天安門廣場與柏林「浩劫紀念碑」為中心的探討〉，收錄於梁景和主編，《社會文化史理論與方法》（北京：社會科學文獻出版社，2014），頁104-144。
117 Tobie Meyer-Fong, *What Remains: Coming to Terms with Civil War in 19th Century China* (Stanford: Stanford University Press, 2013).

運用歷史記憶研究取徑之研究成果,均值得再探。[118]

　　其次,本文於有限篇幅內,對歷史記憶取徑於方法論與認識論上的批判性反思也少有著墨,但嘗試於此歸納諸端,以為進一步探討的基礎。首先,歐美學界於這方面的討論相當豐碩,不需本文贅述,[119]且更重要者,應在本土研究成果的基礎上從事全面檢視,而臺灣歷史學界個案研究雖豐,但較少學者從事認識論與方法論的學理討論與反思。雖然如此,諸如王明珂、黃克武與廖宜方等歷史學者仍於此方面有所省思,值得再探。[120]尤其,王明

---

118 傅揚,《從喪亂到太平:隋朝的歷史記憶與意識形態》(臺北:臺灣大學歷史學系碩士論文,2011);廖宜方,《唐代的歷史記憶》(臺北:國立臺灣大學出版中心,2011);何幸真,《明代建文朝的歷史記憶》(臺北:國立臺灣師範大學歷史學系碩士論文,2013);吳政緯,《眷眷明朝:朝鮮士人的中國論述與文化心態》(臺北:秀威資訊科技股份有限公司,2015);嚴志雄,〈體物、記憶與遺民情境:屈大均一六五九年詠梅詩探究〉,《中國文哲研究集刊》,第21期(2002),頁43-87;嚴志雄,〈Traumatic Memory, Literature and Religion in Wu Zhaoqian's Early Exile〉,《中國文哲研究集刊》,第27期(2005),頁123-165;王璦玲,〈記憶與敘事:清初劇作家之前朝意識與其易代感懷之戲劇轉化〉,《中國文哲研究集刊》,第24期(2004),頁39-103;胡曉真,〈離亂杭州:戰爭記憶與杭州記事文學〉,《中國文哲研究集刊》,第36期(2010),頁45-78;黃瓊慧,《世變中的記憶與編寫:以丁耀亢為例的考察》(臺北:大安出版社,2009)。

119 舉其要於此:Wulf Kansteiner, "Finding Meaning in Memory: A Methodological Critique of Collective Memory Studies," *History and Theory* 41:2 (May, 2002), 179-197; Peter Fritzsche, "The Case of Modern Memory," *The Journal of Modern History* 73:1 (Mar., 2001), 87-117; Alon Confino, "Collective Memory and Cultural History: Problems of Method," *American Historical Review* 102:5 (Dec., 1997), 1386-1403; Susan A. Crane, "Writing the Individual Back into Collective Memory," *Historical Review* 102:5 (Dec., 1997), 1372-1385.

120 例如:王明珂,〈誰的歷史:自傳、傳記與口述歷史的社會記憶本質〉;王明珂,〈口述中的歷史事實與社會現實〉;黃克武,〈記憶、認同與口述歷史〉,《臺灣口述歷史的理論實務與案例》,頁45-58。又,參見《東吳大學歷史學報》第36期所收論文有關日記、回憶錄、傳記、書信等其他相關「記憶」,或可參閱主編游鑑明之導言,參閱:游鑑明,〈導言:歷史中的記憶‧記憶中的歷史〉,頁1-6;廖宜方於《唐代的歷史記憶》一書導論涉及歷史記憶相關學理概念史學史的考察簡述,並嘗試超脫歐美歷史記憶學理,挖掘與反思中國史研究脈絡下的歷史記憶研究線索,並形成東亞自身的歷史記憶概念,是國內學者中少數兼具歷史記憶學理概念意涵之批判性反思與個案研究之論著,非常值得一讀,參閱:廖宜方,《唐代的歷史記憶》。

珂於1990年代，由集體記憶視角檢視自傳、傳記與口述歷史的建構本質，至近年更在《華夏邊緣》、《羌在漢藏之間》與《英雄祖先與弟兄民族》等研究基礎上，於《反思史學與史學反思》一書中系統闡釋相關議題，對於歷史事實與社會現實、口述歷史與口述傳統、集體記憶與社會記憶之區別有所釐清，甚至提出「歷史心性」與「根基性歷史記憶」等概念，值得借鑑。然其有關社會記憶範疇大於集體記憶、集體記憶範疇又大於歷史記憶的提法，[121] 於本文相關概念的定義與討論有所區別，值得再次商榷，特別如下問題：歷史與記憶之間的區別或關係為何？歷史只是記憶的一種形式？抑或記憶只是歷史的一部分？

　　自古以來歷史是記憶的一種形式，正如歷史女神克利歐（Clio）是「記憶女神」（Mnemosyne）的女兒九位繆思其中之一，也正如西方史學之父希羅多德（Herodotus, 484-425BC）以九位繆思為《歷史》九卷命名之文化脈絡所示。[122] 但隨著李奧納多布魯尼（Leonardo Bruni, 1370-1444）、瓦拉（Lorenzo Valla, 1407-1457）與波丹（Jean Bodin, 1530-1596）等文藝復興時代史家於歷史「真實性」與「客觀性」的系統方法論與認識論思索以來，經哥廷根（Göttingen）歷史學派與19世紀歷史的學科化與科學化，記憶逐漸被歸於口述傳統範疇，文本性之歷史書寫成為表述或重建「過去」的唯一合法形式。但是，「記憶女神」於19世紀末以來之再度「回歸」，皆需進一步深入論證，而關於歷史與記憶之間的區別與關係的釐清，及其對於「學院」歷史認識論與方法論

---

121 王明珂，《反思史學與史學反思》，頁154、159、161。
122 伊迪絲‧漢彌敦，余淑慧譯，《希臘羅馬神話》（臺北：漫遊者文化事業股份有限公司，2015），頁42-43。

的可能影響與調整，也都需要進行考察。尤其，對於史料與記憶
媒介之定義或區別，有關繪畫、口述、文字、印刷、電子媒介、
網路時代之歷時性研究，也至關重要。在歷史文化數位化記錄
與傳播的「故事」[123]時代，大眾歷史知識來源更趨多元，雲端可
乘載的資訊更趨無限，對自然、社會、集體與文化記憶的影響為
何？而期間所涉大眾生活和歷史與歷史記憶之間的辯證關係又為
何？[124]凡此種種問題，皆需進一步討論與商榷，但本文提議，歷
史記憶研究的本質，其實是史料的政治文化史研究本身。

　　展望臺灣歷史記憶研究，除了方法論與認識論的學理思索
之外，空間記憶、食物記憶與歷史小說等方面之歷史研究值得開
拓。在空間記憶方面，如上文所陳述，臺灣已有初步研究成果，
但除了國家級記憶空間或不義遺址空間之研究，或可朝向地方性
或特定社群紀念性空間與建築耕耘。其次，近十年臺灣學界於飲
食文化史研究成果豐碩，從社群認同視角討論者也不少，可為進
一步從事食物記憶研究之基礎，目前則有陳玉箴與潘宗億等學者
進行初步之嘗試。陳玉箴或運用康諾頓的身體記憶概念探究「臺
灣菜」飲食喜好與國家意識之關聯性，或運用艾斯曼的「溝通記
憶」與「文化記憶」概念考察臺灣1960年至1980年北平懷鄉書

---

123 此處「故事」意指致力於公眾教育、知識傳播與文化體驗的臺灣網路媒體「故事：寫給所
　　有人的歷史」及其所象徵的大眾歷史普及書寫新趨勢，參見https://gushi.tw。
124 關於大眾歷史與歷史記憶辯證關係之討論，可參閱：Paul Ashton and Alex Trapeznik, eds.,
　　What is Public History Globally? Working with the Past in the Present (London: Bloomsbury
　　Academic, 2019); Anna Maeker, Simon Sleight, and Adam Sutcliffe,eds., *History, Memory,
　　and Public Life: The Past in the Present* (London: Routledge Press, 2018); James E. Young,
　　The Stages of Memory: Reflections on Memorial Art, Loss, and the Spaces Between (Amherst,
　　MA.: University of Massachusetts Press, 2016); Faye Sayer, *Public History: A Practical Guide*
　　(London: Bloomsbury Academic, 2015).

寫，並探析其與外省社群認同建構之關係；潘宗億則綜合記憶生理學、身體記憶與文化記憶學理，提出一個食物記憶研究分析架構，並以戰後外省社群飲食書寫與食物記憶為實踐個案，指出飲食實踐、食物記憶與社群認同變遷之關聯性，並由此延伸從事戰後臺灣食譜文化與食物記憶相關研究。[125]臺灣本為多移民社會，於各種族群或社群之食物記憶的歷史研究值得嘗試。再者，臺灣文學研究者如許俊雅與林麗君等，已從記憶與認同建構視角檢視臺灣歷史小說，本文提議未來學者可運用艾斯曼的文化記憶或阿蕾達的「文化文本」概念於歷史小說之研究。

最後，目前歷史記憶研究趨勢明顯多以國族或族群為探究範疇，且以宏觀脈絡下的戰爭和國家暴力創傷記憶與認同建構為切入視角，較少涉及個人或社群庶民生活及其中喜樂記憶面向的探討，或本文有所疏漏，但學者也可嘗試往這些方向開發新的材料與研究主題，可使歷史記憶研究更趨多元而豐富。

---

125 陳玉箴，〈食物消費中的國家、階級與文化展演：日治與戰後初期的「臺灣菜」〉，《臺灣史研究》，第15卷3期（2008），頁139-186；陳玉箴，〈從溝通記憶到文化記憶：1960-1980年代臺灣飲食文學中的北平懷鄉書寫〉，《臺灣文學學報》，第25期（2014），頁33-68；陳玉箴，〈Bodily Memory and Sensibility: Culinary Preferences and National Consciousness in the Case of Taiwanese Cuisine〉，《臺灣人類學刊》，第8卷3期（2010），頁163-196；潘宗億，〈瑪德萊娜時刻：以戰後臺灣飲食書寫中的食物記憶為例〉。潘宗億於近年以科技部計畫「從傅培梅到阿基師：戰後臺灣的食譜書寫、國族料理與飲食文化」從事相關議題之研究。此外，莊梓忻於花蓮大陳飲食文化之研究，亦涉及食物記憶之探討，參見莊梓忻，〈沉默的傳統「食」行者：花蓮大陳婦女的身體實踐、食物記憶與社群文化保存〉（花蓮：國立東華大學歷史學系碩士論文，2017）。

第三部

全球史／跨國史

超越民族國家的歷史書寫
晚近歐美史學研究中的「全球轉向」[*]

蔣竹山

前言

　　全球史的出版在這10年間有逐漸增多的趨勢，相關的研究討論與論文也正不斷地關注這段時間的史學變化，然而，這種趨勢並未反映在常見的史學動向的書籍上。例如過去10年，學界最常提到的是伊格爾斯（Georg G. Iggers）的《20世紀的史學》，書中就只談到「後現代主義對歷史學的挑戰」，絲毫未提到全球史的發展。[1]直到最近，此情況略有改觀，同一作者的新書《全球史學史》（*A Global History of Modern Historiography*）已掌握最近全球化對歷史學的影響。伊格爾斯及王晴佳長期以來觀察西方史學動向，書中最後一節〈世界史、全球史和全球化的歷史〉已經揭露了「全球化史學」的到來。[2]他們認為冷戰結束後，史學界出現了

---

[*] 本文修改自〈超越民族國家的歷史書寫：試論晚近西方史學研究中的「全球轉向」〉，《新史學》，第23卷3期（2012），頁199-228。

1 Georg G. Iggers，《20世紀的史學》（臺北：昭明出版社，2003）。

2 Georg G. Iggers and Q. Edward Wang, *A Global History of Modern Historiography*. 中譯本見格奧爾格・伊格爾斯、王晴佳著，楊豫譯，《全球史學史：從18世紀至當代》（北京：北京大學出版社，2011），頁410-417。這部分的文章最早出現在作者與伊格爾斯合著的〈歷史與史學的全球化：特徵與挑戰〉，收在《史學史研究》，第1期（2008），頁1-11。伊格爾斯和王晴

一個顯著的變化，那就是對世界史與全球史的關注不斷加強。

1990年代之後，世界史的寫作有兩個不同的走向。一個開始較早，約在1970到1980年代，以弗蘭克（Andre Gunder Frank）、沃爾夫（Eric Wolf）、華勒斯坦（Immanuel Wallerstein）等社會科學家，和關心現代西方資本主義對世界上其他地區產生影響的經濟學家和社會學家為開端。[3]麥克尼爾（William McNeill）則代表了第二種取向。他對經濟和政治因素的興趣不大，研究也不從歐洲中心論出發，而是樂於將更早年代的歷史涵蓋在內。直到1990年代以後，「全球史」這個詞彙才變得較為流行。

這10年來，歐美史學界有關全球史的理論、方法與實踐的研究討論有增多的趨勢。這方面的著作有：索格納（Solvi Sogner）主編的《理解全球史》（*Making Sense of Global History*, 2001）；霍普金斯（A. G. Hopkins）主編的《世界史中的全球化》（*Globalization in World History*, 2002）；本德（Thomas Bender）主編的《全球時代中的美國史的再思考》（*Rethinking American History in a Global Age*, 2002）；曼寧（Patrick Manning）的《世界史導航：全球視角的構建》（*Navigating World History: Historians Create a Global Past*, 2003）；馬茲利什（Bruce Mazlish）、入江昭（Akira

---

佳在《全球史學史：從18世紀至當代》一書中提到，冷戰之後的歷史書寫有以下幾點的變化：(1)文化轉向及語言學轉向導致了所謂的「新文化史」的興起；(2)婦女史與性別史的持續擴大；(3)在後現代主義批判的基礎上，歷史研究和社會科學建立起新的聯盟；(4)對國別史研究的挑戰；(5)世界史與全球史的興起。這五個研究方向的轉變，其中，又以新文化史及全球史的影響最為顯著。

3 Andre Gunder Frank, *ReOrient: Global Economy in the Asian Age* (Berkeley: University of California Press, 1998). Immlanuel Wallerstein, *The Modern World System* (New York: Academic Press, 1974). 艾立克‧沃爾夫，《歐洲與沒有歷史的人》（臺北：麥田出版社，2013增訂版）。

Iriye）合編的《全球史讀本》（*The Global History Reader*, 2005），收錄主題涵蓋了恐怖主義、環境、人權、資訊革命及多元國家的合作。除了史家作品以外，也納入人類學及發展研究的文章；霍普金斯主編的《全球史：全世界與地方間的交流》（*Global History: Interactions Between the Universal and the Local*, 2006）；吉爾斯（Barry K. Gills）、湯普森（William R. Thompson）合編的《全球化與全球史》（*Globalization and Global History*, 2006）；馬茲利什撰寫的《新全球史》（*The New Global History*, 2006）；斯特恩斯（Peter N. Stearns）撰寫的《世界史中的全球化》（*Globalization in World History*, 2010）；最新一本剛出版的是夏多明（Dominic Sachsenmaier）撰寫的《全球視野下的全球史》（*Global Perspectives on Global History: Theories and Approaches in a Connected World*, 2011）。上述書籍的出版，或許正好反映當前西方史學的「全球轉向」（global turn），而這種「全球轉向」的特色之一，即在於史學作品的「空間轉向」（spatial turn）──或者說是史學跨越民族國家的領土疆界，朝著區域、大陸及半球等空間發展。[4]

　　本文並非全面檢視全球史對於當代史學各領域的影響，僅嘗試透過近來新出版的一些相關論著，探討全球史所帶來的「空間轉向」研究特色，對於民族國家的歷史書寫造成哪方面的衝擊。[5]

---

4 有關這方面的最新研究，請參見塞巴斯蒂安・康拉德，《全球史的再思考》（新北：八旗文化，2016）；林恩・亨特，《全球時代的史學寫作》（鄭州：大象出版社，2017）；塞巴斯蒂安・康拉德，《全球史導論》（北京：商務印書館，2018）。
5 有關全球史對史學各層面的影響，參見蔣竹山，《當代史學的文化轉向與全球視野：趨勢、方法與實踐》（臺北：五南圖書出版股份有限公司，2012，2018修訂版）。

一、全球史的研究特色

19世紀以來，專業史家習慣將世界劃分為各個民族國家，從民族國家的角度來考察歷史。他們認為歷史屬於各民族共有，常以法國史、中國史、墨西哥史的面貌出現。這些專業史家主要的研究重點是文化獨特性、排外性民族認同、地方知識和某些社會的發展經歷；對許多史家而言，民族國家應當是歷史分析的基本單位。然而，歷史經驗不僅是個體社會發展的結果，同時也是跨越民族、政治、地域和文化等界限的產物。有時，史家為了追尋歷史意義，會進而探究各地區之間和不同社會之間交互流動所帶來的影響，改以跨區域、大陸、半球、大洋和全球為單位的歷史研究法。[6]

本特利（Jerry H. Bentley）更指出，有三個因素，促進了民族國家史到全球史的轉向。[7]第一，歷史學家和地區專家累積了歐洲以外地區的人和社會的許多知識。第二，全球帝國、全球戰爭和全球經濟的變動，使人更清楚地認識到，民族國家和個體社會都不能孤立地決定自身的命運。易言之，所有國家和社會的命

---

6 Jerry H. Bentley, "The New World History," in Lloyd Kramer and Sarah Maza, eds. *A Companion to Western Historical Thought* (Hoboken, NJ: Wiley-Blackwell, 2006), 393-416.

7 有關民族國家與全球史的關係，可見Prasenjit Bose, "'New' Imperialism? On Globalisation and Nation-States," *Historical Materialism*, 15:3 (Jan 2007), 95-120. Robert Shaffer, "The 'Internationalization' of U.S. History: A Progress Report for World Historians," *Journal of World History*, 20:4 (Dec 2009), 581-594. Shieuru Akita, "World History and the Emergence of Global History in Japan," *Chinese Studies in History*, 43:3 (Spring 2010), 84-96. Tony Burns, "Capitalism, Modernity and the Nation State: A Critique of Hannes Lacher," *Capital & Class*, 34:2 (May 2010), 235-255. Patricia Clavin, "Time, Manner, Place: Writing Modern European History in Global, Transnational and International Contexts" *European History Quarterly*, 40:4 (September 2010), 624-640. 中國史這方面的討論，可見Prasenjit Duara, *The Global and Regional in China's Nation-Formation* (London: Routledge, 2009).

運，都不可避免地捲入全球的網路體系中。第三，以往學術領域的專門化帶來知識結構的破碎化，阻礙了尋求更深層歷史意義的努力。學者、教師、政府官員和大眾開始要求整合歷史知識，以形成看待歷史的新視野。

全球史（Global History）這個詞彙，很早就出現在歷史學界的作品中。例如早在1962年，斯塔夫里阿諾斯（Leften S. Stavrianos）就已經編有《人類的全球史》（*A Global History of Man*）一書，這是一本地理學的歷史著作。作者雖然標題有「全球的」字樣，但正文中都是用「世界的」（world）。此外，猶太裔哲學家及史家孔恩（Hans Kohn）在1968年也出版了《民族主義的時代：全球史的第一紀元》（*The Age of Nationalism: The First Era of Global History*）。儘管在1960年代就已經出現「全球史」這樣的名詞，但不代表當時就已經有了自1990年代以來，有關全球史的看法。

目前所見，雖然在1991年，就已經有學者多希特（Nathan Douthit）撰文探討過全球史與全球意識的關聯性。[8] 但直到1998年，史學界對於什麼是全球史，才有初步的討論。當時的史學界對於全球化的重要性了解有限，馬茲利什分析，原因之一來自於世界史學界本身認同上的混淆。他們面對的是更為傳統的國家取向，而全球史被視為是全球化的研究，這無疑是對當權派挑戰的一種退卻。因此，世界史家要不是傾向於忽略全球史，就是宣稱這種研究已經包含在他們的成果中。[9]

---

8 Nathan Douthit, "The Dialectical Commons of Western Civilization and Global/World History," *The History Teacher*, 24:3 (May 1991), 294-305.

9 Bruce Mazlish, "Comparing Global History to World History," *Journal of Interdisciplinary History*, 28:3 (Winter 1998), 385-395.

　　關於何謂全球史，目前史學界暫無一致的看法。伊格爾斯及王晴佳認為，「全球史」和「世界史」這兩個概念究竟有何不同，學界並沒有清楚的劃分。全球史指的是什麼？人們在談論全球史的時候，可以從哪些角度出發，到目前為止也沒有取得一致的看法。「全球史」與「世界史」這兩個詞彙往往是相互重疊，混為一談。前者比較傾向於研究15世紀地理大發現以後的時代，指的往往是20世紀最後30年以來的全球化進程。世界史則可以把前現代的社會與文化的研究涵蓋進來。[10]

　　北京首都師範大學劉新成教授在為本特利的《新全球史》中文版寫序言時，有以下描述：「『全球史』也稱為『新世界史』（new world history），上世紀下半葉興起於美國，起初只是在歷史教育改革中，從新角度講述世界史的一門課程，之後演變為一種編撰世界通史的方法論，近年來已發展為一個新的史學流派，其影響也越出美國，走向世界。」[11] 對劉新成而言，全球史和世界史是有區隔的，但等同於「新世界史」，這個名稱不僅是一種研究取向，更代表了某種歷史學派。關於「新世界史」的用法，最早提出的應當是丟恩（Ross E. Dunn）於1999年所編的論文集《新世界史：教師指南》（*The New World History: A Teacher's Companion*），[12] 這本論文集收有世界史資深學者麥克尼爾、科廷（Philip Curtin）、沃爾夫的文章，也收入當時尚屬新手的本特利、曼寧、齊塞（Judith Zinsser）的作品。但實際上有明確探討

---

10 《全球史學史：從18世紀至當代》，頁413。

11 杰里・本特利、赫伯特・齊格勒，《新全球史：文明的傳承與交流》（北京：北京大學出版社，2007），頁v。

12 Daniel R. Headrick, *The New World History: A Teacher's Companion* (Boston: Bedford/St. Martin's, 1999).

「新世界史」研究課題及方法的學者，應該是身為美國夏威夷大學教授，同時也是《世界史雜誌》主編的本特利，他於2002年寫過一篇文章〈The New World History〉，文中所說的新世界史，指的就是全球史的概念，他不僅區隔新世界史與傳統世界史的不同，還明確指出全球史的理論有四種，其研究課題涵蓋了跨文化貿易、物種傳播與交流、文化碰撞與交流、帝國主義與殖民主義、移民與離散社群。[13]

已有越來越多的學者在題目直接引用「全球史」的名稱，或是標榜文章內容具有「全球史的視野」。但也有學者提醒我們，我們不能因為「全球史」一詞在世界各地廣泛地流行，就誤認為人們對於這個詞彙的用法已經達成廣泛共識。事實上，不同的公眾領域、意見群體，甚至學術社群，他們對於這個詞彙的使用、理解與含義都有很大的差距。美國杜克大學歷史系教授夏多明告訴我們，有的學者認為「全球史」就是運用全球的視角審視人類的過去；有的學者則堅持「全球史」主要就是指「全球化的歷史」。[14]美國著名社會史家斯坦恩斯也曾說過，「全球化」這個詞是相當新的概念，直到1980年代晚期及1990年代早期才廣泛引進。這個詞非歷史學家所創，而是社會科學家與經濟學家所創。[15]

但事實上，有關「全球化」（globalization）的起始點，各家說法也未達成共識。譬如，有的經濟史學家認為，全球化開始於

13　Jerry H. Bentley, "The New World History," in Lloyd Kramer and Sarah Maza, eds. *A Companion to Western Historical Thought*, 393-416. 中譯本見本特利，〈新世界史〉，收入夏繼果、本特利編，《全球史讀本》，頁44-65.

14　Dominic Sachsenmaier, "Global History and Critiques of Western Perspectives," *Compative Education*, 42:3(August 2006), 451-470.

15　Peter N. Stearns, *Globalization in World History* (London: Routledge, 2009), 1-3.

16世紀美洲被納入全球貿易體系的時候；也有學者覺得要到1820年代，出現商品價格的合流（convergence）之後，才有所謂整合的經濟體系。更有學者指出，全球史的開端應在第二次世界大戰之後，尤其是1970年代之後，因為那時才有技術發展與企業全球化所導致的「全球紀元」（global epoch）。夏多明的看法則是：「無論學者們如何界定『全球化』的開端，不可否認的是，過去幾個世紀以來，跨區域連結的程度已經大大的強化了，特別是過去兩個世紀，跨區域的連結達到了史無前例的地步……」他進而建議在國家史之外，我們需要有新一代的史家，以既有跨國家的視野，又不失地方脈絡的方法進行全球史的研究。目前仍有許多課題值得去進行更細密的探討，例如：經濟全球化帶來的影響、殖民或國家現代化計畫、全球意識型態的崛起、移民的動態、國際機構的出現、全球時尚、科學社群。[16]美國奧斯丁德州大學的霍普金斯在〈全球化的歷史學與區域主義的全球化〉一文中，認為最近的史學趨勢已經為舊的研究課題——帝國，注入了新的刺激，並提出研究新的全球化課題的可能性。他探討了歷史研究中「物質轉向」（material turn）及「整體回歸」（totalizing return）的原因。霍普金斯的出發點是第50屆東方經濟與社會史期刊（JESHO）會議所討論的主題該如何與這波新的史學動向有所連繫。[17]他認為，JESHO會議為全球轉向及物質轉向提供了可能的例證。對霍普金斯而言，這種轉變可以從幾個現象看出來，例如：經濟史家不再同以往遮遮掩掩地討論「物質世界」；社會

---

16 Dominic Sachsenmaier, "Global History and Critiques of Western Perspectives," 455.

17 A. G. Hopkins, "The Historiography of Globalization and Globalization of Regionalism," *Journal of the Economic and Social History of the Orient*, 53:1/2 (2010), 19-36.

及文化史家在英國左派史家埃萊（Geoff Eley）的引領下，也開始對什麼可歸類為全球轉向有所回應。[18] 資料顯示，已有越來越多的史家開始寫作全球化的歷史。這種興趣的轉變，反映了我們身處的時代是一個變動的世界。如果說這種改變的動力大多來自於學術社群，那麼需求則來自新世代的大學生，他們漸漸不受民族國家的歷史形式所束縛。霍普金斯更認為全球史的課題相當有潛力，因為它吸引了所有歷史學的次學科：經濟、社會、政治、文化和思想。新的主題如汙染、疾病及醫藥都是熱門話題；而舊的課題如帝國也能重新檢視。讓人更為期待的是，這是多年來歷史學首次與社會科學的夥伴學科重新連結。國際關係理論已經由新現實主義轉變到探索機構、想法和能動（agency）。新經濟史則涵蓋了有關財產權、競租行為、交易價值、種族淵源、暴力，以及在政治不穩定之下各種情況的重要論辯。

倫敦政經學院經濟系教授歐布萊恩（Patrick O'Brien）則認為，全球史符合我們當代的需求。他曾於2006年幫新發行的《全球史期刊》（*Journal of Global History*）寫過一篇很長的序言〈歷史學的傳統與全球史回歸的當代必要性〉。[19] 這篇文章首先描述全球史研究的兩個取向：連結（connexion）與比較（comparisons），而後觀察當歐洲的地緣政治超越了世界所有地區成為霸權時，早期歐洲與其他歷史傳統的中心書寫的特色。在過去兩個世紀以來，所有的歷史學傳統對於西方的興起大多採取歌功頌德或回應的態度。全球史的回歸所影響的歷史敘事，使得學

---

18 A. G. Hopkins, "The Historiography of Globalization and the Globalization of Regionalism," 31.

19 Patrick O' Brien, "Historiographical Traditions and Modern Imperatives for the Restoration of Global History," *Journal of Global History*, 1:1 (March 2006), 3-39.

界能夠有普世性的世界觀，並符合我們全球化世界的需求。

我們目前所見的全球史發展仍是進行式，相較於其他領域的發展，它的資歷尚淺，在目前可見的研究成果中，我們可大致歸納出幾點全球史的發展趨勢。首先，它挑戰了過去民族國家史的書寫限制，將視野擴展到地方、區域、國家、半球之間的彼此連繫。其次，全球史的研究已經跳脫以往建立宏大體系與理論的框架，許多兼具宏觀及微觀的文章開始受到重視。復次，全球史讓研究者帶有一種全球視野的角度看問題，因此類似上一波史學的「文化轉向」，促使了史學的各次學科有了新的研究取向，舉凡環境史、社會史、性別史、經濟史、外交史、教育史、醫療史都紛紛強調全球視野下的研究角度。第四，研究者多為跨學科的學者，不限於史學家，像是社會學、經濟學、政治學、國際關係、地理學。第五，全球史專業學術期刊的出現，例如《全球史期刊》（*Journal of Global History*）。最後，專門全球史研究機構紛紛成立。

由於全球史對於史學研究的影響涉及各個研究領域，舉凡經濟史、社會史、環境史、外交史都可見到它的足跡，礙於篇幅，本文僅就「空間轉向」此層面，探討它對民族國家歷史書寫的挑戰。

二、書寫美國史：「全球轉向」對民族國家史的挑戰

（一）走出「例外主義」的美國史

這波史學的「全球轉向」最為明顯的是美國。[20]喬治梅森

---

20 Elizabeth Cobbs Hoffman, "Diplomatic History and the Meaning of Life: Toward a Global American History," *Diplomatic History*, 21:4 (October 1997), 499-518. Emily S. Rosenberg,

大學（George Mason University）歷史系教授扎戈里（Rosemarie Zagarri）在〈早期美國共和的「全球轉向」的重要性〉一文中，清楚地點出了早期美國共和史研究的全球轉向特色。他認為，近代美國史的學者已經強烈意識到他們正在目睹史學研究方向的180度轉變。在1970年代晚期至1980年代之間，正是扎戈里剛成為歷史學者的時代，當時社會史的發展如日中天。城鎮或社群研究被視為是理想的分析形式，有許多專書及論文強調早期美國的相對孤立特性。地方社群一向被當作是研究的基本單元，但到了1980和1990年代，史家開始超越這樣的看法。當他們檢視初期的美國，目光的焦點不再著眼於居民的邊緣與孤立；而是他們與外在大世界的密集連繫與接觸。這些研究美國共和初期的史家甚至開始強調「想像的共同體」與「公共領域」的重要性。這兩者將有地理距離的人們連繫起來。印刷文化有助思想的流通，科技消弭了孤立，而市場經濟創造了貿易關係。這些連繫意味個人可以分享共同的政治意識型態，為了社會改變而支持相同的運動，或者表達一種美國認同與國族主義的共享感覺。

受到布勞岱爾（Fernand Braudel）的地中海研究及帕爾默（R. R. Palmer）的著作影響，[21] 早期美國史研究的史家開始將探究的地理範圍擴展至所有大西洋沿岸的國家、地方及區域。之後，

"America and the World: From National to Global," *OAH Magazine of History* 21:2 (April 2007), 18-22. Jack P. Greene, "Early Modern Southeastern North America and the Broader Atlantic and American Worlds," *The Journal of Southern History*, 73:3 (August 2007), 526-538. Marcus Gräser, "World History in a Nation-State: The Transnational Disposition in Historical Writing in the United Stats," *The Journal of American History*, 95:4 (March 2009), 1038-1052.

21 Fernand Braudel, *The Mediterranean and the Mediterranean World in the Age of Philip II* (Berkeley: University of California Press), Reprint edition, 1996; R. R. Palmer, *Age of Democratic Revolution: A Political History of Europe and America, 1760-1800* (Princeton: Princeton University Press), 2014.

這種研究取向擴大了他們對地理空間的探究。他們的焦點不僅是與美國邊界內有關的事物，或者是美國在1776年的轉變，還涵蓋了從非洲的奴隸貿易及跨大西洋的廢奴主義（abolitionism）；甚至延伸到法國、海地與美國革命間的多方連繫；以及歐洲強權與北美邊界原住民的角色。[22] 此外，檢視拉丁美洲與初期美國之間事務的連結與比較的「半球史」（Hemispheric history）也越來越受到注意。

　　扎戈里明確地指出「我們正處於『全球轉向』的時代」。這種轉向其實與以下幾點因素息息相關，例如：跨國合作的成長、網路的出現、全球資本交換的重要性日漸增加、國際恐怖主義的擴張，這些都促使全球化成為一種無論在大眾或學界都十分普遍的觀念。為了要讓過去與現在對話，史家開始去找尋歷史起源及這種現象的發展。早在20世紀之前，觀念是流通的，貨物及資本在全世界流通；動物及細菌經常在各種社會中移動。國家的邊界不是固定的，而是易變的和可滲透的。生活在過去的個人並非只是面對面的地區性居民；而是一種都市冒險或世界的公民。不僅是有錢菁英，就連貿易者、商人、船員、一般男女都有許多機會去進行跨越全球的旅行。[23]

　　儘管扎戈里認為美國史的全球取向，在有些方面和大西洋史研究是有所差別的，但兩者的觀點都促使了史家在定義他們探查的範圍時，能跳脫美國民族國家的疆界。然而，大西洋史所包含

22　Rosemarie Zagarri, "The Significance of the 'Global Turn' for the Early American Republic: Globalization in the Age of Nation-Building" *Journal of the Early Republic*, 31:1 (Spring 2011), 1-37.

23　Rosemarie Zagarri, "The Significance of the 'Global Turn' for the Early American Republic: Globalization in the Age of Nation-Building," 1-3.

的區域涵蓋了非洲、歐洲及加勒比海，很早就將早期美國共和的傳統敘事視為是其中一部分。例如：雖然非洲和加勒比海的奴隸沒有受到多大重視，但奴隸制度卻已經討論了好幾十年。直到近幾年，大西洋史已鼓舞美國早期共和史家去擴展他們的地理範圍。

另一方面，全球史的要求更高。全球史挑戰或者吸引了那些早期美國共和史家去研究不被傳統史學敘事認為是其中一分子的世界其他地區及人民。例如：美國從1776年至1860年的歷史，經常集中在內部的發展、問題及議題，而缺少對世界其他地區的著墨。即使有提到中國、阿拉伯、印度、夏威夷或土耳其等地，也都只是與貿易及外交有關。然而，當研究議題涉及全球思考時，就會遭遇實際的問題，例如要精通新語言與熟悉不同歷史知識。然而，這些挑戰已經藉由北美邊界地區或大西洋世界非英國地區的研究而獲得解決。

此外，全球史挑戰了傳統史學以民族國家（nation-state）為首要分析單位的基本原則。研究早期美國共和的史家比起研究美國史其他時期的學者，更認為美國民族國家是他們研究的重點，這方面相關的課題有：美國民族主義的成長、美國認同的出現、聯邦瓦解的威脅。這些領域常被歸為「初期美國共和」或「初期國家時期」，反映了將民族國家視為是一種具有啟發性的發明。部分原因在於過度強調政治的敘述。從華盛頓到內戰時期，代表了國家創立之初的傑出時期。這也是個創建政府機構、擴大國家疆界，以及人民嘗試建構統一的國家時期。

然而，受這種取向的影響之一，是加深了美國對「例外主義」（exceptionalism）的迷思，他們認為美國在本質上不同於當時的其他國家。從北美英國殖民時期開始，美國與世界其他國家

相比，獨一無二，能提供更自由與更多機會的社會、政治和經濟情況。因此，以往常見有關美國革命的故事多是環繞在激進的民主、平等與天賦人權的新原則。然而最近幾年，這種看法已被全球史史家批判，認為這種敘述是過於強調勝利者的姿態，且暗指美國不僅是不同於其他世界，更懷有道德上的優越感。近來已有不少史家對此例外主義提出修正的看法。

卡根（Robert Kagan）對「例外主義」的看法則是「最早的美國例外主義，其實就是英國例外主義」、「美國人一直珍視這樣的自我形象：天生是內向型的、超然物外的、只是偶然地、斷續地冒險涉足世界事務，而且通常是對外部攻擊或者是對所感受到的威脅做出反應」。近來一本討論美國南方例外主義迷思的論文集《南方例外主義的迷思》（*The Myth of Southern Exceptionalism*），也強調要克服南方例外主義的限制，並整合區域史與國家史。他們主張比較分析的重要性，以超越傳統的「南方史」與「北方史」的界線，研究範圍涵蓋了從都會發展及美國南部、西南地帶到國家計畫與跨國活動。[24]

除了上述的政治史議題，研究早期共和的社會及文化史家常認為，自1776年到1860年間，大部分美國民眾主要都侷限在國家內部及家庭問題上，而不是外在的世界。他們關注的焦點不外乎西部擴張、內政改善、民間宗教狂熱、社會改革運動及奴隸；而種族及性別也被視為是相當重要的課題。但相對於慶典式的例外主義，這些研究更透露了介於美國致力於平等及自然權與他們

---

24 羅伯特・卡根，《危險的國家：美國起源到20世紀初的世界地位》（北京：社會科學文獻出版社，2011），頁1-11。Matthew D. Lassiter and Joseph Crespino, *The Myth of Southern Exceptionalism* (London: Oxford University Press, 2010), 13.

真正對待婦女、原住民、非洲裔美國人之間的落差。不管是慶典式的或缺乏熱情的，這兩種例外主義都來自於相同的前提：也就是強調作為一個民族國家的獨立特性；而不是美國與其他世界的連結及相似性。

全球史家挑戰了史家應當專門撰寫國家史的主張。這些國家史家認為，應當致力於使民族國家及美國的權力正當化，這種想法強化了美國例外主義的信念。由於他們強迫將西方的價值加諸於其餘世界，某種意義上，國家史代表了一種「文化帝國主義」（cultural imperialism）的形式。相對地，全球取向促使歷史學家去對抗領土的民族國家目的論（teleology），鼓勵他們超越對美國及西歐事物利益歷史的依戀。換言之，全球取向讓史家跳脫、超越長久以來將他們的著作聚焦在國家架構中的慣習。事實上，將焦點集中在人們與區域間的連結、比較及連繫，而不是放在特有的國家認同及特殊的國家敘述，這能夠削弱現代民族國家的霸權及驅除美國例外主義的迷思。

由此可見，全球的研究取向不僅擴展了我們的問題範圍，而且讓我們有更明確的分析架構。這種觀點使我們得以將早期美國的事物與世界其他地區相並列，並且予以連繫、比較及對比不相關的事物。如此一來，得以免除歸化為民族國家，挑戰例外主義的偏見。至少，「空間轉向」能幫我們重寫美國共和初期的歷史不再只是作為一個國家的故事，還包括了身為帝國的一分子。[25]

---

25 Rosemarie Zagarri, "The Significance of the 'Global Turn' for the Early American Republic: Globalization in the Age of Nation-Bulding," 37.

（二）世界史中的美國位置

　　有關美國史的「全球轉向」的探討，大約始於2002年。由本德主編的《全球時代中的美國史再思考》（*Rethinking American History In a Global Age*）為此時期的代表作。本書提出了一個巨大問題並嘗試回答：我們該如何在自我意識的全球時代脈絡中架構美國史。編者認為當時處於21世紀的開端，正是一個密集討論多元文化主義（multiculturalism）與全球主義（globalism）的時代，與以往相較，更容易認識眾多堆疊在國家史中的歷史經驗與敘述。本論文集的作者有一致的共識，其目的在超越不加批判地就接受國家是歷史研究的「自然」單位，以及歷史作品中的「自然」觀眾；但也無宣告國家史已經窮途末路，另外打造後國家史（postnational）的意圖。最後希望能夠使美國史的價值更加濃密，並豐富對國家的認識。

　　在此之後，本德出版了專書《國家中的國家：美國在世界史的位置》（*A Nation Among Nations: America's Place in World History*），更加明確地詳述了美國史的新架構。[26]它反對國家的領土空間是作為國家史的必要背景，主張國家史要有跨國的基本性質，國家史應屬於全球史的一部分。對於大多數史家而言，人們大都居住在社會與國家組織中，而不是民族國家。大部分我們所稱為後哥倫布的美洲歷史，實際上早於美國作為一個民族國家而出現。這本書將美國的經驗放在一個更大的脈絡下來探討，有利於我們更容易了解美國的歷史。此外，本書的目的在鼓勵美國人要更具有世界觀，以便對全球歷史的相互連繫與相互依存有所認識，這使

---

26 *A Nation among Nations: America's Place in World History* (New York: Hill and Wang), 2006.

得美國歷史能將全球事務視為國家與各地的事務，甚至是與全球
人類普遍歷史共享。

國家史如同民族國家一樣，都是當代發展的產物。本德大
約在10年前開始嚴肅思考，如何寫出一個不一樣的美國史以及
教學的方式。他所關心的不在於有爭議問題的政治史，也不在於
支持自由及保守的解釋誰優誰劣，對他而言這兩者並無差別。重
要的是更為基本與方法論上的問題：什麼是美國國家經驗的真正
界線？美國與其他國家共享怎樣的歷史？如何運用更廣泛的脈絡
來改變美國敘事的核心？作者開始朝著兩個核心敘事的方面去思
考：不再未經檢視就假設國家天生就是歷史的載體及運輸工具，
並且淡化空間及時間對歷史解釋而言是基本的事實，歷史的發展
常常超越空間及時間。

這本書的目的在提供另一種站在比國家更大脈絡下的方法，
來理解美國史的主要事情與主題。和美國的「例外主義」觀念不
同，這種架構堅持國家不能成為他自己本身的歷史脈絡。這本書
所探討的主題與事件，像是革命與內戰，都是放在全球的脈絡下
去檢視。然而，本書也強調超越國家並不意味著就要放棄國家，
而是要歷史化及闡明它的意義。

阿米蒂奇（David Armitage）的《獨立宣言：一種全球史》
（*The Declaration of Independence: A Global History*）同樣強調以
全球史的視角來研究早期美國歷史。[27] 本書不僅注意美國歷史文
件對美國的重要性，而且把它當作是整個世界建立國家的模型，
以此來探討其典範性。

---

27 大衛・阿米蒂奇，《獨立宣言：一種全球史》（北京：商務印書館，2014）。

　　上述所處理的時間多為20世紀之前的近代早期美國，相較之下，近來已經有越來越多的作品集中在20世紀。馬內拉（Erez Manela）的文章〈世界中的美國〉對此有詳細的論述，例如有許多作品在探討20世紀美國對菲律賓的殖民統治。這些作品不僅幫助我們理解美菲之間的複雜互動關係，也將美國作為一個帝國強權的意識型態與實踐，放在與英、法帝國勢力關係的脈絡中探討；甚至放在當時更廣泛的國際社群中的帝國文化脈絡下，去理解美國的國際角色。[28]

（三）美國婦女史的全球轉向

　　性別史方面也有上述這種挑戰民族國家書寫的趨勢。近來，有關性別研究的新詮釋轉向，正在北美的學術期刊上遭到熱烈討論，其焦點主要集中在家庭史、婦女史及性別史這三個研究領域與世界史的關係。傳統集中在特別區域，或座落在社群、地區及國家等範圍的歐洲史寫作，已經被「世界史」或「全球史」取向所取代。為了要建立起一種世界史的普遍性敘事（ecumenical narrative），傳統的婦女史／性別史應該與非西方的批判史學進行跨文化的合作。[29]

　　以美國婦女史為例，有三種研究路徑對於這個領域的學者越來越重要，分別是國際的、比較的及全球的視角。邁阿密大學教授弗雷德里克森（Mary E. Frederickson）認為這幾種視角正在改

---

28 Eric Foner, Lisa McGirr, *American History Now* (Philadelphia: Temple University Press, 2011), 201-220.

29 Giulia Calvi, "Global Trends: Gender Studies in Europe and the US," *European History Quarterly,* 40:4 (Oct 2010), 641-655.

變我們看待過往、現在及未來的美國婦女史書寫經驗的方式。[30]
史家用「國際的」、「比較的」及「全球的」這幾個字眼究竟代
表什麼樣的含意呢？美國史家在二次戰後轉向國際史，特別強調
兩個國家或兩個以上國家的比較，或者是兩個或兩個以上國家的
社團及組織成員的研究。其課題包括性別角色、革命、經濟發
展、奴隸。比較史則是系統地探討美國與其他國家、社會、文化
或世界其他地區的經濟體系之間的相似及差異關係。特別對美國
史學者而言，比較研究對於「『美國經驗』是獨一無二的」或者
是「美國是具有特別命運的國家」的論點，提供了一種矯正的看
法。如同國際史一樣，比較史降低了種族優越論的看法，並揭示
了國家和國際是如何彼此地互動及調整。

　　在最新一波的全球化時期，當貫穿世界的資本流通與相互連
繫、技術、勞工及商品與服務戲劇性地加速變化時，全球史在許
多方面含括了世界史及跨國史的分析方式以及專題研究取向。全
球史的研究取向，促使了史家在民族國家書寫的轉向，改為宣稱
理解歷史過程最好的方式，就是探討影響全世界的經濟、政治、
社會和文化體系。由於過去一百年來，包括美國婦女史在內的歷
史研究，都是採取將國家的存在合理化的國家敘事手法。因此，
歷史中採取全球的、世界的、跨國的、國際的、以及比較的歷史
取向常批判這種限制。當前的美國婦女史就是在此種脈絡下，轉
而投入新的研究取向。

　　在上述研究取向中，又以全球史的取向最受當前美國婦女史
研究者的重視。弗雷德里克森說：「當我們探討的這種敘事，是

---

30 Mary E. Frederickson, "Going Global: New Trajectories in U.S. Woman's History," *The History Teacher*, 43:2 (Feb, 2010), 169-189.

從全球視野來看美國婦女經驗時，我們才開始超越了『美國』經驗是種例外的（exceptional）看法」。美國婦女史的全球取向，將過去只是探討一個國家到另一個國家，或者是從一個區域到世界其他地區的簡單比較取向，予以複雜化。全球史的取向為我們開了一扇門去認識現有的邊界，同時又跨越多次變動的國家及區域疆界來檢視過往的歷史。舉移民的例子來說，移民婦女的社會及經濟史研究焦點，已經從同化（assimilation）與美國化（Americanization）的焦點，移轉到婦女在她們家鄉的經驗，而不是關心外移的問題。其課題多以全球的脈絡來研究投票權、改革、教育、護理、及職業隔離。

（四）面相大陸：美國史與大西洋史研究

　　這方面著作，我們可以以格林（Jack P. Greene）與摩根（Philip D. Morgan）合編的 *Atlantic History: A Critical Appraisal* 為例。[31] 這本書的出版可以視為美國史中的民族國家史受到「空間轉向」影響的重要代表著作。本書反映了美國學界對於大西洋史研究的再探。例如：有些批評指稱大西洋較少連貫性甚至不是實際的整體，因此很難像法國年鑑學派大師布勞岱爾所提出的地中海，有所謂的大西洋體系、區域與文明。第二，大西洋從不是獨立的，它與所有海相連，從不是一個凝聚的實體。第三，一般可接受的大西洋史樣貌只是帝國史而已。這本書的第三部分為此提出了過去大西洋史家所忽略的另類架構——了解近代發展的面向。

---

31 Bernard Bailyn, *Soundings in Atlantic History: Latent Structures and Intellectual Currents, 1500-1830* (Cambridge: Harvard University Press), 2007. Jack P. Greene, Philip D. Morgan, eds., *Atlantic History: A Critical Appraisal* (London: Oxford University Press), 2008.

其中，伍德（Peter H. Wood）提出了從大西洋史到大陸取向的轉向。其主旨在探討大西洋和北美的多元文化視角的緊張關係，因而提倡要面向具有大陸取向的美洲史。格林則建議要以有美國的半球（hemisphere）取向來探討半球史與大西洋史的關係，或許更能建構對美洲新世界發展的了解。科克萊尼斯（Peter Coclanis）則探討大西洋史的侷限，強調要有近代初期的大西洋那般，既受印度洋、中國與太平洋的驅使，也與其有所連繫的全球視野，如此才有超越傳統大西洋史的可能性，因而特別重視貿易的全球流通與生產模式。[32]

此外，坎尼（Nicholas Canny）的〈大西洋與全球史〉更重新檢視過往大西洋史研究類型的優缺點，並主張放在全球史的視野下來檢視大西洋史。[33]這篇文章主要從三方面來釐清大西洋史的研究課題。首先，他舉出了歷來史家研究大西洋史的六種類型，這些研究都值得再重新提出檢討。第二，他討論了挑戰大西洋史研究的正當性或重要性的兩本著作。第三，大西洋史曾經一度被認為和全球史有明顯區別，他論證了持續研究的必要性。

坎尼所界定的大西洋史，是從1492年到1820年代左右具有自主性的。他認為大西洋史是有意義的，這與其他需要進一步解決的核心問題有關：何處是大西洋史的終點？其中，有兩本書的出版對上述六種類型的學者提出了挑戰。這些挑戰很少受到大西

---

32 Peter H. Wood, "From Atlantic History to a Continental Approach," in Jack P. Greene, Philip D. Morgan, eds., *Atlantic History: A Critical Appraisal*, 279-298. Jack P. Green, "Hemisphere History and Atlantic History," in Jack P. Greene, Philip D. Morgan, eds., *Atlantic History: A Critical Appraisal*, 299-316. Peter A. Coclanis, "Beyond Atlantic History," in Jack P. Greene, Philip D. Morgan, eds., *Atlantic History: A Critical Appraisal*, 337-356.

33 Nicholas Canny, "Atlantic History and Global History," in Jack P. Greene, Philip D. Morgan, eds., *Atlantic History: A Critical Appraisal*, 317-336.

洋史家所正視，可能是因為這些書不被認為是屬於大西洋史的典範。但由於他們受到其他領域史家及學科學者的接納，更顯現了以他們為例的重要性。第一本是德國的勞工與移民史家霍爾德（Dirk Hoerder）的 *Cultures in Contact: World Migration's in the Second Millennium*，第二本是英國帝國史學者貝利（C. A. Bayly）的《現代世界的誕生：1780-1914》（*The Birth of the Modern World, 1780-1914*）。最後，坎尼所關心的，是將大西洋史納入全球史或世界史範疇中，主要集中在19至21世紀。總之，這一篇文章的基本目的，是在解釋大西洋史可以當作是一個特別的領域與特別的世紀，相當值得單獨研究，而不是只作為其他歷史的附屬品。

除了大西洋史的研究重新受到重視，也有學者從全球史的角度來看地中海的歷史。阿布拉菲雅（David Abulafia）撰寫的〈作為全球史的地中海史〉一文收入2011年5月的 *History and Theory* 專號，專號名稱為「進行去中心化的歷史」。對阿布拉菲亞而言，書寫地中海史存在著一些基本問題，例如：它具有波羅的海的特色，空間又像大西洋一樣遼闊；其乾燥、開放的環境又與撒哈拉沙漠雷同。簡單來說，問題在於該如何去書寫海洋的歷史，而不是去寫一個圍繞著它的陸地的歷史概要，這不可避免地會有一些混淆不清的邊界，特別是相較於嚴格地定義海的邊界。[34]到目前為止，地中海研究仍然沒有很好的定義，然而，去中心及地區中的全球概念將有助於我們更明確地定義地中海及其餘地中海的歷史。阿布拉菲亞以 *The Great Sea: A Human History of the Mediterranean* 為例，本書開頭起於2萬4千年前，一位生活在直

---

34 David Abulafia, "Mediterranean History as Global History," *History and Theory*, 50:2 (May 2011), 220-228.

布羅陀（Gibraltr）的尼安德塔人（Neandertal）婦女，最後則以幾乎要絕種的藍鰭鮪魚結尾。阿布拉菲亞的目的在顯現地中海不只是一個僅有商品的空間，而是由貿易、擁有及重新包裝而來的認同。[35]

　　同樣地，在歐洲史方面，已有學者提出呼籲，要以全球、跨國及國際的脈絡來寫歐洲史。克拉文（Patricia Clavin）的〈時間、方法、地方：在全球、跨國及國際的脈絡下書寫歐洲史〉就是其中一個例子。[36]這篇文章檢視全球史、跨國史（transnational history）及國際史（international history）的起源與關係。全文列舉了一系列全球與歐洲的例子，探討跨國史應具有的可能方法。全球史及跨國史可幫助我們認同現代史中新的過程及關係，特別是比較史及歐洲與世界關係的新問題。一般「國際史」的定義是有關政府間關係的研究，以往稱之為「外交史」（diplomatic history），包含有跨國的面向──國際經濟關係的研究。為了要和傳統的外交史領域有所區別，近來則已經轉向成「新國際史」（new international history），其研究特色特別強調跨國與文化的重要性，然而這種方法論可能也會導致對地方性及獨一無二的歷史的輕忽。

　　「跨國的」（transnational）這個詞彙根植在移民、商業、犯罪及科學知識的傳播研究上。此外，帝國、消費文化、人口與控制逐漸受到跨國史研究的重視。而新國際史也頗具潛力地開拓

---

35 David Abulafia, *The Great Sea: A Human History of the Mediterranean* (Oxford: Oxford University Press, 2011). 中譯本參見《偉大的海：地中海世界人文史》（新北：廣場出版社，2017）。

36 Patricia Clavin, "Time, Manner, Place: Writing Modern European History in Global, Transnational and International Contexts" *European History Quarterly*, 40:4 (Oct 2010), 624-640.

了新領域，它鼓舞我們重新耕耘過去40年前曾盛行於*European History Quarterly*期刊、但近20年來卻受到學界冷落的歷史課題，像是勞工史、佃農研究、生產形式，以及區域與國際組織的歷史。跨國史興起與國際史興趣的再興，主要推手是因應全球化爭議而起的「全球史」歷史寫作。作為一個發展中的領域，史家們也嘗試將「網絡理論」（network theory）、「連絡性」（connectedness）、「世界主義」（cosmopolitanism）、「歐洲化」（Europeanization）等與社會科學有關的作品歷史化，以作為一種探查過往的方法。[37]

近來史家也從全球史的角度來看待18世紀中葉至19世紀中葉，革命時代的全球誘因、連結及比較的問題，例如《全球脈絡下的革命時代，1760-1840》（*The Age of Revolutions in a Global Context, 1760-1840*）。這本論文集收錄了一些在世界劇變其間，有關連繫南亞、非洲、中國、美國及歐洲間革命的案例。這些文章的一大特色，就是將全球視野的修正看法納入原有的區域及國家史之內。儘管涵蓋面廣泛，但這些文章並未喪失地方及國家的視角。[38]

在經濟史方面，我們同樣可以見到其書寫方式如何跳脫國家範圍及歐洲中心論的限制，進行區域間的比較。彭慕蘭（Kenneth Pomeranz）的「大分流」（the Great Divergence）概念是這方面的討論焦點。[39]其議題也啟發了歐美相當多的學者繼續

---

37 "Time, Manner, Place: Writing Modern European History in Global, Transnational and International Contexts", 625-626.

38 David Armitage & Subrahmanyam, *The Age of Revolutions in a Global Context, 1760-1840* (New York: Palgrave, 2009).

39 其概念的確話題性十足，引發日後學界的一連串討論。黃宗智就認為彭慕蘭相當有企圖心，要和兩大不同領域的學者對話，這樣的做法促使了歐洲專家關注中國經驗、中國研究

發展相關課題的研究。例如艾倫（Robert C. Allen）的新書《近代英國工業革命揭祕》（*The British Industrial Revolution in Global Perspectives*）。有的學者則從「空間轉向」（the spatial turn）的角度看彭慕蘭的影響，例如米德爾（Matthias Middell）與璐曼（Katja Naumann）的文章〈全球史與空間轉向：從區域研究的影響到全球化的批判時刻的研究〉。該文重新檢視王國斌的近代世界經濟的研究與彭慕蘭的大分流概念，認為過往研究為了要證明東方屬於結構性的落後，長久以來習慣將同類型的亞洲和歐洲做對照。但他們的作品打破了這種失衡的現象。這些研究建立並舉出了亞洲的經濟領先歐洲，直到18世紀中葉才開始逆轉。傳統上認為西方具有結構性優勢的敘事，開始受到質疑，認為是嚴重誤解與不正確。這種爭議對空間元素的重新思考，其貢獻表現在兩方面：一是區域（regions，例如長江三角洲）變得更為重要。

者關注歐洲經驗。也因為這樣的緣故，這本書是我所見過的中國史學者中，最受世界史與歷史學以外的學者重視及引用最頻繁的著作。不僅中國史學者紛紛撰寫書評回應，例如：黃宗智、史建雲、仲偉民、瞿商。黃宗智，〈發展還是內捲？18世紀英國與中國：評彭慕蘭《大分岔：歐洲、中國及現代世界經濟的發展》〉，《歷史研究》，第4期（2002），頁149-176。史建雲，〈重新審視中西比較史：《大分流：歐洲、中國及現代世界經濟的發展》評述〉，《近代史研究》，第3期（2003），頁198-223。仲偉民，〈學術界對前近代中國研究的分歧：以彭慕蘭、黃宗智的觀點為中心〉，《河北學刊》，第24卷2期（2004.3）。瞿商，〈加州學派的中國經濟史研究評述〉，《史學理論研究》，第1期（2008），頁123-127。王家範，〈中國社會經濟史面臨的挑戰：回應《大分流》的問題意識〉，《史林》，第4期（2004），頁46-52。里卡多·杜謝斯利，〈論西方的崛起：肯尼斯·彭慕蘭的大分流研究〉，《經濟社會體制比較》，第3期（2007），頁45-52。此外，2011年《經濟史評論》（*Economic History Review*）更編了「大分流中的亞洲」的專號，主要關注近來有關歐洲和亞洲的生活標準的大分流辯論。頭兩篇文章概觀了大分流的現象，強調亞洲和歐洲的差異。接著有艾倫、柏信農（Jean-Pascal Bassino）、馬德斌（Debin Ma）、莫克莉（Christine Moll-Murata）、贊登（Jan Luiten van Zanden）等人特別關心大分流的規模以及其時間。這些學者做了相當多的個案研究，他們透過資料的重新詮釋，當作是對加州學派觀點的明確反駁。此外，有關大分流時間的議題，也證明是存在歧異的。Stephen Broadberry, Steve Hindle, "Editors' introduction," *Economic History Review,* 64: 1 (February 2011), 2.

這與在大範圍地區進行大規模的比較更能顯現結構性的差異。此外，跨文化與長距離影響──資源的借用與剝削，這如同介於區域與地域的知識、專業及思想，也逐漸受到史學界的重視。[40]

結語

　　儘管全球史在修正過往民族國家史的歷史書寫方面有上述特性；但史家也提醒我們，全球史取向對於史學的衝擊或許會過於誇大。無論我們如何思考民族國家過往的道德，或者其未來的可行性，無疑地，民族國家仍然代表了一種重要的社會及政治組織的歷史形式。反之，民族國家應當回到本身詞彙的脈絡來進行研究，亦即探討民族國家的歷史起源毋須特別批判國家行動的道德認同；也毋須認為國家是唯一或最好的政治組織形式。總之，對上述史家而言，在推崇全球史研究特色的同時，我們不用把民族國家史的敘事棄之不顧。[41]

　　換言之，雖然民族國家已不再是史家分析歷史最常見的分析單位，但仍是相當重要的研究課題。尼姆（Johann Neem）曾在〈全球時代中的美國史〉一文中對於全球與民族國家史之間，提供了一個相當好的理論再思考。他認為全球取向可以提供給那些國家史研究者有效的修正方向，而不再只是將民族國家看作一種特定歷史。由於全球史的視野傾向將國家去本質化，這提醒了史家得以去質疑國家的起源及結構。他也認為，一旦國家只是個假

---

40 Robert C. Allen, *The British Industrial Revolution in Global Perspectives* (New York: Cambridge University Press, 2009).〈全球化與大分流：以長時段重新思考世界史〉一文中，他強調他近來對於學界有關世界史中的轉捩點的討論受益匪淺，尤其是彭慕蘭的大分流觀念。

41 "The Significance of the 'Global Turn' for the Early American Republic," 7.

設，它就僅能被視為是特定歷史過程的產物。[42]特別是有關於早期美國共和時期的研究，全球史取向使得史家得以更澈底地開始去詢問「民族體」（nationhood）、「民族主義」、「國家認同」的概念定義，並去驗證美國人是否有民族體的機構與知識基礎。總之，他主張全球史取向毋須取代以國家為基礎的敘事。反之，全球視野能夠使國家史的寫作重現生機。

此外，米德爾與瑙曼也主張：「跨國史」（Transnational history）並未否認民族國家的重要。相反地，它強調民族國家有能力去控制、為跨越邊界的運動提供幫助。在此意義下，透過探索那些跨越邊界滲透至國家結構的行動者、運動及力量，跨國史跨越了國家、次國家（sub-national，地方、區域）及全球。[43]美國著名法國史學者亨特（Lynn Hunt）也認為，全球史或全球轉向不應該只是提供給學者們一種更廣及更大的歷史研究視野，還必須提供一種更好的研究視野。[44]馬茲利什也說：「雖然全球史在研究課題上是跨國的，但若認為國家的研究應當忽略那就大錯特錯。國家史值得根據全球化的力量如何影響民族國家進行再探，反之亦然。」[45]

綜上所述，究竟全球史是取代了民族國家史的歷史書寫，還是二者呈現一種相互補強的情況，答案似乎一目了然，全球史研

---

42 Johann Neem, "American History in a Global Age," *History & Theory*, 50:1 (Feb 2011), 41-70.

43 Matthias Middell & Katja Naumann, "Global History and the Spatial Turn: from the Impact of Area Studies to the Study of Critical Junctures of Globalization," *Journal of Global History*, 5:1 (March 2010), 160.

44 David Armitage & Sanjay Subrahmanyam, *The Age of Revolutions in a Global Context, 1760-1840*, 34.

45 Bruce Mazlish, "Comparing Global History to World History," *The Journal of Interdisciplinary History,* 28:3 (Winter, 1998), 393.

究取向讓民族國家史有了新的研究角度。這種「空間轉向」不只
是擴大了研究領域的地理空間，更代表了新的研究視野與方法。
然而，相較於史學的「文化轉向」，這種「空間轉向」研究是否
代表了另外一波史學風潮的來臨，部分學者持保留態度。如同丹
麥哥本哈根大學教授李來福（Leif Littrup）所言，在過去的二十
餘年裡，「全球史」已經成為一個熱門話題，並挑戰了世界史學
者的傳統做法。「全球史」究竟只是「世界史」的另外一種表達
方式，還是世界史研究的一種新方法。或者它是歷史研究整體上
的一種新方法，這些都有待我們進一步的觀察及研究。[46]

---

46 李來福，〈世界史、全球史與歷史的全球化〉，侯建新編，《經濟─社會史評論》，第五
　　輯，頁134。

「跨國史」研究新趨勢與
跨國企業研究 *

吳翎君

前言

　　1990年代以後歐美歷史學界興起了一股全球史風潮（Global History），在關注如何書寫「全球時代的世界史」（World History in Global Ages）之際，一種強調跨越民族國家邊界的跨國史（Transnational History）研究視角也因應而生，許多研究著作將「全球史」和「跨國史」兩者連繫起來。[1] 跨國史是一種研究取徑，在地的（local）、國家的、帝國的和世界的歷史不僅是地緣政治上的相互影響，並且是一種超跨國境的連繫網絡；探求不同國家和社會相互連接的紐帶，包括跨國網路、生產和貿易、制度、思想和過程等等，都是跨國史研究的範疇。近10年來，在歐美頂尖學者的領軍之下，跨國史研究聲勢有不少令人矚目的學術成果，可說是史學界繼「文化轉向」（cultural turn）的研究後，

---

* 拙文曾發表於《新史學》期刊。吳翎君，〈英文學界關於「跨國史」研究新趨勢與跨國企業研究〉，《新史學》，28卷3期（2017），頁207-240。

1 有關「全球史」和「跨國史」的連繫，詳見 Akira Iriye and Rana Mitter eds, Palgrave Macmillan Transnational Series (published from 2007-2017). *Journal of International & Global Studies*. 網址 http://www.lindenwood.edu/jigs/about.cfm。

新一波的「跨國轉向」（transnational turn）研究，對於當前史學觀念、史學方法和歷史知識的產生有重大的影響。[2]

　　著名國際關係史學者且是倡議「國際史」（International history）的領軍學者入江昭（Akira Iriye），近年來在其編撰的著作中轉而使用「跨國史」一詞，在他看來，當前全球化時代中，各個國家和社會人群無可避免地捲入各種紐帶關係和連鎖效應，跨國史的書寫視角將有助於因應全球化時代中人類共有的過去，從歷史理解現在，並走向未來。他強調跨國經驗的共有與交流是人類歷史的重要資產，特別是過去較忽略的人權、文化、情感、環境、疾病控制和經濟資源等議題，有必要以跨國史視野重新書寫，而多元身分的知識視野將有助於未來世界秩序的和諧。[3]

　　關於全球史／跨國史的興起及其對當前史學書寫產生的範式轉移，中文學界已有專文研究，其中，國際史學者和經濟史學者以跨國史視野在研究議題上的開展成果，則較少有學者討論。[4]這

---

2 Akira Iriye, *Global and Transnational History: The Past, Present and Future* (Basingstoke: Palgrave Macmillan, 2013). 王立新，〈跨國史興起與20世紀世界史的重新書寫〉，《世界歷史》，第2期（2016），頁4-23。

3 Akira Iriye, *Global and Transnational History: The Past, Present and Future*, 9-12.

4 針對全球史的研究趨勢，特別是新文化史到全球史的文化轉向，詳見蔣竹山的相關研究，以物質文化、商品、飲食、醫學、環境和知識傳播等議題為主的分析。蔣竹山，《當代史學研究的趨勢、方法與實踐：從新文化史到全球史》（臺北：五南圖書出版股份有限公司，2012）。蔣竹山，〈超越民族國家的歷史書寫：試論近來全球史研究中的「空間轉向」〉，《新史學》，第23卷3期（2012），頁199-228。王立新的研究則深入分析了1990年代以來，歐美史學家對民族主義史學的反省和跨國史研究的興起，該文並定義全球史和跨國史在研究對象和方法上的不同，認為全球史一般以地理大發現為起點，而跨國史的起點是19世紀中葉或18世紀晚期，並不及18世紀晚期民族國家興起以前的歷史；同樣作為一種研究方法，跨國史一方面保留了國家作為基本的敘事單位，另一方面強調從跨國的視角重新理解和闡釋民族國家的歷史，而全球史從跨地區和全球視角來考察人類的歷史，是關於全球化進程的歷史敘事，並不具有修正和深化民族國家史學的明確旨趣。詳見：王立新，〈跨國史興起與20世紀世界史的重新書寫〉，《世界歷史》，第2期（2016），頁4-23。

兩個領域的學者同樣著重多元資料和國際體系的宏觀論述，在這一波史學全球化的學術轉向中，打破單一學科、互相借鑑，對形塑當前全球網絡的共同議題上有更多的交流和對話。本文介紹英文學界近十年興起的跨國史研究取徑和代表論著，並以跨國企業為考察範例，這些新研究成果，對於我們研究19世紀後半葉第二波工業革命發生以後的全球企業移動、技術躍升及其關係網絡的全球大交流，提供了一個宏觀背景。從英文學界對跨國史的研究趨勢和實例，或可提供我們移轉於近代中國為主體的跨國史視角而激發出新穎的研究面貌。

一、「跨國史」研究取徑

（一）「國際史」與「跨國史」

2009年，哈佛大學入江昭教授和法國國家科學研究中心人文與社會科學部梭尼耶（Pierre-Yves Saunier）教授召集來自25個國家的350位學者，合編一本跨國史辭典 *The Palgrave Dictionary of Transnational History, From the mid-19th Century to the Present Day*，這本書應是目前為止研究跨國史最重要的一本辭典工具書，它的編纂也說明了跨國史研究受到全世界學者的普遍認同。書中收集的400個條目以26個字母序號排比，每個關鍵詞除了有千字以上的釋義之外，還標註徵引資料和延伸閱讀（related essays），形式上更接近於學術文庫。兩位編者在序言下方以小字署名「教授與瘋子」（The Professor and Madman），自嘲此一學術工程之艱鉅，最初的詞彙條目為1,500個，或許未來將有續編。該書以十大樹狀圖說明跨國史網絡如同電流現象般環扣相連的複

雜路徑，內容涵蓋十大類跨國現象：1. 人口流動；2. 世界秩序與失序（帝國／帝國主義、法理秩序、貨幣、標準）；3. 文字、聲音和訊息；4. 生產與貿易；5. 地球（環境、資源與基礎設施）；6. 空間與時間；7. 身體與靈魂；8. 概念與過程（文明、全球化、倫理和族群、人口流動、帝國和帝國主義）；9. 團體組織與事業；10. 知識（生命與自然科學、社會科學、人文、應用知識、技術、高等教育）。兩位編者的序言對於不同學者使用跨國史（例如美國史學者泰倫）[5]、「世界史」（World History，例如本特利等學者）[6]、全球史（Global History），例如克拉倫斯－史密斯（William Gervase Clarence-Smith）、彭慕蘭（Kenneth Pomeranze）、傅瑞斯（Peer Vries）於 2006 年創辦的《全球史期刊》（*Journal of Global History*）、國際史（International History，下詳）等詞，無意提出清晰的定義，認為在不同政治與社會「之間和跨越」（between and across）的意涵上，這些詞意是相通的。該書選定以「跨國史」作為書名，似是一種不言自明的事情，在當前全球化浪潮所顯現的個人、群體、國家和世界所交織的既相互糾纏又依賴共存的關係網中，「跨國史」研究視野最契合當下全球化議題的歷史溯源。這也是本書時間定自 19 世紀中葉所謂近代民族國家建立的時期，令人心領神會之處。編者強調，本書所建立的條目是提供日後有志於開展跨國史研究者的入門，並沒有要建立一種新學科

5　泰倫（David P. Thelen）從 1985 年至 1999 年擔任《美國歷史期刊》（*Journal of American History*）主編。

6　本特利（Jerry Bentley）出任 1990 年創刊的 *Journal of the World History* 主編，2012 年卸任。再如 Patrick Manning 或 Anthony G. Hopkins 以世界史為名所編撰的專書。Patrick Manning ed. *World History: Global and Local Interactions* (Princeton: Markus Wiener Publishers, 2005). Anthony G. Hopkins ed. *Globalization in World History* (London: Pimlico, 2002).

領域或學術支派的企圖。[7]

　　入江昭作為二次大戰以後頂尖的國際關係史學者，早期從地緣政治和華盛頓體系（Washington System）的建立探討美國在東亞的崛起及太平洋戰爭的起源，由此奠定在美國國際關係史的學術地位。[8]到了1990年代，他開始大力倡議國際史的研究旨趣，呼籲拓展傳統外交史的研究視野，將國家與非國家的跨國交往領域都納入國際史範疇，可謂近30年來領導國際史研究最具代表的人物。[9]2013年，入江昭出版《全球史與跨國史：過去，現在和未來》（*Global and Transnational History: The Past, Present and Future*）一書，轉而推崇「跨國史」研究，該書回顧他自己從國

---

7 Akira Iriye, and Pierre-Yves Saunier, eds., *The Palgrave Dictionary of Transnational History, From the mid-19th Century to the Present Day* (Basingstoke, England; New York: Palgrave Macmillan Publisher, 2009).

8 關於入江昭的治學，可參見：入江昭著，楊博雅譯，《我與歷史有個約會：入江昭治史心得》（北京：北京大學出版社，2013）。徐國琦，〈重讀入江昭，《第二次世界大戰在亞洲和太平洋地區的起源》〉，《中華讀書報》，第17版（2015.4.1）。劉克倫、石之瑜，《入江昭對世界與中國的中間主義立場：一種多元身分的知識視野》（臺北：國立臺灣大學政治學系中國大陸暨兩岸關係教學與研究中心，2010）。入江昭早期關於美國與東亞關係的代表著作有：*After Imperialism: The Search for a New Order in the Far East, 1921–1931* (Cambridge, MA: Harvard University Press, 1965). Reprinted: (Chicago: Imprint Publications, 1990). *Across the Pacific: An Inner History of American-East Asian Relations* (Chicago: Harcourt, Brace, 1967). *Pacific Estrangement: Japanese and American Expansion, 1897-1911* (Cambridge, MA: Harvard University Press, 1972). 入江昭從遠東各國的多角視野，例如美、日、蘇和中國的交叉視角闡釋遠東關係，展現他對冷戰中期國際秩序低盪緩解的現實關注。

9 關於國際史研究方法，詳見：吳翎君，〈從徐國琦新著 *Strangers on the Western Front: Chinese Workers in the Great War* 談國際史的研究方法〉，《新史學》，22卷4期（2011），頁183-215。徐國琦，〈「會當凌絕頂，一覽眾山小」：國際史研究方法及其應用〉，《文史哲》（山東大學），第5期（2012），第5-17頁。王立新，〈試析全球化背景下美國外交史研究的國際化與文化轉向〉，《美國研究》，第1期（2008）。吳翎君，〈從徐國琦新著 *Chinese and Americans: A shared History* 談中美關係史研究的新範式〉，《臺大歷史學報》，55期（2015），頁219-249。

際關係史、國際史到跨國史研究在研究方法上不斷推進的反省。
他提到，國際史和跨國史作為一種研究方法，兩者確實有相通旨
趣，但跨國史研究具有超越民族國家（beyond national state）的
更大視角，比起國際史視角仍具有國家之間（inter-nation）的特
性仍略有不同。儘管「國際史」將政府與非政府、個人和群體
都納入國際交往的範疇，但它仍為以國家作為國際社會的實體
和國家邊界的概念／精神所侷限。「跨國」（trans-national），則
帶有「穿越和超越民族國家」（across and beyond national state）
的意味，它不以民族國家為中心（nation-centered）的概念，且
不意味著「去國家化」（denationalization）。[10] 入江昭從「國際
史」到「跨國史」的研究轉向，顯然與他近十年更加關注人類文
明進程中的共有經驗和文化普世價值有絕大關係。這位「國際
史」的掌舵學者顯然更加重視非國家行為者（non-state actor）的
影響力，國家行為只是影響全球歷史發展的要素之一，人類發
展進程中的許多議題必須有超越國境的視野。[11] 同時，入江昭認
為「跨國史」豐富了我們對於國家歷史（national history）和國
際史（international history）的理解，全球史和跨國史研究觀點
也對當代的歷史研究帶來了全新視角。因此，從這角度而言，
他認為 1990 年代以來經歷了一場「史學改造」（historiographical

---

10 在該書第三章中，入江昭列舉他個人認為可作為全球史與跨國史的顯著案例及其如何重塑
　我們對過去歷史的理解，討論的議題包括環境、不同族群和文化的碰撞、移民、人權、經
　濟和文化的全球化、地緣政治現象中的文化維度（例如戰爭、區域社群、非政府組織等議
　題）。Akira Iriye, *Global and Transnational History: The Past, Present and Future*, ch.3, 36-68.
11 2014 年入江昭編撰《1945 年後相互依存的世界》（*Global Interdependency: The World after
　1945*, Cambridge, MA: Harvard University Press, 2014）探討過去 60 年來全球在政治、經濟、
　文化和環境所發生的重大問題及其後果，為一倡議全球共存依賴的宏觀之作。

transformation）的歷程。[12]

1989年，入江昭在美國歷史學會主席就職演說〈歷史的國際化〉（The internationalization of History），指出「國際史」是一種全方位的歷史研究法，它超越了傳統外交史一味強調政府之間的交涉、談判等限制，把文化、社會思潮變遷、個人情感等因素引入考察之列；國際史與傳統政治史的主要區別在於它超越國界，側重多層次對話，並以整個國際體系作為參照系，打破民族主義史學、意識型態和地域觀念的狹隘藩籬，強調國家間的政治、文化等多重交流、對話及互動。[13]入江昭也以中日兩國在國際社會的互動角色考察近代以來的中日關係，他在《全球背景下的中國與日本》（*China and Japan in the Global Setting*），以全球化觀點探討中日兩國在「權力、文化和經濟」（Power, Culture and Economic）等多元關係的互動和消長，最後強調未來中日兩國的和平繫於兩國在文化上的互相依賴（cultural interdependence）和相互理解。[14]本書可說是1990年代國際史的開山之作。

事實上，就在入江昭倡導國際史之際，正是1990年代美國因蘇聯共產陣營的瓦解，登上獨一無二的世界霸主，美國史學界對於形塑美國國家歷史的內外精神和美國史研究視角，乃至於歷史教學都有深刻的反省。1991年10月，任教於澳大利亞新南威爾士大學的美國史教授蒂勒爾（Ian Tyrrell），在《美國歷史評論》撰

---

12 Akira Iriye, *Global and Transnational History: The Past, Present and Future,* 16-17.

13 Akira Iriye, "The Internationalization of History, " *American Historical Review*, Vol. 94, No. 1(Feb. 1989), 1-10.

14 Akira Iriye, *China and Japan in the Global Setting* (Cambridge, MA: Harvard University Press, 1992).

文批評美國歷史敘事中的民族主義和「美國例外論」(American Exceptionalism)的傳統，主張揚棄純粹在國家框架內進行的歷史敘事和解釋，必須以跨國視角研究美國歷史，使美國史研究超越民族主義史學的藩籬。他還提到構建更廣泛的跨國史方法，包括像年鑑學派那樣進行區域史研究，關注環境變遷，研究國際性組織、跨國運動和國際主義觀念。此後，專攻美國思想文化史的本德(Thomas Bende)等其他學者也紛紛加入倡導跨國史的行列，提出人群、觀念、技術和制度等層次的跨國史研究。[15]

　　無獨有偶，歐洲史學界同樣對於冷戰時代的終結興起一股重新書寫歐洲史和世界史的風潮，基於歐洲一體化和全球共同體的理念，研究英國史、法國史和德國史的學者紛紛提出有必要檢討過去以民族國家為中心的歷史觀，喊出應該要將把「民族國家」從歷史舞臺的中心移走。前述提到與入江昭合編跨國史辭典的梭尼耶教授，便是要求以跨國視角重新書寫法國史和歐洲史的代表學者。此外，1990年代初期，跨國史視角同時也受到研究非洲史或其他區域史研究學者的重視。專長世界史和非洲史的曼寧(Patrick Manning)，於1990出版著名的 *Slave and African Life* 一書，以全球視野探討奴隸販運議題在人口、經濟、社會和意識型態等議題的沖激。[16]貢德‧弗蘭克(Andre Gunder Frank)《再東方》(*Reorient: The Global Economy in the Asian Age*)一書，探

---

15 王立新，〈跨國史興起與20世紀世界史的重新書寫〉，《世界歷史》，第2期(2016)，頁4-23。

16 Patrick Manning, *Slave and African Life. Occidental, Oriental, and African Slave Trades* (Cambridge: Cambridge University Press, 1990).

討哥倫布發現新大陸以後亞洲經濟圈對歐洲和全球經濟體系的影響。他考察15到19世紀全球貿易的世界勞動分工與平衡，白銀在此時期所發揮的功能以及亞洲所具有的生產力、技術、經濟制度的優勢，最後將東方的衰落和歐洲興起做橫向比較。弗蘭克認為，16至18世紀白銀大量流入中國後並未引起通貨膨脹，意味著中國經濟有能力吸收更多的白銀；中國需求白銀，而歐洲需求中國商品，這兩者的結合導致全世界的商業擴張。因此，中國在工業革命前的全球經濟史中占有極其重要的凸出地位。弗蘭克刻意擺脫歐洲中心論，提出一些標新立異的見解，出版後引起不小爭議，但他所闡釋「再東方」觀點，很能代表1990年初期西方學術界的自我警醒。[17] 20年來有越來越多學者投入「全球時代的世界史」（World History in Global Ages），倡議以全球和跨國視野重新書寫世界史的議題，可稱為一波「新全球史」風潮，已有不少學者為文論及，本文不贅。[18]

---

17 Andre Gunder Frank, *Reorient: The Global Economy in the Asian Age* (California: University of California Press. 1998). 該書中文譯本有：劉北成譯，《白銀資本：重視經濟全球化中的東方》（北京：中央編譯出版社，2001）。中文學界關於白銀問題的代表著作，可參見林滿紅，《銀線：十九世紀的世界與中國》（臺北：國立臺灣大學出版中心，2011）。作者指出鴉片戰爭前後中國因拉丁美洲白銀減產而導致的危機，比戰爭本身帶來的影響更為深遠。全書闡釋19世紀上半葉中國白銀外流的影響，探討世界貨幣的流通、白銀問題與清朝政治社會的動亂關聯、貨幣論爭與清王朝治理、經世思想的學術之爭，並比較綜述中西方經濟思想傳統的不同。

18 關於全球史理論的較早著作有：Georg G Iggers, Q. Edward Wang ，Supriya Mukherjee, *A Global History of Modern Historiography* (Harlow: Pearson Longman, 2008). 中譯本有：楊豫譯，《全球史學史：從18世紀至當代》（北京：北京大學出版社，2011）。塞巴斯蒂安‧康拉德（Sebastian Conrad），《全球史的再思考》（新北：八旗文化，2016）。較新中文成果可參見：蔣竹山，〈探尋世界的關聯：全球史研究趨勢與實踐〉，《歷史研究》，第1期（2013），頁11-16。潘宗億，〈全球化歷史與歷史化全球化：一個世界跨區域「五流」分析架構的提議與實踐〉，《輔仁歷史學報》第34期（2015），頁45-108。

（二）近十年跨國史書寫趨勢

　　跨國史研究凸顯人類歷史中的共有經驗，以同一主題探索不同人和人群跨越國界概念的共有旅程，並尋找這些歷史現象中的跨國或全球關聯，這種研究觀念澈底打破民族國家史學的書寫方式。例如阿米蒂奇（David Armitage）所著《全球史視野：獨立宣言》（*The Declaration of Independence: A Global History*），深入研究作為經典政治文件的美國獨立宣言（1776）兩百年來對其他國的影響，從海地到越南、從委內瑞拉到羅德西亞（Rhodesia）的全球考察。[19] 馬內拉（Erez Manela）的《威爾遜時刻》（*The Wilsonian Moment*）則探討美國總統威爾遜（Thomas Woodrow Wilson）在第一次世界大戰期間秉持理想國際主義，提出新世界秩序的設想對埃及、中國、印度及朝鮮等地的深刻影響。[20]康納利（Matthew Connelly）的《致命的誤區：控制世界人口的努力》（*Fatal Misconception: the Struggle to Control World Population*），通過研究19世紀以來世界各國政府機構、宗教團體、非政府組織、科學組織等在人口控制問題上的政策、主張、建議及衝突來揭示世界範圍人口控制問題的爭論及政策如何影響世界史的進程，甚至是人類未來。[21]徐國琦所著《西線的陌生人：一次大戰的華工》（*Strangers on the Western Front: Chinese Workers in the Great War*），通過一戰時期中國派遣14萬華工遠赴歐戰，討論華工與中國、英國、美國、加拿大等政府和平民跨越國境的共同經歷。

---

19 David Armitage, *The Declaration of Independence: A Global History* (Cambridge, MA: Harvard University Press, 2008).

20 Erez Manela, *The Wilsonian Moment: Self-determination and the International Origins of Anti-Colonial Nationalism* (Oxford University Press, 2007).

21 Matthew Connelly, *Fatal Misconception: the Struggle to Control World Population* (Cambridge, MA: Harvard University Press, 2008).

作者以社會底層的農民或邊緣人（Marginal Man）來透視中國，以這些歷史人物作為連結東西文明的信使，將華工個人或群體的生命導入到族群、國家和國際的複雜互動，進而賦予歷史更多深度與意義。[22] 徐國琦於 2017 年最新著作《亞洲與大戰：共有的歷史》（*Asia and the Great War-A Shared History*）則是探討一次大戰期間亞洲各個國家（日本、朝鮮、越南、印度和中國）因為大戰爆發，使得原本分屬帝國或殖民地，或被征服者的人民和國家經歷了參與世界大戰的共同命運；作者分析了大戰對亞洲國家產生的跨國震盪及其影響各國戰後不同命運的轉折，大戰中懸而未決的問題也種下了亞洲的不安和仇恨。徐國琦嘗試以跨越亞洲不同國界的文化理解與合作，陳述不同文化脈絡下，國家和人民的共同願望與協力行動。[23]

在全球史和跨國史的概念下，理解 20 世紀的歷史不再僅限於從大小戰役、反殖民鬥爭和國家建置的範圍，而是擴充到全球和非國家的主題。以美國學界向來關注的冷戰史而言，頗受好評的文安立（Odd Arne Westad）著有《全球冷戰》一書，從全球視野重新審視冷戰時期美蘇對第三世界的干涉和對抗，以及此一結果對重構當代世紀的意義。作者不侷限於國際關係史的學科界限，廣泛汲取社會學和社會人類學家的洞見，通過亞非和拉美國家的在地歷史，將第三世界的內部變遷與冷戰國際關係聯結起來。再者，作者探討「作為市場的世界」、「現代化、技術和美國全球主義」、「第三世界和冷戰經濟體系」、「援助、和貿易和意識

---

22 Xu Guoqi, *Strangers on the Western Front: Chinese Workers in the Great War* (Cambridge, MA: Harvard University Press, 2011).

23 Xu Guoqi, *Asia and the Great War* (Oxford: Oxford University Press, 2017).

型態」等議題，有別於傳統以軍事戰略和意識型態為框架的兩極對抗冷戰史。[24] 文安立在新近出版的《躁動的帝國》（Restless Empire）一書中，更是企圖以跨國史視野鋪陳乾隆皇帝到鄧小平時代的中國國際歷史，探索一個由上而下，以及不同性質的群體如何互動的國際軌跡。[25]

美國學術界近來重新評價1970年代，認為1970年代對當前世界的形成具有全方位的轉折意義，不僅是冷戰低盪及東西秩序崩解，石油能源危機或中美關係的疏緩（中美建交）受到重視，同樣地，1970年代在人權革命和全球化議題也不容忽視。2010年，以研究英國史和世界大戰史著稱的尼爾·弗格森（Niall Ferguson）及其他學者合編的一本論文集《全球的震撼：透視1970年代》（The Shock of the Global: the 1970s in Perspective），將1970年代視為相互依賴的全球網絡逐漸成形的時代，該論文集的許多作者從各個角度並運用國際史方法論述1970年代諸多事件的國際影響，例如：東西關係逐漸緩和、經濟危機和資金流通、人權教育和環境汙染議題逐漸浮現、伊朗神權政府的革命（Iranian theocratic revolution）以及對1980年代中國市場的改革開放所造成的全球性影響。[26]

---

24 Odd Arne Westad , *The Global Cold War: Third World Interventions and the Making of Our Times* (Cambridge: Cambridge University Press, 2006). 本書獲2006年美國史學界班克羅夫獎（Bancroft Prize in American History and Diplomacy）。

25 Odd Arne Westad , *Restless Empire: China and the World Since 1750* (New York: Basic Books, 2012). 中文版有：文安立原著，林添貴譯，《躁動的帝國》（新北：八旗文化，2013）。

26 Niall Ferguson, Charles S. Maier, Erez Manela and Daniel J. Sargent eds. *The Shock of the Global: the 1970s in Perspective* (Cambridge, MA: Harvard University Press, 2011). 此外，二次大戰以後到1970年初期國際間對於人權主張和法學理論也歷經重大突破。關於人權史議題的國際史視野，可參見：Akira Iriye, Petra Goedde, and William I. Hitchcock, eds., *Human Right Revolution: A International History* (Oxford: Oxford University Press, 2012).

　　近來有越來越多學者單獨使用「跨國史」一詞。2010年，澳大利亞兩位史學家科瑟斯（Ann Curthoys）和雷克（Marilyn Lake）編撰了《互聯的世界：歷史研究的跨國視野》（*Connected Worlds: History in Transnational Perspective*），編者在緒論中簡要界定「跨國史」係指探討生命（lives）和事件（events）在歷史過程和關係中，如何超越國家邊界而被形塑，認為「世界史」大致是將世界視為一個整體，探討在地、區域、區域之間、國家、各洲和全球之間的相互作用；「區域史」傾向於探討大洋洲或大西洋洲，同樣也強調以更大的政治經濟框架考察在地國家間的關聯；「比較史學」則以超越國境的方式探討二個或更多的社群（城市、區域或國家），並進行歷史的比較。而「跨國史」可以包含許多形式，國際組織、個人歷史、帝國歷史、文化觀念、政治運動、移民、遷移、環境等等，可說無所不包。本書雖然主要是以跨國視角探索澳大利亞歷史，但也說明了以跨國史視角帶來的全新觀點，將澳大利亞的歷史（人、社群和國家）向外延伸至大洋洲區域和全球史的意義。[27]

　　2007年開始，麥克米倫出版社（Palgrave Macmillan）印行了一系列跨國史叢書，目前（2017年5月）已經出版36本。主編為入江昭和牛津大學現代中國史學者拉納・米特（Rana Mitter），編輯委員會包含了世界史、法國史、英國史和美國史專家，以拓展19到20世紀人群和社群的跨國史研究，涵蓋不同時期、主題和區域，並探索各種主題的跨國研究理論和方法。研究主題包括：人權、性別、宗教、離散和移民、慈善和人道關懷事業、

---

27 Ann Curthoys, Marilyn Lake eds. *Connected Worlds: History in Transnational Perspective* (Canberra : Australian National University Press, 2005).

1968年歐洲、國家心理學和國際政治、日本帝國主義的泛亞洲論和戰爭、美國內戰的跨國史意義、20世紀的歐洲化、挑戰資本主義的歷史（1950年代後）、反共和冷戰的跨國史、去殖民化想像、電報技術的跨國史，甚至20世紀青年人的跨國活動，不一而足。從這套略為鬆散的跨國史叢書編纂看來，該系列和全球史的研究取向有所相通，亦即都呼應了全球化的研究轉向，但在研究關懷上又略有不同。[28] 全球史的研究重點具有跨地區和全球化影響的進程、事件和事態，與跨國史涉及兩個或多個國家甚至社會的跨文化、跨地區的全球意義不同，有些跨國現象比較屬於跨國史的研究對象。跨國史的研究範圍，是否可包括從1648年《西伐利亞和約》（Peace of Westphalia）以後所建構，以國家主權原則所建立的近代國際關係秩序和橫跨的地理空間，或者是以人類歷史發展的更早政治單位，來作為考察的時間向度？迄今為止，以跨國史為名的主要專書或論文，指涉的時間主要在19世紀中葉以後，未來如何發展仍有待進一步觀察。

二、跨國企業研究

（一）新近英文學界的研究成果

　　美國研究國際關係的學者中，有一派特別強調經濟因素。這一派學者強調19世紀末以後，美國的經濟擴張和金元外交是其成為世界霸主的重要動力，特別是1960年代美國學界在批判越戰聲浪中具代表意義的新左派學者。新左派學者強調經濟利益的解

---

28 Palgrave Macmillan Transnational Series, 2007-2017. https://www.palgrave.com/us/series/14675（2017/04/15）。

釋，認為美國外交完全以經濟利益的擴張為依歸，並受到大資本家的左右。[29]經濟史領域中也有一批學者留意到政治因素的重要性，將國家和權力的重要性放入特定研究的個案。儘管經濟史學者和國際關係史學者在研究方法和研究關懷上各有側重，但兩者向來重視檔案實證和多元材料，在這一波歷史研究的全球化轉向中，有關跨國企業、技術擴張、跨國連繫及其全球化網絡的研究成果中，經濟史學者和國際史學者在共通議題上互相發明，為跨國史研究注入新視域。

　　美國學界研究跨國公司的全球擴張史，可謂成果斐然，其中獲得美國經濟史學會頒贈終身成就獎的威爾金斯（Mira Wilkins）是最早一批研究美國跨國企業的代表學者，她從經濟學理論和美國海外投資各種數據，側重資金流動、直接投資（direct investment）、組合投資（portfolio management）、市場網絡和企業管理等層面的考察，對美國海外投資和外人在美國投資提出宏觀見解。威爾金斯，在其系列著作中，相當重視海外投資行為中的政府決策因素，亦即政府的公共政策怎樣影響海外投資，並認為不同個案有其特殊性質。[30]近十餘年以全球視野重新探討

---

29 新左派健將拉費伯（Walter LaFeber）著有 *The New Empire: An Interpretation of American Expansion, 1860-1898* (1968). 1960年代越戰升高後新左派史家勢力大增，反省美國外交政策成為主流，其中以 William A. Williams, *The Tragedy of American Diplomacy* 和 Denna F. Fleming, *The Cold War and its Origins, 1917-1960* 兩書為嚆矢。

30 美國學界研究美國海外投資，主要以經濟史學者為主，其成果斐然，非本文所能討論。其中獲得美國經濟史學會頒贈終身成就獎的威爾金斯（Mira Wilkins）在哈佛大學出版社有4本學術專著，這4本學術專書如下：*The Emergence of Multinational Enterprise: American Business Abroad from the Colonial Era to 1914* (1970), *The Maturing of Multinational Enterprise: American Business Abroad from 1914 to 1970* (1974), *The History of Foreign Investment in the United States to 1914* (1989), and *The History of Foreign Investment in the United States, 1914-1945* (2004). 據筆者所見，僅早期一篇論文完整討論中美經貿關係。Mira Wilkins, "The Impact of American Multinational Enterprise on American-Chinese Economic Relations," 1786-

跨國公司的形成及其與政府政策關聯的著作，則有以《看得見
的手》(*The Visible Hand: The Managerial Revolution in American
Business*)一書聞名的錢德勒(Alfred D. Chandler Jr.)，他和研
究科技思想史和全球史理論的Bruce Mazlish編纂有《巨靈：跨國
公司和新全球史》(*Leviathans: Multinational Corporations and the
New Global History*)，以全球史視角討論了跨國企業的形成，各
篇作者依序討論了：全球現象（跨國公司初階段、1930年以前跨
國公司的間斷與連續、1930年至1980年的跨國公司、改革的跨
國公司型態日本個案）、跨國公司對社會和文化的沖激（社會層
面：針對工人生活、全球新貴菁英）、跨國公司的管理（全球股
東的出現、20世紀的金融革命、跨國公司及抗議者和全球治理的
未來），對於當前經濟全球化之下，跨國公司所面臨的各種處境
和挑戰機遇提供了宏觀歷史的考察。[31]哈佛大學商學院教授瓊斯
(Geoffrey Jones)所著《跨國公司和全球資本主義：19世紀到21
世紀》(*Multinationals and Global Capitalism: From the Nineteenth
to the Twenty-first Century*)探討200年來全球化經濟形成過程中
跨國企業的增長和作用。19世紀歐美大企業家如何開拓海外市
場、建立工廠和公司，形成最早跨國企業的先驅，並影響全球經
濟的面貌，而兩次大戰的戰間期，在全球經濟失序混亂中，跨國
企業在經營策略的轉型如何驅動了當代全球經濟的走向，本書從
宏觀視野探討資本家和經理人在不同時間和環境所面臨的跨越國

1949. in Ernest R. May & John K. Fairbank eds., *America's China Trade in Historical Respective, the Chinese and American Performance* (Cambridge, Mass.: Harvard University Press, 1986), 259-292.

31 Alfred D. Chandler Jr., Bruce Mazlish eds. *Leviathans: Multinational Corporations and the New Global History* (Cambridge: Cambridge University Press, 2005).

界的政治、倫理、文化和組織的種種挑戰。不同於分析跨國資本的流動，作者從廣泛的政治經濟脈絡考察跨國公司的行為角色，不少篇章從國際視角探討跨國公司如何遊走在不同國家之間及其與政府政治的關係。[32] 瓊斯（Geoffrey Jones）於2017年最新出版的 *Profits and Sustainability: A History of Green Entrepreneurship* 探討19世紀以後綠色企業家的出現，一些企業家在堅持盈利和可續性的同時，不斷創新改造，重視自然資源與環境的關係；探索企業發展和環境保護，以及政府法令的制定，將政府、非政府和環境議題融入全球企業發展的視角，該書涉及的論題包括可再生能源、有機食品、美容業、生態旅遊、資源回收、建築和金融業等行業，研究範圍涵蓋世界五大洲的主要國家，所涉獵的風能、太陽能等可再生能源領域的發展史，尤具現實關懷。[33]

　　19、20世紀跨世紀之交的科技發明和升級，如鐵路、電力、電話電報和輪船等設施舉足輕重地改變了當代世界的經濟生活等各個層面，而大型公共建設往往是國家建設所開展的方針，國家力量的介入或是專業技術的引進，又與跨國企業的投資和移動不可分割。威爾金斯與其他經濟史學家合著的《全球電力化：電力史中的跨國企業和國際資金》（*Global Electrification: Multinational Enterprise and International Finance in the History of Light and Power, 1878-2007*）一書，從跨國史視野探討全球電力發展史，強調公共設施中政治性介入的滲透力和影響力，公共設施（public utilities）中特有的政治面向，由中央到地方各層級

32　Geoffrey Jones, *Multinationals and Global Capitalism: From the Nineteenth to the Twenty-first Century* (Oxford: Oxford University Press, 2005).

33　Geoffrey Jones, *Profits and Sustainability: A History of Green Entrepreneurship* (Oxford: Oxford University Press, 2017).

的政治性介入，使得跨國大企業在推動全球電力化過程中得以壟斷電力市場。然而，定義中「讓渡權」（concession）或「特許權」（franchises）係來自政府，但它所牽涉的政治面向卻是更為廣泛，從國家的（national）、區域的（regional）和市政政治（municipal politics）對國內企業產生巨大的沖激，而國內資金又嚴重沖激到跨國企業和國際金融的運作，因此我們不可低估這種沖激。[34] 19世紀後期，全球帝國的擴張莫不受益於第二次工業革命後所驅動的軍事工業化成就，電報技術更攸關鞏固海外帝國統治的手段及帝國成敗。楊大慶的著作《技術帝國：電報與日本在亞洲的擴張》（*Technology of Empire : Telecommunications and Japanese Expansion in Asia, 1883-1945*），即是從跨國史視角深入探討19世紀後期到二次大戰，日本在東亞如何以電訊事業進行政治和經濟的擴張，從而打造其東亞帝國的事業。[35]

　　早期以研究19世紀末到第二次世界大戰期間美國經濟及海外擴張的羅生寶，近年編撰的《世界連繫》（*A World Connecting, 1870-1945*）一書，以國際史和跨國史研究視野重新探討1870年迄於二次世界大戰的全球政治和經濟網絡。[36]這一千餘頁的巨冊共有五大章節，後來由哈佛大學出版社於2014年發行單行本。五大章節題旨如下：1. 近代國家地位的創造及世界架構的成形。作者梅爾（Charels S. Maier）借用霍布斯（Thomas Hobbes）「巨靈

---

34 William J. Hausman, Peter Hertner, Mira Wilkins, *Global Electrification: Multinational Enterprise and International Finance in the History of Light and Power, 1878-2007* (Cambridge: Cambridge University Press, 2008), 67-71.

35 Daqing Yang, *Technology of Empire: Telecommunications and Japanese Expansion in Asia, 1883-1945* (Cambridge, MA: Harvard University Asia Center, 2011).

36 Emily S. Rosenberg ed. *A World Connecting, 1870-1945* (Cambridge, MA: Harvard University Press, 2012).

論」詮釋「2.0版」（Leviathan 2.0）」以時間分期依序闡釋19世紀中葉到二次大戰間近代國家形態的創制和蛻變：1845年至1880年近代國家的形成、跨世紀革命浪潮、1930年代和大戰時期。梅爾將歐洲、美洲和亞洲國家所面對的近代國家改造的意識型態及其內外策略置於全球發展脈絡之下，歷經二次大戰後西方民主福利國家、單一社會主義國家、拉美和亞洲及中東一些軍事政府，20世紀末各種形態政府伴隨著全球資本主義化的轉型效應而升高緊張關係，揭開了當前政治不確定世代。[37] 2. 帝國、全球擴張和跨國連繫，作者巴蘭坦（Tony Ballantyne）與伯頓（Antoinette Burton）探討帝國擴張中的國際政治、經濟和文化因素，帝國發展的力量和限制，並以英國、日本和鄂圖曼土耳其帝國為具體個案，分析交通、運輸和經濟網絡為打造帝國的重要手段。[38] 3. 移民與文化適應的歸屬。19世紀後期以來伴隨著鐵路、港口和蒸汽輪船的興起，加速世界人口前所未見的遷徙和移民潮，作者霍爾德（Dirk Hoerder）避開歐洲中心的觀點，探索從1870年至1945年間人口移動潮流，將世界不同地區的移民潮流分為五個主要來源系統：(1) 1440年代到1870年代非洲奴隸人口的移民；(2) 亞洲區域的自由移民、契約工和女性移民；(3) 橫越亞洲、北美和歐洲地區的俄國西伯利亞移民；(4) 華北—東北人口的移民；(5) 連結歐洲和美洲的大西洋洲系統移民。以全球視野探討區域和帝國之間在人口遷移過程中產生的族群混居問題、社會階層化現象以

---

37 *A World Connecting*, Ch.1, Charels S. Maier, *Leviathan 2.0: Inventing Modern Statehood* (Cambridge, MA: Harvard University, 2014).

38 *A World Connecting*, Ch. 2, Tony Ballantyne and Antoinette Burton, *Empires and the Reach of the Global* (Cambridge, MA: Harvard University, 2014).

及相關的文化適應問題。[39] 4. 全球經濟中的商品鏈，探討第二次
工業革命以後全球商品的移動——小麥和米、咖啡和菸草、石油
與橡膠等商品經由生產者、加工者、運輸者和購買者的推進，帶
來了全球市場的轉變。作者托皮克（Steven C. Topik）和威爾斯
（Allen Wells）探討工業和農業產品的改革、運輸、商業和金融
上的創新如何改變了1870年至1945年的世界經濟：全球商品鏈
的演化如何從食物原料轉向工礦原料的開採，由拉美、亞洲和非
洲的農礦產，如何連繫起歐洲北美的消費者和資本家的樞紐，在
此一巨大商品網絡生產線中的農人、工人和資本家所形成的經濟
交織網是前所未見的。[40] 5. 變小的世界版塊中的跨國趨勢潮流，
由主編羅生寶執筆，她宏觀一次大戰後文化國際主義（Cultural
Internationalism）的發展（不僅是國際聯盟，包括各種藝術、文
化和體育活動成為全球普世文化的重要指標）、社會網絡及其連
繫、各種展示和博覽會、專家網絡（科學家、工程家和測量家等
專家的全球移動）、世界都會化等趨勢現象，使世界的版塊變得
越來越小。[41]

　　2018年8月於波士頓召開的世界經濟史大會（World Eco-
nomic History Congress, WEHC），主題是「全球化浪潮」（The
Wave of Globalization），從場次議題來看，以商品、資金、口
岸、貿易圈、文化樣態、生活型態、政治影響力及其形成的各種

---

39 *A World Connecting*, Ch. 3, Dirk Hoerder, *Migrations and Belongings, 1870-1945* (Cambridge,
　MA: Harvard University, 2014).

40 *A World Connecting*, Ch. 4, Steven C. Topik and Allen Wells, Commodity Chains in a global
　Economy, 本章單獨出版時，書名改為 *Global Markets Transformed, 1870-1945* (Cambridge,
　MA: Harvard University Press, 2014).

41 *A World Connecting*, Ch. 5, Emily S. Rosenberg, *Transnational Currents in a Shrinking World*
　(Cambridge, MA: Harvard University Press, 2014).

關係紐帶所牽動的全球化浪潮，並通過跨國研究的案例進行考察，占有相當大的比重。[42]

（二）跨國企業在中國

上述近十年來歐美學界對跨國史和跨國企業的研究論著，鮮少有以近代中國為主體的具體案例。從近代中國與世界的交往關係而言，19世紀後期正好是近代中國經歷洋務實業運動，最早以官督商辦的形式展開新式企業、引進西方工業技術、新舊觀念迎拒或交會，中國主動或被動納入世界體系的重要階段，各個方面的互動形成近代中國與西方世界的多重關係網絡。借鏡新近跨國史研究趨勢和開展的議題，仍有一些議題值得從中以新視角探索一個全球性質的中國，並深入理解驅動近代中國走向世界的內在和外在的多元因素。

過去有關清末民初外國企業在中國活動的研究，比較偏重外人在中國經濟投資的整體面向及其與中國民族資本企業間的關係，儘管在對外經濟與中國近代化關係有不同的看法，但這些研究成果係立基於扎實材料而提出的開創性見解，迄今仍是此一領域的扛鼎之作。[43]郝延平所著《19世紀中國商業革命：中西商業資本主義的興起》（*The Commercial Revolution in Nineteenth-Century China: Sino-Western Mercantile Capatalism,* University of California Press, 1986），延續作者《19世紀中國買辦》（*The Comprador in Nineteenth Century China*）一書的研究，本書提

---

42 http://wehc2018.org/accepted/ (2017/04/13).

43 Ernest R. May & John K. Fairbank, *America's China Trade in Historical Perspective, the Chinese and American Performance* (Cambridge, Mass.: Harvard University Press, 1986). 該書收錄的1980年代學者論文，迄今仍極具參考價值。

出「中西共生」（Sino-Western Symbiosis），「中西商業資本主
義」（Sino-Western Mercantile Capitalism），這些概念說明中國近
代商業革命的特點。他認為19世紀中國同西方經濟的接觸，既
促進了中國商業的發展，並導出不同於傳統商業活動的商業革
命；他從沿海貿易的發展、新形式貨幣的使用和信貸的擴大、鴉
片貿易對國內市場的拓展、內地絲茶收購活動對農業商業化的促
進，以及中外競爭的加劇，利潤的追逐和市場的風險，對近代中
國的商業發展和西方資本企業的關係提出深刻的見解。[44]劉廣京
早於1963年撰述《美國人與中國人：歷史文獻目錄》（*American
and Chinese: A Historical Essay and A Bibliography*），該書的前半
段有40頁專文，闡釋評價美中關係的歷史研究必須聚焦於更廣義
的美國人個體（individual）和組織（organizations）在中國的活
動，提到貿易、傳教士、科學家、教師、商人企業、職業社團、
學校、醫院、學術和慈善基金會等議題，他認為這些個人或群體
比起美國政府的直接活動來得更具影響力，強調非政府範疇和性
質內的美中關係研究之必要。這本小書是極重要的一本從經濟活
動、職業群體和非政府領域研究中美關係史的參考書。[45]劉廣京
對於西方技術產品（鐵路、電報、輪船）、西方企業制度及其與
中國傳統商會和制度運作之跨領域對話具開創研究，特別是《英
美航運勢力在中國的競爭，1862-1874》一書探討了19世紀後半
葉英美輪船公司在中國的競爭和美國旗昌輪船公司的跨臺，以及
華資輪船企業興起的背景，這些外國企業當時尚未具有現代跨國

---

44 Hao Yen- P'ing, *The Commercial Revolution in Nineteenth-Century China: Sino-Western
　Mercantile Capitalism* (Berkeley: University of California Press, 1986).
45 Kwang-Ching Liu, *American and Chinese: A Historical Essay and A Bibliography* (Cambridge,
　Mass.: Harvard University Press, 1963).

企業階層化的經營系統。[46]

　　19、20世紀之交，西方商人在中國市場的商業管理和組織形態，出現較大的轉變。伴隨著老式洋行和中國買辦制度的消退，在總公司指揮下，逐漸建立起銷售網及專屬經理人，形成早期的跨國企業，而這些粗具跨國企業形態的公司對中國市場的投資，也從早期公司本身產品的銷售，延伸到對中國市場的進一步開發與投資，像美孚公司即是一個典型個案。19世紀末以後美孚公司對中國市場的投資，除了本身起家的油產品貿易外，還陸續投資於中國內河輪船航行、公路建造和探勘油礦等。其次，有別於進出口貿易的經營，歐美和日本企業界在此一世紀之交，對中國實業建設，有進一步的投資興趣。例如修築鐵路、開礦、架設電報線以及修浚港口的工程投資等等。這些實業投資，多肇始於清末，而於一次大戰前後有更大的投資熱潮。這部分的個案研究不論是外資企業、中西合資企業或華資企業史的研究，都越來越偏重個案考察，並將個案研究置於整體歷史脈絡發展之中，迄今已有不少成果，但主要仍集中於華資企業史的部分。[47]

---

46 Kwang-Ching Liu, *Anglo-American Steamship Rivalry in China, 1862-1874* (Cambridge, MA: Harvard University Press, 1962).

47 關於華資企業史的成果可謂相當豐碩，為免掛一漏萬，不擬敘述。近年有關跨國企業在華活動的研究成果，可參見：中央研究院近代史研究所張寧對於中國冷凍蛋品工業的研究。張寧，〈跨國公司與中國民族資本企業的互動：以兩次世界大戰之間在華冷凍蛋品工業的發展為例〉，《近代史研究所集刊》，第37期（2002），頁187-227。張寧，〈技術、組織創新與國際飲食變化：清末民初中國蛋業之發展〉，《新史學》，第14卷1期（2003），頁1-43。張寧近年關於上海殖民社會與文化活動的系列研究，不僅是上海城市生活史的面貌，也比較了外人在華活動與母國文化的移植與變異等面向，具有全球史的宏觀意義。吳翎君的研究以全球和跨國視野重新梳理中國與美國的關係，針對1870年代至1946年中美兩國在企業活動、技術引進、商人和工程師的社群交往及其帶動近代中國走向世界的思路鋪陳，將政治、經濟和文化交往的中美關係統合於國家建制、國際秩序和進入全球經濟體系的範疇意義。參見吳翎君相關著作：《美孚石油公司在中國（1870-1933）》（臺北：稻鄉出版社，2001）；《美國大企業與近代中國的國際化》（臺北：聯經出版事業股份有限公司，

　　長期致力研究在華跨國企業的高家龍（Sherman Cochran），
最早成名著作為1980年出版的英美菸公司（British American
Tobacco Company, BAT）在中國的商業活動及其與南洋菸草公司
的競爭，奠定其研究外資在華企業的學術地位。[48]高家龍在《大
公司與關係網》（*Encountering Chinese Networks: Western, Japanese
and Chinese Corporations in China, 1880-1937,* University of Ca-
lifornia Press, 2000）一書中，使用了「中國關係網」（Chinese
Networks）一詞。高家龍的專書選擇了英美、日本與中國共六家
著名的代表企業，分析19世紀後期至20世紀前期西方、日本和
中國大公司在中國市場遭遇「中國關係網」的經歷。[49]高家龍主
要關注的是中國的關係網，但這種「關係網絡」事實上非僅限於
中國市場的經營、管理和商業競爭的關係網，外資企業在中國的
遭遇不僅是中國所提供的條件和機遇，更趨近於中西兩國交往中
的多層次關係網絡以及中國邁向與近代世界體系的形構。

　　跨國公司在華活動是近代中國經濟社會史的重要領域之一，
但目前深入資料的細部研究仍嫌不足，不僅是歐美公司，日本在
華公司的活動個案亦仍有很大的拓展空間。立基於前輩學者的研

　　2012）；〈歐戰爆發後中美經濟交往的關係網：兼論「美國亞洲協會」的主張〉，《政大歷
　　史學報》，第43期（2015），頁179-218。

48　Sherman Cochran, *Big Business in China, Sino-foreign Rivalry in the Cigarette Industry, 1890-
　　1930* (Cambridge, Mass.: Harvard University Press, 1980).

49　Sherman Cochran, *Encountering Chinese Networks: Western, Japanese and Chinese Corporations
　　in China, 1880-1937* (Berkeley: University of California Press, 2000). 高家龍近年的研究轉向對
　　近代中國消費文化的考察，他以北京同仁堂、上海中法藥局、上海五洲藥房、上海新亞製
　　藥廠以及以東亞為基地的虎永安堂五個個案，分析近代中國的藥房消費及隨之形成的消費
　　文化。Sherman Cochran, *Chinese Medicine Men: Consumer Culture in China and Southeast Asia*
　　(Cambridge, Mass.: Harvard University Press, 2006). 另與David Strand合編有 *Cities in Motion:
　　Interior, Coast and Diaspora in Transnational China* (Berkeley: University of California Institute
　　of East Asian Studies, 2007).

究成果，並借鏡英文學界近十年的跨國史研究視角，或可由以下
幾個面向來開展議題：1. 拓展研究外國公司在華歷史的跨領域書
寫。近年英文學界的國際史和經濟史論著已對不同型態跨國公司
的全球興起提出宏觀考察，關於跨國競爭、經營管理、企業家精
神、經濟制度和政府操作等不同切面，這些議題在中國歷史場
景的具體面貌仍不清晰。西方學者擅於從跨領域觸角來挖掘新
穎題目，像瓊斯（Geoffrey Jones）就是其中之一，他除了研究
綠色企業，另有本《設想美麗：全球美容工業的歷史》（*Beauty
Imagined: A History of the Global Beauty Industry*）探討19世紀以
來興起的化妝品和香水品牌如何塑造世人對於美麗的想像和標
準，以及如何形成當今化妝品巨頭的企業爭霸史。[50] 2. 跨國企
業、技術專家、人力的全球移動，乃至於個人或群體身分的遷徙
和流動對本身社會階層的轉換，以及對當地社會網絡產生的交互
作用等議題。上述羅生寶的《世界連繫》的五大架構章節提供了
相當好的範例和可以延展到中國場域的視角，但須多留意的是中
國內部、外部和國際間（internal, external and international）的連
繫。3. 創新企業、科技和環境議題。哈佛大學新近成立的能源史
研究計畫（The Energy History Project），關注長時期和跨區域的
地表上各種能源史的演進、區域比較及其相應連結，能源史作為
一門新興的領域，力求借鑑其他學科，以比較史學的方法，全面
地研究各種能源及其利用與影響，希望有助於改善全球環境議
題。特別是對於中國當前嚴重惡化的自然環境問題，使得企業創
新和能源史在中國的發展議題受到關注，例如：19世紀以來，跨

---

50 Geoffrey Jones, *Beauty Imagined: A History of the Global Beauty Industry* (Oxford: Oxford
University Press, 2010).

國公司帶來的新興能源技術，其開發對社會生活環境所造成的助益或破壞（中國最初如何看待石油產品造成的河川防汙問題、火力發電和自然環境保護問題等等的歷史溯源）。[51] 4. 實業家、技術專家及其關係網所呈現的全球知識文化現象。不少學者都留意到一次大戰後的國際主義現象，例如入江昭在其系列著作中闡釋一戰以後是文化國際主義全力發展的時代，大戰的毀滅性破壞，促使歐美知識菁英和藝文人士期望從教育、文化和藝術展演等方面，取代國際政治和軍備的競爭。不同於知識分子泛談理論救國，實業家和測量師或工程師是真正行動的實踐者，他們在中國的活動所展現全球知識的交換和文化國際主義的影響，例如：標準化規格、科學管理和新式企業的引進、制度化變革，均和全球經濟和技術知識的一體化至為相關，乃至於對職業專家的專業化（professionalism）等議題，仍有待拓展。[52]

結語

　　近十年跨國史研究吸引了國際關係史、經濟史和國別史的學者在研究視野上的「全球轉向」，時間集中於19世紀後半近代國家的形成，或1870年代第二波工業革命迄於當代全球化議題。跨國史研究可以是以全球一體為對話座標，也可以是強調本國對他國影響或他國對本國影響的跨國連繫，更可以是將雙邊或多邊國家，甚至是將多元區域的共享歷程置於全球和跨國視角來考察。

51 The Energy History Project, http://www.fas.harvard.edu/~histecon/energyhistory/(2017/05/01).

52 Akira Iriye, *Cultural Internationalism and World Order* (Baltimore: The John Hopkins University Press, 1997), 184. Akira Iriye, "Culture and Power: International Relations as Intercultural Relations," *Diplomatic History* 3, no. 3 (1970), 115.

如果我們習慣以國與國之間的衝突和戰爭來思考全球關係，可能
忽略國家內部的各種文化和多樣結構性因素；但是如果不從國家
歷史的脈絡分析，我們很難理解19世紀以來國際秩序的衝突，
而如果我們從超越國境的全球視野看待國家之間與非國家行為者
之間的各種因果鏈現象，則可拓展我們對個人、群體、城市、國
家、區域和全球世界的理解。跨國史的研究取徑涵蓋了國家內
部、國家之間和超越國家的範疇，既關注全球一體化特性，也顧
及跨國的比較差異和相互連繫，這正是跨國史研究的魅力所在。

　　近年跨國史著作的成果的確擴大全球視野，而且隱然看到了
一種宏大歷史敘事（Macro-history）的復甦，從時間軸（長時間）
的拉長時性，再拉到跨空間地域的全球觀照，這種跨地域和長時
間的研究視野，雖有研究上的制高點，但真正能深入研究主題，
從高屋見瓴的全球視野展現豐富的學術深度，實屬不易。本文梳
理了國際史和經濟史學者所開展的跨國史和跨國企業研究議題，
主要的研究成果係以美國哈佛大學為領軍團隊，近十年豐富的研
究成果也說明了跨國史在研究方法上已越來越趨成熟。英文學界
新近研究趨勢有助於我們將跨國企業在中國的活動置於全球網
絡，發掘新主題、拓展研究邊界，並比較近代中國的研究實例與
西方學界既有宏觀成果的異同，也未嘗不能從全球視野提出耳目
一新且對當前時代具有啟示意義的研究議題和觀點。

　　歐美歷史學界對於當前全世界範圍內發生的各種現實危機
甚為關注，也因此往往帶動一個世代的研究議題導向，而在當今
資訊分享的數位化時代，更以建置跨國研究群的網路平臺快速
擴大學術社群的影響力。目前持續擴充的「一次世界大戰的國
際百科全書」（1914-1918-online. International Encyclopedia of the

First World War），該項計畫為德國柏林自由大學自2011年起號召全球超過50餘國、數百位學者所共同參與。這個一戰史的研究計畫與以往政治軍事史的書寫最大的不同，係不以交戰的兩個陣營作為研究主線，更不以加害者和受害者看待歷史，澈底打破愛國主義立場，以跨區域和全球視角來探索大戰期間的各個國家和平民的問題，例如：戰時人民生活和心靈狀態、戰爭暴力體驗、戰俘營的處置、大眾傳播媒體、文化精神現象、兒童心理和戰爭遊戲、婦女地位和戰爭究責等跨國議題，以及全球在戰爭期間各個政治、社會、經濟和文化等面向的交互作用影響均受到關注。[53] 2017年1月召開的美國歷史學會年會中，已卸任主席派屈克・曼寧（Patrick Manning）的專題演講題為《不平等議題：歷史及學科研究方法》(*Inequality: Historical and Disciplinary Approaches*)，鑑於當前世界各國和區域內的不平等因素擴大所導致的嚴重社會危機，其不僅僅是經濟學者長期聚焦的財富和收入議題，他號召歷史研究者一起投入社會、文化、健康、氣候等世界範圍內各種形式的不平等議題，從世界歷史的視角出發，考察不平等議題的社會心理根源和自然成因。為達成此一目標，由匹茲堡大學（University of Pittsburgh）建置的Collaborative for Historical Information and Analysis（CHIA）網站，號召歷史學者將有關不平等議題的相關文獻和資料上傳到此一平臺，期望建立

53「一次世界大戰的國際百科全書」總主編為柏林自由大學的Olive Janz教授。這項計畫的所有參與作者先經過編輯部的篩選，再經由兩階段審查文稿，最後為編輯部的修訂，力圖將第一次世界大戰的最新成果呈現給世界讀者，它同時也是目前全球最大的一戰資料庫。這項計畫的龐大經費來自德國研究基金會（German Research Foundation, DFG）的贊助。目前共有全球868位學者參與。http://encyclopedia.1914-1918-online.net/contributors/（2017/03/13）。

一個如何解決不平等問題的跨領域大型知識庫。[54]在當前全球化趨勢之下，世界各地學者的跨國交流越來越頻繁，可預見的未來是，通過一個大主題以全球學者為交流對象的研究平臺肯定越來越普遍。當跨越民族／國家的歷史，成為21世紀史學家筆下的共有歷史之進程，歷史的書寫始可望成為全球和平的知識力量，此不就是1990年代以來伴隨著全球一體化和網際網路時代的來臨，歷史學者對歷史知識的表述形式和存在價值不停叩問的學術反思！[55]這也是歐美歷史學界企圖以建構全球史／跨國史成為一種世界公民之理想國的核心關懷。

---

54 Patrick Manning, "Inequality: Historical and Disciplinary Approaches", *The American Historical Review,* 122 (1), Feb. 2017, 1-22. CHIA 計畫網站設置於匹茲堡大學，設於2011年。http://www.chia.pitt.edu/（2017/05/14）。

55 關於全球化、網絡時代和大數據的建立，引起不少歷史學者對當下歷史學科知識應扮演怎樣的功能，以及歷史書寫將如何迎向新時代的各種反思。較新成果可參見：Jo Guldi & David Armitage, *The History Manifesto* (Cambridge University Press, 2014).劍橋大學出版社與兩位教授成立了此專書的網頁（http://historymanifesto.cambridge.org/），提供全文下載之外，也開闢了討論區（2017/05/02）。

第四部

科學史／醫療史／食物史

科技研究中的地理轉向
及其在地理學中的迴響[*]

洪廣冀

前言

　　什麼是科學知識？對此問題，科學哲學、科學社會學與科學史研究者一度堅稱科學知識必定是普世性的（universal）、是貫穿古今且放諸四海皆準的。1899年，在評論地理學者拉采爾（Friedrich Ratzel, 1844-1904）的《人文地理》（*Anthropogeographie*）一書時，當代社會學奠基者之一的涂爾幹（Emile Durkheim, 1858-1917）指出，至少在近代社會，地理因素不至於在社會形塑上扮演重要角色，因為近代社會係奠基在「科學真理」上，而科學真理是「獨立於任何地方脈絡」（the truths of science are independently of any local context）。[1] 即便是以撰寫與編輯《中國

---

[*] 原文發表於《地理學報》，第83期（2016），頁23-69。本文寫作得益於與徐進鈺、洪伯邑、楊弘任、傅大為、「地理學與科技研究」之修課同學、《地理學報》匿名審查人間的意見交流，謹此致謝。

1 Émile Durkheim, *Selected Writings, Edited, Translated, and with an Introduction by Anthony Giddens* (Cambridge: Cambridge University Press, 1972), 88. 科學史與科學知識社會學的健將謝平（Steven Shapin）便引用涂爾幹的此段話以說明傳統人文社會學者如何預設科學知識的性質——唯須強調的，在其文章中，謝平並未提及涂爾幹此處是在回應拉采爾具決定論色彩的地理學。Steven Shapin, "Here and Everywhere: Sociology of Scientific Knowledge," *Annual Review of Sociology*, 21 (1995), 289-321; Steven Shapin, "Placing the View from Nowhere:

的科學與文明》（*Science and civilization in China*）聞名於世的李約瑟（Joseph Needham, 1900-1995），在細數中國於西元前1世紀至15世紀間的諸般科學成就、以挑戰當時科學史界「中國無科學」的主流見解時，仍不免認為「中國科學」與「現代科學」的關係堪以中國古諺「朝宗于海」來表達：「較古老之科學的潮水如河流般地流入近代科學的海洋」。[2]在這樣的預設下，主張科學知識有其地方性（locality），似乎就像主張宗教、政治意識型態等知識體系具有普世性般地難以理解。如果說1970年代以降人文地理學的重點之一係在挑戰笛卡爾之空間觀於地理學中的獨霸地位，從而將「地方」擺回地理學研究的核心，科學知識能否作為地理學研究的對象？如科學般普世性的知識形態能否有其地理學？

　　若我們先將「什麼是科學知識」此問題擺在一邊，轉而追問科學知識是來自「何處」，不難體會科學與地方的關係並非如涂爾幹或李約瑟所稱般地簡單。就以榮獲2013年諾貝爾物理學獎的希格斯玻色子（Higgs boson）的發現為例。儘管該發現的獨到之處係在揭露宇宙構成之基本粒子，其發現卻是在全球獨一無二、由歐洲核子研究組織（The European Organization for Nuclear Research, CERN）管理的大型強子對撞機（large hadron collider）中生產出來的。過去半世紀以來，在不否認普世性為科學知識最大特性的前提下，科學史及科技研究（science and technology studies, STS）的研究者致力回答下列問題：如果科學知識必定在特定的地方生產出來，科學知識是如何取得普世性？科學知識又

Historical and Sociological Problems in the Location of Science," *Transactions of the Institute of British Geographers*, 23: 1 (1998), 5-12.

2 Joseph Needham, "The Roles of Europe and China in the Revolution of Oecumenical Science," *Journal of Asian History*, 1: 1 (1967), 3-32.

是如何「旅行」？當科學家手握著自其悉心打造之實驗室中生產的數據時，他／她們該如何讓同儕相信這些數據的確是「事實」（matter of fact）？研究者對前述問題的探索，構成如科學知識社會學者謝平（Steven Shapin）所稱的「在地取向」（localist）。[3] 相較於20世紀上半葉的科學史研究者所關心的「偉大科學家及其發現」、「科學進展的內部邏輯與外在因素」等議題，研究者關心的議題聚焦在採集、分類、實驗、觀察等科學實作（scientific practice）上，從而探討這些瑣碎、根基於特定地方與日常生活脈絡的實作如何催生出科學知識。便是在這在地化科學知識的企圖中，科學史與STS研究者開始思考地理學的分析視野能否對「何謂科學知識」此大哉問提供新解。顯然的，若我們承認科學實作——如購物、上班、午休等日常生活實作一般——必然在特定之時空中發生且得以發生，科學知識實難以視為與地方脈絡無涉的普世性知識，而必得有其地理學。

地理學者並未在這科學史與STS中的「地理熱」中缺席。當科學史與STS研究者試著以地理學在地化科學知識時，地理學者則以科學史與STS的角度來解構傳奇地理學者如紹爾（Carl Sauer, 1889-1975）、哈特向（Richard Hartshorne, 1899-1992）對地理學史或「地理學傳統」的界定，並援引地理學就地方、地方性、空間、空間性等概念長久以來的研究傳統，深化謝平之「在地取向」在理論與方法論上的意涵。一個可名為「科學之地理學」（geography of science）的研究分支便在這跨領域的對話中成形。在一篇發表於《英國地理學報》（*Transactions of the Institute of British Geographers*）的文章中，謝平指出「地理轉向」

---

3 Shapin, "Here and Everywhere," 289-321.

（geographical turn）堪稱是科學哲學與科學社會學於1970年代發展以來的「偉大成就」（great accomplishment）。[4]有鑑於臺灣地理學、科學史與STS研究者尚未體認到透過此取向進行跨領域對話的可能性，本文將分四部分說明謝平所稱之「地理轉向」的緣起、重要突破與挑戰。[5]首先將回顧STS於1970年至1980年間的

---

4 除了謝平一文，關於科學之地理學的回顧文章，見Trevor J. Barnes, "Geo-Historiographies," in Roger Lee, Noel Castree, Rob Kitchin, Victoria Lawson, Anssi Paasi, Chris Philo, Sarah Radcliffe, Susan M. Roberts, and Charles W. J. Withers eds., *The Sage Handbook of Human Geography: Volume 1* (Los Angeles: Sage, 2014), 202-228; Diarmid A. Finnegan, "The Spatial Turn: Geographical Approaches in the History of Science," *Journal of the History of Biology* 41:1 (2008), 369-388; Simon Naylor, "Introduction: Historical Geographies of Science—Places, Contexts, Cartographies," *British Journal for the History of Science*, 38: 1 (2005), 1-12; Simon Naylor, "Historical Geography: Knowledge, in Place and on the Move," *Progress in Human Geography*, 29: 5 (2005), 626-634; Richard C. Powell, "Geographies of Science: Histories, Localities, Practices, Futures," *Progress in Human Geography* 31:3 (2007), 309-329.

5 STS於臺灣的發展已逾十年，從事相關研究的學者已形成相當活躍、具高度國內與國際能見度的學術社群。學者們就STS相關理論與分析視角的引介，乃至於就STS之本土化的思考，成果相當豐碩；例如，林文源，〈論行動者網路理論的行動本體論〉，《科技、醫療與社會》，第4期（2007），頁65-108；雷祥麟，〈「我們不曾現代過」的三個意義〉，《科技、醫療與社會》，第10期（2010），頁221-236。除了翻譯西方學者之研究，此部分的專書研究成果，可參考李尚仁，《帝國的醫師：萬巴德與英國熱帶醫學的創建》（臺北：允晨文化實業股份有限公司，2012）；林文源，《看不見的行動能力：從行動者網絡到位移理論》（臺北：中央研究院社會學研究所，2014）；陳瑞麟，《科學哲學：理論與歷史》（臺北：群學出版有限公司，2010）；傅大為，《回答科學是什麼的三個答案：STS、性別與科學哲學》（臺北：群學出版有限公司，2009）；楊弘任，《社區如何動起來？黑珍珠之鄉的派系、在地師傅與社區總體營造（增訂版）》（臺北：群學出版有限公司，2014）；Sean Hsiang-lin Lei, *Neither Donkey Nor Horse: Medicine in the Struggle over China's Modernity* (Chicago: University of Chicago Press, 2014)。不過，就本文處理的「地理轉向」，除了王文基為謝平與夏佛之 *Leviathan and the Air-Pump* 中譯本撰寫的導論外，似乎還未有相關評介文章出現；見王文基，〈顯而易見〉，收入史蒂文・謝平、賽門・夏佛著，蔡佩君譯，《利維坦與空氣泵浦：霍布斯、波以耳與實驗生活》（臺北：行人出版社，2006），頁xvii-xxxv。至於在地理學或相關空間學科中，涉及STS重要理論取向的論文似乎僅限於行動者網絡理論，且多數為單向的引用，見李承嘉，〈行動者網絡理論應用於鄉村發展之研究：以九份聚落1895-1945年發展為例〉，《地理學報》，第39期（2005），頁1-30；鍾明光、蔡博文、盧道杰，〈利用行動者網絡理論檢視公眾參與地理資訊系統對社區發展轉向之影響：以美濃黃蝶翠谷為案例〉，《地理學報》，第64期（2012），頁21-44。王志弘於2015年出版的〈拼裝都市論與都市政治經濟學之辯〉，為同時重視行動者網絡理論與地理學之空間政治經濟學的重要文獻——可能也

發展，說明科學知識之地方性如何成為研究者關心的重點。進而，我會討論同時期之地理學者如何回應這來自學科外對科學之普世性與進步性的挑戰。第三部分將回顧主導此地理轉向的兩類理論取向：1.科學知識社會學（sociology of scientific knowledge, SSK）與地理學者利文斯通（David N. Livingstone）據此倡導的「置科學於其地」（putting science into its place）；2.挑戰社會與自然之二元論的行動者網絡理論（actor-network theory, ANT）。第四部分則以SSK與ANT於過去十年的發展為中心，探討如科學哲學研究者庫卡南（Jouni-Matti Kuukkanen）所稱的「地方主義」（localism）如何受到全球論者、後殖民主義者、後結構主義者、批判地理學者的批評，而研究者又如何因應。[6]以此為基礎，我於結論中提出數點值得臺灣地理學者深入探討的主題。

一、地理轉向

　　要了解謝平所稱的「地理轉向」與此轉向獲致之「偉大成就」，我們有必要先了解1940至1960年代間的歐美社會與人文科學界係如何看待科學。基本上，在目睹科學於二次大戰期間展露的巨大威力，以及體會到政府與企業爭相投資科學研究、以打造橫貫產官學界的「大科學」（big science）後，研究者莫不同意有必要打破人文社會科學與自然科學自20世紀初期以降日趨牢不可破的鴻溝。在其1959年於劍橋大學的公開演講中，化學家兼小說

是目前唯一系統地討論「STS對空間研究倒底有什麼用、或該如何用」的回顧文獻，見王志弘，〈拼裝都市論與都市政治經濟學之辯〉，《地理研究》，第62期（2015），頁109-122。
6　Jouni-Matti Kuukkanen, "Senses of Localism," *History of Science* 50: 4 (2012), 477-500.

家斯諾（C. P. Snow, 1905-1980）慨嘆自然科學家及社會與人文學家彷彿活在各自的文化中。此「兩種文化」現象，依斯諾所見，勢必形成科學與社會發展的障礙。[7] 1965年，科學之科學基金會（Science of Science Foundation）於倫敦成立，主張以科學方法來研究科學本身，因為「科學是一隻我們還不知道如何擠奶的母牛」（science is a cow that we do not yet know how to milk），該基金會的執行長高史密斯（Maurice Goldsmith）如此宣稱。[8]

流行於1960年代之「科學之科學」在很大程度上係在深化研究者如薩頓（George Sarton, 1884-1956）與莫頓（Robert Merton, 1910-2003）提倡的科學史與科學社會學研究。受到20世紀初期重要的社會科學家如韋伯（Max Weber, 1864-1920）、帕森斯（Talcott Parsons, 1902-1979）的影響，薩頓與莫頓視科學為具內在邏輯的系統，不受任何社會因素的影響。科學系統之所以能保有其獨立性與自主性，兩位學者認為，與自科學革命與新教倫理中誕生出來的一套強調邏輯、理性、演繹與實驗的方法論脫不了關係。值得指出的是，在這樣對科學知識的預設下，與其說薩頓

---

7 Charles P. Snow, *Two Cultures and the Scientific Revolution* (New York: Cambridge University Press, 1959).

8 高史密斯的宣稱係轉引自David Edge, "Reinventing the Wheel," in Sheila Jasanoff, Gerald E. Markle, James C. Petersen, and Trevor Pinch eds., *Handbook of Science and Technology Studies: Revised Edition* (Thousand Oaks: Sage Publications, 1995), 7. 關於二次戰後至冷戰期間的社會文化氛圍係如何催生出科學知識社會學與後續的STS，重要的回顧文章見David Edge, "Reinventing the wheel," 3-23; Sergio Sismondo, "Science and Technology Studies and an Engaged Program," in Edward J. Hackett, Olga Amsterdamska, Michael Lynch, and Judy Wajcman eds., *The Handbook of Science and Technology Studies: Third Edition* (Cambridge, Mass.: MIT Press, 2008), 13-31. 謝平與夏佛為其*Leviathan and the Air-Pump*之2011年新版撰寫的導論亦值得參考，Steven Shapin and Simon Schaffer, "Up for Air: Leviathan and the Air-Pump a Generation on," in *Leviathan and the Air-Pump: Hobbes, Boyle, and the Experimental Life* (Princeton: Princeton University Press, 2011), xi-l.

和莫頓的科學社會學及科學史係將科學作為研究對象，倒不如說是以社會學與歷史研究取消科學作為研究對象的可能性：科學因其獨特的方法論而成為超越歷史與社會的存在。[9]

　　以薩頓與莫頓為代表的科學史與科學社會學，於戰後受到馬克思主義研究者的挑戰。舉例而言，以其突破性的胚胎學研究成名、卻將其餘生全力投入中國科學與科技史研究的英國學者李約瑟，即認為科學絕非西方社會獨有的產物。依李約瑟所見，早在西方社會經歷其驚天動地的科學革命前，中國即有羅盤、火藥、印刷術等傲人的科學成就。然而，在盤點中國於不同時期出現的科學成就後，李約瑟發現，中國科學與科技於15世紀以降即陷入長期停滯。李約瑟對此現象的探索與闡釋構成科學史中重要的「李約瑟問題」（Needham Question）。作為一個馬克思主義者，李約瑟認為答案得到中國的社會結構與制度中尋找答案。[10]值得指出的是，李約瑟強調之社會因素對科學發展之影響，以及由此

---

9 莫頓與薩頓的見解主見於Robert K. Merton, *The Sociology of Science: Theoretical and Empirical Investigations* (Chicago: University of Chicago Press, 1973) 與George Sarton, *The Study of the History of Science* (Cambridge, Mass.: Harvard University Press, 1936) 兩書；關於孔恩前的科學史與科學社會學，重要的參考文獻為Stephen Turner, "The Social Studies before Kuhn," in Edward J. Hackett, Olga Amsterdamska, Michael Lynch, and Judy Wajcman eds., *The Handbook of Science and Technology Studies: Third Edition* (Cambridge, Mass.: MIT Press, 2008), 33-62; 其他值得參考的文獻為前註引用的Steven Shapin and Simon Schaffer, "Up for Air"以及謝平為其*Never Pure*撰寫的導論；Steven Shapin, *Never Pure: Historical Studies of Science as if It Was Produced by People with Bodies, Situated in Time, Space, Culture, and Society, and Struggling for Credibility and Authority* (Baltimore: Johns Hopkins University Press, 2010).

10 李約瑟對「李約瑟問題」的探索主見於Joseph Needham, *The Grand Titration: Science and Society in East and West* (London: George Allen & Unwin, 1969); 相關研究史的回顧與批評，重要參考文獻為Nathan Sivin, "Why the Scientific Revolution Did Not Take Place in China—Or Didn't It?" *Chinese Science,* 5 (1982), 45-66; Roger Hart, "Beyond Science and Civilization: A Post-Needham Critique," *East Asian Science, Technology, and Medicine,* 16 (1999), 88-114; Irfan Habib and Dhruv Raina, *Situating the History of Science: Dialogues with Joseph Needham* (New Delhi; New York: Oxford University Press, 1999).

對莫頓與薩頓式歷史與社會學的修正，正反映1930年代持續至冷戰結束之「外部主義―內部主義論戰」（externalism-internalism debate）。不過，正如布洛爾（David Bloor）與巴恩思（Barry Barnes）指出的，儘管參與此論戰者的理論傾向或有不同，其結論卻是高度一致：即在探討科學家如何取得改變人類文明之偉大成就時歸功於科學知識的獨特性，反之則歸咎社會因素。[11]如以STS研究者希斯蒙都（Sergio Sismondo）的說法，在此內／外主義論戰中，研究者對社會因素的探索並不構成嚴格意義下的「科學社會學」――論者關心的僅是「社會到底出了什麼錯、導致科學無法生根」的社會學。[12]

　　以《科學革命的結構》（*The Structure of Scientific Revolutions*）聞名於世的孔恩（Thomas Kuhn, 1922-1996）即是前述多重思潮衝撞下的產物。[13]孔恩於1949年取得哈佛大學之物理學博士學位後，隨即擔任哈佛校長科南特（James Bryant Conant, 1893-1978）規畫之科學史課程的講師。科南特認為科學史係由一系列之「革命」所組成，革命前後之科學――不論從今日之角度看起來是如何怪異――均有其內在一致性。孔恩於《科學革命的結構》中提出的見解一方面整合科南特式科學史的教學經驗，兼及莫頓、薩頓、夸黑（Alexander Koyré, 1892-1964）等學者提倡

11　見David Bloor, *Knowledge and Social Imagery* (London: Routledge and Kegan Paul, 1976) 與Barry Barnes, *Scientific Knowledge and Sociological Theory* (London and Boston: Routledge & Kegan Paul, 1974).

12　Sergio Sismondo, "Science and Technology Studies and an Engaged Program," in Edward J. Hackett, Olga Amsterdamska, Michael E. Lynch and Judy Wajcman eds., *The Handbook of Science and Technology Studies: Third Edition* (Cambridge, Mass: MIT Press, 2008), 13-31.

13　Thomas S. Kuhn, *The Structure of Scientific Revolutions* (Chicago: University of Chicago Press, 1962).

的科學社會學與科學史，另方面則拒斥當時主導科學社會學與科學史寫作之以今論古、強調科學理論間之優勝劣敗的輝格式（Whiggish）史觀。依孔恩所見，科學可分為常態性（normal）與革命性（revolutionary）兩類科學。在常態科學中，科學工作者（孔恩稱為「practitioners」）在經歷一系列的社會化過程後，習得一套如何從事科學研究的「典範」（paradigm）。值得強調的是，孔恩所稱的典範並非是某種理論或分析架構。不同於當時主流科學哲學之見解，孔恩不認為科學發現的邏輯堪以「理論→假設→實驗→檢證／否證假設→理論」來概括──常態科學不過就是種解謎活動，而典範正提供了（面對謎題時往往無所適從之）科學工作者堪以遵循、模仿、對比與類比的「範例」（exemplar）。然而，即便典範在形塑常態科學研究的影響力，孔恩認為研究者仍不免遭遇典範無法解釋的異例（anomalies）──一旦異例累積至一定程度，既有典範便會瓦解，科學革命從而發生，一套新典範接著浮現，成為教育、指導與規訓新一代科學工作者的準繩。孔恩最具創造性與爭議性的觀點便是新舊典範間的「不可共量性」（incommensurability）。如以著名的鴨兔圖來說明，遵循甲典範之研究者會永遠視該圖為鴨子，遵循乙典範的研究者則永遠將其看為兔子，典範間的轉換有如心理學者所稱的格式塔轉換。[14]

　　就一群對莫頓式科學社會學與薩頓式科學史日趨不滿的社會學者而言，孔恩的論點有助於超越內／外主義論戰，進而發展真正的「科學知識社會學」，而不僅是「科學為何無法於特定社

---

14 關於孔恩與科學技術研究的關聯，西方學者的研究已汗牛充棟；有興趣的讀者可見傅大為，〈孔恩vs. STS的興起：《科學革命的結構》五十年的驀然回首〉，《科技、醫療與社會》，第18期（2014），頁29-98。該文除了有系統地回顧相關研究，更對孔恩之思想於中文世界的傳播與影響提出一個「局內者」的說明。

會中生根」的社會學而已（Shapin, 1982）。[15] 1970年代起，隨著科學史與科學社會學於歐美學術界的制度化，研究者依其理論傾向而發展出各類「學派」。愛丁堡大學的巴恩思、布洛爾、麥肯其（Donald MacKenzie）與謝平等人，率先以下述「強綱領」（Strong Programme）宣示「愛丁堡學派」與既往科學社會學的斷裂：（一）研究者應尋求知識與該知識之生產條件間的因果關係；（二）研究者應「公平」地看待其研究的知識——不論該知識係對或錯、理性或非理性、成功或失敗，且「對稱」地尋求為何該知識得以生產出來的因果解釋；（三）研究者應「反思性」地以前述「公平」與「對稱」的視野來審視社會學本身。不同於莫頓式科學社會學強調的超然、中立且獨立之科學社群，愛丁堡學派認為研究者亦須審視科學社群所代表的「社會利益」（social interest）。[16]巴斯大學的柯林斯（Harry Collins）則提出三階段的「相對主義的經驗綱領」（Empirical Programme of Relativism, EPOR）：首先，研究者應揭露科學結果難以避免的開放性與詮釋上的彈性（inevitable openness and interpretive）——換言之，爭議為任何科學研究的必然過程，而非研究出錯時才有的例外；第二，研究者應檢視科學社群間為了讓爭議得以消弭的協商過程；第三，研究者應審視此些過程與科學社群之外之社會力的連

---

15 見 Barry Barnes, *Scientific Knowledge and Sociological Theory*; David Bloor, *Knowledge and Social Imagery*; Steven Shapin, "History of Science and Its Sociological Reconstructions," *History of Science* 20: 3 (1982), 157-211.

16 關於愛丁堡學派的強綱領，見 David Bloor, *Knowledge and Social Imagery* (London: Routledge and Kegan Paul, 1976); 關於該學派標舉之社會利益理論，重要著作為 Barry Barnes, *Interests and the Growth of Knowledge* (London: Routledge and Kegan Paul, 1977); 中文相關著作可參考黃之棟、黃瑞祺、李正風主編，《科技與社會：社會建構論、科學社會學和知識社會學的視角》（臺北：群學出版有限公司，2012）。

結。[17]1970至1980年代間，愛丁堡學派與巴斯學派的研究者生產了一系列關於科學爭議、科學知識之社會建構的先驅研究，主張科學知識社會學可以——也足以——回答「社會秩序如何可能」等社會學的核心問題。[18]

以拉圖（Bruno Latour）、伍爾加（Steve Woolgar）、卡隆（Michal Callon）與約翰‧勞（John Law）為核心人物的「巴黎學派」則不同意愛丁堡與巴斯學派自「社會利益」或「社會力」中尋求因果解釋的分析視野。他們批評此視野毋寧抵觸兩學派標舉之對稱與公平原則——因為當研究者由此主張科學家關於自然的知識仍是由社會所建構時，他們已然擁抱了社會與自然係二元對立之範疇的預設。[19]以此為出發點，巴黎學派的研究者發展出比「強綱領」還要「強」、比「相對主義的經驗綱領」還要「相對」的行動者網絡理論：研究者不僅要破除科學與非科學、社會與自然、鉅觀與微觀等社會科學中習以為常的分析範疇，更要公平且對稱地對待人類行動者與非人行動者（actant）——因為從ANT的觀點來看，不管是培養皿上生長的細菌、迷宮中彷徨的老鼠或溫室中的植物等「研究材料」，抑或是培養皿、迷宮與溫室等研究「設備」，一旦被「招募」（enrolled）進入以科學家為

17　Harry M. Collins, *Changing Order: Replication and Induction in Scientific Practice* (London Beverly Hills: Sage Publications, 1985).

18　重要經驗研究見Donald MacKenzie, "Statistical Theory and Social Interests: A case-study," *Studies of Science* 8: 1 (1978), 35-83; Steven Shapin, "Phrenological Knowledge and the Social Structure of Early Nineteenth-century Edinburgh," *Annals of Science* 32: 3 (1975), 219-243; Steven Shapin and Simon Schaffer, *Leviathan and the air-pump: Hobbes, Boyle, and the Experimental Life* (Princeton: Princeton University Press, 1985).

19　見Michel Callon and John Law, "On Interests and Their Transformation: Enrolment and Counter-enrolment," *Social Studies of Science* 12: 4 (1982), 615-625; Bruno Latour, *We Have Never Been Modern* (Cambridge Mass.: Harvard University Press, 1993).

計算中心（center of calculation）的行動者網絡，其各自的能動性（agency）便會浮現出來，主動且積極地參與科學知識的建構。[20]

　　法國學派對愛丁堡學派與巴斯學派的挑戰奠下了「實驗室研究」（laboratory studies）的基礎。1980至1990年代間，大量研究者前往實驗室「蹲點」與「做田野」，如人類學家研究原住民部落如何製造工藝品般地審視科學家如何製造「事實」。[21]奧地利社會學家克諾爾－塞蒂納（Karin Knorr-Cetina）對加州柏克萊之植物蛋白質實驗室的研究為此研究取向的重要例子。受到梅洛－龐蒂（Maurice Merleau-Ponty）之現象學的啟發，克諾爾－塞蒂納認為，實驗室之所以能成為科學知識的重要生產地，係因科學家能在其中「再配置」（reconfigure）「自我－他／她者－事物」（self-others-things）的關係──實驗室並不僅是科學家做實驗的空間或地點而已，而是讓「再配置」得以發生的「地方」。[22]林奇（Michael Lynch）與利文斯頓（Eric

---

20 重要研究見Michel Callon, "Some Elements in a Sociology of Translation: Domestication of the Scallops and Fishermen of St Brieuc Bay," in John Law ed., *Power, Action, Belief* (London: Routledge & Kegan, 1986), 19-34; Bruno Latour, *Science in Action: How to Follow Scientists and Engineers through Society* (Cambridge Mass.: Harvard University Press, 1987); Bruno Latour, *The Pasteurization of France* (Cambridge Mass.: Harvard University Press, 1988); Bruno Latour and Steve Woolgar, *Laboratory Life: The Construction of Scientific Facts* (Beverly Hills: Sage, 1979).

21 關於實驗室研究的回顧文章，見Park Doing, "Give Me a Laboratory and I Will Raise a Discipline: The Past, Present, and Future Politics of Laboratory Studies in STS," in Edward J. Hackett, Olga Amsterdamska, Michael Lynch, and Judy Wajcman eds., *The Handbook of Science and Technology Studies: Third Edition* (Cambridge, Mass.: MIT Press, 2008), 279-295; Karin Knorr-Cetina, "Laboratory Studies: The Cultural Approach to the Study of Science," in Sheila Jasanoff, Gerald Merkle, James Petersen, and Trevor Pinch eds., *Handbook of Science and Technology Studies* (Thousand Oaks: Sage, 1995), 140-166; Robert E. Kohler, "Lab history: Reflections," *Isis*, 99:4 (2008), 761-768.

22 Karin Knorr-Cetina, *The Manufacture of Knowledge: An Essay on the Constructivist and Contextual Nature of Science* (Oxford: Pergamon Press, 1981); Karin Knorr-Cetina, "The Couch, the Cathedral, and the Laboratory: On the Relationship between Experiment and Laboratory

Livingston）等學者則結合葛芬柯（Harold Garfinkel）提倡的俗民方法論（ethnomethodology），認為唯有詳細分析科學家於實驗室中的對談、閒聊等「shop talk」與「shop work」，研究者才能妥切回答科學知識係如何建構出來的。與愛丁堡與巴斯學派不同，受俗民方法論影響的研究者主張，科學家於實驗室中的日常生活實作才是社會結構的「化身」（incarnation）──自科學家座落之社會結構或代表之社會利益中尋求因果解釋的做法將會徒勞無功。[23]象徵人類學者特拉維克（Sharon Traweek）則批評，儘管實驗室研究者經常喜歡用「文化」來概括科學家的實驗生活，其研究呈現的文化卻彷彿是「無文化的文化」（cultures of no culture）。透過日本與美國高能物理實驗室之民族誌分析，特拉維克的研究顯示，實驗室研究不能只是研究「實驗室中」的文化，其目的應是要凸顯該實驗室文化座落之區域文化的特色。[24]藤村（Joan H. Fujimura）、史塔爾（Susan Leigh Star, 1954-2010）、穆凱吉（Chandra Mukerji）等研究者則受象徵互動論（symbolic interactionism）與芝加哥學派之社會生態學的影響，認為科學

---

in Science," in Andrew Pickering ed., *Science as Practice and Culture* (Chicago: University of Chicago Press, 1992), 113-138.

23 Michael Lynch, *Art and Artifact in Laboratory Science: A Study of Shop Work and Shop Talk in a Research Laboratory* (London: Routledge & Kegan Paul, 1985); Michael Lynch, "Laboratory Space and the Technological Complex: An Investigation of Topical Contextures," *Science in Context* 4: 1 (1991), 51-78; Michael Lynch, "Extending Wittgenstein: The Pivotal Move from Epistemology to the Sociology of Science," in Andrew Pickering ed., *Science as Practice and Culture* (Chicago: University of Chicago Press 1992), 215-265; Michael Lynch, *Scientific Practice and Ordinary Action: Ethnomethodology and Social Studies of Science* (Cambridge: Cambridge University Press, 1993).

24 Sharon Traweek, *Beamtimes and Lifetimes: The World of High Energy Physicists* (Cambridge, Mass.: Harvard University Press, 1988); 亦見Martin於下列文章的評論；Emily Martin, "Anthropology and the Cultural Study of Science," *Science Technology Human Values*, 23: 1 (1998), 24-44.

社會學的研究重點應是科學家與科學知識係如何在多重的社會世界（social world）間穿梭，由此提出如「邊界物」（boundary object）與「標準包」（standardized package）等分析概念。[25]與1970年代的科學知識社會學相較，儘管研究者關心的仍是處理傳統科學社會學避免觸及的科學之社會性等議題，但「科學」在此已被賦予不同的意義。如以皮克林（Andrew Pickering）的話來說，科學知識社會學於1970年代以來的特色為自「作為知識的科學」（science as knowledge）至「作為實作的科學」（science as practice）的轉折。[26]

前述研究者對科學知識之普世性的挑戰，創造了如亨克（Christopher R. Henke）與基恩（Thomas F. Gieryn）所稱的「持續的傳統」（enduring tradition）。[27]汲取傅柯（Michel Foucault）、列斐伏爾（Henri Lefebvre）、布赫迪厄（Pierre Bourdieu）、紀登斯（Anthony Giddens）等學者將空間理論化的嘗試，以及重新審視古典社會學者的研究（如涂爾幹如何將社會對空間的分類界定為宗教生活之基本形式之一），科學史與STS研究者於1990年代間生

---

25 見 Adele E. Clarke and Susan L. Star, "The Social Worlds Framework: A Theory/Methods Package," in Edward J. Hackett, Olga Amsterdamska, Michael Lynch, and Judy Wajcman eds., *The Handbook of Science and Technology Studies: Third Edition* (Cambridge Mass.: MIT Press, 2008), 113-137; Joan H. Fujimura, "Crafting Science: Standardized Packages, Boundary Objects, and 'Translation,'" in Andrew Pickering ed., *Science as Practice and Culture* (Chicago: University of Chicago Press, 1992), 168-211; Susan L. Star and James R. Griesemer, "Institutional Ecology, 'Translation,' and Boundary Objects: Amateurs and Professionals in Berkeley's Museum of Vertebrate Zoology, 1907-39," *Social Studies of Science,* 19: 3 (1989), 387-420.

26 Andrew Pickering, "From Science as Knowledge to Science as Practice," in Andrew Pickering ed., *Science as Practice and Culture* (Chicago: University of Chicago Press, 1992), 1-26.

27 Christopher R. Henke and Thomas F. Gieryn, "Sites of Scientific Practice: The Enduring Importance of Place," in Edward J. Hackett, Olga Amsterdamska, Michael Lynch, and Judy Wajcman eds., *The Handbook of Science and Technology Studies: Third Edition* (Cambridge Mass.: MIT Press, 2008), 353-376.

產了大量以科學知識之在地性與空間性為主題的經驗研究。研究者或則探討國族國家作為政治地理單位在形塑科學知識上的關鍵作用，或則應用實驗室研究的視角以審視如博物館、田野、植物園等重要的科學知識生產地，或則探討酒吧、城市、咖啡廳、沙龍等場所係如何成為科學知識的「發生地與集合所」（venue）。與之同時，研究者也開始關心科學傳播（science transfer）與科學溝通的議題。正如謝平在《英國地理學報》上表明的，如果說自1980年代以來日趨成熟之「在地取向」已然證實科學必然是在特定地方生產的、且其生產過程是非常具有地方特色的，亟待解決的問題便是科學知識係透過何種機制而傳播、科學知識於不同空間尺度上的分布、科學家係如何克服空間、學科、文化等面向的隔閡進行合作等。[28]面對此「科學知識係如何征服空間」的研究議題，1990年代的研究者發展出一系列精巧的分析觀念，如拉圖的計算中心與「不變的活動物」（immutable mobiles）、謝平關於「紳士」作為17世紀英國科學之核心概念的分析、克勒（Robert E. Kohler）的道德經濟（moral economy）、蓋里森（Peter Galison）的交易區（trading zone）、基恩的真實點（truth spot）與邊界工作（boundary work）等。[29] 1980至1990年代，研究者就科學知識之地方性、科學傳播與溝通的研究成果可用《為

---

28 Steven Shapin, "Placing the View from Nowhere," 5-12.

29 見 Bruno Latour, *Science in Action*; Steven Shapin, *Civility and Science in Seventeenth-Century England* (Chicago: University of Chicago Press, 1994); Robert E. Kohler, *Lords of the Fly: Drosophila Genetics and the Experimental Life* (Chicago: University of Chicago Press, 1994); Peter Galison, *Image and Logic: A Material Culture of Microphysics* (Chicago: University of Chicago Press, 1997); Thomas F. Gieryn, *Cultural Boundaries of Science: Credibility on the Line* (Chicago: University of Chicago Press, 1999); Thomas F. Gieryn, "Three Truth-Spots," *Journal of History of the Behavioral Sciences,* 38: 2 (2002), 113-132.

科學製造空間》（*Making Space for Science*）此論文集來說明。在
其導論中，編者史密斯（Crosbie Smith）與艾格（Jon Agar）引
用傅柯與列斐伏爾的分析概念，指出該論文集欲處理的空間並非
笛卡兒意義下的空間，而是如傅柯於〈論其他空間〉（"Of other
spaces"）所稱的自「具體化於競爭場所中之在地、歧異且經常
互競的秩序」（local, diverse and often contested orders embodied in
competing "sites"）。依兩位作者所見，科學之所以能成為當代主
導的知識型態，實涉及下列歷史地理過程：（一）歐洲帝國於16
世紀以來的全球擴張讓科學能獲得大尺度的研究資訊與材料，並
迫使歐洲以外的社會「讓出空間給科學」；（二）科學本是由一
系列具空間性的實作所組成，其發展涉及多重尺度下空間的生產
與再生產，科學會為自己「製造空間」。[30]

我將會於第三節說明構成此STS之在地取向的重要理論視
野。但在討論此階段的研究成果前，有必要先說明地理學者係如
何與1990年代的科學史與STS研究者對話，將謝平所稱的「地理
轉向」轉化為「具地理學意義的轉向」。

二、地理學傳統

要了解地理學者係如何呼應與回應此起源於學科外的地理轉
向，首先值得一提的是地理學者係如何回應孔恩對科學哲學與科
學社會學的挑戰。依據梅爾（Andrew Mair）的分析，在《科學

---

30 Crosbie Smith and Jon Agar, "Making Space for Science," in Crosbie Smith and Jon
Agar eds., *Making Space for Science: Territorial Themes in the Shaping of Knowledge*
(Basingstoke: Macmillan, 1998), 1-23; 引文出自 p. 1.

革命的結構》出版的5年間，不少地理學者即熱切地擁抱典範、典範變遷、常態科學等觀念。然而，梅爾指出，這些孔恩的早期擁護者為哈格特（Peter Haggett）與喬利（Richard J. Chorley）等新實證地理學者。其擁護孔恩的目的，梅爾認為，與其說是肯定孔恩之反實證論立場於科學社會學與科學哲學上的意義，倒不如說是「利用」孔恩於社會科學界的影響力，以將計量地理學「推銷」為具典範變遷意義的「革命科學」。梅爾其次點名的是受孔恩影響的地理學史書寫。梅爾批評道，地理學者如哈維（Milton E. Harvey）、霍利（Brian P. Holly）等，似乎沒有體會到孔恩反輝格式與進步史觀的立場，首先將地理學史切割為一個接一個的典範後，進而將之排入一進步序列中，以此論證「計量革命」實為如哥白尼之地動說般的「科學革命」。地理學與孔恩的「相會」並不是什麼「地理學者可感到驕傲的」，梅爾指出，因為地理學者或則表面地擷取孔恩的概念，或則將之做「糟糕的扭曲」。最後，梅爾建議地理學者或可如愛丁堡學派一般，從孔恩的觀點出發，發展「地理學之社會學」（sociology of geography）。[31]

　　從後見之明來看，梅爾對哈格特、喬利等地理學者的批評，與其說是敦促地理學者應「正確地」吸取孔恩的思想，倒不如說是投射著1970至1980年代人文地理學者對舍費爾（Fred Schaefer, 1904-1953）提倡之「地理學中的例外主義」（exceptionalism in geography）的不滿。[32]但如梅爾所建議的，「以孔恩的視野為地理學做社會學與社會史的分析」能否幫助人文地理學者在計量地

---

31 Andrew Mair, "Thomas Kuhn and Understanding Geography," *Progress in Human Geography,* 10: 3 (1986), 345-369.

32 Richard C. Powell, "Geographies of Science," 310.

理學的圍攻下找到出路？馬克思主義與批判地理學者並不如此
認為。在其《社會正義與城市》（*Social justice and the city*）中，
大衛‧哈維（David Harvey）明言孔恩對典範之變遷機制的界定
過於理想化，呼籲地理學者應轉而參酌白納耳（John Desmond
Bernal）以唯物史觀撰寫的科學史，從思考地理學之過去係如何
深嵌於社會脈絡中出發，從而思考地理學中的科學革命如何可
能為社會也帶來革命。[33]哈維提倡之批判地理學史，於1980年
代與薩依德（Edward Said）之《東方主義》（*Orientalism*）引發
的關於「想像地理學」（imagined geographies）的討論合流，催
生出一系列關於地理學、社會脈絡與意識型態的精彩研究。[34]皮
特（Richard Peet）關於環境決定論之社會根源（social origins of
environmental determinism）的經典研究可為此「批判地理學史」
之一例。皮特認為，環境決定論係在帝國主義之「社會政治需
要」（sociopolitical necessity）與驅動「帝國資本主義」（imperial
capitalism）的社會達爾文主義中浮現，而眾多地理學者就此議題
的「經驗研究」則反過來正當化前述「需要」與「主義」。在一
篇題為〈地理學復返？〉（Geography Redux?）的回顧文章中，史
密斯（Neil Smith）指出地理學史書寫是「極端嚴肅的」（deadly
serious）──因為不論是過去抑或現在的地理學均是依據「當時
之腳本」（contemporary scripts）而生產出來的，而揭露這些腳
本、凸顯地理學與社會脈絡、意識型態間的錯綜關係則為地理學
者之任務：書寫地理學史絕不是來自什麼「晦澀難解之古物癖」

---

33 David Harvey, *Social Justice and the City* (Baltimore: John Hopkins University Press, 1973), 120-122.

34 Edward W. Said, *Orientalism* (New York: Pantheon Books, 1978).

（arcane antiquarianism）。[35]

利文斯通於1992年出版的《地理學傳統》（*The Geographical Tradition*）為試圖銜接批判地理學史與梅爾所稱之「地理學的社會學」的作品。[36]在該書導論中，利文斯通系統地回顧哈特向（*The Nature of Geography*, 1939）、狄金森（Robert E. Dickinson, *Regional Concept*, 1976）、 鮑 文（Margarita Bowen, *Empiricism and Geographical Thought*, 1981）等地理學者的歷史書寫，認為其呈現了如地理學者亨利艾（Henry Aay）所批評的「教科書編年史」（textbook chronicles）或科學史學者史達慶（George W. Stocking）所批評的「現代主義」（presentism）史觀：即研究者先擇取當代地理學的某一分支，從而「以今鑑古」地找出該分支的「國父」（founding father），從而建構出該分支逐漸成長茁壯的「發展史」。[37]利文斯通另一批評對象是「以古鑑今」的輝格式地理學史書寫。姑且

---

35 Richard Peet, "The Social Origins of Environmental Determinism," *Annals of the Association of American Geographers,* 75: 3 (September, 1985), 309-333; Neil Smith, "Geography Redux? The History and Theory of Geography," *Progress in Human Geography,* 14: 4 (1990), 547-559. 除了皮特與史密斯的兩篇文章，激進地理學史之重要參考文獻還包括史托達（David Stoddart）主編的兩本論文集：David R. Stoddart ed., *Geography, Ideology and Social Concern* (Oxford: B. Blackwell, 1981); David R. Stoddart ed., *On Geography and Its History* (Oxford: B. Blackwell, 1986). 同樣值得參考的是史密斯對哈佛為何於1947年關閉地理系的經典研究，見Neil R. Smith, "Academic War over the Field of Geography: The Elimination of Geography at Harvard, 1947-1951," *Annals of the Association of American Geographers*, 77: 2 (1987), 155-172.

36 David N Livingstone, *The Geographical Tradition: Episodes in the History of a Contested Enterprise* (Oxford: Blackwell Publishers, 1992).

37 關於此「地理學發展史」的批評，更細緻的研究見Keith Bassett, "Is There Progress in Human Geography? The Problem of Progress in the Light of Recent Work in the Philosophy and Sociology of Science," *Progress in Human Geography*, 23: 1 (1999), 27-47與Robert J. Mayhew, "The Effacement of Early Modern Geography (c. 1600-1850): A Historiographic Essay," *Progress in Human Geography*, 25: 3 (2001), 308-401; Robert J. Mayhew, "Geography's Genealogies," in John A. Agnew and David N. Livingstone eds., *The Sage Handbook of Geographical Knowledge* (London: Sage, 2011), 21-38.

不論「教科書編年史」與「現代主義」式的地理學史，利文斯通
認為，即便是馬克思主義地理學者強調的批判地理學史，其書寫
地理學史的目的似乎總是為了要自歷史中「汲取教訓」。儘管讀
者或許能藉此了解各關鍵地理思潮的遞嬗，以及各重要學派的興
衰，利文斯通認為，讀者不免產生地理學史不過就是扮演如「火
車時刻表與商品型錄」般的功能。利文斯通呼籲地理學史研究者
應參酌愛丁堡學派的「強綱領」，「公平」且「對稱」地看待地
理學史中的具脈絡的混亂（situated messiness）。正如其他的科學
知識一般，利文斯通強調，地理學知識並未有內建的進步邏輯，
且地理學與帝國主義、社會達爾文主義的糾葛也不能視為地理學
社群往往難以保持「學術中立」之例證。

　　從前述角度出發，利文斯通自15世紀開始，一路追溯「地
理學傳統」至20世紀中葉。就利文斯通而言，並不存在單一
的「地理學傳統」──地理學傳統不過是一組又一組附著於特
定時空中的論述實踐（discursive practices）。結合傅柯式的論
述分析（Foucauldian discourse analysis）與演化論式的智識史
（evolutionary intellectual history）分析，利文斯通區分出十組地
理學論述（下文括號內的英文為利文斯通為該論述定的名稱）：
（一）探索世界邊界的地理學（to the end of the earth）；（二）處
理占星術、鍊金術的「魔幻地理學」（magical geography）；（三）
負責消化大航海時代急遽湧入之地理資訊的地理學（a paper
world）；（四）視自然如鐘錶般地運作、而研究之目的即為了彰
顯其秩序與造物者存在的地理學（a clockwork universe）；（五）
在拉馬克（Jean-Baptiste Lamarck, 1744-1829）、達爾文（Charles
Darwin, 1809-1882）等演化論者的影響下急遽專業化、且成為歐

美帝國主義擴張之工具的地理學（an instrument of imperialism）；
（六）將區域視為核心概念的地理學（the regional recitation）；
（七）研究人／地關係與文化／自然關係的地理學（the go-
between）；（八）作為空間科學的地理學（space science）；（九）
認為地理學不應僅是空間科學的人文主義地理學（figuring people
out）；（十）作為社會科學空間轉向之一部分的地理學（every-
thing in its place）。就利文斯通而言，前述十組論述之所以能成
為特定時空之主導的地理學傳統，並不因為其方法論或認識論上
的優越——論述就如物種一般，其存活與否端賴其能否適應高度
變動的智識與社會環境。至於為什麼地理學者要放棄傳統的教科
書編年史或輝格式的地理學書寫，轉而體會與欣賞地理學傳統的
多樣性與「situated messiness」？利文斯通答道，難道我們就要讓
「地理學的過去與未來」被「派系的辯護士」（partisan apologists）
所把持，遂其「偏執的利益」（sectarian interests）？[38]

　　利文斯通對地理學傳統的重新界定在歷史地理學者間廣受
迴響。在一篇回顧文章中，戴華亞（Felix Driver）認為，《地理
學傳統》對地理學「正統」的挑戰力道與蘿絲（Gillian Rose）於
1993年出版的《女性主義與地理學》（*Feminism and Geography*）
不相上下。[39]與其相對，巴奈特（Clive Barnett）則認為地理學史
寫作還是應聚焦在具當代意義的歷史脈絡——「讓死者埋葬他／
她們的死者」（let the dead bury their dead），地理學者還是得活在
當下。[40]值得強調的是，環繞在，《地理學傳統》一書的討論很

38　David N Livingstone, *The Geographical Tradition*, 358.

39　Felix Driver, "New perspectives on the history and philosophy of geography." *Progress in Human Geography,* 18:1 (1994), 92-100.

40　Clive Barnett, "Awakening the dead: who needs the history of geography?" *Transactions of the*

大程度上反映出1990年代地理學者的兩類焦慮：1.後現代與後結構地理學對於地理學作為一個學科與科學的挑戰；2.人文地理學與自然地理學相行漸遠、乃至於學者間幾近無法對話的窘境。[41]由此角度出發，古格里（Derek Gregory）便認為，地理學者不僅要以社會史的角度來理解地理學的過去，更要對當代的地理學者到底在「做什麼」進行社會學式的考察：「我們迫切地需要就自然與人文地理學者在做什麼的研究——在田野、檔案、實驗室、講堂，以及所有其他我們花了這麼多時間在工作與思考的場所——因為，我懷疑，我們可發現在之前尚未發覺之共享的工作與思考習慣。」[42]自1970年代起迅速發展的科學知識社會學，能否幫助地理學者發現「共享的工作與思考習慣」？反過來說，地理學長久以來就地方與空間的研究成果能否為科學知識社會學者強調的「在地取向」帶來突破？「若我們可以有科學的歷史、科學的哲學與科學的社會學，為什麼不能有科學的地理學，或甚至科學的歷史地理學？」愛丁堡大學的歷史地理學者維瑟斯（Charles Withers）在一篇回顧文章中問道。[43]

Institute of British Geographers, 20:4 (1995), 417-419.

41 關於人文地理學與自然地理學間的缺乏對話及其可能的解決之道，見廣受引用的Doreen Massey, "Space-Time, 'Science' and the Relationship between Physical Geography and Human Geography," *Transactions of the Institute of British Geographers*, 24:3 (September, 1999), 261-276.

42 Derek Gregory, "A Geographical Unconscious: Spaces for Dialogue and Difference," *Annals of the Association of American Geographers,* 85:1 (March, 1995), 184.

43 Charles W. J. Withers, "The Geography of Scientific Knowledge," in Nicolaas A. Rupke ed., *Göttingen and the Development of the Natural Sciences* (Göttingen: Wallstein Verlag, 2002), 9-18; 引文出自p. 9.

三、重要理論取向

在2015年的今天回頭看維瑟斯的問題，答案顯然是肯定的。科學的歷史地理學作為一個地理學、科學史乃至於STS的研究分枝已被廣泛認可——這表現在以此為題的論文屢被科學史與地理學的頂尖期刊接受刊登，且有相當數量的研究係以專書形式出版。唯值得強調的，正如科學史與STS有著愛丁堡學派、巴斯學派、巴黎學派等區分，科學知識之地理學亦難稱為一均質的學科分支。根據其與科學史與STS之學派的親近性，我認為科學知識之地理學至少可區分出兩類學派：（一）以利文斯通、維瑟斯為代表學者、強調「置科學於其地」（putting science in its place）的「愛丁堡學派」；（二）偏好以行動者網絡理論來取消地理學中諸多二元論預設（自然／社會為最明顯之一例）、從而重新思考地理學知識之性質的「巴黎學派」，代表學者包括穆迪（Jonathan Murdoch）、華特摩（Sarah Whatmore）等人。在以兩節之篇幅追溯1970年代以降發生於科學史、STS研究與地理學中的地理轉向後，本節將打開研究者的理論工具箱。以下的分析將避免以教科書式的寫法，即條列式地列出在抽象層次上「有用的」的分析概念。正如鮑威爾（Richard C. Powell）在一篇發表於《人文地理學之進展》（*Progress in Human Geography*）的回顧文章中指出的，「不同的科學之地理學正在浮現」（different geographies of science are emerging）——唯有精準地掌握其對經驗現象之切入角度的差異，研究者才能將之整合，從而處理在這全球化時代中，流動性更高、狀似失去任何地方性的科學知識。[44]

---

44 Richard C. Powell, "Geographies of Science," 309.

（一）置科學於其地

　　要了解利文斯通、維瑟斯等地理學者倡導的「置科學於其地」，我們有必要更細緻地探討以謝平、巴恩思、布洛爾等科學知識社會學者為代表的愛丁堡學派。前面已說明愛丁堡學派的特色為強調對稱、公平與反思性的強綱領，以及強調科學知識之生產與科學家代表之「社會利益」息息相關的理論視野。但「空間」或「地方」等詞彙係如何成為愛丁堡學派研究的關鍵詞？對此，一個重要的範例是謝平與科學史學者夏佛（Simon Schaffer）於1985年出版的《利維坦與空氣泵浦：霍布斯、波以耳與實驗生活》（*Leviathan and the Air-Pump: Hobbes, Boyle, and the Experimental Life*）（以下簡稱《實驗生活》）。

　　《實驗生活》一書封面，取材自政治哲學家霍布斯（Thomas Hobbes）於1651年出版的《利維坦，或教會國家與市民國家的實質、形式、權力》（*Leviathan or the Matter, Forme and Power of a Common Wealth Ecclesiasticall and Civil*，見圖1），唯謝平與夏佛將圖1中央之統治者（即霍布斯所稱的「Leviathan」，中文多譯為「利維坦」）握於左手的權杖改成了一件科學儀器──由德國自然哲學家范格里克（Otto von Guericke, 1602-1686）發明、在英國實驗哲學家波以耳（Robert Boyle, 1627-1691）手中改良的空氣泵浦。儘管謝平與夏佛並未在書中明言，我認為兩位作者將空氣泵浦與統治之劍並列的原因是在強調《實驗生活》的核心論點：「知識之問題的解決之道也是社會秩序之問題的解決之道」（Solutions to the problem of knowledge are solutions to the problem of social order），以及「利維坦的真理與空氣泵浦的真理是不同社會生活形式的產物」（Leviathan's truth and the truth of the air-pump are products of different forms of social life）。[45]謝平與夏佛指出，儘管研究者已個別地研究霍布斯的政治哲學與波以耳的實驗哲學，少有研究者注意到這兩位哲學家之間曾就社會改革、科學實驗、政治制度等議題有過激烈辯論。儘管從後見之明來看，該爭辯係以波以耳大獲全勝告終，謝平與夏佛認為波以耳之獲勝不代表其倡導之實驗哲學於認識論或方法論上的優越性。謝平與夏佛認為，要妥切掌握波以耳與霍布斯的爭議點，研究者有必要重視在傳統科學之社會學往往忽略的「智識空間」（intellectual space）：「laboratory」。

　　目前中文翻成「實驗室」的「laboratory」係如何取得其現代意義？即「設有各類裝備以從事科學實驗、教學與研究的房間或建築」，且為當代社會中重要之科學知識的「生產地與集散地」？依據謝平與夏佛的考證，雖然「laboratory」（或其相關字如elaboratory與laboratorium等；以下均以「實驗室」一詞代之）於16世紀晚期與17世紀間即已出現在當時自然哲學家的寫作中，但要到18世紀時，該詞彙才被賦予當代的意義。在此以前，兩位作者指出，實驗室係指鍊金術士的「密室」──而波以耳與其當代的實驗哲學家所關切的，便是將實驗室一詞與鍊金術做澈底的切割。讓我以兩張圖來說明17世紀的實驗哲學家是如何重新界定「實驗室」此「智識的空間」。謝平的《從未純淨》（*Never Pure*）一書，其封面主圖為一張目前收藏於牛津大學科學史博物館的繪畫，繪製年代為1570年至1650年間，繪製者不明，主題是鍊金術師的實驗室（見https://jhupbooks.press.jhu.edu/title/

---

45 Steven Shapin and Simon Schaffer, *Leviathan and the Air-Pump*, 332, 154.

圖1：為 *Leviathan or the Matter, Forme and Power of a Common Wealth Ecclesiasticall and Civil*（1651）一書封面。（圖像來源：Wikipedia Commons） never-pure）。[46]圖2為《氣體液體力學》（*Mechanica Hydraulico-Pneumatica*, 1657）一書中的插圖，描繪的是德國自然哲學家范格里克試驗其空氣泵浦的實驗室。兩圖的相似點顯而易見：不論是《從未純淨》封面主圖的鍊金術士抑或圖2的自然哲學家，均指揮著一群天使操作儀器。依據謝平與夏佛的說法，這種描繪實驗室的方式是巴洛克時期繪畫中常見的手法，目的在暗示實驗者追求之知識是神聖的（divine），實驗者的地位相當於「自然的祭司」。[47]即便如此，謝平與夏佛認為，我們必須注意到兩圖呈現之實驗室有著迥異的空間性：相較於《從未純淨》封面主圖所示之鍊金術士係在隱祕的、私人的空間中進行實驗，圖2描繪的實驗是在群眾前進行的——換言之，儘管實驗哲學家同樣仰賴實驗室為追求神聖知識的空間，該空間卻是公共且公開的。謝平與夏佛認為，即是在《從未純淨》封面主圖與圖2顯示的差異上，波以耳與其他17世紀英國實驗哲學家逐步地建構其理想中社會與知識問題的解決之道。

　　立基在謝平與夏佛於《實驗生活》及一系列相關文章中的論點，我將17世紀英國實驗哲學的特點歸結如下：第一，實驗哲學必須是經驗性的：即任何透過實驗而揭露的發現必須是可經驗的。第二，實驗哲學必須是公共性的：任何實驗須在「見證人」前執行，實驗結果也不能是實驗者說了算。第三，實驗的見證人不能是尋常的販夫走卒，而須具備下列「美德」：1.必須是可信賴的；2.必須具備足夠的能力與智慧綜合資訊以做出判斷；3.面

46　Steven Shapin, *Never Pure: Historical Studies of Science as If It Was Produced by People with Bodies, Situated in Time, Space, Culture, and Society, and Struggling for Credibility and Authority* (Baltimore: Johns Hopkins University Press, 2010).

47　Steven Shapin and Simon Schaffer, *Leviathan and the Air-Pump*, 334-335.

對群體中的歧見時，必須知道如何辯論與凝聚共識——如以 17 世紀英國社會的觀點，前述三點意味著唯有「紳士」（gentleman）才能勝任實驗見證人的角色。第四，由於「紳士認證」是實驗科學中至關重要的一環，實驗科學既不能是獨裁的，也不能是民粹的——實驗哲學必須是一種「紳士科學」，其核心關懷為生產經紳士認證的「事實」。第六，前述五點要能成立，均得仰賴實驗哲學家對實驗室之社會邊界的劃分與經營——實驗室不能是鍊金術士的私人密室，也不能是如市場般的開放空間。實驗室為實驗哲學家進行「truthing」之處：「紳士進，真實之知識出」（gentlemen in, genuine knowledge out），謝平在一篇題為〈十七世紀英格蘭的實驗之屋〉（The House of Experiment in Seventeenth-Century England）的文章中生動地指出。[48]最後，反映到 17 世紀英國因教派衝突等原因引發的社會動亂，實驗哲學家認為，若社會的統治階級也能如參與實驗的紳士般，在歧見產生時，能透過辯論以凝聚共識，社會便不至於產生紛爭與騷亂。就波以耳與其當代的實驗哲學家而言，實驗哲學不僅能在當時主導的神學與自然哲學（以數學為主）之外提供一個理解自然之運作規則的哲學，更能為社會秩序如何可能提供洞見。

　　依據謝平與夏佛的分析，霍布斯與波以耳的爭議點可總結為下列兩點：[49]首先，霍布斯並不同意波以耳倡導的實驗哲學能被視為一類哲學。依其所見，實驗永遠不可能獲取幾何學證明般的確定性——暫且不論實驗設備經常出錯（如波以耳的真空泵浦

---

48 Steven Shapin, "The House of Experiment in Seventeenth-Century England," *Isis*, 79: 3 (1988), 373-404.

49 Steven Shapin and Simon Schaffer, *Leviathan and the Air-Pump*.

常因漏氣而導致實驗失敗），僅經紳士認證、且在僅為紳士開放的實驗室中發現的「事實」算什麼公開且公共的知識？其次，就霍布斯而言，以「紳士美德」與紳士階層為中心而建構的社會秩序不但行不通，且可能帶來更多的社會不安。霍布斯認為一個具無上權威之統治者（即霍布斯所稱的利維坦）才能為社會帶來秩序。因為，霍布斯指出，當社會中的每一個組成分子體認到，若無此利維坦的存在，他們便會陷入相互殘殺的「自然狀態」，必然會同意利維坦存在的必要。就霍布斯而言，利維坦在社會秩序建構上的必要性，就如三角形的兩邊之和必定大於第三邊一般地一目瞭然——這樣的確定性是波以耳的實驗哲學難以企及的。

　　從STS的發展史來看，《實驗生活》為將空間向度納入分析的先驅作品，為後續一系列標榜著「在地取向」的研究開啟先聲。如第二節所述，自1980至1990年代中期間，研究者生產了大量關於「讓出空間給科學」或「為科學製造空間」（making space for science）的經驗研究，空間、領域、地方、地點、場所、區域等詞彙頓時成為科學史與科學知識社會學研究的關鍵詞。然而，就地理學者而言，這股「地理熱」在多少程度上可稱為「地理學的」頗值得商榷。首先，儘管在過去二、三十年間，科學史與科學社會研究者已研究了各式各樣的自然科學與人文社會科學，地理學（乃至於與地理學密切相關的生物地理學、生態學等學科），似乎一直落在科學史家所關注的科學之外。[50]其次，無可否認，研究者標舉的在地取向的確將習以為常的普世性科學「予以定位」（locating science）——但其筆下之科學知識的

---

50 David Livingstone, "The Spaces of Knowledge," *Environment and Planning D*, 13: 1 (1995), 5-34.

圖2：德國自然哲學家范格里克試驗其空氣泵浦的實驗室；收錄
於 *Mechanica Hydraulico-Pneumatica* (1657)。（圖像來源：Wellcome
Images, Wellcome Library, London）

落腳處似乎盡是位置（location）或場所（locale），而非論者所
宣稱的「地方」。[51]最後，儘管在地取向之研究者生產了大量關
於不同科學地點（site）的歷史（如實驗室的歷史、動物園的歷
史、植物園的歷史等），其分析手法上還是反映了如傅柯所說的

---

51 Charles W. J. Withers, "Place and the 'Spatial Turn' in Geography and in History," *Journal of the History of Ideas*, 70: 4 (2009), 637-658.

「對歷史的執迷」（obsession）[52]——意即，研究者關注的還是各科學地點的「發展與暫停」（development and suspension）、「危機與循環」（crisis and circle）與「永不停止累積之過去」（ever-accumulating past）等主題。[53]基於前述三點，地理學者認為，科學史與科學知識社會學研究者提倡的在地取向實有進一步「地理學化」的必要。

讓科學之地理學乃至於科學之歷史地理學成為地理學分支之一的關鍵人物為前述《地理學傳統》一書的作者利文斯通。在一篇發表於《環境與規畫D》（Environment and Planning D）的文章中，利文斯通列出三項值得地理學者深入、得以與科學知識社會學展開對話的主題：科學風格的區域化（regionalization of scientific style）、「科學之信奉的政治地誌」（political topography of scientific commitment）與「實驗室與科學協會的社會與物質空間」（social and material spaces of laboratories and scientific societies）。[54]利文斯通對前述主題的探索見於2003年出版的《將科學置於其地》（Putting Science in Its Place）。不同於多數以在地取向為題的研究，利文斯通以其對「地理學傳統」的研究為基礎，兼及大量科學史與科學知識社會學的二手文獻，將17至20世紀的科學史以下列三個空間單位來闡述：地點（site）、區域（region）與流通（circulation）。在「地點」一節中，利文斯通一方面探討讓博物館、實驗室、植物園、動物園、田野等地點得以成為科學

52　Michel Foucault, "Of Other Spaces," *Diacritics* 16: 1 (1986), 22-27.

53　對既有「科學地點之歷史」的批評見David Livingstone, *Putting Science in Its Place: Geographies of Scientific Knowledge* (Chicago: University of Chicago Press, 2003)的導論——唯利文斯通並未徵引傅柯所稱之「對歷史的執迷」來支持其論點。

54　David Livingstone, "The Spaces of Knowledge," 5-34.

知識之重要產地與集散地的空間實作，另方面更深入至各地點內部，結合建築史、博物館研究者的視野，探討其空間設計等「內部地理學」（internal geography）如何幫助研究者理解所謂普世性之科學究竟反映出何等世界觀，乃至於發揮如愛丁堡學派之學者所稱的「truthing」作用。在「區域」方面，利文斯通一方面如工業地理學者般地探討不同區域獨特的自然與社會因素是如何形塑科學知識之生產與消費，另方面主張若干在科學史與技術史中最著名的「革命」（如科學革命、工業革命、達爾文革命）從來不是在地理上均質的──意即，當研究者論及此些革命之歷史定位時，不僅要問「何時」、「什麼」或「誰」這樣的問題，更要追問其到底是在「哪裡」發生。最後，在「流通」一節，利文斯通關心的是科學研究者係如何取得標本、田野資訊等研究材料，以將自身建立為如巴黎學派研究者所稱的「計算中心」。呼應科學史與科學知識社會學研究者就信賴於科學溝通之作用的討論，利文斯通指出，當科學工作者試著克服空間的限制以發展普世性科學時，牽涉的不僅是支撐其研究的政治經濟力量，同等重要的是該社會與文化脈絡中係如何對人們之「正直」（integrity）做出判斷。[55]因此，利文斯通指出，「地理學讓科學事業成為一無法避免的道德工作」（Geography makes the scientific enterprise an inescapably moral undertaking）。[56]

在結束本節前，讓我簡短說明與愛丁堡學派之立場並不完全一致、但與該學派之發展息息相關的重要理論觀點。如第二節所

---

[55] 舉例而言，當19世紀的科學家在審視某採集者寄回來之鴨嘴獸標本時，除了自標本狀態來判斷此物種是否存在外，該採集者是否為可信賴的採集家、而不是「拼裝」出奇特標本以牟私利的「species monger」均為其分類工作的關鍵。

[56] David Livingstone, *Putting Science in Its Place*, 178.

述，就巴黎學派的研究者而言，愛丁堡學派的社會利益理論與其標榜的「強綱領」相抵觸，從而提出將「社會」與「自然」一併取消掉的行動者網絡理論（詳見下節）。並非所有對社會利益理論感到不滿的研究者均同意如此極端的立場。在承認「社會」仍為存有論上具意義之類別的前提下，研究者轉以象徵互動論或俗民方法論來處理愛丁堡學派往往力有未逮的兩大主題：劃界與跨界。前者可以社會學者基恩的研究為代表。在其 1983 年發表於《美國社會學評論》（*American Sociological Review*）的〈邊界工作及自非科學中劃出科學〉（Boundary-Work and the Demarcation of Science from Non-Science）一文中，基恩指出貫穿科學哲學之中心命題堪以「劃界問題」（problem of demarcation）來表述：「如何判別出科學之獨特與本質性之特徵以將科學與其他類型之智識活動區分開來」（how to identify unique and essential characteristics of science that distinguish it from other kinds of intellectual activities）。然而，基恩指出，不論是歷史上抑或當代的科學工作者，相較於界定科學是什麼，他／她們往往把更多時間與精力花在發展一套或多套「科學不是什麼」的措辭。援引人類學者紀爾茲（Clifford Geertz）對意識型態的分析，基恩認為，這樣以界定「陪襯物」（foil）來為科學劃界的做法可以「邊界工作」（boundary-work）稱之。但為何科學家除了於各科學地點中孜孜矻矻地製造事實外，還得把精力與時間花在邊界工作上？事實上，基恩指出，邊界工作涉及科學之「智識權威」的獲取、工作機會的保障、科學自主之維繫、避免資源流入「偽科學」研究等——就科學家而言，劃界問題絕非一哲學問題，而是與其「專業目標」（professional goal）息息相關的「現實問題」（practical problem）。[57]

在1999年出版的《科學的文化邊界》（*Cultural Boundaries of Science*）中，基恩以一張題為「偉大國度之地圖」（Map of a Great Country；見該書8-9頁）來深化邊界工作的概念。他要讀者注意位於該圖右下角之「知識州」（State of Knowledge）中的「科學山」（Mount Science），乃至於該山在此國度中的相對位置〔如左邊的「改良之州」（State of Improvement）與右邊的「好展望」（Fine Prospect）〕。儘管該圖完全為虛構的（該圖收錄於Jeremiah Benjamin Post的*An Atlas of Fantasy*；1973年出版），基恩指出，其將科學視覺化之方式，有助於研究者將科學理解為「文化空間」（cultural space），而邊界工作為一類「空間實作」：科學家透過各式邊界工作，以將之生產出的知識妥當安置在「偉大國度之知識州之科學山」上，且留下易於理解的路線圖讓社會大眾、媒體、相關科研機構等得以按圖索驥。依基恩所見，科學知識社會學者必須如地理學者般地思考，循著科學家留下的路線圖，於廣大的知識大陸上，逐步勘定科學與非科學間曖昧、彈性且往往變動不居的邊界。[58]最後值得強調的是，在當代具影響力的科學知識社會學者中，基恩堪稱堅守1980年代之在地取向傳統的「死硬派」——其對科學知識的社會學分析往往充滿著大量、極富想像力的地理學語彙，其提出的分析概念如「真實點」（即科學家從事「truthing」之處）在科學知識社會學與科學之地理學中均有深遠的影響。[59]

57　Thomas F Gieryn, "Boundary-Work and the Demarcation of Science from Non-Science: Strains and Interests in Professional Ideologies of Scientists," *American Sociological Review,* 48: 6 (1983), 781.

58　Thomas F. Gieryn, *Cultural Boundaries of Science*.

59　Thomas F. Gieryn, "Three Truth-Spots," 113-132; Christopher R. Henke and Thomas F. Gieryn,

　　至於在跨界的部分，首先值得一提的是史塔爾與格里斯默
（James R. Griesemer）的經典論文〈機構的生態學、「轉譯」與邊界
物〉（Institutional Ecology, 'Translation,' and Boundary Objects）。[60]
從後見之明來看，該文之所以如此重要，因其點出長久以來研究
者忽略的面向：科學合作。正如兩位作者指出的，任何科學工作
均是異質的（heterogeneous），但其執行又是亟須合作的——到
底科學家之間，乃至於科學家與眾多「非科學家」之間，是如何
建立彼此可接受的操作模式（mutual *modus operandi*），讓科學
研究成為可能？對此問題，史塔爾與格里斯默認為，暫且不論科
學哲學中關於劃界問題的討論，即便是愛丁堡學派的社會利益理
論與ANT所稱「轉譯」（詳後）均無法解決此內含於任何科學研
究中的「中心張力」（central tension）。有鑑於此，史塔爾與格里
斯默主張研究者應參考「機構生態學」（institutional ecology）的
視野，將科學機構視為生態系，並一視同仁地看待構成該系統的
各類行動者。依機構生態學的觀點，史塔爾與格里斯默指出，任
何科學機構之所以能夠維繫，乃至於生產任何科學結果，並非
其涉及的行動者對於該機構之目標有所共識，更重要的是「物
件與觀念的流動」（flow of objects and concepts）。史塔爾與格里
斯默緊接著以柏克萊的脊椎動物學博物館（Berkeley Museum of
Vertebrate Zoology）為例，指出該博物館之所以能於20世紀初成
型，且迅速發展為生物學研究中頗具影響力的機構，係因專業動
物學者、採集者、自然愛好者、學校高層、政府單位等行動者眾

"Sites of Scientific Practice," 353-376; Thomas F. Gieryn, "City as Truth-Spot: Laboratories and Field-Sites in Urban Studies," *Social Studies of Science,* 36: 1 (2006), 5-38.

60 Susan L. Star and James R. Griesemer, "Institutional Ecology, 'Translation,' and Boundary Objects," 387-420.

志成城的結果。但此眾志成城是如何可能？史塔爾與格里斯默認
為，關鍵在前揭行動者間流動的標本、田野筆記、地圖等物件
與概念，讓不同行動者對於「為何加州需要一個脊椎動物學博物
館」有著各自的答案，而此些多樣且歧異的答案又不至於讓行動
者質疑該博物館的必要性。這樣具足夠的「彈性」（plasticity）以
在各社會世界間流動、允許行動者發展獨特的理解，同時又「強
靭」（robust）到讓相關討論與行動不致於偏離主線的物件或概
念，史塔爾與格里斯默稱為「邊界物」。值得指出的，史塔爾與
格里斯默的邊界物為科學史與STS中最廣受引用的概念之一。至
今〈機構的生態學〉已被引用五千餘次。

　　與邊界物般地同樣在處理科學合作的分析概念為「交易區」
與「道德經濟」。前者由物理學史研究者蓋里森所提出，旨在解
釋置身於不同典範之物理學者如何克服孔恩所稱的不可共量性，
研發粒子偵測器與雷達等須跨領域合作方有可能的計畫。參考人
類學者對跨文化交流的民族誌研究，蓋里森認為任何成功的跨領
域研究必有一至多個交易區，來自不同領域的科學家定期於該區
碰面，以彼此均能理解的「混成語」與行為規範從事概念的「交
易」。至於道德經濟則是由生物學史研究者克勒提出。在其對
美國遺傳學者與演化生物學者摩根（Thomas Hunt Morgan, 1866-
1945；1933年諾貝爾生醫獎的得主）領導的果蠅染色體研究團隊的
考察中，克勒認為該橫跨多個研究機構的團隊之所以能在演化生
物學與遺傳學上做出顯著貢獻，係因其成員均服膺一套「道德經
濟」。[61]此處克勒的靈感係來自英國史家湯普森（E. P. Thompson）

61　Peter Galison, *Image and Logic*; Robert E. Kohler, *Lords of the Fly.*

就18世紀英格蘭糧食暴動的研究。依據湯普森的分析，克勒指出，人民之所以暴動並非僅因供給、需求、糧價等政治經濟因素，同等重要的是，界定消費者與供給者間的關係等往往未見於書面的道德規則。將重點放在20世紀科學研究的道德面向，克勒筆下的科學家遠不是汲汲營營地發表文章、累積研究「credit」、獨占研究資料與材料、強調階序與侍從關係（patronage）的學術企業家或「學閥」——而是強調研究材料之共享、概念之自由流通以及學術交流之互惠（reciprocity）的紳士科學家。從生物學史的研究史來看，克勒的研究挑戰了19世紀末興起之實驗科學與傳統博物學有著顯著斷裂的觀點。如斯特拉瑟（Bruno J. Strasser）便在其對基因銀行（GenBank）的研究中指出，如克勒所稱的道德經濟仍然可見於20世紀下半葉之生物醫學。[62]

在為論文集《從未純淨》撰寫的導論中，謝平回顧近40年來科學史與科學知識社會的發展軌跡，認為其特色可以「放低聲調」（lowering the tone）一詞概括。科學史研究者一度是相當「高調」的，謝平指出，如科學史奠基人之一的薩頓便認為科學史研究的目的便是在彰顯一小群能憑己身之力參破自然真理的「英雄人物」。在這篇堪稱其職業生涯之暫時總結的文章中（該書出版後的三年間，謝平便自哈佛大學科學史系退休），謝平引用社會學者韋伯著名的〈科學作為志業〉（Science as a Vocation）一文，認為科學史研究者應致力於寫作豐富、細緻且在地的故事，且將這樣的書寫視為其專業的「高貴天職」（noble calling）。[63]值

62　Bruno. J. Strasser, "The Experimenter's Museum: GenBank, Natural History, and the Moral Economies of Biomedicine," *Isis,* 102: 1 (2011), 60-96.

63　Steven Shapin, *Never Pure*, 1-16.

得指出的，即便以謝平為代表的在地取向無疑地為當今STS最具影響力的取向之一，自2000年代以來，論者或則批評該取向將STS轉化為零碎的「個案研究」、失於提出整體的分析視野，或則認為該取向將科學在地化的手法未能幫助研究者面對後結構、後殖民等理論取向的挑戰。我將會在下一節總結這些批評。在此之前，讓我先簡述與愛丁堡學派齊名、且深刻地影響科學之地理學的研究分支：「巴黎學派」與其獨樹一幟的行動者網絡理論。

（二）行動者網絡與異質連結的地理學

　　如第二節所述，巴黎學派的研究者認為社會力或社會利益不足以解釋科學知識係如何且於何處形成等議題，進而發展「超對稱」與「超相對」的行動者網絡理論（以下簡稱ANT）。以下讓我以兩張圖來介紹ANT的重要分析視野。圖3與圖4均在描繪19世紀法國微生物學家巴斯德（Louis Pasteur, 1822-1895）。讓我們先從圖3開始。在這張堪稱巴斯德之「標準」肖像畫中，我們看到一個目光炯炯的巴斯德，盯著一個狀似空無一物的玻璃瓶。反映到巴斯德在微生物學上的成就（舉其著者：以細菌學說對抗自然發生說、成功鑑定炭疽病與狂犬病之病原等），我們不難體會該圖的目的在於強調科學家的特長即是能見人所不能見。但巴斯德是如何見人所不能見？撇開巴斯德的天縱英才，一個最直接的答案便是巴斯德擁有一個裝備齊全的實驗室。正如謝平與夏佛在 *Experimental Life* 中展示的研究取向，ANT的研究者同樣強調實驗室於事實生產上的重要性——唯相較於謝平與夏佛筆下的實驗室為具嚴格社會與文化邊界的「智識空間」（且此空間性為判斷實驗室創造之現象是否為「事實」的關鍵），ANT的研究者強調

實驗室如何讓科學家得以征服空間——即將原本深嵌在地方脈絡的知識與物件轉為表格、圖表、數字等形式（即ANT所稱的「不變的活動物」），以供科學家分析、比較與歸納之用——實驗室之於科學家，就如指揮所之於軍事指揮官一般，是讓其可運籌帷幄的「計算中心」。「給我一個實驗室，我將舉起全世界」（give me a laboratory and I will rise the world），拉圖在一篇討論巴斯德係如何完成眾多科學奇蹟時，仿巴斯德的口吻宣稱。[64]

　　圖4則展露了ANT另一個方法論特色：「跟著科學家到處跑」。依據該圖之典藏者Wellcome Images的說法，此處的巴斯德正在「命令」（commanding）一隻得了狂犬病的狗乖乖地讓他取樣。這當然是以誇張的手法讚揚巴斯德不顧生命、奉獻科學的精神，但這樣的手法卻無意間說出了ANT的核心概念。如以ANT的語言來說，巴斯德在此正與罹患狂犬病的狗溝通，試著說服牠，所有的研究都是為了牠的「利益」或「興趣」（interests）。對於ANT的研究者而言，科學研究就是關於科學家如何與實驗室內外的人類行動者與「非人類的行動者」（ANT的術語為「actant」）打交道，如何「以自己的語言說出對方的興趣」〔ANT的術語為「轉譯」（translation）〕，從而將之納入網絡中。[65]某特定科學「發現」能否被視為「事實」，ANT的研究者認為，端賴科學家能否與越多的人與非人行動者結盟，編織出既濃密且廣闊的網絡。在其廣受討論的《行動中的科學》（*Science in Action*）中，拉圖認為，從其行為模式來看，科學家堪以白蟻來形容（相

---

64 Bruno Latour, "Give Me a Laboratory and I Will Move the World," in Karin D. Knorr-Cetina and Michael Mulkay eds., *Science Observed* (London: Sage, 1983), 141-170.

65 「以自己的語言說出對方的興趣」為楊弘任的用語，見楊弘任，《社區如何動起來？》。

圖3（左）：為埃德爾費爾特（Albert Edelfelt, 1854-1905）創作之巴斯德
肖像畫（1885）。
圖4（右）：為1880年代由E. Lyon-Claesen出版的巴斯德肖像畫。
（圖像來源：左圖 Wikipedia Commons；右圖 Iconographic Collection 652630i,
Wellcome Library, London）

對於愛丁堡學派研究者筆下的科學家常是舉止合宜、言行堪為社
會表率之紳士）──在人類文明的知識地景上，有許多大大小小
的白蟻塚──那些最高聳的、最難被掠食者攻破的，便是所謂的
「事實」。[66]

　　自「跟著科學家到處跑」此原則衍生出 ANT 最具特色也廣受
爭議的理論立場：具能動性的行動者不僅是人類，諸如扇貝、細
菌、甚至一張報表紙均具有能動性，研究者須一視同仁地將其納
入分析。在一篇廣受討論的文章中，卡隆探討1970年代間，水產

---

66 Bruno Latour, *Science in Action*.

科學家於法國北部之聖布里克灣（St. Brieuc Bay）推動的扇貝養殖為何失敗。[67]在詳細分析該群水產科學家留下的研究報告與會議記錄後，卡隆重建了該群科學家與其他領域的科學家、漁民、扇貝等人與非人行動者接觸後留下的「痕跡」（如前所述，ANT認為科學家的行為模式堪以白蟻來形容），顯示一個在科學上可行、且為當地漁民社群所接受的的扇貝復育計畫如何在此異質連結（heterogeneous associations）的網絡中「浮現」出來（ANT稱此「浮現」為「performance」）。但此計畫為何在執行數年後驟然畫下句點？卡隆認為，主因為扇貝（*Pecten maximus*）「背叛」了科學家——在實驗初期展露其合作的熱誠後，隨即在物種延續的考量下，「拒絕」附著在科學家為其量身打造的採集網上。同樣地，在《法國的巴斯德化》（*The Pasteurization of France*）中，拉圖認為巴斯德之所以能擊敗其對手德國微生物學者柯霍（Robert Koch, 1843-1910），從而在微生物培養上取得領先地位，因為其提供了既往被視為除之後快的病菌一個符合其「希望」的環境，病菌也因此「熱誠地」依照巴斯德期待地行動（於培養基上形成菌落）。[68]此貌似「萬物有靈論」（hylozoism）的見解，因挑戰了社會科學中「人為唯一具能動性之行動者」的基本預設而廣受批評。[69]對此，ANT研究者回應道，如果說強調「公平」

67　Michel Callon, "Some Elements in a Sociology of Translation: Domestication of the Scallops and Fishermen of St Brieuc Bay," in John Law ed., *Power, Action, and Belief: A New Sociology of Knowledge?* (London: Routledge & Kegan, 1986), 19-34.

68　Bruno Latour, *The Pasteurization of France*.

69　例如，在一篇針對《法國的巴斯德化》的評論文章中，夏佛認為，拉圖對所謂病菌之「希望」與「熱誠」不過是對巴斯德留下之報告或筆記的詮釋。事實上，夏佛指出，如果拉圖「對稱地」分析柯霍的實驗報告，他就會發現病菌同樣「熱誠地」依柯霍的規畫而行動；Simon Schaffer, The Eighteenth Brumaire of Bruno Latour," *Studies in the History and Philosophy of Science Part A*, 22: 1 (1991), 174-192。同樣地，在一篇題為「認識論的膽小鬼」（epistemological

且「對稱」的分析視野，是讓科學知識社會學得以超越科學社會學、進而打開科學知識此一黑箱的主因，研究者為何要在人類／非人類、社會／自然等二元論前卻步？從ANT研究者的觀點，與其執著在「人為唯一具能動性之行動者」此縹緲的存有論預設，研究者應審視科學家如何與眾多異質的人與非人形成結盟與聯結，進而檢視該結盟是否強韌到能通過一系列的試煉（trial）（如前述扇貝的「背叛」便是結盟不夠強韌之一例）。正如在語義學（semiotics）中任一詞彙的意義，均是在該詞彙與其他詞彙間的關係中浮現的「效應」（effect），ANT的研究者指出，人與非人行動者均是在網絡穩定與強化後浮現出來的鏈結（links），而其行動均是依他／她／牠／它在網絡中之位置而產生的效應。[70]

　　ANT約於1990年代中期進入地理學者的理論工具箱中。就地理學者而言，ANT的吸引力可歸納為下列兩項：首先，儘管自1980年代以來，在馬克思地理學者的倡議下，人文地理學者普遍接受「如果自然不是社會的，那它什麼也不是」[71]此一方法論與認識論立場——但接受此一立場是否意味著「自然是社會建構的」？對此問題，地理學者認為，ANT一則取消自然與社會

---

chicken）的著名文章中，柯林斯與伊利指出，ANT研究者往往仰賴科學家對自然的描述來讓非人行動者具有能動性——此分析策略非但未能如其宣稱地與「自然／文化」二元論正面對決，反而鞏固了自然科學於知識論上的優越地位——ANT或許在方法論上是激進的，但在認識論上卻是膽小的，見Harry M. Collins and Steven Yearley, "Epistemological Chicken," in Andrew Pickering ed., *Science as Practice and Culture* (Chicago: University of Chicago Press, 1992), 301-326。類似批評見Olga Amsterdamska, "Surely You are Joking, Monsieur Latour!" *Science, Technology, & Human Values* 15: 4 (1990), 495-504.

70 ANT研究者對批評者的回應，見著名的Michel Callon and Bruno Latour, "Don't Throw the Baby out with the Bath School! A Reply to Collins and Yearly," in Andrew Pickering ed., *Science as Practice and Culture* (Chicago: University of Chicago Press, 1992), 343-368.

71 Neil R. Smith, *Uneven Development: Nature, Capital, and the Production of Space* (New York: B. Blackwell, 1984). 此界說出自臺灣大學地理環境資源學系助理教授洪伯邑（個人通訊）。

作為存有論上有意義的範疇、另則強調經驗研究的重要性，似乎為糾結在經驗主義傳統與後現代理論間的地理學研究提供了第三條路。其次，從地理學的角度來看，紀登斯等社會學者在嘗試結合能動性與結構時，往往視空間的物質條件為社會行動的「舞台」——儘管強調社會行動的空間性為結構化的必要條件，研究者並未重視讓行動得以發生的諸般物質條件。[72]

有趣的是，就在這地理學者試著回答ANT到底有什麼用的時刻，ANT研究的健將拉圖斷然指出，任何透過地理學來定義的「距離」（distance）或「鄰近」（proximity）均是「無用的」（useless），乃至於在以網絡來定義何謂ANT所稱的連結時，研究者面對的困難為「地理學的盛行」（prevalence of geography）。[73]對此，穆迪於《地理論壇》（*Geoforum*）上發表〈行動者網絡理論的空間〉（The Spaces of Actor-Network Theory）一文回應。穆迪認為，ANT研究者所稱的「無用的地理學」並未如其想像般地盛行。儘管ANT對微觀／鉅觀、在地／全球、社會／自然等分析範疇的否定，的確挑戰了地理學的核心預設，穆迪指出，至少就人文地理學而言，研究者如大衛・哈維與瑪西（Doreen Massey）均已強調以關係性的角度來重構自康德以降之「絕對空間」（absolute space）的概念，並將「地方」理解為跨越多重尺度之關係網絡中的節點。[74]結合人文地理學於1980

---

72 David Demeritt, "The Construction of Global Warming and the Politics of Science," *Annals of the Association of American Geographers,* 91: 2 (2001), 307-337; David Demeritt, "What Is the 'Social Construction of Nature'? A Typology and Sympathetic Critique," *Progress in Human Geography,* 26: 6 (2002), 767-790; Jonathan Murdoch, "Towards a Geography of Heterogeneous Associations," *Progress in Human Geography,* 21: 3 (1997), 321-337.

73 Bruno Latour, "On Actor-Network Theory: A Few Clarifications Plus More than a Few Complications," *Soziale Welt,* 47 (1996), 369-381.

74 Jonathan Murdoch, "The Spaces of Actor-Network Theory," *Geoforum,* 29: 4 (1998), 357-374.

年代末至1990年代的進展，穆迪區分出兩類ANT的空間：1.在
網絡穩定、且人與非人行動者均陸續浮現後產生的「規定空間」
（space of prescription）；2.位於一穩定網路之邊緣、其強韌度正
在接受試煉的「協商空間」（space of negotiation）。與其說地理
學的分析視野對ANT是無用的，穆迪於另篇文章強調，倒不如
說ANT理論家失於探討一類「異質聯合的地理學」（geography of
heterogeneous associations）的可能性。[75]

　　呼應穆迪將ANT空間化的呼籲，ANT的重要學者約翰‧勞
（John Law）於1990年代後期至2000年代發表一系列探討ANT
之空間性（spatiality）的文章，以類似穆迪的視野，重新審視
ANT自1970年代發展以來的重要案例研究。[76]例如，在一篇題為
〈置放科技：空間性的探索〉（Situating Technoscience: An Inquiry
into Spatialities）的文章中，勞與另一位ANT的重要學者摩爾
（Annemarie Mol）主張ANT至少包含了下列四類空間性：[77]1.區
域（region）；2.網絡；3.流質（fluid）；4.火（fire）。在說明第
一與第二類的空間性時，勞與摩爾舉出勞對17世紀葡萄牙戰艦
的個案研究。[78]什麼是一艘葡萄牙戰艦？兩位作者問道。最直接

75 Jonathan Murdoch, "Towards a Geography of Heterogeneous Associations," 321-337.

76 John Law, "Objects and Spaces," *Theory, Culture & Society,* 19: 5-6 (2002), 91-105; John Law, "And If the Global Were Small and Noncoherent? Method, Complexity, and the Baroque," *Environment and Planning D: Society and Space,* 22: 1 (February, 2004), 13-26; John Law and Annemarie Mol, "Situating Technoscience: An Inquiry into Spatialities," *Environment and Planning D: Society and Space,* 19: 5 (2001), 609-621; Annemarie Mol and John Law, "Regions, Networks and Fluids: Anaemia and Social Topology," *Social Studies of Science,* 24: 4 (1994), 641-671.

77 John Law and Annemarie Mol, "Situating Technoscience: An Inquiry into Spatialities," 609-621.

78 John Law, "On the Methods of Long Distance Control: Vessels, Navigation and the Portuguese Route to India," in John Law ed., *Power, Action and Belief: A New Sociology of Knowledge?* (London: Routledge and Kegan, 1986), 234-263.

的答案是一個物件（object）。但什麼是一個物件？從ANT的觀點，勞與摩爾認為，我們有必要將一艘戰艦想像為一套將槳、帆、龍骨、水手等異質成分結合在一起的網絡。從這個觀點來看，勞與摩爾指出，當這艘戰艦於海上航行時，儘管其在歐幾里德式的空間中劃出了一道軌跡，其在網絡空間中卻是凝結不動的——因為該網絡空間一旦鬆動了，這艘戰艦就再也不是一個具航海功能的物件。這樣可於歐幾里德空間中移動、唯在網絡空間中保持不動的物件，勞與摩爾認為，便是拉圖所稱的「不變的活動物」。

　　與「不變的活動物」形成對照的是「可變的活動物」（mutable mobile）。此處兩位作者援引ANT的另一重要研究：廣泛為辛巴威村落採用的抽水泵浦（Zimbabwe bush pump）。[79] 勞與摩爾指出，該泵浦之所以能在辛巴威取得極高的普及率，乃至於在公共衛生、經濟發展、甚至村民的宗教生活中扮演極重要角色，並非是其發明者洞燭機先地設下某高度標準化的規格。事實上，勞與摩爾指出，不僅難說有個「辛巴威抽水泵浦之發明者」這號人物，甚至沒有標準化的辛巴威抽水泵浦存在——不同村落的民眾以其手邊可及的材料拼裝出適合的泵浦，並賦予其獨特的象徵意義。因此，勞與摩爾指出，當一個抽水泵浦由A村移往B村時，其不論在歐幾里德空間抑或網絡空間均產生了變動。抽水泵浦因此為「可變的活動物」，勞與摩爾指出，其空間性堪以「流質」來稱之。至於以「火」為隱喻之空間性則在強調「將變動性予以結合的空間」（space of conjoined alterity），勞與摩

---

[79] 見 Marianne de Laet and Annemarie Mol, "The Zimbabwe Bush Pump: Mechanics of a Fluid Technology," *Social Studies of Science,* 30: 2 (2000), 225-263.

爾指出，其代表物件為「可變的不動物」（mutable immobile）。相對於前引葡萄牙戰艦與抽水泵浦的例子，勞與摩爾認為，「火」的空間性不是因物體在歐幾里德空間中移動而產生的（因而是「不動物」），而是內在於構成該物件的網絡中。勞與摩爾認為此「火」空間性特別有助於研究者重新審視「在地」與「全球」作為分析尺度的必要性。有沒有可能「在地」與「全球」並非兩類相對立的尺度而是可並存於單一物件的空間性？如以勞於一篇題為〈而若全球是微小且不一致的？方法、複雜性與巴洛克〉（And If the Global Were Small and Noncoherent? Method, Complexity, and the Baroque）中的說法，與其將全球與在地對立起來，研究者能否將普世性予以翻轉（turn universality inside out）？有無可能「全球的」也同時是「微小且不一致」的（small and noncoherent）？[80] 依據勞與摩爾的說明，我將四類空間性製成表1，供讀者參照。

表1：勞與摩爾指涉的四類空間性

		變動性（mutability）	
		低	高
活動性 （mobility）	低	區域（region）	火（fire）
	高	網絡（network）	流形（fluid）

空間、空間性、地方等詞彙逐漸成為ANT研究者的關鍵詞。在其撰寫的ANT教科書《重組社會》（Reassembling the Social）

---

80 John Law, "And If the Global Were Small and Noncoherent? Method, Complexity, and the Baroque." 13-26.

中，拉圖對空間性的探討甚至比勞更推進一步，宣稱「在地之地點」（local site）有其能動性。當然，正如其對行動者之能動性的分析取向，拉圖強調的是研究者應先把社會階層、社會結構、社會階序等預設全擺到一邊，將「社會的」視為平的（keep the social flat），從而探討某特定地點與其他地點的連結，以及該連結如何「讓地點動起來」（a local site is made to do something）。[81] 如與1990年代的拉圖相較，拉圖於《重組社會》中對地點之強調相當讓人玩味。如前所述，拉圖一度關心的重點是，科學家如何克服空間為科學知識之生產與傳播帶來的可能限制——其分析策略「削弱了地方於STS中的角色（diminished role for place in STS），亨克與基恩於一篇回顧文章中評論道。[82]但從拉圖與勞對ANT之空間性與地方能動性的分析來看，儘管不論在認識論、存有論、方法論等層次上，2000年代的ANT與SSK強調的「在地取向」有著天壤之別，其對地方的強調卻是殊途同歸。

四、殊途同歸卻形同陌路？

　　由前述分析可見，不論是SSK抑或ANT，其發展均源自於對「實驗室」此獨特科學知識之生產地與集散所的關注。只是，從這樣將科學知識予以定位的關懷出發，SSK與ANT發展出相當不同的空間概念，從而形塑了後續與地理學者間的結盟關係。就SSK研究者以及致力將「科學置於其地」的地理學者而言，謝平

---

81 Bruno Latour, *Reassembling the Social: An Introduction to Actor-Network-Theory* (Oxford: Oxford University Press, 2005), 173.

82 Henke and Thomas F. Gieryn, "Sites of Scientific Practice," 354.

於1995年提出的「在地取向」堪稱兩造的「定情物」。隨後十餘年間，當各類地點或場所於科學知識之生產與流通中的角色已被揭開，此陣營的研究者開始致力於探索以下的問題：在接受「科學知識之普世性為該知識形態的最大特徵」此前提下，為何由特定地方生產出來的知識能貫穿古今、且放諸四海皆準？如前所述，SSK及其在地理學界的盟友拒絕接受此普世性源自於任何方法論或認識論的優越性，轉而將焦點放在科學家的科學實作——而考慮到空間之於實作的使動與限制效果，科學知識必然有其地理學，且此宣稱就如「科學知識必然有著社會學」一樣合情合理。相較之下，ANT與地理學的關係則較為坎坷。如前所述，1990年代間，ANT的健將一度視地理學為「無用」，直到地理學者指出ANT主張之無尺度、無內外的拓樸學空間正是後結構地理學的核心，ANT與地理學間的結盟才告確立。總之，於前面兩節中，我試著主張，儘管「社會觀」與「自然觀」的確是觀察SSK與ANT之異同的重要面向，兩造的研究者如何處理空間並據此發展與地理學的結盟關係，亦不失為處理類似主題的一柄探針——甚至，本節將試著說明，是看待兩造之可能進路的南針。

　　本節將聚焦在SSK與ANT「殊途同歸」後的晚近發展及其在地理學界中的迴響。在完成此最後一里路的回顧工作後，我將以一個地理學史研究者的立場，提出若干臺灣地理學社群在面對如此龐大的知識地景時，可借力與使力之處。

（一）在地取向的全球轉向

　　讓我從一篇發表於科學史權威期刊《依西詩》（*Isis*）的文章開始。在這篇題為〈科學史與哲學的十個提問〉（Ten problems in history and philosophy of science）的文章中，物理學史研究者蓋里森主張，為「科學之歷史、社會學與哲學理解」提出「在地解釋」（local explanation）為過去30年間在科學史與科學哲學中「單一且最重要的轉變」（the single most important change in the last thirty years）。即便如此，蓋里森認為，由於研究者在方法上多採用如金茲伯格（Carlo Ginzburg）之微觀史（microhistory）的「個案研究」（case study），研究者似乎預設科學史作為一個學科分支即是這些「空間上高度歧異」之個案研究的總和。若是如此，蓋里森批評，研究者還是將科學史預設為一類線性、累積性的科學真理「發現史」——這顯然抵觸了在地取向之研究者的初衷。此外，蓋里森評論道，當科學史研究者深入探索特定時空之「過程、價值與象徵」與科學知識之生產與消費間的關聯時，他／她們關切的顯然不是其研究個案可被視為某類「科學文化」之「典型」（typicality），而是該文化之「範例」（exemplification）。若是如此，蓋里森認為，研究者有必要深入思考下列問題：什麼是不具典型意涵的範例？且這些個案研究到底會將科學史此一領域帶往何處（What does it mean to aim for exemplification without typicality? And if case studies are the paving stones, where does the path lead?）？ [83]

　　呼應蓋里森的見解，20世紀生理學史的研究者亨吉（Vanessa Heggie）於《依西詩》上發表〈為何探險不是科學〉（Why isn't exploration a science?）的評論文章。[84] 亨吉認為，儘管從在地取向的晚近發展來看，研究者早已跨出「實驗室」此經典的「在地

83　Peter Galison, "Ten Problems in History and Philosophy of Science," *Isis*, 99: 1 (2008), 111-124.

84　Vanessa Heggie, "Why Isn't Exploration a Science?" *Isis*, 105: 2 (2014), 318-334.

案例」，擴及田野、演講廳、教室、沙龍、研討會等科學知識的
生產地與集散所，但研究者在思索這些在地案例在研究史上的意
義時，往往不自覺地將這些在地案例排入某種科學史的大敘事
中（如認為以採集、分類與描述為特色的博物學及相關的空間實
作將逐步被實驗室科學取代）。以20世紀的生理學史為例，亨吉
問道，為什麼研究者花費了大量心力在探索生理學家於實驗室的
工作與實作，卻對高山與極地探險家在各類極端環境下、以自己
的身體為中心的生理學研究一無所知？更具體地說，為什麼這
些生產出大量生理學文獻的探險活動不被當代科學史或STS研究
者視為須嚴肅處理的科學實作？亨吉認為，這就涉及研究者在處
理「20世紀生理學」此議題時，其心目中已然預設這是個以「實
驗室及其實作」為主題的研究，而生理學的「田野工作」不過
是此主題的延伸甚至附庸而已。如此「削足適履」（亨吉稱之為
「danger of category of dominance」）的分析視野，亨吉認為，已
然妨礙了在地取向（乃至於以在地取向為中心的SSK）的發展。
傳統在地取向擅長以個案呈顯單一科學知識的生產處與集散所、
單一科學實作及其空間性、單一學術社群及其賴以維繫的道德經
濟等分析方式已然過時，亨吉主張，研究者有必要並陳這些個案
的研究成果，深入思索複數空間、複數科學實作與複數學術社群
間的交流、偶合與連屬，從而為在地取向另闢坦途。

　　曾成功挑戰莫頓式科學社會學或薩頓式科學史的在地取向，
是否已到了功成身退的時刻？就以維多利亞時期之閱讀史研究聞
名的科學史家塞科德（James A. Secord）來說，答案是肯定的。
在其廣受引用的〈運送中的知識〉（Knowledge in Transit）中，
塞科德指出，在地取向為科學史研究帶來的諸多洞見係以學科的

「破碎化與失去方向」（fragmentation and loss of direction）為代價。[85] 與其繼續生產更多「□□學在○○」之類的個案研究（如演化論在中國），塞科德認為，研究者有必要將科學理解為「溝通的形式」（form of communication），以知識之「活動、翻譯與傳播」的過程為中心（processes of movement, translation, and transmission），書寫超越國家、時期與學科界線之科學史。

　　塞科德於2014年出版的《科學的視角：維多利亞時期之曙光中的書籍與讀者》（*Visions of Science: Books and Readers at the Dawn of the Victorian Age*）一書堪稱其視角的實地操演。與塞科德的前一本著作《維多利亞的感受》（*Victorian Sensation*, 2000）類似，塞科德於此書關心的是19世紀上半葉之英國社會的轉型，以及該轉型如何催生出如達爾文之《物種起源》（*On the Origin of Species*, 1859）這樣的科學突破。在此讓我先總結一下《維多利亞的感受》一書題旨，以供讀者對照。在《維多利亞的感受》中，塞科德以錢伯斯（Robert Chambers, 1802-1871）於1844年匿名出版的《宇宙萬物自然史的軌跡》（*Vestiges of the Natural History of Creation*）為中心，追問該書明示之突變（transmutation）思想如何在沙龍、研討會、酒吧、派對等場所引發位於社會不同階層之讀者的熱烈討論，以及這樣的轟動（sensation）如何讓《物種起源》這樣充斥著大量細節、語氣不疾不徐、論證卻驚世駭俗的嚴肅著作，成為19世紀中葉英國叫好又叫座的暢銷書。相較之下，在《科學的視角》（*Visions of Science*）中，塞科德以7本暢銷書〔包括曾給予達爾文重要啟發的《地質

85　James A. Secord, "Knowledge in Transit," *Isis*, 95: 4 (2004), 654-672.

學原理》（*Principles of Geology*）；作者為19世紀上半葉英國最具
影響力的地質學者萊爾（Charles Lyell），1830年至1831年間出
版第一版〕為中心，不僅探討這些書的創作背景、主要思想、作
者的生命史、作者與出版商間的合作關係、於社會各層面引發的
多重迴響等，更細究這些書的排版、印刷、插圖、紙質、裝訂等
面向如何塑造了作者欲傳達之科學知識的生產與再生產。如此以
物與物之「物質性」（materiality）為中心的分析取向，塞科德認
為，不僅讓研究者得以將科學知識生產與流通涉及的複數空間、
實作、社會群體、學術社群等納入分析（而非區分為一系列個案
分別處理），更有助於突破科學史與STS研究中常見的田野vs.實
驗室、田野科學vs.實驗室科學、科學知識的生產vs.科學知識的
消費、科研場所內vs.科研場所外等二元對立。

　　另一針對在地取向的批評則來自後殖民科學與技術研究
（postcolonial science and technology studies）的陣營。以該陣營的
健將安德森（Warwick Anderson）的說法，在地取向已然屬於科
學史與STS中「較舊的分析風格」，因其往往聚焦在「相對封閉
之社群」（relatively closed communities）或「國族國家」上，導
致研究者難以解釋標識著「一個浮現之全球秩序的認同、科技
與文化形成」的「共同生產」（co-production）。[86]地理學者麥克
伊旺（Cheryl McEwan）對利文斯通之「地理學傳統」的批評或
可作為安德森前述界定之一例。[87]依麥克伊旺所見，利文斯通倡

86　Warwick Anderson, "Introduction: Postcolonial Technoscience," *Social Studies of Science,* 35: 5-6
　　(October-December, 2002), 643-658.

87　Cheryl McEwan, "Cutting Power Lines within the Palace? Countering Paternity and Eurocentrism
　　in the 'Geographical Tradition'," *Transactions of the Institute of British Geographers,* 23: 3 (1998),
　　371-384.

導的非線式、非進步式與非輝格式的「地理學傳統」，仍未能擺脫歐洲中心主義與男性中心主義（即地理傳統係環繞在一群盎格魯─美洲的男性地理學家而展開）。有鑑於此，麥克伊旺的研究聚焦在利文斯通式地理學傳統之書寫者往往視而不見的兩類群體：19世紀晚期前往西非旅遊之女性以及當地「受殖民的他者」（colonized others）。藉由審視前述群體如何在互動中創造對於西非的地理知識，麥克伊旺認為，地理學史之書寫者應採借激進女性主義與後殖民研究的視野，從而書寫「更具包容性的地理學史」（more inclusive histories of geography）。「就地理學思想史之教學與研究而言」，麥克伊旺指出，「警惕是最好的策略」（In terms of teaching and researching histories of geographical thought, vigilance is the most important strategy）──「確認總是有些另類的故事等著被說出來、且創造讓這些故事可被聽見的空間是個起點」（Acknowledging that there are always alternative stories to be told, and creating space for these to be heard, is a beginning）。[88]

在一篇發表在《依西詩》的文章中，印度科學史研究者拉傑（Kapil Raj）則認為，研究者對「在地取向」的前述批評正凸顯出科學史研究長久以來的低度發展之處：知識的流通性（circulatory property of knowledge）。[89]自1970年代以來，拉傑指出，每當科學史或STS研究者觸及此議題時，他／她們總陷入以下的兩難：我們是否要將科學視為源自西方社會（西歐為主）的獨特知識形態，而科學之所以能在非西方社會中生根，係因此些「他者社

88　Cheryl McEwan, "Cutting Power Lines within the Palace?" 380.

89　Kapil Raj, "Beyond Postcolonialism and Postpositivism: Circulation and the Global History of Science," *Isis,* 104: 2 (2013), 337-347.

會」與西方社會接觸的結果〔代表者為巴薩拉（Basalla）的「擴散說」（1967）〕？[90]抑或我們要走向另一極端，即認為非西方社會早在與西方社會接觸前即有相當於科學理性的「理性」，且早就發展堪與西方科學相比擬的知識體系（代表者為李約瑟的「中國科技與文明」研究）？[91]拉傑認為，不論是在地取向抑或後殖民取向均無法妥切面對此問題：暫且不論在地取向之研究者筆下的「在地」絕大多數仍座落於歐美，後殖民研究者在試著揭露號稱理性、客觀與中立的科學背後盤根錯節的權力關係時，似乎預設了有個邊界完整、具內在邏輯的西方科學存在。呼應塞科德的看法，拉傑主張研究者應聚焦在知識的流通過程──但研究者不應將知識流通理解為知識於兩點間的「運輸」（transportation）或「旅行」，而是將兩點間的空間理解為如實驗室般的知識生產與創新之所。姑且不論這樣對科學知識流通的重新界定能否如拉傑宣稱的發展出新的研究取向，從晚近科學史與STS研究者關心的主題來看，拉傑所稱的科學知識之流通進一步引發環繞在下列子題的研究：1.重新概念化科學普及（popularization of science）、科學傳播等主題，從而凸顯在既有研究中往往視而不見的行動者、實作（如翻譯、中介者〔go-between〕）等；2.強調在既有研究中遭到忽略的社會群體（如非西方社會的知識分子、女性、原住民等）在面對歐美科學知識時的主動性與能動性，從而凸顯「科學是如何變成全球的」此時空過程難以用「西方vs.東方」、「中央vs.邊陲」、「開發vs.未開發」等簡單的二元對立來涵蓋。在當今

---

90 George Basalla, "The Spread of Western Science: A Three-Stage Model Describes the Introduction of Modern Science into Any Non-European Nation," *Science*, 156: 3775 (1967), 611-622.

91 Joseph Needham, *The Grand Titration*.

科學史與STS的知識地景中，前述主題常被歸入科學史與STS研究的「全球取向」。[92]如此環繞在科學知識之流通等議題的全球取向能否如「在地取向」般地引發科學史或STS研究與寫作的轉變，甚至「超越後實證主義與後殖民研究」，值得持續關注。

　　從蓋里森對在地取向隱含之「線性史觀」的批評，歷經亨吉的「削足適履」之譏與塞科德的「運送中的知識」之議等，到晚近的「全球轉向」，SSK的學者關懷的主題已與該取向發端時的「實驗室研究」相當不同。不過，就利文斯通、維瑟斯等地理學者而言，在以「將科學置於其地」與「科學知識的地理學」來「轉譯」（借用ANT的術語）在地取向之於地理學研究的重要性之後，前述從「在地到全球」的轉移更帶出下列三點地理學意涵：第一，SSK的研究者不能重蹈「地點與地方不分」的覆轍。更具體地說，科學實作的發生之處不能僅被視為在歐幾里德空間中的一點而已，而有必要被視為數組跨尺度、揉合自然與社會等異質成分之關係的聚合體——如以1990年代以降人文地理學的術語，此聚合體便是「地方」。第二，在前述視角下，「地方」也就不

---

92 本段落來自我對下列論文與專書的總結：Warwick Anderson and Vincanne Adams, "Pramoedya's Chickens: Postcolonial Studies of Technoscience," in Edward J. Hackett, Olga Amsterdamska, Michael E. Lynch, and Judy Wajcman, eds., *The Handbook of Science and Technology Studies: Third Edition* (Cambridge, Mass.: MIT Press, 2008), 181-204; David W. Chambers and Richard Gillespie, "Locality in the History of Science: Colonial Science, Technoscience, and Indigenous Knowledge," *Osiris*, 2nd Series 15 (2000), 221-240; Marwa Elshakry, "When Science Became Western: Historiographical Reflections," *Isis*, 101: 1 (2010), 98-109; Robert E. Kohler, *Landscapes and Labscapes: Exploring the Lab-Field Border in Biology* (Chicago: University of Chicago Press, 2002); Lissa L. Roberts, "Situating Science in Global History: Local Exchanges and Networks of Circulation," *Itinerario,* 33: 1 (2009), 9-30; Steven J.Harris, "Long-Distance Corporations, Big Sciences, and the Geography of Knowledge," *Configurations*, 6: 2 (Spring, 1998), 269-304; 亦見 Sandra Harding 主編之 *The Postcolonial Science and Technology Studies Reader* (Durham, NC: Duke University Press, 2011).

能被視為「全球」的對立面，這就構成對傳統在地取向的兩點挑戰：1.被既往研究者視為科學知識的「地方色彩」或「區域特色」往往是各類「既在地又全球」的力量共同作用下的結果；2.既有研究強調的科學知識之「在地生產」與「全球傳播」，再也不能被視為不證自明的命題——前者仰賴研究者對形塑地方之全球作用力的深刻理解，而後者的分析則須奠基在以地方為分析單位的精細研究上。最後，如前所述，在地取向於晚近的發展特色便是對物與物質性的重視。就1990年代以降的人文地理學者而言，此重視涉及下列本體論的意涵：之所以以「地方」而非「社會」或「文化」作為分析單位，目的之一便是強調社會或文化賴以成立的各類物質關係——也因如此，將「科學置於其地」意味著不僅是將科學知識的生產與消費模式勾連至階級、性別與族群等社會因素，而有必要將科學知識之生產地與集散所的生態條件，乃至於該條件與當地社會間的互動關係（或以馬克思地理學的說法：社會與自然間的相互構成）等面向考慮在內。

　　就利文斯通與維瑟斯等地理學者而言，前述面向顯示科學知識之地理學為自成一格的研究分支，而不僅是科學知識社會學的附庸而已。這樣的體會具體表現為一系列由利文斯通與維瑟斯主編、由芝加哥大學出版社（堪稱為歐美科學史界最重要的出版社）出版的論文集。[93]此取向的最新作品為2011年的《十九世紀科學的地理學》（*Geographies of Nineteenth-Century Science*）。該書集結了15篇由地理學者與科學史學者撰寫的研究論文，從「地點與尺度」（sites and scales）、「實作與表演」（practices

---

93　如David N. Livingstone and Charles W. J. Withers, eds., *Geography and Revolution* (Chicago: University of Chicago Press, 2005).

and performances）與「嚮導與聽眾」（guides and audiences）來探討博物館、田野等19世紀重要的科學場所，並且這些場所係如何「鑲嵌於更寬廣之意義、權威與認同的系統中」（embedded in wider systems of meaning, authority, and identity）。如以編者利文斯通與維瑟斯的說法，該書之出版象徵著科學之地理學已然成熟──這表現在研究者不再拘泥於「哲學原則」的討論，而改以細緻的經驗研究說明以下狀似弔詭的命題：科學知識之所以能成為獨立於任何地方脈絡的知識型態，不是因其獨特的方法論或認識論，而是因其與地方脈絡緊密相嵌的結果。[94]與之同時，地理學者亦運用同樣的取向來分析1990年代廣受爭論的「地理學傳統」。此研究取向的最新成果可見於阿格紐（John A. Agnew）與利文斯通主編的《薩吉地理學知識手冊》（*The Sage Handbook of Geographical Knowledge*）。[95]顛覆地理學教科書的傳統寫法，利文斯通與阿格紐改以18個地理學之發生地與集合所（如實驗室、博物館、田野、工作站、GIS實驗室）來處理「地理學之地理學」（geography of geography）涵蓋的五大主題：知識之場所（sites of knowledge）、知識之地理政治（geopolitics of knowledge）、地理之存有與知識（geographical "being" and knowledge）、霸權知識之空間擴散（spatial diffusion of hegemonic knowledge）與閱讀的地理學（geography of reading）。在收錄於該書的〈地理學的敘事與智識史〉（Geography's Narratives and Intellectual History）一文中，維瑟斯以伍爾得禮奇（Sidney Wooldridge）與伊斯特

---

94 David N. Livingstone and Charles W. J. Withers, *Geographies of Nineteenth-Century Science* (Chicago: University of Chicago Press, 2011).

95 John A. Agnew and David N. Livingstone, eds., *The Sage Handbook of Geographical Knowledge* (London: Sage, 2011).

（Gordon East）在《地理學的精神與目的》（*The Spirit and Purpose of Geography*, 1951）中的名言來說明為何要「置地理學傳統於其地」：「地理學開始於地理學者開始將其寫下時」（geography begins only geographers begin writing it）。依維瑟斯所見，這句話顯示任何試著找出在認識論與方法論上一致之地理學的嘗試註定會徒勞無功──地理學知識的構成得從地理學者到底在做什麼，以及地理學實作的發生之處中尋找。[96]

（二）走得太遠抑或靠得不夠近？

如果說在地取向的全球轉向讓地理學與SSK的關係更為緊密，ANT與地理學的關係又是如何？首先必須強調的是，空間轉向後的ANT對1990年代末期以來人文地理學的發展有著廣泛的影響。研究者或則以其觀點來檢視各研究分支中的重要主題（如地理學史、世界城市），或則據此修正既有之分析觀點〔如鑲嵌（embeddedness）、第二自然（second nature）〕，或則結合其他屬性類似的理論視野〔如德勒茲（Gilles Deleuze）與瓜塔里（Félix Guattari）的組配（assemblage）〕以發展新的分析工具甚至新的學科分支〔如不僅是人的人文地理學（more-than-human geography）〕。[97]值得指出的是，面對ANT擁護者宣稱的「ANT

---

96 Charles W. J. Withers, "Geography's Narratives and Intellectual History," in John A. Agnew and David N. Livingstone eds., *The Sage Handbook of Geographical Knowledge* (London: Sage, 2011), 39-50.

97 關於地理學者如何以ANT來書寫學科的歷史，見Trevor J. Barnes, "'In the Beginning Was Economic Geography'—A Science Studies Approach to Disciplinary History," *Progress in Human Geography*, 25: 4 (2001), 521-544; Trevor J. Barnes, "The Rise (and Decline) of American Regional Science: Lessons for the New Economic Geography?" *Journal of Economic Geography*, 4: 2 (April, 2004), 107-129; Trevor J. Barnes, "Geographical Intelligence: American Geographers and Research and Analysis in the Office of Strategic Service, 1941-1945," *Journal of Historical*

為地理學帶來的衝擊實具有典範變遷之意義」，不少地理學者
持保留態度。在一篇發表於《區域研究》（*Regional Studies*）的
文章中，格特勒（Meric S. Gertler）指出：ANT將地理學者「集
體之注意力」（collective attention）轉至「日常生活實踐中的枝
微末節」（minutiae of everyday practice）。當地理學者「爭先恐
後」地記錄那「仿若無止無盡的、讓行動者與網絡得以產生效果
之方式」時，格特勒認為，制度——特別是那些形塑與限制個
人選擇、且在全球經濟中催生出「地理之區分與不連續性」的
結構性力量——便消失在他們的分析中。[98]同樣地，在一篇發表
於*Antipode*的文章中，左派地理學的重要學者卡斯特里（Noel
Castree）並不認為ANT代表了自1980年代起逐漸茁壯成熟之生
態馬克思主義地理學的「反論」（antithesis）。儘管卡斯特里並不
否認ANT「超對稱」的分析視野有值得參酌之處，他認為地理學
者不應就此摒棄生態馬克思主義的長處：鑑定「社會—自然網絡
賴以組織的結構化與重要模式」（the structured and consequential
modes by which multiple socionatural networks are ordered）。　若
研究者放棄了這樣的能力，卡斯特里指出：「我們怎麼有可能
以一種對生態與對社會負責的方式來改變這個世界？」（How

Geography, 32: 1 (2006), 149-168. 關於地理學者如何以ANT來修正「鑲嵌」此分析概念，
見Jonathan Murdoch, Terry Marsden, and Jo Banks, "Quality, Nature, and Embeddedness: Some
Theoretical Considerations in the Context of the Food Sector," *Economic Geography*, 76: 2 (2000),
107-125。關於ANT對城市研究的影響，見Ignacio Farías, and Thomas Bender, eds., *Urban
Assemblages: How Actor-Network Theory Changes Urban Studies* (Abingdon: Routledge, 2010);
關於ANT與「混雜地理學」(hybrid geographies) 或說「不僅是人的人文地理學」，見Isla
Forsyth, "The More-Than-Human Geographies of Field Science," *Geography Compass,* 7: 8
(2013), 527-539; Sarah Whatmore, *Hybrid Geographies: Natures Cultures Spaces* (London: Sage,
2002).

98　Meric S. Gertler, "Rules of the Game: The Place of Institutions in Regional Economic Change,"
Regional Studies, 44: 1 (2010), 1-15; 引文出自 p. 2.

can we possibly change the world in more ecologically and socially responsible ways?）[99]

　　在成功搭起與ANT間的橋梁後,地理學者到底要如何使用ANT來處理學科中的核心議題?相較於格特勒與卡斯特里對ANT擁護者將「地理學帶得太遠」的批評,蘇黎世大學的地理學者穆勒（Martin Müller）有不同看法。在一篇發表於《人文地理學之進展》（*Progress in Human Geography*）的文章中,穆勒認為,ANT與地理學間之關係的問題點並不在於ANT將地理學者「帶得太遠」——真正的問題反而在於地理學者與ANT靠得「不夠近」（穆勒稱之為地理學對ANT的「三心兩意」〔a half-hearted romance〕）。儘管ANT之於人文地理學的影響可說是全面性的,穆勒評論道,地理學者對ANT之分析概念的引用多為「選擇性與片面」（selective and one-sided）,且在引用時往往忽略ANT與其他分析觀點的「張力」（tension）——換言之,穆勒認為,ANT擁護者失於整體地了解ANT的概念架構,進而將地理學「帶得夠遠」。以此為出發點,穆勒分析地理學者在「繼受」ANT時偏好的分析觀點（拓樸式空間、轉譯與展演性）與主要「張力」所在（網絡與權力）,並在回顧ANT的相關文獻後,將ANT研究者關懷的層面「轉譯」為值得地理學者深入探究的方向（混種性、欲望與流質）。[100]為了便於讀者明瞭地理學對ANT的「三心兩意」,以及可能的解決之道,穆勒將其論點整理成一張表格;我

99　Noel Castree, "False Antitheses? Marxism, Nature and Actor-Networks," *Antipode,* 34: 1 (2002), 111-146; 引文出自 pp. 141-142.

100　Martin Müller, "A Half-Hearted Romance? A Diagnosis and Agenda for the Relationship between Economic Geography and Actor-Network Theory (ANT)," *Progress in Human Geography,* 39: 1 (2014), 65-86.

將之簡化（除去穆勒為佐證其論點而列出的參考文獻）為表2供讀者參照。

當然，ANT與地理學間的關聯並非如穆勒所說的低度發展。事實上，過去5年間，我們不乏看到同時於歐美地理學與STS社群中引起廣泛迴響的佳作。在此讓我以卡爾斯（Ashley Carse）的《大溝之外：巴拿馬運河的政治、生態與基礎建設》（*Beyond the Big Ditch: Politics, Ecology, and Infrastructure at the Panama Canal*）來進一步說明。如其標題所示，卡爾斯係以完工於1913年的巴拿馬運河為例，探討一類結合ANT與德勒茲與瓜塔里於1980年代提倡之「組配觀」的分析取向如何幫助研究者處理「政治、生態學與基礎建設」此批判地理學與政治生態學等分支中歷久彌新的研究議題。卡爾斯主張，儘管以巴拿河運河為主題的研究已經汗牛充棟，就分析取向而論，這些研究如不是將之視為以美國工程師為首的巧奪天工之作（卡爾斯稱此為「colonial fantasies」）；即走到其對立面，視之為美帝以中南美洲的依賴發展為代價、鞏固其全球霸權的「帝國計畫」（imperial project）。暫且不論前述分析取向不免將巴拿馬運河涉及的種種跨越社會與自然、在地與全球、核心與邊陲的影響力化約為美國與巴拿馬共和國間的「國際關係」，從認識論與方法論的角度，卡爾斯主張這兩種說法均存在著缺陷，而ANT與組配觀正可幫助研究者察覺並修補此些缺陷。我將卡爾斯的主張歸納為下列四點，以為受ANT影響的地理學者如何回應前述ANT將地理學「帶得太遠」或兩造間「走得不夠近」的批評。[101]

---

101 Ashley Carse, *Beyond the Big Ditch: Politics, Ecology, and Infrastructure at the Panama Canal* (Cambridge Mass.: MIT Press, 2014).

　　第一，面對馬克思地理學者就「ANT將造就空間之不勻發展的結構性力量放在一邊，轉而追求種種讓網絡產生效應的枝微末節」的批評，卡爾斯並未因此退讓，轉而在ANT分析中暢談資本主義、帝國主義、新自由主義、發展主義等批判地理學者眼中或筆下的「結構」，或是視之為建構因果關係的「理論架構」。卡爾斯認為，地理學者不能再順手拿來或隨意參照這些「主義」與「架構」，因為這些「主義」或「架構」均是需要拆解開來細細檢視的研究「對象」。更具體地說，儘管認同ANT的分析絕對不能將結構性力量排除在外，卡爾斯依照如拉圖於《重組社會》（*Reassembling the Social*）中建議的，將世界想像成扁平，結合細緻的檔案研究與田野調查，從個別的科技官僚、水利專家、水利工程師等行動者出發，一步一步地探索這些行動者如何一方面將自身鞏固為國家或資本的代言人，另方面將巴拿馬運河的興建與其後的經營建構為國家治理與資本積累的關鍵一環（或以ANT的術語：必要通過點）。卡爾斯主張，這樣的分析取向帶出了下列兩點洞見：1.研究者得藉此擺脫一種「俄羅斯娃娃」式的尺度觀——即在未經驗研究前，把這些主義視為全球的、影響力無遠弗屆的；而以社區或地方為主題的研究者，僅能處理社區與地方是如何回應或內化這些結構力量。2.在重新概念化尺度（或拒絕接受尺度為本質性的、地理學者可不加思索地援引之分析單位）後，卡爾斯的分析顯示國家不只是內建著領域化（territorialization）或治理性（governmentality）的國家機器，而資本主義也不是一組資本積累的邏輯；就卡爾斯看來，不論是國家或資本，均為一組組揉和著人與非人、跨越社區、區域、國界與全球等多重尺度而存在的網絡或「組配」。簡言之，面對批判

地理學者之「走得太遠」的批評，卡爾斯認為這樣的批評毋寧預設了「結構力量」與「讓網絡產生效應的枝微末節」位於理論光譜的兩端，因此是研究者需要分別處理的對象。援引勞、穆迪等理論家將 ANT 空間化的嘗試，卡爾斯挑戰了前述批評的正當性，並帶進「組配」此地理學中相對新穎的概念來讓地理學與 ANT「走得更近」。

　　然什麼是「組配」？在法國研究者拉圖的 ANT 引起地理學者間的陣陣波瀾後，為什麼地理學研究者還需要另一個來自法國、其抽象程度或違反直覺的程度不亞於 ANT 的概念，來拉進地理學與 ANT 間的距離？這就涉及了卡爾斯的第二點理論貢獻：即以組配觀修正 ANT 研究者過於強調網絡之穩定性的傾向。就卡爾斯而言，當在處理人或非人行動者之於某特定網絡的「斷裂」時，ANT 研究者常視之為「背叛」，為網絡之「計算中心」開始出錯的癥候。卡爾斯不同意此類處理方式。為什麼斷裂與背叛就不能視為一類網絡關係呢？卡爾斯問道。即是在此處卡爾斯帶入了強調斷裂、游移、流動與重組的組配觀以修補 ANT 此低度理論化之處。回到前述卡爾斯對批判地理學者的回應。卡爾斯嘗試達到的，不是以 ANT 研究者的網絡——一種儘管無內外之分與尺度之別，卻還是有計算中心、負責招募人與非人行動者加入網絡的前哨、必要通過點等要件的拓樸學構造——來作為結構的「替代品」。換句話說，要正面回應批判地理學的批評，卡爾斯的分析顯示，ANT 研究者要做的反倒不是彰顯行動者網絡與結構間到底有多少匯通之處；相反的，研究者應要重新概念化行動者網絡，試著切斷與結構觀間的藕斷絲連，而將現實視為某種無以名狀、難有規則可循、不停處於變動之中、持續地裂解與重組的組配觀

表2：地理學對ANT的繼受、張力與轉譯

繼受 （reception）	拓樸式空間 （topological space）	轉譯 （translation）	展演性 （performativity）
關鍵宣稱 （key claim）	距離與尺度為一網絡之關係群的函數（Distance and scale are functions of the relations in a network）	人類與非人類在一行動者網絡中的結盟創造了能動性（Aligning humans and nonhumans in an actor-network creates agency）	世界的模型成為模型的世界（The model of the world becomes the world of the model）

張力 （tensions）	網絡 （network）	權力 （power）
	行動者是否先於網絡而存在？（Do actors pre-exist networks?）	權力是否先於網絡？（Does power predate network?）權力是結構的抑或能動者的？是兩者皆是還是兩者皆非？（Is power structural, agential, both or neither?）ANT是否對權力盲目？（Is ANT blind to power?）
	人類是否比非人類重要？（Are humans more important than non-humans?）網絡是否為階序性？（Are networks hierarchical?）	

轉譯 （translations）	混種性 （hybridity）	欲望 （desire）	流質 （fluidity）
關鍵問題 （key questions）	介於人類與非人類間的界限係如何模糊？（How do boundaries between humans and non-humans blur?）	肉欲在重整行動者網絡上的角色為何？（What is the role of corporeal desire in reordering actor-networks?）	行動者網絡係如何持續地轉變與流動？（How are actor-networks in continuous transformation and flux?）

資料來源：Müller, "A Half-Hearted Romance?"

正可幫助研究者完成此關鍵一步。

　　卡爾斯一書的第三點貢獻則涉及「自然與社會互動」或「人地關係」此地理學的核心題旨。為什麼研究如巴拿馬運河這樣的「基礎建設」時，卡爾斯問道，研究者關心的盡是水道、水壩、抽水泵浦等人造物，而不考慮讓一條運河賴以且得以運作的種種「自然」？先不用說運河的運作得仰賴大量且穩定的水源，光是「水該從那裡來」便涉及集水區治理、森林涵水功能的保護等面向。卡爾斯主張，這樣的偏頗凸顯了以下三點值得地理學者深思的面向：1.在最根本的層次上，卡爾斯認為，即便是以基礎建設這樣的「人造物」為主題的研究也不能忽略該建設所座落的自然，乃至於該人造物與自然間千絲萬縷的關聯。2.即便如此，卡爾斯不認為生態馬克思主義或政治生態學能幫助地理學者把自然帶入基礎建設等人造物的分析中。關鍵在於，卡爾斯主張，前述兩類取向均還是預設了有個範疇稱為「政治」，另個範疇叫做「自然」，從而探索這兩個範疇是如何互動。這裡卡爾斯以ANT與組配觀強調的「關係性本體論」來挑戰前述主張。讓巴拿馬運河得以運作的各種自然（查格里斯河提供的水源、讓該河得以獲得充足之水源供給的森林、構成此「水源涵養林」的種種物種等）真的是如此自然而然嗎？卡爾斯分析顯示，這些「自然」其實與美國林業界於二次大戰後起逐步發展的「集水區經營」的概念——乃至於美國與巴拿馬共和國為了落實此概念，於當地雷厲風行地取締燒墾、社區生活改進與改造、森林保育、造林、保護區劃設等實作——脫不了關係。因此，卡爾斯認為，與其說是自然提供了各類「服務」或「基礎」讓巴拿馬運河得以運作，倒不如說這些自然本身也是一類人造物，甚至是一類基礎建設。

　　前述兩點帶出另一個值得深思的問題：如果讓巴拿馬運河得以運作的自然不是如此自然而然，那麼巴拿馬運河本身真的是某種巧奪天工或人定勝天的人造物嗎？卡爾斯認為不是。為了展示以基礎建設為主題的研究仍有必要將視角放到非人的物種，卡爾斯花了相當篇幅追溯巴拿馬一度頗負盛名的香蕉產業與巴拿馬運河的關聯。1920年代，當巴拿馬運河的營運漸上軌道，該如何安置昔日以運河開鑿為業的勞工，以及因運河開鑿而失去生業的農民，成為政府當局頭痛的問題。幾經嘗試，政府決定將之安置在運河沿岸，輔導其轉作香蕉。不過，香蕉並非是個易於「招募」的物種——且不論其產業化需要大量的勞力與資本投入，香蕉易腐且難以保存的特性，在在考驗政府能否打造順暢的運輸通路，從而維繫此串聯政府、勞工、農民、香蕉（乃至於讓香蕉得以順利成長與結實的種種生育地因子）的行動者網絡。不難理解，巴拿馬當局之所以敢打「香蕉產業」這張牌，原因在於其握有「巴拿馬運河」這張籌碼。20世紀中葉，如政府當局所期待的，隨著巴拿馬運河躍身為全球交通網絡中的關鍵樞紐，巴拿馬也躋身為香蕉的重要生產國。只是，出乎政府意料，也正是巴拿馬運河給予蒸蒸日上的香蕉產業重重一擊。原來，巴拿馬運河讓巴拿馬香蕉得以行銷全球，卻也讓巴拿馬門戶洞開，讓種種非原生的、足以對巴拿馬的區域生態系與社經環境造成傷害的物種得以長驅直入（就香蕉產業而言，特別致命的「入侵種」為學名「*Fusarium oxysporum*」的真菌）。不堪各類植物病蟲害造成的巨額損失，蕉農背叛了政府悉心構築的行動者網絡。面對著因種種病蟲害而發黑與潰爛的香蕉，與其在政府特別劃設的栽植區中坐困愁城，蕉農決定鋌而走險，侵入政府為了巴拿馬運河得以永續利用而劃設

的集水區，在水源涵養林的掩護下栽植香蕉。在追溯此以政府當局為計算中心、以巴拿馬運河為基礎設施、以香蕉為關鍵非人行動者之網絡的鞏固與崩解後，卡爾斯認為，不論在環境史抑或政治生態學中，研究者不時不自覺地滑入「人定勝天」或「大自然反撲」此兩類敘事窠臼——而ANT結合組配觀的視野正可幫助研究者跳出這些窠臼，讓關於環境的故事可以被說得更動人，從而帶出更多改變的可能。值得強調的是，當卡爾斯做此呼籲時，其所稱的「環境」並非森林、湖泊、土壤、海洋、都市、都市綠地等環境史或政治生態學研究者習以為常的「環境」，而是數組行動者網絡。那麼什麼是此行動者網絡的性質？卡爾斯認為，環境是需索無度的（demanding）、過程的、多變的（precarious）的：環境（不論「人造」抑或「天然」）的存續仰賴資本與勞力的投入，也取決於多種人與非人行動者間策略性的結盟與背叛。

（三）可能的出路

以上討論以卡爾斯的研究為例，說明地理學研究者是如何因應「ANT將地理學帶得太遠」或「地理學者與ANT走得不夠近」的批評。回應至前節就地理學與SSK間關聯的分析，讀者或許會察覺，不論是SSK抑或ANT，研究者均試著跨出STS於1970年代成立之際的根本框架，整合更多元的理論立場，一方面回應來自全球論者、後殖民主義者、批判地理學者等多方的批評，另方面據此掌握科技在生產與消費過程中的種種跨界與流變。儘管雙方採借與應用相關理論資源的方式仍有差異（簡單來說，SSK的研究者關心的仍是如何將科學「置於其地」——因此，在處理如塞科德強調的「運送中的知識」時，其手法是設法

界定如讀書會、沙龍、研討會等「流動的空間」；至於ANT，如前引卡爾斯的研究，研究者開始試著結合組配觀，修補ANT強調關係之構造與穩定性的本體論，讓原本已擅於處理流動與跨界的ANT更能符合當代研究者的需要），至少就研究主題而論，我認為SSK與ANT兩陣營已日益靠近——若非相互重疊的話。這樣的觀察一方面呼應我於前節的觀察（即從研究者如何界定SSK與ANT雙方與地理學的關係而論，ANT與SSK可說「殊途同歸」），另方面則帶出如下值得STS研究者深思的問題：研究主題的「殊途同歸」是否意味著ANT與SSK的研究者於過去十年間展開更為緊密的對話？對此，我認為答案是否定的。此「殊途同歸」卻「形同陌路」的弔詭現象，仍有待日後研究者以STS的取向來分析STS本身——在此，我想以一個深受SSK影響之地理學史研究者的立場，提出個人對此「形同陌路」的看法與可能的解決之道。不過，在此之前，讓我先引介一篇由穆勒與夏爾（Carolin Schurr）於《英國地理學報》（*Transactions of the Institute of British Geographers*）上發表的〈組配觀與行動者網絡理論：匯通、斷裂與雜交〉（Assemblage Thinking and Actor-Network Theory: Conjunctions, Disjunctions, Cross-Fertilisations）。[102] 儘管ANT與SSK間的關係並非兩位作者關心的重點，其處理組配觀與ANT的手法，一者可將前述卡爾斯的經驗研究放在更深厚的理論脈絡中，再者可為「STS與地理學研究者該如何看待ANT與SSK」此問題帶來一些啟發。

---

102 Martin Müller and Carolin Schurr, "Assemblage Thinking and Actor-Network Theory: Conjunctions, Disjunctions, Cross-Fertilisations," *Transactions of the Institute of British Geographers,* 41: 3 (2016), 217-229.

　　如其標題所示，穆勒與夏爾一文的出發點在於思索ANT與組配觀之間的「匯通」與「斷裂」，從而提出兩造間「雜交」的可能性。兩位作者首先指出，在既有涉及ANT與組配觀的理論文獻中，研究者如不是將ANT與組配觀視為一體兩面（如ANT奠基者之一的約翰・勞），便是認為兩者存在如孔恩所稱的不可共量性〔如非再現地理學的重要闡發者蘇里夫特（Nigel Thrift）〕。這兩類說法，穆勒與夏爾認為，均妨礙了研究者正面看待ANT與組配觀間的異同點，從而思索兩造間值得相互借鏡之處。以此為出發點，兩位作者分別回顧了ANT與組配觀從無到有的發展過程，佐以夏爾以輔助生殖科技（assisted reproductive technology）的經驗研究，提出三點可資地理學者深入探索的議題：穩定化（stabilization）、改變（change）與感動（affect）。在「改變」的部分，作者主張，組配觀與ANT均可處理改變的議題：唯組配觀較適於掌握偶然的、難以逆料的、跳躍式的「突變」，而ANT則長於掌握長期、緩慢、漸進的沈積式改變。至於在「穩定化」的部分，兩位作者認為，儘管組配觀的本體論立場幾讓「穩定的行動者網絡」成為不切實際的理論預設，ANT研究者就「行動者網路如何穩定化」的分析概念與程序仍有不可取代的理論貢獻。換言之，若組配觀研究者能欣賞ANT在此方法論層次的突破與創見，他們將可經驗地分析人與非人行動者是如何跨越尺度地結盟，且按照一致的判準檢驗該結盟的穩固程度（而不是僅勾勒出一個無尺度、無內外、無邊界、無人與非人之差異的組配而已）。最後，兩位作者主張，由於組配觀的研究者非常強調人類在彼此互動以及在與物互動時那種直覺式的、根基於肉體、且不涉意圖（intention）的「感動」（affection）——若ANT研究者能

深入探究此部分，在很大程度上可將人擺回分析的中心，又不違「人與非人必須一視同仁」此讓ANT有別於其他社會理論的「超對稱原則」。

　　就某些堅持理論間的對話必須從本體論或認識論出發才得以為功的研究者而言，穆勒與夏爾處理ANT與組配觀的手法可能過於「實用取向」（如鄧小平著名的「黑貓白貓論」：不論是黑貓或白貓，能抓老鼠的就是好貓）。不過，我認為，正如兩位作者的分析所顯示，與其執著在本體論或認識論的層次上劃分你我，一個較具建設性的切入點或許是將各個理論工具放在經驗現象前檢驗，辨明其長短處後，依一定且一致的判準予以「截長補短」。由此回到研究者該如何拿捏SSK與ANT之間關聯的議題。1990年代間，當ANT研究者將視角跨出實驗室、以其研究科學實作時鍛鍊出的敏銳度來發展關於社會與自然的嶄新理論時，SSK陣營對此發動了猛烈的攻擊。然而，從後見之明來看，兩陣營間數回針鋒相對的交火似乎未留下任何正面的影響，徒然讓ANT與SSK的研究者間更加壁壘分明。事過境遷，當ANT與SSK分別關心的議題已高度相近甚至重疊的當下，我認為當代STS的研究者並無理由畫地自限。雖說本文目的不在於勾勒當代SSK與ANT研究間的匯通與斷裂，透過凸顯兩陣營間「殊途同歸卻形同陌路」的弔詭，我嘗試順著穆勒與夏爾的思路，提出兩項實用的建議，讓有心鑽研STS之關鍵概念的地理學研究者得繼續探索ANT與SSK間可能的「雜交」方式。

　　首先，從前述卡爾斯、穆勒與夏爾的分析可見，當組配觀讓ANT的分析更靈活且更具彈性時，ANT可反過來提供組配觀更細緻的概念工具——只是，我認為，在具體操作上，ANT研究

者還是需要SSK以個別實作與個別場所（如科技知識的生產地、集散所與轉運站）為個案而累積的深厚視野——特別是晚近研究者在設法超越在地取向時，悉心挖掘出的一系列讓科技得以跨界的空間實作與相應之道德經濟（如博物學家與採集者間的「禮物交換」及相應之互惠與平等的道德規範等）。我認為，即便諸如招募、轉譯、必要通過點等ANT的分析概念的確為研究者不可或缺的理論工具，如以卡隆經典的〈轉譯社會學中的些許成分：扇貝養殖與聖布里克灣的漁民〉（Some Elements of a Sciology of Translation: Domestication of the Scallops and the Fishermen of St Brieuc Bay）一文為例，[103] 當我們讀到卡隆筆下之養殖專家如何地長袖善舞、如何在眾多利益關係者間左右逢迎與合縱連橫時，受SSK影響的讀者（如本文作者）不免想追問：到底這些轉譯是如何且在何處發生的？這些轉譯到底伴隨著何種道德經濟（如讓結盟關係得以穩固的權利義務關係）？而個別的道德經濟又是如何導引著不同利益關係者之於「自然」與「社會」的想像？對此，ANT的研究者或許會回應，這些問題終究還是得回到一個無任何關於社會或自然的預設、扁平且關係的本體論基礎上提出解答——即便如此，我認為，要在這扁平的世界中「以人追物」與「以物追人」（借用楊弘任的術語），[104] 我們需要一張地圖——而SSK以一系列個案研究為基礎而建構的、關於實作與地點的類型學則可提供研究者這張地圖。

　　即便如此，這裡有必要強調，類型學的分析是手段而非目

---

103 Michel Callon, "Some Elements in a Sociology of Translation," 19-34.
104 楊弘任，〈行動中的川流發電：小水力綠能技術創新的行動者網絡分析〉，《臺灣社會學》，第23期（2012），頁51-99。

的。正如蓋里森、亨吉等人的批評所告訴我們的，當以精細的個案研究建構出關於科學地點與實作的類型學後，研究者得提防將之排入一種由簡單到複雜、從田野到實驗室、從博物學至分子生物學、從古典到現代等進步序列中。如斯特拉瑟以基因銀行（GenBank）為例的研究所顯示的，在如此當代的科技議題中，若研究者觀察的夠仔細，他／她發現的不會是以收集、分類與描述為主的博物學實作被強調實驗設計、儀器測量、理論推演與檢證假設的實驗室實作所取代，反倒是這兩類「知之道」（ways of knowing）[105]間的並存、連結與衝突。[106]我認為這些並存、連結與衝突是ANT研究者可介入的理論缺口。的確，從SSK研究者晚近關切的議題來看，與塞科德所稱之「運送中的知識」[107]息息相關的便是針對「專家知識」與「常民知識」（lay knowledge）的探究。換句話說，當SSK的研究者開始將焦點放在標本採集者、協助採集者的在地嚮導、製作科學儀器的工匠、深諳各類植物之藥效與毒性的原住民「巫醫」等既往研究者往往視而不見之行動者時，一系列的問題也就跟著浮現：科學史與STS研究者能不能（或應不應該）處理讓這些行動者賴以維生、在長期與自然或說物質世界互動過程中生產出來的常民知識？如果不應該，那麼科學史與STS研究者將常民納入分析的目的為何？難道這些常民及常民知識，只能被視為科學家在生產知識時的「材料」而已？如果能，那麼，該如何在科學史與STS的研究領域中，為這些常民知識保留一處獨立的位置？讓前述提問更顯複雜的是，如

---

105 John V. Pickstone, *Ways of Knowing: A New History of Science, Technology, and Medicine* (Chicago: University of Chicago Press, 2001).

106 Bruno J. Strasser, "The Experimenter's Museum," 60-96.

107 James A. Secord, "Knowledge in Transit," 654-672.

韋恩（Brian Wynne）與愛普斯坦（Steven Epstein）的經典研究顯示，至少在處理當代世界的種種科技爭議時，常民知識往往能直透問題核心，其洞察力與科學家自豪的專業知識相比毫不遜色——換言之，就如科學家是科學領域中的專家一般，研究者也應把常民視為專家，而常民知識視為一類「專家知識」，並視之為科學史與STS研究中正當的研究主題。[108] 如此把常民視為專家、常民知識視為專家知識的見解，構成了SSK健將柯林斯與埃文斯（Robert Evans）所說的STS研究的「第三波」（the third wave；按照兩位作者的分期，第一波是指以社會學者莫頓為代表人物的科學社會學，第二波即為SSK與ANT等）。[109] 之所以將之稱為「第三波」，依柯林斯與埃文斯的見解，目的在於凸顯下列題旨：即便科學史與STS於1980年代以降的發展已挑戰了傳統以方法論與知識論上的獨特性來界定科學的做法，從這些以常民知識為主題的經驗研究來看，研究者劃分科學與非科學的判準仍嫌過窄——如果STS研究者能「對稱地」分析常民知識與科學知識，往往能讓在當代社會已高度黑箱化的科技知識更開放、更民主與更具備解放的潛力。當然，就柯林斯與埃文斯而言，此「第三波」的說法遠不是替STS的歷史做分期而已。有鑑於科技爭議幾已成為當代生活的常態，乃至於社會大眾在享用種種科技帶來

---

108 Brian Wynne, "Sheep Farming after Chernobyl: A Case Study in Communicating Scientific Information," *Environmental Magazine,* 31: 2 (1989), 33-39; Brian Wynne, "May the Sheep Safely Graze? A Reflective View of the Expert-Lay Knowledge Divide," in Scott Lash, Bronislaw Szerszynski, and Brian Wynne eds., *Risk, Environment and Modernity: Towards a New Ecology* (London: Sage, 1996), 44-83; Steven Epstein, *Impure Science: AIDS, Activism, and the Politics of Knowledge* (Berkeley: University of California Press, 1996).

109 Harry M. Collins and Robert Evans, "The Third Wave of Science Studies: Studies of Expertise and Experience," *Social Studies of Science,* 32: 2 (2002), 235-296.

的果實之際，對科技專家的判斷屢屢持以不信任甚至嘲弄的態度，柯林斯與埃文斯主張，STS研究者不應再將視角侷限在某特定科學場所中的特定實作，而是要積極地以其專業，扮演科學家與其他專家或社會大眾間的溝通橋梁——以柯林斯與埃文斯的術語，這讓STS研究者可躍身為一類在當代世界中已不可或缺的專家：即以溝通、互動、跨領域協作等技能為專業的「互動式專家」（interactional expertise）。柯林斯與埃文斯的第三波於STS研究中廣受迴響，且很大程度上與自然科學界中日趨流行的「公民科學」（citizen science）遙相呼應，儼然讓STS終於成為人文社會科學與自然科學研究者均能欣賞其價值的學科——只是，若我們細究兩位作者就互動式專家的界定，乃至於跨界互動與溝通之於當代世界的重要性之解釋時，不免有著前述「殊途同歸卻形同陌路」的既視感：這些界定和解釋與ANT的「轉譯」到底有何不同？值得指出的是，柯林斯與埃文斯顯然察覺了這問題。[110]在其合著的《再思專業》（*Rethinking Expertise*）中，兩位作者於一處註腳中主張ANT將人與非人「對稱地看待」的做法，無疑忽略了人類獨有的默會知識（tacit knowledge）——而默會知識可說是所有專家知識的核心[111]。儘管柯林斯與埃文斯的區分言之成理（或說無可厚非），然從實用的角度，我認為，如果說ANT可自SSK中汲取的理論資源是以科學場所與實作為中心的類型學分析，那麼，以轉譯——乃至於以轉譯探討跨越實驗室內與外、人與非人、社會與自然等二元對立之網絡如何形成與穩固——為理論核

---

110 Harry M. Collins and Robert Evans. *Rethinking Expertise* (Chicago: University of Chicago Press, 2007).

111 Harry M. Collins and Robert Evans. *Rethinking Expertise*, 23, footnote 12.

心的ANT，或許可讓SSK研究者突破此類型學分析的窠臼，朝向如拉傑期待的「超越後實證主義與後殖民研究」的全球轉向。[112]

六、結論與展望

結合地理學之視野以回答「科學是什麼」、「科學於過去與當代人類社會中的角色是什麼」等問題已成為歐美科學史與STS過去40年來主要的發展趨勢之一。有鑑於臺灣地理學社群與STS社群間的對話仍屬有限，且屬於某特定社群之研究者在面對另一社群獨特的分析概念與語言時，常有無所適從之感，本文旨在提供一概念地圖，期能激起臺灣學術社群對此地理轉向的討論。在依序說明科學史與STS研究者係如何處理科學知識的地方性、地理學者如何運用此觀點以重新檢視地理學傳統，以及介紹此地理學轉向中的兩大理論傳統──SSK與ANT後，本文亦回顧過去十年間SSK與ANT個別的發展，指出兩陣營的關係堪以「形同陌路」形容。以此為基礎，本文亦提出兩點值得STS研究者與地理學者進一步介入的理論缺口。

臺灣地理學者該如何汲取歐美學界數十年來試圖結合地理學與科學史、科學技術研究兩造時提出的理論資源，一方面避免如穆勒所批評的地理學研究與ANT間的「三心兩意」，另方面又能在這以歐美經驗為基礎的「資源庫」中添入獨樹一幟的分析視野或經驗案例？對此，我認為當務之急為東亞地理學史的研究。讓我們先從阿格紐與利文斯通主編的《薩吉地理學手冊》開始。如

---

112 Kapil Raj, "Beyond Postcolonialism and Postpositivism," 337-347.

前所述，該書以18個發生地與集合所來探索地理學知識形成與
擴散的過程，進而挑戰傳統地理學史寫作中隱含的線性與輝格史
觀，乃至於彰顯地理學過去與帝國主義、種族主義與社會達爾文
主義糾纏不清的「具脈絡的混亂」。只是，綜觀全書，研究者關
心的議題仍以西方世界（包括曾受歐美帝國殖民的地區）為限。
的確，在其為該書撰寫的導論中，阿格紐與利文斯通明言該書所
稱的地理學知識僅指「西方、大部分盎格魯——美洲」（Western,
largely Anglo-American）的地理學，因為其他區域之地理學知識
對其所欲探究的地理學知識（也就是足以寫入《薩吉地理學手
冊》的地理學知識）僅有非常有限的影響。[113] 值得強調的是，即
便兩位作者對其宣稱的真實性深具信心，事實上是目前「西方、
大部分盎格魯—美洲」的地理學者少有將非西方的地理傳統納入
分析，而「非西方」之地理學者所撰的地理學史也少有能與「西
方」地理學史對話之處。另外，從方法論來看，阿格紐與利文斯
通的宣稱能否如其所暗示地「不證自明」也值得懷疑。顯然的，
兩位學者的宣稱若能成立的話，必得有相當的經驗研究以證明所
謂的「西方、大部分盎格魯——美洲」地理學係如何擴散至非西
方地區，取代當地既有的知識傳統，成為主導當地社會界定其與
自然之關係的地理學知識。這樣看似合理的問題意識有其方法論
的缺陷。如以地理學者布勞特（James Morris Blaut）的說法，此
問題意識堪以「世界之殖民者模式」（the colonizer's model of the
world）來形容——即預設科學知識將如現代化理論所預測般地沿

---

113 John A. Agnew and David N. Livingstone, "Introduction," in John A. Agnew and David N.
Livingstone eds., *The Sage Handbook of Geographical Knowledge* (London: Sage, 2011), 1-17;
引文出自 p. 3.

著發展國家、發展中國家與低度發展國家的路徑擴散。[114]若與前引麥克伊旺的批評[115]合併觀之，我認為阿格紐與利文斯通對地理學知識的界定方式實引出值得地理學史研究者深入思考的現象：即便是強調科學知識之脈絡性的研究者在面對難以納入歷史地理經驗的個案（如從未受歐美帝國殖民的中國與日本，乃至於受到唯一非西方帝國──日本──殖民的臺灣）時，常不加反思地做出武斷、無歷史且對權力無感的宣稱。不過，持平而論，我們無法批評阿格紐與利文斯通前述說法內隱含的歐洲中心主義──畢竟，至今兩岸三地的地理學者針對地理學於東亞的演變史還未有系統的研究，而少數的個案研究也是以中文發表。[116]在地理學知識的歷史地理學上，我認為東亞經驗為亟待填補的一塊拼圖。臺灣地理學研究者若能在具同理心審視自身學科的過去之餘，一方面避免落入輝格史觀與教科書編年史的窠臼，另方面以後殖民科學史與STS研究的觀點批判「地理學傳統」隱含的歐洲中心主義，當能為目前已稍嫌扁平化的歐美地理學史書寫做出卓越貢獻。

　　另一值得臺灣地理學者深入探索的主題為「地方」於科學知識流通中的角色。在此有必要指出，在東亞科學史與STS研究領域內，「科學知識之流通性」並未呈現如拉傑批評的「低度發

---

114 James M. Blaut, *The Colonizer's Model of the World: Geographical Diffusionism and Eurocentric History* (New York: Guilford Press, 1993).

115 Cheryl McEwan, "Cutting Power Lines within the Palace?"

116 關於兩岸三地之地理學史的研究，具代表性者見王文隆，〈臺灣中學地理教科書的祖國想像 (1949-1999)〉，《國史館學術集刊》，第17期（2008），頁201-251；施添福，〈地理學研究在臺灣地區的發展與變遷〉，《地理研究》，第10期（1984），頁217-248；郭雙林，《西潮激盪下的晚清地理學》（北京：北京大學出版社，2000）；韓子奇，〈進入世界的挫折與自由：二十世紀初的《地學雜誌》〉，《新史學》，第19期2卷（2008），頁151-179。

展」——相反地，不僅關於「西學東漸」的研究早已取得豐碩的
成果，近年來研究者更援引閱讀史、文化史等相鄰學科的視野，
以精巧的個案研究試圖深化下列議題：1.歐美科學係透過何種媒
介與機制傳入東亞社會；2.其傳入過程反映了何種區域文化的特
色；3.該特色與東亞既有知識傳統（如本草）間有何關聯。[117]即
便研究者對前述議題的探究已卓然有成，若我們從地理學者利文
斯通與維瑟斯強調的「科學知識的歷史地理學」來看，我認為既
有的東亞科學史研究累積仍失於彰顯歐美科學在傳入東亞社會時
的地方性。舉例來說，達爾文的演化思想係如何傳入20世紀初
期的中國與日本，成為廣受研究者重視的題目。只是，當歷史學
者在處理這樣的議題時，他／她們或則聚焦在特定的思想家（如
嚴復），或則針對特定的學術機構（如東京帝國大學）來探討，
少有研究者去追問如下的問題：身處東京的知識分子對演化思想
的繼受方式與其在北海道札幌的同儕有何不同？東京作為一新興
帝國的首都，生活其間的人們，對於「物競天擇，適者生存」這
樣的歐美思想，其討論與詮釋的方式，與生活在札幌這樣的邊疆
城市有何不同？乍看之下，前述提問或許淺顯，但事實上是東
亞科學史與STS研究者在致力於以國族——國家為單位的比較研
究之餘，少有將其筆下之西歐科學於東亞的繼受方式真正地置於

117「西學東漸」的研究已汗牛充棟，在此不一一列舉。我認為晚近值得注目的作品包括：
Grace Yen Shen, *Unearthing the Nation: Modern Geology and Nationalism in Republican China*
(Chicago: University of Chicago Press, 2013); Sean Hsiang-lin Lei, *Neither Donkey Nor Horse*;
Danian Hu, *China and Albert Einstein: The Reception of the Physicist and His Theory in China,
1917-1979* (Cambridge, Mass.: Harvard University Press, 2005); 戴麗娟，〈周口店發掘時代的
一名法國顧問：以新近出版的德日進書信集為基礎材料的研究〉，《中央研究院歷史語言
研究所集刊》，第79本第1分（2008），頁95-161；沙培德、張哲嘉主編，《中央研究院第
四屆國際漢學會議論文集：近代中國新知識的建構》（臺北：中央研究院，2013）。

其地。綜合以上，我認為，在地取向在東亞科學史與STS研究中還未到功成身退的時刻，我們仍需要更多自SSK或「科學知識之歷史地理學」中衍生的新視野來挹注「西學東漸」此一舊瓶，而我認為這是地理學者於此方興未艾之學術傳統中的獨特區位（niche）。[118]

第三，我認為穆勒點出的「三心兩意」值得臺灣地理學者進一步深究。無可否認，過去十年來，ANT的若干關鍵概念（如無尺度、內外之別的關係性空間、「社會」與「自然」係如何在網絡中被促動〔enacted〕等）已斷斷續續地出現在臺灣地理學的研究論文與碩博士論文中。即便如此，我認為，除了在空間的本體論層次上援引ANT的見解，臺灣地理學者似應參考更多真正結合ANT與地理學（而不僅是ANT於地理學中的應用）的研究取向

---

118 本段落係來自閱讀下列著作的反思；Ronald L. Numbers and John Stenhouse, *Disseminating Darwinism: The Role of Place, Race, Religion, and Gender* (Cambridge: Cambridge University Press, 1999); David N. Livingstone, *Dealing with Darwin: Place, Politics, and Rhetoric in Religious Engagements with Evolution* (Baltimore: Johns Hopkins University Press, 2014). 值得注意的是晚近研究者將STS「東亞化」的嘗試；見Wen-yuan Lin and John Law, "A Correlative STS: Lessons from a Chinese Medical Practice," *Social Studies of Science*, 44: 6 (2014), 801-824; Wen-yuan Lin and John Law, "We Have Never Been Latecomers!? Making Knowledge Spaces for East Asian Technosocial Practices," *East Asian Science, Technology and Society: An International Journal,* 9: 2 (2015), 117-126. 以及收錄於Ruey-lin Chen and Daiwie Fu主編之*East Asian Science, Technology and Society*的論文，2012年出版；如Ruey-lin Chen, "A Voyage to East Asian STS Theories; Or, What Might Make an STS Theory East Asian," *East Asian Science, Technology and Society: An International Journal,* 6: 4 (2012), 465-485; Warwick Anderson, "Asia as Method in Science and Technology Studies," *East Asian Science, Technology and Society: An International Journal,* 6: 4 (2012), 445-451. 不過，我認為這些嘗試關切的空間尺度仍然落在區域尺度，與「將科學置於其地」的取向仍有距離。相較之下，我認為李尚仁、楊弘任、范發迪（Fa-ti Fan）為試著將東亞科學史或STS置於其地的作品，見李尚仁，《帝國的醫師：萬巴德與英國熱帶醫學的創建》（臺北：允晨文化實業股份有限公司，2012）；楊弘任，〈行動中的川流發電〉；楊弘任，《社區如何動起來？》；Fa-ti Fan, *British naturalists in Qing China: Science, Empire, and Cultural Encounter* (Cambridge, Mass.: Harvard University Press, 2004).

與主題（如動物地理學、以非再現理論之「情感」與「事件」來
整合ANT與地理學的「不僅是人的地理學」、以ANT重新概念
化的政治生態學等）。[119]此外，我認為，臺灣地理學者也應思考
ANT以外的科學史與STS研究的觀點（如已被研究者援引以修補
ANT之缺陷的社會世界理論）能否幫助我們處理學科的關鍵議
題。[120]不過，不論地理學者係如何自科學史與STS研究中汲取理
論資源，我認為關鍵是如穆勒在前引文章中指出的，要讓地理學
與ANT（或STS研究中的其他分支）間的交流不至於三心兩意，
研究者有必要在分析中夾雜眾多ANT術語前，清楚說明這些紛雜
的ANT術語到底反映怎樣的理論預設——否則ANT在地理學研
究中的風行難以以「對話」稱之，不過只是地理學另一回就新奇
或流行之社會科學理論的「採借」而已。

　　從1980年代的梅爾抱怨地理學者對孔恩典範說的引用並非
什麼「可驕傲」的事。[121]至今，地理學與科學史、STS的對話已
逾30年。本文試著梳理這段歷史，並據此提出本地研究者在理
論與經驗上可資介入之處。就歐美地理學界而言，雖說這樣的
對話未能如古格里期待地找出地理學者間「共享的工作與思考
習慣」，[122]它的確如利文斯通所說的避免讓「地理學的過去與未

119　我認為華特摩的主要貢獻即在結合非再現理論與ANT；Sarah Whatmore, *Hybrid Geogra-phies*；關於政治生態學與STS的結合，見Mara J. Goldman, Paul Nadasdy, and Matthew D. Turner eds., *Knowing Nature: Conversations at the Intersection of Political Ecology and Science Studies* (Chicago: University of Chicago Press, 2011).

120　試圖結合ANT與社會世界理論的重要研究見Karin Garrety, "Social Worlds, Actor-Networks and Controversy: The Case of Cholesterol, Dietary Fat and Heart Disease," *Social Studies of Science*, 27: 5 (1997), 727-773; 社會學者林文源晚近的著作則對此做出重要突破，見林文源，《看不見的行動能力》。

121　Andrew Mair, "Thomas Kuhn and Understanding Geography," 363.

122　Derek Gregory, "A Geographical Unconscious: Spaces for Dialogue and Difference," 184.

來」被「派系的辯護士」所把持。[123] 但這樣的對話是否象徵著地理學的另一回「出走」（excursion）？或許是的──但這就如鮑威爾在其回顧文章裡指出的，這樣的出走帶回來的卻是對各地理學傳統之間連繫的嶄新理解──而該連繫「正提供了當代地理學中最為創新的工作」（connections across geographical traditions are providing for some of the most innovative work in contemporary geography）。[124]

我認為鮑威爾的結語亦可供臺灣地理學者參考──甚至，如我在前述段落中主張的，鮑威爾所稱的「出走」事實上還可走得更遠。該如何以細緻的在地研究豐富地理學與STS間的對話，從而提供「當代地理學中最為創新的工作」，或許是臺灣地理學者的施力與使力之處。

123　David N Livingstone, *The Geographical Tradition*, 358.
124　Richard C. Powell, "Geographies of Science," 324.

新史學之再維新
中國醫療史研究的回顧與展望 (2011-2017)

皮國立

前言

　　一門學術從開創到延續，乃匯集個人、乃至眾人學術成果之積累，始能從涓涓細流匯集成汪洋大海、浩瀚興盛。中國醫療史的研究，從1990年代初開始，至今已成為臺灣本土歷史學門中最有成果的一支。一直以來，受到東亞乃至世界醫學史學界的重視，相關研究成果的回顧已有學者分析、梳理；[1]當中也包括筆者寫過一些有關醫療史的相關研究回顧，[2]並曾於專書內進行過相關

---

1 杜正勝，〈另類醫療史研究20年：史家與醫家對話的臺灣經驗〉，《古今論衡》，第25期（2013），頁3-38。另可參考陳秀芬，〈醫療史研究在台灣（1990-2010）：兼論其與「新史學」的關係〉，《漢學研究通訊》，第2卷3期（2010），頁19-28。另外有關醫療史領域研究在臺灣的發展，教學與社群運作模式，可參考李貞德的補充：〈疾病、醫療與文化專輯導言〉，《漢學研究》，第34卷3期（2016），頁1-7。有關中國大陸醫療社會史和衛生史的研究，余新忠做出不少耕耘和努力，他對中西歷史學界的衛生史研究回顧也很詳盡，可參考余新忠，《清代衛生防疫機制及其近代演變》（北京：北京師範大學出版社，2016），頁1-35。還有從宏觀醫療史研究視角出發的分析，參考劉士永，〈由庶而嫡：廿一世紀華人醫學史的重現與再釋〉，劉士永、皮國立主編，《衛生史新視野：華人社會的身體、疾病與歷史論述》（臺北：華藝學術出版，2016），頁2-42。

2 陸續見諸皮國立，《近代中醫的身體與思想轉型：唐宗海與中西醫匯通時代》（北京：生活‧讀書‧新知三聯書店，2008），頁13-36。以及皮國立，〈探索過往，發現新法：兩岸近代中國疾病史的研究回顧〉，《臺灣師大歷史學報》，第35期（2006.6），頁251-278。皮國立，

分析，已見諸筆述的，即不在本文重複。[3]但最近幾年的動向乃至新成果，則還未有一專文加以分析。學術成果靠累積，延續學術生命則需要不斷的創新，是以本文擬依據近6年（2011年至2017年）的中國醫療史著作為分析範圍，[4]希望能從研究回顧中，既書寫這門學術的歷史，也為整個研究的創新，提供一些個人的觀察與建議，希望能對未來的研究者有所助益。當然，學術研究之回顧，還是必須要有主體性，故先以臺灣為主、擴展至東亞，再及於西方，比較能夠聚焦，不致流於泛泛之論或無根之談。

　　還必須加以說明與界定，「中國醫療史」範圍是跨越朝代的通貫歷史研究分析，以一篇文章來論述已嫌吃力。中國以外東亞其他國家的醫療史，礙於篇幅，無法一一細論。至於臺灣的醫療史研究，有不少是基於臺灣史為出發的分析，也很有意義，但基本上本文還是以中國醫療史為主，臺灣醫療史還有待另文梳理，除作為說明的舉例外，不宜摻雜進正文論述，以免模糊焦點。[5]此外，近年來科技與社會（STS）研究的興盛，在臺灣醫療史的研究上成為不可忽略的一支生力軍，有興趣者宜多加關注，[6]本文礙

《「氣」與「細菌」的近代中國醫療史：外感熱病的知識轉型與日常生活》（臺北：國立中國醫藥研究所，2012），頁1-38。

3 皮國立，《國族、國醫與病人：近代中國的醫療和身體》（臺北：五南圖書出版股份有限公司，2016），頁2-15的回顧。

4 部分研究成果，也拓展至2018。

5 對於醫療史方面的全球轉向，蔣竹山也有累積長期的關注。他希望藉由從文化轉向及全球視野的研究取向，來檢視近代東亞醫療史研究的書寫特色，他在研究中也持續關注臺灣醫療史和文化史的研究動向。可參考蔣竹山，〈「全球轉向」：全球視野下的醫療史研究初探〉，《人文雜誌》，第10期（2014），頁84-92。以及氏著，〈文化轉向與全球視野：近代東亞醫療史研究的再思考〉，「2014-2015臺灣史研究的回顧與展望」學術研討會（臺南：國立臺灣歷史博物館，2016.12.9-10）。

6 臺灣的STS社群相當活躍，除了期刊文章外，他們也出版不少讀本，致力推展相關的研究與知識，例如盧孳豔、蔣欣欣、林宜平編，《護理與社會：跨界的對話與創新》（臺北：群學出版有限公司，2011）。

於篇幅，無法面面俱到，故還是以歷史學門為主，這個部分也無法一一詳述，只能另待方家著墨。

一、既有研究領域之維持與擴展

不論何種主題之研究，如果本土學者或社群間彼此都不閱讀、不關注，遑論進一步成果積累之意義。做研究是為了什麼？學者該如何期待「人文知識」的可能性，從平行的到由上至下的來擴散知識的影響力？我們太重視國際影響力而忽略在地化脈絡的閱讀和日常最貼近生活的人文思考，探討這些研究成果對我們的生命或閱讀經驗有著什麼樣的意義，這是值得我們不斷尋找、反思的課題。

不能忽略臺灣幾位長年致力於醫療史的第一代學者，近年來持續有新作品問世。例如林富士近年雖將研究轉移到數位人文的開發與研究，但仍有古代祝由和檳榔文化、健康的相關論文，從宗教史跨界到食品衛生與文化之研究，[7]他關注人民的小歷史，認為史家必須為底層人民發聲，而不能只關注上層菁英和國家的歷史。[8]李貞德則持續耕耘她的性別、醫療與健康，並將研究視野從她原本的中國中古時代轉移到了近代中國

---

7 林富士，〈「祝由」釋義：以《黃帝內經・素問》為核心文本的討論〉，《中央研究院歷史語言研究所集刊》，第83本第4分（2012），頁671-738；（以下同作者省略）〈中國的「巫醫」傳統〉，收入中央研究院歷史語言研究所生命醫療史研究室主編，《中國史新論・醫療史分冊》（臺北：中央研究院、聯經出版事業股份有限公司，2015），頁61-150；〈試論影響食品安全的文化因素：以嚼食檳榔為例〉，《中國飲食文化》，第10卷1期（2014），頁43-104；〈檳榔與佛教：以漢文文獻為主的探討〉，《中央研究院歷史語言研究所集刊》（2017年待刊）。

8 這樣的關懷可參考林富士，《小歷史：歷史的邊陲》（臺北：三民書局股份有限公司，2018增訂版）。

和臺灣，探討西方生理學進入東亞性別知識體系中的議題。[9]祝平一則探討清代傳統中醫的疾病史和生理學上之諸般論爭。[10]李建民這幾年致力於中醫外科史之研究，[11]自2011年從較通俗的著作著手，一直到2016年研究匯整的《從中醫看中國文化》、2018年《近世中醫外科「反常」手術之謎》等專著問世，[12]皆可看出其努力的軌跡；近幾年的論文，也大體展現了這些面向。[13]金仕起則關切外科與乳癰、性別的問題，對傳統醫書文獻進行不少梳理。[14]此外，不一定完全從中國本土的視角出發，李尚仁基於

9 李貞德，〈臺灣生理衛生教育中的性、生殖與性別（1945-1968）〉，《近代中國婦女史研究》第22期（2013），頁65-125；〈二十世紀前半中國生理衛生教育中的性、生殖與性別〉，收入祝平一主編，《第四屆國際漢學會議論文集・衛生與醫療》（臺北：中央研究院，2013），頁101-155。

10 祝平一，〈清代的痧：一個疾病範疇的誕生〉，《漢學研究》，第31卷3期（2013），頁193-228；〈疫病、文本與社會：清代痧症的建構〉，收入中研院史語所生命醫療史研究室主編，《中國史新論・醫療史分冊》（臺北：中央研究院・聯經出版事業股份有限公司，2015.6），頁387-430。以及祝平一，〈方寸之間：天主教與清代的心、腦之爭〉，《漢學研究》，第34卷3期（2016），頁119-159。最新的研究則收入梁其姿主編的論文集內："Sex in School: Educating the Junior High Students in Early Republican China," in Angela Ki Che Leung and Izumi Nakayama, eds., Gender, Health and History in Modern East Asia (Hong Kong: Hong Kong University Press, 2017), pp. 61-91.

11 此指李建民，《華佗隱藏的手術：外科的中國醫學史》（臺北：東大圖書公司，2011）；李建民，《從中醫看中國文化》（北京：商務印書館，2016）。

12 李建民，《近世中醫外科「反常」手術之謎》（臺北：三民書局股份有限公司，2018）。

13 李建民，〈明代《外科正宗・救自刎斷喉法》考釋〉，《九州學林》，第32期（2013），頁97-113；〈中醫近世外科「反常」手術之謎：中醫為什麼沒有「手術」傳統〉，《大韓韓醫學原典學會誌》，第26卷4期（2013），頁155-179；〈中國明代の縫合手術〉，《千葉大學人文社會科學研究》（日本），第28期（2014），頁278-294；〈「醫古文」與醫學史〉，《中醫藥文化》，第3期（2014），頁24-25；〈中醫外科為什麼不動手術？〉，《韓國醫史學會誌》（慶熙大學），第28卷2期（2015），頁121-138；〈被忽視的中醫手術史〉，《南京中醫藥大學學報》，第17卷1期（2016），頁9-13；〈「羊矢」之謎與中醫肌肉的身體觀〉，《中醫藥文化》，第11卷3期（2016），頁4-12；〈清代手抄本《瘍醫探源論》考釋〉，《九州學林》第37期（2016），頁153-190。

14 金仕起，〈中國傳統醫籍中的乳癰、性別與經驗〉，《國立政治大學歷史學報》，第47卷1期（2017），頁1-74。

對西方醫學史的嫻熟與殖民醫學理論之深入，[15]除近年出版一本重量級的學術專著外，[16]還有軍事醫療的論文，[17]並對一些醫療史和科技史的書進行翻譯和校訂的工作，[18]這種貢獻可能對整個醫療科技史的普及是必要的，但卻少有人加以重視；而且李的跨國研究視野與思路，在臺灣乃至東亞恐怕都是比較缺乏的。

張哲嘉的研究，這幾年集中在法醫史、[19]清宮醫療、[20]中日解剖學名詞和知識轉譯等相關論題。[21]雷祥麟則出版了在醫史學界頗受好評的 *Neither Donkey Nor Horse: Medicine in the Struggle over China's Modernity*（非驢非馬：醫療與中國現代性之爭），[22]他也關心新生活運動中的衛生、家庭問題，並拓展至跨區域性

---

15 李尚仁，〈晚清來華的西醫〉，收入中央研究院歷史語言研究所生命醫療史研究室主編，《中國史新論・醫療史分冊》（臺北：中央研究院、聯經出版事業股份有限公司，2015），頁527-571。

16 李尚仁，《帝國的醫師：萬巴德與英國熱帶醫學的創建》（臺北：允晨文化實業股份有限公司，2012）。

17 李尚仁，〈英法聯軍之役中的英國軍事醫療〉，《中央研究院歷史語言研究所集刊》，第82本第3分（2011），頁533-575。

18 例如李尚仁，〈現代世界的物質史：《老科技的全球史》中譯本導言〉，收入其翻譯之《老科技的全球史》（*The Shock of the Old: Technology and Global History since 1900*）（新北：左岸文化，2016），頁9-34。

19 張哲嘉，〈清代檢驗典範的轉型：人身骨節論辨所反映的清代知識地圖〉，收入生命醫療史研究室編，《中國史新論：醫療史分冊》（2015），頁431-473。

20 Chang Che-chia, 2015, "The Qing Imperial Academy of Medicine: Its Institutions and the Physicians Shaped by Them", *East Asian Science, Technology, and Medicine, 41*, 63-92.

21 張哲嘉，〈逾淮為枳：語言條件制約下的漢譯解剖學名詞創造〉，沙培德、張哲嘉編，《近代中國新知識的建構》（臺北：中央研究院，2013），頁21-52；〈《重訂解體新書》譯詞的改訂與方法〉，鈴木貞美、劉建輝編，《東アジアにおける知的交流：キイ・コンセプトの再　討》（京都：國際日本文化研究センター，2013），頁225-235；〈《重訂解體新書》對三譯原則的運用〉，黃自進編，《東アジア世界における日本と臺灣》（臺北：中央研究院人文社會研究中心，2013），頁41-64；〈『全體新論』と『解體新書』の漢字醫學術語について〉，鈴木貞美、劉建輝編，《東アジアにおける近代諸概念の成立》（京都：國際日本文化研究センター，2012），頁173-178。

22 Sean Hsiang-lin Lei, *Neither Donkey Nor Horse: Medicine in the Struggle over China's Modernity* (Chicago and London: University of Chicago Press, 2014).

的衛生觀念對比。[23]雷的研究，其實反映了這幾年研究近代中醫史的熱潮，[24]並賦予醫療與現代國家建構的對照視角。另一本英文著作是吳章（Bridie Andrew）的 *The Making of Modern Chinese Medicine, 1850-1960*，[25]相較於吳章之專注於中醫為何與如何現代化，雷祥麟則認為「現代化」概念事實上是民國中醫的一個「發明」，在此意義下的「新中醫」，既不傳統又不現代，但卻為之提供了一個遊移的生存、解釋空間。皮國立則從中醫自身的轉型出發，探討傳統中醫在受到細菌學衝擊後，如何展開新的論述，近來還探討1918年大流感在中國的流行病史與社會應對之狀況，[26]並關注新式西方藥品的誕生與傳統中醫的回應與對比。[27]許多近代中醫史的研究，皆可視為探索近代國家各種新發展、新嘗試之一環，在政治、軍事、科技等層面，無不面臨新的轉型，醫療史的研究補充了過去的空白，用醫療和衛生的視角來重新審視近代中國歷史的轉型，已內化成中國近代史研究的一部分。劉

---

23 雷祥麟，〈習慣成四維：新生活運動與肺結核防治中的倫理、家庭與身體〉，《中央研究院近代史研究所集刊》，第74期（2011），頁133-177。雷還以吐痰一事為例，對比了幾個地區的反吐痰運動，在追求抑制肺結核傳播的相同目標中，卻走上了反向的歷史道路。參考雷祥麟，〈以公共痰盂為傲？香港、紐約與上海的反吐痰運動〉，《中央研究院近代史研究所集刊》，第98期（2017），頁1-47。

24 最近總結性的著作，還有朱建平、張伯禮、王國強，《百年中醫史》（上海：上海科學技術出版社，2016）。

25 Bridie Andrews, *The Making of Modern Chinese Medicine, 1850-1960* (Vancouver: UBC Press, 2014).

26 皮國立，《氣與細菌的近代中國醫療史：外感熱病的知識轉型與日常生活》，前揭書。以及〈民國疫病與社會應對：1918年大流感在京、津與滬、紹之區域對比研究〉，《新史學》，第27卷4期（2016），頁57-107。

27 皮國立，〈從「補腎」到「荷爾蒙」療法：民國時期新式抗病技術與日常生活〉，《醫療社會史研究》第3輯（2017），頁32-77。氏著，〈當中醫遭遇荷爾蒙：中醫臟器療法（1920-1949）〉，《新亞學報》第35卷（2018），頁1-54。氏著，〈當「營養」成商品：維他命在近代中國（1920-1931）〉，收入劉維開主編，《1920年代之中國》（臺北：政大出版社，2018），頁345-371。

士永雖然主要研究臺灣史，但臺灣史和中國醫療史還是有匯通之處，因為臺灣的中醫問題，有一部分還是中國近代醫療史問題的延續，[28]像是中西醫結合問題，[29]而且劉氏已將視角擴展至東亞醫療史，除了對日本醫療史有相關的研究外，[30]也持續關注醫療衛生史研究在近代東亞的進程，其研究還包括衛生防疫在中國、[31]戰爭與救護等方面，[32]這幾年都有不少論著產出。

　　近代以外的專題研究，臺大的張嘉鳳近年來都在古代幼兒醫療史的領域耕耘，[33]最近幾年她藉著《折肱漫錄》的作者黃承昊（1576-1650）之長期紀錄，來考查其兼具病人、文人與醫者的醫病經驗；論文中也呈現了晚明江南士大夫日常生活的一些情況，並反映當時的醫療環境與醫療市場之特色，[34]最近則有古代「太素脈」的史學研究。[35]邱仲麟長年在明代社會文化史努力耕耘，近年來關懷的領域拓展到環境史，但是他仍有關於醫病關係、醫療

28 劉士永，〈延續或斷裂？1940-50年代臺灣的公共衛生〉，范燕秋編，《多元鑲嵌與創造轉化：臺灣公共衛生百年史》（臺北：遠流出版事業股份有限公司，2011），頁100-170。

29 劉士永，〈戰後臺灣中西整合醫學發展的躓踵：以杜聰明與楊思標為例〉，《中醫藥雜誌》，第24期（2013），頁111-122。

30 劉士永，《武士刀與柳葉刀：日本西洋醫學之接納與開展》（臺北：國立臺灣大學出版中心，2012）。

31 Michael Shiyung Liu, "Epidemic Control and Wars in Republican China (1935-1955)", *Extrême-Orient, Extrême-Occident*, 37(2014), 111-140；〈Continuity or Discontinuity: Modern Public Health in 1940-50s China〉，祝平一編，《第四屆國際漢學會議論文集‧衛生與醫療》，頁213-232。

32 劉士永，〈戰時中國的傳道醫療：抗戰時期美國醫藥援華局（ABMAC）試探〉，收入黃文江、張雲開、陳智衡編，《變局下的西潮：基督教與中國的現代性》（香港：建道神學院，2015），頁285-304。

33 張嘉鳳，〈黃帝不能察其幼小：宋清之間小兒醫的自我認同與社會定位〉，《新史學》，第24卷1期（2013），頁1-58。張嘉鳳，〈隋唐醫籍中的小兒病因觀試探〉，《臺大文史哲學報》，第77期（2012），頁199-236。

34 張嘉鳳，〈愛身念重：《折肱漫錄》中文人之疾與養〉，《臺大歷史學報》，第51期（2013），頁1-80。

35 Chia-Feng Chang, "Medicine and Prognostication: A Case Study on the Taisumai Pulse-Taking Technology in Pre-modern China", *Nova Acta Leopoldina,* 414 (2017), 113-121.

社會史的論文刊行。[36]蔣竹山則延續其藥品和物質、消費文化的視角，修改並出版他早年對人參史的研究，並從身體、習俗和物質文化及其交流的視角出發，來探討明清社會文化的發展。[37]此外，精神病學史是不能忽略的一塊，王文基在近代中國的心理學和「神經衰弱」之病史有較為深刻的耕耘，而且他注意到：現代心理學和精神病學的診斷雖然是一國際性的產物，但受到中國政治和社會文化之影響，而被轉譯為各種不同的風貌，它有助於我們理解現代醫學在中國發展的不同思路。[38]陳秀芬則在古代的情志疾病與醫療史的領域持續耕耘，近年的論述範圍還擴及至金元、明等朝代，[39]最新的成果則涉及了《本草綱目·人部》之討論。[40]

總體而言，在臺灣內的中國醫療史研究依舊持續蓬勃發展，但值得改進之處仍有不少。余新忠曾在新著的前言談到臺灣醫療史的研究，指出：

36 邱仲麟，〈醫資與藥錢：明代的看診文化與民眾的治病負擔〉，收入中研院史語所生命醫療史研究室主編，《中國史新論·醫療史分冊》，頁337-385。以及氏著，〈明代以降的痘神廟與痘神信仰〉，《中央研究院歷史語言研究所集刊》，第88本第4分（2017），頁785-915。

37 蔣竹山，《裸體抗砲：你所不知道的暗黑明清讀本》（臺北：蔚藍文化出版股份有限公司，2016）。以及蔣竹山，《人參帝國：清代人參的生產、消費與醫療》（杭州：浙江大學出版社，2015）。

38 王文基，〈心理的「下層工作」：《西風》與1930-1940年代大眾心理衛生論述〉，《科技，醫療與社會》，第13期（2011），頁15-88。以及Wen-Ji Wang , 'Neurasthenia and the Rise of Psy Disciplines in Republican China,' *East Asian Science, Technology and Society: An International Journal* 10.2 (2016), 141-160.以及王文基，〈瘋狂、機構與民國社會〉，載於劉士永，王文基編，《東亞醫療史：殖民，性別與現代性》（臺北：聯經出版事業股份有限公司，2017），頁77-98。

39 陳秀芬，〈「診斷」徐渭：晚明社會對於狂與病的多元理解〉，《明代研究》，第27期，頁71-121；〈情志過極，非藥可癒：試論金元明清的「以情勝情」療法〉，《新史學》第25卷1期（2014），頁1-50。

40 陳秀芬，〈從人到物：《本草綱目·人部》的人體論述與人藥製作〉，《中央研究院歷史語言研究所集刊》，第88本第3分（2017），頁589-641。

其成員大多具有西方留學經歷，而且很多為研習科學史出身，思維活躍，選題新穎，十分契合當今國際學術發展潮流。其研究成果對引領當前華人學界衛生史、醫療史乃至社會文化史的發展方向，無疑頗具意義。不過作為一個研究群體，雖然有比較接近的研究旨趣，但關注的問題實際上差別甚大，故而研究也多少顯得零散而缺乏系統性。而且除梁其姿等少數人外，大多都對中國傳統社會缺乏關注，他們探討的也多為晚清特別是20世紀以後與西方或日本關係特別密切的問題，故而對於比較系統地了解中國近世社會衛生機制及其近代轉變，仍難免有諸多不能令人滿意之處。[41]

余氏所言頗為中肯，對臺灣整體醫療史研究，他抱持正面肯定的態度，但也指出了臺灣在中國醫療史研究主題上的零散與缺乏系統性；此外，研究成果過於偏重東亞、殖民、西方等幾個外來元素，而對中國傳統社會層面缺乏梳理。而余氏本身的關懷，特色在於他可以擺脫多數視「衛生」為通往現代化必經歷程的單調論述，深入中國近世基層社會，討論「衛生」觀念演變和具體制度之建立，例如檢疫、用水、處理糞穢等可能的新式機制，並揭示其有別於西方道路的特殊存在。[42]

---

41 余新忠，《清代衛生防疫機制及其近代演變》，頁17。

42 這幾年以探討「衛生」為主體的各方面新書，還有劉士永、皮國立主編，《衛生史新視野：華人社會的身體、疾病與歷史論述》，前揭書；祝平一主編，《健康與社會：華人衛生新史》（臺北：聯經出版事業股份有限公司，2013）。而雖然與中國研究關係比較少，但臺灣學者還是在東亞衛生、教育與健康問題進行研究，探討近代東亞地區促使民眾健康觀改變的種種因素。例如范燕秋編，《多元鑲嵌與創造轉化：臺灣公共衛生百年史》，前揭書。以及前述劉士永，〈公共衛生（Public Health）：近代華人社會裡的新興西方觀念〉，收入祝平一編，《健康與社會：華人衛生新史》，頁9-40。

　　筆者淺見認為，過去臺灣的中國醫療史研究在中研院歷史語言研究所第一代學者的努力下，所辦的研討會和研究主題，多是一種「集眾式」成果的展現。[43]只是近幾年的研究成果，大多是學者舊著整合過後的論文集，不同時期、不同關切主題的論文一起納入，雖感成果豐碩，但顯然研究主題聚焦不足。[44]當初「從醫療看中國史」的目標，筆者仍認為非常有意義，如何讓「醫療」成為解釋中國史的一種方法和視角？在研究上應力求突破，在實際的教學現場中也是如此，這個目標尤難落實，目前所見在臺灣的中國醫療史之開課模式，多以專題為導向，較缺乏通貫式的解釋，還有待進一步開發；加上少子化衝擊，各人社類研究所之招生普遍出現問題，導致史學專題研究更加不易積累。而且歷史系的教學仍是斷代史思維，缺乏專題歷史討論之縱深，未來將如何延續、深化醫療史研究之成果，值得史學界深思。

　　為此，本文也稍微談一下醫療史的通史著作，可作為補充中國總體史之一助的專著，在這幾年也有不少進展。它們大概牽涉到梳理中醫概念、思想之介紹和技術演變的歷史脈絡，[45]這些中醫思想與概念之研究，和西方學界的關注是相通的。[46]還有包括針灸、[47]藥物、[48]醫政在內，[49]也是這幾年較有成果的研究主題，

43 皮國立，《「氣」與「細菌」的近代中國醫療史：外感熱病的知識轉型與日常生活》，頁9-11。

44 中研院史語所生命醫療史研究室主編，《中國史新論‧醫療史分冊》，前揭書。

45 TJ Hinrichs and Linda Barnes, (ed.), *Chinese Medicine and Healing: An Illustrated History* (Cambridge, Mass. : Belknap Press of Harvard University Press, 2013). 程雅君，《中醫哲學史（第三卷）明清時期》（四川：巴蜀書社，2015）。

46 Scheid, Volker, 'Holism, Chinese Medicine and Systems Ideologies: Rewriting the Past to Imagine the Future', in Angela Woods, and Anne Whitehead (eds), *The Edinburgh Companion to the Critical Medical Humanities* (Edinburgh: Edinburgh University Press, 2016), 66-86.

47 馬繼興，《針灸學通史》（長沙：湖南科學技術出版社，2012）；小曽戶洋，天野陽介著，

而不少偏向通俗的著作，此處不多論。值得一提的是，醫療史有時仍被放在科學技術史的脈絡中來談，例如江曉原主編的五卷本《中國科學技術通史》，希望能在可讀又具有學術性的前題上，在當代展現不斷修新史的企圖。江氏指出：今世修史，自然有別於前代。今日讀史，所見所思，亦必與前代讀者不同，這是科技史也不斷需要重寫的原因。該書有關醫學的部分，主要由廖育群和張大慶撰寫，包括在《中國科學技術通史‧源遠流長》內，廖育群撰寫的「從簡帛醫籍到經典成立」；以及《中國科學技術通史‧正午時分》內的「醫學流派與理論學說」、「藥物知識與本草學的發展歷程」和「宋慈、《洗冤集錄》與司法檢驗體系」等篇目。《中國科學技術通史‧舊命維新》則偏重清代以來的科技史，內中相關篇章主要由張大慶、熊衛民等撰寫，包括有「鼠疫防治：中國公共衛生的開端」、「北京協和醫學院與中國現代醫學發展」、「結晶牛胰島素的人工全合成」等篇章，但比較可惜的是較缺乏近代中西醫匯通與衝撞的部分。[50]總體雖有新意，但若以貫通的目的而論，還是偏於專題式的通史；對比羅婉嫻的《香港西醫發展史1842-1990》，則是近年出版探討一地通貫式醫學史的佳作。[51]以上兩種通史的寫法，一重專題探究、一重通貫敘事，可謂各有特色。

《針灸の歴史：悠久の東洋医術》（東京都：大修館書店，2015）。

48 小曽戸洋，《新版　漢方の歴史》（東京都：大修館書店，2014）。

49 李燦東，《中醫醫政史略》（北京：中國中醫藥出版社，2015）。

50 江曉原主編，《中國科學技術通史》（上海：上海交通大學出版社，2015），頁1-2。

51 羅婉嫻，《香港西醫發展史1842-1990》（香港：香港中華書局，2019）。

二、近年研究趨勢分析

　　若探討近年來中國醫療史研究的趨勢，用傳統的斷代來分析，無疑是近現代領域的研究成果最豐碩，這當然與史料多寡有正面的關係。秦漢的醫療史，必須依賴出土簡牘的解析才能做更進一步的探究，這幾年有不少彙整的資料出現，值得關注。[52]中古時期的醫療史，大概還是以宗教醫療的探討為最多，[53]而這樣的現象一直延續到唐宋時期，宗教與醫療、醫者之間的關係，還是非常受到研究者的重視，席文（Nathan Sivin）的 *Health Care in Eleventh-Century China*，[54]恰可說明西方學者對這類議題的重視。而唐宋以來的醫療史，比較受矚目的成果，多集中在醫藥交流史[55]、醫政[56]與醫書的刊刻與知識生產、[57]疾病[58]等幾個重要的主題上，宗教與外來文化的影響，對這個時代的影響是相當顯著的，陳明《敦煌的醫療與社會》一書，大體展現了該時代醫療社會史的發展特色。[59]

　　明清以來的醫療史研究，梁其姿、祝平一、余新忠、蔣竹山、陳秀芬等人，自是重要的研究者；到近代以後，研究就更多了，本文無法一一分析，大概還是以主題來分類，談幾個比較

---

52 詳後文。

53 C. Pierce Salguero, *Translating Buddhist Medicine in Medieval China* (Philadelphia: University of Pennsylvania Press, 2014).

54 Nathan Sivin, *Health Care in Eleventh-Century China* (Cham, Switzerland : Springer, 2015).

55 陳明，《中古醫療與外來文化》（北京：北京大學出版社，2013）。

56 韓毅，《政府治理與醫學發展：宋代醫事詔令研究》（北京：中國科學技術出版社，2014）。

57 范家偉，《北宋校正醫書局新探》（香港：香港中華書局，2014）。

58 于賡哲，《唐代疾病醫療史初探》（北京：中國社會科學出版社，2011）以及韓毅，《宋代瘟疫的流行與防治》（北京：商務印書館，2015）。

59 陳明，《敦煌的醫療與社會》（海口：南海出版公司，2018）。

熱門的研究論題。首先，傳統研究的累積恐怕還是不能忽略的。
東亞有一批傳統醫學文獻、歷史的研究者，不斷對既有的醫書文
獻進行解讀與彙整的工作。包括這些在內的許多作者都是臨床醫
師，從事臨床教學研究，多為「內史」出身的研究者；照杜正勝
的說法，他們做的才是「正統醫學史」，歷史學者寫的醫史，只
能稱「另類」。[60] 從這幾年來看，這類「正統」背景的研究者大
概比較喜歡將研究焦點放在「中國醫學流派與學說史」、[61]「醫學文
獻考證與編纂」、[62]「醫者傳記及思想研究」、[63]「醫學分科史」[64] 等四
大領域，因為這些面向與醫者實際的技術知識積累有關，這些主
題能將中醫的發展置入於歷史情境中，有助闡述、尋找其現代的
價值。當然，也有一些著作不一定從「內史」分析出發，而是著
重用國家社會或文化語境的因素，來探討專業科別建立的各類因

---

60 杜正勝，〈醫療、社會與文化：另類醫療史的思考〉，《新史學》，第8卷4期（1997），頁
143-171。

61 例如石岩，《中醫內科學術流派及各家學說》（北京：遼寧科學技術出版社，2015）；楊
殿興，《川派中醫藥源流與發展》（北京：中國中醫藥出版社，2016）；蔣熙德（Volker
Scheid），《孟河醫學源流論》（北京：中國中醫藥出版社，2016）。

62 這個部分的研究所帶來的新史料運用，後面還會談到，這裡僅舉幾個研究較好的例子：張曉
麗，《明清醫學專科目錄研究》（合肥：黃山書社，2011）；劉時覺，《中國醫籍續考》（北
京：人民衛生出版社，2011）；王育林，《四庫全書總目子部醫家類匯考》（北京：學苑出版
社，2013）；錢超塵，《宋本《傷寒論》文獻史論》（北京：學苑出版社，2015）；逯銘昕，
《宋代傷寒學術與文獻考論》（北京：科學出版社，2017）；真柳誠，《黄帝医籍研究》（東
京：汲古書院，2014）；浦山きか，《中國醫書の文獻學的研究》（東京：汲古書院，2014）。

63 張志遠，《中醫源流與著名人物考》（北京：中國醫藥科技出版社，2015）；夏有兵，《承
淡安研究》（南京：江蘇科學技術出版社，2011）；鞠寶兆，《清代醫林人物史料輯纂》（北
京：遼寧科學技術出版社，2013）；尹倩，《民國時期的醫師群體研究1912-1937：以上海
為討論中心》（中國社會科學出版社，2014）；楊叔禹，《清太醫院醫家研究》（北京：人民
出版社，2015）等等。

64 肖林榕主編，《中西醫結合發展史研究》（北京：北京科學技術出版社，2011）；中華中醫
藥學會編著，《中國中醫藥學科史》（北京：中國科學技術出版社，2014）；吳少禎，《中國
兒科醫學史》（北京：中國醫藥科技出版社，2015）；孫紹裘、孫達武，《中醫骨傷科發展
簡史》（北京：人民軍醫出版社，2015）。

素，特別是在法醫學和精神病學史上，都有專著來加以闡述，展現了醫療史跨領域的先進研究性格。[65]

中國因為幅員廣大，很多地方的醫學都非常有特色，故分區醫學史的研究成果也相當多，例如嶺南、[66]溫州、[67]浙江[68]等地域，以及一些城市的醫療衛生史研究，包括北京、[69]上海、[70]天津[71]等大城市的醫藥史，都有學者進行梳理。這類著作的特色可分兩種：一類是述說傳統的地區中醫藥史，另一類則是敘述西方知識對各地區現代公共衛生變遷影響的方方面面，乃近年衛生史論述的主軸。[72]在醫療與社團、機構史方面的研究也不少，這類著作多針對醫院、[73]醫療衛生有關之機構、[74]團體進行歷史研

65 Daniel Asen, *Death in Beijing: Murder and Forensic Science in Republican China* (Cambridge, United Kingdom: Cambridge University Press, 2016); and Howard Chiang (ed.) *Psychiatry and Chinese history* (London : Pickering & Chatto, 2014).在精神病學史的研究成果方面，臺灣還可提出具有醫學背景的巫毓荃，其研究雖偏重日本醫療史，但例如像是「神經衰弱」的疾病史，顯然可以被加入一個東亞疾病觀的對照研究，可參考Wu YC., "A Disorder of Qi: Breathing Exercise as a Cure for Neurasthenia in Japan, 1900-1945," *Journal of the History of Medicine and Allied Sciences* 71.3 (2016), 322-344. 此外，涵蓋社會學、人類學、科技與社會研究、醫學等跨領域的成果，則可參考蔡友月、陳嘉新主編，《不正常的人？台灣精神醫學與現代性的治理》（臺北：聯經出版事業股份有限公司，2018）；以及王文基、巫毓荃編著，《精神科學與近代東亞》（臺北：聯經出版事業股份有限公司，2018），是集結近年來東亞精神醫學史研究之綜合成果。

66 劉小斌，《嶺南醫學史》下冊（廣州：廣東科技出版社，2014）。

67 宮溫虹，《溫州中醫藥文化志》（北京：中國中醫藥出版社，2016）；劉時覺，《溫州醫學史》（北京：人民出版社，2016）。

68 朱德明，《自古迄北宋時期浙江醫藥史》（北京：中醫古籍出版社，2013）；謝紅莉，《浙江醫學史》（北京：人民衛生出版社，2016）。

69 杜麗紅，《制度與日常生活：近代北京的公共衛生》（北京：中國社會科學出版社，2015）。

70 張文勇、童瑤、俞寶英，《上海中醫藥文化史》（上海：上海科學技術出版社，2014）。

71 朱慧穎，《天津公共衛生建設研究（1900-1937）》（天津：天津古籍出版社，2015）。

72 日本新出的衛生史新著，大體也展現了這個趨勢：永島剛、市川智生、飯島涉編，《衛生と近代：ペスト流行にみる東アジアの統治・醫療・社会》（東京：法政大学出版局，2017）。

73 司徒惠康總纂，葉永文、劉士永、郭世清撰修，《國防醫學院院史正編》（臺北：五南圖書出版股份有限公司，2014）；甘穎軒，《全人醫治半世紀：香港浸信會醫院史》（香港：三聯書店有限公司，2015）。

究，[75] 還包括各種口述歷史資料。[76] 而除了口述或回憶文字外，這些著作大多秉持傳統的歷史書寫範例來進行，多展現一種現代化的進程與經營模式之展現。[77]

近代以來的醫療史，是發展最為蓬勃的，前述臺灣的狀況已可證明，若拓展到全球的中國醫療史研究，也是如此。研究成果大體展現在「中西醫療史」、[78]「戰爭醫療救護」[79] 和「疾病、藥品與物質文化」[80] 等三大方向，這幾年的研究成果相當豐碩。主軸大概可分為：從傳統中醫對自身之解釋和變遷為主體來分析醫療或疾病史；[81] 其中又不乏西方文化如何影響中醫，以及傳統中醫如何轉型成今日所呈現樣貌之研究。[82] 也有以新中國之政治、社會視角切入，解讀醫療或疾病防治的技術，[83] 特別是在疾病或藥品史的研究上，因為它們所涉及的，往往不是單純的醫療論述而已，背後常會牽涉複雜的社會、經濟、文化因素，很多

---

74 瑪麗・布朗・布洛克，《洛克菲勒基金會與協和模式》（北京：中國協和醫科大學出版社，2014）；Josep L. Barona, *The Rockefeller Foundation, public health and international diplomacy, 1920-1945* (London : Pickering and Chatto, 2015).

75 范鐵權，《近代中國科學社團研究》（北京：人民出版社，2011）；以及《近代科學社團與中國的公共衛生事業》（北京：人民出版社，2013）。

76 游鑑明、黃克武等訪問，《臺北榮民總醫院半世紀：口述歷史回顧（上、下篇）》（臺北：中央研究院近代史研究所，2011年）；定宜莊等著，《個人敘述中的同仁堂歷史》（北京：北京出版社，2015）。

77 蔡挺、鄭建軍、夏冠斌主編，《寧波華美醫院百年檔案》卷1（北京：商務印書館，2018）。

78 朱建平、張伯禮、王國強，《百年中醫史》，前揭書。

79 戴斌武，《抗戰時期中國紅十字會救護總隊研究》（天津：天津古籍出版社，2012）；葉永文，《中華民國軍醫教育發展史》（臺北：五南圖書出版股份有限公司，2013）。

80 岩間眞知子，《喫茶の歷史：茶藥同源をさぐる》（東京都：大修館書店，2015）。

81 沈偉東，《中醫往事：1910-1949民國中醫期刊研究》（北京：商務印書館，2012）。

82 Howard Chiang (ed.), *Historical epistemology and the making of modern Chinese medicine* (Manchester: Manchester University Press, 2015).

83 赤腳醫師運用西醫搭配中藥治療的研究，參考Xiaoping Fang, *Barefoot doctors and western medicine in China* (Rochester, N.Y.: University of Rochester Press, 2012).

舊的主題，都可以用新的視角切入，[84]甚至可以進行一種跨國的
比較研究。[85]而疾病史的研究趨勢，鼠疫、[86]痲瘋、[87]結核病、[88]
血吸蟲[89]等疾病，比較受到學界關注，韓嵩的 *Speaking of epidemics
in Chinese medicine: disease and the geographic imagination in late
imperial China*，[90]則是西方進年來探討明清疫病史的佳作。史密斯
（Hilary A. Smith）的 *Forgotten Disease: Illnesses Transformed in Chinese
Medicine* 則從中國醫學的經驗出發，希望擺脫西方醫學定義的問
題，重新審視中醫歷史上疾病的產生和詮釋問題；她擺脫西方的
視角，進入中醫典籍內的疾病來進行解讀，為中國疾病史之研究
打開一條不一樣的道路。[91]而相關疫病歷史的研究，今後可能要
加強對於歷史的空間論述與地理概念，目前大概以鼠疫受到比較
多的關注，而涉及生態或環境史視野與醫療史之結合，近年也有
不少新著，例如對血吸蟲病防治的歷史問題；而政治與防疫[92]常

---

84 有時瘟疫應對和衛生舉措，也會被放在災荒史或環境史中來理解，可參考焦潤明，《中國東
　 北近代災荒及救助研究》（北京：北京師範大學出版社，2011）、焦潤明，《清末東北三省鼠
　 疫災難及防疫措施研究》（北京：北京師範大學出版社，2011）；或是杜麗紅，〈清季哈爾
　 濱防疫領導權爭執之背景〉，《中央研究院近代史研究所集刊》，第78期（2012），頁122。

85 高家龍，《中華藥商：中國和東南亞的消費文化》（上海：上海辭書出版社，2014）。

86 班凱樂，《十九世紀中國的鼠疫》（北京：中國人民大學出版社，2015）。William Summers,
　 The great Manchurian plague of 1910-1911: the geopolitics of an epidemic disease (New Haven:
　 Yale University Press, c2012).

87 梁其姿，《痲風：一種疾病的醫療社會史》（北京：商務印書館，2013）。

88 戴志澄，《中國防癆史》（北京：人民衛生出版社，2013）。

89 施亞利，《江蘇省血吸蟲病防治研究（1949-1966年）》（合肥：合肥工業大學出版社，
　 2014）。

90 Marta Hanson, *Speaking of epidemics in Chinese medicine: disease and the geographic
　 imagination in late imperial China* (London; New York: Routledge, 2011).

91 Hilary A. Smith, *Forgotten Disease: Illnesses Transformed in Chinese Medicine* (Stanford:
　 Stanford University Press, 2017).

92 王小軍，《疾病、社會與國家20世紀長江中游地區的血吸蟲病災害與應對》（南昌：江西人
　 民出版社，2011）。施亞利，《江蘇省血吸蟲病防治研究(1949-1966年)》（合肥：合肥工業
　 大學出版社，2014）。袁理，《堤垸與疫病：荊江流域水利的生態人類學研究》（北京：中

是近代疾病史繞不開的主題，它們提供了現代化國家發展與演變的歷史圖景。[93]

　　其他從各個傳統角度來探索新視野的研究，也不斷推陳出新。從「身體」的意義來出發做研究，已不能算是新潮；[94]但從「身體、性別與國家」視角出發，以拓展身體之意義來探索中國歷史上的各種主題，賦予更豐富歷史意義的研究成果，則不斷推陳出新。例如從身體史的視野出發，黃克武出版新書《言不褻不笑：近代中國男性世界中的諧謔、情慾與身體》，[95]皮國立則出版《國族、國醫與病人：近代中國的醫療和身體》。[96]在性別與身體方面，探討女性衛生、[97]生育、[98]育兒、[99]美感、[100]健康[101]等幾個

國社會科學出版社，2014）。朱振球，《蘇州市阻斷鎮湖血吸蟲病流行防治史》（蘇州：蘇州大學出版社，2015）。萬振凡、萬心，《血吸蟲病與鄱陽湖區生態環境變遷(1900-2010)》（北京：中國社會科學出版社，2015）。

93 Miriam Gross, *Farewell to the god of plague: Chairman Mao's campaign to deworm China* (California : University of California Press, 2016).

94 余舜德，〈身體感：一個理論取向的探索〉，收入余舜德主編，《身體感的轉向》（臺北：國立臺灣大學出版中心，2015），頁1-36。以及劉宗靈，〈身體之史：歷史的再認識：近年來國內外身體史研究綜述〉，收入復旦大學歷史系等編，《新文化史與中國近代史研究》（上海：上海古籍出版社，2009），頁287-322。

95 關於身體史的研究回顧和介紹可參看黃克武，《言不褻不笑：近代中國男性世界中的諧謔、情慾與體》（臺北：聯經出版事業股份有限公司，2016），頁6-24。

96 皮國立，《國族、國醫與病人：近代中國的醫療和身體》，前揭書。

97 周春燕，《女體與國族：強國強種與近代中國的婦女衛生（1895-1949）》（臺北：國立政治大學歷史研究所博士論文，2012）。

98 中、英、日文都有重要的著作：趙婧，《近代上海的分娩衛生研究（1927-1949）》（上海：上海辭書出版社，2015）；Tina Johnson, *Childbirth in republican China : delivering modernity* (Lanham, Md.: Lexington Books, 2011); 姚毅，《近代中國の出産と国家・社会：医師・助産士・接生婆》（東京：研文出版社，2011）。

99 柯小菁，《塑造新母親：近代中國育兒知識的建構及實踐（1900-1937）》（太原：山西教育出版社，2011）。

100 孔令芝，《從《玲瓏》雜誌看1930年代上海現代女性形象的塑造》（臺北：稻鄉出版社，2011）。

101 游鑑明，《超越性別身體：近代華東地區的女子體育（1895-1937）》（北京：北京大學出版社，2012）。

層面的專著，這幾年有不少新成果問世。在臺灣史的視角中，同樣有不少學者注意到身體的轉型。[102] 這類研究取徑，還可透過對既有的成果和跨越地理、文化環境之延伸，作一擴大東亞歷史視野的一種對照。[103]

　　還有不少學者關心近代以來「知識生產、創造」的問題。張仲民在新著作《種瓜得豆：清末民初的閱讀文化與接受政治》內，延續過往的新文化史研究取向，關注清末民初的閱讀文化，特別在「淫書」（生理學）一章，以各種新知識為例，探討近代中國新知識與新概念是如何經由大眾傳媒與知識菁英的引介，被讀者閱讀和理解。此外，知識的傳播與解讀，牽涉到大眾傳播媒體生產知識的方方面面，[104] 在這當中的醫療史也非常精彩，包括報刊與書籍的各種研究與解讀，[105] 更牽涉藥品與健康知識的傳播[106]、性別與跨文化視角等各方面的議題。[107]

---

102 臺灣身體治理的重要著作，可參考呂紹理，《水螺響起：日治時期臺灣社會的生活作息》（臺北：遠流出版事業股份有限公司，1998）。

103 例如許佩賢，〈戰爭時期台灣健民運動的展開〉，收入范燕秋編，《多元鑲嵌與創造轉化：臺灣公共衛生百年史》，（臺北：遠流出版事業股份有限公司，2012），頁211-238。更全面的研究，可參考氏著，《殖民地臺灣近代教育的鏡像：1930年代臺灣的教育與社會》（新北：衛城出版，2015）。梅家玲，《從少年中國到少年台灣：二十世紀中文小說的青春想像與國族論述》（臺北：麥田出版社，2012），頁163-199。

104 張仲民有不少這方面的研究，例如有張仲民，〈晚清上海藥商的廣告造假現象探析〉，《中央研究院近代史研究所集刊》，第85期（2014），頁189-248。以及〈晚清中國身體的商業建構：以愛羅補腦汁為中心〉，收入《新史學（第5卷）：清史研究的新境》（北京：中華書局，2011），頁233-263。

105 黃克武，〈廣告與跨國文化翻譯：20世紀初期《申報》醫藥廣告的再思考〉，《翻譯史研究》，2輯（2012），頁130-154。

106 皮國立，〈中西醫學話語與近代商業論述：以《申報》上的「痧藥水」為例〉，《上海學術月刊》，第45卷1期（2013），頁149-164。吳詠梅，李培德主編，《圖像與商業文化：分析中國近代廣告》（香港：香港大學出版社，2014），則是關於近代中國廣告研究的論集，裡面也有收錄關於醫藥與身體觀的相關論文。Juanjuan Peng, "Selling a Healthy Lifestyle in Late Qing Tianjin: Commercial Advertisements for Weisheng Products in the Dagong Bao, 1902-1911," International Journal of Asian Studies, 9:2 (July 2012), 211-230.

107 陳熙遠、張哲嘉、周春燕等著，《交界與遊移：跨文史視野中的文化傳譯與知識生產》（臺

　　醫者和病人當然是很傳統的醫療史研究領域，但延伸出去的醫病關係與問題，進年來更因為紛紛擾擾的各種醫療糾紛而受人矚目。[108]龍偉的著作是中文學界第一本討論中國醫病糾紛的歷史著作；[109]幾年後，馬金生則在龍偉的基礎上更加深化，加入了病人的觀點，也將醫療糾紛的分析拓展至明清時期和民國中西醫界的對比。以上兩本著作交互參照，足資對近代西方醫療制度進入中國後，逐漸建立規範化和法制化一面的歷史，有更清楚的認識。[110]

三、新史料的開發、解讀與彙整

　　要開拓新研究，除了研究方法和視野必須有創新外，史料才是一切的根本，要靠著不斷發掘、整理、解讀新史料，基本功做好後，才容易有新的研究成果產出。古代疾病史的研究，因受限於資料，比較難以做深入或文化史的細部分析，但近年來也不斷因為新資料的出土、跨學科研究之加入，而有所進展。例如山西省出土有關先秦時期的墓葬，研究人員就用體質人類學、解剖學、病理學等角度來加以分析，發現這幾處墓葬的人群在牙科疾

　　北：麥田出版社，2016）。全書分為4部分，第1部分「知識生產與觀念轉型」中，張哲嘉的〈晚清時期日本旅人眼中的中國衛生與健康〉，分析晚清時期的中日文化交流，聚焦當時日本人解讀中國衛生與健康的情形。周春燕的〈胸哺與瓶哺：近代中國哺乳觀念的變遷（1900-1949）〉，則針對近代中國哺乳觀念的變遷，梳理西方以兒童為本位的觀念傳入中國後所產生的一系列對傳統哺乳方式之影響。

108 Alannah Tomkins, *Medical misadventure in an age of professionalisation, 1780-1890* (Manchester: Manchester University Press, 2017).

109 龍偉，《民國醫事糾紛研究1927-1949》（北京：人民出版社，2011）。

110 馬金生，《發現醫病糾紛：民國醫訟凸顯的社會文化史研究》（北京：社會科學文獻出版社，2016），頁6-27，有比較詳細的研究回顧可以參考。還有相關的研究成果，例如曾宣靜、林昭庚、孫茂峰，〈承擔抑或抗辯：醫者醫療刑事責任在民初之轉變（1912-1949）〉，《科技、醫療與社會》，第27期（2018），頁59-120。

病的發病率都超過新石器和青銅器時代；而骨關節炎類、包括退
化性、化膿、壞死的例子相當多。這類研究，可使我們對上古疾
病史和社會生活變化有更深一層的認識。[111]但筆者認為，還可強化
和傳世文獻中的疾病或日常生活史之連結，上古疾病史的研究，
可以看出當時社會與醫療的一些情況，特別在簡牘文字和醫學經
典之關係、養生思想和巫醫等主題上，都有新的研究成果。[112]

　　2012年7月至2013年8月，成都文物考古研究所和荊州文物
保護中心組成聯合考古隊，針對位於成都市金牛區天回鎮一代
的「老官山」西漢墓進行挖掘，該處墓葬內挖掘出約920餘支醫
簡，[113]經初步分析與整理，共整理出10種醫書，包括：《脈診》、
《六十病方》、《諸病》、《十二經脈》、《別脈灸經》、《刺數》、
《脈數》等書，並發現另一早期經穴人體模型。一般推測，這就
是扁鵲學派的醫學經典，相關的解讀還在初步整理階段，相信
會對古代醫學史的研究有所助益。[114]而這幾年還有相關的醫療文
獻出土與解讀，例如《新疆出土醫藥文獻集成》，包括自新疆考
古出土資料以及吐魯番出土文書、大谷文書、英藏、法藏、俄
藏的敦煌文獻等資料內，搜集整理出漢語和胡語的醫藥文獻，[115]

---

111 賈瑩，《山西浮山橋北及鄉寧內陽垣先秦時期人骨研究》（北京：文物出版社，2010），頁
　　197-226。較新的研究，則可參看張林虎，《新疆伊犁吉林台庫區墓葬人骨研究》（北京：
　　科學出版社，2016），第7章有關古代病理學之討論。
112 周聖塾，《戰國楚簡所見疾病的預防與治療研究》（重慶：西南大學碩士學位論文，
　　2012）；廖雲，《秦漢簡帛中所見疾病的預防與治療研究》（重慶：西南大學碩士學位論
　　文，2013）。
113 成都文物考古研究所，〈成都天回鎮老官山漢墓發掘簡報〉，四川大學博物館等編著，《南
　　方民族考古》（北京：科學出版社，2016），頁215-246。
114 梁繁榮、王毅，《揭祕敝昔遺書與漆人：老官山漢墓醫學文物文獻初識》（成都：四川科技
　　出版社，2016）。
115 王興伊、段逸山，《新疆出土醫藥文獻集成》（上海：上海科學技術出版社，2016）；相關
　　的新資料還有梁松濤，《黑水城出土西夏文醫藥文獻整理與研究》（北京：社會科學文獻出

應可對古代醫學史研究之創新，有所助益。同樣地，在近年的研究中，醫學文獻考證與編纂的成績也相當豐碩。如同上述，在上古醫學史方面，馬繼興的《中國出土古醫書考釋與研究》就頗具代表性。[116]在中古醫學方面，則有《英藏敦煌醫學文獻圖影與注疏》和《敦煌佛書與傳統醫學》可資參照。[117]這幾年甚至有一些少數民族歷史上醫藥文獻的匯整與解讀，對書寫「中醫」作為整體傳統醫學史的樣貌，或許可以有新的啟發。[118]在資料匯整方面，在近代醫學史的研究上是相對容易的，例如《中國近代中醫藥期刊匯編》、[119]《中國佛教醫藥全書》[120]等書的問世，都是超過百冊以上的資料匯整。最近余新忠還整理了一批近代醫學文獻，包括圖書和期刊百本以上，統編為《中國近代醫療衛生資料彙編》共30大冊，相信這些大部頭史料之出版，對中國近代醫療史的總體研究，具有一定的幫助與啟發性。[121]北京圖書館出版社也將晚清《海關醫報》重新出版，對研究海關檢疫、疾病控管的歷史，有所幫助。[122]值得注意的還有牛亞華主編的《樓芬室架書目錄》，[123]其實她已把研究中國醫療史學者范行準藏書中有關元明善本、孤本、稿本、抄本等目錄整理出來，並陸續加以出版，原

版社，2015）。

116 馬繼興，《中國出土古醫書考釋與研究》3冊（上海：上海科學技術出版社，2015）。

117 王淑民，《英藏敦煌醫學文獻圖影與注疏》（北京：人民衛生出版社，2012）；李應存，《敦煌佛書與傳統醫學》（北京：中醫古籍出版社，2013）。

118 例如陳海玉，《西南少數民族醫藥古籍文獻的發掘利用研究》（北京：民族出版社，2011）。

119 段逸山，《中國近代中醫藥期刊匯編》（上海：上海辭書，2012）。

120 釋永信、李良松，《中國佛教醫藥全書》（北京：中國書店出版社，2011）。

121 余新忠，《中國近代醫療衛生資料彙編（全30冊）》（北京：北京圖書館出版社，2018）。

122 哲瑪森，《海關醫報（全10冊）》（北京：北京圖書館出版社，2016）。

123 牛亞華主編，《樓芬室架書目錄》（北京：北京科學技術出版社，2017）。

稿都藏在中國中醫科學院，而今醫史文獻、資料的匯整出版，對
研究醫史的學者來說，無疑增加了不少便利性。

　　還有一些醫療史可以拓展的資料來源，例如在醫院與醫療
機構的歷史內，我們可以看到相關的新史料編輯[124]和口述歷史資
料的出版與應用，[125]研究者可以好好思索，[126]開拓新的論題。[127]
書籍史方面，例如新出版的《陳何女士助產學筆記》[128]和《1871-
1901馬偕日記》[129]，皆為新出的臺灣醫療史資料，筆者認為相關
的醫者（包括中西醫）、病患的口述歷史、回憶錄、日記等歷史
記憶的資料，都可以多多開發、整合，以拓展醫療史的整體研究
寬度。此外，近代以來相關檔案的整理與出版，也有助於醫療史
研究論題之開展。例如這幾年針對中日戰爭中的醫療、防疫、細
菌戰問題，就出版不少新著，例如《重慶大轟炸檔案文獻・財產
損失：文教衛生部分》，還有由中國哈爾濱市社會科學院731問
題國際研究中心出版的《侵華日軍第七三一部隊罪行實錄》，有
60本之多，包括了檔案、疫情分析、命令等報告資料數批，還

124　寧波市政協文史委員會編著，《甬商辦醫：寧波幫與近代寧波慈善醫院史料集》（寧波：寧
　　波出版社，2014）。
125　口述資料口述歷史方面，中研院近史所陸續出版了北榮總、中榮總、振興醫院院史、口述
　　訪問等等，皆可幫助我們了解戰後臺灣的醫療史，值得重視。除前面註腳有提到的，還有
　　游鑑明、呂妙芬等，《臺中榮民總醫院三十載：口述歷史回顧》3冊（臺北：中央研究院
　　近代史研究所，2014）；以及司徒惠康總纂，葉永文、劉士永、郭世清撰修，《國防醫學
　　院院史：耆老口述》（臺北：五南圖書出版股份有限公司，2014）。
126　劉士永，〈口述訪問醫界人物的一些感想〉，李向玉編，《眾聲平等：華人社會口述歷史的
　　理論與實務》（澳門：澳門理工學院，2013），頁318-332。
127　例如可從口述歷史談歷史人物與醫者的互動，參考皮國立，〈從口述歷史視野看兩蔣總統
　　的醫療與健康〉，《東吳歷史學報》，第35期（2016），頁107-145。
128　陳何原著，陳何女士助產學筆記解讀班校注，劉士永主編，《陳何女士助產學筆記》（臺
　　北：中央研究院臺灣史研究所、財團法人大眾教育基金會，2016）。另可參考劉士永，
　　〈近代台灣助產制度與《陳何女士助產學筆記》的研究價值〉，《陳何女士助產學筆記（中
　　文解讀版）》，頁6-17。
129　偕叡理，《馬偕日記1871-1901》（臺北：玉山社出版事業股份有限公司，2012）。

包括美國的相關調查和審訊紀錄，大體梳理了日本在戰時中國境
內的防疫、衛生工作和細菌戰問題。對戰爭史而言，它是新的資
料；若以醫療史的角度來看，這些出版物當然也可以視為初步的
資料工具，有助於拓展既有醫療史研究之視野，今後或許應該重
視相關醫療檔案的發現與整理，相信必能開發更多新的論題。

四、舊域維新的幾個方向與檢討

筆者常常在思考，醫療史研究的意義在哪裡？這不是隨便
亂問，而是對於自己做學術工作的一種反思與理想追尋的質問。
如果醫療史研究還只是單喊「為研究而研究」，筆者認為實難
以說服、適應現代的教育與學術發展的潮流。個人淺見以為，
首先，不論是中醫的傳統歷史或是西醫東漸史，都足以反映每
一個時期中國社會內的某些動態，亦即中國醫療史的研究，要
能夠帶給解讀整體中國史一些正面之助益，如此的研究成果，
才能走得長遠並受到關注。而無論是在醫療史的教學現場還是
培養研究人才，教授好的、有系統的知識，絕對是起跑的第一
步。筆者關注到了這幾年有非常多的醫學史主題論文集出版，
這類出版物在人文學領域應該被視為非常重要的成果，因為它
可以集合多數學者的研究成果，並於一本書內凝練精華、省去
繁瑣；甚至可以在一定的主題內，讓同一批學者盡情發揮，
減少過於專業而導致的知識零碎化的缺失。[130] 例如林富士、

---

[130] 進行適度修改是必要的，現在的論文集多沒有進行精煉，很多都是直接拿已刊的「期刊論
文」重刊一次，這是人文學者被理工醫科期刊評審制度綁死的悲哀，我認為這樣是把人文
學者好的研究給浪費了，對教學和啟發後進的意義不大。不是說發表在期刊上不好，而是
為了閱讀傳播，知識必須統整、淬鍊精華。這一點，人文學界仍不太重視其具有統整研究

¹³¹余新忠、¹³²祝平一¹³³等人主編的專題論文集,皆可為代表;雖然距離宏觀架構的解釋力,還有段距離,但這樣的努力不可或缺。以中研院史語所的「中國史新論」叢書的編纂為例,正如王汎森所言,最初(2008年)想要做一些「集眾式」的研究工作,從中也可以看出醫療史學者希望拓展醫療、社會與文化面向,在中國史領域內發揮其創新的解釋力。¹³⁴

任何學術研究主題都難有窮盡的一天,即便中國醫療史研究目前在臺灣氣象蓬勃,但仍有不少尚待努力耕耘之課題。梁其姿在〈明清社會中的醫學發展〉的結論提到,即便是目前相當蓬勃的明清醫療史,相較於歐美學界對於同一時期西方醫學史的研究,「成果實在很少、深度上亦仍待加強」。梁的意思是,在大量的明清醫史論文之中,確實還未出現宏觀的綜述、新的史學命題和研究架構。就中國醫療史整體而言,也很缺乏整合近年研究成果,同時為學界、學生乃至有興趣的讀者所寫的著作。這些都是中國醫史研究者未來可以進一步努力的地方。¹³⁵

之優勢。正如張仲民、皮國立所指出的:「一本書的成立,畢竟難以周全且面面俱到,但人文社會學科專著的重要性及其所展現的全面性,還是單篇期刊論文難以超越的。現在大學評鑑多用理工學科的觀點來將人文研究的主題切割、零碎化,致使好的學術專著無法誕生,對歷史學的發展無疑是一種傷害。用一群人的研究、組成一本具主題性理解之專書,闡述一個或數個相近的概念在時代中的生成與變遷,才是一種重視歷史解釋的展現。」參見復旦大學歷史學系,復旦大學中外現代化進程研究中心編,《藥品、疾病與社會》(上海:上海古籍出版社,2018),編者的話。

131 例如林富士編,《疾病的歷史》(臺北:聯經出版事業股份有限公司,2011);《宗教與醫療》(臺北:聯經出版事業股份有限公司,2011)。

132 余新忠、杜麗紅,《醫療、社會與文化讀本》(北京:北京大學出版社,2013)。

133 祝平一主編,《健康與社會:華人衛生新史》,前揭書。

134 生命醫療史研究室主編,〈《中國史新論》總序〉,《中國史新論·醫學史分冊》(臺北:聯經出版事業股份有限公司,2015),頁1-2。

135 生命醫療史研究室主編,〈導言〉,《中國史新論·醫學史分冊》(臺北:聯經出版事業股份有限公司,2015),頁1-5。

　　以梁其姿的研究為例，中國對抗痲瘋病的歷史，可以證明西方醫學所代表的「現代化」並非唯一的認識，明清以來對癩病的處理，基本上與西方的防範和隔離思考並無二致，西方衛生與醫學所印證的現代性，並非全世界都經歷，個別區域的歷史狀況（例如中國的痲瘋病），或許有著另一個值得思考的脈絡存在。此即從醫療史中展現中國史新架構的一種解釋，梁實際上書寫了一種從世界史視角出發的中國醫療與疾病史，展現了中國歷史的發展特色。[136]至於中國醫療史能否在更大的全球史視野中找到其價值，筆者還不太肯定，但蔣竹山已多次介紹庫克（Harold J. Cook）的研究，提到近幾年在許多有關商品活動以及物品的全球化學術著作中，都將焦點集中在醫學知識的流通上，例如關注當代南亞地區的醫療與健康問題，或研究近代早期的大西洋，焦點轉向至葡萄牙的殖民地區。[137]或許，中醫藥也有一個跨區域物質交換的全球史可以探索？至於有這類跨區域視野的研究，胡成與梁其姿已開始採取類似路徑，將醫療史放在更大的跨國脈絡下看，分別關注了「全球視野下的南京廢娼」及「中國痲瘋病人與現代世界」。[138]此外，藥物消費或醫療技術的跨區域流動和交流、與健康有關的物質文化轉型，也是可以持續關注的論題。[139]

　　當然，筆者認為百花齊放的學術應正面看待，但是這裡面

---

136 梁其姿，《麻風：一種疾病的醫療社會史》（北京：商務印書館，2013）。

137 Harold J. Cook, Timothy D. Walker, "Circulation of Medicine in the Early Modern Atlantic World," *Social History of Medicine*, 26:3 (May 2013), 337-351; and Laurence Monnais and Harold J Cook, eds., Global Movements, Local Concerns: Medicine and Health in Southeast Asia (Singapore,: NUS Press, 2012).

138 胡成，《醫療、衛生與世界之中國：跨國和跨文化視野之下的歷史研究》（北京：科學出版社，2013）。

139 Pratik Chakrabarti, *Bacteriology in British India: laboratory medicine and the tropics* (Rochester, N.Y.: University of Rochester Press, 2012).

的爭議不是沒有的，我們不能忽略。無論怎麼把視野放大，多數
學者恐怕還是必須從中國本地的經驗開始理解，而且，我們真的
能了解古代中國醫療的歷史、或是我們已對中國醫學史有足夠的
認識可以進行其他更深入的研究了？在醫療史研究的領域中，因
書寫方式不同，而有不同的分類：「正統醫學史」的詮釋乃由醫
界人士所掌握；由臺灣而起之傳統，醫學社會史或生命醫療史，
最初只是以「另類」命名，填中國史之血肉，而不與所謂醫史的
「正統」爭勝，這是史家的醫療史開始時的角色，但不論怎麼做，
還是必須面對基本的醫學文獻。例如李貞德於2016年編輯的《漢
學研究》「疾病、醫療與文化專輯」，收錄了幾位學者的論文，包
括：本草藥方、醫學理論、身體觀與身體感。李強調這6位作者
都將醫療典籍放在當時代的脈絡中，搭配其他文獻，處理各種文
化史課題，包括疾病與醫療在中國境內的跨界傳播、醫藥的域外
交流效應、醫學發展所反映的政治意義和宗教面向，以及疾病與
醫療中的性別觀念等等。李認為：「宋明之間的變化，討論最為
集中。雖然，缺了醫經理論奠基時期的古代史，以及本草藥學興
起的中古前期，難免遺憾。不過，整體而言，本專輯可說已大致
呈現了近年來中國醫療史研究的幾個熱點。」[140]史家關切醫學文
獻的基本功，沒有被忽視，在西方醫史學界，更是如此。[141]

---

140 收錄的幾篇文章分別是：陳韻如，〈Accounts of Treating Zhang ("miasma") Disorders in Song
　　Dynasty Lingnan: Remarks on Changing Literary Forms of Writing Experience〉（宋代討論嶺
　　南瘴病治療的文本及其書寫策略）；陳秀芬，〈食物、妖術與蠱毒：宋元明「挑生」形象
　　的流變〉；范家偉，〈元代三皇廟與宋金元醫學發展〉；張學謙，〈丹溪補陰丸：明代的身
　　體、藥方與性別〉；祝平一，〈方寸之間：天主教與清代的心、腦之爭〉；陳明，〈「阿勃
　　參」與「拔爾撒摩」：中外藥物交流之長時段考察例證〉等等。引自李貞德，〈疾病、醫
　　療與文化專輯導言〉，《漢學研究》，第34卷3期（2016），頁7。

141 例如Volker Scheid, "The Treatise on Cold Damage as a Window on Emergent Formations of Medical
　　Practice in East Asia," *Asian Medicine,* Volume 8, Issue 2(2013), 295-298. 這個專號內容就是探

　　醫療史的研究正持續發展、進步中，梁其姿再進一步指出：成功的醫療史，不僅要被認可為中國歷史的構成部分，甚至要能主導史學取向的變化；總有一天，要從「過去的另類」成為「未來的主流」。[142] 但廖育群卻給予時下流行的醫療史研究方法一些批評，他在書評中寫到：

　　　然而令我感到無比糾結的關鍵是：作為一種「新方向」，何以不能真正給予「老套」的「傳統」一些啟發呢？問題是出在「墨守」者自身嗎？但何以諸如山田慶兒那樣並非醫學出身、相關研究亦非專科內史者的論述卻能得到業內人士的普遍認可呢？究其原因，除了前述種種具體細節，以及「以論帶史」的問題外，更為關鍵的一點在於：當研究呈現出緊扣「內核」並不斷向周邊擴散、形成內（史）與外（史）的有機結合──「圓」在不斷擴大時，學術圈內才會承認其代表著「新的方向」；反之，如果「圓」變成了「環」──缺失了「內核」，則不免成為無本之木，無怪被人稱為「花邊」了。[143]

　　廖文認為，若是既想從「另類」出發，又要爭正統，並沒

討東亞的「傷寒」論述和相關的解釋問題。

142 梁其姿，《面對疾病：傳統中國社會的醫療觀念與組織》（北京：中國人民大學出版社，2012），頁13。

143 廖育群，〈醫史研究「三人行」：讀梁其姿《面對疾病》與《麻風》〉，《中國科技史雜誌》，第36卷3期（2015），頁366-375。廖在最後一頁還轉述艾爾曼（Benjamin A. Elman）的說法：「所謂新觀點、新方法，流行一段時間後就會被新的觀點、方法所取代。我們這樣做（研究），是因為我們並不真懂得各個學科的具體內容；而你們無疑應該堅持自己的方法，因為你們真正懂得這個知識體系的內容。」廖引這段話的意思，應該是指其文所論：有些老方法、傳統的研究法，是因為掌握了醫學的核心知識，真正理解中國醫學發展的理論脈絡，「堅持自己的方法」而不趨新，學術有所本、根基扎實，才能不斷創新。

有辦法激起傳統醫學史研究者的重視。[144]廖並不喜歡當前新文化史「淺嘗輒止」的研究法，他認為談一點性別、談一點宗教，牽扯一點醫學，就好像我們抓住了醫療社會史的意思，這種模仿碰觸不到問題和知識的真正核心。其實，廖的話反映現今總體中國醫療史學界的問題，也就是史家書寫的醫療史和醫者書寫的醫學史，缺乏溝通、互相觀摩的習慣與傳統，而導致雙方在寫史、閱讀方向不一致的差異性。

　　筆者以為，學術上的爭議本為自然，每一個學者研究的出發點與問題意識不一定相同，不妨採兼容並包的「擴大化」態度。醫學史學者在自己專業領域中，吸納一點社會文化的新史學敘事方式，醫療社會史學者也多學習、多領略一些傳統醫學的理論與典籍，深化自己主題，都是很好的發展，並不衝突。筆者曾在書中提出「重層醫史」（multi-gradations of medical history research）的概念，歷史的「重層」，就是希望以多層次的視角來談一特定問題，一個醫療史主題要能兼顧內、外史的論述體系，它既要能解釋醫理發展與醫書文獻的內在理論變化，也要能扣緊日常生活與文化變遷的特性，使讀者可以抓住技術與社會之間的關係。[145]歷史的圖景是寬廣的，我們僅用一篇論文來探討，往往難以面面俱到。但有志於開發醫療史方法的學者，應針對某一主題，至少在幾篇文章內探討文獻、醫理和社會文化之間的種種關係，這樣醫療社會史才能有總體觀的呈現，與正統史學爭勝或互相輝映，

---

144 廖文指的「醫學史」是指傳統醫者寫的醫療史，「醫療社會文化史」則是指史家在1990年代前後發展的新史學，臺灣叫生命醫療史、中國大陸則稱醫療社會史，與新文化史的關係比較密切。

145 皮國立，《「氣」與「細菌」的近代中國醫療史：外感熱病的知識轉型與日常生活》，頁26-38。

在中國史的解釋中占有一席之地。

　　就「重層」的概念來說，歷史的選題本來就是擴展出去的，醫療史的主題如此，其他歷史研究的主題也未嘗不能作如是觀。例如美國韓瑞的 *The Hypothctical Mandarin: Sympathy, Modernity, and Chinese Pain*，就分析中國歷史話語、同情與現代性的新網絡。在結合了文化研究、亞洲研究、美國研究以及醫療史觀念的基礎上，提供了一個關於中西方關係的獨特視角。其中第3章〈疼痛中的中國身體：1838～1852年美國傳教士的醫療救助活動〉和第6章〈麻醉的觀念：針灸、照相與物質形象〉，[146]就充分運用醫療視角的詮釋來作為解讀西方理解中國之方法。筆者以為，照舊式想法，該書不能被視為一本醫療史著作，但若以「重層」的概念來擴大解釋歷史的全面，該書運用醫療史的切入角度，卻反而倒過來成為醫療史學者可以尋求創新與強化解釋力的一種啟發，這樣的書寫很值得參考。而又以擴展的面向來看，像是中國飲食史中的醫療衛生面向，也還沒有被好好展開，有些研究已經注意到飲食文化中養生和醫療的脈絡，[147]當然許多研究還是被放在食物史的脈絡來看。[148]近年來也有出版典籍的彙整，裡面收錄一些醫藥書籍，應可運用來開展既有醫療層面之相關研究，例如在原始文獻的部分，《中國飲食典籍史》內就介紹相當多與飲食有關的醫書、食療、食經等資料，可供探索。[149]若參考李力庸的

---

146 美・韓瑞，《假想的「滿大人」：同情、現代性與中國疼痛》（南京：江蘇人民出版社，2013）。

147 伊永文，《1368-1840中國飲食生活：日常生活的飲食》（北京：清華大學出版社，2014），第四，食治章。

148 姚偉鈞、羅秋雨，〈二十一世紀中國飲食文化史研究的新發展〉，《浙江學刊》，第1期（2015），頁216-224，有較全面的研究回顧。

149 姚偉鈞、劉樸兵、鞠明庫，《中國飲食典籍史》（上海：上海古籍出版社，2011）。

〈食物與維他命〉一文，她透過日記史料探討臺灣人的營養知識
與運用，研究牽涉到畜產開發業背後所隱含著新時代的營養觀，
從食品的生產史、時人日記的記載，來探討大眾文化的改變，也
是切入衛生觀與醫療史的好辦法。[150] 只是，若以飲食與健康的角
度來切入，最好能深入了解古代文化的飲食典籍和理論較為妥
適，以免產生誤讀。有些飲食史著作的作者，醫療理論並非其所
擅長，飲食背後所牽涉的各種文化又相當廣泛，想要面面俱到，
就容易顧此失彼，[151] 這又是擴大史學論題常犯的錯誤，需要注意。

　　又如白馥蘭（Francesca Bray）在2013年出版的《技術、性
別、歷史：重新審視帝制中國的大轉型》（*Technology, Gender and
History in Imperial China: Great Transformations Reconsidered*），
主要從性別和技術來分析中國歷史的演變，重新對帝制中國的大
轉型這一宏闊主題進行了細微的探索，雖然有關女性的醫療只有
部分內容，而且偏重傳統醫學的醫案文本；但醫療的敘事與其中
性別之角色，還是解釋整個大歷史中不可或缺的內涵。當然，
本書也將醫療放在科學技術史的演變脈絡來看，[152] 可作為其前一
本《技術與性別：晚期帝制中國的權力經緯》的深化。[153] 白錦文

---

150 這個部分的研究成果，可參考李力庸，〈殖民、營養與風尚：日治時期臺灣大眾畜產飲食
　　文化〉，《雅俗相成：傳統文化質性的變異》（中壢：中央大學出版中心，2010），頁415-
　　459。以及李力庸，〈食物與維他命：日記史料中的臺灣人營養知識與運用〉，收錄於李力
　　庸等主編，《新眼光：臺灣史研究面面觀》（臺北：稻鄉出版社，2013），頁265-297。又
　　如Alexander Bay研究日本腳氣病的歷史，從疾病史出發，論及維生素的全球研究和日本
　　在地實驗室生產科學知識的例子。可參考Alexander R. Bay, *Beriberi in modern Japan : the
　　making of a national disease* (Rochester, NY : University of Rochester Press, 2012).

151 菲立普‧費南德茲－阿梅斯托著，韓良憶譯，《食物的歷史：透視人類的飲食與文明》（新
　　北：左岸文化，2012），頁92，闡述中醫對食物性質之分類，既粗糙又有錯誤。

152 白馥蘭，《技術、性別、歷史：重新審視帝制中國的大轉型》（南京：江蘇人民出版社，
　　2017），頁184-204。

153 Francesca Bray, *Technology and Gender: Fabrics of Power in Late Imperial China* (Berkeley :

（Robert Peckham）分析近世傳染病對形塑整個亞洲國家的影響（state making），用大的主題，例如疾病的跨區域流動、全球化、城市、環境、戰爭等主軸，揭示了傳染病的防治、研究與實驗都受到當地社會文化的影響，也不可避免的牽涉到殖民主義、帝國治理和商業貿易的種種影響。[154] 以上研究取徑，可使我們從「外部」因子來理解中國的政治、經濟、科技等發展面貌；[155] 當然，缺失就是沒有細緻的中國醫療史視野，大論述框架往往只能點到為止，而著重分析西方或外緣的殖民性因素。[156] 以上幾類研究，都是部分採用醫療、技術的視角來看一個更大範圍的問題，這樣的視角，在中文歷史學界的成果還是比較少的，一般歷史學者甚少重視他們主題中可能的「醫療」史，這些現象不論當作參照，或是思索中西歷史學論述中的差異，都值得我們反思。

　　不只有大的、全球性的視野，也有不少重視細部敘事特色的著作，採用醫療史的視角來分析。例如美國學者曼素恩（Susan Mann）的《張門才女》（*The Talented Women of the Zhang Family*）也出了中文版，雖然本書是由性別的視角來探討中國前近代的婦女日常生活，但由於書中所述的張門男性很多都習醫，所以作者也分析了儒醫、習醫文化、疾病和溫病學派的關係。[157] 長期關注中國情感史的德國學者史安梅（Angelika C. Messner），也在她的新書中探討了 17 世紀有關中國情感的故事，除了文學之外，也融

University of California Press, 1997).

154 另一個談帝國、細菌學和殖民醫學的例子是 Pratik Chakrabarti, *Bacteriology in British India: laboratory medicine and the tropics* (Rochester, N.Y. : University of Rochester Press, 2012).

155 Robert Peckham, *Epidemics in Modern Asia* (Cambridge, United Kingdom: Cambridge University Press, 2016), 1-43.

156 另一本例子是：Peckham, Robert and Pomfret David M.(ed.), *Imperial Contagions: Medicine, Hygiene, and Cultures of Planning in Asia* (Hong Kong: Hong Kong University Press, 2013).

157 曼素恩，《張門才女》（北京：北京大學出版社，2015），頁50-52。

入中醫的理論來解釋當時中國人對情感的看法，整本書有超過三分之二都在講述中醫，例如陳士鐸、趙獻可等醫者對人之情感、意志之描述。[158]這樣的切入法，也是中文歷史學界較少採用的方式。不過，雖然運用醫療與疾病的視角切入很好，但缺乏對基礎文獻和典籍的梳理，常常只是引用二手研究來論述當時疾病，就可能出現誤讀或推論過當的狀況。[159]

此外，醫療的現代性問題，仍持續地被深化與探討，在軍醫還有政府對難民處理的問題上，都有學者持續從醫療的層面，來討論民國以來國家權力、政治制度和歷史記憶等各方面的論題。[160]有許多中日戰爭牽引出來的課題，也不妨可以作為醫療史新開創之課題，[161]這方面成果不算太多，華瑋（John R. Watt）的著作兼顧國共雙方的醫療衛生情況，是一本通、專兼備的佳作。[162]其他如蕭邦齊（R. Keith Schoppa）的新書第12章就探討了鼠疫彈對當時民眾所造成的影響；西方一些關心中日戰爭時難民問題的研究專書，也關心到戰時鼠疫的問題，[163]還有學者關切現

---

158 Angelika C. Messner, *Zirkulierende Leidenschaft: Eine Geschichte der Gefühle im China des 17. Jahrhunderts* (英文名*Circulating Passions: A history of Emotions in 17th Century China*), (Wien, Köln, Weimar, Böhlau Verlag, 2016), 47-139. 她也彙整了相關的論文，準備翻譯成中文，出版有關中國人的情感史與認知的論集。

159 例如曼素恩，《張門才女》（北京：北京大學出版社，2015），頁162-163對死因的推測，及整本書對溫病學派的解釋，都有不少問題值得商榷。

160 楊善堯，《抗戰時期的中國軍醫》（臺北：國史館，2015）。

161 鐘文典，《抗戰防疫進行時：國聯防疫分團在廣西（1938-1940）》（桂林：廣西師範大學出版社，2014）。林吟，《在血與火中穿行：中國紅十字會救護總隊抗戰救護紀實》（貴陽：貴州人民出版社，2015）。還有一本是影像合集，戴斌武、張憲文、楊天石主編，《美國國家檔案館館藏中國抗戰歷史影像全集（卷十七）：醫療救治》（北京：化學工業出版社，2016）。

162 Watt, John R., *Saving lives in wartime China : how medical reformers built modern healthcare systems amid war and epidemics, 1928-1945* (Netherlands : Brill, 2013).

163 R. Keith Schoppa, *In a Sea of Bitterness: Refugees during the Sino-Japanese War* (Cambridge, Mass.: Harvard University Press, 2011). 中文版也已翻譯：蕭邦齊，《苦海求生：抗戰時期的

代生物醫學的組織如何在戰時促進了中國醫學的發展。[164]若能持續結合新開發、翻譯的檔案，包括近代西方在戰時衛生工作之檔案和前述細菌戰等相關資料，必能開發出更多的議題，加深醫療史研究之廣度。

結語

「新史學」的意義，就在於不斷「再維新」，尋找新資料、創新研究方法與問題意識。醫療史的既有成果與創新，在正文中已談了不少，不須在此反覆申論。文中也提到一些爭議，筆者並不認為一定要有明確的界線和範圍來定義所謂的歷史學者怎麼運用醫療資料，而去劃分醫學史（內史）、醫療社會文化史（外史）等藩籬。實際情況是，一位學者在想到論題、蒐集資料時，他並不一定將自己置於某種學派的框架中，他可能只是先就找到的相關資料和主要的問題意識來架構其論文或專書，適度參閱前人的研究方法，來加以論述。所以真正重要的是：用什麼材料，來解決什麼問題？如果能擴展運用醫療與疾病史的資料，來論述一個新問題，或解決、再詮釋舊有的中國政治、制度、軍事、經濟（消費）、技術等層面的歷史，就是創造一種「超越醫療史研究的醫療史」。不過這種創造必須注意，正文文中所談，西方研究常將醫療放在一種跨區域、大架構下來解釋，其細部的內容往往不

中國難民》（太原：山西人民出版社，2016）。

164 Wayne Soon, "Blood, Soy Milk, and Vitality: The Wartime Origins of Blood Banking in China, 1943–45," *Bulletin of the History of Medicine* 90.3 (2016), 424-454.以及劉士永，〈戰時中國的傳道醫療：抗戰時期美國醫藥援華局（ABMAC）試探〉，收入黃文江、張雲開、陳智衡編，《變局下的西潮：基督教與中國的現代性》（香港：建道神學院，2015），頁285-304。

堪檢驗，因為中國醫學文獻眾多，恐怕還是要先有扎實的基礎研究，再來談跨區域的問題比較適宜。

　　此外，不管在研究或教學的場域中，歷史學在這個時代都面臨了很不一樣的劇烈挑戰。本書既以「新趨勢」為題，作者與讀者都應思索歷史學的新方向，如何可能？在一本名為《東亞醫療史：殖民、性別與現代性》新書中，我們看到了歷史與科技、社會學結合的可能，無論是這本書把歷史置於一種觀察、解決東亞科技問題的視角，或是它的編排本身就是一種跨文史、醫學領域又兼可讀性的學術專書，其實都在挑戰既有歷史學的架構；而令人興奮的是，該書就是從醫療史出發的一種新突破。[165]再進一步思考，從技術出發的醫療史，有沒有可能突破傳統中國史以朝代、斷代為架構的立基點，重新思考中國史的發展？或許有讀者認為如此陳義過高，但讀完本文後，讀者必定可以發現，醫療史豈僅止於「醫療」一事而已？劉士永曾指出：醫學或醫療領域涵蓋面甚廣，「從象牙塔最深處的知識與研究，以迄病榻旁的熬煮湯藥及灶腳邊的養生餐食，專家或素人都無可避免地參與到醫學知識的脈絡與實作中」，個人與社會都在自覺與不自覺中為醫學知識及醫療行為所影響，探究這些全面的（overwhelming）或片斷與不連續的（fragmental and disconnected）各種多元面向，醫療史可以是專史，當然也可以是解讀大歷史中細節的一種研究方法。[166]從這樣的方式思考，今後的醫療史才有可能超越僅是「填中國史血肉」的功能，而真正從「另類」邁向「主流」。

---

165 劉士永、王文基主編，《東亞醫療史：殖民、性別與現代性》，頁7-21。
166 劉士永、皮國立主編，《衛生史新視野：華人社會的身體、疾病與歷史論述》，導言，頁1-2。

品饌新味道

英文學界關於「中國食物」的研究與討論

郭忠豪

前言

　　食物歷史源遠流長，自有人類出現即有食物的生產與消費，例如穀物種植、動物餵養、食物製作與保存以及烹飪與消費。過去「食物研究」（food study）在人文學界較少受到重視，近來隨著研究趨勢與主題的改變，其重要性與日俱增。[1]以筆者熟悉的歷史領域而言，食物史看似有趣，但要做到「見樹又見林」並不容易，若缺乏問題意識以及對史料的深度解讀，則可能淪為瑣碎的資料排列或者泛泛之論，無法清楚呈現飲食變遷的圖像，以及食物研究的重要性。近來英文學界出版甚多中國食物（以及東亞食物）的研究專著，研究方法新穎且論點扎實，值得進一步討論。本文首先概述歐美「食物研究」的發展脈絡，其次討論中國食物

---

1 歐美多所大學設有食物研究機構，例如耶魯大學麥克米倫中心（Macmillan Center）設有「農業社會研究計畫」（Program in Agrarian Societies），研究者來自不同領域，強調跨學科重要性。紐約大學設有「營養與食物研究系」（Department of Nutrition and Food Studies），加拿大多倫多大學「歷史與文化研究系」（Department of Historical and Cultural Studies）底下設有「食物研究」學程，英國倫敦大學亞非學院（SOAS）設有「食物研究中心」（Food Studies Centre）。

的研究成果，並納入日本食物論著對照比較，最後提出中國食物以及臺灣食物未來研究的方向。

一、歐美「食物研究」的發展脈絡

　　「食物研究」已成為跨學科的研究議題，為了整合資源增進對話，近來出現許多結合不同學術專業的研究團隊，例如耶魯大學人類學家史考特（James Scott）創辦的「農業研究」（Agrarian Studies）是一個指標性團隊，由人類學、歷史學與社會科學等學者組成，進行食物相關研究（環境、農業與社會）。美國的大學出版社也關注食物研究，例如加州大學出版社的「食物與文化」系列（California Studies in Food and Culture）積極且系統性地出版不同議題的食物書籍，包括歷史學、人類學、社會學與文化研究，在學術研究上甚具影響力。另外，學界也出現食物研究的專業手冊（handbook），例如歷史學家皮契爾（Jeffery M. Pilcher）編輯 *The Oxford of Handbook of Food History* 涵蓋議題廣泛，聚焦於歐美學界重要的食物研究方法。[2]

　　就歐美食物研究專著而言，1825年法國政治家薩瓦蘭（Jean-Anthelme Brillat-Savarin） 出 版 的 *La Physiologie du goût*（The Physiology of Taste）被認為是較早的食物研究著作，討論法國餐飲、宴席、肥胖以及旅遊飲食經驗。1939年德國社會學家伊利亞思（Norbert Elias）出版 *The Civilizing Process* 討論「餐桌禮

2　Jeffrey M. Pilcher ed., *The Oxford Handbook of Food History* (Oxford: Oxford University Press, 2012). 皮契爾教授任職於加拿大多倫多大學，是拉丁美洲食物史專家，目前從事啤酒歷史研究。

儀」在歐洲文明進程中的角色。1960年代法國人類學家李維史陀
（Lévi-Strauss）提出「生與熟」、「濕與乾」以及「新鮮與腐敗」
等二元觀念解釋飲食文化中不同層次的對照關係，上述專著提供
食物研究的重要論點，但法國史家瓦茲（Sydney Watts）[3]強調：
法國「年鑑學派」（Annales School）[4]是第一個有系統性進行「食
物史」（food history）的學術團體。第一代史家費夫賀（Lucien
Febvre）與布洛克（Marc Bloch）立下基礎，第二代布勞岱爾
（Fernand Braudel）持續推動，第三代弗隆德罕（Flandrin）致力
於飲食（cuisine）與品味（taste）的研究。簡言之，年鑑學派在
食物史的貢獻可分成三階段：第一，食物是日常生活的一部分，
透過食物可了解歐洲前現代社會的農業型態。第二，分析社會與
經濟脈絡中糧食的生產與消費。第三，透過食物理解飲食品味、
自我認同與文化屬性。[5]

　　1970年代以降，食物研究方法日趨多元，美國學者克羅斯比
（Alfred W. Crosby）於1972年提出「哥倫布大交換」（*The Colum-
bian Exchange*）的重要觀念，論述1492年後新舊世界在食物、
動物與疾病方面的流動互換及其深遠效應。[6]值得注意的是，「哥
倫布大交換」觀念影響日後學者關注不同地區食物的交換及其效

---

3 瓦茲任職於美國里奇蒙大學（The University of Richmond）歷史系，著有 *Meat Matters: Butchers, Politics and Market Culture in Eighteenth-Century Paris*. Rochester (NY: University of Rochester Press, 2006).

4 法國年鑑學派又稱為「安娜學派」，就該學派的發展脈絡與研究方法，潘宗億教授有精湛討論，詳見 http://htc.emandy.idv.tw/newsletters/002/article03.html#annot003。

5 Sydney Watts, "Food and The Annales School," in Jeffrey M. Pilcher ed., *The Oxford Handbook of Food History* (Oxford: Oxford University Press, 2012), 3-22.

6 Alfred W. Crosby, *The Columbia Exchange: Biological and Cultural Consequences of 1492* (London: Praeger Publishers, 2003). 該書有中譯本，克羅斯比著，鄭明萱譯，《哥倫布大交換：1492年以後的生物影響與文化衝擊》（臺北：貓頭鷹出版社，2013）。

應。又，德國社會學家曼紐耳（Stephen Mennell）在 *All Manners of Food* 透過食譜、烹飪方式與飲食行為分析英法兩國的飲食如何走向歧異。[7] 英國人類學家古迪（Jack Goody）在 *Cooking, Cuisine and Class* 比較古埃及、羅馬帝國與帝制中國的飲食，論證當社會階級越趨平等，階級間的飲食差異（從食材準備、烹飪到消費）會越趨模糊。[8]

美國人類學家文思理（Sidney W. Mintz）的《甜與權力》（*Sweetness and Power*）是食物研究中的經典之作。[9] 該書將「糖」放在西非（奴隸勞工）、加勒比海（蔗糖種植）與英國（倫敦消費）「三角貿易」脈絡下研究，論證「蔗糖」透過殖民力量改變後，其成品「糖」不僅在數量上增加，角色也從奢侈品變成大眾商品。更關鍵的是，「糖」與咖啡、可可與茶等飲品混合消費後產生「甜」的滋味，可舒緩壓力並增加工作效率，無形中刺激英國工業革命的出現。該書從宏觀角度探討特定食物的角色變遷，建立食物研究的重要典範。[10]

就上述研究而言，克羅司比提出的「哥倫布大交換」與文思理的「蔗糖」研究影響日後學者甚遠，不少學者以「特定食材」（馬鈴薯、米、香蕉、酒精飲品與鹽）進行研究，並從宏觀視野

---

7 Stephen Mennell, *All Manners of Food: Eating and Taste in England and France from the Middle Ages to the Present* (Urbana: University of Illinois Press, 1985).

8 Jack Goody, *Cooking, Cuisine, and Class: A Study in Comparative Sociology* (Cambridge: Cambridge University Press, 1982). 古迪是較早投入中國食物研究的學者之一，但論點以二手研究為主。該書有中譯本，傑克・古迪（Jack Goody）著，王榮新、沈南山譯，《烹飪、菜餚與階級》（新北：廣場出版社，2012）。

9 Sidney W. Mintz, *Sweetness and Power: The Place of Sugar in Modern History* (New York: Viking Penguin, 1985). 該書有中譯本，西敏司著，《甜與權力：糖在近代歷史上的地位》（北京：商務印書館，2010）。

10 廣州中山大學陳志明教授對文思理的研究有詳細討論，詳見https://read01.com/zh-tw/GaoAeD.html#.WpdgLK33X-Z。

觀察其變化。[11] 以馬鈴薯為例，瑞德（John Reader）探討馬鈴薯在南美洲的栽種過程，再透過「哥倫布大交換」傳至歐洲，甚至遍及世界。[12] 地理學者卡妮（Judith A. Carney）提醒讀者：欲了解今日美國南方的稻米文化與消費，我們必須回到「哥倫布大交換」的歷史脈絡，作者考察非洲奴隸如何將西非稻米技術帶到南美巴西，再輾轉進入美國南方。[13] 研究「離散文化」（diaspora）的學者戈巴細亞（Donna Gabaccia）強調：人類遷徙是刺激食物流動最重要原因，18 世紀以降災荒與戰爭造成人類遷徙頻繁，意外促成各地食物交流。[14] 此外，戈巴細亞也強調「族群」對食物研究的重要性，她以「我們就是食物塑造而成的」（We are what we eat）考察「食物消費」背後的階級意識與族群認同。[15]

2012 年由歷史學家皮契爾（Jeffery M. Pilcher）主編的 *The Oxford Handbook of Food History* 出版，說明學界的食物研究已趨成熟該書將食物研究分成五大範疇：第一類是「食物史」（Food Histories），包含法國年鑑學派的食物研究、食物的政治史、

---

11 John Reader, *Potato: A History of the Propitious Esculent* (New Heaven: Yale University Press, 2009); Judith A. Carney, *Black Rice: The African Origins of Rice Cultivation in the American* Cambridge (MA: Harvard University Press, 2001); Patricia Herlihy, *The Alcoholic Empire: Vodka and Politics in Late Imperial Russia* (Oxford: Oxford University Press, 2002); John Soluri, *Banana Cultures: Agriculture, Consumption, Environment Change in Honduras and the United States* (Austin: the University of Texas Press, 2005); Pierre Laszlo, trans by Mary Beth Mader, *Salt: Grain of Life* (New York: Columbia University Press, 1998).

12 John Reader, *Potato: A History of the Propitious Esculent* (New Haven: Yale University Press, 2008).

13 Judith A. Carney, *Black Rice: The African Origins of Rice Cultivation in the American* (Cambridge, MA: Harvard University Press, 2001).

14 Donna R. Gabaccia, "Food, Mobility, and World History," in Jeffrey M. Pilcher ed., *The Oxford Handbook of Food History* (Oxford: Oxford University Press, 2012), 305-323.

15 Donna R. Gabaccia, *We are What We Eat: Ethnic Foods and the Making of Americans* (Cambridge: Harvard University Press, 1998).

文化史、勞工史與公共史。第二類是「食物研究」（Food Stud-
ies），包括性別與食物、食物的人類學、社會學、地理學、營養
學以及食物與教學。第三類是「食物的生產方式」（The Means of
Production），包括農業生產與環境歷史、食譜作為研究史料、
食物與帝國、工業化食物與速食等議題。第四類是「食物流通」
（The Circulation of Food），討論世界史中的食物與流動、食物與
香料貿易、哥倫布大交換、食物與時間、食物政權以及飲食旅
遊。第五類是「消費社群」（Communities of Consumption），分析
食物與宗教、族群、國族以及社會運動之間的關係。[16]簡言之，
該書彙整歐美學界各領域食物研究學者的觀點與研究成果。

　　近來學者（尤以歷史學家為主）在食物研究上致力於開創
多元議題，費里烈絲（Madeleien Ferrières）考察歐洲中古世紀
的「食物恐懼」（food fears），說明在現代科學與理性思考尚未建
立前，謠傳、迷信與偏見造成「食物恐懼」的事件層出不窮。[17]
愛爾巴拉（Ken Albala）論證歐洲文藝復興時期的哲學家、文學
家與醫學家討論古羅馬的蓋倫學說（Galen），進而形塑當時的飲
食觀念。[18]賀莉（Patricia Herlihy）考察俄國伏特加（vodka）造
成的酗酒社會問題，爾後沙皇、教會、軍隊、醫生與社會團體
合作推行「酒類節制運動」，最終在國家稅收與酗酒問題之間取
得平衡。[19]史邦（Rebecca L. Spang）討論近代巴黎餐廳出現的

---

16 Jeffrey M. Pilcher ed, *The Oxford Handbook of Food History* (Oxford: Oxford University Press,
  2012).

17 Madeleine Ferrières, *Sacred Cow Mad Cow: A History of Food Fears* (New York: Columbia
  University Press, 2013).

18 Ken Albala, *Eating Right in the Renaissance* (Berkeley: University of California Press, 2002).

19 Patricia Herlihy, *The Alcoholic Empire: Vodka and Politics in Late Imperial Russia* (Oxford:
  Oxford University Press, 2002).

歷史，[20]克林瀚姆（Lizzie Collingham）分析戰爭與食物之間的關係，[21]戴樂（Hasia R. Diner）考察紐約三個特定族裔（義大利、愛爾蘭與東歐猶太人）移民美國後產生的飲食衝突與融合。[22]勞丹（Rachel Laudan）提出「飲食哲學」（culinary philosophy）、「高階飲食」（high cuisine）、「中階飲食」（middling cuisine）與「低階飲食」（humble cuisine）詞彙理解歷史上不同帝國的飲食文化。[23]受限於篇幅，筆者無法詳列歐美學界關於食物研究的所有專著，但從學者積極投入情況下，可看出學界相當重視該領域的未來發展。

二、英文學界中「中國食物」研究

1977年，人類學家張光直編輯的 *Food in Chinese Culture* 是英文學界中第一本討論中國食物的專書，參與作者包括史景遷（Jonathan Spence）、牟復禮（Frederick W. Mote）、安德森（E.N. Anderson）、許烺光以及余英時等人，分別敘述各朝代的主副食、烹飪方式、飲食活動與祭祀，該書是西方學者了解中國食物研究的重要讀物。[24]爾後，安德森教授持續進行中國食物研究，

---

20 Rebecca L. Spang, *The Invention of the Restaurant: Paris and Modern Gastronomic Culture* (Cambridge: Harvard University Press, 2000).

21 Lizzie Collingham, *The Taste of War: World War Two and the Battle for Food* (London: Allen Lane, 2011).

22 Hasia R. Diner, *Hungering for America: Italian, Irish, and Jewish Foodways in the Age of Migration* (Cambridge: Harvard University Press, 2003).

23 Rachel Laudan, *Cuisine and Empire: Cooking in World History* (Berkeley: University of California Press, 2013). 該書有中譯本，詳見瑞秋‧勞丹著，馮亦達譯，《帝國與料理》（新北：八旗文化，2017）。

24 K.C. Chang ed., *Food in Chinese Culture* (New Haven: Yale University Press, 1977).

1988年出版 *The Food of China*，比較不同朝代自然環境、食物原料與政治祭祀等。[25] 2014年又出版 *Food and Environment in Early and Medieval China*，借用華勒斯坦（Immanuel Wallerstein）的「核心」、「半邊陲」與「邊陲」觀念分析宋元中國與中亞地區在農業技術、畜牧與食材上的交流，也強調傳統中國已有環境保護的觀念。[26] 繼張光直與安德森等人之後，英文學界關於「中國食物」研究並不活絡，近來中國食物再度受到重視，率先投入該領域的是人類學家，此後歷史學家也積極開發「中國食物」相關研究議題。

（一）人類學視野中的「中國食物」

　　首先投入中國食物研究的學術社群是香港中文大學人類學系，包括吳燕和（Y. H. David Wu）、陳志明（Chee-Beng Tan）與張展鴻（C.H. Sidney Cheung）等人，其研究方法受到文思理（Sidney W. Mintz）影響。2002年，吳燕和與張展鴻合編 *The Globalization of Chinese Food*，文思理在「前言」強調：東西方飲食文化的重要差異是「飲食禁忌」：歐洲飲食文化受猶太教、基督教與伊斯蘭影響，「飲食禁忌」甚多；反之，中國食物的「飲食禁忌」較少，以飯菜系統為主，重視陰陽平衡。[27] 該書討論「中國食物」在中國本土與海外社群呈現既熟悉又陌生的樣貌，作者群的討論議題包括：東南亞的閩粵移民與原鄉透過「海參」

25 E.N. Anderson, *The Food of China* (New Haven: Yale University Press, 1988). 該書有中譯本，安德森著，劉東編，劉東與馬纓譯，《中國食物》（南京：江蘇人民出版社，2003）。

26 E.N. Anderson, *Food and Environment in Early and Medieval China* (Philadelphia: University of Pennsylvania Press, 2014).

27 David Y.H. Wu and Sidney C.H. Cheung eds, *The Globalization of Chinese Food* (New York: Routledge, 2002), xii-xx.

買賣建立貿易網絡；馬來西亞東沙巴原住民採集燕窩與香港商人
進行貿易；夏威夷與巴布亞新幾內亞中式餐館為迎合當地飲食習
慣調整口味；近代華人遷徙四方，從臺灣的「粵菜館」與香港的
「臺菜餐廳」可發現：「距離」不僅沒有沖淡菜餚「正宗性」，反
之其「道地」滋味更加鞏固；澳門、香港、印尼與日本等地的中
菜館也成為飲食與族群交流的最佳場域。[28]

　　另一本由吳燕和與陳志明合編的*Changing Chinese Foodways
in Asia*強調「飲食方式」（foodways）的觀點可呈現「中國食物」
在海外社群的多元性，議題包括：潮汕與珠江地區的飲食現代
性、香港都會的飲茶、咖啡與客家菜、新馬華人與當地族群的飲
食互動，以及中菜在日韓如何因應當地飲食而改變，文思理在
「結語」勾勒中國食物研究的方向。[29]另外，著名的人類學與東
南亞研究學者陳志明主編*Chinese Food and Foodways in Southeast
Asia and Beyond*，特別關注東南亞地區的華人社群在原鄉飲食與
在地菜餚之間的融合與創新。[30]

　　中國食物隨著移民來到海外進而呈現不同樣貌，反之，「美
式速食」也在1970年代陸續進入東亞國家並對其固有飲食文化產
生衝擊。人類學家華生（James L. Watson）邀集學者撰寫*Golden
Arches East: McDonald's in East Asia*探討東亞不同城市的麥當
勞現象。閻雲翔分析北京的麥當勞傳遞美國文化中「平等」、

28　David Y.H. Wu and Sidney C.H. Cheung eds, *The Globalization of Chinese Food* (New York: Routledge, 2002).

29　David Y.H. Wu and Chee-beng Tan eds, *Changing Chinese Foodways in Asia* (Hong Kong: The Chinese University Press, 2001).

30　Tan Chee-Beng ed, *Chinese Food and Foodways in Southeast Asia and Beyond* (Singapore: NUS Press, 2011). 該書已有中譯本，（馬來西亞）陳志明主編，公維軍、孫鳳娟譯，《東南亞的華人飲食與全球化》（廈門：廈門大學出版社，2017）。

「效率」與「潔淨」等觀念，開創新式「飲食空間」與消費客群（青少年、兒童與情侶）。華生提出香港的麥當勞具有「速度便利」、「乾淨環境」、「新餐飲空間」（孩童生日派對）等特徵，使其在餐飲競爭的香港找到立足之地。吳燕和分析1980年代臺灣政治氣氛鬆綁，麥當勞以潔淨、便利與新穎等特質成功拓展消費群。朴相美解釋麥當勞在南韓遭遇「食品保護」與「食物認同」（稻米）的窘境，但舒適飲食空間卻吸引女性與青少年前往消費。大貫惠美子透過東京的麥當勞凸顯美國速食與日本和食的不同邏輯：前者強調以手就食與快速效率，後者注重以筷就食與精緻慢食。[31]此外，人類學家馮珠娣（Judith Farquhar）透過「食」與「色」討論後毛時代中國的性、飲食與養生如何在日常生活中呈現。[32]景軍編輯《餵養中國小皇帝》，討論當代中國兒童與食物、營養與社會變遷的關係。[33]

（二）歷史學視野中的「中國食物」

　　人類學家對於「中國食物」的研究已經累積相當成果，近來歷史學家也對中國食物產生高度興趣。若以朝代先後作為討論

31　James L. Watson, *Golden Arches East: McDonald's in East Asia* (Stanford: Stanford University Press, 1997). 此書有中譯本，詹姆斯華生編，《飲食全球化：跟著麥當勞進入東亞街頭》（臺北：早安財經文化，2007）。

32　Judith Farquhar, *Appetites: Food and Sex in Post-Socialist China* (Durham, NC and London: Duke University Press, 2002). 此書有中譯本，馮珠娣著，郭乙瑤、馬磊、江素俠等譯《饕餮之欲：當代中國的食與色》（南京：江蘇人民出版社，2009）。另外一本由馮珠娣與他人編輯的書籍是 Judith Farquhar and Qicheng Zhang eds, *Ten Thousand Things: Nurturing Life in Contemporary Beijing* (New York: Zone Books, 2012).

33　Jun Jing ed, *Feeding China's Little Emperors: Food, Children, and Social Change* (Stanford: Stanford University Press, 2000). 此書有中譯本，景軍主編，錢霖亮、李勝等譯，《餵養中國小皇帝：食物、兒童與社會變遷》（上海：華東師範大學出版社，2017）。

順序，歷史學家胡司德（Roel Sterckx）在 *Of Tripod and Palate* 邀
集學者研究古代中國的食物、祭祀、宗教與政治。精於研究戰
國時代的柯鶴立（Constance Cook）考察在世活人利用「陰間宴
會」（mortuary feast）的祭祀將逝者轉換成「祖先」；胡司德論證
古代中國食材、烹飪與消費具有高度政治象徵；葛浩南（Romain
Graziani）分析莊子與養生之間的辯證關係；祁泰履（Terry F.
Kleeman）論證「道家廚房」（The Daoist Kitchen）是一個含有多
層宗教與社會意義的祭祀空間；羅維前（Vivienne Lo）分析不同
時代草本書籍的食物知識；柯家豪（John Kieschnick）詳述佛教
素食在中國的變遷；班恩（James A. Benn）利用《茶酒論》分析
茶與酒如何與佛教經典對話；高萬桑（Vincent Goossaert）考察
牛、耕種與獻祭的關聯性。[34]

　　另外，胡司德在 *Food, Sacrifice, and Sagehood in Early China* 論
證「獻祭程序」（sacrificial procedure）作為古代中國人與精神世
界的溝通橋梁，討論食物消費與社會秩序的關係（例如吃肉象徵
政治穩定，蔬菜象徵節儉），以食物烹飪比擬國家治理（庖丁解
牛的故事），並以食物感官經驗區分神聖與世俗不同境界。[35]胡司
德在古代中國的食物與動物研究成果上十分傑出，除了自己的動
物研究專書外，[36]近來也與兩位學者席柏特（Martina Siebert）以及
舍費爾（Dagmar Schäfer）合編 *Animals Through Chinese History:*

---

34 Roel Sterckx ed, *Of Tripod and Palate: Food, Politics, and Religion in Traditional China* (New York: Palgrave Macmillan Press, 2005).

35 Roel Sterckx, *Food, Sacrifice, and Sagehood in Early China* (Cambridge: Cambridge University Press, 2011).

36 Roel Sterckx, *The Animal and the Daemon in Early China* (New York: The State University of New York, 2002).

Earliest Times to 1911 專書。[37]

宋代以降食物製作與消費趨向成熟，研究史料亦相對豐富，歷史學者衛周安（Joanna Waley-Cohen）強調南宋、晚明與盛清（18世紀）是三個飲食發展的關鍵時期，士人在飲食文化上扮演推動角色，例如蘇軾、梅聖俞、高濂、徐渭、張岱、李漁與袁枚等。[38] 史衛士羅奇（Mark Swislocki）關注近代上海的飲食變遷與城市文化，在 *Culinary Nostalgia* 書中檢討傳統上以「地理環境」區分菜系的觀點過於簡單（八大菜系或四大菜系），進而提出「風土觀」與「食物作為地方性知識」的觀點來理解「區域性菜餚」。此書議題包括「近代上海食物」（本幫菜與上海菜）如何出現、「番菜館」與西方「飲食現代性」（營養與衛生觀念）與國共內戰對上海飲食衝擊。[39]

在中國食物中扮演關鍵性角色的「筷子」也是學者研究對象，歷史學家王晴佳（Edward Wang）在 *Chopsticks* 一書討論筷子在中國歷史上的重要性，以及筷子在東亞飲食圈的角色與象徵意義。[40] 黃興宗撰寫 *Science and Civilisation in China*（《中國科學技術史》）中的「發酵與食品科學」（Fermentations and Food Science）分冊，討論議題包括酒類、茶品、豆類（大豆、豆製食品與醬油）以及食物營養，分析翔實且內容精闢，是研究中國食

---

37 Roel Sterckx, Martina Siebert, and Dagmar Schäfer eds, *Animals Through Chinese History: Earliest Times to 1911* (Cambridge: Cambridge University Press, 2019).

38 Joanna Waley-Cohen, "Taste and Gastronomy in China," in P. Freedman, ed., *Food: A History of Taste* (Berkeley: University of California Press, 2006). 此書有中譯本，保羅·弗里德曼主編，董舒琪譯，《食物：味道的歷史》（杭州：浙江大學出版社，2015）。

39 Mark Swislocki, *Culinary Nostalgia: Regional Food Culture and the Urban Experience in Shanghai* (Stanford: Stanford University Press, 2008).

40 Edward Q. Wang, *Chopsticks: A Cultural and Culinary History* (Cambridge: Cambridge University Press, 2015).

物不可或缺的專著。[41]另外一項與食物相關的是「飢荒」議題，英文學界已注意到馬鈴薯在愛爾蘭大飢荒扮演重要角色並投入研究，在中國脈絡下，歷史學者李承俊（Seung Joon Lee）與馮客（Frank Dikotter）分別探討近代廣東與毛澤東時代的飢荒問題。[42]

　　晚清以降華人為了生計遠赴北美（主要是淘金與興建鐵路）與東南亞謀生，也將中菜傳入異鄉，近來歷史學家以「中國食物」（Chinese food）作為研究方法，討論海外華人的食物、移民與認同議題。學者羅伯茲（J. A. G. Roberts）較早注意到該議題的重要性，在 China to Chinatown: Chinese Food in the West 一書討論海外中國食物從19世紀以降的變遷過程。洋人最早認識中國食物的菜餚是「雜碎」（Chop Suey），這道特殊菜餚也成為學者研究海外華人食物的切入點，[43]學者科依（Andrew Coe）透過 Chop Suey 一書討論晚清華人來到美國後如何受到「排華法案」的影響，同時也遭受美國社會負面批評，最後在美國立足生存。[44]歷史學者陳雍（Yong Chen）在 Chop Suey, USA: The Story of Chinese Food in America 考察中菜從19世紀的負面形象（落後、不文明以及吃鼠肉），轉變成20世紀美國社會樂意接受的族群食物

---

41 Hsing-tsung Huang, "Fermentations and Food Science," in Joseph Needham, *Science and Civilization in China*, vol. 6, Part V (Biology and Biological Technology) (Cambridge: Cambridge University Press, 2000). 此書有中譯本，詳見黃興宗著，韓北忠等譯，《中國科學技術史》，第6卷第5分冊（北京：科學出版社與上海古籍出版社，2008）。

42 Seung-Joon Lee, *Gourmets in the Land of Famine: The Culture and Politics of Rice in Modern Canton* (Stanford: Stanford University Press, 2011); Frank Dikotter, *Mao's Great Famine: The History of China's Most Devastating Catastrophe, 1958-1962* (London: Bloomsbury, 2010). 此書已有中譯本，馮客著，郭文襄、盧蜀萍、陳山等譯，《毛澤東的大饑荒：1958-1962年的中國浩劫史》（臺北：印刻文學生活雜誌出版股份有限公司，2012）。

43 J.A.G. Roberts, *China to Chinatown: Chinese Food in the West* (London: Reaktion Books, 2002).

44 Andrew Coe, *Chop Suey: A Cultural History of Chinese Food in the United States* (Oxford: Oxford University Press, 2009).

（ethnic cuisine），其背後原因包括華人力爭上游（從事家管、廚師與洗衣），加上中餐迅速便宜與量多，獲得不同族群喜愛（白人、非裔與猶太人）。美式中餐種類也有變化，從最早的雜碎、炒麵與芙蓉蛋，變成左宗棠雞、青椒牛肉與揚州炒飯，晚近則出現道地中餐菜餚。該書論證「美式中餐」的特質與20世紀美國社會強調「大眾消費」與「物質充裕」相符。[45]此外，歷史學家曼德森（Anne Mendelson）也以「Chow Chop Suey」為題，討論19至20世紀華人移民在北美從從遭受歧視到受到公平互惠態度的過程，研究對象包括19世紀廣東移民、1965年之後來自臺灣與東南亞的華人以及改革開放後的中國移民。[46]

　　除了華人移民與中菜，北美的亞洲餐館研究也受到學界重視，由阿諾德（Bruce Makoto Arnold）等學者合編的 *Chop Suey and Sushi from Sea to Shining Sea* 一書討論北美中式餐館與日式餐館內的廚師、菜餚、餐館變遷與飲食意象。[47]就海外華人飲食研究，目前學者研究方向多以北美為主，然而，華人在東南亞的飲食變遷有許多議題值得深入研究。[48]

　　除了歷史學家的觀點與研究方法，文學研究者也關注中國食

---

45 Yong Chen, *Chop Suey, USA: The Story of Chinese Food in America* (New York: Columbia University Press, 2014).

46 Anne Mendelson, *Chow Chop Suey: Food and the Chinese American Journey* (New York: Columbia University Press, 2016).

47 Bruce Makoto Arnold, Tanfer Emin Tunç and Raymond Douglas Chong eds, *Chop Suey and Sushi from Sea to Shining Sea: Chinese and Japanese Restaurants in the United States* (Fayetteville: The Univers ity of Arkansas Press, 2018).

48 學者Cecilia Leong-Salobir在*Food Culture in Colonial Asia: A taste of empire*討論英國以及東南亞殖民地（以印度、馬來西亞與新加坡為主）的飲食交流，論證「殖民地飲食」（colonial cuisine）是透過殖民者與被殖民者雙向交流與互動形成，但書中的華人議題討論較少，這是日後可以繼續深入討論的方向。詳見Cecilia Leong-Salobir, *Food Culture in Colonial Asia: A taste of empire* (London: Routledge, 2011).

物的豐富性，香港大學中文學院余文章與鄧小虎合編 *Scribes of Gastronomy* 從文學角度討論中國歷史文學作品中的食物、酒、茶與飲食意象。[49]

三、交流與對照：英文學界中的「日本食物」研究

本文第四部分將討論英文學界撰寫的日本食物專書，其原因有二：第一是日本與中國距離近在咫尺，歷史上互動頻繁，其飲食發展也深受中國影響；第二是透過「日本食物」的討論，我們可以了解英文學界對「中國食物」與「日本食物」其關注焦點的異同，進而從中相互比較與學習。

歷史學家瑞斯（Eric C. Rath）出版兩本專書討論日本飲食文化，第一本是 *Food and Fantasy in Early Modern Japan*，強調近代早期日本食物多屬「儀式料理」（ceremonial cuisine），消費對象也以統治與菁英階層為主。[50] 第二本 *Japan's Cuisines: Food, Place and Identity* 考察日本飲食發展脈絡（包括大鄉料理、本膳料理、懷石料理與會席料理），分析「和食」（washoku）與「日本料理」（Japanese cuisine）兩者之間的殊異。[51] 值得注意的是，作者提及平安時代「大鄉料理」曾出現「魚膾」菜餚，筆者認為該該項議題值得進一步研究，這種介於生與熟之間的魚肉食俗可能來自中

---

49 Isaac Yue and Siufu Tang eds, *Scribes of Gastronomy: Representations of Food and Drink in Imperial Chinese Literature* (Hong Kong: Hong Kong University Press, 2013). 此書已有中譯本，余文章與鄧小虎主編，劉紫雲與姚華等譯，《臧否饗饕：中國古代文學中的飲食書寫》。北京：北京大學出版社，2018。

50 Eric C. Rath, *Food and Fantasy in Early Modern Japan* (Berkeley: The University of California Press, 2010).

51 Eric C. Rath, *Japan's Cuisines: Food, Place and Identity* (London: Reaktion Books, 2016).

國或者東南亞，如何透過途徑傳到日本有待考察。[52]

　　從明治維新至20世紀中期，日本帝國參與東亞大小戰爭，其中飲食關係到軍事後勤系統的支援，也影響到部隊戰爭成敗，歷史學者秋特卡（Katarzyna J. Cwiertka）在 *Modern Japanese Cuisine* 考察近代日本在東亞的戰爭促進「飲食現代化」，包括食品工廠的出現、罐頭食品的生產以及重視營養與疾病的關係（例如腳氣病）。作者提醒我們：日本「國民飲食」（national cuisine）的出現與明治維新、飲食西化以及戰爭動員密切相關。[53]秋特卡另一本專書 *Cuisine, Colonialism and Cold War* 論證近代韓國飲食亦受到日本帝國影響，日本殖民韓國後，將現代飲食技術（啤酒、醬油與味精等）與餐飲現代性（百貨公司與西式飲食）帶入韓國。[54]筆者認為，戰爭與食物在近代東亞飲食文化相當重要且具有潛力的研究議題，可以從中討論現代飲食技術、食物產業、與營養觀念。

　　二次戰後日本經歷美軍占領，黑市混亂與政治抗爭，爾後受到美援糧食支助增加麵粉消費，其中尤以「拉麵文化」甚受矚目，近來英文學界出版兩本「拉麵」專書，第一本是索爾特（George Solt）的 *The Untold History of Ramen*，考察拉麵源自中國移民，最初出現於長崎與橫濱港口城市，之後融入日本社會。

---

52 關於「魚生」在中國歷史上的重要性，蕭璠有相當詳細的討論，詳見蕭璠，〈中國古代的生食肉類餚饌：膾生〉，《中央研究院歷史語言研究所集刊》，第71本第2分（2000），頁247-365。

53 Katarzyna J. Cwiertka, *Modern Japanese Cuisine* (London: Reaktion Books, 2006). 此書有中譯本，陳玉箴譯，《飲食、權力與國族認同：當代日本料理的形成》（新北：韋伯文化國際出版有限公司，2009）。

54 Katarzyna J. Cwiertka, *Cuisine, Colonialism and Cold War: Food in Twentieth-Century Korea* (London: Reaktion Books, 2012).

1980年代後，隨著日本旅遊與經濟實力興起，日本飲食在海外亦受到重視，壽司與拉麵成為國際了解日本食物等地，逐漸融入日本社會。1980年代後，日本飲食在海外受到重視，尤以加州與美東為甚，壽司與拉麵成為國際社會了解日本飲食文化的窗口。簡言之，索爾特論證「拉麵」從具有強烈中國屬性的食物，經過日本社會調和改造，最終成為日本飲食的一部分，反映出日本文化的高度融合力。[55]顧若鵬（Barak Kushner）的 *Slurp: A Social and Culinary History of Ramen* 也分析拉麵如何從中國傳入日本，成為日本軟實力的象徵。[56]

傳統日本飲食受到中國文化影響甚深，瑞斯（Eric C. Rath）與艾斯曼（Stephanie Assmann）合編 *Japanese Foodways, Past and Present* 討論從傳統到近代的日本飲食，亦提及中日在食物交流上的重要性。[57]此外，秋特卡也邀集學者撰寫中國、日本與韓國的飲食文化，議題包括家庭廚房與便當文化、食物技術與醬料消費以及現代飲食工業。[58]此外，人類學家大貫惠美子（Emiko Ohnuki-Tierney）注意到稻米在日本飲食文化的認同議題。[59]

近來學者也持續開發新的研究議題，例如Tomoko Aoyama注

---

55 George Solt, *The Untold History of Ramen: How Political Crisis in Japan Spawned a Global Food Craze* (Berkeley: University of California Press, 2014). 該書有中譯本，喬治‧索爾特著，李昕彥譯，《拉麵：一麵入魂的國民料理發展史》（新北：八旗文化，2016）。

56 Barak Kushner, *A Social and Culinary History of Ramen* (United Kingdom: Global Oriental, 2012). 此書有中譯本，顧若鵬著，陳正杰譯，《拉麵的驚奇之旅》（臺北：允晨文化實業股份有限公司，2017）。

57 Eric C. Rath and Stephanie Assmann eds, *Japanese Foodways, Past and Present* (Champaign, IL: the University of Illinois Press, 2010).

58 Katarzyna J. Cwiertka ed, *Critical Readings on Food in East Asia* (Leiden: Brill, 2013).

59 Emiko Ohnuki-Tierney, *Rice as Self: Japanese Identities through Time* (Princeton: Princeton University Press, 1994). 此書有中譯本，大貫惠美子著，石峰譯，《作為自我的稻米：日本人穿越時間的身分認同》（杭州：浙江大學出版社，2015）。

意日本文學中的飲食議題，[60]亞歷山大（Jeffrey W. Alexander）在 *Brewed in Japan* 討論近代日本啤酒工業的變遷，[61]科貝特（Rebecca Corbett）在 *Cultivating Femininity* 注意到日本江戶與明治時期女性特質（femininity）與茶道實踐之間的關係，[62]以及由斯塔克（Nancy K. Stalker）主編的 *Devouring Japan: Global Perspective on Japanese Culinary identity*[63]簡言之，英文學界的日本食物研究已累積一定成果，其中不少學者注意到近代日本飲食的形成與知識、技術、戰爭、殖民與帝國等有緊密關係，筆者認為上述議題也直接或間接地影響中國食物從傳統轉向現代，恰可成為研究近代中國食物的借鏡。

結語：中國食物研究的未來性

近來英文學界對於食物研究甚感興趣，法國年鑑學派開啟系統性的研究方法，克羅斯比提出「哥倫布大交換」觀念，文思理以「糖」進行跨區域研究，之後學者陸續開發出嶄新議題與多元研究方法，研究對象包括帝國與飲食現代性、特定食物的製作與消費變遷、現代餐館與品味形成、香料與貿易、食物短缺與飢荒以及飲料與技術等。

作為世界上古老文明之一的中國，其飲食文化亦有豐富內容

---

60 Tomoko Aoyama, *Reading Food in Modern Japanese Literature* (Honolulu: The University of Hawai'i Press, 2008).

61 Jeffrey W. Alexander, *Brewed in Japan: The Evolution of the Japanese Beer Industry* (Honolulu: The University of Hawai'i Press, 2014).

62 Rebecca Corbett, *Cultivating Femininity: Women and Tea Culture in Edo and Meiji Japan* (Honolulu: The University of Hawai'i Press, 2018).

63 Nancy K. Stalker, *Devouring Japan: Global Perspectives on Japanese Culinary Identity* (Oxford: Oxford University Press, 2018).

與特殊意涵，學者目前已注意到其研究價值，但仍需學界投入更多研究。若聚焦傳統中國的食物研究，筆者認為尚有諸多議題值得探討：首先，農業發展與中國文明息息相關，包括穀物傳播、種植技術、災荒救援、農書知識、水利技術與官方政策等農業議題皆值得研究。其次，過去中國食物研究較強調漢人飲食觀念（例如「醫食同源」與「飯菜系統」），但從「非漢人」角度出發的研究成果相當有限（例如穆斯林），未來可加強游牧民族或邊疆少數民族的飲食文化進行研究。第三，筆者認為若以「四大菜系」或「八大菜系」的觀念了解傳統中國的飲食範疇不夠精確且缺乏客觀分析，學者可以將生態環境、人文觀點與歷史脈絡納入考察，可以幫助我們了解中國菜系形成的複雜背景。第四，傳統中國有諸多食譜，其內容涉及菁英階層如何建立有別於西方的「飲食品味」，這也是值得深究的議題。

　　若聚焦「近代中國」的飲食變遷，筆者認為下列議題值得研究：第一，中國的「飲食現代性」是一個亟待開發的議題，相關研究包括現代營養知識、傳統食補的轉型與實踐以及食品工業發展。第二，近代中國城市的飲食文化亦有待開發，除了上海，北京、南京、西安、廣州甚至香港等城市的飲食變遷亦值得研究。第三，海外華人的飲食文化已吸引學界注意，但目前研究重心仍以北美為主，19世紀以降不少閩粵華人來到東南亞謀生，兩者之間的飲食交流與互動亦值得深入研究。

　　若聚焦在「臺灣食物」研究，近來中文學界對於許多議題已累積相當研究成果。[64]但可進一步發展的議題是二次戰後臺灣移

64　就目前臺灣食物的研究成果，曾品滄關注清代以降到戰後飲食發展的不同面向，討論議題廣泛且論點精闢，詳見曾品滄，〈辦桌：清代臺灣的宴會與漢人社會〉，《新史學》，第21

民在北美中菜變遷過程扮演的角色，這些移民包括本省人與外省人（大陳人）。從二次戰後到1980年代中國改革開放前，北美不少中餐館經營者來自臺灣且分散各地，他們不僅賣中菜（以川揚菜為主），也兼賣日本料理與臺灣菜，對北美中菜與亞洲飲食的推廣占有重要角色。[65]

最後一個有待深究的議題是中菜「品味」（taste）。英文學界分析歐美飲食品味的建立與哲學、宗教及階級有關，[66]然而英

卷4期（2010）；〈生豬貿易的形成：19世紀末期臺灣北部商品經濟的發展〉，《臺灣史研究》，第21卷2期（2014）；〈日式料理在臺灣：鋤燒（スキヤキ）與臺灣智識階層的社群生活（1895-1960年代）〉，《臺灣史研究》，第22卷4期（2015）；〈鄉土食和山水亭：戰爭期間「臺灣料理」的發展（1937-1945）〉，《中國飲食文化》，第9卷1期（2013）；〈從花廳到酒樓：清末至日治初期臺灣公共空間的形成與擴展〉，《中國飲食文化》，第7卷1期（2011）；〈戰時生活體制與民眾飲食生活的發展（1947-1960s）〉，《戰後初期的臺灣》（臺北：國史館，2015）；〈從「平樂遊」到「江山樓」：日治中期臺灣酒樓公共空間意涵的轉型（1912-1937）〉，《比較視野下的臺灣商業傳統》（臺北市：中央研究院臺灣史研究所，2012）。陳玉箴也注意到日治時期到戰後「臺灣食物」的發展，研究扎實且論點深具說服力，詳見陳玉箴，〈依附與競爭：戰後初期美援下的臺灣乳業（1945-1965）〉，《中國飲食文化》，第13卷1期（2017）；〈「家」的身體實踐：林海音飲食書寫中的烹與食〉，《成大中文學報》第53期；〈從「家務」到「勞動商品」：臺灣家庭晚餐型態變遷的考察〉，《臺灣學誌》第13期；〈營養論述與殖民統治：日治時期臺灣的乳品生產與消費〉，《臺灣師大歷史學報》第54期；〈從溝通記憶到文化記憶：1960-1980年代臺灣飲食文學的北平懷鄉書寫〉，《臺灣文學學報》第25期；〈政權轉移下的消費空間轉型：戰後初期的公共食堂與酒家（1945-1962）〉，《國立政治大學歷史學報》第39期；〈日本化的西洋味：日治時期臺灣的西洋料理及臺人的消費實踐〉，《臺灣史研究》，第20卷1期（2013）；〈日本化的西洋味：日治時期臺灣的西洋料理及臺人的消費實踐〉，《臺灣史研究》，第20卷1期（2013）。曾齡儀聚焦於戰後潮汕移民帶入「沙茶醬」並開啟牛肉消費的研究，詳見，曾齡儀，〈移民與食物：二次戰後高雄地區的潮汕移民與沙茶牛肉爐〉，《師大臺灣史學報》，第8期（2015）；〈吳元勝家族與臺北沙茶火鍋業的變遷〉，《中國飲食文化》，第12卷1期（2016）。

65 筆者曾對紐約法拉盛（Flushing）臺菜餐館變遷進行研究，詳見Chunghao Pio Kuo, "When Little Island Cuisine Encountered Chinese Food: The Evolution of Taiwanese Cuisine in New York City's Flushing Neighborhood (1970　Present)" in B. Arnold, T. Tunc, & R. Chong (eds.), *Chop Suey and Sushi from Sea to Shining Sea: Asian Restaurants in the United States* (Fayetteville: University of Arkansas Press, 2018).

66 Alan Warde, *Consumption, Food and Taste* (London: SAGE Publications, 1997); Carolyn Korsmeyer, *Making Sense of Taste: Food and Philosophy* (Ithaca: Cornell University Press, 1999);

文學界甚少出現關於中國食物「品味」討論的專書，筆者認為中菜的食材種類、烹飪方式與消費實踐等均有其特殊意義且值得研究，這方面的研究可從歐美學界的文化理論獲得靈感，例如法國學者塞托（Michel de Certeau）在 *The Practice of Everyday Life* 利用「技巧」（strategy）與「策略」（tactics）說明消費者與環境的互動，[67]社會學家布赫迪厄（Pierre Bourdieu）在 *The Field of Cultural Production* 提出「場域」（field）、「慣習」（habitus）與各種「資本」（capital）觀念解釋消費文化的脈絡，[68]人類學者阿帕度萊（Arjun Appadurai）在 *The Social Life of Things* 提出「物的社會生命史」，[69]同時也對印度食譜與國家菜餚（national cuisine）進行研究，值得參考。[70]就中國食物的未來研究發展，除了筆者建議的方向，還有不少議題深具潛力，值得學界同好投入更多時間進行研究。

Priscilla Parkhurst Ferguson, *Accounting for Taste: The Triumph of French Cuisine* (Chicago: University of Chicago Press, 2006).

67　Michael De Certeau, Translated by Steven Rendall, *The Practice of Everyday Life* (Berkeley: University of California Press, 1988). 該書已有中譯本，米歇爾‧德‧塞托著，方琳琳、黃春柳譯，《日常生活的實踐》（南京：南京大學出版社，2015）。

68　Pierre Bourdieu, *The Field of Cultural Production* (New York: Columbia University Press, 1993).

69　Arjun, Appadurai ed, *The Social Life of Things: Commodities in Cultural Perspective* (Cambridge: Cambridge University, 1986).

70　Arjun Appadurai, "How to Make a National Cuisine: Cookbooks in Contemporary India," *Comparative Studies in Society and History* 30.1 (1988), 3-24.

第五部

數位人文／新史料與歷史研究

地理資訊系統（GIS）
在史學研究中的應用[*]

林敬智

前言

　　地理空間要素在史學研究中占有一定重要的角色，結合地理與歷史研究方法處理空間與時間的變化，對於還原史實的脈絡具有莫大的效益，而晚近資訊科技發達，利用地理資訊系統整合三度空間（3D）與時間的向度，形成所謂的「4D」時空分析，為歷史研究加入了空間視野，對於史家整理史料、分析時空變化、利用視覺化呈現以進行歷史敘事，將可帶來如虎添翼的加乘效果。

　　地理資訊系統應用於史學研究的相關文獻回顧已有數篇著作可資參考，[1] 本文將以國內外大體趨勢為主軸，介紹重要里程碑與研究，並引介歷史學者可以使用之相關資源，包括各個學術機

---

* 本文原發表於學術研討會，原作引用前人研究中的 GIS 地圖以便說明各種 GIS 分析工具與視覺化呈現效果，收錄本書出版後涉及商業行為，部分原引用圖片因考量授權因素而刪除，請讀者自行參閱註腳中的原作以便進一步了解文中所述的各種 GIS 地圖的效果。

1 范毅軍，〈試論地理資訊系統在歷史研究上的應用〉，《古今論衡》，第2期（1999），頁93-96。李宗信，〈臺灣歷史人口統計資料 GIS 建置與應用〉，《台灣學通訊》，第69期（2012），頁12-13。白璧玲，〈歷史地理資訊系統於史料數位化成果之應用價值與發展趨勢〉，《國史研究通訊》，第7期（2014），頁10-14。李宗信、顧雅文，〈近二十年來應用歷史地理資訊系統的回顧與展望：以臺灣區域史研究為例〉，《臺灣史研究》，第21卷2期（2014），頁167-196。

構、網上資源。

地理資訊系統（geographic information system，以下簡稱
GIS）是指稱用來瀏覽、管理地理空間位置，分析空間關係和空
間建構的資訊軟體和資料的集合，提供了一個可以匯集、組織
空間資料和相關資訊的架構，使研究者可以進行繪圖、視覺化
（visualization）和分析地理資訊。[2]透過GIS的工具與方法，除了
便於製作簡單明瞭的主題地圖，還可以在地圖的平臺上建立與管
理具有空間特性的資料庫，便於從空間的範圍內查詢與交叉套疊
比對資料的相關性，進而可以利用GIS軟體的空間分析功能，提
供空間決策上實證的基礎參考資料，是空間思維與相關研究非常
強大的利器。自1970年代開始，計量地理學研究開始利用電腦能
夠快速處理大量資料的優勢，發展出GIS對於地理空間的資訊進
行描述、管理與分析工作。到了1990年代，GIS開始被應用於人
文與社會科學領域，歷史學研究亦開始逐步接受應用GIS來繪製
歷史地圖，並進一步處理具有空間屬性的史料，將文字資料轉化
為具體呈現在地圖上的資訊，運用GIS擅長處理地理空間資訊的
優勢，結合史學擅長處理時間與變化的長處，進而建立應用資訊
科學分析時空變化的資訊系統，最初並無統一的名稱，邇來較普
遍被稱為Historical GIS，亦簡稱HGIS。[3]

　　HGIS應用於史學研究領域，最初並未獲得多數史家的認
可，一來是因為資訊科學的軟硬體對於歷史學者而言有一定的進

---

2 Tasha Wade、Shelly Sommer編，李莉、商瑤玲、張元杰編譯，《A to Z GIS圖解詞典》（北
　京：科學出版社，2011），頁84。
3 HGIS的使用必須當心，除了Historical GIS之外，有時亦指稱Health GIS，應用於公共衛生領
　域；或指涉更為廣泛的Humanities GIS人文學科資訊系統，後者亦有時以GeoHumanities或
　Spatial Humanities指稱，有時更廣義的還包括GIS for the Humanities and Social Sciences，把
　所有人文與社會科學領域皆涵括在內。本文所指之HGIS是專指Historical GIS。

入學習門檻，同時多數GIS為商用軟體，價格過於昂貴；二來是史家較擅長史料的精讀與詮釋，GIS往往需將史料中的訊息轉化為簡化、甚至量化的資料，因此有一段時間GIS應用於史學研究的情況僅屬少數。[4]經過許多前輩學者的努力，加上近年來GIS使用界面漸趨於人性化、簡便使用，進入門檻降低，同時近年手機與平板上GIS與GPS（Global Positioning System）的應用軟體Apps越來越普及化，如Google公司的Google Maps與Google Earth、蘋果公司Apple Maps，讓多數人對於GIS更為熟悉，亦了解其長處與便利性。另一方面，為與昂貴的商用軟體對抗，許多資訊工程師協助建立開源、免費之GIS界面，其功能與便利性也逐漸追上商用軟體，如Quantum GIS（簡稱QGIS）。中研院人社中心地理資訊科學專題中心（以下簡稱中研院GIS中心）亦自行開發SinicaView軟體（圖1），整合空間三維的地理資訊系統和時間向度，建構4D時空資訊平臺，內建多年來所累積之各類時空圖資與歷史地圖，開放免費下載使用，比起Google Earth的平臺更為豐富，功能亦更為強大，更符合學術界應用於研究之中。[5]另外尚有臺大國發所鄧志松教授所開發之界面Excel2Earth，可以利用微軟EXCEL輸入與管理資料，然後可以快速轉出地圖，更使得GIS的操作門檻大幅降低。[6]

　　此外，越來越多的圖層建置、累積與分享，使得研究者自行建置圖層資料更省時，同時，底圖圖磚WMTS所帶來的便利性，讓使用GIS進行史學研究的門檻再往下降。綜合種種因素，近年HGIS漸為史學家所接受，利用HGIS來整理史料，將歷史資料

---

4 顧雅文，〈歷史GIS：歷史學家的新技藝〉，《中央研究院週報》，第1398期（2013），頁7。

5 參見：http://3dgis.rchss.sinica.edu.tw/。

6 http://excel2earth.blogspot.tw/。

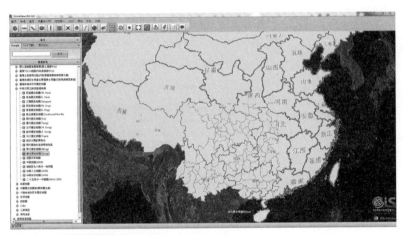

圖1：中研院GIS中心所開發之SinicaView。

建置於具有時空架構的資料庫之中，並且能夠進一步繪製主題地圖、進行時空分析，對於史學研究帶來更大的便利性，同時亦能透過HGIS的輔助發現新的問題，或解決過去傳統研究方法較難處理的議題。

一、重要里程碑：機構、書刊與人物

　　幾位先驅學者或機構亦逐步建立GIS資料平臺，累積具有時間與空間屬性的GIS圖層（layers），澳洲格里菲斯大學（Griffith University）克里斯曼（Lawrence Crissman）教授在1980年代即開始著手將中國、亞洲國家及蘇聯的行政區域單位進行空間數位化工作；郝若貝（Robert Hartwell）很早便開發Chinese Historical Software，累積歷代的GIS資料；[7]華盛頓大學拉維利（William

---

7　參見http://acasian.com/。

Lavely）也很早便開始建構時空資料China in Time and Space。[8] HGIS大約在進入21世紀前後開始逐漸成熟，研究成果浮出檯面，范毅軍很早便注意到GIS對於歷史研究的輔助功能不僅在整合時間與空間資料的典藏與查詢，還有進一步對資料分析與處理的能力，可資運用在文化史、經濟史等領域。中央研究院歷史語言研究所於1996年11月間成立「地理資訊系統工作室」推廣在史學研究上結合GIS技術，隨後中央研究院計算中心也成立地理資訊系統實驗室，日後轉型為地理資訊科學研究專題中心，[9]可以說是華人世界中運用GIS於史學研究的前導者。[10]

　　加州大學柏克萊分校蘭卡斯特（Louis Lancaster）教授亦很早意識到GIS的強大功用，於1997年推動成立電子文化地圖創設協會（Electronic Cultural Atlas Initiative，簡稱ECAI），[11]作為數位時空資料彙整與分享的平臺，建立跨國的研究社群，同時例行舉辦太平洋鄰里協會研討會（Pacific Neighborhood Consortium，簡稱PNC），[12]推動相關領域的跨國交流與合作，多年來卓然有成。哈佛大學包弼德（Peter Bol）與復旦大學葛劍雄和滿志敏合作CHGIS（Chinese Historical GIS）計畫，是在前述克里斯曼、郝若貝、拉維利等幾位國外學者的基礎上，以譚其驤先生的《中國歷代地圖集》作為基礎所建立的，其後哈佛大學還在2005年成立地理研究中心（Center for Geographic Analysis），由包弼德

---

8 參見http://sedac.ciesin.org/data/collection/cddc/sets/browse。

9 參見http://gis.rchss.sinica.edu.tw/templates/yt_seasons/images/logo.png。曹銘宗，《遠見與承擔：中央研究院數位人文發展史（1984-2015）》（臺北：中央研究院數位文化中心，2017），頁46-48。

10 范毅軍，〈試論地理資訊系統在歷史研究上的應用〉，《古今論衡》，第2期（1999），頁93-96。

11 參見http://www.ecai.org/。

12 參見http://pnclink.org/。

擔任第一任主任，與此同時發展的「中國歷代人物傳記資料庫」
（CBDB）便與CHGIS可以相互連結，發揮更大的效果。現今哈
佛大學還設立Worldmap網頁作為空間資訊的彙整平臺，許多研
究成果皆放置其中，彼此還能產生互聯的作用，使得個別的研究
成果能夠發揮更廣大的影響。[13]

　　The Asian Network for GIS-based Historical Studies（ANGIS）
（アジア歴史地理情報学会）[14]於2012年成立，是一個聚焦在亞洲
地區、以GIS輔助歷史研究的跨國學術網絡，每年在不同會員國
家舉辦一場學術研討會，其間也穿插一些工作坊與書展等活動，
歷年來曾在日本東京、京都、泰國曼谷、臺北中研院、菲律賓馬
尼拉、中國廣州中山大學等地舉辦，成員來自世界各地，並不限
於亞洲；此外自2013年起還發行數位學術期刊*Journal of Asian
Network for GIS-based Historical Studies*。

　　在2000年時*Social Science History*第24卷3期推出GIS專號，
其中有施堅雅（G. William Skinner）、韓忠可（Mark Henderson）、
袁建華等人的研究，是施堅雅利用GIS以實證資料作為基礎，重
新檢視其長期建立的歷史地理學模型與架構，並創立「等級區域
空間模型」（Hierarchical Regional Space，簡稱HRS模型），描述
一系列由不同社會經濟區域系統所構成的等級系統，各區域內
以城市或鎮為中心，最終形成一宏觀的社會經濟系統，進而與
人口普查資料中的生育率進行區域間的比較研究。[15] HGIS重要

---

13 參見http://worldmap.harvard.edu/。

14 http://www.l.u-tokyo.ac.jp/~angisj/ANGIS(Japan)_en/index_en.html。

15 G. William Skinner, Mark Henderson, and Yuan Jianhua, "China's Fertility Transition through Regional Space, Using GIS and Census Data for a Spatial Analysis of Historical Demography." *Social Science History*, 24:3 (2000), 613-43. 施堅雅、韓忠可、袁建華，〈長江下游宏觀區域

的推動者古格里（Ian Gregory）和克諾爾斯（Anne Knowles）亦皆在該刊上發表相關研究成果。隨後克諾爾斯主編之 *Past Time, Past Place: GIS for History*、[16]古格里撰寫之 *A Place in History: A Guide to Using GIS in Historical Research*[17]等操作手冊陸續問世，具體引介如何運用GIS工具與技術於史學研究之中。隨著電腦資訊技術的升級，此一系列的GIS工具與技術引介書籍也不斷與時俱進，陸續出版最新的手冊以協助史家運用GIS於史學研究之中。[18]古格里與蓋德斯（Geddes）所合編的 *Toward Spatial Humanities: Historical GIS and Spatial History* 展示GIS應用於史學研究最新的學術成果。[19] HGIS重要的推動者博登哈默（David J. Bodenhamer）、科里根（John Corrigan）與哈里斯（Trevor M. Harris）在2010年、[20] 2015年分別出版重要的書籍推廣應用GIS於史學與人文研究之中。[21]

　　施堅雅的等級區域空間模型也影響到其他經濟與歷史人口

生育率轉變研究：用GIS方法和人口普查數據進行時空分析〉，《中國人口科學》，第2期（2001），頁1-18。

16 Anne Kelly Knowles, *Past Time, Past Place: GIS for History* (Redlands, CA: ESRI Press, 2002).

17 Ian N. Gregory, *A Place in History: A Guide to Using GIS in Historical Research* (Oxford: Oxbow Books, 2003).

18 Ian N. Gregory and Paul S. Ell, *Historical GIS: Technologies, Methodologies, and Scholarship* (Cambridge: Cambridge University Press, 2007). Anne Kelly Knowles, *Placing History: How Maps, Spatial Data, and GIS Are Changing Historical Scholarship* (Redlands, CA: ESRI Press, 2008).

19 Ian N. Gregory and Alistair Geddes, *Toward Spatial Humanities: Historical GIS and Spatial History* (Bloomington: Indiana University Press, 2014).

20 David J. Bodenhamer, John Corrigan, and Trevor M. Harris, *The Spatial Humanities: GIS and the Future of Humanities Scholarship* (Bloomington: Indiana University Press, 2010). 本書摘要可參閱林富士主編，《「數位人文學」白皮書》（臺北：中央研究院數位文化中心，2017），頁94-97。

21 David Bodenhamer, John Corrigan, and Trevor M. Harris, *Deep Maps and Spatial Narratives* (Bloomington: Indiana University Press, 2015).

學以外領域，2011年吳疆、童道琴與瑞凡克（Karl Ryavec）將中國宗教場域的空間分布進行了等級區域空間模型的分析，一方面分析宗教與各種區域和地方的社會經濟、教育、交通、語言、行政、文化、民族、自然環境等因素之間的互動關係，另一方面也檢視了宗教與經濟的區域空間模型兩者間的關係，發現具有高度的關聯性與重疊性，隨後他們乃以佛教為主要的分析對象，建置了「佛教地理信息系統」（BGIS），由此分析了佛教寺院的空間分布模式，以及各種宗教活動網絡的形成。[22]吳疆於2016年舉辦了「大中華地區區域宗教系統的形成」國際會議，召集GIS專家與宗教學者齊聚一堂，共同探討如何利用GIS與施堅雅的等級區域空間模型理論來研究中國宗教場所的空間分布，以了解各區域內宗教空間分布的特性與模型，以及其內部的宗教活動網絡如何形成等議題。[23]會議中多篇論文以佛教的寺院或高僧為核心，分析其宗教活的空間分布或社會網絡，此外尚有其他宗教的GIS分析，包括楊鳳崗與裴玄錚（Jonathan Pettit）共同發表〈繪製中國浙江地區的宗教地圖〉，其中包括基督教堂、佛教寺廟在浙江四個不同地區的發展，大致能描繪出當今中國宗教市場的輪廓。另外中研院GIS中心范毅軍、廖泫銘、張智傑、陳建州聯名發表介紹其所建置之「文化資源地理資訊系統」，其中收錄了臺灣各地的宮廟、教會、古蹟、歷史建築、老樹、金門風獅爺等，並與地方

---

22 Wu, Jiang, Daoqin Tong, and Karl Ryavce, "Spatial Analysis and GIS Modeling of Regional Religious Systems in China: Conceptualization and Initial Experiments." In *Chinese History in Geographical Perspective* (Lanham: Lexington Books, 2013), edited by Yongtao Du and Jeff Kyong-McClain, 179-196.

23 歐陽楠，〈「大中華地區區域宗教系統的形成」會議綜述〉，《世界宗教研究》，2016卷3期（2016），頁188-192。

文史工作者合作進行實地田野調查，拍攝影像紀錄，並撰寫基本資訊與歷史傳說。洪朝輝、金建峰則以中國天主教為例，以宗教市場理論來分析其空間分布，此即洪朝輝近年來利用GIS分析中國基督教會、回民清真寺宗教市場的空間分布的其中一項嘗試。[24]

　　對於佛教研究中的GIS平臺，首開先河的還有法鼓文理學院所建置的「佛教傳記文學地理資訊系統」（圖2）[25]、台灣佛寺時空平台（圖3）[26]、絲路佛教文化地圖資料庫（圖4）[27]、以及在其「佛學研究規範資料庫」[28]中的「地名規範資料庫」[29]。

　　在宗教史的研究中，2013年已有數位學者嘗試結合GIS進行空間分析，《民俗與文化》第8期便以「民間信仰與空間技術」作為專題，探索GIS何以輔助宗教研究。張智傑、洪瑩發、廖泫銘、范毅軍展示了如何利用GIS與GPS等資訊科技進行民間信仰田野調查，並繪製神明遶境的空間地圖；[30]洪瑩發、張耘書、張智傑、張珣、范毅軍、廖泫銘則以GIS整理全臺灣各地的媽祖廟數量與空間分布，尤其是置於歷史發展的動態過程中來觀察其由

---

24 Hong Zhaohui and Jin Jianfeng, "Spatial Study of Mosques: Xinjiang and Ningxia as Case Studies," *Review of Religion and Chinese Society*, 3:2(2016), 223-260.

25 http://buddhistinformatics.ddbc.edu.tw/biographies/gis/interface/。佛教傳記文學的平臺中，除了呈現GIS地圖，還有兩種呈現方式，包括社會網絡分析http://buddhistinformatics.ddbc.edu.tw/biographies/socialnetworks/interface/，以及時間軸http://buddhistinformatics.ddbc.edu.tw/biographies/timeline/，可以方便使用者將佛教人物的時間、空間、社交網絡快速進行視覺化呈現的處理。

26 http://buddhistinformatics.dila.edu.tw/taiwanbudgis/。

27 此資料庫含「數位博物館玄奘西域行」http://silkroad.chibs.edu.tw 及「絲路中印文化交流時空平台」http://www.plela.org/chibs/SRwork/index.html。

28 http://authority.dila.edu.tw/。包括時間規範資料庫、人名規範資料庫、地名規範資料庫和佛經目錄規範資料庫。

29 http://authority.dila.edu.tw/place/。

30 張智傑、洪瑩發、廖泫銘、范毅軍，〈GIS與地方社會和民間信仰〉，《民俗與文化：民間信仰與地理資訊科學專刊》，第8期（2013），頁5-15。

圖2：佛教傳記文學地理資訊系統。

資料來源：http://buddhistinformatics.ddbc.edu.tw/biographies/gis/interface/。

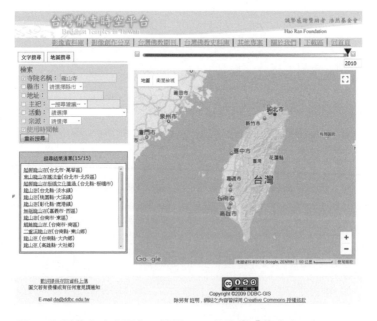

圖3：台灣佛寺時空平台：搜尋2010年全臺「龍山寺」。

資料來源：http://buddhistinformatics.ddbc.edu.tw/taiwanbudgis/。

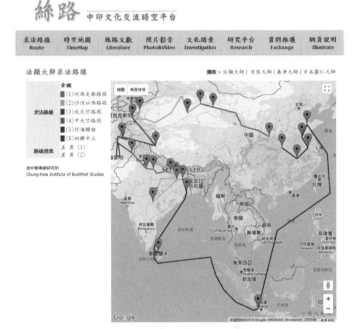

圖4：絲路中印文化交流時空平台：法顯大師求法路線。

資料來源：http://www.plela.org/chibs/SRwork/faxian.html。

海邊向內陸的擴散現象，並與漢人的族群、祖籍的空間分布進行
套疊分析媽祖信仰與祖籍之間的關聯性；[31] 洪瑩發、張智傑、廖
泫銘、范毅軍以GIS空間分析探索五年千歲祖廟馬鳴山鎮安宮的
擴散現象與空間層次，包括其五營空間、附近的聯庄公廟、每五
年的大科參與之香庄的空間分布，以及由鎮安宮所分靈出去在臺
灣各地的宮廟與私壇，同樣也是將信仰的發展源流置於歷史發展

---

31 洪瑩發、張耘書、張智傑、張珣、范毅軍、廖泫銘，〈歷史與空間：臺灣媽祖廟數量與分布
　探討〉，《民俗與文化：民間信仰與地理資訊科學專刊》，第8期（2013），頁17-39。

的脈絡之中，並與漢人祖籍進行關聯性的分析；[32]邱彥貴則利用
GIS繪製三山國王廟的時空分布地圖，對於雲、嘉、南地區的三
山國王信仰進行其歷史年代的討論，並與閩客族群的移民史進行
交互的比對。[33]

　　2016年普度大學（Purdue University）宗教與中國社會研究
中心出版的 Review of Religion and Chinese Society 第3卷2期便以
「Mapping the Sacred: Geospatial Studies on Chinese Religions」 為
主題製作專刊，其中陳詩沛以GIS地圖重建地理學者陳正祥的
蝗神廟分布圖，[34]普洛塔斯（Jason Protass）以GIS重建宋代禪宗
《燈錄》中所記載的宗派與譜系之時空分布，[35]賓格海默（Marcus
Bingenheimer）以GIS繪製《參學知津》中所記載的19世紀行腳
僧人之路線網絡。[36]

　　蘭卡斯特的學生卜道（David Blundell）任教於政治大學，於
2002年便在臺灣推動結合GIS建立「南島語族電子文化地圖」，[37]
隨後加入蘭卡斯特組成的「海洋佛教傳播」（Maritime Buddhism）
研究團隊，結合跨國的歷史與考古學者研究佛教自印度洋、南太
平洋傳播至東亞的交通航道，重寫佛教傳播史，補充了透過絲路

---

32 洪瑩發、張智傑、廖泫銘、范毅軍，〈馬鳴山鎮安宮信仰空間研究初探〉，《民俗與文化：
　民間信仰與地理資訊科學專刊》，第8期（2013），頁41-64。

33 邱彥貴，〈雲嘉南地區三山國王廟時空分布討論〉，《民俗與文化：民間信仰與地理資訊科
　學專刊》，第8期（2013），頁65-84。

34 Chen Shih-pei陳詩沛, "Remapping Locust Temples of Historical China and the Use of GIS," *Review
　of Religion and Chinese Society*, 3:2 (2016), 149-163.

35 Jason Protass, "Toward a Spatial History of Chan: Lineages, Networks, and the Lamp Records,"
　Review of Religion and Chinese Society, 3:2 (2016), 164-188.

36 Marcus Bingenheimer, "Knowing the Paths of Pilgrimage: The Network of Pilgrimage Routes in
　Nineteenth-Century China," *Review of Religion and Chinese Society*, 3:2 (2016), 189-222.

37 David Blundell，〈二十一世紀的語言：建立南島語族電子文化地圖〉，《石璋如教授百歲誕
　辰紀念文集》（臺北：中央研究院歷史語言研究所，2002），頁587-605。

傳播以外的海路傳播（圖5）。政大近年推動數位人文學的發展不遺餘力，由陳樹衡率十一個不同主題與方法論的數位人文團隊合撰 *Big Data in Computational Social Science and Humanities*，[38] 提供數位人文在臺灣發展的在地經驗，其中便有四章介紹空間人文學（Spatial Humanities）中如何應用 GIS 於社會科學與人文學科的發展，卜道、林敬智、莫里斯（Morris）介紹空間人文學的發展及在臺灣的實際應用經驗，特別著重 GIS 應用於宗教方面的研究；[39] 詹進發介紹志願地理資訊（Volunteer Geographical Information, VGI）應用於在地社區的自然與文化資源保存，此一方法亦可適用於人文社會科學中的群眾外包（crowdsourcing），由在地人提供資料或解讀詮釋在地的史料與文獻；[40] 賀安娟（Ann Heylen）應用 GIS 整理與分析 17 世紀在臺灣的荷蘭人手稿與書信，建置動態地圖以解析其時的書信社會網絡；[41] 奧利華（Oliver Streiter）長期應用 GPS 在臺灣、澎湖等地拍攝墳墓墓碑，並記錄其座標位置，利用其累積的龐大數據分析臺灣與澎湖墓碑「堂號」的時空變遷。[42]

---

38 Chen Shu-heng ed., *Big Data in Computational Social Science and Humanities* (Cham, Switzerland: Springer International Publishing AG, 2018).

39 David Blundell, Ching-chih Lin and James Morris, "Spatial Humanities: An Integrated Approach to Spatiotemporal Research," in Chen Shu-heng ed., *Big Data in Computational Social Science and Humanities*, 263-288.

40 Jihn-Fa Jan, "Application of Citizen Science and Volunteered Geographical Information (VGI): Tourism Development for Rural Communities," in Chen Shu-heng ed., *Big Data in Computational Social Science and Humanities*, 29-44.

41 Ann Heylen, "Expressing Dynamic Maps through 17th-Century Taiwan Dutch Manuscripts," in Chen Shu-heng ed., *Big Data in Computational Social Science and Humanities*, 95-116.

42 Oliver Streiter, "Simultaneous Invention or Propagation of Cultural Practices? The Tanghao on Tombstones of Taiwan and Penghu," in Chen Shu-heng ed., *Big Data in Computational Social Science and Humanities*, 45-93.

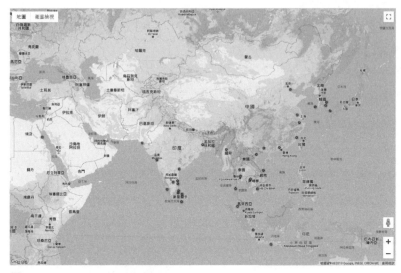

圖 5：Atlas of Maritime Buddhism。
資料來源：https://reurl.cc/ROGX9。

　　國外的 GIS 史學應用實例更為豐富，加拿大史家集結不同主
題共同出版 *Historical GIS Research in Canada*，[43] 包括種族與移民
史、歷史地圖數位化、農業森林與濕地的環境史、各類發電能源
的社會史等，其中一章也利用 GIS 處理華人移民的人頭稅資料，
以分析華人移民當地受到歧視的一段歷史。義大利佛羅倫斯地區
也有一本專書應用 GIS 分析其近現代的都市發展過程，[44] 主題涵括
文藝復興時期職業的空間分布、16 世紀性產業在都市中的空間與
治理、近現代城市中的流行病，甚至還利用空間分析的視覺化去

---

43 Jennifer Bonnell and Marcel Fortin, *Historical GIS Research in Canada* (Calgary, Alberta: University of Calgary Press, 2014).

44 Nicholas Terpstra and Colin Rose, *Mapping Space, Sense, and Movement in Florence: Historical GIS and the Early Modern City* (New York: Routledge, 2016).

還原各地教區（parish）的地理空間，以重建各教堂鐘聲的「聲音地景」（soundscape）的歷史，並分析各地教區的鐘聲與區域認同間的關聯性；從流行病及對其認知來分析「恐懼」情緒的空間分布，同時還利用手機APP結合文化資產導覽與旅遊，充分展現應用GIS於史學研究中的多元可能性。研究猶太人大屠殺的史家也應用GIS技術與工具還原了大屠殺的地理空間與猶太人被迫遷徙與監禁的路線，[45]範圍涵蓋歐陸許多國家與地區，透過將各種類型的史料予以空間化呈現（圖6），追索當年對猶太人的逮捕與集中營。[46]這些HGIS的應用實例皆可以作為國內史學界應用之參考模範，可茲應用於不同類型主題的史學研究之中。

二、國內相關機構與學系學程

國內推動GIS於史學研究最悠久者為中央研究院人文中心GIS專題研究中心，長年推動相關推廣教育，執行長范毅軍、組長廖泫銘帶領其專案經理與研究助理張智傑、洪瑩發、李宗信、顧雅文、白璧玲、莊永忠、劉濠雄、顏守韓等人，在中研院與各地大學和高中校園推廣GIS如何應用於人文研究與社會科學領域，其中還特別舉辦歷史研究、宗教與民俗研究等主題式工作坊。2008年中正大學臺灣人文研究中心舉辦「運用地理資訊系統於人文研究」工作坊，邀集復旦大學歷史地理中心主任滿志敏教授、中研院人社中心GIS專題中心執行長范毅軍、組長廖泫銘、

---

45 Anne Kelley Knowles, Tim Cole, and Alberto Giordano, *Geographies of the Holocaust* (Bloomington: Indiana University Press, 2014), 33.

46 Anne Kelley Knowles, Tim Cole, and Alberto Giordano, *Geographies of the Holocaust*, 70-71.

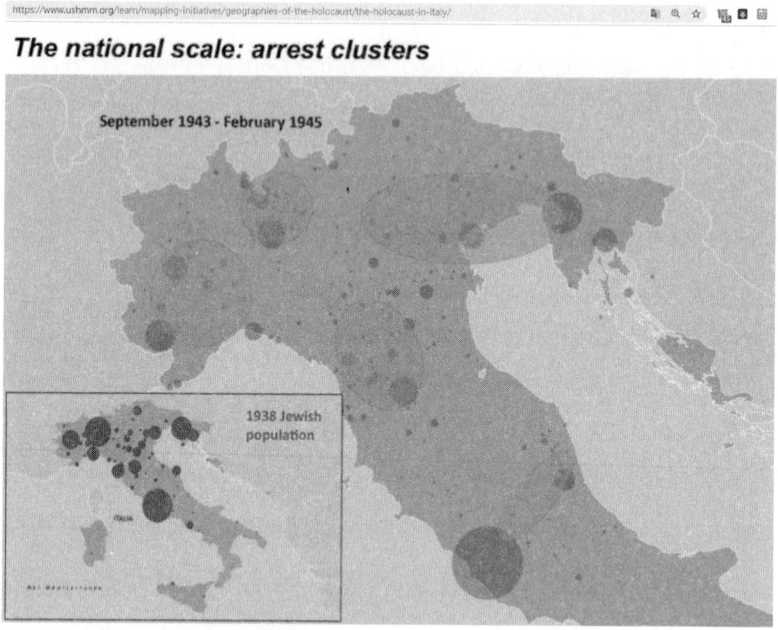

圖6：依猶太人被逮捕的聚落分布地圖。

資料來源：United States Holocaust Memorial Museum, "The Holocaust in Italy," https://www.ushmm.org/learn/mapping-initiatives/geographies-of-the-holocaust/the-holocaust-in-italy/。

成員溫在弘、顧雅文、白璧玲等人，分別以不同案例陳述GIS應用於人文社會科學研究的情況與挑戰。[47]中研院人社中心GIS專題中心歷年來舉辦多場類似此類的活動，在國內推動GIS應用於人文與社會科學領域的貢獻卓著，多年來所培養的助理群也陸續取得博士學位在諸多大學任教，繼續推廣GIS在人文社會科學領域的應用，同時中心也持續與各大學學者合作相關之研究與GIS

---

47 相關議程、摘要與投影片參見：http://tih.ccu.edu.tw/tih_97/data/GIS/gis_active.html。

資訊平臺和資料庫的建置工作。歷年來推廣教育對於GIS工具與方法應用於歷史研究上的貢獻良多，特別是許多學生與年輕研究助理有機會得以獲得基礎的自繪主題地圖及初級的GIS分析能力，向下扎根。近來也陸續將相關課程推上YouTube頻道，建立線上自學課程，讓有興趣學習者能夠透過線上課程獲得GIS的基礎知識。該中心還在網上成立多個論壇與社群，為學習者解決疑難雜症，即時提供最新資訊，包括QGIS與Open GeoData論壇[48]、Google Maps/Earth觀察報[49]、GeoPDF技術與應用等平臺[50]。

　　中央研究院人文中心GIS專題研究中心並規畫建置基礎數位平臺與資源，先後建立了「中華文明時空基礎架構系統」（CCTS）[51]、「台灣歷史文化地圖」（THCTS）[52]、「臺灣百年歷史地圖」[53]、「地圖數位典藏整合查詢系統」[54]、「內政部地名查詢系統」[55]、「文化資源地理資訊系統」[56]，對於本領域的貢獻居功厥偉。[57]例如利用GIS時空平臺皆能考證出鄭和航海的路線與抵達地點的古今地名（圖7），相關圖層亦開放下載。[58]「臺灣百年歷史地圖」可以直接在網上套疊不同年代的歷史地圖，還可以進行多視窗比對（圖8），方便使用者進行比較與對照古今地圖。晚近還開發

48　http://gis.rchss.sinica.edu.tw/qgis/。

49　http://gis.rchss.sinica.edu.tw/google/。

50　http://gis.rchss.sinica.edu.tw/geopdf/。

51　http://ccts.sinica.edu.tw/。

52　http://thcts.sinica.edu.tw/。

53　http://gissrv4.sinica.edu.tw/gis/twhgis.aspx。

54　http://map.rchss.sinica.edu.tw/。

55　http://placesearch.moi.gov.tw/。

56　http://crgis.rchss.sinica.edu.tw/。

57　各計畫之詳細說明，請參見：http://gis.rchss.sinica.edu.tw/index.php?option=com_content&view=category&layout=blog&id=107&Itemid=155&lang=zh。

58　參見http://ccts.sinica.edu.tw/rs_jh.php。

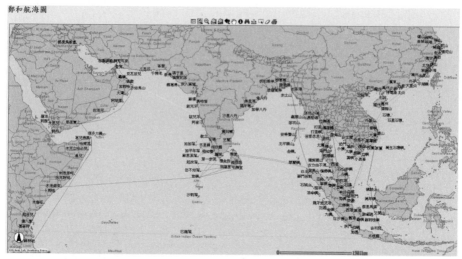

圖7：鄭和航海路線。

資料來源：http://webgis.sinica.edu.tw/website/chsearoad/viewer.htm。

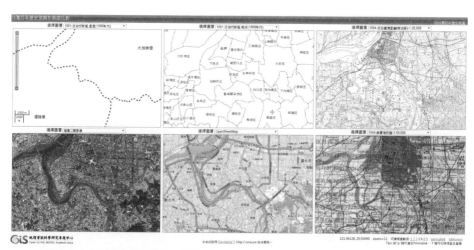

圖8：臺灣百年歷史地圖多視窗比對。

資料來源：http://gissrv4.sinica.edu.tw/gis/twhgis/MapCompare/。

SinicaView平臺，將該中心所開發之GIS資源內嵌其中，方便研究者直接導入圖層，降低使用的門檻，可說是取代Google Earth的學術進階版。[59]結合統計資料還有「統計博覽繪」，方便在空間的界面上輸出統計資料。[60]此外還有唐代交通地理資訊系統，[61]由朱開宇依照嚴耕望於1985年出版之《唐代交通圖考》所建立，參酌譚其驤先生主編的《中國歷史地圖集》第五分冊以及丁文江等人於1934年所出版《中華民國新地圖》（又稱《申報地圖》）交互應證所完成。除此之外，中研院地理資訊科學研究專題中心的網頁提供各種GIS所需要的技術工具、圖資典藏、學術活動、教育訓練的資訊，可以透過其網站連結相關大學科系、學會組織、研究中心、以及國外GIS研究機構，是GIS初學者與應用者不可或缺的重要平臺。[62]邱正略的博士論文〈日治時期埔里的殖民統治與地方發展〉[63]在近史所研究員康豹的指導下，應用了中研院GIS中心早期開發的「台灣歷史文化地圖核心應用系統」繪製了許多主題地圖，比對人口統計資料、日治戶籍資料及文字記載，透過在地圖上視覺化的呈現與檢證，為其博士論文增色不少，為國內學位論文中較早開始應用GIS於史學研究之中的先例之一。

　　該中心還建置了地圖數位典藏的整合查詢系統，研究者可以快速查詢已經數位化之地圖。[64]歷來與各大學合作的歷史相關成

59　參見http://3dgis.rchss.sinica.edu.tw/。

60　參見http://statgis.rchss.sinica.edu.tw/statgis/。

61　http://GISsrv4.sinica.edu.tw/GIS/Tang.aspx。

62　http://gis.rchss.sinica.edu.tw/。

63　邱正略，〈日治時期埔里的殖民統治與地方發展〉（南投：暨南國際大學歷史學系博士論文，2009）。

64　http://map.rchss.sinica.edu.tw/cgi-bin/gs32/gsweb.cgi/ccd=jj12Q2/gsdatabaseins?menuid=gsdatabaseins。

果包括：[65]

- 中國近代歷史地圖與遙測影像典藏計畫，合作單位：史語所。
- 台灣歷史地圖檢索系統，合作單位：臺史所。
- 大台北古地圖考釋，合作單位：臺史所。
- 台灣老照片，合作單位：國立藝術學院。
- 大稻埕主題館（含臺北古城），合作單位：國立藝術學院。
- 台閩古蹟生活館，合作單位：國立藝術學院。
- 傅斯年圖書館空間資訊系統，合作單位：史語所。
- 明清檔案人名權威資料 WEBGIS，合作單位：史語所。
- 秦漢歷史地圖，合作單位：史語所。
- 蘇軾文史地理資訊系統，合作單位：元智大學中文系。
- 台灣地區考古遺址調查資料庫，合作單位：史語所考古組。
- 漢代墓葬與文化，合作單位：史語所。
- 陝西寶雞戴家灣遺址地理資訊系統，合作單位：中研院史語所金文工作室。
- 漢唐長安之城內郊外規劃 WebGIS，合作單位：東華大學歷史系。

　　彰師大歷史學研究所於國內歷史系所中首開歷史 GIS 基礎與進階課程，並擁有專屬之「歷史地圖繪製室」電腦設備，對

---

65 相關網站連結參見：http://gis.rchss.sinica.edu.tw/index.php?option=com_weblinks&view=category&id=71&Itemid=105&lang=zhhttp://gis.rchss.sinica.edu.tw/index.php?option=com_weblinks&view=category&id=72&Itemid=106&lang=zh。

於推動GIS於史學研究不遺餘力，還舉辦「白沙歷史地理學術講座」、「白沙歷史地理學術研討會」、「白沙歷史地理工作坊」，刊行《白沙歷史地理學報》，應是國內歷史系所中結合GIS與史學研究密度最高的單位，曾前後任教於該所的施添福、顧雅文、李宗信、李進億等教授皆是此領域中之先行者。[66] 2012年《白沙歷史地理學報》第14期便以GIS為主題製作專號，[67]展示應用GIS於史學研究中的效益，時間從後晉、北宋、明代至近代中國與日治臺灣，地理範圍自中國北方方鎮、河南開封、南京城，以至臺灣的桃園大圳，主題從軍事史、交通與城市史、水利史、疾病醫療史，一直到古地圖考證，對於史學研究中的GIS應用應有相當大的啟發作用。此外，彰師大地理學系開設「空間資訊學分學程」，[68]課程設計較偏向地理學及理工方面的應用。

　　東華大學臺灣文化學系設有「人文數位與GIS學程」，[69]高度結合人文地理與文學學術專業，其前身為鄉土文化學系之「歷史GIS數位化學程」，[70]由地理學與歷史學專長教師推動，與人文研究較為緊密。[71] 2009年出版《台灣人文地理資訊系統的案例與研

---

66 參見http://history.ncue.edu.tw/about/features。

67 《白沙歷史地理學報》第14期GIS專號，2012年10月出刊，內容包括：郎潔，〈唐晉之際北方戰局與後晉對方鎮的經略〉，頁1-14；劉晨曦，〈北宋鎮戎軍設置緣起和北宋初年 西北邊境軍事運輸〉，頁15-34；白璧玲，〈明代豫東黃泛區驛路發展與城鎮體系：以開封府為主的探討〉，頁35-63；李進億，〈由內而外：後村圳灌溉區爭水事件的歷史變遷（1763－1945）〉，頁65-169；徐建平，〈中國近代城市型政區分域過程中的權限劃分：以南京特別市為例〉，頁171-202；顧雅文，〈日治時期臺灣的衛生調查與疾病統計：兼論以GIS輔助疾病史研究〉，頁203-284；郭俊麟、黃清琦、廖泫銘，〈二戰謎圖：日治後期（1924－1945）臺灣五萬分一地形圖再考〉，頁255-284。

68 http://geo3w.ncue.edu.tw/SpatialInformation/index.html。

69 http://hssda.moe.edu.tw/wSite/DoDownload?fileName=1437624778432.pdf。

70 http://hssda.moe.edu.tw/wSite/DoDownload?fileName=1339565924774.pdf。

71 迄2008年對國內歷史GIS課程、學程與工作坊的回顧盤點，參見郭俊麟，〈台灣數位典藏地理資訊在教育與資料提供機制之探討：從學程與工作坊的規劃談起〉，收於賴進貴主編，

究》，[72]展示應用GIS於人文地理與歷史的相關研究，黃雯娟利用GIS探索宜蘭近山地域的相關研究，[73]郭俊麟以GIS考察20世紀上半葉花蓮港廳的歷史地名，[74]葉高華與廖泫銘探討歷史人口統計與GIS地圖的交互參照應用，[75]許家成、蔡博文、項潔運用GIS處理苗栗地區古地契以重構清代墾地關係，[76]林祥偉從技術角度探索3D歷史圖像與共同記憶的相關研究，[77]王明志嘗試利用三維建模技術於臺北市的人文史之測繪工作。[78]

　　臺灣大學地理環境資源學系於2007年首次以數位典藏地理資訊的應用推廣為主題舉辦學術研討會，並於2008年出版論文集《數位典藏地理資訊》，[79]其中數篇文章可作為史學研究參考的重要文獻，包括香港中文大學太空與地球資訊科學研究所所長林琿介紹如何以GIS方法與技術，輔助人文社會科學研究結合空間思維；語言學家鄭錦全利用GIS整理田野調查所蒐集之語言資料，進而應用GIS的空間分析處理宏觀的人際關係歷史分析；顧雅文引介如何應用GIS於臺灣史研究；溫在弘運用GIS建立流行病的

《數位典藏地理資訊》（臺北：國立臺灣大學地理環境資源學系，2008），頁67-85。
72 林祥偉編，《台灣人文地理資訊系統的案例與研究》（花蓮：東華大學鄉土文化學系，2009）。
73 黃雯娟，〈宜蘭近山地域研究的回顧與前瞻〉，《台灣人文地理資訊系統的案例與研究》，頁11-32。
74 郭俊麟，〈「地名」在東台灣人文GIS應用的現況與挑戰：以1909-1945年的花蓮港廳為例〉，《台灣人文地理資訊系統的案例與研究》，頁33-60。
75 葉高華、廖泫銘，〈歷史人口統計與地圖的關鍵性交會〉，《台灣人文地理資訊系統的案例與研究》，頁61-80。
76 許家成、蔡博文、項潔，〈運用GIS與古契書重構清代墾地關係之初探：以苗栗地區為例〉，《台灣人文地理資訊系統的案例與研究》，頁81-99。
77 林祥偉，〈3D歷史圖像與共同記憶研究〉，《台灣人文地理資訊系統的案例與研究》，頁185-194。
78 王明志，〈台北市人文史蹟的測繪與三維建模技術初探〉，《台灣人文地理資訊系統的案例與研究》，頁255-266。
79 賴進貴編，《數位典藏地理資訊》（臺北：臺灣大學地理環境資源學系，2008）。

時空分析模型，可作為疾病醫療史研究的重要工具；石計生探索各國數位典藏中的虛擬城市時空資訊的經驗，以作為國內開發之參考；考古學者陳瑪玲介紹GIS的時空分析如何應用於考古學研究。「數位典藏地理資訊」學術研討會自2007年舉辦至2012年，成為人文社會科學應用GIS進行研究的重要發表平臺，於2009年[80]、2010年[81]、2011年[82]分別出版論文集，收錄重要的研究範例可茲參考。

　　臺灣師範大學地理學系設有「空間資訊學分學程」，[83]但課程設計偏向理工方面的應用。臺師大臺史所張素玢教授「數位人文與專題實作」課程，並帶領學生實作，安排至相關機構進行實習，其中亦包括GIS相關課程與應用，對於GIS在人文研究中的應用有較大的啟發作用，幾位曾經修習課程的同學將GIS與數位人文工具與方法應用於論文寫作中，利用歷史地圖與GIS空間分析、視覺化呈現，圖文參照的寫作方式獲得多項臺灣史研究方面的論文獎項。[84]中興大學設有「人文數位典藏與加值應用學程」，其中亦有「歷史GIS與數位典藏」課程。[85]臺灣海洋大學也設有「地理資訊應用學程」，[86]偏重理工方面應用，但海洋文化

80 石計生等，《2009數位典藏地理資訊論文選集》（臺北：臺灣大學地理環境資源學系，2009）。

81 鄭錦全等，《2010數位典藏地理資訊論文選集》（臺北：臺灣大學地理環境資源學系，2010）。

82 賴進貴等，《2011數位典藏地理資訊論文選集》（臺北：臺灣大學地理環境資源學系，2011）。

83 http://www.geo.ntnu.edu.tw/files/recruit/83_1c4db7b3.pdf。

84 黃儒柏，〈濁水溪下游的糖業鐵道之興衰(1907-1970)〉（臺北：臺灣師範大學臺灣史研究所碩士論文，2015）。田騏嘉，〈日治時期國家對蘭嶼土地的控制及影響〉（臺北：臺灣師範大學臺灣史研究所碩士論文，2015）。邱創裕，〈「天皇米」之說的生成與再現〉（臺北：臺灣師範大學臺灣史研究所碩士論文，2015）。上述論文獲得新台灣和平基金會「台灣研究博碩士論文獎」、國立臺灣圖書館博碩士論文研究獎助等殊榮。

85 http://www.pda.nchu.edu.tw/drupal6/?q=node/1。

86 http://www.GIS.ntou.edu.tw/class.html。

研究所教師亦有參與。逢甲大學都市計畫與空間資訊學系亦設有
「地理資訊應用學程」,[87]另外設有地理資訊系統相關科系尚有臺
灣大學地理環境資源學系、臺灣師範大學地理系、高雄師範大學地
理系、文化大學地理系、成功大學測量及空間資訊學系、嘉南藥
理大學應用空間資訊系暨碩士班、清雲大學空間資訊與防災科技
研究所等,但取向偏重理工相關科系,與人文學科的關聯性較小。

三、線上教學與網路GIS資源平臺

　　地理學家陳正祥於1979年的〈中國文化中心的遷移〉一文,
以時間與空間的統計數據繪製18種人文地圖,說明文化中心由北
向南遷移,可說是利用地理資訊系統於史學研究的先驅者,當然
當時所使用的並非今日的GIS;陳正祥繪製的唐宋詩詞作者籍貫
分布地圖,啟發了文學研究者羅鳳珠應用GIS於文學史的領域,
自2001年起與中研院GIS中心持續合作,陸續完成了唐宋詩詞作
者及作品分布的地理資訊系統;[88]以李白、杜甫、韓愈為主題的
唐代詩人行吟地圖;[89]宋人與宋詩的地理資訊系統;[90]蘇軾的文史
地理資訊系統(圖9)和文學時空資訊系統;[91]臺灣民間文學與臺
灣古典漢詩的地理資訊系統。[92]中國大陸則有首都師範大學周文
業推動中國文學歷史地理信息系統,並與武漢大學王兆鵬合作建

87　http://www.up.fcu.edu.tw/wSite/ct?xItem=28630&ctNode=3443&mp=335101。

88　http://gissrv5.sinica.edu.tw/tsgis/。

89　http://crgis.rchss.sinica.edu.tw/web/TWSLDH/。

90　http://webgis.sinica.edu.tw/website/songpoem/。

91　前者見http://gis.rchss.sinica.edu.tw/bsgis/;後者見http://webgis.sinica.edu.tw/bsgis/。

92　前者見http://gissrv4.sinica.edu.tw/TFL/;後者見http://gisapp.rchss.sinica.edu.tw/TWCCP/GIS/index.aspx。

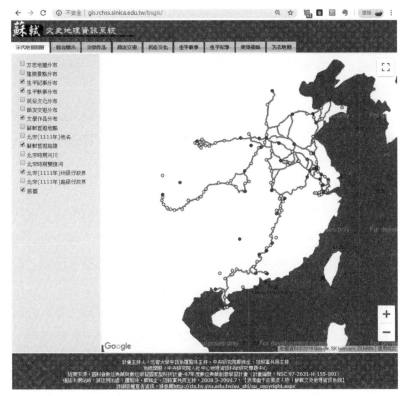

圖9：蘇軾文史地理資訊系統。

資料來源：http://gis.rchss.sinica.edu.tw/bsgis/。

置「唐宋文學編年系地信息平臺」。[93]

　　中央研究院歷史GIS研究網提供重要資料庫的入口連結網址，是歷史研究者尋求相關GIS資源平臺的重要參考，其中有基本資料庫、主題資料庫、圖像資料庫、研究資料庫等不同類別，也有提供GIS相關的研究工具與系統開發資源。[94]該網站對

---

93 https://sou-yun.com/poetlife.html。

94 http://gis.rchss.sinica.edu.tw/researchdb/。

於歷史研究最常使用的主題地理資訊系統也提供連結的網址，包括「中華文明之時空基礎架構」[95]、「臺灣歷史文化地圖」[96]、「臺灣地區地名查詢系統」[97]、「文學地理資訊系統」[98]、「臺灣百年歷史地圖」[99]等。

　　此外內政部「國土資訊系統」（NGIS）整合不同部門，提供政府資料中各種具有空間分布特性的地理資訊，包括地形、地質、水文、地籍等地圖圖層及其相關的文字屬性資料，方便使用者套疊與繪製地圖，以進行資料的典藏、處理與分析。[100]內政部開發的「地理資訊圖資雲服務平台」（TGOS）提供完整與正確的全國地理資訊與網路服務之查詢目錄與詮釋資料庫，其中可以將門牌地址輸入即可轉換為經緯度座標，並可以大量批次處理，是一重要的GIS資料來源。[101]

　　由祝平次規畫的科技部數位人文籌畫小組拍攝幾種不同的數位人文方法與工具之教學錄影，放置於YouTube上，方便自學。包括SinicaView、QGIS、Excel2Earth等皆是與HGIS相關的課程，讀者可以自行上網學習。[102] QGIS線上課程由李宗信指導、賴政宏錄製，教材使用中研院人社中心地理資訊科學研究專題中心提供相關圖資，教授QGIS的系統介面、地圖影像定位、數化點線面不同的向量圖徵、基本的主題地圖設計與出圖技巧、利用

95　http://ccts.sinica.edu.tw/。
96　http://thcts.sinica.edu.tw/。
97　http://gn.moi.gov.tw/。
98　http://gis.rchss.sinica.edu.tw/cls/gis/。
99　http://gissrv4.sinica.edu.tw/gis/twhgis/。
100　參見http://ngis.nat.gov.tw/。
101　參見https://www.tgos.tw/tgos/web/tgos_home.aspx。
102　所有相關課程一覽表：https://www.youtube.com/channel/UChyyjTUusnyryNDVUuOB6zQ。

WMTS連結清單的各種線上圖資服務，以及如何從中國歷代人物傳記資料（Chinese Biographical Database，簡稱CBDB）直接輸出地圖至QGIS等不同的小單元。此外，中研院人社中心地理資訊科學研究專題中心另規畫「時空資訊展示及數位人文應用工作坊」線上教學課程，教授該中心所設計研發之軟體SinicaView，整合空間的三維向度地理資訊系統加上時間向度，建構「4D」時空資訊整合平臺，同時內嵌該中心多年來所累積之各類貫時性地理空間圖資、歷史地圖、歷史地名空間對位資訊等，類似進階的學術版Google Earth，使得GIS的入門更為容易；另外還教授HuTime軟體，是能整合歷史事件的時間、人物、關聯性資訊，並加以視覺化展示。

　　臺灣師範大學臺灣史研究所張素玢教授在教育部的補助下，開設一系列的數位人文課程，並將課程內容錄製磨課師課程MOOCs，[103]協助初學者一步步學習使用各種數位軟體，其中包括數項GIS相關的軟體與應用，從最初的入門，到最後的實際應用。不僅包括GIS的軟體，尚介紹利用內政部開發的「地理資訊圖資雲服務平台」，還有利用GIS的研究成果在StoryMap平臺上進行歷史時空的敘事，初學者可以透過此一教學平臺自學相關軟體的操作，大幅降低入門的門檻。

　　DocuSky為臺灣大學所開發的數位人文工具整合平臺，可以將文獻的文本輸入中，自動進行文本標記工作，其中有地名資訊時，可以進一步透過Geoport和DocuGIS轉換到地圖上，[104]並可以

---

103 所有相關課程一覽表：https://www.youtube.com/channel/UC-owlOXP-gnwyfZKnou5jlw/play lists。

104 參見：http://docusky.digital.ntu.edu.tw/DocuSky/ds-05.toolsInDevelopment.html。

將文本中的地名資訊建立新的圖層，以便進一步在GIS平臺中處理與分析，亦是十分便利的新工具。

　　哈佛大學的World Map Project平臺（圖10）提供一個發布地圖研究成果的公共空間，[105]透過一個開放原始碼的方式，降低使用的技術門檻，既有研究成果中的地圖可以在其上進行編輯與視覺化呈現，透過分享機制，新的研究者不必再進行重複的工作，可以在前人的基礎上利用已完成的主題地圖。此一平臺已累積相當的數量，可以方便研究者進行套疊不同的圖層，以利找到不同因素之間的相互關聯性。該平臺還方便使用者應用簡化的工具將掃描的紙本地圖轉化到數位地圖平臺上，進行空間的校正與錨訂座標。

　　馬瑞詩（Ruth Mostern）持續推動建立數位歷史地方志（digital historical gazetteer），與柏曼（Merrick Berman）、蘇何（Humphrey Southall）共同出版 *Placing Names: Enriching and Integrating Gazetteers*，[106]利用GIS平臺整合歷史地名資訊及相關史料，目前正著手建置「數位世界歷史地方志」（World Historical Gazetteers Project）平臺，[107]從全球史的視野整合各地的地名資訊與地理編碼，從中可以發現不同地區與國家之間的交流與互動，克服同地異名（或在不同語言下的相異地名）或名稱不斷更動的現象，促成透過GIS整合跨語言的地名索引資料庫，並與其他不同的資料庫進行連結，發揮「鏈結式開放資料庫」（Linked Open Data）的優勢，讓不同屬性的資料之間形成關聯性的連結，或許可以幫助學者發

---

105 http://worldmap.harvard.edu。

106 Merrick Lex Berman,, Ruth Mostern, and Humphrey Southall, *Placing Names: Enriching and Integrating Gazetteers* (Bloomington: Indiana University Press, 2016).

107 http://whgazetteer.org/。

圖10：哈佛大學 World Map。

資料來源：http://worldmap.harvard.edu。

現一些過往未曾關注過的隱性關係。

　　馬瑞詩撰寫博士論文期間，曾經參與ECAI的工作，在其後出版的 *"Dividing the Realm in Order to Govern": The Spatial Organization of the Song State (960-1276)* 便大量利用GIS輔助其史學研究，[108] 與加州大學美熹德分校（UC Merced）的數位人文技師梅克斯（Elijah Meeks）合作建置「宋代中國電子方志系統」（Digital

---

108 Ruth Mostern, *"Dividing the Realm in Order to Govern": The Spatial Organization of the Song State (960-1276)* (Cambridge, MA: Harvard University Asia Center, 2011).

Gazetteer of Song Dynasty China）[109]，將其建置的 GIS 相關圖層、地圖與資料置於網路上公開，一方面讓學術同行檢視其所依據的材料，另一方面意在分享其研究成果，讓後人毋須就相同主題重新製作圖資，此舉正是發揮數位人文的團體合作與資源共享的精神。此一平臺成為研究宋代歷史的重要數位空間地理資源，譚凱（Nicolas Tackett）便利用其中的圖資於其博士論文改寫的 The Destruction of the Medieval Chinese Aristocracy，[110]他使用墓誌銘、地方志、文集與詩賦等史料，建置了中古門閥士族人物資料庫，利用嶄新的數位人文之社會網絡分析、GIS 時空分析製作出多種視覺化呈現的網絡分析、空間分布圖表，以解析中國中古的門閥士族何以在 10 世紀左右完全消失，可謂是充分利用數位人文技術與方法的代表作之一。馬瑞詩目前的研究聚焦在利用 GIS 平臺重建黃河流域的空間資訊，探索黃河作為人類與自然環境之間的相互互動過程，包括歷代的水利工程建設與天然災害的相關資訊亦一併記錄在其中。

四、重要的幾種GIS的應用：整合史料、考證、解讀、再現、敘事

　　利用 GIS 於史學研究之中，可以發揮其整合空間資訊的優點，將史料置於時空架構之中，透過不同圖層資料的套疊，得以將歷史事件還原至空間環境脈絡之中，考證具體的地點與其周遭

109　http://songgis.ucmerced.edu/。
110　Nicolas Tackett, *The Destruction of the Medieval Chinese Aristocracy* (Cambridge, MA: Harvard University Asia Center, 2014).

環境之間的關聯性，有助於對史料脈絡的解讀；而透過GIS所繪製之主題地圖，客製化地圖中之圖徵與符號，更能彰顯作者所欲表達之主題與面向，對於歷史事件的重現與視覺化皆可以產生有別以往既有的文字為主的敘事方式。此外，透過GIS的地理空間架構整理史料與資訊，除了可以讓文獻材料中的地理空間資訊呈現在地圖中，了解其周遭環境與脈絡外，反向而言，可以透過地圖進行空間資料查詢（spatial query），將特定空間範圍內的相關史料連結起來，當前資料庫開始重視空間查詢的功能，應是未來重要的發展趨勢。展望未來，GIS更進一步整合3D與虛擬實境（virtual reality，簡稱VR），對於還原歷史時空場景將會有更進一步的發展，不但有助於史學研究，更能拉近學術研究與普羅大眾之間的距離。

　　具體的做法相當多元，例如對歷史地圖進行考證工作，透過GIS平臺的影像的空間定位與校正（geo-referencing），能夠給予更明確的經緯度，並將歷史地圖中的圖徵、地理空間中的點、線、面進行數位化，建立新的圖層資料，如地圖中的河道、驛站、寺廟、衛所，或是省縣的邊界、湖泊範圍等；然後再套疊其他已有之史料與地理資訊做疊圖分析（Overlap Analysis），進行空間相關性的比對。[111]除此之外，利用GIS軟體所擅長之空間分析，更可以回答許多過往無法回答的問題，或是提出新的疑問，例如鄰近環域分析（Buffer Analysis）、路徑分析（Route Analysis）、路網分析（Network Analysis）、空間內插計算法（Spatial Interpolation）、地形分析（Terrain Analysis）、影像分類

---

111 王祿驊、李玉亭、范毅軍、廖泫銘、白璧玲，〈《裨海記遊》歷史考證與GIS整合應用〉，《地圖》，第21卷2期（2011），頁23-36。

與影像分析、3D空間分析、空間統計分析（Spatial Statistics）等，[112]將GIS之工具與研究方法更進一步帶入史學研究之中，有助於創造出新的研究成果。而GIS結合時間與空間的資料查詢與演算功能，能依時序的演進而呈現具體的環境與空間變化，不僅可茲作為史學研究之輔助工具，亦是歷史研究成果的嶄新敘事方式，所呈現者不僅是史事中的靜態主題地圖，更能以動態方式呈現與敘述事件在空間範圍中的具體變化趨勢，若能結合3D與虛擬實境，對於還原史實的重建和提供身歷其境的歷史教育，皆有莫大的效益。

　　歷史地圖、航空或衛星空照圖的空間校正（geo-referencing）是將既有之古地圖或空照圖建立其經緯度或地理標，以利於建立GIS的新圖層，若是已知地理座標的古地圖或空照圖，可以利用圖片的四角的座標位置直接對應在GIS之中進行空間校正；若是未知地理座標的古地圖或空照圖，則可以利用圖上至少三處已知地點疊合於具有經緯度的地圖圖層上，以將整幅圖片置於經緯度或空間座標之中，使圖片上的圖資能夠在經緯度或地理座標上找到相應的參數，並能將古地圖或空照圖置入GIS中產生新圖層，與其他圖層中的資料進行空間比對。使用此一方法則該古地圖或空照圖的比例必須不能過度扭曲或失真，否則會無法正確地對應在GIS的座標上，反而造成誤判。經過空間校正後的歷史地圖，便可以從中擷取地圖中圖徵與點、線、面的相關地理資訊，點資料包括府衙官署、寺廟教會、衛所屯軍、水匣鈔關、醫院學校等，線資料包括交通路線、河流河道等，面資料則有行政區域

---

112 周天穎、葉美伶、吳政庭，《輕輕鬆鬆學ArcGIS 10》（臺北：儒林圖書有限公司，2016）。

轄區、湖泊水庫水域等，分別可以建立不同主題的圖層資料，藉
此可以進一步進行不同圖層之間的交疊比對，甚至進行空間分
析。譚家齊與蘇基朗應用各種地方史料建立縣及以下的「明清
松江地區歷史地理信息系統數據庫」，[113]包括松江府的「保」、嘉
定縣的「都」級行政區域範圍，包括其中的人口、賦役數字、
寺廟學校、交通路線、河流等資料。[114]許世融利用《全臺臺灣堡
圖》、《日治時期五萬分之一地形圖》及空照圖等，分析臺灣早
期漢人祖籍族群的分布地圖。[115]晚近學者利用GIS的歷史地圖平
臺，考證古地圖的年代、內容資訊與其背後的脈絡，並將古地圖
上的圖資轉化為數位地圖與不同圖層，活化古地圖的加值利用。
如林玉茹、詹素娟、陳志豪的《紫線番界：臺灣田園分別墾禁圖
說解讀》、[116]葉高華與蘇峯楠的《十八世紀末御製臺灣原漢界址
圖解讀》，[117]皆是成功的範例，應用GIS技術與工具，解開古地圖
之謎，並從中擷取出豐富的圖資與歷史材料以供未來進一步的探
索。

　　GIS地理空間資料查詢（spatial query）的功能，不光是可以
獲得個別空間點位的地理資訊（如經緯度）和其所屬的屬性資料

---

113 http://www.iseis.cuhk.edu.hk/songjiang/。

114 Ka-chai Tam and Kee-long Billy So, "The HGIS Experience of Drawing Sub-county Unit Boundaries in the Jiangnan Region of Late Imperial China," in Kwan Mei-po, Douglas Richardson, Wang Donggen, and Zhou Chenghu eds., *Space-Time Integration in Geographic and GIScience: Research Frontiers in the US and China* (Dordrecht: Springer, 2015), 182-183.

115 許世融，〈臺灣最早的漢人祖籍別與族群分布：1901年「關於本島發達之沿革調查」統計資料的圖像化〉，《地理研究》，第59期（2013），頁109。

116 林玉茹、詹素娟、陳志豪主編，《紫線番界：臺灣田園分別墾禁圖說解讀》（臺北：中央研究院臺灣史研究所，2015）。

117 葉高華編著、蘇峯楠地圖繪製，《十八世紀末御製臺灣原漢界址圖解讀》（臺南：國立臺灣歷史博物館、南天書局，2017）。

內容，也可以透過地圖去選取特定地理範圍內所有相關的空間點位的資料，選取的範圍可以是矩形、圓形、橢圓形或是手動不規則形狀，查詢在劃定的範圍內存在著哪些點位資料，例如在日治時期臺北城內發生鼠疫的地點、臺灣在明清時期已有哪些媽祖廟宇等。除此之外，GIS的空間查詢也提供研究者查詢「空間關係」，不單是計算兩點之間的直線或交通路線的距離，還可以查詢在這段路程中包括哪些點位，例如從杭州到北京通州的京杭大運河沿途的距離里程和途經的水匣、稅關、碼頭、糧倉等，便可以快速查詢得知。空間查詢也能探索與目標地點相鄰的空間資訊，例如運河所通過的省份與州府縣、與濟寧直隸州周遭相鄰的有哪些州府縣。GIS的空間查詢還能夠進一步計算以某一空間點位為中心輻射出去，在設定的距離範圍內會包括哪些空間點位，例如臨清作為重要的運河水路與驛路陸路的交會要衝，GIS空間查詢可以計算出其周遭所覆蓋可以單日往返里程的貿易市集。空間查詢功能中還能夠計算不規則多邊形地理範圍的地理中心點（centroid），例如洪朝輝研究新疆與寧夏地區的清真寺數量與地理空間分布、[118]中國各地的基督教會空間分布與不足，[119]便利用GIS計算信徒到清真寺或基督教會的可獲得性（availability）與可接近性（accessibility），並從清真寺或教會較缺乏的地區去推估合宜設置的中心點地理位置。

---

118 Hong Zhaohui (洪朝輝) and Jin Jianfeng (金建峰), "Spatial Study of Mosques: Xinjiang and Ningxia as Case Studies (中國清真寺的空間研究:新疆和寧夏的案例研究)," *Review of Religion and Chinese Society*, 3:2(2016), 223-260.

119 Hong Zhaohui and Yan Jiamin, "Mapping Accessibility and Shortage of the Protestant Church in China: Applying Two Spatial Research Methods," *Asian Journal of Social Sciences and Management Studies*, 2:1(2015), 1-16.

GIS地圖還能夠呈現統計數據，依主題需求可以調整圖徵的顏色、大小比例、形狀等，透過將文字史料轉化為一目瞭然的地圖視覺化呈現，有助於史家進行分析與敘事。陳剛《六朝建康歷史地理及信息化研究》不僅充分利用GIS的技術分析六朝建康的歷史地理，繪製各類主題地圖，建置「六朝建康歷史地名數據庫系統」，還進一步應用「超媒體地理資訊系統」（hypermedia GIS），以大型資料庫平臺，儲存與管理多種比例尺、多種格式與多媒體的空間和屬性資料，利用GIS的空間分析挖掘與處理以空間要素為基本特徵的圖文資料，並進一步利用互聯網技術和瀏覽器界面來呈現、發布與輸出多媒體地理資訊，讓相同研究興趣的學術社群得以透過網路相互連結與分享歷史地理資訊的圖資、圖層及已完成的各類主題地圖，減少不必要的重複基礎工作。[120]

康豹分析民國時期上海及其周邊的寺廟破壞運動，透過GIS地圖的呈現與分析，可以清楚發現城鄉之間的明顯差異，在上海市中心的寺廟破壞情況較為密集，而在鄉鎮地區實際上的破壞並沒有想像中來得劇烈。[121]許世融、邱正略、程俊源《二十世紀上半大安到濁水溪間的客家再移民》以GIS整理日治時期戶口調查資料與各類檔案，繪製各時期客家族群的變動趨勢與遷徙情況，研究中彰投地區客家再移民現象及其與產業間的聯結性，透過整合圖表與地圖的視覺化呈現歷史的變動趨勢，一目瞭然。[122]

顧雅文分析日治時期臺灣的衛生調查與疾病統計，便將統計

120 陳剛，《六朝建康歷史地理及信息化研究》（南京：南京大學出版社，2012），頁297。
121 康豹，〈近代中國寺廟破壞運動的空間特徵：以江南都市為重心〉，《中央研究院近代史研究所集刊》，第95期（2017），頁24。
122 許世融、邱正略、程俊源，《二十世紀上半大安到濁水溪間的客家再移民》（南投：國史館臺灣文獻館，2017），頁88、94。

數據繪製為地圖清楚呈現，很具說服力。1930年瘧疾防治區分布圖中，左右兩圖以不同方式繪製視覺化呈現，右圖依患者集中程度調整顏色與濃淡漸層，能夠更清楚呈現防治區設置的密度差異。[123]1931年的瘧疾特別防治區與死亡率的兩種不同統計與地理區域疊合在同一張地圖上，可以清楚呈現兩者之間的關聯性。[124]

　　鄰近環域分析（Buffer Analysis）是以某一特定地上物為主，找出其周圍特定距離或範圍以內區域，從中找到相關的鄰近地上物，更進一步而言，可以就特定的點、線、面皆能劃定出所涵蓋的鄰近環境域範圍，例如點環域分析可畫出某交易市集所涵蓋的鄰近村落範圍，線環域分析可以繪製某交通路線或運河水路兩旁特定距離內所覆蓋的村鎮與城市，面環域分析可以劃定出特定的水域、城鎮區域、森林或保育動物保護區等範圍往外延展的特定距離以內的區域。視覺化的呈現方式可以將點、線、面所輻射出去的特定距離範圍以不同顏色或圖徵來區別，或進一步用漸層色彩方式呈現隨距離遠近的差異而有層次的變化。譚家齊與蘇基朗研究明清時期松江府的棉業生產與銷售，應用GIS的鄰近環域分析，繪製以各生產棉業城鎮為中心所輻射出去8公里的範圍，藉此分析嘉定縣棉業的貿易、稅額與當地的人口密度、交通路線之間的關聯性。[125]鄰近環域分析亦可應用於「路線」往外延展的輻

---

123 顧雅文，〈日治時期臺灣的衛生調查與疾病統計：兼論以GIS輔助疾病史研究〉，《白沙歷史地理學報》，第14期（2012），頁230、237。

124 顧雅文，〈日治時期臺灣瘧疾防遏政策：對人法？對蚊法？〉，《臺灣史研究》，第11卷2期（2004），頁213。

125 晚明至清中葉大松江地區棉紡織業研究項目地理訊息系統數據庫，http://www.iseis.cuhk.edu.hk/songjiang/。相關研究參見：Ka-chai Tam and Kee-long Billy So, "The HGIS Experience of Drawing Sub-county Unit Boundaries in the Jiangnan Region of Late Imperial China," in Kwan Mei-po, Douglas Richardson, Wang Donggen, and Zhou Chenghu eds., *Space-Time Integration in Geographic and GIScience: Research Frontiers in the US and China* (Dordrecht:

射範圍，例如許世融等套疊1935年臺中市町界圖，繪製林獻堂在臺中經常往返的路線「灌園先生の足跡」，有助於進行歷史教育的推動。[126]

疊圖分析（Overlap Analysis）是將不同的圖層套疊比對，利用調整圖層的透明度，或是裁剪特定圖層中的多邊形範圍，透過合併、交疊、切除等方式將不同圖層上的圖資、地上物進行比對、觀察，製作成新的圖層，例如原有古地圖或空照圖中並無太多與研究主題相關的圖資或地上物，經過套疊其他圖層以將相關資訊在古地圖或空照圖中標示特定的點、線、面等圖資，獲得更豐富的地理空間資訊。地形分析（Terrain Analysis）便可以套疊空拍圖影像，將地形的等高線、坡度、坡向等資訊呈現出來，對於分析歷史事件所處的地理空間地形的脈絡十分具有幫助。林祥偉利用臺灣堡圖中的等高線數化處理後，分析日治時期花蓮溪流域的土石流災害，利用GIS進行環境變遷的時空分析。[127]康豹與邱正略利用GIS統整不同圖層的優勢，套疊與噍吧哖事件相關之衛星遙測圖與日治時期臺灣堡圖，重建日軍的行軍路線與鎮壓路線，發現由於日軍對於當地溪谷地形與自然環境並不熟悉，實際上並未深入抵抗軍藏匿的山區，當地居民利用對山區地形的熟稔，阻滯了日方對當地的有效統治，因此反抗者能夠在事件後還躲藏在山區相當長的時間。[128]該研究中還將歷史人口統計、戶籍

Springer, 2015), 175-188.

126 曾尉豪、陳碧秋、李孟芸、曾郁芳、余映璇、許世融，〈找尋遺失的記憶：以GIS重現舊臺中市區的歷史地圖〉，《地理資訊系統季刊》，第9卷4期（2015），頁23。

127 林祥偉，〈東台灣台灣堡圖的等高線數化與應用〉，《地圖》，第20卷1期（2010），頁7。

128 邱正略、康豹，〈武裝抗爭與地方社會：以西來庵事件對於沙仔田等十五村庄人口結構的影響為例〉，收入洪宜勇主編，《台灣殖民地史學術研討會論文集》（臺北：海峽學術出版社，2004），頁170-243。康豹，《染血的山谷：日治時期的噍吧哖事件》（臺北：三民

資料與整起事件過程中相關人物與事件的所在地運用GIS繪圖視覺化套疊呈現在地圖上，讓各個數字呈現區域的差異，立刻產生一目暸然的效果，對於分析事件的脈絡、來龍去脈皆有相當大的助益，此類地方社會、族群關係、戰事或叛亂事件等史事研究，若能結合GIS的主題繪製進行合宜之視覺化呈現，加上套疊不同的資料圖層以凸顯某些重要因素，大大有助於加強論述之說服力。李宗信也以古契約等古文書為例，探索利用GIS將史料進行空間化，與地籍圖或相關古地圖套疊，並進一步開展平埔族社址的相關研究。[129]郭俊麟分析日本大阪20世紀初期鼠疫大流行的進程，也透過疊圖分析不同來源的史料與歷史地圖，透過繪製不同進程時期的地圖視覺化，清楚呈現鼠疫流行的擴散迴路。[130]

路徑分析（Path Analysis）與路網分析（Network Analysis）是分析點與點之間的可能路徑或路徑所交織的路網，包括連結的線段（路徑）及線段交會的節點（node）皆是分析對象。例如自南京至北京的水路與陸路交通路線的分析，所可能行經的京杭大運河與驛路便是可分析的路徑，而中途所經過的碼頭、城鎮、鈔關稅關、閘口、驛站、橋梁、衛所軍屯、糧倉等，可以依據交通的路線分析某城鎮在一定水陸里程距離範圍內所涵蓋的市集貿易

書局股份有限公司，2006），頁97。Paul Katz, *When Valleys Turned Blood Red: The Ta-pa-ni Incident In Colonial Taiwan.* Paul Katz, "Governmentality and its Consequences in Colonial Taiwan: A Case Study of the Ta-pa-ni Incident of 1915," *The Journal of Asian Studies,* 64:2 (May, 2005), 387-424. 邱正略，《百年回首噍吧哖事件》（臺南：臺南市政府，2015）。相關研究的圖文資料，已整理成線上資料庫供讀者參考，參見：康豹，「台灣歷史文化專題研究：西來庵事件的歷史地理研究」，http://thcts.ascc.net/doc/katz.html。

129 李宗信，〈淺談臺灣古文書的空間化及其研究效益〉，《台灣史料研究》，第43期（2014），頁2-24。李宗信，〈淺談地理資訊系統（GIS）於臺灣史研究上之應用〉，《台灣史系列講座專輯（一）》（臺北：國家圖書館臺灣分館，2008），頁142。

130 郭俊麟，〈二十世紀初日本大阪鼠疫大流行的時空意涵〉，《白沙歷史地理學報》，第15期（2014），頁98。

網絡，或是分析自江南往北京如何遞運南糧所經過的水陸路線與沿途經過的城鎮、關卡、駐軍、驛站等。葉高華在分析臺灣原住民的遷徙與社會網絡時，充分應用GIS與社會網絡分析的工具與方法，陸續處理了布農族、泰雅族、排灣族、魯凱族等族群從日治到戰後的遷移與社會網絡（圖11）。[131]

　　過去以文字表述行經路線的「路關表」，經由GIS的輔助繪圖，可以在地圖上清楚呈現行經的路線（圖12），藉此還可以觀察沿途所經過的重要地點與景觀。若結合GPS記錄特定活動的軌跡與路線，整合於GIS平臺上，不僅可以進行上述的路徑與路網分析，亦可疊圖比對行經的沿途重要地點。例如宮廟神明的遶境遊行與進香朝聖，將GPS裝置於神轎或開路的報馬仔之上，即時回傳定點資訊，一方面進行路線的記錄，一方面提供信眾與宮廟、陣頭隨時準備接駕或追隨神轎隊伍。除了中華電信曾經提供相關的服務，中研院GIS中心亦開發「神之路關」平臺，提供遶境的即時定位（圖13），並將歷來各種神明的遶境路徑紀錄典藏，以作為未來比較歷年路線之變化。中研院GIS中心與學者合作調查福建省平和縣九峰鎮城隍廟的遶境活動，透過GPS記錄沿途經過的土地廟，經過視覺化呈現於地圖上（圖14），發現所有土地廟均有朝向中心的座向，此一發現乃是透過GIS的典藏與空間視覺化功能，在既有研究方法的基礎上再加以補充。

　　空間內插計算法（Spatial Interpolation）是利用已知數值資訊的部分空間點位，來推估在同一空間範圍內其他空間點位的數

131 葉高華，〈分而治之：1931~1945年布農族與泛泰雅族群的社會網絡與集團移住〉，《臺灣史研究》，第23卷4期（2016），頁123-172。葉高華，〈從山地到山腳：排灣族與魯凱族的社會網絡與集體遷村〉，《臺灣史研究》，第24卷1期（2017），頁125-170。

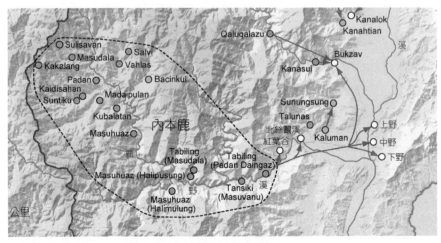

圖 11：1931 年至 1945 年臺東內本鹿布農族的集團移住。

資料來源：葉高華，「論文發表之後」，取自「地圖會說話」網頁，https://mapstalk.blogspot.com/2018/06/blog-post_26.html#more，照片連結：https://reurl.cc/n7zVv。

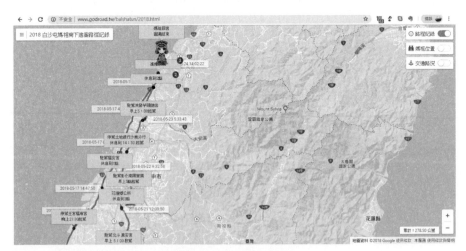

圖 12：傳統路關表數位化與空間化為 GIS 地圖的呈現。

資料來源：2018 白沙屯媽祖南下進香路徑紀錄，http://www.godroad.tw/baishatun/2018.html。

值資訊，最主要是因為研究者在許多情況下，並無法獲致完整而細緻的所有空間點位的資訊，僅獲取局部空間點位的資料，利用GIS的運算功能去推估其他資料不夠明確的空間點位。例如氣象單位不可能在所有地方皆設置氣象站，所以各地的雨量、氣溫、空氣品質等資訊，可以透過周遭氣象站的資訊去推估。歷史人口學中亦可能運用空間內插計算法，就史料中所提供人口數值資訊，對於未知地區人口學的數值資訊進行推估，包括人口數、生育率、死亡率、識字率。顧雅文分析日治時期瘧疾患

圖13：2017年艋舺青山宮遶境路線與神轎GPS即時地圖。

資料來源：神之路關APP。

者在不同區域的空間分布，便利用有限的官立醫院數據去推估整體的空間分布趨勢，透過地圖視覺化的呈現，能夠彌補因史料不足或斷裂而難以完整呈現時空現象的缺憾。[132] 此一計算法在數值

---

132 顧雅文，〈日治時期臺灣的衛生調查與疾病統計：兼論以GIS輔助疾病史研究〉，《白沙歷史地理學報》，第14期（2012），頁236。

圖14：福建平和縣九峰鎮城隍出巡路線。

資料來源：中研院地理資訊科學研究專題中心文化資源地理資訊系統，「福建省平和縣九峰鎮城隍爺出巡路線與伯公廟分布」案例調查簡介，http://crgis.rchss. sinica.edu.tw/studies/cases/20080723/intro。

資訊較豐富的經濟史中亦可以加以運用，但史學研究中的數值資料相對較少，同時也未必能夠符合現代統計學中的抽樣概念，精確性也必須加以考證，運用此一高度量化的計算法於史學研究中有其先天的侷限性，當作輔助性的參考資料或許仍有其價值。

　　3D空間分析，是在既有的 X、Y 座標外加上高度值 Z，建立三維空間模型，不僅作為模擬與視覺化展示之用，亦能夠進行三維度的空間分析。過去三維模型的建置與分析有其專業的軟體，但晚近 GIS 軟體中亦引入相關應用，加上 GPS 也可以記錄高度資訊，航照圖與衛星空拍的影像檔提供建立 3D 模型的基本素材，而衛星遙測感應（Remote Sensing）可以透過紅外線探知地表以

下的歷史遺址，空拍機的量產更使得空拍影像的成本大幅降低，再加上各式各樣的VR虛擬實境的應用隨著手機的APP普及化，3D模型的視覺化展現與分析將是未來普遍的趨勢之一，若應用於史學研究，可以增加身歷其境的臨場感，特別是歷史場景或古蹟建築物難以到達或已經消失的情況下，利用3D模型重建，有助於還原當時的歷史時空脈絡，對於歷史敘事上亦能以視覺化方式提供讀者如臨現場的體驗。研究古羅史的卡拉斯（George Kalas）與UCLA的HyperCities空間視覺化團隊合作，[133]將古羅馬廣場（Roman Forum）殘存的建築物、雕像、碑刻等以3D模型重建，十分有助於理解不同人物塑像的意義與脈絡，並可以幫助史家理解古羅馬時期的儀式與空間格局，相關的3D模型與資料庫也分享於網路上，建立Visualizing Statues in the Late Antique Roman Forum，[134]供史學同行參考與檢證，同時也可作為公眾歷史教育的平臺，還衍生出許多虛擬實境的相關計畫及研究成果。加拿大的歷史學者也利用GIS整合史料與地圖，並利用3D模型去還原重建歷史街區；[135]此外還有另一個計畫結合歷年空照圖與GPS實地測量紀錄，製作濕地環境變遷的3D模型，讓環境變化的情況一目瞭然。[136]

---

133 Diane Favro and Chris Johanson, "Rome: Jumping over the Line," in Todd Presner, David Shepard and Yoh Kawano eds., *HyperCities: Thick Mapping in the Digital Humanities* (Cambridge, MA: Harvard University Press, 2014), 128-133. 本書摘要可參見林富士主編，《「數位人文學」白皮書》，頁98-100。

134 參見：https://hieroilogoi.org/2013/02/09/visualizing-statues-in-late-antiquity/。

135 François Dufaux and Sherry Olson, "Rebuilding a Neighborhood of Montreal," in Jennifer Bonnell and Marcel Fortin eds., *Historical GIS Research in Canada* (Calgary, Alberta: University of Calgary Press, 2014), 153-179.

136 Matthew G. Hatvany, "Growth and Erosion: A Reflection on Salt Marsh Evolution in the St. Lawrence Estuary Using HGIS," *Historical GIS Research in Canada*, 183, 186.

　　中研院GIS中心與臺大地理環境資源學系、清華大學環境與文化資源學系丁志堅合作，運用參與式地理資訊系統（public participation Geographic information system, PPGIS），深入石碇光明里原鹿窟事件發生地進行深入訪談與調查，建立3D模型與720度環景，是本土應用GIS於地區地景與歷史建築保存的最新實例。[137]

五、科普與文化資產保存的應用

　　利用Web-GIS平臺進行歷史事件的時空敘事，結合GIS視覺化之特長，可以展現出完全不同於文字敘事的風格與優勢，例如ESRI公司所建置之StoryMap平臺，[138]擅長結合史料、照片、影音、地圖，而且入門相對簡易，此類相關的平臺亦陸續增加中，相信對於未來史學研究及其對大眾的推廣教育，會帶來新一波的浪潮。其他開放、免費的平臺亦能提供類似StoryMap結合史料、圖片與地圖進行敘事的功能，諸如：MapStory、TimeMapper、StoryMaps JS、CartoDB、JourneyMap、MapChart、Map4news等，限於篇幅與主題所限，在此不一一介紹。

　　此外，許多文化資產的保存工作，得力於GIS平臺的協助，[139]未來還可以進一步結合虛擬實境（VR/AR），對於文化資產的保存、修復與推廣教育皆有相當大之助益。[140]文化部於2011年起推

---

137 http://map.rchss.sinica.edu.tw/720vr/KuangMing_3D_Model/index.html。

138 參見https://storymaps.arcgis.com/。

139 郭俊麟，〈臺灣文化資產數位典藏的地圖協作與創意加值〉，《臺灣學通訊》，第100期（2017），頁22-23。

140 胡明星、金超，《基於GIS的歷史文化名城保護體系應用研究》（南京：東南大學出版社，2012）。李凡，《明清以來佛山城市文化景觀演變研究》（廣州：中山大學出版社，2014）。

動「有形文化資產導覽暨管理系統建置計畫」，2016年更新計畫架構，建置「文化資產導覽系統」（圖15），[141]並開發手機APP，收錄近2200多處臺灣古蹟與有形文化資產，包括古蹟、歷史建築、聚落建築群、文化景觀、考古遺址等定位資訊，加上環景與語音導覽、附近交通與氣候資訊、周遭文化活動原相關訊息，使用者可利用手機或平板電腦即時取得相關資訊，未來亦將結合VR與AR技術，此一GIS平臺可作為文化資產的管理系統與推廣教育資源。

臺灣各地方文化局或學術機構也應用GIS於文化資產與地方文史研究與教育推廣，如郭俊麟等人便將文化資產的數位典藏資料，結合GIS與行動裝置，融入導覽應用之中，方便能夠身歷其境地了解各種在地的文化資產。[142]

臺南市文化局文化資產管理處與中研院GIS中心合作建置「府城區歷史文化網際網路空間資訊平台」，[143]透過電腦、手機與平板便能透過地圖平臺獲取文化局所提供之開放資料，讓數位典藏能夠作為教育推廣的素材，發揮更大的效益。

任教於高雄大學的德籍學者奧利華長期在臺灣各地以數位相機和GPS記錄墳墓與墓碑資料，建立「讀墓 ThakBong」（圖16）[144]資料庫平臺作為數位典藏、教學與研究之用，開放其內容供外界使用，目前調查過的墳墓已累積超過8萬筆資料，範圍除

---

141 http://nav.boch.gov.tw/。
142 郭俊麟、盧尚群、黃崇明，〈文化資產數位典藏的行動加值與場域實證：以文史脈流行動導覽平台的應用為例〉，《2011數位典藏地理資訊論文選集》（臺北：國立臺灣大學，2011），頁121-137。
143 http://culture.tainan.gov.tw/crgis/。
144 http://thakbong.dyndns.tv/。

圖15：文化資產導覽系統。

資料來源：http://nav.boch.gov.tw/cpl2/。

了臺灣本島各地墓園，還包括澎湖、金門、馬祖，並為比較研究
的目的而前往日本與中國大陸、香港、澳門、新加坡、馬來西
亞、印尼、菲律賓、越南及歐美等地，調查工作與資料庫仍持續
擴大。奧利華利用其資料庫的墓碑形制、堂號與祖籍地的書寫方
式、墓地風水走向等資訊，進行時空分析，論證臺灣墳墓自清代

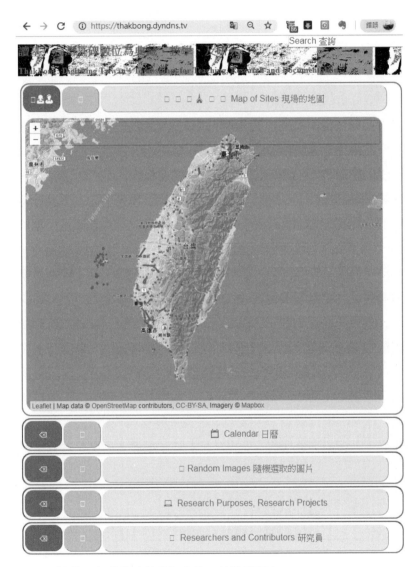

圖16：讀墓：台灣墓碑數位為典藏、教學及研究。

資料來源：http://thakbong.dyndns.tv/。

以降，至日治時期，以至於戰後的形式變遷過程，同時累積大筆資料後，也能觀察部分家族或族群在全臺各地的遷移現象與網絡關係。此一工作能夠得以完成，皆有賴於GIS資料庫的數位典藏與時空分析的強大功能。

　　中國大陸利用GIS等相關技術於保護京杭大運河及其沿途的文化資產，北京的科學出版社籌畫了《空間信息技術與文化資產保護叢書》，陸續出版了《空間信息技術在京杭大運河文化遺產保護中的應用》[145]、《大遺址保護理論與實踐》[146]、《遙感原理與方法及其在大遺址保護中的應用》[147]、《京杭大運河沿線生態環境變遷》[148]、《京杭大運河時空演變》[149]、《中國大運河文化遺產保護技術基礎》[150]等書籍，對於京杭大運河的時空演化、沿線生態環境與文化變遷、文化資產的保護技術基礎等方面進行詳細的探討，當中應用了GIS、GPS、Remote Sensing衛星遙感探測、VR虛擬實境等技術，建置了「京杭大運河保護地理信息系統」。在中國大陸另一經常利用GIS平臺進行文化資產保存工作的主題是「歷史文化名城」，胡明星、金超應用GIS於歷史文化名城與歷史街區的現況調查、保護措施之規畫與管理，建立GIS空間數據庫。[151]在中國各地的「歷史文化名城」與歷史街區、古村落等

---

145 毛鋒、周文生、黃健熙，《空間信息技術在京杭大運河文化遺產保護中的應用》（北京：科學出版社，2011）。

146 孟憲民、于冰、李宏松、喬梁，《大遺址保護理論與實踐》（北京：科學出版社，2012）。

147 聶躍平、楊平，《遙感原理與方法及其在大遺址保護中的應用》（北京：科學出版社，2012）。

148 張金池，《京杭大運河沿線生態環境變遷》（北京：科學出版社，2012）。

149 毛鋒、吳晨等，《京杭大運河時空演變》（北京：科學出版社，2013）。

150 譚徐明等，《中國大運河文化遺產保護技術基礎》（北京：科學出版社，2013）。

151 胡明星、金超，《基於GIS的歷史文化名城保護體系應用研究》（南京：東南大學出版社，2012）。

文化資產，不少地方政府或學者專家便利用GIS平臺作為整合文化資產、歷史史料與文物、空間資訊的基礎資料庫，佛山便是一例，李凡建置「佛山歷史GIS數據庫」，[152]整合佛山地區的歷史地圖、歷代地方志文獻與寺廟祠堂的碑記、同時將重要城市文化景觀建立圖層，如宗教與宗族場域、商業會館與墟市、商貿路線、學校書院、軍政設施、郵政、慈善、廟會遶境路線，以及各種農漁業的土地利用型態等，不僅對於當地文化資產的保存工作推動相當具有助益，對於學術研究也提供相當重要的貢獻。

　　民俗學研究也開始結合GIS平臺建立各地蒐集彙整的民俗地圖，利用GIS的空間分析，對於各地民俗故事進行分類與比較，董曉萍建置了「數字故事民俗地圖」[153]，此外還有「數字碑刻民俗志」[154]、「數字行業民俗志」[155]等不同項目，儘管民俗學所關注的問題意識與研究方法和史學研究不盡相同，但其中所提供的相關資料對於文化史、環境史、地方史等領域仍具有相當大的參考價值。

　　考古學也在廣義的史學研究領域中，很早便運用GIS平臺管理與分析考古出土的資料，邱斯嘉以GIS平臺彙整太平洋巴布亞新幾內亞、索羅門群島、新喀里多尼亞等各地史前Lapita陶器，並進行空間分布與各地裝飾母題的比較研究。[156]柯維盈嘗試利用

---

152 李凡，《明清以來佛山城市文化景觀演變研究》（廣州：中山大學出版社，2014）。

153 賴彥斌、董曉萍，《數字故事民俗地圖志》（北京：學苑出版社，2012）。

154 鞠熙，《數字碑刻民俗志》（北京：北京師範大學出版社，2009）。

155 周錦章，《數字行業民俗志》（北京：北京師範大學出版社，2009）。

156 邱斯嘉、郭潔、蘇郁尹，〈「太平洋史前lapita陶器線上數位資料庫」的建立與運用〉，項潔編，《數位人文要義：尋找類型與軌跡》（臺北：臺灣大學數位人文研究中心，2012），頁231-255。詹偉倫、郭潔、邱斯嘉，〈地理資訊系統在太平洋史前lapita陶器線上數位資料庫中的初步應用及未來可能發展方向〉，《2009數位典藏地理資訊論文選集》，頁23-42。

GIS空間分析工具，去探討青銅器銘文「鐘」的字形區域特色及演化過程。[157]張海的《GIS與考古學空間分析》提供GIS基本知識、建置資料庫的參考、空間統計與各種時空分析的模型、水文與土壤侵蝕的分析模型、產生視覺化呈現圖形的方式等等，具以實際案例提供讀者參考，可茲作為入門與參考工具書。[158]

中研院GIS中心為了推廣其所建置的GIS歷史地圖，除了建置前述方便使用的平臺外，還開發歷史地圖手機APP（圖17），包括臺北、臺中、臺南皆已發布，方便使用者可以在現場開啟歷史地圖進行古今對照。為了進一步推廣歷史地圖APP的大眾使用普及化，還陸續出版《臺北歷史地圖散步》、[159]《臺中歷史地圖散步》，[160]結合古地圖與現今地圖的相互參照，並置入歷史照片以便使用者能夠如歷其境、穿越時空，增加對於歷史現場與脈絡的理解，這是一種新式的歷史敘事與展演的方式。

未來GIS結合3D的VR、AR等虛擬實境，可以對於古蹟與文化資產進行3D建模，以便讓無法親歷現場者可以透過網路的平臺，能夠在虛擬實境中去了解該空間與脈絡，形成新式的歷史敘事模式，同時更有助於文化資產的維護與保存。[161]

---

157 柯維盈，〈應用GIS研究青銅器銘文字形的區域特色：以「鐘」字為例〉，《有鳳初鳴年刊》，第11期（2015），頁117。

158 張海，《GIS與考古學空間分析》（北京：北京大學出版社，2014）。

159 中央研究院數位文化中心，《臺北歷史地圖散步》（臺北：中央研究院數位文化中心，2016）。

160 中央研究院數位文化中心，《臺中歷史地圖散步》（臺北：中央研究院數位文化中心，2018）。

161 3D掃描技術應用於文化資產的相關討論參見：張舜孔、邵慶旺、蔡育林、陳俊宇，〈3D掃描技術應用於文化資產之適用性討論〉，《文化資產保存學刊》，第26期（2013），頁63-78。施乃中、王惠君、姜智勻、蔡宗旂，〈雷射3D攝影測量運用於三峽祖師廟之建築藝術〉，《文化資產保存學刊》，第3期（2008），頁57-64。熊仲卿，〈地理資訊系統在考古遺址管理與預測模式的應用及問題〉，《文化資產保存學刊》，第8期（2009），頁4-19。

圖17：臺灣歷史地圖 APP。

結語：GIS應用於史學研究之陷阱與侷限

　　儘管利用GIS作為研究工具與方法，在史學研究中有諸多的貢獻，但仍有許多侷限性有待突破，最主要是使用者介面的友善化，以降低史學家進入的門檻，尚有進步的空間。而GIS的視覺化呈現優勢，雖然有助於帶來新的敘事可能性，同時能推廣史學教育，但另一方面視覺化亦可以透過特定的操作手法，選擇性地呈現資訊，可能帶來誤導與歧視的弊病，而且透過圖像視覺化所造成的刻板印象可能更甚於文字，必須更為謹慎處理，此為史學研究倫理尚待討論之新課題，而要對此一課題有更深入的討論，前提是必須先對於GIS如何應用於史學研究有一定的了解，正是本文所希望促成的目標。

數位人文
跨界與爭鳴

徐力恆、王濤

前言：人文計算和數位人文的內涵

　　數位人文是近年人文學科各領域熱烈討論的研究趨勢，甚至有人認為人文研究正經歷數位轉向（digital turn）。臺灣的研究機構如中央研究院、臺灣大學、政治大學等已經對數位人文有不少投入，成立了專門的研究中心主持相關發展。國科會於2001年啟動了「數位典藏國家型科技計畫」，又於2002年開展「數位學習國家型科技計畫」，到2008年合併為「數位典藏與數位學習國家型科技計畫」，官方投入了大量資源，也得到多個學術、文化機構的參與。這個計畫產出了豐富的數位典藏成果，把大量文化資產數位化，成為臺灣發展數位人文的基礎。到了2016年，臺灣數位人文學會成立，隨後亦有《數位典藏與數位人文》學刊的創辦。至於中國大陸和香港方面，從2015年開始，包括上海大學、北京大學、南京大學、南開大學、清華大學、中央民族大學、香港公開大學等在內的多所學校都舉辦了與數位人文相關的主題會議，引起了學界的諸多關注。本文將簡述數位人文概念的內涵並提煉其中經驗，並以我們個人對數位人文研究、開發的參與和體

會來說明對當今史學的影響。

　　數位人文的前身是「人文計算」（humanities computing）。
人文計算概念的提出，代表著人文研究中運用電腦運算的做法已
經形成一套理論化的思考。學界普遍認為，人文計算的起源可以
追溯到義大利神父布薩（Roberto Busa，1913-2011）在1949年開
始使用電腦處理神學家阿奎那（Thomas Aquinas，1225-1274）的
全集，半自動地生成其中中世紀拉丁文字詞的索引。這項工作歷
時數十年，並曾得到IBM公司的協助。[1]這種研究取向啟發了不
少文學研究者利用電腦處理機器可讀文本的內容，對大規模作品
做出分析。隨著數位技術更新，加上數位化內容不斷增加，這種
研究範式得到了更廣的應用，影響遍及各個人文學科，包括歷史
學。不過在人文計算的發展初期，參與人文計算的語言學者和文
學專家仍遠多於歷史學者。在史學領域推動數位理念的先驅人
物，是曾任教喬治梅森大學（George Mason University）的羅森
茨威格（Roy Rosenzweig，1950-2007）教授，他創建的「歷史
與新媒體中心」（Center for History and New Media，後來改稱Roy
Rosenzweig Center for History and New Media），成為推廣、開
發、研究數位技術與歷史研究結合的重要機構。同樣可幸的是，
人文計算的角度很早就影響了中文學界，使得中國典籍的整理
和研究較早開展了相應工作。自1984年起，中央研究院歷史語
言研究所與計算中心合作進行文獻的數位化，於1990年完成了
「廿五史資料庫」，後來又擴充為「漢籍電子文獻資料庫」。這個
資料庫的建置大大便利了研究者對史料的搜集，是人文計算在中

1　蘇珊・霍基著，葛劍鋼譯，〈人文計算的歷史〉，《文化研究》，第16輯（2013），頁173-
　　193。

國史研究的一個重要體現，有里程碑式的重要性。[2] 其後在1990年代，有公司製作出版《文淵閣四庫全書電子版》，推進了學界對中國典籍的數位利用。

後來，人文計算的研究角度得到昇華，尤其因為個人電腦於1980年代變得普遍，成為學者方便使用的配備。大約自2000年以來，人類社會可說已邁步進入數位時代、網路時代，數位科技的影響遍及各方面，而這種影響體現在學術研究的領域就是數位學術（digital scholarship）。作為數位學術的一部分，專門從人文學科來看，「數位人文」（digital humanities）於2000年代逐漸取代了人文計算的說法。[3] 根據學者論述，數位人文至少和人文計算有以下三點不同：第一、數位人文研究所使用的是龐大得多的數據；第二、數位人文強調的不只是計算，還希望應用其他研究手段；第三、進入這個領域的門檻變得更低，產生了比人文計算大得多的學術影響。[4] 根據我們的理解，數位人文可被定義為一套提出、重新定義和回答學術問題更智能的辦法。[5] 所謂「更智能」，不只意味著文科學者驅使數位技術（尤其是電腦資料庫）作為外在於學者的工具，來回答他們過去已經提出的學術問題；也應該

---

2 黃寬重、劉增貴，〈中央研究院人文計算的回顧與前瞻〉，《漢學研究通訊》，第17卷2期（1998），頁145-168。

3 中國大陸一般譯作「數字人文」，香港習慣譯為「數碼人文」，所指都是同一概念。

4 項潔、涂豐恩，〈導論：什麼是數位人文〉，收於項潔編，《從保存到創造：開啟數位人文研究》，（臺北：國立臺灣大學出版中心，2011），頁15。歐美學界對數位人文的定義有過諸多辯論，可參見上述論文和 Meliss Terras, Julianne Nyhan, and Julianne Vanhoutte, *Defining Digital Humanities: A Reader* (Farnham: Ashgate Publishing Limited, 2013). 後書正被翻譯為中文，將由南京大學出版社出版。

5 這個定義源於徐力恆在別處提出的說法，參見 "Day of DH: Defining the Digital Humanities", in *Debates in the Digital Humanities* (Minneapolis: University of Minnesota Press, 2012), edited by Matthew K. Gold., 70.

包含學者因為受到數位技術和思維的影響，因而提出的新課題，甚至由此產生的新學術範式。[6]

　　因此，數位人文研究往往包含兩個層面：第一是學者持續進行的各種研究工作，例如對大量史料進行爬梳，找出有用的記載。沒有數位技術，學者同樣可以做這樣的工作，但數位技術有助學者更有效率地執行這些研究過程。比如，過去學者可能為了尋訪一部史書而遠赴他方，現在卻可以利用谷歌圖書（Google Books）或「早期英文圖書在線」（Early English Books Online, EEBO）之類的數位資源，安坐家中或辦公室便能看到書中的內容，免去舟車勞頓之苦。又如，過去史學家為了解決一個考證上的問題，需要翻遍典籍尋找某個字詞的記載，或在閱讀中自製卡片作為史料摘抄的紀錄；現今，史學工作者卻往往可以在幾分鐘的短暫時間內，於全文資料庫中搜尋相關關鍵詞，撿出大量有關記載，以供研讀和利用。至於數位人文的第二個層面是，學者倘若不利用數位技術，就無法做到的一些研究工作。例如，學者可以借助電腦，同時比對幾千條歷史數據，辨識數據呈現的模式，甚至是進行統計，發現其中值得注意之處，或為某個具體問題找到確切答案。舉一個簡單的例子，所有現存中國地方志材料中最常見的歷史人名是什麼？這些歷史人物所處的時代分布為何，有何特點？這樣的問題要試圖解決，就肯定需要使用數位工具，在電腦上做大規模運算、呈現和查找。數位人文研究的內涵正是查明人腦和電腦哪一個在什麼時候、什麼情況下更智能和更能發揮作用，然後由此決定研究某個課題之策略，達到比單純用人力做

---

6 對定義的其他討論可參閱林富士主編，《「數位人文學」白皮書》（臺北：中央研究院數位文化中心，2017）。

研究更佳的效果。所以，數位人文絕不是學者「偷懶」的辦法，也不應該如一些論者所批評的那樣，埋沒了人文學者本身的創造力和學術素養。當然，不是所有情況下都是電腦最智能，至少在目前的技術下，人腦在很多研究環節上仍是更智能的。所以，合適使用電腦的情況下，數位人文研究者會加以利用，尤其是大量重複和相對簡單的工序；人腦更能發揮優勢的部分，仍以學者本身的學術素養來去處理。我們所知道的傑出數位人文成果，都很強調這兩者的互補。

　　數位人文其實包含人文領域各學科的研究，正如有學者比喻，數位人文是一幢高聳的學術大廈，由不同房間組成，每個房間對應一個具體的學科：歷史學、社會學、地理學、文學、資訊科學……具體表現非常豐富，遠非本文所能涵蓋，所以這裡只著重它在史學方面的表現 —— 歷史學者有時用數位史學（digital history）來專門指代史學方面的數位人文嘗試。[7]在數位人文的說法出現之前，數位史學在1980年代以來主要是指量化史學（或稱計量史學，quantitative history）的研究角度，尤其是結合統計資料和方法，借用社會科學的框架分析過去社會中的人口、經濟、群體等。量化史學的角度在1950年代以後有過一陣興盛，經濟史家和社會科學學者蒐集了各方資料，建立了很多大型的量化資料庫。[8]直至最近，仍有不少學者從事這方面的工作，他們往往是歷史學門以外接受學術訓練的各科專家，或從事經濟史研究的學

7　王濤，〈挑戰與機遇：「數字史學」與歷史研究〉，《全球史評論》，第1輯（2015），頁184-201。

8　Margo Anderson, "Quantitative History," in *The Sage Handbook of Social Science Methodology* (Turner, London: Sage Publications, 2007), edited by William Outhwaite and Stephen P., 246-263. 關於這些資料庫的發展，可參閱梁晨、董浩、李中清，〈量化數據庫與歷史研究〉，《歷史研究》，第2期（2015），頁113-128。

者。[9]但這類研究也受到一些史家的批評，認為一些量化史學作品過度簡化了社會運行的機制，對史料的解讀、模擬和量化也有瑕疵。到了今天，不論是數位人文還是數位史學，都已遠遠不限於量化方法的運用，而是結合了多種其他研究方法。

　　本文的主旨不在介紹數位資源和工具，類似介紹在網路上已相當普遍，不難查找。我們希望思考的是「數位轉向」如何在宏觀層面拓展史學理論與史學方法，又或在微觀層面改變歷史學者的工作方式。為了避免流於浮泛，我們在下文將從歷史學者作為獨立研究者，以及團隊項目參與者兩個維度，結合中國史與外國史兩大研究領域，具體闡述數位人文研究在當代史學體現的特點和內涵。

一、合作：作為數位研究團隊的參與者

　　數位人文的學術史並不算短，但與傳統人文學科相較，它仍是個新興的領域，有其獨有的學術特色。比如，數位人文的成果雖然也會以傳統形式出現，例如以論文、專著等印刷媒介方式呈現，但值得注意的是其代表的新形態——學者通過集體協作和跨界合作的方式工作，生成數據用作分析；又會用視覺化（visualizations）的方案來呈現歷史數據；也有不同學者間的通力合作，設計數位工具，方便研究工作的展開。即使最終以學術專著為成果，也經常以數位形式先行（born digital），比如編寫有互動功能的電子書，或製成公開的網站，把專題數據上傳

9　參閱陳志武，〈量化歷史研究的過去與未來〉，《清史研究》，第4期（2016），頁1-16。也可參閱學刊《量化歷史研究》（2014至今）。

等。[10]在更多時候，數位人文的從業者會結成研究團隊，集體地建立史學資料庫。根據筆者的經驗出發，我們以哈佛大學聯合北京大學和中央研究院開發的「中國歷代人物傳記資料庫」（China Biographical Database, CBDB）為例，來分析大型資料庫對中國歷史研究的參與。

　　「中國歷代人物傳記資料庫」最初是由美國的中國史學者郝若貝（Robert M. Hartwell, 1932-1996）在1980和1990年代開發的一個資料庫。這位生前長期於美國賓夕法尼亞大學任教的歷史學者關注中國的社會史和經濟史，尤其是唐中期到明代的社會轉型。他去世後，數據由哈佛燕京學社成立委員會管理，當時約有2.5萬個歷史人物的數據。後來哈佛大學開始聯合北京大學、中央研究院共同處理這些數據，並進行擴充。這個計畫開始時，研究人員是沿著郝若貝教授關注的方面開展的，尤其是宋代資料，所以首先在電腦上錄入了昌彼得、王德毅等編纂的《宋人傳記資料索引》。[11]後來，漸漸擴充並增加其他時代的人物數據，到目前已成為一個從唐代到清代都有豐富資料的資料庫。[12]截至2018年9月，本資料庫共收錄超過42萬人的傳記資料，這些人物主要來自7到19世紀。資料庫裡的數據既可在線查詢，又可以全部下載，供用戶離線使用。

　　這個資料庫為每個人物的條目都設了以下數據欄目類別，

10　比如以德國史為主題的文獻與圖像彙編網站，見：http://germanhistorydocs.ghi-dc.org/（下載日期：2019年1月19日）。

11　原始版本為昌彼得、王德毅等編，《宋人傳記資料索引》（臺北：鼎文書局，1974）。

12　動筆之際，「中國歷代人物傳記資料庫」的最新單機版是2018年12月發布的，見：https://projects.iq.harvard.edu/chinesecbdb/%E4%B8%8B%E8%BC%89cbdb%E5%96%AE%E6%A9%9F%E7%89%88（下載日期：2019年1月19日）。

儘可能詳細地記錄當中資訊，以相互關聯的表格保存：人名、時間、地址、職官、入仕途徑、著作、社會區分、親屬關係、社會關係、財產、事件等。需要注意的是，開發這樣的關聯性資料庫（relational database，也稱關係型資料庫）可以發揮的最大優勢不僅僅是作為人物資料的參考，而是作為一套巨量資料（big data）來使用。學者固然可以把「中國歷代人物傳記資料庫」當作一部電子版的歷史人物辭典來使用——例如，當學者想了解某個歷史人物，就可以通過人名檢索出人物的相關資訊。但它提供的不是一篇篇的人物小傳，它所做的是用互相關聯的表格把人物資訊都整理出來，方便進行批量分析。用戶通過對資料庫進行查詢，可以獲得大批人物資訊。關鍵的是，這些查詢除了利用人名，也可以使用人名以外的各種欄目，例如地名、官名，甚至是親屬關係、社會關係等，據此查出一批人物甚至是一個龐大人物群體中的人際連繫，供學者參考分析。而且資料的檢索條件也可以不止一種，進行相對複雜的限定。比如，學者可以根據「時間」和「入仕方式」的限定，便捷地得出資料庫中記載的所有明代進士紀錄，然後利用地理資訊系統，把上千條記錄輸出到數位地圖上呈現，觀察其地域分布。

　　建立這種資料庫結構的目標不單是史料的數位化，更重要的是要達到史料的「數據化」（datafication）。史料的數位化是把古籍材料轉化成電子文本，所謂「數據化」，則意指學者在進行史料的數位化之後，還更進一步，把史料整理成能被電腦程式使用和分析的格式，相互連接，建成資料庫。[13]換言之，數據化是

---

13 關於這種數據化和研究工作，參閱徐力恆，〈唐代人物大數據：中國歷代人物傳記資料庫（CBDB）和數位史學〉，收於譚國根、梁慕靈、黃自鴻編，《數碼時代的中國人文學科研

對數位化的拓展與推進。數據化工作產出的數據不僅可以用於全文檢索，還可用來進行更多樣的查詢和分析，並且靈活地導出到其他軟體，以便進行批量處理；或用不同方式來呈現，如統計表格、電子地圖等。每當提及對資料庫的利用，都容易讓人聯想到量化分析，不過數據化的目標其實不限於產生量化數據，其產生的數據還可以用於其他分析方法。所以，通過對研究資料進行數據化，人文學者可以更有效率、更系統地解決既有的學術課題，也可以透過數據發現一些新的問題。為了充實資料庫內容，讓其發揮更大效用，CBDB的項目工作有一大部分涉及對歷史文獻進行數位化。CBDB項目組在過去修訂郝若貝教授為資料庫留下的數據時，是利用人工作業的方式錄入並處理歷史人物資料的。不過，到了最近幾年，項目組已經大量運用半自動、半人工的方式處理新數據，大幅提高了工作效率。其中自動化作業包括使用電腦語言編寫演算法，挖掘史料文本中的人物資訊，尤其是格式規整的傳記文本和人名清單，包括大批地方志、職官志裡的人物記載。這種數位人文開發達到的效率，在過去依賴人力的整理和研究工作中是不可能達到的。

　　作為一個大型的多功能歷史資料庫，「中國歷代人物傳記資料庫」也是歷史人物以外各種數據組成的集合。跟中國歷史相關的各種數據，只要有利人物資料的整理和研究，項目組都儘量投放精力進行錄入和校正，納入資料庫中。這些數據也是以表格形式保存的。其中數據表包括各朝地名表、官名表等。資料庫甚至

究》（臺北：秀威資訊科技股份有限公司，2018），頁121-139；Lik Hang Tsui and Hongsu Wang, "Semi-Automating the Transformation of Chinese Historical Records into Structured Biographical Data", in *Digital Humanities and Scholarly Research Trends in the Asia-Pacific* (PA: IGI Global, 2019), edited by Rebekah Wong, Haipeng Li, and Min Chou,. Hershey, 228-246.

包括一些由團隊成員或合作者根據史料制訂的專門數據表，例如兩唐交往詩列表、宋代書院列表〔由福特（Stephen P. Ford）整理〕、宋人書信往來資料（由祝平次等整理）、清代職官表〔由高士達（Blaine Gaustad）整理〕等。所以，這個資料庫既有研究性，也起到作為新型基礎參考資料的作用。

　　從以上關於「中國歷代人物傳記資料庫」的內容開發可見，數位人文研究除了意味著對歷史數據的利用，往往還涉及數據的生成、開發和處理。人文數據是學者和歷史文獻之間的仲介，生成這些數據是為了讓歷史學者更好地理解、處理歷史文獻，用於他們的研究課題之中。研究者可以利用資料庫提供的巨量資料，進行過去做不到的查詢和分析[14]——除了用作研究歷史人物的參考資料，還可作統計分析、地理空間分析與社會網絡等分析之用，為歷史研究引入新的角度。這不只是資料數量上的突破，也會讓研究變得更智能。譬如，加州大學柏克萊分校的譚凱（Nicolas Tackett）根據大量唐代大族的墓葬和人物資料，寫出了《中古中國門閥大族的消亡》（*The Destruction of the Medieval Chinese Aristocracy*），提供了對唐中期以後社會、政治的新認識。[15]又如萊頓大學的魏希德（Hilde De Weerdt）在專著中根據筆記、書信等史料和人物記載作為基礎的數據，以地理分析和人際網路的研究對宋代政權下資訊流通的狀況提出了新認識。[16]

---

14 關於歷史學的大數據，參看Patrick Manning, *Big Data in History* (Basingstoke: Palgrave Macmillan, 2013).

15 Nicolas Tackett, *The Destruction of the Medieval Chinese Aristocracy* (Cambridge, MA: Harvard University Asia Center, 2014). 中譯本見譚凱，《中古中國門閥大族的消亡》（北京：社會科學文獻出版社，2017）。譚凱教授建立了一套開放的數據集，下載網址為：http://history.berkeley.edu/people/nicolas-tackett（下載日期：2019年1月19日）。

16 Hilde De Weerdt, *Information, Territory, and Networks: The Crisis and Maintenance of Empire in*

　　數位人文的研究成果除了資料庫，也包括學者出於本身的研究需要，或根據自身的數位能力進行編程開發，或通過與掌握數位技術的專家組成團隊，共同研發出來的工具。這些數位人文工具往往有助更完善地處理人文數據。和中國歷史研究最相關的一個，當屬「碼庫思」（MARKUS）平臺。「碼庫思」是由萊頓大學魏希德教授主持、何浩洋（Brent Ho）博士研發的線上文獻閱讀、研究工具，學者可借助它對古籍進行半自動文本標記（semi-automated tagging），快速定位文獻中的人名、地名、官職、年號等。[17] 歷史學者利用「碼庫思」這個工具，可通過新的方式研讀史料，快速獲得各種相關參考資料並記錄閱讀筆記，更有深度和更智能地從數位文本中提取歷史資訊，甚至是對文本內容作計算分析。[18] 研發這種工具的思路是建立在數位人文領域對文本材料進行編碼（encoding）標記的既有做法之上。這些標準的規則中最重要的是 TEI（Text Encoding Initiative）文本編碼倡議，為文本的電子描述提供了標準的處理方式。[19] 學者在利用這種標準的規則進行標記之後，可以把包括史料在內的各種資料轉化為可供電腦進行數位分析的資訊。

　　不管目的是利用歷史數據，開發數據，還是開發數位人文工具，數位人文的研究項目往往是集體協作和高度跨學科的。首

Song China (Cambridge, MA: Harvard University Asia Center, 2016).

17 這平臺的網址為：https://dh.chinese-empires.eu/markus/（下載日期：2019年1月19日）。

18 參閱何浩洋，〈MARKUS：中文古籍文本半自動標記平臺〉https://www.academia.edu/11078612/MARKUS_中文古籍文本半自動標記平臺（下載日期：2017年10月8日）；魏希德著，徐力恆譯，〈唐宋史研究中的數字化語文學〉，《唐宋歷史評論》，第3輯（2017），頁3-19。

19 魯・伯納・麥克・蘇寶麥昆、馬德偉，《TEI使用指南：運用TEI處理中文文獻》，臺北：數位典藏拓展臺灣數位典藏計畫，2009。TEI倡議的網站見：http://www.tei-c.org/index.xml（下載日期：2019年1月19日）。

先，像「中國歷代人物傳記資料庫」這樣的資料庫目標相當宏大，跨越各個斷代和各種類人物，這意味著它必須得到專攻不同題目的學者共同協作，才能囊括最多和最準確的資料。該項目至今已經運作超過13年，曾經參與其中的學者已達百人。除了得到中外歷史學者的參與，亦借助文學、社會科學、電腦、互聯網、統計學、圖書館等領域專家的成果進行改良。例如，辨別歷史上的同名人物是否同一個人，或者說同名人物的消歧（disambiguation）工作，就是「中國歷代人物傳記資料庫」項目經常要以多學科方法處理的數據問題之一。由於項目處理來自多種不同來源的人物資料，所以同姓名人物不少，收錄到CBDB時需要小心區分。一般做法是：如果能根據歷史材料判定同名者是同一人，則合併同名人物的數據；如果不能確定，則都保留。在這種工作中，CBDB團隊和統計學專家、電腦專家合作，利用專門編寫的電腦演算法批量處理了2,000部地方志裡超過12萬個人物條目中的同名人物，這些是過去沒有辦法一一分辨清楚的人物數據。[20]當人工智能和機器學習等技術在未來得到更先進的發展，類似的數據工作還會不斷加強、擴大和完善。

　　除了數位資源的開發，未來要推動更有效、更具規模的數位人文合作的話，必須考慮為數位人文項目建立一些共通的標準，營造數位資源共用的環境。舉宋史研究而言，比較理想的做法是，為各個與此領域相關的專門資料庫建立溝通和交流的機制，包括「《全宋文》數據庫」、「《宋會要輯稿》資料勘探系統」、

---

20 這項工作是CBDB團隊及其合作者主持的一個Digging into Data Challenge研究計畫「Automating Data Extraction from Chinese Texts」。參閱http://did-acte.org/（下載日期：2017年9月27日）。

「全宋詩分析系統」、「唐宋文學編年地圖」、「中國歷史地理信息系統」（CHGIS）、「中國哲學書電子化計劃」（CTEXT），甚至是由中華書局推出的「中華經典古籍庫」和《宋代墓志銘資料庫》等等。這些項目得到一定程度的連結和整合，學者使用的時候才可以同時發揮各項數位成果的優勢，各項目也可以由此避免重複勞動和資源的浪費。當然，這必須建立在各方資源擁有者都願意合作並分享資源的前提之上——而這恰恰是不容易達到的。

　　從用戶的角度看，史學同行對「中國歷代人物傳記資料庫」的接受程度正逐漸提高。人文研究者一般習用全文資料庫，也就是把各種史料變成電子文本的資料庫；由於「中國歷代人物傳記資料庫」的操作原理跟全文資料庫比較不一樣，學者使用上相對陌生。從用戶反饋來看，無論是線上版還是單機版，「中國歷代人物傳記資料庫」的一些操作還不夠方便易用，造成使用上的障礙。不少用戶認為，在資料庫中查找人物資料所進行的基本檢索不難，但要處理更複雜的檢索，或對數據進行分析，則技術門檻過高，需要系統地學習，容易令人卻步。為了減輕使用的難度，「中國歷代人物傳記資料庫」項目過去得到科技部數位人文籌畫小組的支持，在臺灣舉辦過多次培訓活動，並製作教學影片；自2016年起，更在中國大陸和香港連續舉辦了多場推廣活動，向學界介紹其資料特點和用法。這資料庫目前也在開發更便於使用、更切合當前電腦軟體和網路技術的新版。由此可知，「中國歷代人物傳記資料庫」儘管從創立至今已有多年歷史，但它仍處於開發完善之中。這種不斷更新、不斷改進的狀態是許多數位人文計畫所處的境況——這些資料庫收錄的資料、數據結構和使用方式等方面都處於變動之中，需要通過與用戶（尤其是學者）的不斷

交流來取得進步，以收穫更豐富的學術成果。

　　綜合以上，「中國歷代人物傳記資料庫」可謂中文學界數位人文研究的標竿性產品，其蘊含的工作反映數位人文的獨特關懷、發展形態和面臨的問題。從後台資料能夠看出該資料庫近年來訪問量的大幅提升，充分說明數位人文的理念愈加吸引人的事實。CBDB同樣反映了數位人文在目前史學研究領域的成長環境，正如有學者研究指出的那樣，數位史學的工作重點還停留在資料庫建設和推廣培訓的層面。[21]當然，資料庫本身的理念不斷在進步，已經從單純的檢索型資料庫，發展到各種專題資料庫，並在資料庫中整合分析工具等，集成為工作平臺。[22]資料庫從構思、開發、設計、製作，到管理等流程都需要不同人才的通力合作。從事數位人文的史學工作者，在各種類型資料庫的建設中都作為團隊的一員，發揮了聰明才智，推動了數位人文基礎設施的建設。當前雖然有學者對數位人文研究提出批評，但他們未必有充分考慮到數位人文建設其實剛剛起步，參與開發的機構和史學家仍然相對少，很難要求數位人文像一門成熟的學科那樣有廣泛的學術影響；沒有足夠經驗和用戶反饋的積累的話，數位人文工具也難達到毫無缺陷。[23]與其苛求一個新興的學術範式或某些數位工具一下子就撼動現有的學術共識，還不如鼓勵更多學者加入

---

21 Lik Hang Tsui, "The Digital Humanities as an Emerging Field in China," *Asia Dialogue*, University of Nottingham, 13 June, 2016. http://theasiadialogue.com/2016/06/13/the-digital-humanities-as-an-emerging-field-in-china/ (Accessed 19 Jan., 2019).

22 申斌、楊培娜，〈數字技術與史學觀念：中國歷史資料庫與史學理念方法關係探析〉，《史學理論研究》，第2期（2017），頁87-95。

23 可幸的是，臺灣科技部有徵集數位人文主題計畫的舉措。關於相關計畫的分析，參閱蘇信寧，〈數位人文主題研究計畫分析與管理〉，《人文與社會科學簡訊》，第17卷1期（2015），頁89-100。

它的基礎建設和研究上的實踐。這不失為檢驗數位人文在史學發展中角色的更好辦法。

二、跨界：作為研究個體的數位史學家

坦率地說，「數位人文」是一個過於宏觀的概念，不同學者對其有各自的預設和理解。其中還存在一個悖論——從字面上看，「數位人文」具有跨學科的本性，它將資訊技術投入到人文社科領域，註定需要不同學科背景的研究者協力合作。可以說，數位人文是以技術讓不同學科的研究者展開交流的手段。然而，在破除專業壁壘的同時，數位人文無法、也不應抹殺傳統專業的固有特色——每個學科都有自成體系的方法、工具與研究旨趣。換句話說，數位人文研究仍然要落實到具體的傳統學科領域，在有效的學術問題中運用數位工具，才能夠進行有的放矢的研究。對於具體的史學研究者而言，理解這點尤其重要。如果說各種類型的資料庫建設為「數位化生存」時代的歷史學者提供了比過去更豐富、更易獲得的資料，那麼接下來的問題是作為個體的研究者如何化身為「巧婦」，充分利用這些耗費了人力、財力的資料庫，推出真正有特色的研究成果。一個非常現實的問題在於，數位人文領域往往以年輕學者居多，他們在學術道路上還面臨升等、晉級的壓力，很難獨力開發成熟的大型資料庫。在基於團隊工作的資料庫建設中，如何認定成果，如何與晉升制度掛勾，在目前數位人文學術領域都還是未成規範的灰色地帶，仍處於學者自己摸索的階段。數位人文研究是否會促使大學機構長期設立新的學術職位，用以支持相關的研究計畫和新型研究行為，也是

未知之數。[24]為此，個體學者要投入精力到數位人文這個前沿領域，需要思考的是如何以新工具與方法推進自己深耕的問題研究。

　　合作固然是數位人文的應有之義，但包括歷史學家在內的人文學者，工作方式有其特殊性，正如有學者指出的那樣，真正的歷史學家是孤獨地在檔案館和圖書館裡從事研究的「獨行俠」。[25]這意味著歷史研究的成果通常具有極其強烈的個人風格。雖然現在的資料庫已經減低了歷史學者「動手動腳找東西」的勞頓，但學者仍要在個人智識世界裡展開獨立研究和學術思考。在具體的研究過程中，「數位人文」提供了越發便利的工具性以及思維的開放性，在方法論上有了更多可能性，真正體現了跨界融合的特質，不囿於單一的學術路徑。[26]我們已經欣喜地看到，國外的史學同行已經超越了數位人文的概念推廣，做出了許多切實的學術研究成品，也出版了不少相關著作。目前比較成熟的方法集中在文本挖掘、社會網路分析、地理資訊系統等方面，讓我們舉例略做說明。

　　在自然語言處理（natural language processing）技術進步的推動下，歷史文獻作為非結構化的資料也獲得了「被計算」的可能性。文本挖掘技術由最簡單的詞頻統計，發展到文本分類、主題模型（topic modeling）、情感分析等，歷史學家得以從大量文

---

24 可喜的是，美國、德國、英國、加拿大、芬蘭等國家的大學都已經有了數位人文的專門教席。截止2016年，德國各個大學已經有近50間不同側重的研究中心有投入數位人文研究，見http://dhd-blog.org/?p=6174（下載日期：2019年1月19日）。全球至少有超過175個數位人文研究中心或參與相關活動的機構，見：https://dhcenternet.org/centers（下載日期：2019年1月19日）。

25 Alun Munslow, *The New History* (Harlow: Pearson, 2003), 93.

26 項潔、陳麗華，〈數位人文：學科對話與融合的新領域〉，收於項潔編，《數位人文研究與技藝》（臺北：國立臺灣大學出版中心，2014），頁9-23。

本資料中抽取事先未知的、可理解的、最終可用的資訊，同時運用專業知識對它們進行組織、闡釋，為研究工作提供協助。主題模型是相對成熟的方法，能夠發現和歸納文本的主題內容，運算過程中不一定需要人工參與，甚至無需預先進行主題關鍵詞的設置。這種統計模型工具用機器閱讀並呈現的形式，兌現了數位人文領域先驅人物莫萊蒂（Franco Moretti）提出的「遙讀」（distant reading，或譯「遠讀」）理念，對於幫助歷史學者（甚至是文學研究者和哲學史家）辨識大規模文獻的關鍵資訊非常有價值。[27] 許多學者在自己的研究工作中使用了這個方法來面對海量史料。美國歷史學家布洛克（Sharon Block）對18世紀的美國報紙、超過8萬份資料進行了主題梳理；還有學者對女性主義研究雜誌《徵兆》（*Signs*）在1975年至2014年間的文章內容進行了主題模型的抓取，並建立了能夠與讀者互動的視覺化在線平臺；至於德國維爾茨堡大學（University of Würzburg）的薛赫教授（Christof Schöch）用主題模型抓取了18世紀法語戲劇文本，獲得了對戲劇類型更充分、飽滿的認識。[28] 可以預見，類似方法經過調整之後，用於汗牛充棟的中國史籍也會得出可喜的學術成績。[29]

---

27 Franco Moretti, *Graphs, Maps, Trees: Abstract Models for a Literary History* (London: Verso, 2005); Franco Moretti, *Distant Reading* (London: Verso, 2013).

28 參閱David J. Newman and Sharon Block, "Probabilistic Topic Decomposition of an Eighteenth-century American Newspaper," *Journal of the American Society for Information Science and Technology* 57: 6 (2006), 753-767. *Signs*的項目網址見：http://signsat40.signsjournal.org/（下載日期：2019年1月16日）；Christof Schöch, "Topic Modeling Genre: An Exploration of French Classical and Enlightenment Drama," *Digital Humanities Quarterly* 11: 2 (2017), 1-53.

29 使用主題模型的方法挖掘中國典籍的嘗試，參閱Ian Matthew Miller, "Rebellion, Crime and Violence in Qing China, 1722-1911: A Topic Modeling Approach," *Poetics* 41: 6 (2013), 628-649; 歐陽劍：〈大規模古籍文本在中國史定量研究中的應用探索〉，《大學圖書館學報》，第3期（2016），頁5-15；Colin Allen et al., "Topic Modeling the Hàn diǎn Ancient Classics," *Journal of Cultural Analytics* (2017) [doi: 10.22148/16.016]; Ryan Nichols et al, "Modeling the Contested

　　社會網路分析（Social network analysis, SNA）本是社會學
領域的理論與方法，側重對大批人物之間的連繫模式進行記錄、
評估和計算。近幾十年這種方法也受到了歷史學家的關注，成為
研究社會史問題的新範式。社會網路分析的角度能夠為歷史學對
人物群體和組織的研究提供全新的思路，從而讓史學研究呈現多
元化、跨界化的趨勢。以德國史研究為例，近現代的德國政治史
研究已經得到充分研究，似乎已經很難找到突破口。但有學者借
助社會網路分析的方法，為我們描繪了一幅更生動的政治流動的
圖景，並定量地分析了德國民主化進程中存在的裙帶關係，甚
至利用網路分析的算法，找到了隱藏在議員選舉中的「灰衣主
教」。[30]還有學者將中世紀黑死病的爆發放置在社會網路的模型
下進行考察，解釋了這場大瘟疫席捲歐洲的原因。[31]另外，有英
美和歐洲的大學發起研究項目，大規模地整理、研究歐美近代早
期時期的學人通信，勾勒當時知識共同體的面貌的嬗變。[32]面對
論者批評社會網路分析往往低估了社會交往背後的社會語境和內
容，也有學者運用大批書信資料，專門分析文藝復興時期佛羅倫
斯的有權勢者相互結交的歷史和社會學意涵。以上研究都大量運
用了社會網路分析，並對人際網路進行視覺化。[33]

Relationship between Analects, Mencius, and Xunzi: Preliminary Evidence from a Machine-Learning Approach," *Journal of Asian Studies*, 77: 1 (2018), 19-57.

30 Carola Lipp, "Kinship Networks, Local Government, and Elections in a Town in Southwest Germany, 1800-1850," *Journal of Family History* 30: 4 (2005), 347–65.

31 J. M. Gómez and M. Verdú, "Network theory may explain the vulnerability of medieval human settlements to the Black Death pandemic," *Scientific Reports* 7: 43467 (2017) [doi: 10.1038/srep43467].

32 例如是牛津大學主導的「Cultures of Knowledge: Networking the Republic of Letters, 1550-1750」和史丹佛大學的「Mapping the Republic of Letters」。參閱本書傅揚博士所撰章節的介紹。

33 Paul D. McLean, *The Art of the Network: Strategic Interaction and Patronage in Renaissance Florence* (Durham: Duke University Press, 2007).

地理資訊系統（GIS）則是與數位人文密切相關的方法，涉及GIS的數位史學研究計畫占比極高。一方面，這跟歷史學科自1970年代以來的「空間轉向」緊密相關，學者們開始採用「邊界與疆域，邊疆與路口，中心與邊緣」等概念來解釋歷史問題。[34]另一方面，GIS的工具經過多年改進已經相對成熟，使用相關軟體的門檻越來越低，能夠切合歷史地理的研究課題，容易被傳統學者接納。關於GIS在歷史學的應用，可以參閱林敬智博士在本書中的章節。

三、展望：數位人文的未來

在「數位人文」這股熱潮來襲的時候，學界理應對它進行批判性的反思。這個新興的領域會持續地穩健發展，還是會演化成絢爛一時的學術泡沫，都基於學界對數位人文的深刻洞見。根據我們的觀察，大量學術資源現今被投放到這個前途未知的領域，推出的產品是精品還是贗品，得出的研究結論是否可以立足，評價體系如何形成，數位人文的學術社群如何搭建，數位人文是否存在獨特的學術規範……學界對這些問題的答案仍未有共識，甚至真正關心這些問題的人還不夠多。大家面對數位人文的熱潮時似乎都亢奮異常，但鮮有人靜下心來回味、反思。這是令人頗為擔憂的。

舉一例子，人文學科的研究著作對資料庫的引註還沒有訂

---

34 關於「空間轉向」，參閱Peter Doorn, "A Spatial Turn in History: Using the Combined Space/ Time Component," *GIM International* 19:4 (2005), 見https://www.gim-international.com/content/ article/a-spatial-turn-in-history（下載日期：2019年1月19日）。

立一套學術規範。很多史學研究者在研究過程中運用了資料庫，卻不一定在論文中的參考文獻中標註。比如，當他們在資料庫中找到某部古籍中的一條紀錄之後，在論文裡引述時只標出該文獻的原始版本和收藏資訊（如某某刻本、藏於某某圖書館等），卻往往忽略記錄找到這些文獻的數位途徑和其中可能帶來的影響。究竟學者利用了哪些資料庫？通過在其中輸入了什麼關鍵詞或做了什麼查詢找到的？對於不斷更新，數據型態相對複雜和用法多元的「中國歷代人物傳記資料庫」，這種情況尤甚，需要學者正視。總之，相比其他學科，歷史學領域對於數位資料和計算結果的引用規範沒有充分確立。同時，這也反映學術出版型態面對數位時代帶來的變化，已經到了不得不做出回應和調整的時候了，哪怕是研究故紙堆，也不應僵化地固守印刷時代的習慣。

即使數位人文在史學研究的正統學術框架裡還沒有很大的影響力，[35] 許多關於數位人文的學術交流、討論和傳播已然通過非傳統的管道進行，例如在臉書、微信、推特等社交軟體上，並且受到眾多學者關注，尤其是對電腦技術比較熟悉的青年學者們。數位人文不是憑空出現的一個領域——至少就其在史學研究的特點來講，數位人文仍是建立在史學的悠久傳統之上的。再次以「中國歷代人物傳記資料庫」為例，該資料庫收錄數據時利用了大量中國史學界的既有成果，例如前輩學者對各類古代官員記載的系統整理和考證，也昇華了過去典籍整理者編纂引得和索引的傳統。[36] 所以，類似CBDB這樣的數位人文結晶可說是幾代歷史

---

35 在中文學界，主要的例外是由項潔主編、國立臺灣大學出版的「數位人文叢書」。截至2017年，已經出版6冊。南京大學出版社也即將推出「數字人文叢書」。另外，金觀濤等學者以資料庫研究中國近現代思想史、觀念史的成果，可見本書傅揚博士所撰章節的介紹。
36 參閱史睿，〈數字人文研究的發展趨勢〉，（上海）《文匯報》，2017年8月25日，頁16。

專家成果，既是便利學者的工具性資源，又是可以推動研究的綜合性成果。不過，歷史學者畢竟對文本材料的敏感度最高，最慣於解讀文字資料。影響所及，在各種媒介中，數位人文視角下的史學對文本是最關注的。數位技術對其他媒介的處理越趨成熟，可望史學研究者以後更多地利用電腦對圖像、影像、音樂等媒介進行擷取和分析，重構更豐富多彩、栩栩如生的歷史。

　　數位人文不僅僅是一個有關研究的話題，也悠關歷史教學。隨著各種數位學術資源變得盛行，資料庫的使用和反思越來越重要，對研究者的培養也理應加入關於這些工具的內容，讓年輕學子對它們的特點和優劣有系統的了解。當以後有更多數位原生代（digital natives）成為研究者，也就是在數位環境下土生土長的一代人，願意積極學習並能熟練掌握電腦技術的人無疑會增加。那麼，不管是資深的史學研究者還是後進，都不免要反思像這樣的數位人文話題：面對充斥學術報告、論文的視覺化圖像，我們需要帶著什麼意識去解讀和提問？學者在自己撰寫文章的時候需要注意什麼才能避免自己對數據的解讀扭曲史實？誠然，不是每一位人文學者都需要系統地學習數據科學（data science）的技術和方法，或學習編寫程序，但不管是否用於自己研究，所有史學研究者都值得接觸數位人文的研究方法，對其進行系統的反思。這除了因為本文中前述數位人文帶來了新研究範式，也因為絕大部分史學研究者在研究過程中，各個步驟都難免涉及對數位科技的使用。[37]同時，學生的培養如何應對數位人文帶來的新典範，

---

37 我們不應忘記，連使用電腦上文書處理軟體寫論文這種看似尋常的做法，也會深深影響研究結果的呈現和書寫過程。因此，我們不應低估所有數位科技對學者做研究所能帶來的影響。

也成為學術社群不得不面對的問題。現今網路上的資訊良莠不齊，往往真假不分就被發布，假新聞越來越普遍；而且資訊過量泛濫，十分需要數位手段輔助篩選。歷史學科在培育學生應對這些狀況時，可以發揮獨特的作用。史學訓練講究對浩如煙海的史料進行細緻、謹慎的整理、總結和辨析，數位人文則培養學生利用電腦輔助這些步驟之執行，其中鍛鍊的能力不僅對培養史學研究者有幫助，對一般人提升資訊素養也是有莫大益處的。這不失為史學應對時代變化的一種機遇。[38] 對社會大眾而言，一些數位人文的計畫也使得本來不在大眾視野的歷史資料和研究成果，得以用易於消化的方式呈現給更廣泛的人群，例如把歷史檔案數位化，上傳到網路上公開，便於大家查閱和關注；甚至是通過視覺化和具備互動功能的方式來表現，讓受眾更容易理解、使用和接受。所以，數位人文對公共史學也是有重大意義的，並已經得到各國圖書館、博物館、檔案館等面向公眾的機構之重視。[39] 有論者的看法更極端，認為數位人文可以令社會大眾重新認識日漸邊緣的人文學科究竟意義何在，從而「拯救」人文學科。

　　總而言之，抽象的數位人文不像任何一門成熟的學科。當學者提及某門學科的稱謂時，他們立即就能夠勾勒出這個學科的研究對象，方法以及成功的代表性案例；對於「數位人文」，學界仍不太清楚它的核心理論架構、內容以及方法，所以像兩位筆者開設相關課程時也不容易釐定教學範圍。數位人文學者莫萊蒂在

38 Jo Guldi and David Armitage, *The History Manifesto* (Cambridge: Cambridge University Press, 2014), 88-116. 中譯本見喬・古爾迪、大衛・阿米蒂奇，《歷史學宣言》（上海：格致出版社，2017）。

39 Sheila A. Brennan, "Public, First", in *Debates in the Digital Humanities* (Minneapolis: University of Minnesota Press, 2016), edited by Matthew K. Gold and Lauren Klein, 384-89.

2016年一次接受訪談中也提出過類似觀點，他不僅認為「數位人文」這個標籤過於空泛，不能提供任何有營養的資訊，也不覺得這是一項澈底的學術創新。而且，他對自己的研究工作是否可以被冠以這個頭銜，自己的身分是否屬於數位人文專家，其實並無興趣。[40]他也強調要進行數位人文所蘊含的跨學科研究，其實往往比單一學科的研究角度困難得多，學者不宜低估其難度。

　　有了如上的認知，我們就應該理解，數位人文要獲得穩健的發展，需要在兩個方面取得進步。[41]首先，對資料進行有效的、合理的數位化整理。這裡就涉及不同文獻的電子化格式、資料庫建設等具體問題。我們可以把它們概括為資料的基礎設施建設——以包弼德（Peter K. Bol）教授為首的哈佛大學研究團隊，早已提出了為中國史研究建立「網路基礎設施」（cyberinfrastructure）的概念，自2018年起召集數位人文同行舉辦了多次討論。[42]在這個方向上，歐洲國家走在了前列，它們於2012年就在歐盟範圍內啟動了CLARIN項目，吸引了包括德國、法國、義大利、希臘等國家的參與，共同推進資料庫的建設。CLARIN的全稱是「通用語言庫與技術基礎設施」（Common Language Resources and Technology Infrastructure），其宗旨是對人文社會科學領域的語言材料進行歸檔與數位處理，實現資料共用，推進學術研究。

---

40 Melissa Dinsman, "The Digital in the Humanities: An Interview with Franco Moretti," 見：https://lareviewofbooks.org/article/the-digital-in-the-humanities-an-interview-with-franco-moretti/（下載日期：2019年1月19日）。

41 這一段的部分討論建立在王濤，〈「數字人文熱」背景下的冷思考〉，收於《史學月刊》編輯部編，《大數據時代的史料與史學》（北京：人民出版社，2017），頁321-324。

42 參閱王宏甦、徐力恆、包弼德，〈服務於中國歷史研究的網絡基礎設施〉，未刊稿；包弼德，〈數字人文與中國研究的網絡基礎設施建設〉，《圖書館雜誌》，第11期（2018），頁18-25。

CLARIN勝在全面，但是對於具體的研究者而言，CLARIN這樣的架構可能過於宏大，雖然從事歷史、文學、社會等不同專業的學者都能夠從CLARIN那裡獲取數位化的資源，但又會發現並不能完全滿足自己數位上的研究需求。作為典型的「機構導向的資料庫」類型，CLARIN的弊端非常顯著。以歐盟為主體設 立 的DARIAH（Digital Research Infrastructure for the Arts and Humanities），也是以建立基礎設施為目的，這個「藝術與人文的數位研究基礎設施」聯合了17個國家的數位研究機構和社群，促進他們的溝通和協調，並進行數位研究的推廣。[43] 在數位人文的熱潮中，除了研究群體和聯盟外，更有大量商業公司湧入資料庫開發的市場，想占得先機；但是無序的資料庫建設，不僅讓數位人文的內涵扁平化，而且伴隨惡性競爭的重複性建設、開源性、版權等問題，會讓數位人文的健康發展大打折扣。

其次，還需要在研究工具與方法的開發上取得顯著進步，數位人文才可以蓬勃發展。數位人文熱潮興起的一個原因是電腦技術的發展，特別是各種演算法的進步以及軟體越來越便於使用，讓大量沒有電腦背景的人文學者也能夠借用電腦輔助研究。但就人文研究的複雜性而言，數位人文領域能夠提供的方法還有待完善，各種數位研究工具的易用性、安全性還有極大的提升空間。一個非常現實的挑戰在於，各種專業資料庫的內容已經極其豐富，但如果研究者只能用檢索關鍵詞如此單一的方法使用資料庫，就不免是數位人文的莫大悲哀——可惜的是，似乎還有史學研究者認為，數位技術能為史學研究帶來的最大助益，只在於讓

---

43 網址見：https://www.dariah.eu/（下載日期：2019年1月19日）。

學者得以對史料全文進行關鍵詞檢索。其實，在我們看來，研究
方法的進步才是數位人文獲得意義的根源。例如在文本分析領
域，研究方法早已超出了單純的詞頻統計，過渡到更複雜演算法
的統計語言學，實現了資訊提取、文本分類、情感分析、機器翻
譯等功能。毫無疑問，自然語言處理方法和機器學習的進步，將
會讓研究者從文本中挖掘出更具分量的資訊，推導出極具價值
的結果，甚至引起了資訊科技界別的關注。[44]至於歷史地理和環
境史學科也因為GIS技術的發展，不再停留在地理呈現和電子繪
圖，而得以利用數位分析技術重構過去的自然和人文環境，甚至
是進行三維建模，實現全景式復原，甚至能把用戶帶進入虛擬實
景（virtual reality）。

　　正是在這樣的背景下，在廣泛討論「大數據」的同時，越來
越多數位人文學者開始關注「小數據」（small data），甚至還提
升到了「智慧數據」（smart data）的高度。換言之，不同研究者
和不同研究課題所需要的資料性質、數量和題材是完全不同的。
數位人文雖然致力於人文研究的科學化，但是個性化仍然是數位
人文學者力圖保持的優勢。所以，「大數據」遠遠不夠，還需要
發展更具針對性的「智慧數據」。[45]基於這種思路的資料庫建設
不再追求包羅萬象，而是個性化的訂製。其中較有代表性的，就
是臺灣大學數位人文研究中心開發的DocuSky平臺，它能夠讓學
者根據特定的研究課題，自行建立專屬的個人資料庫，並方便地
利用DocuSky平臺整合的應用程式介面（API）工具進行分析與

44　徐力恆，〈中國歷史人物大數據〉，《中國計算機學會通訊》，第4期（2018），頁19-24。

45　參閱Christof Schöch, "Big? Smart? Clean? Messy? Data in the Humanities," *Journal of Digital Humanities* 2:3 (2013), 2-13.

研究。DocuSky的建構邏輯是數位人文的發展要從「機構導向的資料庫」向「個人導向資料庫」轉變，從而讓數位典藏呈現「自由、活潑」的一面。[46]

　　數位人文還可以成為跨越專業鴻溝的路徑，因為數位人文的工具研發一定要在跨學科的作業中完成，通過多方深度溝通來推出有價值的研究工具。值得強調的是，數位技術對大多數人文學者仍像一個看不透的暗箱（black box）。人文學者需要的是透明、簡捷的工具，正如加州大學洛杉磯分校教授德魯克（Johanna Drucker）擔憂的那樣，許多數位工具通過不透明的演算法生成了標準的結果，讓人文學者進行還原非常困難。更可怕的是，演算法看似沒有偏見，卻可以進行人為的參數設定，從而破壞了資料的公信力，加深了學者的不信任。因此，「透明計算」（transparent computing）就顯得尤其重要，讓電腦的計算環境妥善地融入到背景中，學者不需要預先掌握特定的電腦技能就能解決問題，當需要查證時又可以辨明算法的具體運算方式，甚至是讓其他人重複檢驗。如果人文學者還要花費大量時間和精力去清洗數據、學習相關軟體的使用、考辨資訊來源的根據，而不是將注意力投到問題分析本身，數位人文的可持續發展將遇到不少困難。所以，史學家和其他學科專家的協力合作仍將是數位人文研究的核心工作模式。

　　在數位人文逐漸得到重視、發展之時，當下也是一個好時機，把眼光放到更遠的將來。在數位人文發展成熟之後，數位人文以後還會代表一種獨特的研究視角嗎？我們認為答案是否定

---

46 平臺見http://docusky.org.tw（下載日期：2019年1月19日）。

的。「數位人文」毋寧屬於服務型的領域，它目前只為學術研究提供原料與工具，但並不負責加工過程。著眼於未來，它很可能只是人文學術史上一個過渡時期。[47]試想在一兩代人以後，整個史學界的成員都已是數位原生代，到那時候，數位技術、思維和人的思考結合，難道還會是一件需要專門拿來標榜的事情嗎？到時的人文學科大概已經必然包含數位元素，再難區分哪些研究是「傳統」人文，哪些屬於「數位」人文。當然，回到兩位筆者執筆之時的2019年，這種境況還遠遠沒有實現，有待學界深化對數位人文的認識和討論。事實上，近年來已有不少學者對史學研究中方興未艾的數位化浪潮進行了反思，並提出了一些具有建設性的批評意見，這些爭鳴無疑會敦促數位人文的從業者拿出更有說服力的研究成果。[48]總而言之，我們需要用平常心來看待數位人文，即不把它視為衝擊傳統學術的洪水猛獸，也不要輕信它是唯一能拯救「沒落的」人文研究的良劑。數位人文不會讓研究者個體迷失在數位的洪流，因為分析加工的過程仍然需要研究者的腦力、學識以及眼界，這些都不是數位人文就能夠提供的。我們在擁抱數位人文時代來臨的時候，也要對它的侷限性保存必要的警醒。

---

47 人文學術史的討論可以參閱 Rens Bod, *A New History of the Humanities: The Search for Principles and Patterns from Antiquity to the Present* (Oxford: Oxford University Press, 2014).

48 近五年來各方歷史學刊對史料數位化、歷史資料庫、計算歷史學、大數據、數位史學和數位人文的專門討論顯著增加，並有越來越多主流歷史學者的參與。例如，《史學月刊》2018年推出專刊「大數據時代史學研究的理論與方法筆談」，邀請了多位學者從不同角度討論大數據時代對歷史學的挑戰，參閱《史學月刊》，第9期（2018），頁5-26。

「臺灣日記研究」的評介與現況[*]

許雪姬

前言

　　所謂「臺灣日記」指的是，寫的人不論國籍，日記在臺灣書寫；或臺灣人不論在何處所寫的日記，而本文所謂「臺灣人」是指1945年8月以前在臺灣設籍者。臺灣島史最先出現的日記史料，是荷蘭文寫就的《巴達維亞城日記》，亦即第一個出現在臺灣的政權荷蘭殖民東亞所留下來的資料，由原任教臺北帝國大學的村上直次郎教授，自雅加達國立文書館譯出1624年至1669年荷蘭殖民時期有關日本、臺灣的史料，其中包括1624年至1661年荷蘭統治時期的臺灣史料，1937年先出版兩冊《抄訳バタビヤ城日誌》，迄1970年加上第三冊，由日本平凡社出版《バタヴィア城日誌》。[1]可以說八〇年代以前了解臺灣信史是由城的日記開始。荷蘭統治臺灣自1622年[2]開始（迄1661年），1624年北部有

---

[*] 本文修改自〈「臺灣日記研究」的回顧與展望〉，《臺灣史研究》第22卷1期（2015），頁153-184。
1 村上直次郎譯注、中村孝志校注，《バタヴィア城日誌》1（東京：平凡社株式會社，1970），頁9，〈東洋文庫版にあたって〉。
2 1622年荷蘭人占領澎湖、1624年遷至臺灣，目前臺灣史學界以1624年為定說，不盡正確。

西班牙統治（迄1642年）、1661年鄭氏三世統治（迄1683年）、1684年清朝統治（迄1895年）、1895年日本統治（迄1945年）、1945年迄今為中華民國時期，但真正的本土政權為2000年至2008年，以及2016年開始迄今。外來統治政權更迭，殆為臺灣史的特色之一，統治者基於統治立場，留下汗牛充棟的資料，但被殖民者卻苦於沒有足夠的資料、以臺灣本土的立場來闡述的歷史，如何在充斥清朝、日本、中華民國觀點下，奪回臺灣的「歷史解釋權」，十分重要。

　　經歷日本統治下的臺大歷史系教授楊雲萍在二戰後寫了〈紀念先烈〉一文，文中強調，要為被日本誣為「土匪」的臺灣先烈翻案，他慨歎「但是除去敵人的記錄以外，我們竟沒有絲毫的史料」。[3] 由於有這樣的背景，對於臺灣史而言，較能表達自由意志的被統治者的日記，無疑是最好的資料。日記除了是研究記主[4]的頂級資料，對生活史、家族史、婦女史的研究有所幫助，日記提供平民（包括菁英）觀點的歷史素材，有異於殖民者、統治者的觀點，特別值得重視。此外日記為記主記當時事，有別於事後追記、常有回憶失真與太多迴護自己空間的回憶錄、自傳、口述歷史。[5] 本文擬就日記的取得、典藏、授權，日記資料的特徵，日記的研究與日記研究現況等四部分加以敘述。

---

3 楊雲萍，〈紀念先烈〉，《民報》，1945年10月10日。
4 吉成勇編，《日本「日記」總覽》（東京：新人物往來社，歷史讀本特別增刊第21号，1994），凡例。
5 許雪姬，〈「臺灣日記研究」的回顧與展望〉，《臺灣史研究》，第22卷1期（2015），頁157-158。

一、日記的取得、典藏與授權

在臺灣，日記史料的開始被重視，始於20世紀末，何以在20年前日記史料開始被重視？主要在日記的取得不易以及有授權的困難。

（一）日記取得的困難

1. 日記保存困難：臺灣天災多，日記的保存有一定的困難性；而臺灣的某些習俗，如丟棄、銷毀亡者的遺物，也不利於文物保存，何況日記。戰後的臺灣歷經二二八、白色恐怖等政治事件（1947-1992），被找到的日記往往成為羅織罪名的證據，因而家族或記主在害怕之餘，莫不銷毀或匿藏。如文學家呂赫若（1914-1950），其日記僅存1942年至1944年（一冊），乃因戰後從事「反政府的工作」，家人擔心他留下的日記、手稿，會為家庭帶來二次傷害，乃挖坑埋掉並在其上潑了幾桶水；唯一留下的一冊，是因該日記記載了子女的出生年月日而保留下來。[6] 又如吳新榮醫師的《吳新榮日記》，他在二二八事件後知道自己有危險，乃將日記包裝後埋在椰子樹下，[7] 等到出獄後掘出，部分日記已受潮而字跡模糊。少見的傳統婦女（未受新式教育）《陳岺（1875-1939）日記》，她保存的日記中，1916、1918年日記被長子偷走，因而將所存的日記全部燒毀，目前存世只有1924年日記一本，[8]

---

6 呂芳雄，〈後記：追記我的父親呂赫若〉，收入呂赫若著、鍾瑞芳譯、陳萬益主編，《呂赫若日記》（臺南：國家台灣文學館，2004），第二冊（中譯本），頁492。

7 吳南圖，〈序〉，收入吳新榮著、張良澤總編纂，《吳新榮日記全集1（1933-1937）》（臺南：國家台灣文學館，2007），頁9。

8 陳岺著，許雪姬編註，《陳岺女士日記》（臺北：中央研究院臺灣史研究所，2017），頁131。

日記的保存實大不易。

2. 日記使用的困難：日記除極少數外，大半沒有死後出版的打算，因此他人在閱讀時會產生困難。如記人物時以作者本身呼叫對方的稱呼為主，而非用真正的名字；只有名沒有姓，同名時必須辨明究竟是誰？同一人也有不同的稱呼，不知情者可能誤為兩或三人，如果不理解其家族和其交友圈，則較難辨明。如保留27年的《灌園先生日記》（1927-1955，中缺1928、1936年）「國城」有兩人，一為藍國城、另一為謝國城；「聰明」亦有兩人，一為張聰明、另一為杜聰明。又如其堂兄林紀堂的妾，有時寫許氏悅，有時則寫成南街嫂，以別於另一妾陳岑（日記中皆稱為彰化嫂）。至於他的侄子林六龍，有時寫陸龍、有時寫涎生。[9] 除了上述問題，臺灣日記語文的多樣，如前述荷文的《巴達維亞城日記》、1842年Robert Gully和船長Franke Dunham在被處刑前的日記即為英文；[10] 日本人在臺灣留下的日文日記，如日本警察吉岡喜三郎日記，字跡潦草，辨識極為困難。此外臺灣人的日記用文、用語具有駁雜性和時代性，如日本統治時用日文寫，日治結束、中國時代開始則用中文寫，最常見的是漢文中夾雜日式漢文和臺式漢文（用母語的辭彙），在漢文中夾雜日文的最為常見，還有以英國長老教會使用的教會白話字書寫，讀起來倍感親切，如《楊水心女士日記》。[11]

---

9 許雪姬，〈《灌園先生日記》的史料價值〉，收入林獻堂著、許雪姬主編，《灌園先生日記（一）一九二七年》（臺北：中央研究院臺灣史研究所籌備處、近代史研究所，2000），頁15。

10 Robert Gully et Dunham Frank, *Journal Kept by Mr. Gully and Captain Dunham during a Captivity in China in the year 1842* (London: Chapman and Hall,1844).

11 楊水心著、許雪姬編註，《楊水心女士日記（一）一九二八年》（臺北：中央研究院臺灣史研究所，2014），頁4，1928年1月2日。

（二）日記典藏與授權

1. 日記的取得與典藏：取得日記的管道不少，但緣分最重要。在臺灣，學者往往有被家族委託撰寫家族歷史的機會，就是取得家中成員日記的終南捷徑。如筆者被霧峰林家委託研究其家族的歷史，因而得以取得兩對夫妻（林獻堂、楊水心，林紀堂、陳岑）、一對父子（林痴仙、林陳琅）的日記；又接受永靖成美公堂魏家的委託撰寫其家族歷史時，就取得〈魏達德先生日記〉（1931），雖僅一年已彌足珍貴。第二種是進行田野時訪得，如日本京都大學博士候選人都留俊太郎，為了研究臺灣的二林事件，到彰化二林蹲點，進行長期的田調，由當地文史工作者提供給他因二林事件而被囚的〈劉崧甫獄中日記〉，雖只有1926年一年，但價值連城。[12] 記主後代提供或捐贈也是取得日記的途徑，如死於二二八事件的吳鴻麒（1899-1947）推事的日記（1945年1月1日至1947年3月11日），就是其子吳和光所提供。又如前所述〈吉岡喜三郎日記〉，即由其孫女千里迢迢自日本到中央研究院臺灣史研究所來捐贈。[13] 另外一個取得的管道，是由文史工作者或收藏家所提供，如〈陳懷澄先生日記〉，即由收藏家郭双富先生無償提供原件，由臺灣史研究所製作成數位檔。[14] 另有自舊書攤購得的，如日本人「灣生」（指日本殖民時期在臺灣出生的日本人）第三代松添節也，在日本神田古書街購買到一個不知名的日

---

12 都留俊太郎於2014年取得。2017年2月8日在中央研究院臺灣史研究所演講〈再論二林蔗農事件：以農業史和技術史的觀點詮釋〉時所提出，日記混合漢文、日文、臺式漢文。

13 吉岡喜三郎（1872-1948），日本千葉縣人，1907年春天考上臺灣巡查而來臺，前後26年，其日記自1909年起，迄1937年（中缺1912、1920年）。

14 許雪姬，〈編者序：關於陳懷澄先生日記〉，收入陳懷澄著、許雪姬編註，《陳懷澄先生日記（一）一九一六年》（臺北：中央研究院臺灣史研究所，2016），頁iii。

本軍曹於 1904 年在臺南當兵的日記，他將之譯成臺語式漢文，先在臺南出版，中央研究院臺灣史研究所再於 2016 年以日、漢文對照的方式重新出版《駐臺南日本兵一九〇四年日記》。[15] 目前典藏日記與數位化資料的單位，以中央研究院臺灣史研究所為最多，在臺南的國立臺灣歷史博物館也藏有一些。此外散布在民間的日記也不在少數，有待進一步開發。

2. 日記的授權：日記的內容具有私密性，因此要公開出版、建立資料庫必須取得記主本人或其後代子孫的同意，而子孫中哪一位具有簽署授權的代表身分，都必須慎重。如《灌園先生日記》27 冊、《楊水心女士日記》4 冊，由兩人的長孫林博正簽署。早期日記提供、解讀時僅簽署出版約，但近年來則出版和放入資料庫（知識加值系統）一起簽同意書。如與提供者簽約，因提供者是購得，本可充分授權；但本所考慮到後代子孫的感覺，仍努力尋找記主的後代，由其子孫簽同意書，如《陳懷澄先生日記》即做雙重簽署，以排除未來可能發生的困擾。如果是有註解的出版，放入知識加值系統，則亦需參與解讀者授權。日記的使用在記主過世 50 年後不必經由記主後代同意即可進行，但臺灣在 1995 年公布了「個人資料保護法」，[16] 對公開個人資訊給予嚴格限制，即使如政治檔案也無法完全公開。目前國家檔案管理局，雖准許複製，但必須遮去住址，學者在引用時亦不可在毫無限制的情況下，暴露非研究對象的同案人的全名。如果基於此角度來

看，未來日記的全面公開是否會受到限制，尚未敢完全樂觀。

二、日記的分類與書寫

（一）日記的分類

　　日記依其內容可予以分類，以便較容易了解其性質。中國學者馮爾康，依日記的內容將日記分成生平日記、學術日記、差事日記；[17] 日本學者佐藤進一則以記主的身分，分為天皇・皇族的日記，公家的日記，武家的日記，農民、商人的日記；若以記主的職業區分，則有政治家、軍人、實業家、作家等日記。[18] 臺灣人書寫的日記，目前所知約四十餘種。

　　1. 依內容性質分：城的日記（如《熱蘭遮城日記》、〈蕭壠城日記〉）、旅行日記（如李春生，《東遊六十四日隨筆》、[19] 王達德，〈漫遊大陸日記〉、〈東遊鴻爪〉[20]）、獄中日記（如〈劉崧甫日記〉、《簡吉獄中日記》[21]）、宗教日記（如鍾平山，《教會日知錄》[22] 白聖長老，《白聖長老日記》[23]）、軍中日記（如《駐臺南日本兵一九〇四年日記》）、差事日記（如《吉岡喜三郎日記》）、生平日記（如《灌園先生日記》）。以生平日記的數量較多。

17　馮爾康，《清代人物傳記史料研究》（天津：天津教育出版社，2006，第二刷），頁160。

18　佐藤進一，〈日記の分類〉，收入吉田勇，《日本「日記」總覽》，頁38。

19　李明輝等編，《李春生著作集⑷：東遊六十四日隨筆・天演論書後》（臺北：南天書局有限公司，2004），頁169-228。

20　王達德著、王炯如主編，《瘦鶴詩書集》（臺中：九荷山房，1996），頁243-317。

21　簡吉著、簡敬等譯、陳慈玉校著，《簡吉獄中日記》（臺北：中央研究院臺灣史研究所，2005）。

22　鍾平山，《教會日知錄》（臺北：弘智文化事業有限公司，1985）。

23　白聖長老，《白聖長老日記（一）至（廿二）》（臺北：白聖長老紀念會，2009年修訂再版）。

　　2. 以記主的身分分：傳統士紳、警察、官員（總督、知事）、記者、醫生、律師、文學家，甚至女性也可以視為一種身分。有時一個人具有多重身分，如黃旺成，早期是公學校的教師，之後擔任記者，進而成為商人，因此《黃旺成先生日記》就有各種不同職場的相關記載。

（二）日記中的書寫

　　日記隨著自己的需求而書寫，因而有其書寫與不書寫，使用日記做研究者不可不查。

　　1. 書寫的時間感：通常記主會自早上起床到晚上睡覺前所發生、進行的事，順次記載，有所不足再加以追記。要討論時間感，還有一點必須考慮的則是記主在一天當中什麼時候寫日記？林獻堂在隔天一早才寫昨日的日記，用回憶錄的方式來追記前一天的事，是較有時間感的次序。黃旺成則在較忙或出差時，當日無暇做紀錄，隔一、兩天再補齊。亦有記主隨手攜帶日記，隨時記入或補入當天的行事，這樣的書寫方式很難控制在如「當用日記」中，每天日記只有半頁的篇幅。

　　2. 日記的內容：先談日記中的既定欄位。日記的格式多少提醒記主要記的項目，通常日記印有新、舊曆日期和曜日（如月曜日、星期一）、天候、發信受信、豫定、起床就寢，甚至還設有讀書、社會、雜事等欄位。有些記主逐欄填寫，如黃旺成，有些則視若無物，一欄也不填，如陳懷澄。至於日記的內容以災變的記載，如颱風、地震；身體狀況、每日行事周遭情況為主，間因記主重視的情況有別，而有不同的重點，如陳岑在丈夫過世後必須管家，因此出入用度、糴米、米價、諸子開銷都有記載；黃

旺成則在日記後有逐日記帳的習慣，對於了解當時家庭的用度、物價，很有幫助；有的記主對吃的、喝的都會敘述，對當時的一般食品、餐廳都留下紀錄；有的記主對民間宗教儀式的注重與描寫，而成為研究民間宗教不可不參考的日記；有的記主記錄不少感情生活，殊為難得，但在出版時則因內容尺度的問題，有的因家屬的達觀願意保留真相，不為先人諱，如張麗俊的《水竹居主人日記》，因有一些男歡女愛之事，在出版前頗有遲疑，但其孫主張保留祖父作為一個人的全部，因而不做芟除。也有日記描寫昏天暗地打牌、男女之事，令後代大為躊躇，由於該日記又十分珍貴，最後做了部分刪除才出版。雖然就完整性而言，不無遺憾，但那也是兩權相害取其輕的做法。

3. 書寫文字：臺灣日記的語文存在多樣性，外文如荷文、英文、日文，漢文文型包括古典文言文、語體文，此外有日式漢文，最經典的是「貸切」（かしきり、臺語音 tāi-chhiat），被寫成漢文的「大切」（tāi-chhiat），因臺語音同。又如寫成「勉強」，有時是日文用法，べんきょう，是努力、用功的意思。還有用長老教會（Presbyterian Church）的白話字（或稱白話字）書寫。

4. 符號：日記中常有特定的符號出現，如《黃旺成先生日記》會有と、ト、1的出現；《陳懷澄先生日記》會出現△（三角形），皆為愛情生活的符號。

5. 日記資料的有限性：每一位記主在日記中都有其書寫與不書寫的部分，因此日記所呈現的資料有其必然的限制，讀者不可不查。

(1) 日記記載有時失之簡略，必須參考他人所記予以補充。如1930年4月1至2日下午在林獻堂府第合開「第四回櫟社壽椿會

觴祝」、春季總會,共15人參加,為期兩天,這是一次相當重要的會,會中開除連雅堂、林子瑾兩名社友,因此櫟社社員林獻堂、張麗俊的日記中都有記載,兩人的記載各有所重,[24] 且比《櫟社沿革志略》來得詳細。[25] 大體而言,有關櫟社(臺灣中部最重要的古典詩社)活動,對張麗俊而言是十分重要的社交活動,因此日記記載詳實,但對交遊廣闊的頂級士紳林獻堂而言,等同家常便飯,日記中除非當日與自己相關,否則只略為交代而已。因此研究櫟社者自以參考張麗俊的日記為宜。

(2) 日記所表達的主觀性強,必須小心使用:日記中會主觀地留下一些批評第三者的資料,也許此人並不如此不堪,但因記主主觀的描述,不免令讀者對被批評者留下負面的看法。以《蔡培火全集》為例,他寫到蔡惠如臨終時對待小妾的情形,[26]《灌園先生日記》也將聽自蔡培火的說辭記入,[27] 使蔡惠如的後人免不了要為他辨誣。[28]

三、日記出版、研究四部曲

以上探討日記資料的種種外部特色,以下探討日記內、外部

---

24 傅錫祺,《櫟社四十年沿革志略》(臺中:莊垂勝發行,1943),頁17-18。

25 林獻堂著,許雪姬、何義麟主編,《灌園先生日記(三)一九三〇年》(臺北:中央研究院臺灣史研究所籌備處、近代史研究所,2001),頁109-110;張麗俊著,許雪姬、洪秋芬、李毓嵐編纂,《水竹居主人日記》(八)(臺北:中央研究院近代史研究所、臺中縣文化局,2004),頁193-195。

26 張漢裕主編,《蔡培火全集(一):家世生平與交友》(臺北:財團法人吳三連史料基金會,2000),頁94。

27 林獻堂著,許雪姬、鍾淑敏主編,《灌園先生日記(二)一九二九年》(臺北:中央研究院臺灣史研究所籌備處、近代史研究所,2001),頁149。

28 謝金蓉編著,《蔡惠如和他的時代》(臺北:國立臺灣大學出版中心,2005),頁111-112。

的研究。

（一）輸入、標點與校對

　　要利用日記先要能辨識記主的字跡，有的記主粗寫後會重新謄抄，還用自印的紙，字跡清秀可觀，沒有辨認的問題，已出土的日記中以《水竹居主人日記》為最；有的字跡潦草，辨識困難，若是不熟悉的人名，要辨識好幾次，還不一定正確，如《陳懷澄先生日記》部分、《黃旺成先生日記》。為了將來檢索、使用的方便，先將日記內容輸入，在輸入時加上新式標點符號，或僅加「、」號，其餘在句與句間空一格，並做校對和訂正錯字、圈出贅字、補上漏字。其次必須整理古字、俗字、異體字、簡體字，儘可能用現在通行的字體以方便檢索。如獻改成獻，蔭改成蔭，俻改成備，窃改為竊。或許有人認為應儘量保留原樣，不過在網路版上會有原件掃描檔可供閱看。通常一本日記要出版，前後要校對10次以上。

（二）解讀、註解

　　解讀日記是深入研究日記的第一步，但因日記解讀以群策群力為佳，故往往組織「日記解讀班」共同進行，輪流解讀、加注，如《黃旺成先生日記》；但也有由解讀班主持人加注的例子，如《灌園先生日記》；也有由主持人和助理合作解讀的方式，如《陳懷澄先生日記》。解讀中的註解，有以下的原則，以2016年出版的《陳懷澄先生日記》（1916年為例）加以敘述：

　　1. 專有名詞：如人名、地名、書名、專有名詞、動植物、物品名、店鋪號、寺廟、節慶、典故、樂器、書局，盡可加注。

2. 說明、情境注：如「家慈」就必須說明記主母親的名字及其生平；又如適「君」不在，判明此君為施瑞庚；再如，辜塾停，為諸女生相率往彰化「展墓」，說明此墓為辜顯榮母親薛麵之墓。

3. 高難度的注釋，如「水上瀧澤」並非姓名，而是鹿港水上派出所的瀧澤哲太郎；出現「小朝」，幾經判讀，才推定可能是鹿港公學校的同事林朝滄；「小彪」則推定為與記主在書法上齊名的施家彪；有時同人出現在日記上用不同的寫法，如老猴閃又寫成吳閃、老猴陝。

4. 注釋的第一句，如係人名，先說明當時的頭銜，再及其他生平事蹟。如平田丹藏，即先注「鹿港公學校校長」。

5. 同一辭目，在一套日記中的註解以出現一次為原則，第二次出現則會加註前次出現的頁數，第三次即不再批註。

6. 重要的參考資料為《臺灣總督府公文類纂》、《臺灣總督府職員錄》、《臺灣日日新報》、《日治法院檔案》等，以及相關的研究成果。[29] 隨著自東京日本外務省外交史料館取得臺灣總督府「海外旅券下付返納表」等約19萬多筆的旅券資料後，也作為註解的最新參考資料。

（三）口訪與田調

訪談記主的後代、了解記主生前的生活圈，也是解讀日記必要的工作。如《水竹居主人日記》的書寫中心是臺中豐原下南坑一帶，調查記主張麗俊的家水竹居，由水竹居走到市中心（慈濟

---

29 許雪姬，〈編者序：關於陳懷澄先生日記〉，收入陳懷澄著、許雪姬編註，《陳懷澄先生日記（一）一九一六年》，頁xviii。

宮）沿路的情形，或訪談其孫張德懋，都是重要的工作。此外為解讀出版《灌園先生日記》，先進行訪談，出版《中縣口述歷史5：霧峰林家相關人物訪談紀錄》的頂厝、下厝篇作為基礎，還有13篇未刊稿。

（四）翻譯

　　如非用中文書寫，則需翻譯，如日文、英文、教會白話字，《黃旺成先生日記》中有兩年以日文書寫，又如《楊基振日記》、《吳新榮日記》、《馬偕日記》、《呂赫若日記》等都有用日文寫的部分。出版時如《黃旺成先生日記》是逐日，日、中文對照；有的則是原文與翻譯文分開，先日文，再中文，如《吳新榮日記》；也有分別出版，如《馬偕日記》、《呂赫若日記》。

（五）出版與數位化

　　被我視為頂級民間史料的日記，要使其普及最重要的手段就是出版，每一冊由輸入內容到出版成書，一冊（約一年份）大概需要三至四年。若未經集體解讀，而由研究者和助理合作，則需一至二年，如此的過程，如非由學術機構出版，一般出版社很難應命。出版後，經過一段時間則經再度校訂後放入「臺灣日記知識庫」中，目前已出版或放入日記知識庫的有14種，其中有8種是中央研究院臺灣史研究所典藏數位影像資料，其中有1種《楊水心女士日記》包括記主之孫所贈送的原件。其餘出版、影像典藏的單位有國史館、國立台灣文學館、日本國會圖書館、臺南市文化局，都經由向該單位交涉，取得其同意後，將數位資料轉入，或就出版品重新輸入，再放入知識庫。2017年上網的《熱

蘭遮城日記》，是研究荷蘭統治臺灣時期最重要的資料，共四大冊，就是在臺南市文化局局長葉澤山同意下，經過重新輸入後所放入。目前已出版、尚未放入日記知識庫中的還有《駐臺南日本兵一九〇四年日記》、《陳懷澄先生日記》（一）（二）、《林紀堂先生日記》、《黃旺成先生日記》（已出版19冊，放入知識庫的有10冊）、*The Diaries of Dr. George Leslie Mackay*（《馬偕博士日記》）

（六）展示與召開新書發表會

　　日記的徵集、解讀出版期間，中央研究院臺灣史研究所會利用機會進行特展，到目前為止已舉辦3次。若出版完成，也會藉舉行新書發表會召開座談會、工作坊以利向外界介紹。

1. 展覽

　　(1) 2009年10月在「中央研究院院區開放日」，舉辦「日日是好日：臺灣日記特展」，展出12位記主的日記，並出版特展小冊。隨後由國立臺灣圖書館於2010年5月4日～7月4日展覽兩個月。

　　(2) 2014年11月藉著與高雄市立歷史博物館、高雄醫學大學合開日記研討會，特別企畫「生活中的日記，日記中的高雄」特展，在該館展出，展期為2014年11月20日～2015年5月10日，約半年。此次亦展出12位記主，展出單元有臺灣人的終戰記憶、日記中的高雄等單元。

　　(3) 2015年與檔案管理局合辦「生活中的記憶：臺灣日記特展」，除了將在高雄展出12部日記並保留1945年終戰記憶單元，

也增加1935年臺中屯子腳大地震單元。[30]

2. 新書發表會／座談會

(1) 2013年12月13日召開「《灌園先生日記》出版完成座談會暨發表會」：自1999年出版第一本《灌園先生日記》，到2013年才完成27冊的出版，前後花費了14年的歲月。發表會共有兩場，第一場由來自各界的引言人8人，就有關日記的編輯、解讀、史料價值、精神史、女性史發言，最後進行座談會，第二場由參加解讀班者發表感想。當日的貴賓有前中研院院長李遠哲院士、前中央研究院臺灣史研究所主任劉翠溶院士、前中央研究院近代史研究所所長呂芳上（時任國史館館長），他們三人促成了這部日記的解讀出版。[31]

(2) 2016年9月6日舉辦「吳嵩慶日記、戰後臺灣史料」座談會：由中央研究院臺灣史研究所所檔案館主任王麗蕉、吳嵩慶子吳興鏞教授主講，並由中央研究院近代史研究所研究員張力、國立政治大學歷史系教授劉維開與談。

(3) 2016年10月1日召開「紀念楊水心女士逝世六十週年暨《楊水心女士日記》發表會工作坊」，與中興大學歷史系合辦，在該校召開，除由楊女士長孫林博正演講外，共有6篇論文發表，其中包括兩名在學學生。

---

30 中央研究院檔案館主任王麗蕉提供，謹致謝意。
31 這兩場的實況與討論，收入楊水心著、許雪姬編註，《楊水心女士日記（一）一九二八年》，頁203-300。

四、日記使用與研究現況

本節將介紹目前相關學術機構或個人對日記研究的現況，首先介紹各單位的解讀出版概況，其次探討以日記為主題所召開的研討會，究竟探討的主題為何？第三分析博碩士論文中日記史料使用的狀況，藉以了解一種新史料群的開發，是否能有效地被學界所使用。

（一）臺灣各學術機構有關日記的解讀與出版

目前臺灣收藏日記和解讀日記的單位以國立臺灣歷史博物館、中央研究院臺灣史研究所為主，分述如下：

1. 國立臺灣歷史博物館：位於臺南，所藏日記均為購藏或記主後代捐贈，購藏者較無著作權問題，但出版權則仍需徵求記主後代的授權。目前有陳懷澄（鹿港街長），〈陳懷澄日記〉（1916-1932，中缺1917、1923，共15冊）、[32]〈陸季盈日記〉（1933-2004，中缺1942-1945，共51冊）、許天催（臺中外埔士紳），〈許天催1941年日記〉（1941.7.4-12.31）、范遠霖，〈范遠霖高雄飛行場服務日記〉（約1944.9.17-10.16）、鄭書聲（校長），〈鄭書聲1952年日記〉（1952.1.1-6.13）、〈陸林迎1973-1975年日記〉（陸林迎為陸季盈之妻）、佚名（小學老師），〈佚名1950年日記〉。另有學生的週記，這是戰後學生每週必寫的功課，要由導師批閱，因此書寫的範圍有其限制，如〈施純堯臺中州立臺中第一中學校反省週錄〉，〈陸東原學生生活週記〉（1971-1974，陸東原為陸季盈

---

32 陳懷澄先生日記由收藏家提供，經過掃描，成為數位化資料；而日記實體則由臺南歷史博物館購藏，1926年的日記已由臺灣史研究所出版。

之子）。

　　截至2017年，該館收藏的日記數量不多（記主9人、共73冊），以陸季盈和陳懷澄的日記為最大宗，其餘皆為零散的日記。這兩批日記資料的記主，一個受過完整的日本時代公學校高等科教育，另一個在清代受教育、在日治時代擔任地方街長的地方士紳及文人；一個在南部高雄，一個在中部鹿港，見證日治時期不同世代、不同社會階層的日常生活。此外，戰前與戰後的學生週記，可窺見當時學生的生活樣貌。兩本戰後初期學校老師和校長的日記，可了解戰前出生擔任教職的臺灣人，在戰後的國民教育體系內繼續任職的工作情形。許天催的日記書寫，可讓讀者略悉戰前中部的業佃關係。

　　該館曾於2012年至2015年間，每月召開一次「陸季盈日記解讀班」，班中成員除該館的研究人員，還有來自國立成功大學歷史學系的高淑媛、陳文松兩位副教授，以及國立高雄大學吳玲青助理教授（已升等為副教授）參加，預計2018年重開解讀班。由於日記為日文書寫，因此委託真理大學團隊協助日文打字及中文翻譯，目前已完成1933年至1935年2月的解讀工作。[33]

　　2. 國家人權館：位於景美，所藏日記為記主及其後代所捐贈或寄存。目前以〈葉盛吉日記〉、陳中統醫師的《獄中日記》為代表。葉盛吉（1923.10.25－1950.11.29）為白色恐怖時期的受難者，其日記自1941年至1950年（迄5月28日被捕前），再加上1938年、1944年畢業旅行遊記與日記。本日記內容十分豐富，國家人權博物館籌備處為積極進行對該日記的解讀與出版，特和中

33　以上為國立臺灣歷史博物館陳怡宏先生於2018年7月4日所提供的資料。謹致謝意。

央研究院臺灣史研究所合作，進行翻譯、解讀、出版的工作，於
2017年至2018年出版《葉盛吉日記（一）～（五）》，預計未來還
要出版三冊。[34] 此外，陳中統醫師的《獄中日記》，寫於1969年
2月22日被逮捕當天到1979年2月10日出獄前10日，約10年。
誠如該館綜規組組長黃龍興所稱：「日記的文字如實地清楚刻畫
受難者在獄中的生活樣態與聲音，同時赤裸裸地描繪出管理者的
圖像，這些獄中生活樣態是讀官方文件也無法得知的。」[35]

　　3. 中央研究院臺灣史研究所：該所日記的主要來源是記主後
代、收藏家所提供。最主要的提供者是霧峰林家，共有19世的兩
對夫妻，19、20世一對父子的日記，是研究林家的利器。櫟社成
員的日記也是該所收藏的特色，包括社員林痴仙、張麗俊、林獻
堂、傅錫祺、陳懷澄，後期成員林陳琅都有日記。櫟社成員往往
維持在20人上下，擁有前後任社長三人林痴仙、傅錫祺、林獻
堂的日記，可謂相當難得。女性的日記很少，國立台灣文學館藏
有詩人杜潘芳格的日記，至為難得，[36] 臺灣史研究所有三種女性
日記，即受過傳統教育的士紳之妻楊水心、陳岑日記。還有音樂

---

34 許雪姬、王麗蕉，〈葉盛吉日記的整理、翻譯與解讀〉，收入《葉盛吉日記（一）1938-1940
〈許序〉》（臺北：國家人權博物籌備處、中央研究院臺灣史研究所，2017），頁IX、47。

35 黃龍興，〈身體政治：陳中統《獄中日記》的症候式閱讀〉，發表於臺灣口述歷史學會主
辦，「『臺灣白色恐怖口述歷史訪談的過去、現在與未來』學術研討會」，2015年7月18-19
日在中央研究院臺灣史研究所召開。

36 文學家「杜潘芳格日記」共36卷、38冊，日記自1944年至2001年，分成少女時期、為人
妻母、步入中年、重返文學、丈夫離世等，是一部跨越兩個時代女性之重要日記。研究者
劉維瑛指出：「令我們注意的是，在時代的縫隙中，作為大弦嘈嘈背後的小歷史，杜潘芳格
日記裡所承載的龐大訊息，或許可以讓我們再重新接觸，她和她的詩文，以及過去她多本
詩集中深刻、複雜的詩歌內蘊與內心思想。這便足以稱為寶貴。」劉維瑛，〈少女芳子的
煩惱：杜潘芳格日記裡的愛情圖像〉，收入《日記與社會生活史學術研討會會議論文》（臺
北：中央研究院臺灣史研究所等，2012），頁2-3。其1944年5月至1946年3月之日記，在
2000年由日本學者下村作次郎編輯、出版《フォルモサ少女の日記》。

家高慈美在日本梅光女學院就讀時期的少女日記。目前該所也蒐集戰後自中國來臺者的日記，如曾任駐大韓民國大使的邵毓麟日記、《吳嵩慶日記》。亦即該所雖以日治時期或日治、戰後連續性的日記為搜集範圍，但逐漸跨到戰後自中國來臺者的日記，這和中央研究院近代史研究所（如2018年出版的《釧影樓日記，1948-1949》、《傅秉常日記，民國四十七－五十年》）、國史館的收藏範圍很接近。有外文的日記多種，較多的是日文日記，也有英文、法文日記。目前收藏共有42種（見表一）。

該所的解讀班，分敘如下：

(1) 自1998年開始，迄2018年正好20年，由許雪姬主持，每星期一下午2:00到4:30，參加者在20人上下，有政治大學臺灣史研究所、暨南國際大學歷史系、東華大學歷史系、中興大學歷史系教授，中央研究院臺灣史研究所的研究人員、博士後研究、博士培育計畫等年輕學子、助理，也有在校歷史所學生。解讀的日記，先後有林獻堂、楊水心、林痴仙、林紀堂、陳岑日記，目前正在解讀〈黃旺成先生日記〉。

(2) 自2014年1月開始〈吉岡喜三郎日記〉（1909-1937）的解讀，由副研究員鍾淑敏主持，每月2次，固定在星期一晚上6:00至8:00進行，參加者約10名上下，由該所研究人員、博士後研究、博士培育計畫等人員組成，也常有自日本來臺的日本學者參加，由於字跡辨認上、翻譯上的困難，進行的速度較慢，目前已進行到1918年6月。

(3) 都留俊太郎籌組的「劉崧甫日記讀書會」：都留為日本京都大學文學院博士生，他為了研究日本治臺時期1925年發生的「二林蔗農事件」（即蔗農和製糖會社因甘蔗收買價格引發的蔗農

表一：中央研究院臺灣史研究所檔案館典藏日記一覽

數位典藏：臺史所接受原件提供或採集，由臺史所進行數位化。
數位內容：與原件典藏單位協議，由臺史所進行數位加值。
＊依日記所載起始年代之先後排序

	日記名稱（語文別）	所載時間	原件（冊）	徵集方式
1	熱蘭遮城日誌	1629-1662年		數位內容
2	馬偕日記（英、中）	1871-1901年（缺1883）	12	數位典藏
3	三好德三郎回憶錄（日、中）	1888-1938年	4	數位典藏
4	籾山衣洲日記（日、中）	1898-1912年（缺1908-1911年）	9	數位典藏
5	傅錫祺日記（中）	1902-1946年（缺1926、1928、1930、1934、1935、1938、1939、1943-1945）	35	數位典藏
6	駐臺南日本兵日記（日、中）	1904年	1	數位典藏
7	林癡仙日記（中）	1906-1915（缺1907、1910-1912）	6	實體寄存
8	張麗俊日記（中）	1906-1937年	27	數位典藏
9	吉岡喜三郎日記（日）	1909-1937年（缺1913、1920）	20	捐贈
10	黃旺成日記（中）	1912-1973年（缺1918、1920、1932、1938、1940、1944、1947、1948、1952、1954、1965、1967、1969）	48	數位典藏
11	池田幸甚工作日誌（日）	1914-1923年	4	數位典藏

出版或開放情形・資料來源・入藏時間
江樹生譯注（2000-2011）。《熱蘭遮城日誌》。臺南市：臺南市文化局。 開放於「臺灣日記知識庫」。
吳文雄等編校（2015）。《The Diary of George Leslie Mackay，1871-1901 馬偕日記》。臺北市：中研院臺史所。 林昌華等譯（2012）。《馬偕日記：1871-1901》。臺北市：玉山社。 開放於「臺灣史檔案資源系統」。
謝國興等主編，陳進盛、曾齡儀、謝明如譯（2015）。《茶苦來山人的逸話：三好德三郎的臺灣記憶》。 開放於「臺灣史檔案資源系統」及「臺灣日記知識庫」。
許時嘉、朴澤好美編譯（2016）。《籾山衣洲在臺日記，一八九八～一九〇四》。臺北市：中研院臺史所。 開放於「臺灣日記知識庫」。
2012年底由傅錫祺之後人提供入藏。 開放於「臺灣史檔案資源系統」。
松添節也翻譯、編注（2016）。《駐臺南日本兵一九〇四年日記》。臺北市：中研院臺史所。
2009年由林癡仙之後人提供寄存。
許雪姬、洪秋芬、李毓嵐編纂解讀（2000-2004）。《水竹居主人日記（一）～（十）》。臺北市：中研院近史所。 開放於「臺灣日記知識庫」。
2010年由吉岡喜三郎之家屬捐贈入藏。開放於「臺灣史檔案資源系統」。
許雪姬編註（2008-2018）。《黃旺成先生日記（一）～（十九）》。臺北市：中研院臺史所。 開放於「臺灣史檔案資源系統」及「臺灣日記知識庫」。
2009年自日本國文學研究資料館徵集入藏。 開放於「臺灣史檔案資源系統」。

	日記名稱（語文別）	所載時間	原件（冊）	徵集方式
12	林紀堂日記（中）	1915-1916	2	數位典藏
13	下村宏日記（日）	1915-1921年	7	影印典藏
14	陳懷澄日記（中）	1916-1932年（缺1917、1923、1929）	16	數位典藏
15	石井光次郎日記（日）	1917-1920年	4	影印典藏
16	田健治郎日記（中）	1919-1923年	5	數位典藏
17	林玉雕日記（中）	1923-1943年（缺1922）	10	數位典藏
18	陳岑日記（中）	1924	1	數位典藏
19	張木林日記（中）	1925-1939年（缺1926、1927、1929、1932、1938）	10	捐贈
20	陸徵祥日記（中）	1925-1947（缺1929-1930）	34	數位典藏
21	林獻堂日記（中）	1927-1955年（缺1928、1936）	25	數位典藏
22	劉吶鷗日記（中）	1927年	1	數位內容
23	楊水心日記（中）	1928年、1934年、1942年	3	數位典藏
24	簡吉日記（日、中）	1929.12-1930.12; 1936-1937年	2	數位典藏
25	高慈美日記（日）	1929-1932年	4	捐贈
26	堤林數衛日記（日）	1929-1937年（缺1933年）	8	數位典藏
27	黃繼圖日記（日、中）	1929-1972年（缺1937年、1947年、1952-1954年）	39	數位典藏

出版或開放情形・資料來源・入藏時間
林紀堂著、許雪姬註（2017）。《林紀堂日記一九一五～一九一六》。臺北市：中研院臺史所。
2008年底自日本國立國會圖書館徵集入藏。 開放於「臺灣史檔案資源系統」。
許雪姬編註（2016-2018）。《陳懷澄先生日記（一）（二）》。臺北：中研院臺史所。 開放於「臺灣史檔案資源系統」。
2008年底自日本國立國會圖書館徵集入藏。 開放於「臺灣史檔案資源系統」。
吳文星等主編（2001-2009）。《臺灣總督田健治郎日記（上、中、下）》。臺北市：中研院臺史所。 開放於「臺灣史檔案資源系統」及「臺灣日記知識庫」。
2009年由林玉雕家屬提供徵集入藏。
陳岑著、許雪姬註（2017）。《陳岑日記》。臺北市：中研院臺史所。
2011年由張木林家屬捐贈入藏。
2014年自比利時布魯日聖安德魯修道院徵集入藏。
許雪姬編註（2000-2013）。《灌園先生日記（一）～（二十七）》。臺北市：中研院臺史所。 開放於「臺灣日記知識庫」。
康來新總編輯，彭小妍、黃英哲編譯（2011）。《劉吶鷗全集：日記集（上）、（下）》。臺南縣：臺南縣文化局。
許雪姬編註（2014-2015）《楊水心女士日記（一）～（三）》。臺北市：中研院臺史所。開放於「臺灣日記知識庫」。
簡敬等譯（2005）。《簡吉獄中日記》。臺北市：中研院臺史所。 開放於「臺灣史檔案資源系統」及「臺灣日記知識庫」。
2007年由高慈美之家屬捐贈入藏。 開放於「臺灣史檔案資源系統」。
2010年由堤林數衛家屬提供徵集入藏。 開放於「臺灣史檔案資源系統」。
2006年由黃繼圖家屬提供實體寄存並徵集入藏。 開放於「臺灣史檔案資源系統」。

	日記名稱（語文別）	所載時間	原件（冊）	徵集方式
27	南弘日記（日）	1931-1933年	9	數位典藏
29	何金生日記（中）	1931-2003年	67	捐贈
30	吳新榮日記（日、中）	1933-1967年（缺1934年、1954年）	45	影印典藏數位內容
31	劉永棩日記（日、中）	1937-1939年、1941年、1945年、1954年、1956-1969年	42	數位典藏
32	葉盛吉日記（日）	1938-1950年	23	數位典藏
33	呂赫若日記（日）	1942-1944年		數位典藏
34	楊基振日記（日、中）	1944-1950年		數位內容
35	何川日記（日）	1946年、另1冊時間不明	2	數位典藏
36	孫江淮日記（中）	1947-1950年	3	捐贈
37	吳嵩慶日記（中）	1947-1950年	4	數位內容
38	邵毓麟日記（中）	1953-1957年、1966年、1971-1975年	10	數位典藏
39	洪陳勤日記（中）	1953-1955年	1	數位典藏
40	王慶水日記（日）	1929-1984年（缺1943-1954年）	25	購藏
41	劉福才日記（日、中）	1917-1977年	5	數位典藏
42	唐羽日記	1981-2011年	50	捐贈

說明：本表由中央研究院臺灣史研究所檔案館2018年7月2日提供。

出版或開放情形・資料來源・入藏時間
2012年自日本國立公文書館徵集入藏。 開放於「臺灣史檔案資源系統」。
2015年由何金生家屬捐贈入藏。
張良澤總編撰（2007-2008）。《吳新榮日記全集（1933-1967）》。臺南市：國家台灣文學館。 開放於「臺灣史檔案資源系統」及「臺灣日記知識庫」。
2014年由劉永楙家屬提供徵集入藏。
許雪姬、王麗蕉主編（2017）。《葉盛吉日記》（一）（二）。臺北市：中研院臺史所、國家人權博物館籌備處。 開放於「臺灣史檔案資源系統」。
鍾瑞芳譯（2004）。《呂赫若日記（一九四二－一九四四年）中譯本》。臺南市：國家台灣文學館。 開放於「臺灣史檔案資源系統」及「臺灣日記知識庫」。
黃英哲、許時嘉編譯（2007）。《楊基振日記：附書簡、詩文》。臺北市：國史館。 開放於「臺灣日記知識庫」。
2015年由何川家屬提供徵集入藏。
2007年由孫江淮捐贈入藏。 開放於「臺灣史檔案資源系統」。
吳興鏞編注（2016）。《吳嵩慶日記（一）1947-1950》。臺北市：中研院臺史所。開放於「臺灣日記知識庫」。
2012年自中國社會科學院近代史研究所徵集入藏。 開放於「臺灣史檔案資源系統」及「臺灣日記知識庫」。
2015年由洪陳勤提供徵集入藏。
2017年由王慶水家屬提供入藏。
2017年由劉福才家屬提供入藏。
2017年由唐羽捐贈入藏。

抗爭），到臺灣彰化二林地區進行田野調查，得到當時領導農民抗爭的領袖劉崧圃1926年的獄中日記（中文），因此自2016年1月開始，每個月1次在臺北召開日記解讀班。目前有成員11位，包括有二林、彰南背景者，關心農業、農村議題者。[37] 隨著2018年5月都留回日本任教職，此日記的集體解讀也告一段落。

　　此外近代史研究所在游鑑明研究員主持下，自2015年12月起，以每月初週五中午休息時間（12:00 ～ 13:30）召開「歷史記憶讀書會」，曾以日記資料作為研讀的對象，如《陳克文日記》、《王世杰日記》、《周佛海日記》、楊靜遠《讓廬日記》，也研讀非日記性質的回憶錄。主要集中在中日戰爭時期的日記、回憶錄。以中央研究院近代史研究所的研究人員、博士後研究以及博士生為主，參加者10名左右。由於此讀書會研究重點在中國近代史，故謹做以上簡介。[38]

（二）學術研討會的成果

　　日記解讀的目的不只在出版、放入日記知識庫，而在於形成一個以日記為核心資料的研究社群，以及定期召開學術研討會發表論文以互相學習、彼此攻錯，而能開創新的研究為最終目的。以下先介紹幾次研討會的舉辦情形，次說明所形成的研究社群，三則針對研究的課題。

---

37 都留俊太郎，〈再論二林蔗農事件：以農業史和技術史的觀點詮釋〉，2017年2月8日在中央研究院臺灣史研究所演講稿。
38 以上為中央研究院近代史研究所游鑑明研究員所提供，謹致謝意。

1. 學術研討會

(1) 2000年12月由中央研究院臺灣史研究所籌備處舉辦「日記資料與臺灣史研討會—以田健治郎日記為中心」，有專題演講、5篇論文。田健治郎為臺灣第一任文官總督，留下任內用漢文寫的日記。本次主要是利用日記豐富的資料，說明和臺灣史研究的關係，如日記的書寫、1922年《臺灣教育令》的頒布、府評議委員的任命、臺銀的產業金融、由政商結合的側面看南洋協會。之所以召開乃因正要出版《臺灣總督田健治郎日記》上，可謂臺灣學界第一次以一種日記為中心所召開的研討會。

(2) 2004年11月由臺中縣立文化中心和中央研究院近代史研究所聯合舉辦「水竹居主人日記學術研討會」，以《水竹居主人日記》為主題召開兩天的研討會。主要是兩個單位進行合作解讀、出版的《水竹居主人日記》共10冊已完成。共有13篇論文，旨在談論記主張麗俊身為地方領導階層（保正）的社會網絡、參與的地方經濟活動、作為傳統詩人的詩社活動、如何接觸新科技、他所擔任的保正在公共衛生上的角色、休閒生活、參與宗教活動後的書寫，對記主進行相當程度的研究。2005年將上述論文出版為《水竹居主人日記學術研討會論文集》。

(3) 2006年12月由中央研究院臺灣史研究所與私立明台高中共同舉辦「日記與臺灣史研究—林獻堂先生逝世50週年紀念」學術研討會。在此時段召開，主要原因是自1998年5月開始的〈林獻堂日記解讀班〉即將進入尾聲，而又恰逢記主林獻堂逝世50週年。林獻堂可說是日治時期相當重要的人物，因此其日記價值連城。此次會議在記主本人及其後代設立的明台高級中學舉行，共發表17篇論文。這次會議的特色在於不再只針對一位記主的日

記來做研究，而是擴大範圍，分成7個主題來進行：①日記的史料價值：介紹荷蘭時期城的日誌，兩本霧峰林家成員未出版的林紀堂、林痴仙日記、楊基振日記、蔣介石日記、求禮柳氏家日記（韓國人日記），這是第一次介紹韓國人的日記；②日記中的國族；③日記中的司法經驗；④日記中的經濟；⑤日記中的宗教；⑥日記中的醫療與體育；⑦日記中的音樂生活。會議的成果集結成《日記與臺灣史研究：林獻堂先生逝世50週年紀念論文集》（上、下冊），其經費由霧峰林家後人捐贈。本次日記會議另一個特色是，中央研究院臺灣史研究所的日記研討會，此後都和學校與歷史博物館合作進行，並在合作單位的所在地召開。

(4) 2010年7月由中央研究院臺灣史研究所與位在臺中的國立中興大學歷史系合辦「日記與臺灣史研究」學術研討會，共發表16篇論文。此次會議承襲上次會議的主題，也介紹研究了新出土的日記，更發揮日記史料作為研究生活史的頂級資料。承繼上次主題的有女性、記主、醫療衛生、休閒旅遊、法律社群之外，探討了仕紳之服飾文化、政治活動、料理食品、探險日記的地理空間、殖民地官僚，被使用的日記有井上伊之助、池田幸甚等日本人日記，還有黃旺成、黃繼圖父子日記、楊基振日記、葉榮鐘日記等。本次會議形成兩個往後開研討會的慣例，一是往後每兩年召開一次，二是不再出研討會論文集，由作者自行投稿。

(5) 2012年11月由中央研究院臺灣史研究所與國立臺灣歷史博物館、國立成功大學歷史學系合辦「日記與社會生活」研討會，假國立臺灣歷史博物館舉行。本次發表17篇論文，此次會議論文的主旨在社會生活，因此在時間上往晚清提，利用清代的日記探討北臺的社會生活；也討論少女日記中的愛情圖像、文明

生活中的宴會社交活動、生活中的「麻雀」、新年的節慶生活、
日人在臺的社會生活、戰後華北臺灣人返鄉前的生活，這些研究
凸顯了日記是研究生活史最重要資料的特色。此次使用的日記有
《臺灣踏查日記》、《馬偕日記1884-1891》、《臺遊日記》、《臺
灣日記與稟啟》、〈杜潘芳格日記〉、〈陸季盈日記〉。本次會議
的特色是撰稿者以三個合作單位的人員為主體，其次是中央研究
院臺灣史研究所已開始建置日記知識庫，並已建置完臺灣總督府
職員錄系統，因此在會議第一天最後一場，由中央研究院臺灣史
研究所檔案館主任王麗蕉介紹「人物史料數位加值系統之建置：
以臺灣日記知識庫和臺灣總督府職員錄系統為例」，希望學界能
多多使用。從此次研討會起，中央研究院日記解讀班的成員成為
重要的撰稿者來源之一。

　　(6) 2014年11月由中央研究院臺灣史研究所與高雄市立歷史
博物館、高雄醫學大學聯合舉辦「日記與臺灣史研究」學術研討
會，假高雄市立歷史博物館舉行。共發表14篇論文，此次較新的
主題是探討日治時期臺灣中上階層的理財經驗、知識菁英的社群
意識及生活實踐、文人醫師的生活、戰前戰後在高雄的日本人、
監獄中的生活與時間、災變中的社會力量，都有別出新裁之處，
此次新出現的日記有〈陳懷澄日記〉、《吳新榮日記》、〈池田幸
甚日記〉。

　　(7) 2016年11月由中央研究院臺灣史研究所與位於埔里的國
立暨南國際大學歷史系合辦「日記中臺灣的時代轉換」學術研討
會，共發表17篇論文，有幾個較新的題材，如研究殖民地官僚
在臺的日記、由殖民者日本人的日記觀看被殖民者臺灣人、日記
中的文化講座與戲劇、臺人菁英的日常消費與保險經驗、男性日

記中的妻子與母親、心態史上的韓戰、臺灣戰時生活與越戰、休閒狩獵史。新出現的日記有《苦茶來山人の逸話》、《內海忠司日記》、《回到一九〇四：日本兵駐臺南日記》、〈吉岡喜三郎日記〉。

　　(8) 2018年11月中央研究院臺灣史研究所與宜蘭縣史館合作，於宜蘭縣史館舉辦「第七屆日記研討會：日記中的臺灣社會」，共計發表18篇論文、2場主題介紹。論文中出現的新日記為鄭家珍的《客中日誌》、劉福才的《劉福才日記》。

2. 日記研究社群的成立

　　中央研究院臺灣史研究所自1998年7月開始每週進行解讀班後，吸引不少成員參加，隨著成員的畢業、就職，參加者除少數幾人外都有更動，但是在召開研討會時，仍然提出論文。因此將上述8次研討會的論文撰稿者作為日記研究社群當不為過。以下分析研討會撰稿者的撰稿次數以及目前的所屬單位。

　　(1) 中央研究院臺灣史研究所、近代史研究所、文哲所：林玉茹（一）、翁佳音（二）、陳姃湲（一）、許雪姬（六）、曾文亮（二）、曾品滄（三）、鍾淑敏（五）、鄭維中（一）、陳淑容（博士後，一）以上臺灣史研究所；洪秋芬（一）、張淑雅（二）以上近代史研究所；張季琳（一）以上文哲所。

　　(2) 國立臺灣大學法律所博士班：王志宏（一）。

　　(3) 南台科技大學：王見川（一）。

　　(4) 國立清華大學臺灣文學所：石婉舜（一）。

　　(5) 國立中興大學歷史學系：李毓嵐（七）。

　　(6) 國家文學館：廖振富（二）。

　　(7) 國立臺灣大學歷史學系、臺文所：周婉窈（一）、陳翠蓮（一）；博士班候選人：李鎧揚（一）、黃子寧（一）、郭婷玉（一），以上歷史系；莊怡文（一），以上臺文所。

　　(8) 國立政治大學臺灣史研究所、臺文所：李為楨（一）、鄭麗榕（一）、陳家豪（博士，二）、莊勝全（博士，三），以上臺灣史研究所；曾士榮（一），以上臺文所。

　　(9) 國立中正大學歷史系：李昭容（博士，一）。

　　(10) 空中大學：沈佳姍（一）。

　　(11) 國立高雄師範大學臺灣歷史文化與語言研究所：吳玲青（一）。

　　(12) 國立暨南國際大學歷史系：林蘭芳（四）、林偉盛（二）。

　　(13) 高雄醫學大學通識教育中心：林丁國（五）。

　　(14) 國立交通大學客家研究所、音樂研究所、通識教育中心：黃紹恆（二）、高雅俐（一）、黃毓婷（一）。

　　(15) 國立臺灣師範大學臺灣歷史研究所、臺灣語文研究所、歷史系：范燕秋（二）以上臺灣史研究所；林淑慧（一）、陳玉箴（二），以上臺灣語文研究所；吳文星（一）、徐聖凱（博士候選人，二），以上歷史系。

　　(16) 國立成功大學歷史系：高淑媛（一）、陳文松（三）。

　　(17) 國立臺灣圖書館：陳世榮（二）。

　　(18) 屏東教育大學音樂系：連憲升（一）。

　　(19) 國立東華大學歷史系：陳鴻圖（一）。

　　(20) 國立臺灣歷史博物館：陳怡宏（二）、謝仕淵（一）、劉維瑛（一）。

(21) 日本山形大學人文學部：許時嘉（一）。

(22) 國立臺北科技大學文創系：楊麗祝（一）。

(23) 國立臺中教育大學區域與社會發展：鄭安晞（一）。

(24) 國立故宮博物院南院：賴玉玲（一）。

(25) 日本愛知大學中國學部：黃英哲（一）。

(26) 中國中山大學歷史學系（珠海）特聘副研究員：李朝凱
（博士，一）。

(27) 臺北醫學大學通識組：曾齡儀（一）。

(28) 國史館：連克（二）。

(29) 臺南應用科技大學：陳凱雯（一）。

(30) 華梵大學哲學系：周惠玲（一）。

(31) 國立彰化師範大學歷史所：李宗信（一）。

(32) 東南科技大學通識教育中心：詹雅能（一）。

(33) 宜蘭縣史館：廖英杰（一）。

(34) 文史工作者：吳永華（一）。

以上大約有64人，不僅在日記研討會上發表，曾士榮還以心
態史的角度來探討記主日記中的私與公，撰成《近代心智與日常
臺灣》一書；[39] 黃英哲、許時嘉合編《楊基振日記：附書簡、詩
文》三冊；[40] 許時嘉也編了《籾山衣洲在臺日記，1898-1904》；[41]
筆者也自1999年開始，陸續編成《水竹居主人日記》（與洪秋
芬、李毓嵐合編，10冊）、《灌園先生日記》（與鍾淑敏、周婉

---

39 曾士榮，《近代心智與日常臺灣：法律人黃繼圖日記中的私與公（1912-1955）》（臺北：稻
　鄉出版社，2013）
40 黃英哲、許時嘉，《楊基振日記：附書簡・詩文》（臺北：國史館，2007）。
41 許時嘉、朴澤好美，《籾山衣洲在臺日記，1898-1904》（臺北：中央研究院臺灣史研究所，
　2016）。

窈、何義麟、呂紹理合編，27冊）、《楊水心女士日記》（4冊）、《黃旺成先生日記》（19冊，未完）、《林紀堂先生日記》、《陳懷澄先生日記》（與曾品滄、李毓嵐合編，3冊，未完）、《陳岺女士日記》、《葉盛吉日記》（5冊，與王麗蕉合編，未完）。此外還有從事協助註解工作的主要助理群，如林崎惠美和劉世溫。[42]

3. 研究的課題

以日記為主要資料的研究領域有多種多樣，最重要的研究是記主本人、家族史、生活史與女性史。在生活史中包括經濟、商業，醫療衛生，休閒生活（包括體育、旅遊、宗教習俗、文學、飲食）。此外記主的書寫與不書寫，記主使用的日記本、記主常用的辭彙，特別的動詞、用語，都是研究的對象。如何發揮日記研究的特色？主要有5個範圍，一是生活史：日記因逐日記載生活中的各種活動、想法，諸如物價、繳納保險、飲食、交通、休閒、家庭、交友，因此是研究生活史最重要的素材。二是女性史：除了女性自身的日記，男性日記中的女性資料也是彌補女性向來資料較少的重要來源。這些女性包括家族內的女性、外遇對象、歡場女子、朋友的女性親戚，但男性日記中對女性的書寫，往往脫不了傳統男尊女卑，甚或包括一些偏見、批評，固然可以由此知道其女性觀，但也必須排除這些表面、主觀的書寫，讀出其重要訊息。三是文化史：記主的閱讀，讀什麼？讀後感，閱讀物的來源，借的或在何處訂購，價格？一天看幾種報紙、何時看報等等，都是了解當時流行刊物、閱讀習慣，了解出版社、書局

---

42 劉世溫，〈《楊水心女士日記》的內容與解讀〉，《臺灣學研究》，第22期，頁109-128。

最好、最具連續性的資料。四是對當代政治事件的反應，如臺灣
同化會、臺灣議會設置請願運動等、霧社事件、皇民化運動、日
本投降、陳儀統治、二二八事件等，都可在日記中找到記主對事
件的看法，從而理解當時和現在的看法不盡相同。也可由不同記
主的想法，得到多元的看法，對了解當代有很大的助益。五是考
證出關鍵的事實：經由日記資料的仔細爬梳，可以考訂以往不知
的事實真相。舉例來說，林獻堂在其1929年9月10日的日記中
載其（出母）在當夜10時過世，他無限悲哀，派人送去奠儀200
圓。9月25日再記，竹南陳九來告訴他，其出母將在30日出殯。
《黃旺成先生日記》在1929年9月29日記載，他受陳九等人之
託，在陳萬濡母親的葬禮上當司儀。亦即林獻堂的母親離開林家
後，和竹南中港望族陳汝厚結婚，亦即陳萬濡是林獻堂的同母異
父弟。[43]

結語

　　本文旨在研究「臺灣日記」的搜集、解讀、出版、數位化、
建構日記知識庫、日記研究的過程。日記作為一種具有高度私密
性、主觀性的史料，運用在學術研究上，不僅沒有爭議、後遺
症，且能發揮日記資料的特色，進行各方面的研究。臺灣日記有
諸多特色，舉例來說使用的文體、文字具有多樣性；夫妻、父子
日記的陸續出現，使對問題的了解從點擴大到面，近而接近真
相；受殖民者對殖民者統治的反抗或適應，在殖民者史料中呈現

---

43 黃旺成著、許雪姬主編，《黃旺成先生日記（十六）》（臺北：中央研究院臺灣史研究所，
　　2016），頁331-333。

的面貌，都需要經過被殖民者日記內容的比對，才能理解被殖民者真正的想法。日記資料不是萬能，但研究臺灣史沒有參考日記資料是萬萬不能。

　　十多年前中央研究院臺灣史研究所開始進行日記研究的四部曲，由全文輸入、校訂、解讀、出版到放入日記知識庫（目前有14種日記）中，推廣日記史料的運用，僅是歷年來的博碩士論文引用，就有逐漸增加的趨勢，如引用《熱蘭遮城日記》336本、《灌園先生日記》233本、《水竹居主人日記》198本（見表二），這是一種檢視史料被運用的方法。另外已開過8次研討會、展出3檔日記特展、2次日記出版後的座談會、工作坊（實際上的發表會），不遺餘力地推廣。組織解讀班，持續解讀日記，也是擴大日記研究社群的不二法門，中央研究院臺灣史研究所自1998年7月迄今（2019.2）的解讀班，可能是全臺最久、最頻繁的班。召開研討會檢視研究成果也相當重要。今後除持續解讀、出版、召開研討會外，必須擴充「臺灣日記知識庫」的內容、加強與國外學者的交流，如受邀在韓國高麗大學、全州大學介紹有關臺灣日記概況，未來將召開有關日記研究的國際研討會，才能讓日記本身的研究和利用日記資料做研究，兩者都可以持續進行。

表二：「臺灣博碩士論文知識加值系統」日記使用情況

2018/2/22更新

序號	日記	檢索詞（限參考文獻）	統計截止時間 2016/9/29		統計截止時間 2017/2/22		統計截止時間 2018/1/22	
			筆數	排除二手資料	筆數	排除二手資料	筆數	排除二手資料
1	灌園先生日記	灌園先生日記OR林獻堂日記OR灌園日記	199	184	212	197	233	214
2	水竹居主人日記	水竹居主人日記OR水竹居日記OR張麗俊日記	177	150	183	155	198	167
3	簡吉獄中日記	簡吉獄中日記OR簡吉日記	26	24	28	26	28	26
4	黃旺成先生日記	黃旺成先生日記OR黃旺成日記OR陳旺成日記OR陳旺成先生日記	36	34	39	37	45	42
5	楊基振日記	楊基振日記	12	10	13	11	14	12
6	田健治郎日記	田健治郎日記	65	64	69	68	74	71
7	呂赫若日記	呂赫若日記	66	63	67	64	72	68
8	吳新榮日記	吳新榮日記	112	112	117	117	132	129
9	三好德三郎回憶錄	三好德三郎OR茶苦來山人の逸話	8	8	9	9	13	9
10	楊水心女士日記	楊水心女士日記OR楊水心日記	4	2	6	3	8	5
11	熱蘭遮城日誌	熱蘭遮城日誌OR熱蘭遮城日記			312	301	336	317
12	籾山衣洲日記	籾山衣洲日記					2	1
13	邵毓麟日記	邵毓麟日記					0	0
14	吳嵩慶日記	吳嵩慶日記					0	0

*2016/9/29、2017/2/22、2018/1/22的統計基準皆採用：

收錄標準：論文參考文獻中，有應用日記手稿、以日記主體出版解讀的成果或未刊稿、臺灣日記知識庫，其中1種資源，即列入計算

排除標準：論文參考文獻中，僅使用二手資料（如：論文集、期刊等）或引用日記出版品序言或附錄等非日記主體內容者，不列入計算。

作者群簡介

涂豐恩

　　哈佛大學東亞系博士候選人，「故事」網站創辦人兼執行長，研究與寫作興趣包括醫療與身體史，日常生活史與東亞近代史。曾任職於臺大數位人文研究中心，目前為哈佛燕京圖書館數位學術（digital scholarship）小組成員。出版作品包括《救命：明清中國的醫生與病人》、《大人的日本史》。

王晴佳（Q. Edward Wang）

　　美國羅文大學（Rowan University）歷史系教授，北京大學歷史系長江講座學者。國際雜誌《中國的歷史學》（*Chinese Studies in History*）主編。主要從事中外比較史學、史學理論與史學史和中國思想文化史方面的研究。

李仁淵

　　哈佛大學歷史與東亞語言（History and East Asian Languages）博士，現為中央研究院歷史語言研究所助研究員。研究領域為明清社會文化史、地方文獻、書籍與閱讀史。出版有專書《晚清的新式傳播媒體與知識分子：以報刊出版為中心的討論》（2005）與數篇論文。

張仲民

　　河南尉氏人，復旦大學歷史系教授，研究方向為中國近現代史，曾出版有《種瓜得豆：清末民初的閱讀文化與接受政治》（北京：社會科學文獻出版社，2016）等多種論著。

傅揚

　　臺灣大學歷史系學士、碩士，英國劍橋大學東亞系博士，研究領域為中國古代史、中國中古史、政治文化史、思想史學，近期研究主題包括先秦經濟論述、漢代社會思想、南北朝的歷史記憶與政治文化等。曾任英國劍橋李約瑟研究所研究助理、劍橋大學東亞系兼任講師、中央研究院歷史語言研究所訪問學員、中央研究院數位文化中心特約研究人員。現為東吳大學歷史系助理教授。

陳建守

國立臺灣大學歷史所博士，現為中央研究院近代史研究所助研究員。研究興趣在於探究詞彙／概念如何透過翻譯的方式，進入近代中國的歷史情境當中。

衣若蘭

國立臺灣師範大學歷史學博士，現任國立臺灣大學歷史學系教授。研究興趣主要為：明清性別史、社會文化史與史學史。著有《「三姑六婆」：明代婦女與社會的探索》（2002）、《史學與性別：《明史・列女傳》與明代女性史之建構》（2011）二書，以及學術論文20餘篇刊登於《漢學研究》、《新史學》、《臺大歷史學報》等。曾任《明代研究》主編、「中國明代研究學會」理事長、劍橋大學博士後、奈良女子大學訪問學者等。

潘宗億

美國明尼蘇達大學歷史學博士，現任國立東華大學歷史學系副教授兼系主任，主要研究興趣為文化記憶理論與歷史、全球化理論與歷史、遊戲歷史學，戰後德國猶太人大屠殺記憶文化與戰後臺灣食譜文化和食物記憶變遷史乃近期主要探索方向。

蔣竹山

國立清華大學歷史學博士，現任國立中央大學歷史所副教授。主持「台灣歷史評論」臉書粉絲頁，並擔任聯經、蔚藍、浙江大學出版社的歷史叢書主編。研究領域為明清醫療文化史、新文化史、全球史、當代西方史學理論。著有《島嶼浮世繪：日治臺灣的大眾生活》（2014）、《人參帝國：清代人參的生產、消費與醫療》（2015）、《裸體抗砲：你所不知道的暗黑明清史讀本》（2016）、《This Way看電影：提煉電影裡的歷史味》（2016）。目前正在進行的寫作計畫有「味素的全球史」及「日治臺灣腳踏車的物質文化史」。

吳翎君

現任臺灣師範大學歷史系教授。主要研究專業為19世紀到冷戰時代的中美關係史。曾任臺灣東華大學歷史系教授、哥倫比亞大學東亞系訪問學者、美國傅爾布萊特（Fulbright）學者於哈佛大學費正清中國研究中心，

著有：《美國與中國政治，1917-1928：以南北分裂政局為中心的探討》、
《美孚石油公司在中國（1870-1933）》、《歷史教學理論與實務》、《晚清
中國朝野對美國的認識》、《美國大企業與近代中國的國際化》等學術專
書及相關學術論文20餘篇。最新著作《美國人未竟的中國夢：企業、技術
與關係網》（排版中），預計將於2019年出版。

洪廣冀

　　曾就讀臺灣大學森林環境資源學系博士班，後於哈佛大學科學史系取
得博士學位；於美國史密森研究院（Smithsonian Institution）、英國李約瑟
研究所（Needham Research Institute）等機構從事博士後研究後，於2015
年開始擔任臺灣大學地理環境資源學系助理教授。專長為森林史、演化生
物學史、科技與社會與歷史地理學，已於《臺灣史研究》、《新史學》、
《臺大歷史學報》、《考古人類學刊》、《地理學報》、*Journal of the History
of Biology*等期刊上出版論文10餘篇。

皮國立

　　國立臺灣師範大學歷史研究所博士，中原大學通識教育中心副教授、
醫療史與人文社會研究中心主任、臺灣中醫醫史文獻學會祕書長。專長為
中國醫療史、疾病史、身體史、近代戰爭與科技。著有專書《近代中醫的
身體與思想轉型：唐宗海與中西醫匯通時代》、《臺灣日日新：當中藥碰
上西藥》、《「氣」與「細菌」的近代中國醫療史：外感熱病的知識轉型與
日常生活》、《國族、國醫與病人：近代中國的醫療和身體》等書，並合
編《衛生史新視野：華人社會的身體、疾病與歷史論述》、《藥品、疾病
與社會》。另有學術論文、專書篇章等60餘篇。

郭忠豪

　　美國紐約大學（N.Y.U.）歷史系博士，曾在美國伊利諾大學香檳校區
與香港大學擔任訪問助理教授，現任臺北醫學大學通識教育中心專案助理
教授，研究興趣是明清中國、近代東亞與臺灣的食物與動物歷史，以及海
外華人飲食文化，曾於《中國飲食文化》、《九州學林》、英國羅德里奇
（Routledge）與美國阿肯薩斯大學出版社（University of Arkansas Press）發
表多篇中英文食物研究論文與書評。

林敬智

加州大學柏克萊分校歷史學博士，中央研究院近代史研究所博士後研究，現為政治大學宗教研究所助理教授，2016、2018年夏天擔任德國哥廷根大學客座教授，開設Chinese Popular Religion課程。研究方向包括華人民俗、民間宗教與民間信仰、環境史、木版年畫與民間圖像，經常使用跨領域研究方法，從歷史學、人類學田野調查，到數位人文，關注民俗與宗教信仰隨著人群的移動後，如何在各地傳播與重新調適在地化的過程，觀察宗教與生態環境之間如何交互影響。

徐力恆

牛津大學東方研究博士，曾獲羅德獎學金，並參與中央研究院歷史語言研究所的博士候選人培育計畫。曾任牛津大學講師和哈佛大學博士後研究員，並入選英國皇家亞洲學會。研究方向包括唐宋史、中國書信文化、城市史、數位人文等。為了推動數位人文研究，成立微信公眾號「零壹Lab」。論文見於 *A History of Chinese Letters and Epistolary Culture*、*What is a Letter?*、《數碼時代的中國人文學科研究》等書籍及 *Journal of Chinese History*、《北大史學》、《唐宋歷史評論》、《中國計算機學會通訊》等期刊，短文多刊登在臺灣《故事》、北京《光明日報》和香港《文匯報》。

王濤

1979年生，湖北荊州人。2001年畢業於北京師範大學歷史系，獲歷史學學士學位，2008年畢業於北京大學，獲歷史學博士學位，曾在美國哈佛大學、德國佛萊堡大學訪學。現為南京大學歷史學院教授、碩士生導師。主要研究領域涉及教會史、德國史、數位史學等方向。已在《中國社會科學》、《歷史研究》、《世界歷史》等刊物上發表學術論文數十篇。

許雪姬

出生於臺南，國立臺灣大學歷史研究所博士，現任中央研究院臺灣史研究所特聘研究員兼所長。研究領域是臺灣史。除研究清代軍事制度史外，也從事家族史研究：如板橋、霧峰、龍井林家；臺灣人的海外活動，其中最重要的主題是日治時期在滿洲的臺灣人。二二八、白色恐怖的研究亦是重要的主題。在研究資料的收集上，特別重視日記和口述歷史。

Clio 1
當代歷史學新趨勢

2019年3月初版　　　　　　　　　　　　定價：新臺幣580元
2021年11月初版第四刷
有著作權・翻印必究
Printed in Taiwan.

主　　編	蔣　竹　山	
叢書編輯	張　彤　華	
特約編輯	胡　蕙　萱	
封面設計	兒　　日	
內文排版	極翔排版公司	

著者：
涂豐恩、王晴佳、李仁淵、張仲民、傅　揚、陳建守、
衣若蘭、潘宗億、蔣竹山、吳翎君、洪廣冀、皮國立、
郭忠豪、林敬智、徐力恆、王　濤、許雪姬

出　版　者	聯經出版事業股份有限公司
地　　　址	新北市汐止區大同路一段369號1樓
叢書主編電話	(02)86925588轉5305
台北聯經書房	台北市新生南路三段94號
電　　　話	(02)23620308
台中分公司	台中市北區崇德路一段198號
暨門市電話	(04)22312023
台中電子信箱	e-mail：linking2@ms42.hinet.net
郵政劃撥帳戶	第0100559-3號
郵撥電話	(02)23620308
印　刷　者	世和印製企業有限公司
總　經　銷	聯合發行股份有限公司
發　行　所	新北市新店區寶橋路235巷6弄6號2樓
電　　　話	(02)29178022

副總編輯	陳　逸　華
總編輯	涂　豐　恩
總經理	陳　芝　宇
社　長	羅　國　俊
發行人	林　載　爵

行政院新聞局出版事業登記證局版臺業字第0130號

本書如有缺頁，破損，倒裝請寄回台北聯經書房更換。　　ISBN　978-957-08-5268-4 (平裝)
聯經網址：www.linkingbooks.com.tw
電子信箱：linking@udngroup.com

國家圖書館出版品預行編目資料

當代歷史學新趨勢/蔣竹山主編．初版．新北市．
　聯經．2019年3月（民108年）．608面．14.8×21公分（Clio 1）
　ISBN　978-957-08-5268-4（平裝）
　[2021年11月初版第四刷]

　1.史學　2.學術研究　3.文集

601.07　　　　　　　　　　　　　　108001256